泰州文獻

第四輯

溪光室唱和集

蓮池村農七十壽言酬唱集

紅杏樓唱和詩存

仲氏女史遺詩

克峻堂彙稿

泰州陸氏家集

清潤淵源集

程氏詞剩

高陽四種集

興化李氏一家集

鳳凰出版社

ISBN 978-7-5506-2273-9

圖書在版編目（ＣＩＰ）數據

溪光室唱和集、蓮池村農七十壽言酬唱集、紅杏樓唱和詩存等 / 王漢民等輯. -- 南京 : 鳳凰出版社, 2015.10
（泰州文獻）
ISBN 978-7-5506-2273-9

Ⅰ. ①溪… Ⅱ. ①王… Ⅲ. ①中國文學－現代文學－作品綜合集－民國 Ⅳ. ①I216.1

中國版本圖書館CIP數據核字(2015)第256399號

責任編輯　王　劍
裝幀設計　姜　嵩
出版發行　鳳凰出版傳媒股份有限公司
　　　　　鳳凰出版社(原江蘇古籍出版社)
　　　　　發行部電話 025－83223462
出版社地址　南京市中央路165號　郵編:210009
出版社網址　http://www.fhcbs.com
印　　刷　揚州文津閣古籍印務有限公司
　　　　　揚州市開發區鴻揚路22-2號(6幢)　郵編:225009
開　　本　889毫米×1194毫米　1/16
印　　張　44.5
版　　次　2015年10月第1版　2015年10月第1次印刷
標準書號　ISBN 978-7-5506-2273-9
定　　價　650.00圓
(本書凡印裝錯誤可向承印廠調換,電話:0514－87969255)

《泰州文獻》工作委員會

主　任

藍紹敏　陸志鵬

常務副主任

盧佩民

副主任

戴勝利　王學鋒　張培成　佘江涛

委　員（按姓氏筆畫为序）

丁少華　方標軍　成愛君　季春芳　周興安

查學斌　姜小青　奚愛國　陳士宏　黄林華

曹茂良　曹學賦　許大才　張國祥　萬永良

程熒穩　鄭祥龍　費振鐘　劉　玲　劉仁前

劉宏鳴　潘時常　薛金林　顧維中

《泰州文獻》編纂委員會

主　編

盧佩民

副主編

黄林華　姜小青

執行主編

成愛君　費振鐘

編　委（按姓氏筆畫为序）

王　飛　王　劍　王正奎　卞惠興　朱長順　全　勤
李文華　李明官　吴　迪　吴小晴　吴雙林　汪　政
沈　俊　林世田　莫其康　倪培翔　徐一清　徐同華
高　峰　陳　立　黄　靖　曹學林　常　康　張　定
張永龍　劉仁前　劉春龍　潘浩泉　薛　飛　謝冬榮
竇立成　顧寄南

《泰州文獻》學術指導委員會

（按姓氏筆畫为序）

江慶柏　金良年　茅家琦　華學誠　徐　雁　畢飛宇

程章燦　楊九俊　魯國堯　劉玉才　顧　農

總序

泰州古稱海陵，漢初（公元前一一七年）置縣，晋末（公元四一一年）設郡，南唐（公元九三七年）建州，始稱泰州。

泰州濱江近海，物阜民豐。漢唐以來，糧鹽並舉，商貿繁榮，爲溝通南北的重要港口城市。

泰州素爲文教昌明之邦。唐初立州學，北宋建貢院，明清開學政試院，産出大批科舉優秀人才。

泰州自古人文薈萃。走進泰州的，從范仲淹、富弼、陸佃，到孔尚任、吴讓之、蔣春霖，都留下深遠影響。走出泰州的，從張懷瓘、胡瑗、施耐庵、王艮，到李清、吴嘉紀、柳敬亭、黄龍士、李鱓、鄭燮、劉熙載、李詳、梅蘭芳、高二適，都在各自領域爲中國文化作出巨大貢獻。

泰州遺存的文獻也很豐富。僅據《江蘇藝文志》所載，便有二千七百餘種，涵蓋經、史、子、集的方方面面。其中，尤以明清時期爲夥，占到百分之九十九以上。這當中不排除由於種種原因，致使元以前的一些著述湮没無聞，但明清兩代，確是泰州文化的繁盛期。在這些文獻中，如《書斷》（張懷瓘）、《水滸傳》（施耐庵）、《王心齋先生遺集》（王艮）、《宗子相集》（宗臣）、《陋軒詩集》（吴嘉紀）、《板橋全集》（鄭燮）、《藝概》（劉熙載）、《李審言文集》（李詳）、《黄龍士先生棋譜》等，在中國文化史上都有重要地位和深遠影響。

與此同時，對鄉邦文獻進行整理的也代不乏人。自宋至清，周氏（周麟之等）、宫氏（宫偉鏐等）、陳氏（陳應芳等）、徐氏（徐鳴柯等）等都曾致力其事，爲泰州留下了許多寶貴的文化財富。清嘉道間，鄉人夏荃編輯《海陵文徵》二十卷、附録十二卷，《海陵詩徵》十卷。民國初年，曾任江蘇省省長的鄉人韓國鈞歷經十餘年編成《海陵叢刻》計二十三種六十六册。

二〇一一年九月召開的中共泰州市第四次代表大會，提出了建設文化名城的任務。爲此，中共泰州市委、泰州市人民政府决定編纂《泰州文獻》。這是泰州有史以來對本土文獻最大規模的整理和彙編。它對於保存、利用、研究和開發泰州的歷史文化，尋繹泰州獨特的地方文化價值，爲泰州文化建設提供歷史人文資源，意義重大。

爲了保證編纂工作的順利進行，市委、市政府專門成立了工作委員會、編纂委員會和學術指導委員會。工作委員會由市委、市政府領導和相關部門負責同志組成，負責對編纂工作的領導和協調。編纂委員會由相關專家、學者組成，具體負責《泰州文獻》的編纂出版工作。學術指導委員會由江慶柏、魯國堯、程章燦、茅家琦、華學誠、徐雁、金良年等國内知名文史專家組成，負責對編纂工作的指導和把關。

編纂工作按如下幾個步驟進行：（一）進行文獻調查，建立文獻檔案；（二）精選有代表性、有學術價值的作品影印出版，選目由編纂委員會和學術指導委員會共同審議確定；（三）編輯出版《泰州文獻總目》。

《泰州文獻》分爲四輯：

第一輯『官修舊志』，收録泰州地區現存所有官修地方志。

第二輯『地方史料文獻』，收録泰州地區歷代重要的筆記和史料。按内容又可分爲史地類：收録有關泰州歷史地理方面的著作，包括小志、專志、雜志等；政情類：收錄有關泰州政治、經濟等方面的著作；文教類：收錄有關文化、教育、圖書館等方面的著作。

第三輯『家族文獻』，收錄泰州地區重要的家譜、家傳、家集與名人年譜。按内容又可分爲家乘傳記類：擇要收錄泰州家族譜牒中的譜序、家規、家訓、箴言、族約、族記、祠田記、塋田記、雜記、著述等資料；家族總集類：以家族姓氏筆畫爲序。

第四輯『泰州文存』，收錄泰州地區作者的詩文著作及其他代表性著作。按内容又可分爲學術論著類：收錄泰州作者的經史雜著；文集類：收錄泰州作者的詩文集；地方總集類：收錄泰州作者的詩文合集。

考慮到《水滸傳》、《封神演義》（《辭海》云『一説陸西星作』）、《檮杌閑評》（學界多謂李清所作）等小説流傳甚廣，版本豐富，故不再收録。其他如堪輿、術數類著作，泰州人撰泰州地區以外的地方志、地理志類著作，一般性的彙編、摘鈔類著作，亦不予收録。

《泰州文獻》原則上收録現轄區内的作家作品。但從尊重歷史出發，泰州學派創派人物、明代思想家、哲學家王艮，平民詩人吴嘉紀等人，歷史上均屬於泰州地區，對泰州地區具有深遠的文化影響，他們的作品亦予收録。

前人給我們留下了豐厚的文化遺産，我們既要加以珍視和傳承，更要在前人的基礎上，創造出無愧於今天這個偉大時代的新篇章。這是我們更重要的使命，讓我們爲之努力。

《泰州文獻》編纂委員會

二〇一三年十月十八日

凡例

一、《泰州文獻》（以下簡稱《文獻》）分爲《官修舊志》、《地方史料文獻》、《家族文獻》和《泰州文存》四輯。

二、《文獻》收録範圍原則上爲現行政轄區内作者的著述和與泰州有關的重要著述，但考慮到歷史上曾屬於泰州地區的人物，如泰州學派的代表人物王艮、平民詩人吴嘉紀等對泰州文化深具影響，對他們的作品亦予收録。

三、所收著作成書年代限於一九四九年以前。

四、《文獻》所收著作，以學術價值、使用價值較高爲原則，適當兼顧版本價值。

五、《文獻》以影印方式出版。如有蠹損、殘缺、漫漶不清處，原則上以相同版本予以補配，以保證完整、清晰。

六、《文獻》對所收每種著作均撰寫提要，置於該著作前面，以方便讀者瞭解作者生平、主要内容、學術價值等。

七、《文獻》除保留所收著作原有頁碼外，均新編頁碼，每册頁碼自爲起訖。

八、《文獻》最後一册編有書名索引和作者索引，以方便讀者使用。

目録

溪光室唱和集

王漢民 輯

《溪光室唱和集》二卷，王漢民輯，據泰州圖書館藏民國鉛印本影印。

王漢民，字光國，號溪隱，江蘇泰縣姜堰人。

自述三十初度，原唱和者二百人，分爲初二集，游昌甲、楊遵路、廖桂賢作序，趙逸琴跋。

（顔　萍）

落落大方
無拘無束
先生之風
亦耕亦讀
不驚虛聲
不同流俗
即此吟身
是真面目

溪光室主肖像

丹徒王宜之拜題

序

王子光國榴社弟子也年三十繪小影自題徵和遠近酬答者紛然予亦與焉王子彙集成篇將付梓以公同好匄予序其端予曰天地影之大者也古今影之同者也人生其間五官百骸一瞬俱盡而道德名譽之影於世界不可磨滅者雖極之十二萬年後天地重闢人類再生無不相印而相肖區區形貌之似詠歌而復剞劂之奚以爲王子曰然願有復夫立德立言千古之影也雲臺麟閣一代之影也少而壯壯而老一身之影也生不才上不能希千古之聖賢次不能爲一代之豪傑惟於一身之前前後後自相鑑別自相印証不敢效優孟衣冠不敢失本來面目欲借斯圖之影與諸君頌勉之辭以爲攻錯靳免於外而負人内而負己之咎先生其與我乎然則王子之於是影也固將朝夕晤對日有所思月有所省是我乎非我乎今我乎故我乎我知我乎不知我乎我愧我乎不愧我乎問之影而影不答也問諸我而我無徵也取而讀是篇

白榴書塾主人游昌甲止堅氏撰

無錫公園路協成公司代印

溪光室唱和初集

王宜叟署

溪光室酬唱集　初集

無錫公園路協成公司代印

題詞

高郵楊遵路甓漁

詩名昔噪王摩詰輞川別墅興飛逸推敲兩字有傳人繼其後者溪隱筆溪隱把釣水之灣魚未上鈎詩已出一唱百和得句多長溪書屋聚詩窟甓社漁人宦海歸縣城花悔栽前日披蓑果勝冠帶拘隨意高歌不諳律觥觥大集羅鴻才盡是陽春與白雪堪笑寶樹橫珊瑚釣竿偏欲輕來拂門外漢非個中人鳩兮未解藏其拙鼓枻吟成噴飯詞汚煞吳陵好風月

高郵吳同甲棣軒

陋軒詩集在一代重騷壇後學承衣被何人報玉盤遺時風雅變望古詠吟難律句覘師法青雲振羽翰

婺源余文海仰蘇　集司空圖詩品

無錫公園路協成公司代印

載歌伊人坐中佳士著手成春情性所至　所思不遠妙機其微好風相從獨鶴與飛　采采流水隔溪漁舟倘然適意與之沉浮　碧桃滿樹紅杏在林左右脩竹良殫美襟　金樽酒滿明月雪時取之自足豈必有爲　取語甚直超超神明書之歲華若爲平生　天地與立古鏡照神少有道氣忽逢幽人　幽人空山清澗之曲脫帽看詩其日可讀

泰縣陳奎伯

美雨歐風帀地該新詩語體逐潮來扶輪大雅今銷歇誰拔王郎磊落才
壯歲棲遲爲報劉一家梅鶴儘勾留長溪風月消磨慣更有春暉駐小樓
過江名士鯽魚多倡和詞成幾揣摩我欲製成春酒頌與君一醉一狂歌
敢將倍長說忘年垂老偏多翰墨緣回首前塵三十載酒龍詩虎也翩翩

溪光室倡和初集

自題三十初度小影原倡

泰縣王漢民溪隱

匡時有志未能償對影依然故我傷十載光陰消白社（余與同學數十人創設白榴詩社揣摩風雅將垂十載）半生學業負青箱居家律己惟勤儉涉世憑人說短長繪出廬山眞面目一窗晴日細平章

和 作

岷山楊健康少芝

案頭詩債積難償窺鏡相形暗自傷墨海騰波光萬丈硯田常稔足千箱山中巢父乾坤小世外壺公日月長名冠唐賢盧駱輩落花滿地盡文章

高郵楊遵路甓漁

未甘輕售價難償韞匵深藏玉不傷求鯉家聲垂册籍籠鵝書法寶巾箱苔岑臭味三生契榴社光陰十載長此是廬山眞面目風流儒雅富文章

武進吳 放劍門

封侯萬里願難償投筆十年空自傷縞紵但求耽翰墨稻粱休問裕倉箱一門和氣彌人短半世潔身濳我長爲愛臥冰王孝子（君號枕冰）題襟新集盡雲章

合肥李道貫佑忠

畢生志願會須償卅載無聞莫自傷溪畔投竿終有日囊中得句竟成箱光風霽月縈思切秋水蒹葭引恨長未覩廬山眞面目獻將俚句報佳章

六合唐志岳

壯志今生定獲償願加磨礪勿悲傷華筵瑞集千杯酒雋句珍藏百寶箱學識淵深欽伯厚文詞藻麗仰元長烏衣讌會難親赴郵寄巴詞充樂章

金山徐 超

攬轡澄清願未償滄桑時局更堪傷愁添華髮臨新鏡閑把殘書理舊箱身世雖殊形影共廬山如見夢魂長苦吟自昔聯吟社無限悲歌付短章

嘉定顧汝澂穀卿

龍門價値不難償國事蜩螗竊自傷一卷新詩留翰墨十年舊學守巾箱碧紗籠護秋雲逗紅袖香添夏日長對影偏描摩詰畫低頭何敢說文章

九江廖桂賢古香

詩債臺高久未償塵勞到老自悲傷春來又弄一枝笛夜坐頻搜百寶箱（吟友函件均疊行篋未閱）惠我琼瑤魚腹得羨君少壯鶴齡長蒭樵喜奏無腔曲眞面廬山望報章

壯志休言未易償待時藏器亦何傷庭槐樹兆三公爵彩筆花生五色箱白

雪歌高吟社結青雲望遠仕途長圖形預卜凌烟閣玉照頒宜附和章

松江王平格綬丞

炎天詩債一時償壯不如人暗自傷（余自食餼金山後兩邀主試掌備未見中選）家政空操三十載（余梅鶴俱亡祇有二孫）硯田敢冀萬千箱新交莫笑鬢絲短舊學初無襪綫長安得仲宣同暢敘登樓討論古文章

武進孫起蔚稻樓

金印煌煌未取償頭顱老我劇堪傷酒逢知己懽傾醆書憶良朋慣檢箱北極朝廷花改舊西山寇盜蔓延長願君小試風雷手掃盡狼氛紐虎章

青浦項寰涵公

耕山釣水願堪償無分功名且莫傷檢點新詩常滿篋蒐羅古籍半藏箱孤高更比梅花淡儉約方知菜味長室署清心風雅士每懷拜石米元章

六合曹嘉詔金門

甲子幾逢數半償何須顧影黯神傷梅花骨相空千古梁孟琴書共一箱結社頻年同氣廣報劉來日祝春長蘭儀未挹空洄溯且賦蒹葭詩幾章

天長吳鳳翔吟秋

漫道封侯願未償時淸有待用何傷吟囊字字千金價腹笥便便七寶箱勤惜分陰嫌日短遠勞尺素寄天長海陵若獲重傾蓋入座先歌伐木章

寶應毛文沂瀚波

但求詩酒債能償奚事捫胸暗自傷俠氣如生標畫軸家聲不墜在書箱年華方壯鬚眉古泉石相安歲月長況有梅仙工唱和（閱寶夫入字梅仙工吟詠）織來雲錦盡成章

寶應劉奉鑾竺僊

願大從來不易償少年挫折亦何傷詩成好刻三條燭經寫還藏五色箱對鏡黃花憐影瘦添香紅袖感情長帷房難得相賡和合賦關雎第一章

奉賢朱家驊粥叟

靑雲有志總須償酣酒王郎漫自傷處仲唾壺雄擊節輞川詩卷富盈箱豐姿春柳眞堪羨將略樓船竝擅長江左夷吾此年少佇看勳業炳天章

南陵孫齊周公輔

滿囊詩債一時償句俗何嘗大雅傷榴社宏開歌白雪槐庭幽敞擁靑箱倚天摩劍孤懷壯醉月飛觴逸興長我欲瞻韓慚未遂望雲環誦彩雲章

華亭王文元適園

年來詩債未全償亂世流離我亦傷（去年江浙事起我家轉徙致同社來詩未能一一奉和殊爲憾事）一脈相傳有黃鶴同宗應共守靑箱儂居歇浦三秋感（去年九月我家爲閩贛司令部駐紮被刧）君住淸溪百里長悵望雲山千萬疊徒從畫裏識知章

武進董秉淸冰如

三十功名志未償世方沈陸盡然傷澆胸塊壘千鍾酒傾腹珠璣七寶箱汐社吟壇思鬱勃海陵遊棹夢悠長（余幼隨先君子赴如皋任所舟泊姜堰忽忽四十餘年矣）遙通聲欬芙蓉閣珍重新詩愧報章

莬裘將老願難償孽羽驚弓觸舊傷（余前歲由閩避兵僑吳今秋又値江浙之役風聲鶴唳一夕數驚）殺氣三秋衝北斗炊烟萬竈斷東箱狐鳴張楚乘時幻鶴唳華亭警夜長愁絕燕雲兵又動吟毫催白不成章

廬江莫　珂敬之

男兒努力願終償顧影何須暗自傷一卷詩輕侯萬戶十年學薄粟千箱風流吾愛王摩詰博雅羣推馬季長苦社唱酬神永契共欣大塊假文章

廬江戴化南卜五

少年立志壯年償遇合有時漫悅傷妙句吟成追四傑奇書買得貯千箱俗情抛去閒情足世味何如道味長風月一廬花滿院茶餘酒後細平章

江甯宋　琥琥丞

請纓壯志未能償過去光陰暗自傷斂屣功名抛紫綬傳經事業守靑箱廬山眞面神情爽槐里餘陰德澤長如此淸才稱簡要披吟風月費評章

曲阜孔憲瀛蓬山

乘風破浪願難償生不逢辰何足傷棲隱園栽千箇竹潛修學富五車箱字摹逸少家傳舊畫仿輞川世業長如識廬山眞面目詩題愧我少佳章

廬江張　喆仁甫

封侯有願總能償志士何須老大傷愧我濫芋遊白社羡君世業紹靑箱閒

吟花月春秋度嘯傲湖山趣味長卅載留光自珍重風流不亞米元章

峴山楊健尊肖頤

一生詩債未能償愧我皤然老大傷閉戶十年雄倚劍藏書萬卷富盈箱嘯歌時有琴樽樂砥礪功深歲月長遙企槐堂綿世澤庚郵千里和詩章

寶應丁仰高桂山

他年戢亂願能償顧影何須老大傷萬卷書藏娛歲月三秋禾熟裕倉箱盟聯苦社馳名遠韻鬭蘭閨引興長翰墨生涯蠲俗慮等身著作富文章

丹陽荆鳳岡石梧

封侯幾輩願能償臘有桑榆動感傷一卷楹書歸褓襁（余去年五十六歲始生一子）卅年吟稿檢巾箱苦岑結社音頻賞萍水聯交望正長老去敢云詩律細只圖急就易成章

海昌陳雋子人

親恩友誼兩難償琴劍飄零暗自傷華鬢愁添新白髮俚詩幸剩舊青箱身羈客地知音少心寄家園入夢長潦倒窮途應愧我誤人端的是文章

六合張官倬卓人

起衰有願定能償大好光陰漫自傷國粹保存延一脈家珍羅列富千箱槐庭蔭覆三株茂榴社緣聯十載長更喜蘭閨賢伉儷錦心繡口句成章

輪扶大雅素心償鸞鳳何曾鎩羽傷量到高才憑玉尺得來好句貯牙箱胸羅文史三冬足學紹河汾一脈長我亦苦岑叨附驥不辭千里貢蕪章

南徐李鐵民心齋

穎伊數頃願能償風月怡情漫自傷一詠一觴詩萬卷半耕半讀粟千箱英姿瀟洒心腸熱妙手丹青藝術長十載白榴欣結社春秋佳日任平章

直隸王質生蔭齋

平生夙願幾時償潦倒年年劇可傷恨寄紅蘭騷客珮情深黃竹女兒箱少年每惜功名薄故里彌愁道路長惆悵頭顱今老大牛衣猶自泣王章

高郵吳蔭亭伯槐

我亦封侯願未償請纓無路枉悲傷身無羈絆閒垂釣家有文章貯滿箱翰墨因緣苦社結鱗鴻來往柳絲長韶華十載匆匆去救國時思效舊章

東臺王炳蔚希舜

鄉賢繩武願堪償家乘停修輒自傷一脈淵源追譜牒五經檢閱滿巾箱深慚竹里（僕祖居曹莊竹園衆）流風渺雅羨槐庭福蔭長神韻豐標俱繪出前身是否細評章

天長何錫麟葛民

請纓壯志幾人償拔劍王郎漫自傷百歲生涯雙酒榼千秋事業一書箱交聯翰墨神彌契詩詠苦岑興倍長此日畫圖欣識面敢辭俚句和瑤章

青浦仲慕由榦青

半生詩債恨難償虛度光陰劇可傷落拓吟懷消俗慮琳瑯著作積書箱世情畢竟分寒燠時事何須問短長才學羨君齊李杜筆花和雨潤文章

阜甯唐菊人

瞻韓有願未能償雙鯉遲遲亦自傷兩晉聲名傾白下三槐學業守青箱依依春樹情何限渺渺江波意共長安得天涯同聚首海陵風月互平章

青浦嗣香室主

世亂休嗟志未償有才如此願無傷新詞剛按紅牙板祕籍隨翻白玉箱社集英賢懷自雅身居泉石樂彌長笑儂欲袖詩壇手又譜宮聲作和章

林泉有願羨君償底事還教顧影傷志大終當投筆管名高已不負書箱自

將道纔千秋絕莫與人爭一日長剪燭何時容促膝各披胸腹論文章

合肥靳蟄侯叔潛

自媿才如襪綫長如山詩債未能償感君夙抱靑雲器依韻聊賡白雪章好樹勛名垂竹帛漫將心血付巾箱男兒三十未爲老焉用臨文暗惋傷

華亭張汝舟蕉舫

雄飛志願幾時償壯歲經營運蹇傷聊把酒巵消塊壘待刊詩稿貯巾箱苔岑投契三吳勝榴塾司成十載長寫入丹靑誰得似風神不亞米元章

上杭丘景昭介軒

高牙大纛願休償出處書生兩不傷卅載雄姿窺畫鏡五經珍寶貯巾箱徐公信美君無敵宣子能貧德擅長況是英年襟抱壯天孫雲錦燦成章

金山徐　方石庵

無錫公園路協成公司代印

半生詩酒債難償百刼滄桑易感傷對鏡紅顏空色相傳家黃卷滿巾箱（宋王鈞手自細書五經藏巾箱中以備遺忘）志堪自立遵宣聖影好同稱羨育長（世說任育長少時神明可愛人謂育長影亦好）最喜交遊聯白社閒來風月費平章

青浦徐公修慎侯

識荊有願幾時償落月停雲意自傷遠道徵詩投簡札頻年積藁貯巾箱雋才君似王延壽中論吾慙徐偉長花甲半周眞面在一斑窺見喜瑤章

海虞周之綱贅民

少日封侯願未償及今老大祗心傷儘多畫軸兼詩稿何事千倉與萬箱愧我蘇書窮十上羨君遷筆擅三長後生幾輩才無敵屬和聊抒急就章

青浦金祥勳頌唐

班超投筆願難償吳越鏖兵爲我傷白髮經霜添幾縷靑氈遭刼賸空箱余如杜老憂時亂君等蕭郎來日長滿面春風圖省識何年剪燭論文章

阜甯郭竹書

年年酒債索誰償有福能貧詎足傷得意文壇歌白雪關懷儒業繼靑箱郊寒島瘦客心折花好月圓人壽長薄海早標匡世略蜚聲原不在詞章

天長王其相式如

從來詩酒債難償大好光陰漫自傷香火三生聯復社圖書萬卷積盈箱淸流畢竟亡憂樂濁世何由計短長骨相嶔奇年正壯八仙首屈賀知章

紹興姚洪淦勁秋

前程遠大願終償顧影休教枉自傷翰墨因緣遙結社詩篇倡和滿填箱莫言年少白居易（香山句莫言三十是少年）爭慕才高蘇世長奕奕有神傳壯歲方剛應賦北山章

無錫公園路協成公司代印

寶應羅煥藻佩芹

詩酒陶情債易償撫時奚必爲春傷社聯裙屐開瓊宴家有琴書貯寶箱三少丰姿原卓犖卅齡歲月自綿長路遙難遂瞻韓願酬和聊呈急就章

南陵黃西樓

宗慤乘風壯志償櫱材小屈抑何傷名高七子並三少學富千倉更萬箱白社管絃修禊雅靑春花月引杯長昂霄骨相淸芬氣他日全窺豹變章

常熟龐北海

前生詩債歷年償勞我精神亦不傷七律吟成揮禿筆一箋寫就付郵箱空山鉢擊聲偏應遠地書傳道且長玉照新題而立歲臨風遙和愧無章

江都張揚芬

只須詩酒債能償漫序蘭亭意自傷變幻驚看成海市馳驅不必羨車箱鬢

眉對證心無愧風月徘徊歲正長惜我有圖多白髮空勞騷客賫平章

鹽城徐　爕荔亭

披圖把晤願終償身世茫茫暗自傷洒淚憂時憑翰墨濟貧有力富倉箱社幽喜見榴花發酒醉頻看劍影長愧我蕭騷雙鬢白空餘報國有文章

古歙吳清暖煦華

談何容易願能償暫滯遭逢勿慼傷時事日非殘骨肉民生無計富倉箱英姿颯爽精神聚文采風流色相長我亦年華逾弱冠蕪詞敬和錦雲章

上海秦伯未

年來詩債笑難償我亦勞勞暗自傷幾見風流歌大道猶餘韻事祕王箱時艱不用榮名寶身短何妨思慮長太息出山泉水濁還期壽世託文章

曲阜孔佩卿

功名兩字願難償粟碌徒深老大傷捧讀一篇新樂府遙知萬卷富書箱詩含畫意同摩詰文具史才媲子長契結同岑追白社無邊風月任評章

杭州汪乃勳嘯塵

丈夫立志豈難償生不逢辰我亦傷壽世文章標白社傳家典籍富青箱卅年豹隱光陰易萬里鵬摶歲月長傲骨嶙峋襟淡泊分明妙筆吐詞章

天長王朝佐筱裳

經年詩債未清償心緒如麻暗自傷恕我疎慵遲脫稿輸君著述早盈箱氣吞湖海千般壯影攝昂藏七尺長新詠傳來真妙絕不煩雕琢便成章

廬江方應松茂之

倚馬才高志未償新詩賦就倍興傷神交遠結人千里歲熟欣求稻萬箱苔社聯吟燒燭短綺筵看劍引杯長畫圖省識廬山面騷客詞題絕妙章

上海胡　瑚劍嘯

名山事業願終償莫撫韶華暗自傷五夜研摩書萬卷四時耕稼粟千箱對茲芝宇丰神爽信是槐堂世澤長酒榼詩瓢供嘯傲風流不減米元章

京江包龍章孝天

林泉養志願能償顧影何須老大傷坐擁書城攻翰墨唱酬詩草滿巾箱危樓日好千秋駐垂柳陰濃一水長大集分鈔遲報命蠅頭字小費平章

江都張誦蓮

壯歲耽吟債易償運斤人訝鼻無傷清奇風骨瞻瓊樹燦爛文辭闢寶箱塵海紛紜心自逸苔岑點綴趣彌長春華可愛宜修養坐擁書城抵綬章

武進蔣葆華棲鸞

人生抱負願須償世故盱衡共慼傷愧我六旬催白髮羨君卅載勵青箱英

姿卓犖惟摹肖雅韻推敲獨擅長更有細君耽詠事好將詩律共平章

古歙吳承烜東園

像繪雲臺願未償抗塵走俗我何傷染香易寫松雙管學稼難期穀萬箱取月無梯甯致遠倚天有劍不嫌長陽春白雪誰能和且揚黃門急就章

宛平王恆清靖龢

詩債經年走筆償天涯淪落寸心傷神交至友思千里老眼奇書讀一箱笑我吟懷苔社切離人情緒柳絲長羨君早抱匡時志和句慚無玉局章

阜甯唐德滔遯農

詩債如山迄未償偶然握管亦神傷自慚名驥空依櫪有似牽牛不服箱十載塵寰雙劍老五湖煙水一竿長白雲蒼狗知何極怕讀王風黍稷章

定遠方澤久佛生

漫說封侯願未償少年努力莫悲傷菊含冷豔開三徑人樂豐年祝萬箱言
貴有恆行有物寸原非短尺非長發明科學新思想救國還應守舊章

南陵梅聘棠笛清

最眞美玉價堪償璞獻荆州轉自傷熨貼衣裳都在笥婆挲琴劍暫留箱英
雄挾策先藏拙造物憐才不現長壽考作人須惜福南岡豹隱養文章

休甯金恩灝惠臣

欲挽時艱願莫償滄桑變幻總堪傷每傾杯酒常看劍閒寫經書且置箱懷
祖多才名未達魯齋求學日方長翩翩丰度堂堂概豹隱南山彩澤章

南陵黃　渤渭吾

未應宗慤願難償獨立蒼茫發感傷書讀五車藏石室詩吟萬卷貯巾箱居
溪影共鷗盟久慨世鞭無馬腹長卅載春風年正少莫歌空谷老文章

曲阜王煥藻子元

瞻韓有願幾時償修阻山川黯自傷醉臥無妨書作枕唱酬且喜稿塡箱運
逢鼎革風雲幻人富春秋日月長再度卅年周甲子爲君一頌九如章

華亭雷昌豐劍丞

欲離塵俗願難償浩刼重經我亦傷詩雜仙心舒錦繡家藏古籍檢巾箱懷
清履潔年方壯弄月吟風興轉長卓犖英姿眞逼肖雲霞五色燦文章

泰縣游昌甲止堅

遂初賦就我心償廿載靑氈幸未傷問字情同千里笈傳薪學愧五經箱十
年榴塾春風少（生肄業白榴書塾已十年矣）百尺槐陰世澤長指點門牆衆桃李一枝培植已成
章

早年遲讀恨難償弱冠時虞老大傷奮志磨穿青鐵硯買書坐擁翠雲箱苦
岑社寄吟懷遠（生入江南岑岑詩社）梁案琴調和韻長（生妻錢有和生作亦榴社弟子也）一表陳情酬晝荻哀榮兩
世荷褒章（生祖母黃母鄧皆靑年守節徐大總統贈匾額褒詞今生祖母尚存）

漫云壯志未能償生不逢辰豈獨傷戰馬聲悲逐胡越（時江浙奉直皆有戰事）哀鴻淚盡泣
倉箱（江南稻熟民避兵禍不得收穫）名場變態風雲黯亂世鄉居日月長課子閒餘兼課竹干霄同
看鳳龍章

頻年種善匪求償只恐家聲舊德傷推解難稽錢穀簿（生每年施米施藥諸善事約數百千）曳婁不羨
綵羅箱溪頭小隱鷗盟結（生居長溝頭別號溪隱）梅影同癯鶴立長晝寫丰標詩寫意題襟
爭織錦雲章

媿我襟期亦未償靜思往事輒神傷西京有幸承親策東國無緣効服箱（予由優貢朝考得知縣分山東到省數月遭遺國變）世界維新吾道舊蠶絲雖短此心長分來五色冰紋紙聊寫平生
益和章

五十猶難俗債償曾因辭祝寫憂傷多情雪和徵同社千里雲箋疊滿箱（予前有五十辭祝詩蒙代徵和苔岑社得詩頗多）況値年華周甲半已看詩草等身長從今大雅扶輪手付與王郎
更日章

泰縣陳逵伯

老泉晚學志終償自課何須枉自傷綽有閒情攻翰墨了無俗累問倉箱書
能補讀方爲福詩不求名易擅長聞說君家琴瑟好新詞互唱互平章

泰縣盧道古茗譚

卅年勤學志難償値此時艱我亦傷文似波濤掀四海詩如珠玉富千箱圖
中省識衣冠古醉裏摩挲劍鋏長吾輩源淵原有自冷香曾許頌瓊章（先大人主冷香詩社時曾一見佳作）

泰縣張謦山晚香

吟詩言志志堪償纖巧能教雅不傷新柳夙傳才子筆（去歲咏柳四絕爲佳）彩箋共疊女兒
箱（明詩關韵能詩）風標俊秀披圖見溪水潺湲繞宅長（君住址名長溪）最羡村居偏曠遠好從大
塊假文章

泰縣蔣步階伯屏

非關玉價待人償總爲中原鼎沸傷兵動江南鳴鼓角馬嘶冀北服車箱大
材今古都難用餘事謳歌亦擅長且向粧樓偕嘯咏裁雲縷月織成章

何日論文願共償披圖稍解別情傷一囊琴劍常懸壁萬斛珠璣已滿箱秋
水神傳丰彩煥涼風天末寄懷長遙知月夜紗窗下閒讀離騷三兩章

泰縣蔣鰲青笑儂

壯志千秋足可償等閑顧影莫悲傷江山遊覽勞雙屐風月搜羅載一箱槐
蔭日高當戶矗柳陰浪疊繞溪長自慚不是耽吟侶也向詩人獻壽章

泰縣丁宗文煥卿

漫道匡時願未償林泉養性有何傷名馳詩社花生筆學富書田粟滿箱推
食解衣流澤遠洗心滌慮愛溪長堦前秀挺三株樹麟趾應歌第一章

泰縣羅法曾

飛騰壯志豈難償無奈時艱目擊傷卅載別開新世界千秋枉說舊書箱琴
彈竹里音猶在禊會蘭亭誼共長我羡先生風雅格梅花香裏賦詩章

泰縣孫繼光

投瓊報李價難償對影相形轉自傷好古君思藏四庫讀書我愧負千箱圖
呈仙骨梅同瘦詩有禪心味更長蘊藉風流王逸少題襟海內和雲章

泰縣王鑑澄佐之

自稱溪隱願能償避世何曾蠖屈傷榴社新詩成腹稿苔岑鉅製富牙箱吟
高白雪知音少讀伴青燈嗜味長畫裏參觀誰得似風流不減賀知章

書城坐擁願能償小隱何曾寂寞傷繞膝庭多文玉樹齊眉詩疊綵羅箱棋
推國手靈機活宅卜溪頭野趣長滌硯明窗閑試筆偶逢興到便成章

泰縣孫壽康

英才有志定能償顧影何須自感傷投筆縱橫新世界挑燈檢點舊書箱烏
衣才子家聲遠綠竹名園世澤長前歲海陵眸一面（前歲僕與黃君藝熙遇於泰城旅館始識尊顔）知君滿腹
大文章

泰縣吉承恩靄卿

十載青燈願共償情深膠漆兩無傷尖叉巧鬭盈三篋典籍勤搜富萬箱仙
骨生成梅影瘦名心付與釣絲長高吟一曲陽春古和句休嫌急就章

泰縣吉承惠亞僑

年華虛度倩誰償壯不如人老大傷深幸芳鄰依玉樹時披碎錦啓金箱詩
書笑我香空咽泉石知君味更長抱膝高吟心淡蕩一溪風月細平章

情聯膠漆願同償顧影何須自愧傷棋局閒敲忘日月書城坐擁勝倉箱紗
籠東壁雲箋滿燭剪西窗雨夜長靜對圖中眞面目丰神不減米元章

泰縣劉奇山

壯歲前程志可償勝他老大境徒傷淵源學足三槐第才識多於百寶箱白
社詩歌消晝白長溪風月引杯長等閑不問滄桑事投滿天涯唱和章

漫因壯志未能償便爾灰心對影傷徒歎白雲變蒼狗何如黃卷繼青箱詩
才淵雅邁居易史學專精步子長一種丰神圖畫裏丹青不減米元章

泰縣黃　傑俊民

澄清有志幾時償滄海橫流實可傷濁酒一壺三尺劍名山四壁五經箱光

生芝宇神維肖春滿槐庭蔭正長長我十年詩更健偶逢風月輒成章

連城聲價有時償此日何須蠖屈傷巨闕久聞鳴劍匣纖離誰信困車箱形同窗下寒梅瘦才匹閨中詠絮長襟袂誼聯徒自笑輸君妝閣和詩章

泰縣尤蔭祖晉孫

詩債多於酒債償民生叔季本如傷風塵俠義千金劍錦繡詞華百寶箱自愧文人皆命薄絕無才子不情長稱觴未遂登堂願擬賦投桃報李章

泰縣劉　杙蜺如

匡時何必志求償世事如棋祇自傷憐我稱貞藏白屋羨君劬學繼青箱性耽翰墨因緣廣座擁詩書滋味長小隱溪頭誰得似鑑湖嘯傲賀知章

恩酬晝荻願斯償李密私情況未傷兩世榮膺龍鳳詔一生穩鎖綺羅箱苔岑誼重吟懷遠琴瑟聲和詩興長閉戶著書兼課子斐然膝下已成章

烟霞泉石素心償省却憂時五内傷亂世居鄉遠軒冕壯年學稼積倉箱詩情祖述唐摩詰文體師承漢子長如此幽人能繪出丹青不讓米元章

骨相超羣願易償不同流俗爲春傷老成誰識幾三秩推解嘗拚發萬箱刻翠裁紅標幟白（謂白榴詩社）舞衫歌扇引杯長自題小影傳佳什和韻慚爲急就章

倒懸欲解志難償國事蜩螗我亦傷遣興祇憑三寸管立身不羨萬斯箱慚爲殿虎名臣後閑共沙鷗野趣長（僕居亦臨河）風月雙清溪畔宅何當樽酒論文章

泰縣沈世德本淵

十千沽酒索誰償少日休教老大傷奔放文傳扛鼎筆唱隨詩疊鏤金箱（賢伉儷極唱隨之樂）相看傲骨秋來瘦笑捋吟髭醉後長（君曾留鬚）抗手騷壇詩畫裔風流不減賀知章

泰縣沈世甲乙羣

請纓射策兩難償百不如人暗自傷縱有豪情銷劍鋏了無長物賸書箱十年湖海頭顱老（乙羣旅食龍城縣有年矣）千里苔岑意味長（君與乙羣同隸龍城苔岑社）文字因緣敦夙好多君一紙惠瑤章（乙羣新婚君曾賜賀錦什）

泰縣丁文漢蔚泉

志在澄清苦未償中原板蕩我心傷豐城古劍芒藏匣鄴架儲書帙滿箱畫寫丰神梅影瘦流分清濁柳溪長（文漢與君家一溪之隔）愧余不是蘭臺客勉附羣賢上短章

泰縣王鑑淵鈞甫

丈夫立志不虛償老大無聞自古傷醉墨半汚閒筆札劫塵幾拭舊巾箱最難公道黃金盡賸有悲懷鐵笛長燈下把君詩句玩願分樽酒論文章

海陵野叟

與君家世共青箱時變無心入建章闕里少孤能自立武陽終養願堪償詩成定卜雞林購書好旁搜鹿洞長大器待伸强仕日多能鄙事又何傷

泰縣王菊友

請纓壯志莫求償如此江山易感傷幸有田園歸栗里更饒經史載巾箱丹青妙手神維肖邱壑填胸興益長笑把釣竿溪上坐一鉤明月柳千章

泰縣錢希之

闕山戎馬願終償投筆休教老大傷倚劍快澆名士酒寄衣遙憶女兒箱吳頭楚尾經年隔趙北燕南萬里長羨煞畫中人自在一竿垂釣柳千章

泰縣丁紹斌秋碧

等身詩債索誰償楚楚丰神漫自傷好客不嫌彈劍鋏買書多喜載車箱豪吟榴社英聲遠小憩槐庭古蔭長我羨仙才饒逸致題圖慚對賀知章

室人　錢蘊淸

鹿車同挽願能償顧影何須自惋傷十載羹湯調鼎鼐三年詩草疊巾箱衣裳夜半分燈補閨閣春深共日長家事關心荒筆墨題襟覓句不成章

七絕

儀徵徐崧齡悔叟

憶余游歷羅塘日正是時逢乙未秋定有聯吟湯餅會老夫惜未與賡酬

似水流光三十年我慚霜雪上華巔祇因衰邁豪吟輿如債敲門索和篇

靑箱世業喜傳家榴社風行豈有涯惟盼德言功不朽莫教似我老年華

我亦稀齡忽忽過羨君風度意如何是誰妙筆傳眞相祝壽詩成共細哦

七古

六合張樹屛海颿

自家面目自家知妙有傳神筆一枝對鏡寫照自題詩詩以言志志不小年少英英出世表淸風淸兮皎月皎愧我三十已再過去年題照感蹉跎對君佳句樂吟哦吟哦忽得詩外意自檢詩箋爲君寄君其視之一捉鼻

詞

高郵楊遵路鷺漁

結社舊吟詩十載榴花白更締蘭陵翰墨緣岑印苔痕碧　面目見廬山不悵雲天隔風月新知喜乍逢杯酒談淸夕　調寄卜算子

合肥周虎卿

天壤王郎者般模樣試問著甚癡迷學仙學佛有時載酒聽鸝醉臥松陰招鶴舞高歌罷苦綠侵衣更穿雲憩石尋詩撚斷吟髭　歸來日影平西旋安排茶灶整頓枯枝蟹眼噓泡旗槍漾碧琉璃風生兩腋睡魔祛破悶愁鏤雪

新詞莫問他人間何世一枕希夷　調寄高陽臺

泰縣侯錦雲

曲折長溪風景好兩岸垂楊綠水人家繞書屋牆陰書帶草靑靑沿上門前道　小小林泉供嘯傲鎭日吟哦別具幽懷抱剝啄聲聞詩友到落花滿徑呼童掃　調寄蝶戀花

序

竊維壽言祝嘏本屬虛文祁度述懷猶存雅道况前塵回首幾經集蓼茹荼壯歲驚心又感星移物換慨滄桑之世局幼學難期壯行怡松菊於家園求志不妨遯跡重慈萱蔭儘堪菽水承歡嘉耦絜吟更喜巾釵分詠聚滿堂兒女笑看舞綵稱觥來知己親朋好共茗談文戰此吾王君溪隱先生所以有三十自述之作也君右丞家世靡詰才華圭璧束身詩書勵志遭家多難髫齡慟失椿萱同室寡儔芳躅難聯棣萼迺竟下帷師董無煩庭鯉傳薪警枕慕溫不待丸熊畫荻入苔岑而求友幟樹騷壇訪榴塾而尊師函傳木鐸茲值懸弧屆吉難忘身世之思好同擊筑歌風自表胸懷之隱用行何日誰假斧柯自立爲懷且耽翰墨傳詩代柬驚看珠玉紛披祝嘏以文聊當笙簧並奏竟爾不遺葑菲念老朽於空山敢辭上貢芻蕘效謳歌於下里認本來面目曾經畫筆傳神祝壯盛年華且寄郵筒達意不減輞川風景家住長溪敢矜滕閣文章序留粉壁好把漁竿釣月追雅範於嚴陵聊吹樵笛臨風寄閒情於匡麓謹序

歲在丙寅夏五月下浣清戊子舉人揀選知縣匡廬髯樵社末廖桂賢古香甫拜序於濤陽客舍時年七十有七

序

腹有詩書之蘊其氣自華胸無塵俗之縈其才自大王君溪隱其爲人也性磊落志高潔安排茶竈於花間頻呼小婢收拾詩囊於背上特遣奚奴有時執經請業慕榴塾而訪名師有時結社聯吟愛苔岑而求益友有時鼓棹收綸楊柳溪邊扁舟蕩漾有時拈題選韻梅花窗下嘉耦唱隨故其詩意清新詩情俊逸好詞絕妙雅韻欲流誰不倡予和汝喜吟侶之同賡我亦競秀爭奇望知音之共賞况夫道德之蓄而深則其文章尤著而顯存濟衆之深心久已襄成醫院懷作人之雅意兼思創建學堂有無相共友朋不吝分金休戚相關蔦蘿常教施木未遑粟較錙銖催租市義不屑利權子母焚券存仁盡倫則情深烏哺工興駐日之樓篤學則禮聘鴻儒室有談經之座道義誠於中英華發於外吟風弄月摛藻揚葩吐屬不凡由來有自矣且聞十步之內必有芳草十室之邑必有忠信長溪繞屋高士卜居儼然水郭江村不異桃源仙境三春楊柳九夏芙蕖香稻四圍疏林兩岸六合呈其品類大塊假以文章天寶物華休徵畢集地靈人傑鍾毓彌深得宇宙之精英月露風雲落筆成彩儲胸襟之錦繡蟲魚草木出言有章人雖追步後塵亦惟甘拜下風而已余落拓半生以文爲富優游卒歲藉硯作田心廣無憂素安天命舌耕餬口不受人憐老當益壯窮且益堅白髮蕭條青氈困守家寥尠侶落落寡歡惟從翰墨以締交得與賓朋而款接獨于君小影徵題僅睹佳章未親雅範壯懷自述復聆妙句更繫幽思望風懷想久欲瞻韓冒雪溯洄待將訪戴倘弗緣慳一面奚啻約踐三生敢竭鄙誠恭疏短引雖自知秋蚓春蛩之聲不足加繡虎雕龍之集然竊幸附名驥尾故不慚著穢佛頭云爾

時在古歷歲逢柔兆攝提格陬月同邑張馨山新三謹撰

序

詩以言情亦以寫景誦其詩可知其人棖觸前塵歡餘今日消閒別墅綽有家風此情此景吾於王子溪隱詩中得之王子性耽靜喜推敲苔岑榴社年少蜚聲今三十矣拈毫自述不盡感懷椿萱凋謝花蕚摧殘顧影生憐那堪回首所幸重慈老健竹勁松堅樓駐日長依依烏哺蓼莪之章雖廢含飴之樂獨多況有山妻伴讀兒女聲嬉室内雍和滄桑莫問此其情爲何如耶時或溪邊垂釣新月半鈎野鶴閒鷗翛然物外時或領略茶香栽培花木柴門臨水俗客不來屏跡浪遊引身高蹈幽居滋味不減輞川此其景爲何如耶今乃一一形於詩示於人唱者一和者百爲吾與王子雖隔羅塘之路未識荊州之顔然細玩其詩情景如繪固不必傾心對語歷數生平也吾故曰誦其詩可知其人矣高郵甓漁楊邅路謹序

無錫公園路協成公司代印

溪光室唱和二集

王宜叟署

無錫公園路協成公司代印

溪光室倡和二集

三十自述原倡

泰縣王漢民光國

卅載光陰指一彈，前塵回首淚闌干。椿萱永抱秋霜慟（余幼失怙，稍長失恃），花蕚曾經宿雨殘（余弟幼殤）。門祚蕭條依族少（余家無五服之族），世情艱險共人難。斜陽獨弔煢煢影，幸有清風問暖寒。

少小生涯半病中，篝燈夜課負丸熊。書因補讀恆多忘，詩久耽吟苦未工。五載苔岑聯舊雨（余入常州苔岑詩社將輒五載），十年榴塾被春風（吾鄉游公止堅設白榴私塾，余受函授之教已十年矣）。他山賴有神交友，一紙郵筒倡和通。

西山日薄駐危樓（余家有小樓，顏曰駐日），烏鳥私情愧報劉。彤管流芬方賜額，金篦刮目轉增愁（余祖母青年守節四十餘年，艱辛備歷，徐大總統贈匾額褒詞，現年七十餘，精神尚健，惟染目病，多方醫治未痊）。四圍桑竹勤移補，數載江湖悔浪遊。躑躅長溪垂晚釣，一彎新月印魚鉤（余有長溪釣月圖）。

伴讀山妻逸興賒，詩牌分韻賭梅花。周旋兒女偏忘倦，脫略親朋每易差。十載精神霜後菊（余素多病，近十年來精神頗富），半生性命雨前茶（余性嗜茶）。柴門臨水春無恙，野鶴閑鷗共一家。

五古

高郵楊　蔚薈亭

三十而自立，宣聖追憶之。三十而自述，先生著以詩。怙恃一無有，朝夕依祖慈。報劉愁日短，留戀烏鳥私。弱弟下泉世，同族無葉枝。煢煢獨立身，門戶艱支持。苔岑聯契友，榴塾欽益師。優遊駐日樓，吟詠無閒時。不爭靑與紫，不較銖與錙。不羨粱肉美，不慕文繡施。山妻伴燈讀，兒女紛笑嬉。詩腸滌渣滓，茶竈無或離。消受此淸福，少壯已如斯。若逢七十載，所欲無不宜。孔子生春秋，車馬猶奔馳。君今願已足，鬱鬱將奚爲。長溪漾明月，獨釣方垂絲。耳邊風鶴聲，問君君不知。

定遠方澤久佛生

君樓顏駐日，余樓顏枕浪。君樓侍重闈，余樓設絳帳。兩樓各不同，風景亦殊尙。隔絕千餘里，得境總淸曠。爾我重神交，何必增惆悵。爾居而立年，縷指少而壯。我年近古稀，當仁何多讓。讀君自述詩，字字皆精當。父母與弟兄，不幸遭蚤喪。孑然歎煢煢，撫吏鬱不暢。少小病折磨，中歲喜無恙。釣月適性情，長溪水蕩漾。賴有孟光賢，婦隨夫先唱。一幅梅花詩，經營憑意匠。素有盧同癖，七碗淸心臟。柴門臨水開，鷗鷺日相向。斯眞隱者居，即此見高况。

常熟周　璀頑翁

莽莽惡風雲，戰塵黯大陸。悽悽苦民生，亂離多巷哭。無怪山中人，潛居在幽谷。世事不關心，晨夕下帷讀。春秋雖富强，不願求寸祿。自云世淸貧，疎親而寡族。椿萱早見背，弟殤鮮伯叔。煢煢歎伶仃，應門少僮僕。大母節堪欽，撫孤勵風俗。報劉人子心，烏鳥情自篤。十載悔浪遊，奔走空忙碌。一笑賦歸兮，輞川結茅屋。門臨淸溪流，宅圍繁桑竹。蘭闥有玉人，詩書聞滿腹。有興各吟詩，詩成早盈軸。或自棹扁舟，釣月蘆中宿。或自手烹茶，松聲起謖謖。琴罷復敲棋，夫妻對一局。士戒非分求，所貴在知足。即此似神仙，日享淸閑福。讀君自述篇，字字似珠玉。筆底羨生花，令我口芬馥。陽春和頗難，才短笑侷促。讕語綴數行，聊當封人祝。

六合張卓人菊隱

我聞蘇老泉，三十始發憤。文章動公卿，大器成豈晚。君今年三十，生性自聰敏。早歲失所依，讀書益加勉。萊衣旣生寒，姜被復不煖。依依烏鳥情，報劉嗟日短不怨亦不尤有文兼有本琴劍走風塵一朝賦歸隱釣水嚴子陵工詩鮑明遠五載入苔岑翩翩風雅選有時樂唱隨更結同心伴藏器且待時佇看鵬展翼雲路任翱翔名揚親亦顯叨長二十春明年我大衍自壽先壽君一笑操禿管謹獻五言詩言盡意無盡

餘姚倪　瀚取清

我本不工詩遑敢作壽詞人世偶酬應要亦徒自嗤今君三十壽竟爾四章遺盥薇頻展誦使我動遐思胡不乘風浪甘為潛伏雌臨流聊卜宅養性合時宜靜坐溪窗間書卷不停披祇傷時世艱王椽本非癡怙恃均已失風雨輒嗟咨幸庇重萱茂綽楔耀門楣苔岑聯社友唱和每相隨愧余貧病身殘荆又折枝（余幼失怙兄弟三人長兄早逝次兄客臘復去世）上有白頭老（家慈現年八十有二精神尚健）下無黃口兒（生二子俱五六歲而殤）仃伶復孤苦渺渺欲何之緬想君清閒得毋心神馳蕪詞聊摭拾還希一指疵

由拳省吾吳家祥

苔社多寄才濟濟衆五百中有瑯琊王三十自勵克知名王述早性情自簡默釣月居長溪烟樹浮空碧駐日有高樓琴書羅四壁上奉祖母劉彤管欣賜額嘉偶偕分韻唱和破沉寂耽吟不知苦清才壓元白榴塾被春風出語驚詩伯五十始學詩古人笑高適囊讀夢痕集秋蟬寄低抑今見自述吟屬和愧才嗇詩成意有餘神往大江北何時羅塘東一訪高人宅

七古

休甯金恩灝惠臣

王述三十不知名性情簡默安素守王柏三十始研經孜孜講學親師友古來大器多晚成史册昭然傳不朽君今亦屆而立年君才豈必居人後語君努力著先鞭君言唯唯復否否猛獸當道荆棘叢洪水横流蛟螭吼風雷鼓盪天地昏瞬息白雲變蒼狗何如釣月居長溪艤舟閒傍溪邊柳又况駐日有高樓登樓吟詩還賭酒茲者門左慶弧懸一杯先獻王母壽綵衣臆舞有佳兒綠窗吟咏偕嘉耦更多白社和詩篇塵世難得開笑口方今赤焰已寢衰佇看魁日清羣醜重扶三綱明五倫庶幾太平能永久待强而艾服官政拾取金印大如斗

六合張樹屏海颿

妙齡才識邁羣衆參透世情一言中老夫退化百不如也覺叔世人難共反覆四章述懷詩清韻琅琅皆可誦孝思不匱廢蓼莪門祚偶衰失昆仲仰賴重堂白雲深坐倚危樓清風送山妻伴讀忙操作稚子嬉憨爭戲弄小隱長溪持釣竿結契苔岑通幽夢性情吐露見天眞根觸予懷發深痛君方三十意灑然我逾六十老何用惟我茶癖與君同瓦壺天水陳清供恨難相對瀹冰甌那得覓醉開春甕偎鑪藉却北窗寒撚髭為作南山頌

蘇州張榮培贄公

太原公子苔岑友一紙新詩剛脫手自然三十届弧辰聊舉生平書八九媿余未識王郎面善頌敢矜張老口駐日樓高奉祖慈烏鳥私情圖報厚白榴私塾坐春風耽吟已積千餘首庭前雛鳳譽佳兒閣上靈鶼伴嘉耦有時釣月傍溪眠到處看山隨馬走和靖梅花陸羽茶半生淸福同消受嗟哉濁世盡滔滔束縛利名等繮杻安知富貴不可期有德自徵無量壽如君方是不凡人擺脫塵埃娛詩酒我為腰笛譜南飛來祝長生酌大斗

青浦徐公脩愼侯

少年抗志耽風雅四詩自把襟期寫君居江北我江東千里神交託同社自言生小椿萱彫晨昏祖母伴寂寥左對孺人右稚子年來清福閫中饒十載

從師白榴塾他山之石堪攻玉雪中摩詰懶畫蕉雨後子猷愛種竹我長于君三十年狂吟時劈浣花牋周甲述懷期屬和西風一雁盼遙傳

太湖葉毓文肖齋

男兒立功苦不早豈甘埋首塵沙老駒光匆駛三十春未遇良時空懊惱再拜展誦述懷詩知君意氣干雲表乘風思破萬里浪四顧寰中猶紛擾寄跡林泉且竢時得志終必抒夙抱駐日樓前桑竹闈長溪聊作磻溪釣吟儔更喜出深閨倡和樂趣尤非小彈琴鼓瑟自嘯歌末世功名何足道人生行樂貴及時對月不妨金樽倒一篇聊以答殷勤雲樹迢迢還渺渺

合肥周虎卿

吟風嘯月騷人習棘地荊天哀世岌落花流水意微茫極浦遙岑空寂歷王郎搦管寫酸吟塵土功名戢壯心已賦蓼莪傷早逝更憐烏鳥答深恩學書

學劍當年事青燈未解兒時味迴黃轉綠迸珠璣換羽移宮驚博麗白榴雅社集詞壇左挹浮丘右拍肩噓翕烟雲繪蒼狗摩挲冰鑑照狂瀾香山洛下標中隱元亮[illegible]桑塵境迥青溪逸趣稚蔵鉤綠窗清興妻烹茗避世惟希趁楚狂堪嗟人海徧迷陽養生已悟南華諦綺思猶懷北斗漿我曾彎矢天狼戰血花殷濺征袍豔豺驕鯨吼不勝誅銜茅反服消豪念國病慚醫身病加溫溫假月養黃芽窺垣靜討靑囊祕罔象深探赤水富鴻鈞阨我多拂逆撫髀自惜長風翼鏡裏頭顱暗改更夢中故舊時追憶人生消息各隨緣飄茵墮溷盲風顛浩浩逝川流不去熒熒涼月缺還圓感君殷寄雕龍什巴歈難和生花筆劉盧酬唱古今情激越渾忘唾壺裂過眼滄桑幾變更蒼茫來日願難憑芳辰遠致南山祝極目天涯思不禁

蘇州張人鑑醉樵

長溪之水繚而曲中有詩人甘隱伏江湖浪跡悔前遊田園歸去離塵俗烏烏私情欲報劉超然謝却簪組束理亂黜陟均不問婆娑歲月無榮辱招邀舊雨契苔岑浩蕩春風被榴塾精廬自具清幽趣數椽臨水棲高躅地僻常無車馬喧四圍都種桑與竹游目騁懷駐日樓命儔嘯侶留書屋有時閉門饒逸興佳耦聯吟生珠玉有時獨步到溪邊一竿釣月凌波綠如斯況味殊可羨占盡人間閒散福茲蒙佳作遠寄將手披不厭百回讀繡口錦心誰可及漫思酬和慚貂續嗟予落落素寡合未識荊州眞面目何當共締忘年交觴咏往還樂自足

丹徒王榮春宜叟

君在吾鄉稱傑出惜乎不獲時親炙每逢一別輒經年君攤琴書我橐筆春初忽荷寄瑤章諄諄囑爲付剞劂底事遲遲復遲遲因恐忙中必有失先覩

爲快人情同致累同文同咄咄君之身世世所知勿用區區再稱述自春徂冬瞬一年作事荒唐眞奇突欲蓋吾愆沒奈何欲彌吾闕又無術我亦惝知巴里歌可恨沈思胸無物聊將心事付短章負荊請罪會有日

山東劉源雯斐卿

摩詰詩畫右軍書超然千古有誰如溪隱先生賢後裔年富力强三十初堂上椿萱傷萎謝樓前花蕚感空虛形隻影單歎煢煢門祚衰微期功無撫養端賴祖母劉畫荻和丸課三餘耽吟有癖自成家溫柔敦厚豈失愚能自得師白榴塾業精於勤無荒蕪社結苔岑聯詩友酬倡遙傳千里途駐日樓中春暉永重闈定省博歡娛蒔花種竹桑四圍架有圖書園有蔬幽齋吟罷閒垂釣爲繪長溪釣月圖梅花賭韻妻解吟斗酒藏待不時需閨房唱和無俗韻膝前兒女相歡呼歷盡苦况歸蔗境淸逸應不走江湖盧仝陸羽聯同好

野鶴閒鷗與爲徒望雲遙供巴里歌自愧小巫見大巫

南京張壽慈少村

英雄並起長征伐惟有高人慕吳越吳中有溪越有湖其水淸盈可鑑髮昔人隱處惟孤雲今日長溪釣明月明月一鈎星滿溪少微寶婺光競發梁孟相莊正少年少年羨若地行仙三十而立古所訓不求功名立志堅陛前盈尺一吐氣何如曉起汲淸泉詠絮賞梅天倫樂佳釀一罇詩百篇詩名採入苦岑社吳越爭聞摩詰雅詩中具畫畫中詩白雪陽春和者寡閒情灑脫無羈勒不願在朝願在野信步行吟看鶴歸涼風徐來不知夏我正苦熱望朵雲一幅詩箋荷吐芬萬古難酬父與母猶言愛弟早離羣孝友性成天獨厚筵開東閣集簪裙長庚朗照釣月圖圖中靜坐王右軍

海虞周之綱贊民

君胡不棄終軍繻投班生筆又胡不舞士雅雞捫景略蝨丈夫意氣胥激昂不能爲王便爲賊揚威萬里當有時株守三椽殊不値我讀王君自述詩胸中抑塞夫何爲其曰椿萱失垂蔭棣萼摧連枝十年浪遊悔失計一溪淸嘯聊自怡榴塾師承知所自苦岑唱和遙相契才人末路始作詩吾輩乃嗤爲餘事如君他日賦明光慚予衰朽烏能望鵬搏九萬意中事老夫色喜晉一觴

無爲任效昉玉書

吁嗟乎蒼狗白雲多變幻韶華逝水難回盼功名泡影若浮鷗多少英雄隱槃澗羨君志氣本高超磊落光明無欺謾畢生遭遇異尋常屺岵興悲多憂患李密感恩祖母劉輝揚彤管目多痌雁行折散斷壎篪世路崎嶇多戀棧風雨聯吟互唱酬椒房伉儷如梟雁天寒衾暖夢鴛鴦指染妝台總角丱烹茶試院效坡仙陸羽盧仝司見慣香墨遊魚鶴避烟羲黃嘯傲多倨慢詩酒生涯樂硯田何庸飄泊羈遊宦海天翰墨締神交千古文章香一瓣異苔何幸又同岑聊寫蕪詞希納諫

南徐李鐵民心齋

三水之鄉有奇士溪隱其名王其氏我因涸食客羅塘萍水相逢成知已君詩格律極嚴整苔社榴塾執牛耳君悲椿謝又萱凋孝事祖母播閭里君富於學多文交歡迎佳賓常倒屣君家高建駐日樓非爲宮室求華美君欲甘旨娛衰親好向桑榆留寸晷君築書屋傍長溪釣月披圖殊有以君尤欣得內助賢閫韻蘭閨心竊喜君情更因兒女長午夜靑燈勤課子君軀日健悔浪遊祇伴酒罇與茶壘君願雅集農圃鄰心懷恬淡有如此君年三秩快懸弧慚余晉祝乏杯水君知余貧但索詩秀士人情半張紙吁嗟乎近世儘多

初度人庖鼈烹魚極奢侈安得高介似此君珠玉紛羅齊付梓

秦縣游昌甲止堅

白榴花開書塾啓侁侁年少習書史就中能文兼能詩北有錢生南王子錢生高明屬邁常王子沈潛學不荒兩載車停春入坐十年函授錦成囊忽聞一雁音書遞錢生獨快雲遊志風雨江南別緒牽欣逢王子詩筒寄王子年華三十春梅花風骨鶴精神蓼莪詩痛王裒廢烏鳥情深李密陳自言少小罹病患藥爐紅占螢窗案弱冠憤追蘇老泉硯田功礪桑維翰倉箱不肯儋石儲不換貂裘只換書解推時濟波臣轍交際門多長者車天公生才恨不早滄桑變幻烟雲擾世路難防鬼蜮多錢神莫供豺狼飽幾輩邯鄲夢境迷何如輞水幽居好一竿釣月長溪長三春聽雨小樓小花影當軒塵不侵茶香勝酒愁能掃四圍桑竹護書城千里苔岑換詩草有時遊興江山助不若

天倫有眞趣堂上歡娛笑乞餡閨中唱和工吟絮竇家丹桂孔家梨參差秀
茁三珠樹我爲王子喜晉觴弓裘世業壽靑箱更盼錢生早日歸故鄉同和
陽春一曲頌春長

泰縣夏國榮澹人

將矜白馬血戰玄龍族故鯨呑民胥鹿走此何時也不其殆哉起滿天之烽火風鶴驚喧湧萬丈之波濤沙蟲陷溺詩人有感應如杜牧傷時遊子方歸合向王孫乞賦蓋桃源天地逈異人間書屋風光常餘眼底謌金舞玉豈云天子無愁抹月披風端的吾儕有福況士稱溪隱仙好樓居駐日闢心凌雲挾志江湖遊覽直同豪氣於元龍洙泗周旋儼獲師資於尼叟猶復追思怙恃慨念門庭苦雖懽負丸熊私竊願爲烏鳥想到生涯冷況藥爐與茶竈相隨寫來兒女柔情詩韻共梅花並豔展圖玩月釣游鱗則濠上壽蹤入社吟

風執牛耳而江南奪秀詩徵壯歲九天珠玉飛頒稿寄寒冬片紙雲烟幻去君思椿萱無盡時如此至德誰似之知是吾儒篤天性願介君壽晉酒卮酒卮笑說花甲半長溪釣月圖堪玩不從渭水釣功名且來書屋娛文翰書屋中闢小洞天那許熱客相流連有花有木有禽鳥桑麻竹樹雞犬仙梅花明月前身影詩牌賭韻年復年躍向騷壇執牛耳苔岑榴社才名傳山茶羮熟淸香滿一盌兩盌三四盌五六七盌腋生風竟忘人世有寒煖玉川興發便酣吟塵俗棼絲都不管但祝長春日駐樓烏私歲歲輸忱款

泰縣周汝霖蓮翁

王郎才調本無敵高歌一曲節一擊酒酣耳熱興欲狂寶劍出匣詩題壁提筆四顧慨以慷冷暖炎涼新閱歷椿萱早凋花萼殘同病相憐互感感君不見維摩居士多病身衆生無病始回春即今民生苦蕉萃羨君樂事敍天倫

高樓駐日篤家慶釣月長溪垂晚綸況復烏私慰報劉褒揚彤琯古芬流佇讀山妻睎逸興敲針稚子弄魚鈎築室塘東愛溪隱饒茲慧福幾生修更喜精神殊健旺栽桑種竹儘優游君家逸少擅才藝家學淵源今勿替有時別墅圖輞川有時蘭亭集脩禊有時味品莫山茶有時俸博硯田稅有時榴塾被春風有時苔岑結蘭契讀君三十述經過騷壇風雅讓君多君壽索余歌以和我壽乞君爲我歌歌成相與浮大白問君雅量竟如何飲醇愧我非公瑾顧曲勞君一正訛

泰縣錢嘉穀競五

十年不上輞川莊輞川主人不尋常雲天飛下紙一張索我弄翰寫數行我腹儉嗇心徬徨我筆枯澀語荒唐欲褒一字晉一觴訣詞又恐涉揄揚文字交深海天長君住羅塘我曲塘詩債逋逃久不償恐議矯情或放狂君之著

作聲琅琅曲水文光什襲藏君之才識氣軒昂辟易千人軍莫當君之身世隱江鄉君之名譽超龍驤君之際遇何多舛蹇而不臧椿萱早謝慼爲傷棣華夭折失所望幸有駐日樓高挽夕陽祖母相依鬢髮蒼精神尚健飯尚強重闈慈竹蔭門牆閨中吟侶偶孟梁此唱彼和相頡頏長溪之樂樂無央太白三十成文章

泰縣黃素蘭莘農

彥龍生小椿萱逝此身惟作依劉計家無期功强近親終鮮昆仲同生娣六一多才報匪遲閨閣爭說終軍慧苔岑榴塾久蜚英文章十載精磨礪更羨君身豔福多瑤臺有女芙蓉麗武叔先生南國姝逸少坦腹東牀壻詠絮人誇道韞奇溫柔君合戎卿二泥中詩婢擬康成閫幃更樹騷壇幟紙價應教貴洛陽鬚眉一讀一驚悸今剛竇氏拾金年階蘭庭桂數株植桓家一日試

嗁聲已知千里空羣驥駐日樓高隱者居溪長釣月深心寄媿我曾吹南郭竽邇來亦廁皋比座天保難賡上壽詩瓊瑤偏索巴人和遙知鞠𦝫頌長春惟予俚曲稱觴佐寄語先生莫笑儂儂心本是專誠賀

泰縣周國騏谷奇

塘東春水縈溪碧中有幽人肥遯迹桑竹四圍雲數重柴門臨水徑新闢主人豪邁異詩常家學靑箱傳一脉髫年失讀苦病魔老泉廿七攻書籍聯吟千里契神交苔岑榴塾推詩伯當今懸弧三十辰追溯身世悲往昔椿萱並茂罡風摧花蕚聯芳暴雨摘煢煢隻影弔斜陽幸有重闈勁松柏江湖數載悔前遊甘旨親供永朝夕猶恐西山日影殘樓營駐日曾題額有時座傾北海尊特開花徑來三益有時茶煎竹院深七盌清風生兩腋有時垂釣坐溪邊一水盈盈漾月魄有時唱和娛閨中筆花爭舞紅箋擘長溪原是舊桃源

擾攘風雲塵世隔遮莫滄桑變幻多苕城長護高人宅我忝人間二十春五載他鄉曾作客偶然飄泊滯溪邊文字交深成莫逆已承榴塾共春風更許槐堂開丈席一囊吟稿讀君多耿吟差幸能同癖聊賁巴詞一壽君君賜斧斤其莫惜

五絕

泰縣沈世德偶非

一笑謫紅塵悠悠三十春吾曹天位置强派作詩人　風燭殘年感霜華兩鬢侵高樓顏駐日聊慰報劉心　龍虎風雲變鶯花歲月閒壺樽孔北海絲竹謝東山　福慧君家占修來費幾生一簾人兩個紅豆譜雙聲　抱膝吟梁父詩中畫有情長溪烟水好簑笠樂吾生　襟上酒痕斑歸來隴畝間四方聯縞紵一卷壽江山

五律

甯波張允百藹廬

江左風流裔才名遐邇知卅年初度日千里一篇詩雅有盧仝癖詎無李密思何當共樽酒相與醉芳時

弔影君何戚不辰我亦憐文章身世誤感慨古今然壯志空華鬢澄懷共碧天長溪流自遠期子日緜緜

泰縣丁憲祖秋碧

長鋏不堪彈貞輪莫與干我嗟羅恨老天幸抱經殘骨傲親朋棄躬閑涕淚難絺袍應贈范特有子知寒

譚笑酒盃中圖王孰獵熊蠅營嫌世巧犀鑑奪天工印晚溪留月涵春浪不風先生洵達者運數任窮通

欲上仲宣樓樽邊話應劉苔岑聊可契桑柘不須愁鬬韻花前笑縈情竹裏遊茫茫天地窄狂嘯倚吳鈎

煙雨輿難賒退欽筆已花唯君年及壯比我齒無差別夢依芳草閒愁付好茶長溪書屋在還當輞川家

泰縣沈世德本濡

少小同孤露傷心淚暗彈飄零雙鬢短出處一身難亂世何如隱中原不忍看牀頭龍起嘯劍氣拂人寒

薄海逞干戈尊前喚奈何江山換刼影天地入悲歌經世頭顱老傷時涕淚多男兒不得志三十買烟蓑

顧曲游歌院攤錢上酒樓難逃花月恨一洗古今愁才氣君先斂狂名我漸收何當掉舟去乘輿捉閑鷗

我叨佳士許君與俗人疎白社新吟侶長溪舊隱居罷耕兒飯犢下酒婦烹魚臨水柴門好斜陽畫不如

泰縣沈世甲乙羣

剩有瑤琴在移來石上彈七絃聲入妙一曲和皆難我輩心相印天涯月共看何時同剪燭團坐話宵寒

江山已如此側目敢誰何不作登龍想安容扣馬歌遺賢空在望國士本無多我亦悲秋客烟波老釣蓑

言念西山日鳩工築小樓老人能益壽君子本無愁晚景叨延竚浮雲任卷收閑中滋味好天地一沙鷗

溪煞田家樂桑麻與世疎能逃烽火刼得傍水雲居下幕看巢燕臨溪學釣魚桃源差可擬之子意何如

五排

古田翁守藩靜庵

不愧夷齊節羣欽新野王柴扉臨水好竹徑迸風凉韻門詩牌勝愁從酒債償酸心悲雁影彈指動駒光門祚蕭條感人情冷暖嘗才名傾白社學業紹青箱廬橘推徵孝庭槐肇發祥寶刀緜世澤駿馬趣行裝逸興超凡輩豪吟託短章思歸同栗里晉祝啓桃觴愛日危樓駐瞻雲飲恨長圖披傳釣月菊傲欲凌霜領袖騷壇樂題襟翰墨香慚余夐跡阻酌兕慶公堂

七律 和原韻

高郵楊 蔚薈亭

古調而今久不彈韭無餘興倚闌干評茶客至天方曉買藥童歸漏已殘破碎河山安靜少輝煌門第應酬難閑來檢點琳瑯什才聳吟肩逼夜寒

罔極深恩一夢中當年空説兆維熊身無倚傍天何毒詩爲窮愁句益工烏鳥私情娛愛日（付與祖母相依爲命）泥鴻孤影立秋風（君鮮兄弟又無五服之親）柴門以外無人到只有盈盈一水通

落落無儔隱畫樓追思御李復依劉圖書坐擁兒能讀風鶴傳來婦不愁榴塾夙承夫子訓苕岑時與故人遊垂竿未得漁翁訣多少魚兒不上鉤

微病新痊興益賒自鋤明月種梅花（成句）享茲安樂情殊暢拈到尖叉韻不差逸少飈名猶習字輞川留客預烹茶同人若問淵明宅碧柳千行護一家

六合曹嘉詔荆門

焦尾琴音取次彈清才端不讓方干郢中雅奏珠璣落江表軍聲鼓角殘媚世何如高世好和詩還比作詩難焚香試展瑤箋讀簾外霜清不覺寒

長溪春在畫圖中垂釣何求夢入熊買得名山甘小隱琢成美玉仗良工十

年鴂立程門雪萬里鵬摶海國風會看摩崖兼勒石豈徒家學紹王通

夕陽影薄照西樓李密陳情衹爲劉舞罷萊衣空濺淚疊來姜被更含愁添香妻伴帷燈讀佩觽兒騎竹馬遊大母偶思魴鯉味且敲針作釣魚鉤

五十年華興不賒江郎才盡筆無花襟題白社三生幸飯熟黄粱一夢差豈爲愁多澆魯酒每因客到煑山茶羨君壯歲功精進博得聲稱著作家

南陵孫霽周公輔

遙聽奇士鋏三彈誰向豐城識鎮干桂砌喜看花漫爛荆庭愁見樹凋殘穀生始覺春秋易米貴方知稼穡難拔劍王郎頻斫地龍光直射斗牛寒

長溪垂釣月明中預兆他年夢渭熊富貴早遲由命定文章炳蔚奪天工潛龍懶作三時雨揮麈縱談四座風結社多交名下士傳書幸有雁能通

嘯傲頻登駐日樓才傳七步冠曹劉壽詩策蹇添新趣載酒聽鸝滌舊愁坐

論茶經欣友陸學文榴塾喜師游梅妻剪燭同聯句笑對花間月一鉤
霜落平林望眼賒閑登東閣數梅花馮唐老去忻神健彭澤歸來怪運差（余因丁母憂辭官返里）三徑猶存松與菊一生衹好酒兼茶廿年愧我虛相長孔彌聯交自一家（孔融禰衡爲忘年交）

六合王崇釗布成

流水高山一再彈悠悠利祿讓人干林泉小隱年方盛珠玉遙頒臘未殘工部但求詩律細仲宣已覺世途難急挑燈和陽春曲耐得蕭齋雪後寒
榴塾英才樂育中吐詞光焰自熊熊青箱豈但承家學斑管還能補化工把釣竿懸魚讀月乘時帆送馬當風天涯海角存知已全仗靈犀一點通
不用凝粧上翠樓翩翩夫壻倦依劉文章最愛陳情表怙恃翻增入夢愁縱少季方同嘯傲幸教徐淑與居遊好將繡虎雕龍筆偷畫眉痕月一鉤

當前風月不須賒況有蘭芽待著花退一步思眞是福作千秋計本非差俗原可避勤栽竹心到能清善飲茶老我難乘雙槳便流霞無分醉君家

松江王平格綏丞

憐予幾度淚珠彈萬事紛紜總不干堂上椿萱先抱痛闈中梅鶴復摧殘病餘轉覺吟詩苦（余患痔）老去方知涉世難卅載精神君正壯高歌風雪一窗寒
慧福雙修畫閣中羡君幾度夢占熊索居每慮親知少寫景猶誇點綴工一木支持新手澤三槐挺秀舊家風長溪適合幽人住花草深深曲徑通
年少先登王粲樓建安豪氣奪曹劉度公不乏清新句杜老同添離亂愁秀竹喬松時種植名山佳水足遨遊羊羔美酒銷金帳忘却窗前月上鉤
琴縮西風春意賒惟餘江管燦生花登壇詞賦年方壯強仕功名歲尙差兩字推敲師若弟一身消遣酒和茶神交莫慮長途遠野鶴閒雲處士家

高郵楊遵路鼗漁

不遇知音不肯彈侯門豈屑抱琴干名場自古浮雲幻世路而今夕照殘竹里清閒塵客少輞川高隱俗人難右丞詩業君能繼願結新盟未許寒
斫地王郎感喟中高歌拔劍氣熊熊卅年壯志銷磨盡一曲陽春韻調工往事鋪陳行瓦雪流光荏苒洞簫風昔時榴塾今苔社衹有因緣翰墨通
景仰君家駐日樓精神矍鑠羨依劉雲披重闥惟綿愛水泛長溪不釣愁滄海桑田經變化淸風明月定交遊三槐堂上蕭閒甚勾起詩心酒是鉤
鼗社漁人興亦賒回頭悔種縣城花雙扉倚滑居剛卜（漁近移居戚東街于家巷內房主呂氏同居一巷）三徑歸陶景不差遣我心情霜後橘（漁近購盆橘少許）共君嗜好雨前茶（漁生平亦最嗜品茗）他時願載扁舟訪傾話瑯琊處士家

武進王湛綸仲驊

手生嬾把七絃彈況値人間未戢干劍斫高歌三尺倦書搜餘燼一編殘白駒過隙眞容易綠蟻稱觴亦大難幸有梅花並松竹歎聯耐久不知寒
王綱紐解變遷中無復人才兆夢熊函夏何時淸可俟陽春有客唱偏工槐堂麗照一丸日榴塾仁揚十載風遙望少微隔江朗好憑魚雁吉詞通
更鼓連番急戍樓戰爭未息苦虔劉憂時鄭俠圖摩狀憤世高陽酒解愁終養情陳千里表倦飛憚作四方遊興來把釣臨淵羨可有魚兒誤上鉤
酬唱閨中淸興賒綠窗人影豔於花齊眉鵜閣追江氏巨手騷壇比景差霞舉軒軒連理樹風生習習數鍾茶門前春水濃如醴云是烏衣喬木家

揚州周仲雅

牙琴續續向人彈綵筆何曾氣象干有客烏衣多感觸問年綠髮未凋殘霜餘秋菊含苞冷封後孤雛振羽難我亦鮮民懷隱痛（余亦幼失怙恃）哀吟淚洒雨聲寒

千里神交夢寐中少微東望正熊熊名垂壇坫才非易詩得江山助益工晥
晚樓頭留愛日倡隨林下有清風幽居雅擅天然趣桑竹成陰一徑通
家有元龍百尺樓不同王粲說依劉馬卿善病翩翩減令伯陳情字字愁濁
世難謀千日醉閒踪已倦五湖遊盛年未可漁樵老漫坐長溪把釣鉤
邗水吳陵兩地睽忽逢驛使寄梅花交聯文字盟初定佛說因緣理不差性
冷未妨冰作枕詩清豈爲飲多茶壯遊倘遂平生志擬訪塘東處士家

六合汪錫昌仲熾

長鋏歸來已廢彈數椽老屋傍河干風清月白鷗眠穩日出烟消鶴淚殘君
有遐心躭隱易人無雅骨論交難庭前手植松兼竹好伴梅花耐歲寒
絢爛都歸淡泊中菜羹滋味勝魚熊苦岑榴塾題名早秋水長天造句工琴
榻韻流蕉葉雨墨池香散桂花風陳情表共萊妻讀漫向君平問塞通

梁孟才堪造鳳樓休誇敏捷八乂劉蓼莪縱抱終天恨蘭蕙能銷濁世愁架
上藏書兒解讀門前飛蓋客來遊樊川已覺揚州夢不聽簫聲弔玉鈎
我愧汪倫情意睽一泓潭水種桃花池臨內史心雖切硯當良田計太差縱
有漢書能下酒幷無婢子替煎茶衡門那及君高隱况是風騷擅一家

寶應劉奉鑾竺僊

自把焦桐信手彈橫塘有曲憶長干偷桃事怪傳方朔煨芋風高話懶殘卅
載光陰春正永雙修福慧老稱難逋仙獨許妻爲伴紙帳梅花夜不寒
繞膝歡承一室中夢曾占虺又占熊靑箱檢處傳家學紅線量時課女工鈎
月斜低嚴瀨水罏煙輕颺玉川風柴門誰似長溪隱贏得雙魚尺素通
胡笳聲聽倚城樓辜負雄心劍舞劉宵小鵾張蘇魯禍夜深鶴淚冀燕愁桑
田滄海人增感桐帽棕鞋客倦遊惟願承平常默禱焚香讀易下簾鈎

七十餘年日月睽北堂重慶有萱花范喬受硯書能讀蘇蕙迴紋繡不差柏
葉釀斟彭澤酒蘭芽分煮霍山茶旁觀我羨天倫樂綽楔榮褒第一家

常州諸懿德秉彝

憂時無淚背人彈欲學踰垣作段干鼠子鼓鬪三舍避猧兒棋亂一枰殘壯
年轉瞬經容易來日堅撐覺大難攻錯不渝松柏性相期共保暮天寒
俯仰人生憂患中燭天烽火倘熊熊弭兵向戍事何濟反間陳平計未工春
永休拋駒過隙秋高怕聽馬嘶風隔江且喜少微朗好託魚箋款曲通
不數當年趙倚樓建安才調抗應劉好詞絕妙摹三影幽怨偏工託四愁北
海待開文舉宴東山愛作謝公遊功名近視同塵土惟羨臨淵把釣鈎
抽簪助詠樂何睽分到江郎筆底花鳥憤私情慙未報豕魚沿謬辨無差新
詞合譜雙聲樹逸興遄飛七碗茶門蔭綠槐佳氣溢春光多在輞川家

武進吳　放劍門

古調硜硜我獨彈不求聞達老江干萬方擾攘風雲惡半壁支持山水殘岡
上龍眠猶待聘霧中豹隱卻知難相期益勵明夷志勿讓貞柯耐歲寒
離亂生丁鼙鼓中桓桓怕覩狀如熊瀾翻處士議何補隙伺漁人計獨工榴
塾不妨敷化雨蕚樓已悵折罡風忘年交訂互相勗一點靈犀早暗通
過江無處覓迷樓智力相持鬬項劉作檄有才猶置散弭兵乏術轉添愁恩
酬早具陳情表孝養難爲浪迹遊燈畔拔釵時助詠催成不待釣詩鈎
斗酒妻藏無用睽賓筵催啓頌椒花絳雲抗跡修何到明月前身信不差五
色平分萊子綵一生酷嗜玉川茶春深如海槐堂畔知是烏衣世祿家

寶應丁仰高桂山

獨坐幽篁琴自彈嗤他武士統師干燃藜校字追劉向煨芋圍鑪憶懶殘過

眼雲烟悲幻境瞻懷家國歎才難激昂慷慨詩章賦東野高鳴不礙寒
梓樹摧殘風雨中何時一夢協占熊（鄙人前生三子皆不育嗣續尙虛）持躬惟守和而介題句遑論
拙與工槐種君能綿世澤松生我未紹家風（敏齋名松生書屋）連番和韻開吟社翰墨因
緣尺素通（先生廿七述懷及題小影詩僕俱步和）
習靜家居敞畫樓不同王粲感依劉飽藏文史三冬富滌盡胸懷萬斛愁壇
坫雄才多著作山川勝境樂優游垂綸晚釣漁歌唱愛賞黃昏月一鉤
長溪風月望中賖銀海光明信不花三徑逃名心自泰重闈盡孝禮無差中
懷骯髒常澆酒詩句清新爲飲茶更羨賢媛工詠絮璇閨靜好賦宜家（尊夫人工吟詠）

丹陽荆鳳岡石梧

不須憑鋏手頻彈氣象還堪彩筆干三十功名塵土賤五千緗素簡編殘年
逢少壯萬言富詩爲推敲一字難我索枯腸呈瘦句開緘莫笑孟郊寒

終賈初驚一顧中文章光彩自熊熊炎涼叔世情難測哀樂中年句易工千
里勝探牛渚月一帆神助馬當風苦吟早結三生契吩咐江南驛使通
吟筒曾寄沈家樓知否儂爲前度劉李密陳情千點淚張衡作賦十年愁良
宵徐淑同淸課壯歲高柔賦倦遊撥甕尙逢家釀熟此間自有釣詩鉤
近市歸來酒已賖安排種樹與栽花相如渴病消原易王掾癡名說本差李
白豪攀中禁柱樵靑閑煑小園茶長溪烟水無邊闊恰稱瑯琊處士家

寶應毛文沂瀚波

不學馮驩把鋏彈願隨漁父老江干玄黃血戰三軍擁黑白棋爭一局殘欲
覓行窩安樂少將傾大廈挽囘難莫愁形影煢煢立傲共霜籬菊耐寒
太平景象渺茫中卜吉難逢渭水熊身侶海鷗盟不改心抽絲繭句能工歡
迎白社來新雨珍重靑箱守舊風榴塾十年私淑久河汾教授遇王通

遣興頻登庾亮樓苦吟直欲比曹劉烏私一樣陳情表雁序孤飛弔影愁屺
岵陟來含別淚江湖老去話前遊藏書有屋臨溪隱風送疏簾月上鉤
眷屬神仙日月賖倡隨同夢筆生花兒嬉女笑懷堪遣絜果蘭因理不差十
畝閑桑千个竹三杯濁酒一甌茶塵緣脫盡無煩擾近水柴門處士家

天長葉治堂明夫

羞將里曲對君彈未獲登龍一拜干冷豔香催梅蕚破新詩遠寄菊花殘今
朝且喜拚狂醉來日何須問大難遙憶輞川舊居士圍爐斗室正消寒
小謫紅塵十丈中凌雲豪氣正熊熊思親念切嗟何補自壽詩成句易工烏
哺陳情迴薄日雁行失序感秋風勸君往事休囘首悃問聊將尺素通
琳瑯四壁燦書樓誰是題糕客姓劉誼重苔岑聯夙好情深葭水動離愁傾
心或許憑傳語攜手何當結勝遊伴讀羨君饒豔福香添紅袖下簾鉤

滿斟臘酒不須賖寫就新圖染杏花小影風標題未果隔年雪和記無差盧
心一片勤移竹轉眼三春唱采茶月滿長溪容過訪買舟直到故人家

宛平王恆清靖龢

莫歎車魚鋏屢彈凌霄逸氣總能干雄心磨鍊應銷盡老鬢蓬鬆自鑷殘白
社投詩欣友聚紅塵瀾跡見才難一燈如豆山中雨瀉磴泉聲入澗寒
延攬人才夾袋中釣璜身世感飛熊書聲似逐溪聲遠詩意眞憑畫意工寄
託隱情來菊徑吹醒俗夢聽松風放懷歌嘯忘形跡世故勞人不喜通
偏愛幽棲駐日樓近來詩興邁曹劉駒光逝水催人老雁影邊城觸客愁千
里親朋頻問訊五湖煙雨憶閒遊夜深獨釣長溪月却被魚吞誤作鉤
詩債經年似酒賖十年春夢覺鶯花交深金石三生契悔謫風塵一念差愛
竹不芟歧路筍汲泉試煑故園茶此身合向溪邊住水抱柴扉處士家

歙縣吳承烜東園

長鋏歸來久不彈年年市隱大河干桃符萬戶知春近蓮漏三更覺夜殘身入青雲攀不易曲高白雪和應難茂如松柏歌天保錯節盤根耐歲寒

二代乘除在眼中渭濱發夢到飛熊鷹揚時際清明會鴻運天開造化工蓂莢漸添三夜月梅花又遞一番風雖經爨後桐焦尾不信孤琴走鞠通

江上昭明文選樓暗摹何謝又曹劉（謂恒慶操選政）郕人與我同三樂平子因誰賦四愁黃浦屢通今雨訊白門猶憶少年遊風流宏獎王文憲幕府芙蓉月一鉤

咫尺吳陵望眼賒沂公詩筆豔於花正當三十懸弧慶不許毫釐落筆差遺老投閑居水竹良朋耐久等山茶燕飛如過烏衣巷莫入尋常百姓家

崐山楊健高少芝

攜得瑤琴對月彈笑看花影上闌干吟梅繞樹同何遜煨芋分香憶懶殘春貯玉壺消渴易冰生石硯作書難輞川別墅清閑地一點青燈共耐寒

紅袖香添綺閣中蘭閨吉夢叶占熊白鵝換得書無價（王右軍）綵鳳裝成藝獨工（王僧綽）桃葉盈盈隔秋水（王獻之）柳枝濯濯帶春風（王恭）捲簾燕子雙飛入路記烏衣曲巷通

自顏馹日讀書樓報答餘暉祖母劉冒雪朧舟偶乘興（王子猷）聞雷廬墓不勝愁（王裒）溪聲有韻縈詩夢山色無邊助壯遊涼夜吹笙緱嶺畔（王子晉）南飛鶴唳月如鉤

遠望雲山萬里賒槐庭秋滿落黃花（王祜）文章瑰麗追滕閣（王勃）詞賦精英擷景差頷點梅開朝醉墨心清竹裏暮煎茶披裘釣罷長溪月飽飫奇書蒐百家

六合葛繩正諫門

一曲陽春古調彈高風落落比方干談揮玉麈丁年盛漏滴銅龍午夜殘吐鳳才知催缽易探驪句豈得珠難青氈故物傳家久坐守書齋歷暑寒

有味燈橫几案中青光照眼望熊熊魚書酬答三江遍驢背推敲一字工變起烽烟新世界詩多畫稿舊家風苔岑社契蘭言讀聲氣全憑片紙通

王粲遙登作客樓平生遭際祗依劉花間題石饒清興竹裏烹茶解舊愁稚齒蓼莪應廢讀傾心榴塾久從遊舉杯對飲邀明月釣起詩情酒作鉤

重闈仰事望彌賒暮景桑榆兩目花青眼迷茫生障礙白頭衰老視明差長溪晚釣人依樹無酒宵寒客飲茶壯盛年華功遞進詩才欽佩大名家

嘉善朱錫秬卣香

卅載儒冠不願彈學因謀道祿非干鯉庭缺對楹書守雁序孤飛棣蕚殘（君椿萱早萎令弟又幼殤）一樣天倫留闕陷（余亦幼失怙恃兄弟四人俱逝）萬般人事歷艱難况當羹沸蜩螗世蒿目中原膽更寒

遞到瑤章千里中光騰萬丈自熊熊十年榴塾藏修切五載苔岑唱和工短髮鏡中添染雪長談座上定生風神交不患形骸隔魚雁傳書肺腑通

思鄉怕上仲宣樓椽筆猶依江表劉風鶴心驚有餘痛（上年潰兵劇盜城市罹災）雪鴻爪印頓增愁祇緣家食難占吉竟使衰翁尙紀遊（橐筆謀生卅載矣）自顧生平惟嗜酒允宜呼作釣詩鈎

欲接光儀道路賒幸逢驛使贈梅花須知富貴紅塵擾莫悔詩書素願差陶令一籬栽壽菊盧仝七椀品新茶他年訪戴拏舟去記取長溪隱士家

寶應丁繩曾翼孫

流水高山一曲彈寬閒歲月紀支干烟霞痼疾甘棲隱風雨蘧廬謹抱殘把臂騷壇同臭味驚心國步太艱難盤根錯節堅操守松柏森森耐歲寒

目極干戈擾攘中桓桓將士似羆熊軍能奪帥威常假籌占先機計未工逐

鹿中原彌毒焰止戈何日戢雄風著書閉戶安吾素世運須教待顯通
王粲風流慣倚樓荆州我亦悵依劉（少時曾就館金陵東台等處）桂香望斷吳剛折（自高高祖以降四世皆爲孝廉繩兩戰秋風一薦未售有慚祖德多矣）葉落秋生宋玉愁（落葉吟上下平三十首和丹徒孫仰吾先生六十述懷之作）烟景西湖縈寤寐（每思泛棹西湖有志未逮）江山北固
任遨遊閉門不管興亡局燕子磯頭一釣鈎
珠玉飛來入望賒清言霏屑筆生花苔岑欣結三生契棊局先防一著差醉
月常教傾美醞吟詩端合試新茶才儲十載逢强仕宦海經綸奠國家

丹徒王景羲綬青

琴遇鍾期始對彈鈞徒居合傍江干蘭成賦寫蝸廬小杜老詩吟蠟炬殘愛
日方長從古貴秋雲太薄向人難憐君孤露悲風木松柏偏能耐歲寒
月滿長溪入畫中明王無夢兆飛熊昂藏七尺羞牛後聲價千金擅馬工心
似一泓盟白水手空兩袖拂清風文章知己嚶鳴集差喜天涯東道通

依人王粲感登樓假手無柯未執劉聲斷衡陽孤雁唳淚揮巫峽暮猿愁青
氈克紹精勤業赤縣毋爲汗漫遊知否槐堂繇世澤居心不學曲如鈎
寒夜耽吟酒屢賒自慚凍筆禿江花鴻儒枉駕談何易驛使傳書路未差手
盥應知垂有露心清都爲飲多茶笑余馬齒雖加倍江北江南却一家（余今庚行年六十又喜獲苔岑社友）

金山徐　方石菴

自憐長鋏只空彈不向權門挾策干世事浮雲多變幻鬢絲如雪半凋殘驚
心歲月馳何易回首滄桑挽更難苦恨年來生計拙腐儒那得免饑寒
兀坐書齋夜雨中青燈手剔焰熊熊酒當醉後情彌壯詩到窮時句愈工恩
念椿萱空愛日化沾桃李感春風蒼蒼雲樹長相憶兩地河山夢寐通
憑欄作賦快登樓王粲依人命托劉圾到紅羊能免厄（去年八月盧孫兩軍在金山松隱等處交戰惟我呂巷幸得安然無事）杯
傾綠蟻可澆愁訂盟苔社多吟侶息影蓬廬早倦遊芳草滿庭人意好晴窗
翠色上簾鈎
東閣閒居吟興賒情同何遜愛梅花中年絲竹偏多感早歲功名自覺差陶
令棄官身隱酒盧仝有癖性耽茶如君風雅誰堪比種竹栽桑處士家

嘉興朱文柄謙甫

漫向侯門短鋏彈興亡成敗不相干縱觀大地風猶勁垂釣長溪月未殘立
志莫如求己好託身翻覺倚人難傷心怙恃愁無極又慨衡陽雁陣寒
艱難閱世卅年中幸早生男叶夢熊喜看佳兒綿世澤何須巧計奪天工榴
花滿樹程門雪（謂白榴私塾）柳絮盈庭謝女風（謂尊夫人能詩）長日閨房同唱和詩情恰合兩
情通
孺慕難忘駐日樓肯同王粲浪依劉陳情竟獲遨榮典養志無庸動旅愁老

眼還嗟萱幄暗怡情且作竹林遊年來大局亡公道竊國紛紛罪竊鈎
四時風月不須賒隨意栽成益壽花屈指添丁還未已齊眉周甲信無差蘭
亭雅集宜耽酒蓮社詩清爲飲茶（謂君有茶癖）三十功名當努力本來珠樹屬王家

鹽城張　祉蔭孫

流水高山莫漫彈懷人海外又江干種梅到處尋和靖煨芋何時問懶殘蕉
鹿夢圓都是幻木犀禪悟本來難幸予留得閒身在百鍊冰霜耐歲寒
苔岑隱約畫圖中捷足君如撼樹熊蔭襲萱闈思祖德詩酬蓮社仗神工同
懷有弟悲朝露擇善而師見古風尤幸山妻能解事靈犀一點寸心通
慣攜朋好慣登樓年少能詩鄴下劉月釣長溪尋舊約風搖危幕寫新愁世
家門祚偏零落故國雲山當臥遊堪笑中原紛擾甚幾人錦帶幾吳鈎
煙塵滾滾望彌賒十載於茲眼欲花衽席干戈多變幻江河壤地各分差本

無善策能除莠焉有閒情學門茶我羨此君溪隱好年初三十作詩家

岷山楊健尊肖頤

聽到成連一曲彈懷人月夜倚闌干梅舒嶺上春先報菊傲霜中秋後殘詩酒頻年愁髮短雲山千里識荆難萊衣博得重闈樂雪滿江頭獨釣寒

秋水伊人望眼賒正逢驛使寄梅花鶴眠竹院清如洗鵲噪槐庭報不差門外雪深爐拷火壺中酒熟鼎烹茶一窗風月閒酬唱茅屋山莊處士家

青浦項　寰涵公

牙琴莫向俗人彈高節巖垣憶叚干醉後劍提三尺冷𡊨餘書抱六經殘永敦燕好安居慣願報烏私作宦難雅愛風騷有奇癖夜深那管苦吟寒

奉賢朱家驊粥叟

詩酒娛懷兩不賒笑攜稚子對梅花高人只愛閑閑趣大局堪憐著著差妝閣焚香同寫韻苕堦掃雪自煎茶功名幾輩眞多事菊徑柴門處士家（元唱句十載精神霜後菊柴門臨水春無恙披讀數過如覩輞川好風景矣）

奉賢朱家駒遯叟

曲中山水向誰彈些子塵氛不許干愛飲茶多詩定好耽吟筆禿紙同殘應知阡表歐陽易修到閨房道韞難見說含飴同首記卅年萱蔭不知寒（君祖母在堂夫婦承歡酬唱）

常熟陸寶樹醉樵

同調相逢忍廢彈抱琴我欲到江干散花室內參摩詰煨芋爐邊伴懶殘佛以詩成修亦易仙由酒得學非難心期流水高山外不覺寒泉繞指寒

笑看龍蛇門陸中存身至竟不如熊深居山館眠餐穩小隱園林佈置工百尺樓高能駐日四時花笑欲嬌風路旁攘利爭名客那識仙源與世通

吉林孫茂寬簡庭

仙鶴南飛一曲彈鴻名鼎鼎勝方干臨溪把釣朝曦出刻燭催詩夜漏殘簀覆爲山猶急進船撐上水不知難書生卓有堅貞志骨格梅花最耐寒

三句氣盛日方中際遇相期渭水熊譽比子安名遠噪才如摩詰句尤工詞人好賦中天月志士將乘破浪風老我頹唐羈古塞神交萬里尺書通

豪氣元龍百尺樓建安七子較曹劉香山雅喜歌三奏平子何須賦四愁書卷填胸勤誦讀江山滿眼恣遨遊閒觀紫燕雙飛入恰好珠簾正上鈎

壺觴謀婦不須賒闢韻香閨愛詠花榴塾傳經功弗倦蘭亭修禊記無差花間李白原耽酒竹裏樵青好試茶羨煞天倫饒至樂芝蘭毓秀善人家

上海喻永浩水聲

濩落生涯冷澹中倡酬我愧效王熊歷來哀樂由天命參到盈虛悟化工心鏡一輪同皓月布衣兩袖自清風而今知己惟詩酒日與盤桓夢與通

銅琶鐵板憶歌樓當日風情自媲劉孽海長波今覺險揚州明月總消愁破除煩惱眯頭釀開豁胸襟物外遊祇奈情根删未得舊恩新怨此心鈎

已去知音可廢彈重提往事淚闌干楚王夢醒愁偏重韓翊歸來柳欲殘閱世幾經桑海變逢人更覺笑啼難九天翹首頻惆悵何處雲梯入廣寒

寂寞柴門歲月賒儂心淡到似梨花磻溪學釣年非老節信著書願已差眼底長青惟有竹齒間多馥尙餘茶閒鷗野鶴逍遙甚羨煞吳陵處士家

岷山陸頌頤

獨抱牙琴月下彈名韁利鎖不相干書編誤我行將老鬢髮催人逐漸殘白傅題詩忘倦易靑囊濟世建功難羨君年事方當壯一樣梅花耐歲寒

抱膝長吟老屋中山居朝氣自熊熊春霜秋露同增感媚世迎人笑未工和

靖愛梅饒逸興子猷咏竹繼宗風遠聞佳士苔岑會幸有神交兩地通
月到江心秋滿樓同洲骨肉痛虔劉文章怕讀陳情表境遇時添平子愁司
馬天才原異俗元龍豪氣喜遨遊臥冰孝思神靈鑒定有雙魚上釣鈎
伉儷聯吟興倍賒良緣影竝照菱花林泉偕隱圖堪繪湖海歸來路未差徑
僻還思移種菊詩清只爲喜評茶年來脫盡沉疴累讀遍奇書匯百家

廣西蒲益聰

我亦焦桐久未彈別尋明月釣江干（壬戌遊學毛江）身憐萍梗奔波苦（年十九爲口食奔馳即服務新墟小學）淚灑
荊枝帶雨殘（今年重九先兄益智見棄）養晦待時聊自慰謀生無計却爲難茫茫濁世知音少
一領綈袍孰恤寒
一壺雪隱綠槐中（余家居新墟）壯志徒懷托夢熊讀畫渾忘神契合（余兄弟二人皆嗜書家頗常蓄數十册）論文
差幸曲同工（余充小學國文席厭趨白話不免貽譏）野花夾路驚寒雨（市多遊妓一般浪蕩子傾產不知凡幾）落葉敲門響晚風（荊棘滿途時聞惡耗

夜來尤不得一頓安睡）如此閒愁誰可訴天涯鴻雁喜相通
山外清幽結小樓移家當日欲依劉（余有山林癖年前曾移居外祖劉氏之村）金章榮著三年績（邑之學生成績展覽會贈金質獎章）
銅鼓聲喧兩粵愁弱弟雛齡猶課讀（六弟益壽年幼朝夕恂親送入校）老親多病暫停遊（友人屢邀軍界一行辭以親老不果）
名途堪笑人如鯽香餌迷心自上鈎
詩酒頻耽興復賒花間狂醉又吟花米珠薪桂談何易鶴瘦梅癯念轉差冒
雨呼童閒剪韭敲冰款客愛烹茶近年未識揚州裏月夜吹簫有幾家

九江廖桂賢古香

琴遇知音許再彈文章憎命惜方干君纔三十華齡壯我已七旬暮景殘沒
世無稱常抱疾匡時有志用行難封侯投筆終虛願李廣生成骨相寒
文運何時日再中渭濱空望夢飛熊陽居大夏災愁旱（去歲旱災今又雨少）曲和陽春技未
工吟友幸多今舊雨科名常歎馬牛風詩囊頗富錢囊澀恨不銅山遇鄧通

望遠常登庾亮樓枝栖無地許依劉祝君願進千杯酒與我同消萬斛愁恨
未識荆徒景仰有懷訪戴遠來遊長溪釣月漁家樂可許樵翁共下鈎
詩債常同酒債賒江郎才盡筆無花書懷有意惟鳴慣祝嘏無文自笑差吟
癖生成常起草詩清難望飲多茶江西詩派傳圖久甘讓方家作小家

會稽朱　鐙子夷

獨把清徽古調彈高情磊落比方干故家堂構承能肯舊業巾箱守未殘歲
壯却緣多難始家貧啇便讀書難烏衣白袷餘風在長與青燈閱暑寒
晝錦華年日未中詩才爲憶顧飛熊白榴塾啓名師得黃絹辭成少婦工束
晢循循敦孝思王恭濯濯有宗風植槐門巷哀我詠一念神明感可通
三春暉滿仲宣樓令伯陳情祖母劉菽水承歡能養志萊衣舞綵詎言愁鱗
鴻薄海縈今夢風月長溪憶昔游兒女躋前人舉案蒲簾雙照燭搖鈎

眷屬劉綱福慧賒蘭閨長豔合歡花緜齡周甲方將半涉世艱辛久戒差錦
字偶囊昌谷句碧甌閒品竟陵茶永和裙屐年猶壯終見箕裘早克家

虞山鄔　斌醉竹

不合時宜古調彈竭來居處老江干浮雲出岫原無定弱柳經秋幸未殘車
轍故人門外遠棋枰冷眼局中難高齋莫問興亡事且伴梅花共歲寒
掃地焚香習靜中泥爐茶沸火熊熊小窗夜讀文章熟大塊春看造化工詩
社論詩輸我輩輞川入畫羨家風抱琴自恨無由謁迢遞長溪路未通
傷時王粲懶登樓割據中原豈屬劉有酒且將消塊磊忘情聊以解憂愁一
竿風月舒清興萬里雲山憶壯遊每爲伊人長太息綸綸空具釣鰲鈎
野鶴閒雲興不賒詩吟秋月醉春花對人常作三冬暖處世曾無一事差澹
泊寡求唯種菊孤高有癖最耽茶江邨息影塵囂隔雅愛林逋處士家

東臺姚光遠灼電

螂將綠綺手中彈學效顯孫匪祿干劍舞霜晨花影亂詩吟月夜漏聲殘側身天地關心少寄跡巖阿覯面難昨讀先生新錦什雪深三尺不知寒

失怙還憐襁褓中賢哉有母課丸熊練成胆識行文峭嘔盡心肝造句工擊缺唾壺奇士態習勞運甓古人風少年不僅丰姿俊刻苦猶欽六藝通

著手修成五鳳樓文章綺麗壓曹劉讀書自享四時樂把酒能消萬古愁李密堂前多孝敬侯芭海內廣交遊一從翰墨因緣結長夜相思月上鈎

棲隱溪邊歲月賒自栽松竹自栽花唱隨同調眞難及忠恕存心確不差冒雨叱牛親種秫避煙看鶴讓烹茶年來世局滄桑變安樂誰如處士家

上虞羅煥藻佩芹

陽春曲調聽重彈氣象曾經彩筆干（前以自題玉照徵和）棣蕚未偕沾雨長菊英豈肯受霜

殘卅年韶景消磨易四首新詩屬和難珠玉頒來天欲暮圍爐浣誦不知寒

榴塾談經十載中文章光焰起熊熊停雲留影丰標壯釣月成圖點染工孝養重闈常愛日歡聯繡閣共吟風長溪一水清如鑑放棹遙知路路通

作賦閒登駐日樓非同王粲暫依劉莫嗟疎友緣多病且自呼兒共解愁詩酒陶情今夕樂江湖浪跡昔時遊溪邊高隱希懷葛坐對窗前月一鈎

周甲平分歲月賒詩成自述筆生花門臨活水情無滯社結同岑誼豈差翠繞四圍勤種竹香浮七碗快烹茶十年而後登强仕君子休言不出家

曲阜呂廷霖沛之

一局清棊對客彈高風原不讓方干詩吟同社詞稱妙酒醉重陽菊未殘氣靜秦關渾忘險心平蜀道漫云難自慚歲月百將半虛擲光陰閱暑寒

有客長溪垂釣中不希吉夢兆飛熊學書克紹臨川妙題句直追摩詰工心似珠波初點月人原玉樹恰臨風一週甲子纔分半跡奮鵬程萬里通

莫漫重登王粲樓當年願已悔依劉文章伊古徵多壽風月誰云不解愁能自得時方自得堪優游處便優游任他巧技投香餌爭奈金鰲不上鈎

自述詩成逸興賒宛然筆底燦生花重闈恩報情彌篤同輩歡聯意恐差曾築高樓思駐日難醫饞癖愛評茶青山宅近門垂柳定是先生息影家

崐山陸文明安欽

高山流水抱琴彈塵世風雲總不干亘古文章甘守缺中原繡壤泣摧殘家貧無礙居家樂世亂方知處世難羨煞輞川留別墅孤標獨立耐嚴寒

世局滄桑擾攘中禮賢那復夢飛熊功名覷破情歸淡諂笑求容術未工搜集殘書兼古畫流連明月與清風佳章浣讀知懷抱快得神交意氣通

賦志悲登王粲樓干戈蒿目等曹劉淵明不忍荒三徑平子難禁詠四愁詩

酒謫仙眞落拓江湖霞客倦遨遊長溪消夏添清課稚子敲針作釣鈎

詩債慚予幾處賒難教倡和筆生花賡歌雅好鸚鳴切校讀甯知魚魯差懷隱君宜閒藝菊譚經我亦試煎茶椿萱棠棣同悲悼落寞江東處士家

休甯程　灤少澥

親朋雅集畫堂中介壽筵開掌取熊竹里故居仍舊土苔岑異曲本同工締交遠道來今雨把釣長溪唱晚風花甲半周聲望重靈犀一點寸心通

時局紛爭感慨中而今莫問兆非熊我嗟老境庸庸甚君有奇才事事工百尺樓高顏駐日（先生有駐日樓）一枝筆古笑吟風羅塘奉訪應容易買得扁舟一水通（余擬今秋乘輪奉訪彙晤陳少庭姻弟小作勾留）

錢塘吳耳似聽猿

曲高無奈別離彈痛飲狂歌百不干惠我雪唫殊俊逸長君花信愧衰殘問

天無語天何夢來日方長日大難春酒居蘇同介壽九華燈下豈知寒

三十功名醉夢中禎祥墮地兆羆熊新詩有畫欽摩詰濁酒如淮學化工臧氏含文明旭日趙家宣子仰清風異苔久有同岑契雙鯉迢迢一紙通

湖海論交一角樓我如王粲尚依劉右軍才調工三絕平子衰頹賦四愁豪興自知輸後起塵勞容易負清遊長溪釣月曾題畫掉尾文魚不上鈎（癸亥由京辭職南下）

西林唫興已全賒好靜閒栽四壁花魏宋詩餘心有寄漢唐碑碣跡無差清貧陶令三升酒嘯傲盧仝七椀茶強仕待看騰達去海天深處敘通家

泰縣游上都賦西

獨坐幽篁古調彈引來明月照闌干（王維）高歌斫地劍光冷（王司直）大局觀棋斧柄殘（王質）舟訪前溪知己少（王徽之）車回峻坂世途難（王陽）烏衣巷裏家聲舊長守青氈一室寒（王獻之）

弱冠名標壇坫中文成滕閣氣熊熊（王勃）門庭大啓槐陰滿（王祜）闔闢聯吟柳絮工（王凝之）流涕廢詩敦孝行（王裒）犢金市米布仁風（王霸）笑他長嘯年三十家學淵源尚未通（王柏）

幽居作賦慣登樓避亂何須遠托劉（王粲）歌占旗亭花解語（王之渙）觴流曲水酒消愁（王羲之）每聽揮麈談玄理（王衍）不借飛鳧逐遠遊（王喬）嘗得高台名釣月伊溪聊試玉璜鈎（王南美）

吟到調羹壯志賒安排心事托梅花（王曾）詩籠紗碧輝長照（王播）學紹箱青泒不差（王淮之）一卷離騷名士酒（王恭）滿堂佳客酪奴茶（王肅）階前競秀三珠樹共羨河汾說世家（王通）

泰縣張莘農醫隱

援琴古調爲誰彈安我家風祿不干東閣尋梅詩興遠西窗剪燭漏聲殘敢言富貴論交易爲有操持處世難太息河山紛擾甚中宵起舞劍光寒

廿六年來一瞬中邉期如願兆飛熊酒當醉後渾多夢詩到窮時竟不工矮屋卑棲無好月高軒雅坐引清風幽人竊慕三槐影環抱溪流水曲通

仲宣作賦早登樓七子才華獨冠劉角逐利名無限感徜徉歲月不知愁輞川別墅追摩詰文學分科繼子游寄語水濱魚躍過莫貪香餌妄吞鈎

及時行樂樂恆賒夢醒黃粱頃刻花處世當知三鑑貴持身未肯一毫差照人肝膽秋潭月沁我心脾雪水茶犬吠柴門村落裏桑麻茂處隱居家

泰縣沈世德本淵

羞向侯門劍鋏彈誅茅拓地傍河干尊開北海客常滿日駐西山景未殘備具時饈供孝養飽嘗世味識艱難憐君吟瘦梅花骨受得冰霜耐得寒

雙披肝膽唱酬中不在烹魚啖掌熊交到忘形如水淡詩能入畫奪天工聯

牀共聽窗前雨揮麈清談座上風塵土功名三十載早將一例付窮通

指點長溪駐日樓此中人合住樊劉修來佳偶三生福畫出雙彎絕代愁香氣半簾搜蠹蝕波光一鏡看魚遊桃花春水蘆花月飯罷呼兒理釣鈎

相逢對酒興彌賒一笑尊前解語花擲去纏頭原不惜醉餘按拍豈無差春風門巷銀箏曲夜雨樓臺玉椀茶鏤翠裁紅成結習碧紗籠在女兒家

再疊

懶求聞達把冠彈敝屣功名祿不干劫後江山嗟割據眼前文物痛摧殘一生有幾開懷笑萬事無如啜飯難傲骨同矜霜下傑不因人熱耐清寒

彼此終天抱恨中傷心同是啖丸熊漫云命蹇原前定敢說詩窮而後工孤露少年偏作客拏雲豪氣欲乘風憐君三十懸弧日家學淵源尚未通

與君把臂曲江樓（樓在羅墅）遙指天台說阮劉（古莊天台別墅爲劉旋孫吟丈所建）鶴唳鸞吟和竹嘯鶯癡蝶

怨替花愁尋來舊跡閒中感偷得浮生物外游笑我塗鴉汙四壁右軍書法是銀鈎甲子春薇游蜓上龍孫吟丈觴我於天台別墅之日怡堂即席聯吟得五排若干韻余并有重過劉園題壁之作世味何如睡味賖半牀清夢冷梅花早知石證三生幻翻悔棋輸一著差食到縱無妻舉案渴來倘有婢煎茶敢持近況從君較紙帳蘆簾自一家

三疊

十載匆匆指一彈先交摩詰後方干予初識君承代介入武進吾吟社既蒙定遠方佛老介入阜甯醒蒨詩文社名留壇坫矜年少話到江湖感鬢殘高詠何如酬唱樂相逢偏比別離難從君收拾魚竿去共住長溪釣月寒

牛角危樓入望中讀書燈火照熊熊文章脫手稱枚速詞賦驚才邁馬工紅袖香添吟夜月白榴塾啓坐春風桑麻自足供甘旨不羨終南捷徑通

𩲡𩲡少日怕登樓歸奉重闈遂報劉舞到綵衣聊博笑數來白髮暗含愁君

因世亂方垂釣我爲親衰亦倦遊羨煞佳兒差解事也敲針作釣魚鈎

一片旌旗眼望賖健兒血染戰場花有人投筆心原壯同室操戈計本差無那魂銷燕市酒不堪夢斷霍山茶謂同邑李芳草安徽汪石甫先後物化此生幸已逃鋒鏑十畝閑閑數口家

四疊

妹解歌詩弟解彈漫勞車馬駐江干杜句誰憐抱膝吟梁父祇爲降心問懶殘醇酒醉人紅袖易文章傳世白衣難半窗燈火兒時味母荻須砧課夜寒予早孤賴家慈與適許氏先長姊湘筠女士督課今日稍能塗抹者毋荻㚒砧之賜也

萬姓流離道路中眼前幾輩夢飛熊故人久已輕微祿謂錢又東倦遊歸淘上閉戶著書絕意進取上國今方重賤工祇管著書銷歲月不妨擊鉢唱春風新詩贏得天涯遍薄海交情一雁通

萬方多難且登樓逐鹿中原笑項劉羽檄報來千里警角聲吹起一天愁無端涕淚尊前落如此江山夢裏遊棖觸滿腔家國恨獨摩雙鬢看吳鈎

三十高歌興未賖王郎風骨傲黃花聯吟韻羨雙聲疊入道功輸一念差悔我虛名成畫餅助君清興試烹茶故人倘買扁舟訪負郭柴門近水家

泰縣顧蔭棠憨伯

古調由來喜獨彈緣何抛玉到江干君懷瀟灑同摩詰我性慵疏類懶殘才拙翻嫌投稿易腹枵彌覺報桃難燕詞草就增顏汗爭奈前盟未敢寒

椿萱失蔭少年中雁序分飛喪仲熊幸有重慈榮晚節好將人事補天工情陳李表能回日燭隱萊衣不畏風如此家庭春似海遑論貴賤與窮通

放眼中原盡砦樓問誰操刃快虔劉帆檣遍地拉夫急烽火連天動客愁舉國幾時停戰伐八方何處可遨遊奚如高隱長溪畔看子敲針作釣鈎

小築臨溪樂事賖任他世界說花花書能養性甯求解棋爲消閑不許差眉史修成重鬭韻酒兵鏖罷更評茶自由自在還天籟愧煞縱橫捭闔家

泰縣朱應昌字澄

壁上高冠久不彈浮雲萬事莫相干韶華逝水千金擲世勢枰碁一局殘敢謂足音空谷少自知眉樣入時難狂瀾既倒憑誰挽起舞中宵劍氣寒

十載干戈擾攘中奮飛無復夢占熊才迂趨世甘藏拙詩到言情乃見工萬里同懷牛渚月千秋希遇馬當風扁舟造訪知何日洄溯蒹葭一水通

四方多難怕登樓南北紛爭說項劉亂世文章同草賤徹宵風雨替花愁逃名不藉陳情表行樂還須秉燭遊佇戀夕陽無限好歸巢雙燕觸簾鈎

蒽蘢竹樹望中賖境訪桃源路不差一片山莊多傍水幾叢籬落半栽花耦耕並舉梁鴻案活火閒烹陸羽茶留得輞川圖稿在由來風景屬君家

泰縣宮照軒

貢禹高冠素未彈閒情垂釣至河干酒逢醉飲樽常滿詩到催成燭未殘處世方知爲善樂傳家惟有讀書難近來自覺村居好楊柳風吹面不寒樽酒歡聯戚里中羨君三度兆維熊膝鱗刻畫資農力亭角經營費匠工一宿燈曾挑社雨十聯詩尚在屛風論交忝作忘年友信札常憑一介通文選於今尚有樓傳經君可紹匡劉養蒙共被仁人澤施診能消病者愁大廈宏開憑燕賀長溪垂釣喜魚遊西窗尤覺斜陽好時捲珠簾上玉鈎山有烟霞興更賒高人偏愛米囊花焚膏繼晷情雖苦倚枕觀書計未差春雨紅梅朝釀酒秋風黃葉夜烹茶此生自幸差溫飽衣食無須慮室家

泰縣凌恩榮際春

冠爲王陽在位彈堪嗟多士祿爭干身膺名器羊譏爛書讀蠻夷蠟嚼殘舉

世半由新學誤惟君仍率舊章難漂搖風雨悲時局慄慄心危感歲寒犀角才多入眼中豚兒也喜夢維熊余兒服堯與君婿僚壻行聞諸郎天資優秀服近亦舉一子志緣居困曾遊遠服游學京師朝大詩不因窮亦見工績學兼明當世務論交具有古人風英年獨立無依賴心氣和平事理通宗風莫羨賦登樓舍却依劉爲報劉早歲曾罹孤露戚高堂幸免望雲愁芝蘭膝下看成立邱壑胸中任臥游覽揆期逢臻至樂鑽營羞彼曲如鈎事業謀新願更賒非徒標格寫簪花儲材學就枌鄉設濟世方無黍累差君近捐貲立學前並在姜堰立普濟醫院室雅豈因栽遍竹詩清都爲飲多茶八騶何事車前擁會見餘慶積善家

泰縣凌紹堯舜賡

策士豪門鋏競彈斯人未肯以私干娵隅語笑參軍陋蠻觸爭愁故國殘萬

卷圖書偏嗜苦千倉稼穡獨知難宅心尤喜無嬌吝推解時憐范叔寒藥採殊方市日中何須調攝學經熊院成普濟施仁術圖寫長溪寓化工與衆頻周鄰里急垂竿雅有渭濱風年來全活知多少聞達無求譽自通老人無復號南樓烏哺還輸報有劉岵恃陟俱瞻望斷絲綸褒惹異同愁余幼失怙恃甫長祖父母相繼逝世祖母現膺褒典相形同異能不愴然佳兒相若期深造阿叔非癡戒遠遊我亦年經三十載聯歡應設釣詩鈎

社入苔榴興正賒攜來椽筆燦生花白元句倩郵筒和梁孟詩無次第差分韻罰懸金谷酒清談味品玉川茶葭莩誼忝知君稔曾闕與余爲中表行韻事洵堪媲謝家

泰縣夏國榮澹人

課暇時將古調彈執鞭慚愧祿空干箋懷舊雨音偏寂燈檢陳編漏未殘一介如儂知己少十年作客讀書難余客蓉塘任敎務已逾十年矣佳章幸向蓉塘遞展讀當窗景色

寒

壯懷半寄釣鈎中渭水何年帳入熊令伯陳情天性篤淵明歸隱賦詞工清光長印溪頭月和氣如聞柳下風我亦嗜茶成大癖好教茗戰訊頻通妙手修成五鳳樓東平豪放更推劉苔岑雅誼逾蘭譜花徑情絲惹絮愁梅鶴有緣成好伴神仙無地不周遊洞天深處春長駐書屋臨溪月一鈎記得相逢客興賒前年曾蒙公校命過訪別來消息問黃花望雲有意人偏遠立雪凝神念豈差白榴學社十伋求師信道之篤於茲可見高節想如淇水竹好詩詠到霍山茶祝公賭韻長優勝第一風流逸少家

泰縣李愼維梓恭

掛得儒冠久不彈而今無復祿能干夙緣證石三生幻時事如棋一局殘伏處衡門同志少締交文字稱心難衰頹猶負英雄氣勉步騷壇膽未寒

惠我珠璣耀目中聲光並茂自熊熊雖能附驥慚才短（同在揚州靜社）豈但雕蟲琢句工筆札特開魚雁路功名竟是馬牛風從來骨肉斯文重呼吸相關暗地通妙手功成五鳳樓文章聲價重何劉有如鶴向緱山住那聽猿啼蜀道愁榴塾經師曾授受梓鄉名士盡交遊羨君清福閒無事心上消除掛事鈎正是英年歲月賒文章大進筆生花才非尺寸能相較律按宮商總不差每到高吟忘視草祇因多飲愛烹茶陽春白雪翻新調機杼生成自一家

泰縣盧道古茗譚

劍鋏隨身莫浪彈光芒自有斗牛干時尋幽勝吟題遍日誦詩書簡帙殘富貴聲華人境易神仙眷屬世間難羨君消受林泉福坐領春風不作寒曾寄詩章鯉腹中才華軼衆比非熊此身怕聽塤篪奏斯世驚聞步伐工白社周旋歌夜月青箱繼續播家風相知相近偏相左覿面如何語未通（今春光兄來城與沈君偶非偕行予遇諸途匆匆走過彼此不之諦也）

雙飛雙宿鳳皇樓何必天台羨阮劉琴弄薰風消午夢香添寒夜破春愁簪纓不繫陶元亮衣食常豐馬少游最是褰帷同玩月一簾花影上銀鈎處士門庭紫氣賒高堂矍鑠似春花臯魚飲恨恩難報李密陳情志未差踏破綠茵尋孝笋掃來紅葉煮芳茶休云才大渾無用之子風華定克家

泰縣曹庚樓

不屑依人劍鋏彈披蓑且學釣江干閒敲棋子燈花落偶檢書函蠟炬殘東閣尋梅音信早西窗剪燭別離難扶笻獨向閒階立斗轉參旋白露寒遍地干戈擾攘中何時定亂兆飛熊酒因覓醉香彌久詩被催成句未工問世苦無黃石策屈家恆守素儒風自慚市隱塵囂近一水桃源路莫通摧殘棣蕚懶登樓（今春有哭兄之痛）共舞雄心羨祖劉極目河山無限感傷時花鳥不勝愁焚香煮茗添佳趣破浪乘風快壯遊如此深宵眠不得朦朧月色上簾鈎兩度南通興未賒（余于甲子乙丑兩年春間均有南通之行）垂楊處處已飛花三三篙綠水舟逾快七里蓉塘路不差力乏橋邊沽美酒柴灣渡口試新茶（契友某君住居該處開余至餽新茶兩瓶）倦遊鼓棹歸來候擬訪長溪處士家

泰縣張馨山新三

何嘗劍鋏向人彈氣象凌雲彩筆干養性欲如秋水淡問年將近夕陽殘倫常缺憾無三樂賓主交懽有二難我似梅花多傲骨不知雪冷與霜寒藍田生玉瑞烟中早喜英年夢叶熊水逐桃花溪徧繞才徵柳絮句尤工尊賢愛友多今雨重義輕財有古風種竹栽桑尋樂趣忘情富貴與窮通駐日題顏有小樓顧名思義莫忘劉傍花隨柳頻垂釣把酒吟詩暫解愁句到驚人方倡和友逢知己始交遊夕陽送去剛迎月掛起重簾不下鈎

吟風弄月興偏賒擬把長溪比浣花語摯情眞皆入妙字斟句酌豈容差夙欽人淡恆如菊始信詩淸爲飲茶挈伴時來楊柳岸收綸鼓棹學漁家

泰縣沈世甲乙羣

松下眠琴石上彈詩書而外復何干綵毫著紙驚蠶食寶鼎焚香辟蠹殘無恙湖山供跌宕等閒稼穡識艱難此生不作趨炎客冰雪梅花骨格寒故人垂釣水雲中（君有長溪釣月圖）不是逃名想兆熊好酒開懷招月醉新詩脫口奪天工誅茅屋小延春雨駐日樓高愛晚風（君家有駐日樓）霜雁雲鴻憑寄訊蒼茫烟樹夢魂通攤錢同上酒家樓笑說狂奴荷鍤劉掌故直教徵有典頭銜端合署無愁尊前涕淚餘孤憤畫裏江山當臥遊曉角霜天明月夜王郎放眼看吳鈎渺渺蒹葭入望賒四圍茅屋繞蘆花橋橫綠水門依亞徑掩蒼蒿路不差零

露晚蘇諸葛茶淡烟晴淪趙州茶輞川風物詩中畫鷄犬桑麻處士家

泰縣孫同德馨儒

幽居竹里抱琴彈浮利浮名總不干賦日樓中觀世幻爛柯山上戲棋殘多
艱弱國援非易既倒狂瀾挽更難慷慨仁慈恩遍施散財發粟賑飢寒
森森玉樹列庭中大德休徵卜夢熊學續青箱承世業詩題白社妙天工尊
師久立程門雪羨母猶存柳氏風獨具熱忱興教育文明梓里漸開通
滿庭槐蔭映危樓甘旨承歡善奉劉人進桃觴同祝嘏君溫李表不勝愁垂
綸釣月溪邊立掃石吟風竹裏遊却羨羲之書法好臨摹鐵畫與銀鈎
豔說先生逸興賒一枝筠管放奇花瞻韓自恨緣都淺訪戴偏教路屢差濁
世功名輕似葉騷人性命隱於茶偶逢樵父尋芳躅遙指長溪近水家

泰縣尤祖蔭晉孫

一曲瑤琴古調彈剩懷學減恥時干無端世界風雲變抱恨山河錦綉殘好
夢驚魂醒最易若吟人定悟尤難休言冷淡人如菊修到梅花骨亦寒
回首青年一夢中幾人晚遇兆飛熊自慚驥伏心猶壯輒悔蠅營技未工縱
比韓潮與蘇海忘榮亞兩更歐風相應自鼓漁郎棹或者桃源路可通
寒家四借舊名樓（伯子山家有小樓二楹顏其額曰四借）同病相憐愧報劉容有才人非薄命斷無名士
不工愁闌干苜蓿羞生計門巷桃花悔浪游我已耽吟成痼癖何堪再飲釣
詩鈎
酒債尋常祭可賒新醅佳釀喜堆花晚年回首爭名誤清夜捫心轉念差擇
善從師君子竹相思累我女兒茶邇來翰墨因緣好十載依人到處家

泰縣王鴻傑休人

琴鋏相隨不待彈年年禿筆向人干阮囊阿堵蚨飛盡蘇篋陳編蠹食殘身

似鷗閒常習靜文從獺祭人知難誦君佳什心旌動芹獻遑論瘦與寒
萍水相逢總客中識荊曾覩貌熊熊語言快聽君房妙詩律驚聞子美工七
載優遊烏兔影寸心惆悵馬牛風飄生抱有登龍願試向鄞僚問路通（決中正月余偶下相）
（令觀嘉照處貴君有年而識今七年矣未睹君猶憶之否自注）
淵源家學賦登樓國典榮褒更羨劉鶯偶工詩饒有致鳳毛濟美應無愁一
方疾疾期同愈四壁湖山且臥遊借問風流誰可似合歡花下賭藏鈎
翰墨因緣興自賒須來妙句寫簪花眼前珠玉看羅列皮裏陽秋指謬差日
課一詩傾濁酒風生七盌試新茶匠門儘有樗材列知否漁洋是舊家

泰縣戴玉琪一韓

獨坐幽窗古調彈琴樽以外更無干陳情有表松筠健課字無聲荻管殘萬
里秋雲看影薄一溪春水釋竿難棲遲大好吟風月坐擁書城夜不寒

鐵馬金戈擾攘中關山烽火熖方熊請纓有路需材亟擊楫無人挾策工聊
遣閒情聽暮雨敢將餘恨訴東風他年執鼓明光殿惠我音書趁雁通
一覺江城十二樓桃花依舊笑前劉（丙辰余以去揚州庚申扶櫬過揚重訪故則舊居風流案數兼役鐵而者矣庚申以後病痛支離從不能再出里門一步）十年
往事傷春夢八韻新詩寄暮愁國子爬羅名倖錄庖丁肯綮刃難游從今廿
作藩籬鷃不遣雲程心上鈎
泰徐唱和興添賒江管中年亂放花雪裏風懷君不忝曲中雅奏我原差五
陵裘馬朝酬山一卷詩篇夜品茶豔羨人間雙福慧門牆攀附託通家

泰縣曹超望

幾把隋珠誤雀彈新詩數首勝方干少年結客謳歌易歲暮懷人雨雪殘流
水知音今更少清才濃福古猶難天涯徒有瞻韓願飄泊誰憐范叔寒
四海人才掌握中（先生入吾詩社者多交遊偏於四海矣）筆燈誠不負丸熊芳齡半甲賡新曲白雪連篇

奪化工榴塾受經推巨擘蘭亭修禊繼高風輞川百里如天上可許鴻飛信
一通
家有元龍百尺樓橫空豪氣藐曹劉消閒只藉書爲友頤養何妨酒掃愁李
表陳情增孝感長溪釣月任優游盈庭密布青槐影且把珠簾掛上鈎
回首人間歲月賒高風亮節傲梅花清才伴讀情如許亂世躬耕志不差蕉
雨半簾時入硯松風一砌靜烹茶桃源漁父休相問弘景山中別有家

泰縣游炳章蔚文

獨坐秋風古調彈任他池水皺何干十年雪案躭吟久幾輩陽春屬和難同
向吾宗函丈列每抄君稿筆尖殘慙予附驥何由稱贏得青氈一士寒
卅載同過轉瞬中論心我獨負丸熊境分一水鄰非遠時別三旬訊未通壯
志共期依北斗前程何處問東風蒼蒼入望烟雲裏欲寄新詩恨不工

每懷王粲賦登樓海內相依孰比劉太息河山成碎局聊將詩酒壓新愁陽
明學派君承祖立雪家聲我愧游肯與入林同把臂秋風客路看吳鈎
長溪歌咏興何賒脫口如開萬朶花坐擁書城閒有味靜研詩律細無差俗
塵淨滌千鍾酒仙筆靈通七碗茶下里吟成酬白雪小巫也見大方家

泰縣周國麒谷奇

曾效馮煖劍鋏彈詩人何幸識方干三年問字魚同遞五夜談經蠟共殘靈
府輸君饒夙慧疑團爲我辨奇難天涯翰墨因緣締也喜交情訂歲寒
大好光陰卅載中家聲倡和紹王熊校成梓里沾恩普社結苔岑得句工一
角危樓顏駐日半甌清茗腋生風書城坐擁尋眞樂不羡青雲有路通
轉眼滄桑似蜃樓風塵我亦感依劉驚心鼓角頻增慮著手棋枰最惹愁變
幻人情難揣測崎嶇世路漫遨遊奚如獨樂長溪畔萬頃波光一釣鈎
笑我他鄉歲月賒家聲孤負愛蓮花芸窗十載功何補榴塾三年志未差籬
下依人同傲菊樽中待客有新茶陽春一曲操觚和兩字推敲乞大家

泰縣黃　傑俊民

紛紛世局亂棊彈字內何時賦戢干壯志恨難千里遂遺書甘守一燈殘吟
壇鏖戰怯多捷學校維新不畏難（兄創辦第二小學校）閱盡人情無可說深宵頻拂劍光寒
高士生涯半釣中渭濱何日夢飛熊傷春杜牧詩懷健寫景王維筆意工庭
埽落花開盇徑波流洄轍仰仁風長溪環抱幽人宅夾岸垂楊一路通
記曾同醉曲江樓林下清談效阮劉半榻茶烟消永晝一窗風雨話閒愁笑
看市井翻新樣懶向江湖覓舊遊社結苔岑聊自遣吟成不惜釣詩鈎
詩債頻年未肯賒知君才思夢生花蘭陔代養辭能補梁案聯吟韻不差千
里書來求宿稿三春客到試新茶任教世界滄桑變覓得桃源住一家

泰縣袁政新彥才

竹里幽棲古調彈聲華藉藉滿江干從師馬帳磋磨久談道雞窗刻漏殘筆
妙臨川關學富詩如摩詰顯才難笙簧響逸林梢動吹破長溪月色寒
韶光珍重卅年中書到功深一貫通蔭庇椿庭毛起鳳恩承萱背膽和熊騷
壇仿古唐時調鄉學重新夏代風此日高吟傳妙句陽春白雪曲尤工
表讀陳情善報劉承歡階下不知愁春庭桃李酣朝雨晚景桑榆蔭小樓樹
義培材行至樂看山翫水任優游歸來小步長溪月釣出新詩酒作鈎
桑田滄海感時差小隱山林逸興賒雲起南溪招野鶴月明東閣詠梅花清
高人擬盧心竹澹遠詩如有味茶恰羨輞川傳一脉風流還是舊名家

室人　錢荷玉韞清

琴瑟同心古調彈相期白首老長干堂前箕帚常供職架上詩書共抱殘畦

韭園蔬淯晝永釵荊裙布入時難衣裳夜半勤刀尺雪案燈分一點寒
十載相隨轉瞬中禎祥三度兆羆熊偶呼稺女調寒暖閒課諸兒較拙工樹
老椿庭同泣雨花榮萱室望臨風江村匪遠歸甯少消息頻煩尺素通
暇扶白髮上高樓菽水晨昏助報劉天與遐齡緣積德人因多病却工愁囊
中佩藥宜勤服畫裏看山當勝遊一卷楞嚴滋味好半窗晴日掛簾鈎
苔岑舊雨興彌賖驛使爭傳筆底花座滿貂蟬容我續音諧鳳律比君差聯
吟罰則三杯酒破睡先鋒一椀茶溪水長流春不老風和日暖樂宜家

七律 木和原韻

鹽城金式陶鞠逸

小隱長溪閱歲華危樓一角傍山家傲霜愛種陶潛菊活火親烹陸羽茶（公嗜茶）
屺岵興悲懷往事（公幼失怙恃）水雲得趣淡生涯重幃福蔭輝彤管（公之祖母以節孝褒揚）爛漫春光

煥朵霞

紹興張敬熙穆生

喜從文字聯知己越樹吳山隔暮雲舊雨記因苔社合新詩應許佛香熏凋
殘春柳還餘我聽到黃河總讓君手結湘蘭遙致祝周天甲子已平分

泰縣尤穉孫

三十年華美譽馳不求聞達不趨時一枝健筆文壇冠十里長溪釣餌垂雅
羨梁鴻欣得地誰知道韞又能詩唱酬花甲欣居半四壁瑯玕盡祝詞
負笈當時憶白榴十年君喜訂從游風行海內陽春脚詞湧泉源溪水頭松
柏有心彌老健樓台無恙足清幽憑軒遠眺相茶話詠和人飛一葉舟

泰縣錢達源德輔

長溪書屋山江東中有詩人氣概雄駐日樓邊時釣月輞川莊上快吟風揚

青笠屐遨遊具李白文章造化工酒舉十觴茶七碗兩般嗜好不相同

七絕

儀徵徐崧齡悔叟

三十華年大有為經過歲月漫成詩篇中一事眞堪痛未報春暉永感悲
依劉私願幾辛酸幸喜貞松耐歲寒賴有小樓能駐日晚紅莫說夕陽殘
長溪晚釣乍歸來春水臨門月上纔詩景當前吟不盡千竿脩竹萬株梅
小影曾經句漫題又償詩債雪窗西他時重到羅塘路與爾攜柑共聽鸝

六合曹嘉詔荊門

滿幅琳琅遠寄將開緘快讀句生香東坡才調南軒學好與先生一頡頏
系出瑯琊姓氏揚年華鼎盛力方剛鯫生也抱飛騰志怎奈蕭蕭鬢有霜
踏遍江湖返故鄉淵源家學守青箱羨君占領閨中福紅袖添香有孟光

天涯知已仰王郎秋水蒹葭各一方君乏季昆儂乏嗣兩般缺陷我尤傷
報劉素願竟能償綽楔留名博獎章大廈仗君支一木烏衣門第定遐昌
十年教澤承榴塾少小清癯壯轉強底事椿萱先後萎望雲空轉九迴腸
綠水瀠洄抱短牆披衣垂釣趁斜陽閒情更有盧仝癖七椀風生舌本芳
駐日樓高歲月長盈門嘉客集華堂遠人具有蘭陵酒恨未當筵晉一觴

休甯吳瑞汾子鼎

終賈華年便不同筆端吐豔氣如虹新詞白雪陽春和麗日暾暾正在東
伶仃又歎祚衰微祇有烏私戀夕暉恩重重幃欣健在報劉正好守柴扉
釣月長溪溪水清門臨流水繞書聲人間尚有桃源境不管滄桑幾變更
一罏活火煮新茶嗜並盧仝七盌誇沁得詩脾清更澈不妨險韻鬥尖叉
子能識字婦蘋蘩花竹桑麻樹滿園淸福修來原不易浮生贏得布衣尊

卅年事迹付吟牋隱逸風流似昔賢格自老蒼句自健相期上壽祝詩仙

東臺錢漢東又東

王子年華三十春春風春雨苦吟身蒼茫獨立人間世浩浩天風振俗塵

依約衡門臨水開白榴花下幾徘徊菖蒲又漬延年酒爲問伊人來不來

百年終養遂烏私亦有紅閨解賦詩如此家園總難得長溪獨釣月遲遲

十載江湖悔浪遊一村桑竹境幽幽歸來我亦南朝客滿地落花紅未休

泰縣沈世德本淵

王郎詈劍快橫磨三十尊前拔劍歌撫到頭顱應一笑江湖俠骨恐無多

新醅家釀黃花酒跪奉重闈白髮人大會山妻兒女輩陶然一醉甓頭春

欣聯摩詰新吟侶快識淮甯老畫師（予入苕岑社君與鄭春澍爲介）入社攢眉慚後進敢將酬倡證襟期

酒樓買醉茶樓茗直欲吟詩過一生兩個歌兒差解事也調絃索譜雙聲

新詩吟就寫生綃按到紅牙字字嬌無奈酒闌燈灺候曉風殘月大東橋

亦狂亦俠亦風流戲折花枝當酒籌笑我頭銜贏薄倖十年春夢覺青樓

全家都住蘆花裏柳繞柴門水繞隄西下斜陽東上月一聲漁唱落長溪

布衣我欲老空山拂袖歸來早閉關多謝扁舟曾過訪月明雙槳打魚灣

詞

南徐王映潮

卅載從頭溯早悲椿謝零丁孤苦中折雁行急難憑誰助草心長春暉景短　幸有重慈護堂構光前詩書裕後門庭增祚　扢雅揚風淸高如許釣月耕雲與漁樵伍社結苕岑舊雨晨宿今雨嘉耦聯吟名師提倡有驚人句擾擾塵寰倫然物外桃源仙侶　調寄醉蓬萊

東臺錢漢東又東

桃源世隔無人識月明獨釣傷心客春水一溪長年年溪草芳　門前桑竹暗暗裏芳華換底許好吟詩此情君自知　調寄菩薩蠻

曲

泰縣張馨山新三

正宮

正宮引子　齊破陣　繡虎雕龍奇派吟風弄月高懷名早傳苕岑社裘几薰爐香透麝爭賭梅花韻正諸頻徵柳絮才

新荷葉　樹裏雙扉半掩柴有一縷茶烟簾外白榴私塾執經同坐窗前披書求解

玉芙蓉　既嗟椿樹摧又悼萱花謝更鴒原無偶雁序難排今天倫樂事無須待報重慈模仿老萊斑衣綵戲東閣屏開　又　笙歌引出鳳雛來

朱奴剔銀燈　把修竹柔桑補栽蔭書屋濃陰翳藹月明垂釣長溪畔漁謌唱倫然心快鷗眠沙瀨魚躍水涯波平如鏡淨於揩

跋

老友王君宜之素寄寓秦縣之羅塘鎮與琴同館滬瀆有年時相過從今春宜之到滬時手一卷見示乃鄉鄰　王光國先生自題小影及三十自壽詩和者數十家行將付梓顏曰溪光室唱和集並命作跋語宜之曰　光國近代之隱君子也年少老成好讀書不求仕進惟於地方公益事必竭力贊助感椿萱之早逝孝養祖母薄有田產所居臨溪蒔花種樹夫婦倡隨其中文字切磋得閨中之良友又與諸名流結爲詩社時有酬唱之作樂何如也余因之有感焉夫今之時代爲新舊接續之交國事紛亂生計艱難少年英俊多奔走鑽營熱中利祿老朽者恆蟄伏一隅奄奄無生氣至於通商大埠富翁政客則隨俗浮沈紛華奢侈若不知世有窮困之境者求如王君之爲人高尚淸貴胡可得哉讀其詩情韻相生和平中正書曰詩言志可見其志想其人矣李令伯孝養祖母陶靖節不慕榮利梁伯鸞夫婦同志君兼此三者足以風世矣噫余何人非文豪非詩人又非當世之顯者徒羨王君之爲人與諸君之佳作而已謂敢執筆伸紙以爲續貂之舉耶無已且質之宜之

己巳春花朝丹徒繆卿甫趙逸琴譔於滬南亦吾園

無錫公園路協成公司代印

余於乙丑春徵和自題小影秋又徵三十自述疊蒙諸大吟壇葑菲不棄珠玉紛投先後達二百餘家本擬早付剞劂以答雅誼奈自去春兵災流離南北遷徙詩稿諸多散佚茲僅就篋中所存搜羅付梓以公同好並無盧前王後之分但滄海遺珠不無抱憾而洪喬之誤尤在所不免尙希　諸君子鑒諒是幸　　戊辰秋溪隱謹識

蓮池春農七十壽言酬唱集

朱春木 輯

《蓮池春農七十壽言酬唱集》一卷，朱春木輯，據泰州圖書館藏一九二九年鉛印本影印。

朱春木，字樵仙，號蓮池春農，江蘇泰州人。增貢生。浙江升用縣丞。

作者聽鼓十年，倦遊歸里，詩酒娛樂。自述四律並序，和者百人。陳恩洽、楊鴻鈞、陸仁淵序，張貽祖、朱維植、翟沛跋。

（顏　萍）

稚僊先生七十肖象

朱稚仙先生七十象贊

山有嵩華厥象嶙嶙水有滄溟其量汪汪今閱公象驚喜欲狂嵩華滄溟一齊在望伏維我公海陵耆碩藉甚高名大江南北養性全眞含和建德珪璧琮璋存輝光國淵源家學蚤歲游庠壯有大志遠涉錢塘十年聽鼓素願未償曹娥主席桃李門牆彭澤歸來青氈世守蒼狗白雲氣冲牛斗爇茗焚香哦詩倚酒縵席齊眉皤皤黃耇夙聞古訓積善者昌鴛鴦福祿世澤綿長鳳毛蔚起鴻案容莊公左右顧其樂無疆夷惠之間羲皇以上曷以狀公蒼松萬丈壽富康寧佛云無量謂余不信請觀斯象

世愚弟王宗炎雷夏甫拜手謹題

家嚴慈七十雙壽徵詩啟

蓋聞疇陳錫祉人閒惟五福之徵派溯銀潢天上有雙星之炳三千玉牒名早隸於東公十二瓊樓望並尊夫西母斯固生民所難得人子所宜酬也歲在屠維大荒落三月十日曁八月一日乃家嚴慈七十攬揆之辰維時天朗氣清會蘭亭之禊冰桃雪藕晉桂苑之觴德耀同庚喜此日齊眉鴻案仁徵並壽記當年偕隱鹿車左大椿而右靈萱無失德而多積善本培不敏擬承菽水之歡而效萊衣之舞乃雙親以膺茲晚景又當蕪歉之年念切平生深感薪勞之役於是吟成四律示半世之艱辛錫我百朋謝今番之惠貺本培受命爰刊親詩略述親德鯉承庭訓鶚振家聲弱歲能文早擷芹宮之秀合鄉稱悌同標荆闈之榮效李密之陳情敢負融和春日儆劉蕡而下第不傷旣秋風點額者三終阻鵬搏之路薦膺者四竟韜螢雪之鋒無何七事逼人千里命駕平山堂上久作吟壇西子湖邊偏饒勝覽以及瘴雨荒煙之地蠻花犵鳥之邦足跡所經徧留鴻爪盛名所至咸仰臯比近追鹿洞之蹤遠繼龍門之業樹桃李於公門曹娥江畔揭芙蓉之鏡兆閩帥壇邊此則時雨均沾灑徧瀛洲玉樹光風普被爛開蓬島奇葩也加以澤被蒼生惠周白屋仿魯連之行義事惟排難解紛法范相之居官功在扶危濟困微員匏繫效趙舫之歸裝歐浦茆檐得傳裘而廣被倏焉蟻屯穴外鶴唳風前當一國之皆驚適四郊之多事我親經營備至保聚爲勞衆獲鳩居人多蟻附均平市價豈嫌薪桂米珠恤憫商艱雅意授餐適館胸有千古手執一編以無辱爲榮以不貪爲寶落伽禮佛幾忘跋涉之勞含飴弄孫尤得琴書之趣若此爲親心所不願彰而人子所樂爲述也然而臚陳瑣屑有汚張說之文列舉艱難不免方苞之誚用呈蕪啟藉代馳求倘

蓮池村農酬唱集 一

常州日進協記印刷所代印

藝苑文人騷壇盟主不吝鴻文用叨雅訓作千秋之儀朵不亞輶軒騰四壁
之輝光何殊瓊玖至誠鶴望極盼鴻來

吳陵末學朱本培竹孫甫拜稿

蓮池村農七十壽言酬唱集

前序

陳恩洽 謹

單肇嶆　盧廷棟　李順觀　朱維澤　吳同甲
高錫爵　史悠勳　沈　鑄　陳熙祖　王斯謀
管得泉　吳堃庚　陳恩洋　仲鳳藻　陳玉章
蕭　斯　蕭　然　夏維猷　宮炳奎　單毓同
馬錫藩　陳執芰　徐　藻　蔣　鑄　魏　頤
盧承灃　陳國移　陳國銘　戚鴻藻　張培埜

朱稚仙先生暨　德配
朱母戈夫人於戊辰夏曆二月十日爲七秩雙壽之辰是日也壺凝春酒屏歛晨霞頌玉斝者鞠躬而拜祝金婚者傴僂而趨莫不進麥邱之三祝獻奚斯之一篇夫身膺百福之祥德兼九疇之吉有非徒事掞張强加肸飾者請得就所聞見者而臚陳之先生家學淵源箕裘紹述胸搥藝林之庫手操筆管之城孔融成童賫生年少粲花著論摛藻成吟爲吾邑之經師仰士林之先進蚤游芹泮快詠鸞旂久戰棘闈迭膺鶚薦某其學術之崇有如此者學優則仕至聖之遺經懷寶迷邦古人所不許先生薦牘既膺徵車乃駕聽鼓於浙水大展經綸主講於曹娥裁成後進以文字見賞於上峯屏苞苴不同於儕輩其出處之高有如此者散合由緣存滅本理緣聚則業盛理勝則惑亡乃佛乘之妙諦亦先儒之常經先生胸懷曠達杖履優游慕東坡之參禪效陶令之自輓歲往普陀頂禮崇拜非宏其教以亂吾道之眞實悟其理以藥人心之暴其器識之超有如此者說絳帳以傳經宛然鹿洞擁皐比以講學

自是鵝湖高足著籍縷指實繁吾黨既化雨羣沾遠方亦聞風而至侍坐欠伸門人已負牆請退疑義與析長者猶辟咡相招人才出安定之門禮法登洙泗之室其教育之勤有如此者况乎先生刑于化洽宜爾歌興　德配戈夫人系出名門嬪於華閥晨先雞起夕後烏棲躬理乎女布男錢手治乎賓筵祭筥咲看家婦勤媞媞以齊家交頌族姻羨婆婆之老福斯嘉耦之賢爲不可及也牀盈金積里表珂鳴在昔艷稱於今彌信哲嗣貨殖於滬江用航海梯山之妙經營於列水操金融潮湧之奇既稟億中之才復守持盈之道他如沉分大小羣季推竹林之賢膝繞孫曾獻壽上松山之頌斯子姪之力能爲不可及也業富厚兮有男更孝敬兮有女才子夙著掃眉進士交推不櫛玉臺流譽飽令暉以香茗名篇彤管扇芬魏茂漪以簪花擅格喜得雀屏之佳壻爭誇龍門之外甥斯淑媛之才爲不可及也古者傳硯標奇含飴

志樂爲庭闈之幸福號門祚之大祥馬北平幼輩在抱早驚其不凡郭汾陽諸孫問安惟頷之而已斯文孫之多爲不可及也說者謂先生學雖勤而名不彰行雖修而位不顯毋亦困於天阨於運乎其亦知進則兼善天下退則獨善其身富貴不能淫貧賤不能移威武不能屈此之謂大丈夫人爵何如天爵勢位何如德位也歟洽等與先生誼屬通家敢陳往事一字未虛千言竟獲杖朝者同登乎壽域願臻彭祖之千年老人星得聚於景堂敬祝隨園之雙壽

陸仁淵 心顏

民國十八年朱君竹孫自儀徵回里爲余言其尊人朱公稚仙將於本月堂開七十大慶竹孫不以余讓陋囑余爲壽序余曰公承家學舉茂才性耽吟詠與同邑譚小亭茂才吳棣仙太史稱友善不時詩歌相唱和尤好遊山水鎮之金焦蘇之洞庭杭之西湖豫章之小姑漢陽之鍾山他如靈隱天竺普陀落伽九華天台諸名勝足跡嘗幾徧不以數百千里而有憚也故公年愈高步愈健詩亦愈工人咸謂得力於山水者居多云嘗宦游於之江旋館寓於歙浦民國肇造語文聿興公憂斯文之將墜乃毅然回里課孫授徒以國學爲己任故余弟仁康仁傑乃得與公從遊焉余與公家居相近盈門桃李時與諸孫惠集於蝸廬凡執贄於公門下者皆溫文爾雅而公之諸孫尤彬然有禮知公之薰陶者深矣公之尊人竹仙先生與弟仲仙善書畫工詩詞舊負盛名於全郡公字曰稚仙仙以示其繼承之淵源稚不忘其手足之伯氏一字之微孝友之情畢露矣公與德配戈夫人生同庚夫婦皆以強健著鄉里有夫婦神仙之稱子一孫六白頭偕老其樂可知也家雖不豐而衣食充足亂世之良境也福莫大於子一而孫

多位莫安於南面而在野生莫快於年高而體健心莫佚於食足而盜捨得一已難得二尤尠公備有其四心安體逸期頤易致也三十年內僕與我公當結伴北行更曠覽乎燕然五台太行終南之勝屆時鄙人亦年至八十追蹤譚吳形諸唱和俾鄙人得附名於詩集之末顏曰百八兩老唱和集豈不懿歟僕雖無似願執鞭以奉侯矣

楊鴻鈞 秉澄

朱先生稚仙印春木泰縣人也尊甫竹仙先生諱餘庭請光緒乙丑科恩貢博學多才詩文書畫靡不精工卓然名世生二子長諱秋岩字少仙次即先生有異稟聰穎過人能傳家學才亦不羈淸季尙科舉蚤歲應童子試以州府前列受知於於學使瑞安黃公入郡庠歲科試列高等舉優行補增廣生文名噪甚鄉先輩咸以遠大期之特秋試疊膺鶚薦而卒不售遂無意進取

報捐增貢候選訓導棄儒就幕橐筆四方尋改官巡檢分發浙江歷用縣丞聽鼓十年兼主講曹娥書院山長仍不得志於時倦游歸里春秋佳日詩酒聯吟此其志也時值光復民國鏟除專制締造共和無如國度雖更而人心愈壞地方紳士不知自愛交通官府奔走社會藉公益以便私圖使勢力而欺鄉里甚至苟且卑汚無所不至先生獨縮屋稱貞不干時事談經講學教授生徒兼課諸孫以娛晚歲洵不愧獨善其身也然先生雖不預聞外事而或以急難相告必竭力維持有爭訟之端必多方勸導解紛排難有魯連風焉或謂如先生才品學術遭時不偶似天之相待甚薄不知膺多福享大年矍鑠精神老而彌健優游自得無擾無營而且舉案齊眉含飴繞膝天倫之樂遠勝於人世浮榮固由修而獲此亦天之報施不爽也古語云仁者必有後大德者必得其壽茲屆己巳春三月爲

稚仙先生暨德配戈夫人七十雙慶之辰一堂雍穆瑞靄紛綸舞斑衣而拜杖履者若干人想是日掀髯領受喜氣睟眉宇誠晚節之佳會矣哲嗣竹孫世兄以先生自壽詩見贈屬爲之序余自慚譾劣於韻語素昧講求因感於時局變遷聊抒胸臆所憤濫并贅數語於簡端雖不足以壽先生卽以爲先生之壽也可

蓮池村農七十壽言酬唱集

原作 并序

余不作詩已有年矣家園冷淡旣鬱鬱以寡歡時勢變遷更落落而難合況乎歐化東漸科學日新所謂舊式之文字無聊之詞章久已銷聲匿跡掃地無餘然閒中歲月忍聽消磨生有性靈豈無感觸歲在己巳七旬初度偶成四律分貽親知非關報李投桃藉以拋磚引玉忝爲壽客徒見笑於大方强作解人用寄情於小雅明知珠玉在前自慚醜態且喜琳瑯滿紙成就宏編驚駒光之易逝慨馬齒之徒增彙而成帙聊自遣於桑榆什襲以藏豈降災乎梨棗敢云七十行年好從洛社耆英之後惟願萬千眉壽同歌魯宮純嘏之章

甲子初周憶昔時光陰十載等駒馳鬢邊霜雪增無數眼底風雲變更奇久已鄉關寄蕭瑟那堪烽火逼衰遲親朋猶致眉梨祝辛苦平生祗自知

生來頑骨老彌堅一任橫流萬事遷棣鄂凋殘悲往歲（謂少仙兄）荆妻强健樂餘年鰲騎南海雲環寺（謂游普陀落伽）鶴伴西湖月滿船（謂游宦之江）富貴功名如夢幻筆耕聊以硯爲田

焚香煮茗快論文敢望彪之伴右軍（謂幼孫余所鍾愛）零落故交憐舊雨淒涼老淚憶朝雲（謂故妾）舟停瓜步星三兩（謂今春游揚州）塵寄蕪城月二分（謂昔時寄邗上）話到伶俜十年事塡胸百感已紛紜

强支腰脚嘆勞薪風雨衡門不厭貧磨蝎一生知有命饑烏三匝慣依人筍蔬未覺荒廚儉書畫猶存敝帚珍家事付兒愁付酒曠懷且作葛天民

吳陵蓮池村農稚仙朱春木未是稿

蓮池村農七十壽言酬唱集

和作 謹以收到先後爲次

朱維澤 滌泉并序

稚仙老弟詩書之裔儒雅之才所賦述懷四章錦心繡口美不勝搜盥誦之餘殊深欽佩兄材慚樗櫟勉占俚言依韻附和自知疵累良多懇賜郢斵爲感

俊傑從來貴識時如君里黨久名馳詩文蓋代談何易書畫傳家注更奇南極宵明星皙皙北堂春永日遲遲門記昨親朋集獻頌椒花盡舊知

七旬膂力壯彌堅蚤歲風流往事遷蘭桂聯芳羣跨竈琴瑟偕老兩忘年看雲南海携節杖瓻月西湖放畫船我愧蹣跚門不出慣依牖下舌爲田

中州耀武不修文戰釁初停南北軍變幻滄桑悲近日等閒富貴鄙浮雲傳

經此舍鴻篇積游幕他鄉鶴俸分三十年前塵夢破而今俗務了紛紜

年年馬帳迭傳薪泌水衡門共守貧顧我疇爲青眼客與君俱是白頭人章縫雖陋身容美藜藿常甘道味珍生不逢辰同浩嘆且安天命作良民

李順觀 光國

瓦缶雷鳴正盛時先生不屑與爭馳滄桑世代同增慼珠玉才華獨吐奇碧藻春風曾樂早黃花晚節莫嫌遲而今七秩芳筵啟文字聯歡半故知

歲寒松柏節持堅不畏冰霜歲屢遷書畫家聲貽後代湖山風景話當年陶公逸興詩吟榻畢老豪情酒載船灑落如君誰可及迥非問舍與求田

老來無事喜談文休問干戈十萬軍百歲綿綿增暮景雙星朗朗耀晴雲閒情扶杖優游得樂趣含飴次第分我且祝君千萬壽如麻世界任紛紜

休將碌碌嘆勞薪曠達天懷自樂貧久絕交書辭熱客大開吟社集詩人在山泉水殊堪羨繞砌芝蘭愈足珍我亦行年將近八與君共作舊朝民

吳同甲 掾仙

正是春花似錦時開樽介壽彩箋馳人欽霽月光風久方笑餐芝飯祇奇中歲壯遊增閱歷稀年樂意任棲遲茂如松柏姿如鶴雪地霜天總不知

渾金璞玉質彌堅豈似滄桑有變遷四代一堂徵積慶五更三老敬高年紀行吳越詩盈篋攬勝湖山酒滿船仕宦何如林下好不須問舍與求田

生徒孫子總能文筆陣縱橫掃一軍洞澈詩書觀若火渾忘冠蓋鬧如雲芝蘭入室馨香發桃李成陰次第分九醞流霞歡戲綵賓筵既醉笑紛紜

世事何妨等積薪樂惟不改自安貧百年皆日期頤祝三代猶行直道人時俗尙知尊壽者風塵誰解重儒珍齊眉繞膝真多福想見悠悠上古民

宮長炎 筱庵

憶昔風流獨冠時不隨世俗公驅馳特開蔣徑瞻三益偶向梁園樂二奇載酒西湖情倜儻問禪南海意欽遲迄今白雪添雙鬢別具天懷只自知

固窮敢詡志彌堅差幸家庭樂未遷子舍承顏知愛日孫枝繞膝足娛年元規才望豐年玉庭裕文章下水船終歲筆耕期有獲閒居莫謂士無田

尙武時期不論文休言健筆掃千軍談經無復欽元晦問字誰來就子雲世事安危何日定人情險易寸心分且携尊酒爲君祝莫遣幽憂意緒紜

幾輩時流等積薪厥惟君子不憂貧交遊雖廣誰知己名利爭趨一任人學易庶幾無大過宴游敢望有常珍愧君許我金蘭契同是中華一老民

陳 保 筱園

回憶文場筆戰時雄心各逞任驅馳詞章老去多憂憤世事新翻倘詭奇家學猶傳三絕妙予生應悔十年遲此中甘苦君能記說與旁人恐不知

瞿鑠精神骨力堅，世居城北未移遷。庭前桐桂饒英氣，晚景桑榆樂大年。今日且傾竹葉斝，舊游曾上木蘭船（周元唱游浙事）。從來多福求能得，裕後惟耕心上田。
統一成功不倘文，愧非年少娩終軍。詩人搖落思黃雪（鄉先賢張史逸君自稱黃雪詞人），時局糾紛幻白雲。首座春風頻領略（指席主），眼前秋色又平分。自憐筆墨勞心力，莫管浮塵萬事紜。

李士瑗 則選

珠桂年來說米薪，自甘淡泊未妨貧。潮流有派推新進，風雨吟文憶故人。酒可消愁兼益壽，書能養性即奇珍。蟠桃已熟先生笑，但願長爲識字民。
寓形宇內幾多時，迅速韶光似箭馳。努力愛春華欲謝，存神驗歲物多奇。士氛擾攘清難俟，人詩蹉跎補不遲。杖國年逢猶瞿鑠，流風儒雅世深知。
詎畏緇磷恃白堅，恆循聖道理難遷。鳥飛那羨青雲際，花落空悲白髮年。君有歸眞安處室，我同不繫自由船。湖山勝景常游覽，追問輪廻海變田。
昇平弁用武兼文，全擅詞鋒掃萬軍。何日兵氛銷日月，當年宦跡過烟雲。道參南海塵心靜，情絆西湖俗客分。故里倘堪稱福地，幽閒娛老絕紛紜。

潘 彝 少漁

滿城桃李盡傳薪，腹有詩書不患貧。歷下經師伏博士，江南女憲郝夫人。萊衣繞膝琳琅簇，梁案齊眉歡珮珍。盡得天倫中樂事，期頤預祝效豳民。
品格文章重一時，士林泰斗譽蜚馳。詩書飽腹鬚眉古，山水羅胸咳吐奇。三徑菊松供嘯傲，滿門桃李伴棲遲。任他世事如棋局，理亂升沈總不知。
歲寒松柏比貞堅，飽閱滄桑幾變遷。隱市羞爭雞鶩食，耕心台享鶴龜年。楚吳浙粵謝公屐，典籍圖書米氏船。肥遯況偕同志婦，故應陶令樂歸田。
豈因天意喪斯文，敢向書城樹一軍。玄豹山中方隱霧，大鵬海上漫摶雲。窮

途幸遂家庭樂，塵世何須涇渭分。只有雄心消不得，偷閒棋局習紛紜。
漫將辛苦感勞薪，正好衡門遂樂貧。自古書田無惡歲，況今范硯有傳人。青天白日山中宰，霽月光風席上珍。我亦斯時一狂簡，願隨夫子作閒民。

吳篁庚 鹿苹

宏開壽宇艷陽時，賓客充閭寶馬馳。泰相功名成未晚，華封頌祝語非奇。欣瞻椿樹凌雲秀，況是萱花愛日遲。老去精神彌瞿鑠，由來松柏歲寒知。
少時求學比攻堅，花樣何曾見異遷。文字生涯無惡歲，風雲變幻慨頻年。陸家居結東西屋（昨居與少仙姻叔僑隔一牆），米老情怡書畫船。南海歸來更甜淡，追詢人世幾桑田。
老來豪興寄詩文，筆陣依然掃萬軍。梁案齊眉安化日，萊衣戲綵煥祥雲。桂蘭競秀高低列，弧帨雙懸左右分。春酒延年須痛飲，莫嫌百歲太紛紜。

許月評 問梅

邇來我亦感勞薪，強欲吟詩一字貧。機線短才輸社會，衣裳作嫁爲他人。自慚馬齒頻加長，垂老駒陰倍足珍。也願隨公登壽域，兒童共酌效豳民。
瞿鑠精神等少時，文成倚馬快如馳。試看白雪詩難和，吟到黃花句益奇。久慕淵源家學富，自慚邂逅客途遲。追隨桃李門牆下，管領春風老不知。
兩潮情思若金堅，破碎河山幾轉遷。興味蕭條陶令宅，身心雄健祖彭年。常持竹葉杯中物，好覓桃源洞口船。避世擬歸仙境裏，任他滄海變桑田。
禿管將枯笑不文，更難投筆再從軍。停車問字人携酒，出岫無心我望雲。湖海歸來詢自得，滄浪清濁爲誰分。愧予遲暮無他識，空對霜華兩鬢紜。
珠桂而今說米薪，時乖惟我着奇貧。鄉關寂寂忘爲客，世路茫茫慣作人。書畫傳家藏墨寶，詩文蓋代重儒珍。他年願獻稱觴壽，永作期頤百歲民。

楊友善 崐仙

奉到瑤箋咀嚼時頓教心慕又神馳文章壽世誰論價孝弟傳家厭炫奇子舍多能成老鍊孫枝早發豈容遲古稀矍鑠眉齊按福慧修來不自知

十載聯姻誼頗堅潮流奢侈總難遷比來烽火連天後轉覺鬚眉壯昔年不慕利榮彭澤令多藏書畫米家船任他人事滄桑變我共先生種秫田

彬彬君子質而文桃李盈門似領軍退遁英才沾化雨富財不義等浮雲渾涵皮裏陽秋辨和靄胸中玉石分紫茗焚香行樂好有人家政理紛紜

米如珠粒桂如薪一室粟栗不患貧世業鵝湖無俗裔書香鹿洞有傳人居臨繁市身偏逸食嗜園蔬味自珍懷瑾握瑜樂天命甘爲百歲老遺民

楊友楨 敬夫

矍鑠翁還似少時稀年俊采見星馳稱觥客集開筵盛走筆詩成得句奇綵

戲同觀衣舞樂杯深不許酒行遲齊眉共受長生祝壽過期頤已預知

多節松筠老益堅山中歲月任推遷考亭家世眞儒者洛社奇英重大年千里宦游思浙水一編詩本在吳船方平曾聽麻姑語又見揚塵海變田

平生不作送窮文奪志非如奪帥軍奇字問來人載酒閒情寄處我看雲率循聖矩從心欲組織天章信手分俗慮掃空吟興足眼前萬事任紛紜

授徒吾道賴傳薪謀道何嘗解患貧身隱喜觀高士傳老來長作太平人靈椿丹桂經冬茂夏鼎商彝自古珍里句祝君千萬壽康衢擊壤有天民

王明遠 希照

春風和煦百花時五色吟箋驛使馳老去精神彌矍鑠詩成珠玉最珍奇筵開壽宇賓朋聚桃熟仙園日月遲康健如公能有幾不凋松柏歲寒知

志趣超然石比堅不隨時俗易推遷韜光世守靑氈業尙齒人疑絳縣年健步何需三尺杖游蹤曾繫六橋船齊眉舉按歌偕老想是前身種福田

先君曾與共論文才識如公冠一軍早歲駢肩游泮水迄今往事等烟雲交情金石千秋重世界滄桑幾度分曲譜陽春存古調任他時局太紛紜

我公何必感勞薪惡歲頻年祇不貧教育允堪培後進耆英畢竟屬文人歐風傳播休云異化日舒長培足珍春酒滿斟同介壽蹐堂酌兕效豳民

潘春榮 仲華

壽客花開正及時綠衣鄭忽彩箋馳爭誇此老丰神健本是儒宗骨格奇婺水家聲綿世澤考槃碩隱足棲遲伊川老去如年少正好先知覺後知

留得蒼松節自堅滄桑過眼已推遷荆花棣萼榮當日博帶峩冠壯少年夢覺揚州曾佐幕宦游浙水憶歸船韶華一瞬匆匆去別有胸襟付硯田

當年曾與共論文豪氣縱橫冠一軍誼結通家重蘿蔦交深古道治風雲經

傳鹿洞垂千卷福比汾陽讓幾分大好桑榆娛晚景休將時局歎紛紜

先生七十尙傳薪室有娜嬛豈是貧龍馬精神松鶴算共和世界古稀人鴻光舉案堪偕老蘭桂盈庭似佩珍我欲稱觴前晉祝壽家壽國壽斯民

李祖蔭 佑靑

猶憶吳陵院試時先君曾與共驅馳文章誤我功名薄珠玉推公咳唾奇作合天成松柏施保和日肇桂蘭遲是翁矍鑠精神富福慧修來不自知

不墜青雲志益堅横流滄海幾推遷多才自合膺多福大德由來享大年問字客陳揚子酒擁書人拜米家船榮枯得失俱忘却何必勞勞種石田

崔嵬壇坫重斯文旗鼓爭誇樹一軍抱膝名山消日月鷺心宦海起風雲臥吹簫管揚州到飽覽金焦濁水分陶令歸來娛晚景任他棋局慨紛紜

翁子生成學負新娜嬛滿室未全貧詩文蓋代推先進書畫傳家蔭後人戴

佩齊眉仙作耦璠璵繞膝世同珍他年願上期頤頌懷葛高風上古民

卞志銘 右篋

壽宇宏開二月時吟箋五色綵衣馳汾陽福澤原無比潞國精神不是奇下筆如公三絕妙讀書恨我十年遲歲寒雅抱冰霜志斗柄春回尙未知

博文約禮仰高堅大地滄桑日變遷鳳管鸞笙歌細細春花秋月祝年年杜陵老趣詩盈篋米芾豪情酒載船回首西湖風景好接天蓮葉詠田田

不逢考獻不徵文旗鼓公然樹一軍豹隱山中迷曉霧鼇騎海上渡慈雲圖書四壁華堂滿弧帨雙懸繡幙分春酒一壺詩百首賓筵醉飽笑紛紜

滿城桃李盡傳薪泌水衡門樂守貧松菊閒怡陶靖節芝蘭環抱郝夫人萊庭日煖琳瑯簇棐案風和韍珮珍我亦行年將七十何辜常作亂時民

朱庚齡 錫三

名著丹台在盛時（曾君早年入泮）光陰冉冉疾如馳山中日月增無數世上風雲變更奇舞罷綵衣歡坐久燒餘紅燭讌歸遲羨君早結菩提果正令人間不自知（君遊南海九華吾人不得而知）

想從洙泗志彌堅不任潮流獨自遷（君讀書課實業）仍天保九如膺厚福余生七十謬同年（余年亦七十）席前雨露沾洪宇海上烟霞護畫船三徑歸來松菊茂惟將詩酒溉心田

昔比今非不在文羣思棄筆去投軍紅羊歷刦餘烽火白鹿傳家繞瑞雲（曾君與予均文公後裔）風雨晦明安我素淄澠清濁爲誰分百年預訂期頤祝一任橫流萬事紜

劬勞如負此佳薪泌水衡門耐守貧花好月圓欽壽耇規行矩步仰高人琳瑯詩卷雲間氣儒雅風流席上珍能逹大君三有樂先知世界有天民

瞿芾 晏伯 并序

稚稱仙夫子函丈昨奉瑤章薇誦之餘齒香三日冀班摛宋鑠謝凌顏洵太始之元音而後學之津逮也景仰之下勉成俚律四章并步元韻非敢玉和效缶鳴耳錄呈 哂政并乞 郢削

矍鑠精神七十時文壇藝圃任驅馳狗蒼雲白呈千變魚躍鳶飛悟二奇身世蕭條憐杜甫詩才清俊仰邱遲我今一奏南飛鶴介壽登堂答故知

程門立雪仰高堅宏博文章似馬遷在昔鴿原悲折翼於今鴻案祝齊年宦游惟飲西湖水普渡曾乘南海船歸去應偕彭澤令聊將詩酒溉心田

膝前子美善論文頭角崢嶸弱冠軍往事淒涼桃葉渡余情迢遞隴頭雲幾聲簫管扁舟臥兩點金焦一水分聊作壯游娛暮景任他棋局慨紛紜

有子承歡克負薪五千書卷未全貧爲寄山水之間樂不愧羲皇以上人餘子但知工獺祭巴人那解數家珍而今望海樓頭看觴詠怡情幾逸民

張振勳 簡士

絳帳追隨憶昔時廿年祗覺隙駒馳樽前客滿論文細門外人來問字奇梁孟同庚共康樂秦徐佳耦并趨遲西池桃熟安期棗星聚堂開喜可知

歲寒松柏歷貞堅閱盡滄桑慨變遷惠及後生施教澤天留名世享耆年英雄志氣中流楫豪傑才華下水船陶令歸來娛晚節躬耕當以秫爲田

滿門桃李盡能文況有孫枝冠一軍堂上萱花舒愛日庭前椿樹健凌雲風生南海鴻經講月滿西湖鶴俸分白社詩成皆屬和九天珠玉定紛紜

淵源家學賴傳薪樂道由來不患貧秋圃寒香稱壽客春華摛藻作詞人自憐詩思胸中儉爭羨儒宗席上珍願祝期頤還舉案康衢擊壤有天民

盧承澧 東侯 并序

稚仙仁叔吾鄉耆儒也仁孝天鍾溫良恭儉合邑欽崇退邇聲聞口碑載道爰斧藻乎嘉德雖孔見而穴闚於仁叔有榮施矣澧不辭譾陋勉效元裁聊獻蕪箋藉伸華祝竊願晉一觴焉

七十從心所欲時不踰規矩使心馳家庭享我倫常樂世局憑他變化奇胸次睡餘書味永杯中物盡漏聲遲回思失怙年方幼父執交情半未知

交誼渾忘金石堅肯因境往遂情遷敢忘壽域開萱幕曾枉高軒祝艾年滿似無遮天上月泛如不繫水中船靜觀自得寰中趣何必勞勞種石田

自慚不武又無文安得偏師百練軍恭讀新詩猶墮霧敢誇健筆可凌雲蚌珠魚目終難溷狗尾貂蟬總易分幾度邯鄲思學步日來心緒太紛紜

明珠爲米桂爲薪腹有詩書豈厭貧百歲應昌南極宿三多進祝華封人栽培桃李門前樹靈秀芝蘭掌上珍壽考康寧兼五福羲皇以上葛天民

戈維棟 梁臣

蔦蘿記附柏松時轉盼流光似箭馳書卷五千容我拙機謀百出讓他奇孫枝挺秀凌雲茂子舍承歡愛日遲老去精神龍馬富風流儒雅世人知

光風霽月質彌堅蒼狗浮雲幾變遷大好湖山開畫本取將詩酒祝耆年少時志氣中流楫晚歲文章下水船仕宦何如林下樂優游奕葉種書田

頻年尚武不修文南北新停百萬軍八拜杏壇沾化雨客來花徑慰停雲鳳毛美濟春暉駐豹影斑窺曉霧分詩修禪心閒管領任他時局亂紛紜

旋汲清泉拾墮薪竹爐茶竈未全貧閒中愛啓山公事世外欣逢洛社人花好月圓臻上壽江魚孟筍即奇珍由來修德膺多福競仰高風古逸民

姚澍田 雨農

精神矍鑠古稀時藝苑文壇合沓馳璞玉渾金才卓犖神寒骨重貌淸奇彩衣競舞承歡久紅燭高燒散讌遲淸酒一尊詩百首半多舊好半新知

金石交情卌載堅流光冉冉易推遷三多合上華封頌五福修成絳縣年解組歸來彭澤里移家泛去廣陵船（用元明揭州就幕事）閒雲野鶴安恬淡一任滄桑海變田

名場得意昔論文筆陣縱橫掃一軍（君早歲應童子試州府冠軍）幼子榑蒲新化雨（余四子從游門下）先生松柏健凌雲酒兵許我玄黃戰棋局由他黑白分經卷藥爐娛晚景休談時事亂紛紜

明珠爲米桂爲薪滿腹文章不厭貧打破禪關辭俗客宏開詩社集詞人齊眉緘珮應多福繞膝璠璵即上珍我亦行年將七十與君同作舊朝民

沈朱軾 雅卓

垂老緣慳識面時聞聲景仰倍神馳襲黃政績流傳久賈孟詩才鍛鍊奇涉

世滄桑飽經歷寄情欵洽樂棲遲巴詞權當稱觴祝敢詡新知等舊知

玉比溫廉石比堅淸操不肯逐時遷衣冠純古推先正杖履優游樂暮年淵博飽儲邊氏笥收藏富有米家船湖山佳處堪歸隱負郭猶欣尚有田

健筆能扛百斛文新詩俊逸比參軍池塘夢斷憐朝露樽酒交疏憶暮雲江夏玉蕭難再世樂昌寶鏡未中分年來慣看爭蠻觸棼竟如絲擾又紜

誰從焦尾識殘薪貴在知希願食貧與世無爭聊自遣得天獨厚屬斯人添籌預頌登髦耋祝嘏豐筵列錯珍我亦年周花甲久願隨裙屐作遺民

唐庸 笙鏞 並序

稚仙姻長先生尊鑒捧讀瑤章眞如孫綽天台賦成擲之地上有金石聲庸勉步元韻兼述已懷俗言滿紙敬求　斧削方不負命和之至意也

回憶童蒙入塾時先生藝苑早名馳數年學易愆尤寡一局敲棋變幻奇滄

海桑田增感嘆衡門泌水任棲遲安貧樂道師顏子四勿之餘盡不知
鐵石心腸性本堅肯隨時事屢推遷慘看烽火連三紀不讀詩書恨十年老
去花生江令筆揭來畫載米家船高懸馬帳生徒課舌硯如耕負郭田
三十年來不考文吾儕授筆半從軍腥烟掃盡膽紅日淚雨流過望白雲 適先
嚴養 桑 簫管幾聲弦外落金焦兩點水中分愧予宿債何嘗了事事縈胸百感
紜

黃炳炎 蔚門

文章道德著當時未許齊驅并駕馳家學淵源人競仰英才倜儻世稱奇幾
番烽火驚初定兩字功名誤已遲我亦行將逢七十箇中甘苦向誰知

隨心所欲學彌堅無奈潮流太變遷蓬戶偷閒娛晚景棘闈鏖戰悔當年老
妻勸酒風生座稚子吟詩月在船萬事且休惟樂育不愁惡歲硯爲田
會友從來慣以文平生志不在從軍敢云報國期今日最是懷人感暮雲品
論賢愚原有別攻書晝夜本無分邇來家事憑兒理莫管油鹽瑣屑紜
翁子緣何欲負薪讀書有志奈家貧羨君曠達稱佳士笑我迂拘學古人老
至不知無足道後生可畏實堪珍避秦久已思歸隱暫作桃源世外民

袁祖范 讓伯

每自追維少小時天空地闊任驅馳文章誤我三番變計畫輸他六出奇閉
戶著書甘寂寂從戎投筆悔遲遲平生未向人前語敢借狂吟告所知
羨君金石志同堅一任滄桑世變遷化被三千登孔席養成八百到彭年閒
吟不作藏詩窖渴飲嘗招運酒船我亦今春周甲子優游同此硯爲田

崢嶸氣象少年文一戰曾教冠衆軍伉儷新偕人似玉冠裳畢集客如雲師
資卓卓伊川聘宦海茫茫浙水分大好湖光山色伴任他世局亂紛紜
安如磨火未然薪離亂無憂是處貧詩句聯吟同氣友壽星環照比肩人承
先鹿洞傳經術繩武龍孫抱席珍如此修爲如此福康强逢吉古遺民

增 胡國樑 俊臣

門楣忝附懍兒時卅載流光轉盼馳愧我徒爲安定後羨公獨得婺源奇階
南椿樹凌雲健堂北萱花愛日遲正是不凋松柏茂壯心惟有歲寒知
不墜靑雲志益堅任他時事屢推遷靈英河嶽鍾奇氣旋轉乾坤得大年娛
晚宏開陶令里騁懷頻放米家船精神矍鑠如龍馬定是前身種福田
早歲名場舌戰文縱橫筆陣掃千軍門盈桃李沾春雨室滿芝蘭繞瑞雲彩
舞萊衣推此盛廿回蔗境有誰分一堂和靄天倫樂休問橫流萬事紜

翁子由來學負薪倦游宦海自安貧相攸貴乏乘龍客裕後材儲繡虎人壽
世文章矜特達傳家書畫炫奇珍齊眉繞膝眞多福永作期頤百歲民

沈世德 本淵

愛把開元數盛時杜陵老去大名馳鬢添白髮撚髭笑膝繞衣斑炒眼奇佳
耦競誇雙壽慶新詩補和隔年遲快翻一曲南飛鶴唱徹尊前醉不知
皓首窮經志益堅盈虛消息費推遷池塘春草空縈夢坏土朝雲怕問年收
拾烟嵐三竺路滿裝明月六橋船西湖抛却歸來晚桃李新除護硯田
蕭瑟江關庾信文漫將俊逸比參軍自全晚節堅於菊老盡名心薄似雲陵
谷滄桑經浩劫湖山風月許平分閒來索把編年集百感塡胸萬念紜
米貴如珠雜桂薪閉門憂道不憂貧晦翁祖德能繩武坡老文章得替人草
野遺賢尊國杖鄉邦故事數家珍百年合把岡陵頌我亦無懷太古民

沈世甲 軼羣

文采聲華冠一時二難兄弟并名馳樓頭花萼凋零感世外滄桑變幻奇皓首窮經仍守素青山招隱未爲遲滿門桃李新陰盛海內才人半故知

人比梅花老更堅揚州曾記卜鶯遷（公曾任揚州鹽）瑟琴有婦調雙韻道德如公享大年匏繫一官風兩袖（公游宦之江）帆懸千里月孤船（原唱有舟停瓜步星三兩句）回頭塵影都成夢收拾閒心守硯田

幽燕老將擅雄文少日登壇萬軍乘輿快澆千日酒相從祇隔一城雲（公居城北余居城南）談來家國興亡判數到交游涇渭分一笑衡門謝時望可堪人事太紛紜

有兒跨竈更傳薪萬卷家藏莫算貧老去光陰如過客天然風月屬閒人米顚書畫飛雙管張翰蓴鱸抗八珍千載斗山爭企仰峩冠博帶一遺民

孫浸 以莊

彈指光陰沒幾時白駒過隙絕塵馳仕途荆棘遭逢阻世局滄桑變幻奇竟日悲歌多慷慨半生潦倒苦稽遲不才敢託忘年友況味如君我盡知

刀礱石錯志彌堅歷試文場幾播遷泮水燕俟懷早歲棘闈鶚薦溯當年乘風滄海探星宿載月秦淮泛夜船往事不堪回首憶優游林下硯爲田

最欣樽酒細論文書法常摹王右軍落落襟期如霽月悠悠富貴等浮雲游蹤歷記情如續老眼觀書志不分夫婦齊眉雙七十有何心事感紛紜

愧我勞勞尚負薪閑居久賦肯言貧壯游空憶前行踏老至常看後起人未續斷絃張錦瑟（余中年喪妻）祇餘縑素數家珍（稚生先兄工楷家有遺墨）新詩和罷翻饒興好俟編成付手民

甥婿 戚鴻藻 覺兮

馬齒徒逾不惑時浣南淮北枉奔馳功名富貴原虛幻世道人心尚巧奇且喜書香能繼續每逢詩社便稽遲青氈冷無多事滿腹牢騷莫我知

敢誇鐵石比心堅世局滄桑任變遷境況勞勞虛度日居恆兀兀感窮年涼秋岳阜登高詠（客歲重九節與公登岳阜聯吟）月夜城濠醉泛船（是年秋月夜泛舟）作嫁依人三十載硯耕我亦舌爲田

庚辰雅會學詩文自愧平庸亦冠軍未報劬勞悲愛日徒懷寤寐望慈雲妻能淡泊成春夢子尚辛勤守夜分（長男習業退廠輪值夜班）生齒愈繁生計累向平無術免紛紜

汾陽福澤羨傳薪腹有詩書豈患貧恭居稀年宜上壽由來餘熱不因人精神矍鑠羣相慕杖履逍遙願自珍茀祿爾康歌未艾期頤定作太平民

壻 張培棪 實秋

企仰高山泰岱時聲華藝苑早名馳親聆南海經傳祕飽覽西湖景繪奇絳帳春和風習習錦堂晝永日遲遲曲江我愧生來晚丰度端凝總不知

不凋松柏勁彌堅過眼滄桑幾變遷桃李滿栽娛晚歲芝蘭繞環樂耆年江淹文思花生筆米芾詩情酒載船入爵何如天爵好優游林下種書田

年來尙武不修文安得偏師百練軍大啟詞壇閒話雨叨陪甥館喜停雲（舅家有停雲山館爲宴客之處）幾聲蕭管揚州到兩點金焦惡水分極目頓增今昔感潮流萬事總紛紜

身世由來等積薪長安賣藥自安貧（壻承先人業中年業儒賦賈）文章奪幟推先達（舅氏童試年州府冠軍）書畫傳家啟後人郭福彭年尊壽耇商彝夏鼎重儒珍願隨外舅齊偕老懷葛同爲太古民

單毓同 暨符集句并序

稚仙世叔才優學優爨宮碩望後樂先憂席珍待聘未展鴻猷普陀參佛
之江宦游蕪城僑寓瓜步停舟行年七十杖國扶鳩爰開壽宇海屋添籌
劉綱有婦仙道同修述懷四律徵和朋儔不才乏學兄懶吟謳尋章摘句
集腋成裘不作一字盡得風流勉步原韻藉資唱酬聊供華祝用付行郵

朱衣暗裏點頭時 歐陽修 班馬文章并駕馳 謝應芳 舊學商量加邃密 朱熹 費功
鏡刻爲鑱奇 梅堯臣 鵝毛禦臘縫山罽 柳宗元 鶴羽衝風過海遲 李賀 今日愛才
非昔日 溫庭筠 姓名莫遣世人知 蘇軾

車輕馬穩轡銜堅 蘇軾 粉署清華次第遷 孫僅 幾篋詩書分貴位 皮日休 一篇
風雅美豐年 杜牧 曾經庾亮三秋月 李郢 更駕長風萬里船 錢維善 珍重先生
全太古 譚用之 筆鋒耕遍西山田 王說

與君飲酒細論文 蘇軾 酒令嚴於細柳軍 歐陽修 四海已歸新雨路 羅鄴 百神
奔走會風雲 蘇軾 桑田碧海須臾改 盧照鄰 白石青崖世界分 溫庭筠 古來聖賢
皆寂寞 李白 莫嗔頭上雪紜紜 高駢

蠻童掃葉續炊薪 陸游 吾道從容不厭貧 李融 到處溪山如舊識 蘇軾 滿堂
賓客盡詩人 姚合 兩源秋色排千嶂 郭亢 一缽藜羹敵八珍 陸游 最愛葛洪
尋藥處 曹唐 山中今是太平民 黃滔

陳　移 棣洲

樽酒稱觴二月時望風遙祝倍神馳是翁矍鑠姿容富居士長生道術奇不
有閒情南逸志何能緩步與棲遲溯回嘉日書英會景仰高賢莫我知

宦海風波志氣堅東坡老去已三遷升沈黜涉憑前數抱負經綸問壯年滬
瀆停雲聆舊笛 先生調遷上海 之江落月滿歸船 先生宦浙多年 不堪五斗折腰辱且把鋤耘半
郭田

力扛百斛揮雄文銳利詞鋒掃萬軍曇缽涵濡東海水巾衫仰望暮天雲芒
鞋踏破三千里鐵硯磨穿十二分德比名儒心比佛任他世事競紛紜

先生吏隱等樵薪簞食瓢羹不厭貧桃李滿門欽處士芝蘭繞膝慕斯人春
風薰醉杯中物時雨頻霑席上珍梁孟齊眉雙七十蹐堂獻壽效豳民

戈嘉德 秉直

正是花明草綠時壽翁策杖興飛馳幾多景物供欣賞如此江山任炫奇壯
志記曾游宦早清才未肯賦歸遲孤高自有閒情緒付與溪頭鷗鳥知

松柏精神老更堅心情不共世情遷身經百練存眞諦人到無求享大年北
海尊開賓滿座南薰曲奏鶴隨船胸中亦自成邱壑身外何須二頃田

揮筆皆成絕妙文風流又見鮑參軍擎樽愛醉湖邊月游棹曾停海上雲我
慣疏狂甘落拓公多韻事可平分名山一席千秋定漫道塡胸百感紜

料應家學有傳薪分與書香未算貧桃李滿城閒課子梅花當戶瘦如人畫
能畢肖稱三絕詩到精工抵八珍我亦漁村風月主吟情深繫老遺民

錫 袁蔭曾 伯魯

記得鄉閭進杖時十年歲月望中馳綸垂渭水沽猶待社入香山句便奇陌
上煖風薰客醉堂前愛日泥春遲外家喜氣門庭溢班列萊衣樂可知

東坡老去志彌堅羞逐潮流事變遷游屐有方羈勝地風懷無限溯華年爲
尋古刹曾浮海每愛垂楊輒繫船書畫後車常載滿歸來仍以筆耕田

七旬上壽合徵文製出新詩冠一軍桂子保家誇印展蘭孫繩武媲機雲方
欣鴻案眉同介太息鴒原翼乍分樂事儘多愁漸少期頤賀客倍紜紜

歐風東漸廣傳薪原富新書足療貧雅羨魏舒能相宅生增之武不如人泉
刀自昔家爭賞貨殖於今世共珍甘旨克供妻子樂亂離權作太平民

錫 **儲栢年** 石中

杖履追隨少小時每瞻俊彩喜星馳渭陽家學淵源富洛社新詩鍜鍊奇梁案容莊春日永萊庭戲舞彩雲遲湖山佳處供游覽利鎖名韁概不知

松比孤高菊比堅榮枯得失費推遷蓴鱸張翰思今日梅鶴林逋問往年官燭枝書安定院客帆載酒武陵船故園佳趣能消受栗里歸來種秫田

輝燦金屏介壽文詞鋒俊逸比參軍推翻桑海迷紅日惆悵萱幃望白雲 先生偏養[毋]棄多年 黑白衝開棋陣合玄黃戰起酒兵分外家喜氣門楣附一任潮流百感紜

聯篇光燄發靈薪笥篋新儲不患貧曉霧斑分全豹影片雲書集愛鵝人客欽齊月光風壽家數商彝夏鼎珍如此才華如此福康衢擊壤樂天民

錫 **曹仕賡** 明軒

常州日進協記印刷所代印

虛度韶華四十時濟南滬北枉奔馳渭陽聲價瑰瑰重潞國精神骨力奇雅羡芝蘭勤點綴記隨桃李伴棲遲 錫早年從游門下 人生七秩談何易兕復齊眉樂可知

玉樣溫純石樣堅春秋燕雁幾推遷消磨塵劫全眞諦葆養天懷得大年兩袖風清鳩倚杖二分月滿鶴歸船杜陵老去詩名盛收拾閒心守硯田

纛簡塵封八比文風流猶見鮑參軍清高不讓澄波月行止眞如出岫雲載酒人來忙字問含飴孫繞樂甘分名山自有千秋業一任滄桑百感紜

虛房那克荷遺薪杖履優游慣守貧敢謂不才差像舅好因餘熱便依人春花秋月情無限孟箏江魚味自珍我愧魏舒難相宅顧稱觥兕作豳民

楊鴻鈞 崇澄 井序

先生余老友也既屬通家又爲同學相交垂四十年昔時日常聚會後先生教授揚城宦游浙省離別多年迨倦游返里閉戶譚經 余又遠適異方依人作嫁客歲 先生暨 尊嫂戈夫人七旬同慶稱觴之日 余客彭城遠道固未之知又值四方多故時粵亂未平皖軍又變 省政府主席石友三反對中央擁兵獨立 損壞鐵道阻隔交通津浦路車兩月不能通行及事定車通已屆舊歷歲杪故 余至前月方歸行裝甫卸未及趨謁 先生已令人將自壽七律四章相贈命 余和之 余雖久荒筆墨而義不容辭謹依 原玉勉强作成以副雅意而藉補祝錄呈

稚仙老哥先生唫壇 斧政

作客天涯歷歲時圖謀生計苦奔馳華年易換流光捷花樣頻翻大局奇飄泊如萍無定久 余前數年客海上近兩年在徐州蚌埠南宿州等處 往來多梗致歸遲 內詳序 故人稀壽稱觴日遠在他鄉竟不知

常州日進協記印刷所代印

久欽操守比金堅時局紛更不變遷立志惟期延舊學論交早許作忘年 先生長余十餘歲 胸襟雪亮虛堂鏡手筆風馳下水船爲惜懷才終未遇埋藏美玉在藍田

淵源家學早能文小試風檐輒冠軍咸望蛟龍身得雨本如鴻鵠志凌雲長才未獲鵬程展薄宦猶難鶴俸分危亂不居旋引退當時國事已紛紜 清末國事日非 先生假歸遂不復出仍以舌耕爲業

宏開絳帳業傳薪桃李盈門不患貧立社聯唫推巨子逢場作戲集同人 先生好葉子戲暇日每與人同作余亦常與同局 勤勞無倦身常健消耗全除體素珍 先生善衛生烟酒等消耗物均不入口 福壽康寧非倖致 先生年逾七十夫婦齊眉兒孫繞膝且顏色不衰精神常健時有與先生年齒或尤加長者多至福壽康寧備於一身者少即先生亦非倖致由於衷懷曠達守分知足故長樂永康享大年膺多福也 樂天安命葛懷民

顧炳杰 嘯亭 井序

從友人處得讀述懷大作情詞娓婉風雅宜人曷勝欽佩不揣鄙陋勉步原韻錄呈

稚仙先生大唫壇郢政幷呈述懷拙作五首兼求　雪和爲禱

想見吟髭乍撚時興酣落筆雨風馳遷流到此已云極禍福相因不算奇老去世情殊淡淡閒來春日故遲遲平居悟得盈虛理衣狗浮雲總不知

蓮池香裏道心堅身外潮流任變遷塵世滄桑皆是刼名山松柏久忘年具瞻魯國靈光殿况據米家書畫船聞到珂鄉眞樂地繞門荷葉疊田田貴村以蓮池名

恨未雞壇共論文筆花齊放敵千軍偶聽高曲驚春雪同惜殘年感暮雲紙上傳情聊作合詩成交易等平分拙作求和　壽人壽我均行樂莫謂人云我亦云以云代紜受奪貽笑想當然耳

將珠比米桂爲薪敢說詩書可濟貧君是倦雲歸岫客我來踏雪避秦人去年冬後避亂居城蛟龍幾等池中物鐘鼎誰知席上珍轉盼光華歌復旦白頭携手看新民

曹善洋　錫孫　杏琴

五百昌期會盛時東坡老去大名馳汾陽福種精神富洛社詩成鍜鍊奇久託㭊幪資愛戴得親槃澗伴棲遲嗟余失怙年冲幼世態人情概未知

不凋松柏節彌堅風度龍門太史遷陵谷滄桑悲近日湖山烟柳話當年高才飽樹淮陰幟餘技雄裝米芾船大好鄉園眞樂地隔村蓮葉詠田田

科名掃地漫論文老將登壇肅萬軍小住名山敷化雨遠尋古刹渡慈雲唐虞歲月目時異屈宋詞章落紙分爭似少年逞意氣貂裘走馬日紛紜

清流旋汲喜炊薪室有詩書不算貧我本駑駘嗟薄命公承鹿洞賴傳人高

歌且縱山中酒濁俗誰知席上珍一曲南風新譜出癡心祇盼阜吾民

陳廷錫　篤周

七秩年華轉瞬時南金品重久欽馳先民矩矱猶循舊古處衣冠不尙奇幾輩飛騰欣特達半生潦倒獨棲遲梅花耐冷經霜雪傲骨嶙峋俗豈知

性質由來自白堅滄桑世變任推遷含飴繞膝增多福舉案齊眉得大年南海烟雲迷古寺西湖風月愛行船歸來幸有蓮池樂十畝桑陰學種田

宦途最重是衡文下筆千言冠衆軍伏櫪長鳴悲白首登梯遙望悵靑雲邗溝水冷親朋隔棣萼樓空骨月分最是綠珠人去後滿腔心事更紛紜

斯文斷續在傳薪斗室能寬慣處貧歧路亡羊憐故我隨場逐鹿笑勞人門多停轍論奇字家有藏書當異珍富貴功名如夢幻置身願作太平民

仲鳳藻　少卿

正是桃紅李白時詩筒飛遞束飛馳孔融好客尊常滿謝朓驚人句更奇恨我遠覊千里外和君已隔一年遲愆期負咎祈原諒勉掇新詞答舊知

是翁矍鑠老彌堅眼見滄桑幾變遷舉國烽烟仍故故三春花月自年年梁家夫婦眉齊椀郭氏兒孫笏滿船一卷書香傳鹿洞硯田眞箇是良田

風簷寸晷試程文屢讓先生冠一軍擲地有聲歌白雪摩天無翮附靑雲臺城柳色秋難禁泮水芹香昔共分回首棘闈鏖戰處茫茫百感起紛紜

蘭孫競秀足傳薪家有藏書腹不貧滿室弦誦無俗韻一門儒雅盡高人暢懷且飲杯中物補祝來分席上珍杖履逍遙鄉望重蓮池村裏老耆民

卞綍昌　徵閣

昇平想望少年時瞥眼流光若電馳世變滄桑增感喟詩成珠玉自瓌奇添籌君屆七旬壽計算予生一紀遲未識荆州今恨晚姓名文字此初知

陶潛晚節比松堅猶記鶯鳴喜秩遷湖上停車靈隱寺山陰修禊永和年歸裝琴鶴隨征轡鄉思蒓鱸理釣船家在蓮池村裏住閑閑十畝賦桑田

伯兄附驥亦能文（先兄柳門與君同年入學）筆掃千人獨冠軍學制昔曾說鄒魯才名敢自擬機雲壯游領袖三山駐（予曾任日本橫濱長崎領事官）滄海橫流鼎分試看識時多俊傑東西士子已紜紜

孫可傳經子負薪齊眉粱孟耐清貧紫陽講學垂家訓青壁銘詩避世人榛莽未除嗟路梗菜根有味過山珍海陵難得先疇服（故園荒落不堪回首）隔水蒹葭兩逸民

吳祖培 植哉

正是中原逐鹿時浮生差幸息征騑酸鹹飽味心逾淡變幻頻經趣轉奇願我饑軀殊跼促憐君肥遯樂棲遲長安一任如棋局理亂升沈總不知

人自風流操自堅囂囂不爲俗情遷一廛寄傲堪娛道百慮忘懷兹引年知有傳孫范氏硯更餘奕世米家船白頭偕老尤非易應是前生種福田

司馬窮途合賣文蹉跎空自慕終軍才疏已愧及時雨謀拙猶慚出岫雲投筆壯懷徒有志買山清福亦無分强歡不忍談家事惟恐愁生百感紜

世事真同火帀薪羨君尚志樂清貧遁迹城市山林客曠達江湖閒散人游展昔曾空眼界傳經今更稱心珍茫茫塵海原如夢畢竟先生是逸民

徐崇熙 仲咸 并序

稚仙先生天性澹泊不事浮華今春三月七十榮慶以自壽詩見示（熙）誼屬通家辱承 青眄薇誦之下覩其感嘆時局牢騷身世稽文清峻阮旨遙深兼而有之勉步元韵以誌欽仰之忱若云上和陽春則（熙）豈敢爰錄呈 大唫壇 斧政

是翁矍鑠古稀時丕歲聲華萩苑馳愧我功名憎偃蹇笑他世局炫新奇門盈桃李春風坐室滿芝蘭曉日遲况喜齊眉萊婦健期頤不待卜而知

志在逍遙老益堅不隨時事共推遷邗江新月邀今夕浙水寒潮憶往年輿宋別開安定舍避秦休問武陵船巋然魯殿靈光在負郭何須二頃田

記從剪燭細論文初寫黃庭乞右軍茗椀爐香銷歲月蜃樓海市幻烟雲交聯實紀情彌篤福衍孫曾領不分如此才華如此壽南山獻頌樂紛紜

何必狂歌延瀨薪衡門泌水自安貧傳家書畫承先哲壽世文章裕後人萊彩輝煌稱國瑞菜根滋味勝山珍西池桃熟先生笑但願同爲樂土民

周汝霖 遂翁 有序

𩯭讀七十述懷徵詩大著承屬步和以俗冗久未報命歉甚兹特勉和二章草草塞責得毋以小巫見大巫而貽方家之誚乎惟既荷嗜痂藉供覆瓿何

如謹錄俚言恭呈 郢政

憶昔名場角逐時英姿颯爽久神馳晦翁家法矜而慎工部詩才老更奇七秩壽公稱慶早十年愧我讀書遲祗今無限滄桑感都付籌添海鶴知

君家傳硯復傳薪瑞藹芝蘭不算貧公自多情傷往事我猶作嫁爲他人鬢邊霜雪愁邊酒架上琳瑯席上珍莫道黃花誚明日陶潛應是舊遺民

蓮池村農七十壽言酬唱集

賜作謹以收到先後爲次

高錫爵 綮栖

萍飄梗泛年復年況值烜烟梓里延烽鏑餘生幸不死春講鞠𦛨赴華筵我公自昔湿文豪童年試輒冠其曹疊鼓逢逢頹壁奏洞房花燭徹雲璈於今父老傳佳話猶憶英名播俊髦壎篪既協娛二老氍毹戲彩春秋高手提三寸寶文筆四方爭聘鵬風翔就廣陵陳大帥閫內閫外腹心寄應曹娥王𪍑尹名山主席善誘引高冠大帶滿門下潘錦江花拼玉筍黃浦江上亟需才瑣尾流離鴻雁哀施藥施材施糜粥攀轅臥轍借君來暑不張蓋勞不乘戴星出氏入拯民灾妖氛突起紅燈照卷我琴書尋海嶠掀髯大笑歸去來行李一肩入門笑奪我鳳池衙䃮我舊朝衫開我春申館柄我白木鑱喚我山

妻椎髻婦當鑪左右立之監雖得佳兒並佳婦一門團聚語喃喃數卷殘書舊業溫暇餘且喜騍童孫清風明月無人管猶是承恩通德門家藏五惲三王眞墨蹟閒與評論酒一尊晚來好佛叩禪關不假吟笻任往還身健頓添出游興年年東渡落伽山高適平生不解詩和君原韻病支離何如白話濫空撰上祝期頤索解頤

趙　勳 伯銘

朱叟稚仙海鶴姿神寒骨重貌清奇讀書樂道本天性聲華早已蓺苑馳蠶居從未識叟面琳瑯曾讀述懷詞甲子一周歲再已叟年巳屆古稀時精神矍鑠如少壯况復夫婦更齊眉欣值懸弧良辰日親朋歡集列醇醨叟惟頻頻揮兩手繼乃一笑撚吟髭祝壽從俗非所好自壽我有七字詩濡豪但述平生事春花秋月景遲遲敢怨清時難再得此心惟有歲寒知清詞麗句爭傳遍和者燦若花紛我披讀叟詩惟驚倒卑卑何敢置一辭聞叟守貧安義命立身行已眞不羈西湖南海恣汗漫水色山光足娛嬉歸來白屋靑氈在栽遍桃李千萬枝自誇腰脚猶强健笑他藜杖徒爾爲似此長齡乃易事七旬稱觴信非宜會當次第讀佳什百年爲叟祝期頤叟聞此語應心許請先爲我晋一巵

徐天璋 曦伯 并序

予歷年從事研經詞章詩賦此調不彈久矣昨晚回寓欣接君詠七秩述懷不禁見獵心喜遂製新樂府以和工拙不計錄呈

稚仙仁兄大人郢政

君耄年我耄年滄桑朝夕變四海起烽烟青春樂境兒時憶白髮於今雪滿顚一搔首一愴然

君寄揚我處揚棲遲不相遇空賞明月光故國河山返桑梓宮牆桃李牧牛羊泮池側荆棘荒

書傳家畫傳家香添紅袖侍君讀樂無涯我亦棠湖娶姬妾姿容顏色艷朝霞悼亡賦悲落花 曾詠落花詞八首

君有兒我無兒我非無兒子家事難付持林泉將卻千金聘首陽薇蕨甘如飴泌流水聊樂飢

袁　鑣 季枚

游宦之江後歸仍守硯田爭誇偕老福同慶古稀年迂叟曾經魯姻婕幸附弦車驅過城北扶杖赴華筵

李秉鈞 子平

佳日春秋好稱觴敵壽筵齊眉期百歲繞膝拜雙仙桃李能高志椿萱自大

年津門遥祝嘏頌上九如篇

丁文琥 季琴并序

稚仙盟兄總角交也今春七十壽鴻案相莊鹿門偕隱眉齊黃髮膝繞朱
䠥適以述懷詩賜和琥忝列通家不獲以不文辭因率成長排敬申燕䙝
用博

老唫壇掀髯一笑倘乞　教我是幸

吳陵耆舊重鄉望外間傳忠厚愔浮薄方圓任轉旋才華開藝苑奕葉種書
田鐙火銀釭燦磨礱鐵硯穿聯盟慚我拙得句讓公先南海携詩卷西湖放
畫船精神龍馬卓羽翮鳳凰翩絳帳春風坐瑤池夜月圓含飴增晚景偕老
頌佳篇川嶽鍾奇氣乾坤得大年鳩扶誇矍鑠鶴舞喜蹁躚白貝光生壁青
銅質選錢盈庭松柏茂滿室桂蘭妍祝嘏稱三爵延賓列四筵管絃看戲綵

珠玉落花箋甲子從頭數靈椿壽八千

郭　謙 吉甫集句

龍馬精神海鶴姿錢起　風流儒雅是吾師白居易　錦囊詩草勤收拾蘇軾　又是
揚州杜牧之李商隱

春在先生杖履中蘇軾　楚雲滄海思無窮韋應物　開樽細説平生事朱軾　人有
鴻荒太古風陸游

碧桃紅頰一千年李商隱　已向閑中得地仙蘇軾　况復筋骸粗康健邵雍　藍田
日煖玉生烟李商隱

解組歸來道益光蘇軾　世間萬事寄黃粱蘇軾　一生肝膽如星斗蘇舜欽　仁壽
橋邊日月長蘇軾

顧似勳 樹猷

天意不興魯人心又厭秦經過成歷史退隱作編氓繞膝兒孫樂放懷詩酒
新年來聊自慰留此歲寒身

桃李門前樹桑麻世外天漫云偕老福難得古稀年魘盡方成佛刼消終是
仙祝公千萬壽茀祿永綿綿

江　鈺 竹齋

回首文場筆戰雄而今都作白頭翁伏波年齒汾陽福春在先生杖履中
人生難得古稀年龍馬精神別有天耋耄期頤臻上壽雲礽繞膝醉瓊筵

蔣　鑄 鐵生並序

歲己巳三月迺我　稚仙夫子七十壽辰也廻憶
夫子宦游浙水主講娥江鑄握荷栽培忝附弟子之籍卅載以來馳車京
邸聽鼓齊東旅味宦情被春風而聆謦欬者又彌且切辛亥變後杜門却

掃時局滄桑痛定思痛適　夫子以自壽述懷詩見示謹攄胸臆敬成七
律兩章工拙固罔計也錄呈　鈞誨

七旬雙慶廣徵詩薰誦琅琅大雅辭矍鑠精神龍馬富蹁躚文彩鳳凰馳桑
榆暮景冰霜健桃李春風雨露滋回首之江三十載呦呦猶記鹿鳴時

春花秋月逞詩豪門外車停問字勞我愧駑駘甘伏櫪公含珠玉任揮毫西
湖放棹閑携鶴南海驅鞭慣策鼇如此壽人還壽世清風亮節仰彌高

蔣　鍊 鎔金有序調寄莊椿歲

鐵生六弟以　稚仙先生七十自壽詩見示并督和章憶自庚子春有餘
姚之行便道過娥江得望見
先生顏色迄卅載有奇矣　先生古稀已及鍊少先生四歲鬚眉亦復皤
然棖觸舊遊滄桑幾易所謂玉壘浮雲遂成今古者耶感塡里詞二闋乞

彙記呈政以爲大斗之獻何如
娥江聚首歸來夢魂常繞錢塘路方剛値我公年强仕壯懷各許倏忽星馳
浮雲玉壘滄桑幾易算齡添絳甲仙榮桃實已餐盡琉璃露　記得名山主
席會桃李春風廣被仕途偃蹇聲華照灼自堪古千花好月圓新醅正熟驂
人初度看蘭玉聯芳鳳雛繞膝效斑衣舞

魯文炳 彬士 調寄畫堂春

松筋鶴骨自康强笑看蘭桂皆香翩翩丹鳳喜翱翔雛引鸞祥　既頌宜孫
慶幸還參祝嘏詞章增年三十壽筵長百歲叢觴

魏頤 養時 有序

接誦　夫子大人七十自壽詩其間道德文章人情世態躍然紙上圖短
於謳吟重以瑣冗俗塵紛擾未步　元唱抱歉良多勉謅吳歈敬和　瑤

章藉抒舊感繕呈　誨政
夫子吳陵彥經師兼人師早年遊浙水曹娥主席時卅載流光速宛如駒隙
馳稱觴屆古稀貺我述懷詩琳瑯誦萬遍何敢贊一辭高吟追正史風雅今
在茲蔬苑蜚有聲淸奇海鶴姿束身儼圭璧吹氣紛蘭芝巋然魯靈光神物
爭護持讀書得天性卓犖才不羈環階歡蹁鞠對案樂眉梨憶昔春風中執
簡親絳帷夫子不我棄說經坐皋比初筵得蒙泉化育幸有基桃李承恩早
苹蒿赴宴遲前因泥爪話舊德服膺思欣値懸弧日親朋晋壽巵望風恭祝
嘏爲我頌期頤

王斯謀 頌候

足音空谷久跫然珠玉驚聞落九天名世歡歌金石出中年哀樂管絃傳杜
陵老去稱詩史蓮社人來學酒仙漫道浮雲西北蔽南飛有鶴自蹁躚

過眼年華七十秋白雲蒼狗任悠悠滄桑歷刼天難問疏布能安福亦修愧
我交情聯實紀羨君家學邁程周躋堂一笑無他物醉擘詩筒默酒籌

羅文海 春蘇

生機斲盡苦元元猴也能冠鶴也軒物外閒情歸栗里人間何處問桃源西
湖月滿詩千卷北海風高酒一尊我作春申江上客烽烟幸未墮家園
駢蕃集慶企華堂泒衍鵝湖奕世長種李成陰分子舍采芝得句附奚囊心
源直接傳安定眉壽齊登娩孟光日月升恒松柏茂名山高隱臥羲皇

鮑駿銘 俊并

自慚形穢不合時裝生就心愚偏成古質蟬鳴柳上淸恐人知鷗泛水邊
閒由我去特來珠玉之遺輝增蓬蓽未步琅玕之韻質鄙芻蕘敢以下里
之詞竊比華封之祝

戊辰二月春造門謁稚叟相見不問年知是六十九貌古鬚眉蒼親朋爭獻
酒疏食抵八珍留賓呼翦韭判襟何匆匆深恨別離久今屆古稀年開筵祝
正壽弧帨慶雙懸左宜還右有貺我述懷詩莊誦未絕口擲地作金聲卓犖
詞林手根柢磐石深老樹枝無醜早歲游之江羞與俗吏偶彭澤賦歸來靑
氈仍世守有時感滄桑侃侃論可否蒼狗幻白雲氣沖南極斗處世無他奇
取與殊不苟分寸惜光陰卜夜以繼晝絳帳擁皋比博學貧窮究先生喜鈔
書手跡數尺厚天與善人親黜首成黃耇腰腳健自誇少年瞠爾乎後梁孟
子孫賢一門敦孝友立言媲德功厥維三不朽讀畫仿三王觀書探二酉桃
李坐春風馳騁稱文掫俚句頌期頤當不棄蒲柳

趙北海 談是

海甸圭璋士林領袖矍鑠是翁黃髮台耇文章道德富貴神仙順天無憂受

福宜年其夫人戈壼儀足式克儉克勤同心同德幽閒明禮貞吉含章鹿車共挽鴻案相莊天錫大年笄珈偕老蘭玉森森階砌盈繞簪裾衍慶鹹珮稱觴如日如月為陵為岡猗歟先生海陵耆叟壯游之江六橋烟柳解組歸田守我青氊滿門桃李文采翩翩晚年好佛胸有成竹游遍名山九華三竺是無量壽現自在身風流儒雅瀟灑出塵夙聞經訓扶善樹德茀祿爾康長綿世澤江天瞻祝遥晉瓊卮耋耄期頤重獻嘏辭

陳國璋 玉生

七秩筵開二月雙星慶祝千秋舉案齊開鸞鏡斲輪修好鳳樓
燕北風雲像滄江南山水清佳解組歸來故里好將詩酒生涯
種遍芝蘭挺秀栽成桃李聯翩茶熟香溫酒醒人壽花好月圓
大富貴亦壽考蓄道德能文章瓊島安期進棗瑤池王母稱觴

陳恩治 馥齋 并序

稚仙仁兄先生壽辰在己巳年冬間賜七十述懷詩四首欲和而墨澀今正穀日過 公索詩債寬不禁體敢不應 命以盡祝忱敬求 郢政

重九龍山幾落帽又將小小陽春報祝君嶺上見梅花飛雪來時花自傲
君年七十富春秋兄尙酡顏我白頭 君長我兩齡君是兄我是弟 蘭譜三人君我在 其一人富室之故人也當勿考其姓氏 兩家心事一雙鈎

陳熙祖 伯綱

人爵兼天爵皤然一老遺兒孫歡繞膝夫婦樂齊眉道味醲於酒丰神瘦似詩冲夷臻上壽頤更祝期頤

沈 鏞 秉乾

大好鄉關稱隱居淵源家學富詩書焚香筆錄先儒集問字車停處士廬眼底頻看塵刼過尊前漸覺故人疏雙星朗朗華筵照任爾風雲自卷舒
八千椿樹紀春秋回首名場總白頭斗酒百篇如洗髓楹書萬卷抵封侯端居日月山中曆亂世功名水上漚繞膝齊眉臻上壽汾陽福分幾生修

壻 高開鏃 圖叔

泰山泰水壽千秋占得人間最上頭黃髮齊眉雙慶祝朱跗繞膝幾生修文章品誼陶元亮富貴神仙李鄴侯幸託門楣將卅載追隨杖履共優游
休論殷序與周庠從此斯文失化光怕見荊榛迷道路儘多桃李列門墻驚心世上風波惡抱膝名山日月長梅鶴林逋聯眷屬漫言福壽媲汾陽
果結菩提証夙因八千紀歲樹靈椿修仙別有長生術成佛能留現在身 公晚年好佛 論事必高非炫異與人無競總由眞記從彭澤歸來後懷葛安恬太古民

千軍筆掃氣何雄矍鑠精神七十翁對鏡未驚衰鬢白辭杯那藉醉顏紅南陔養志春無量北海開尊酒不空惟願隨公登壽域百年偕老壻鄉中

何杏壇 定盦

將進酒為君壽壽君學業成讀書得天性庠序蜚有聲添香紅袖月三更
將進酒為君壽壽君內助賢詩賡偕老句雙慶古稀年木公金母兩神仙
將進酒為君壽壽君子孫多芝蘭薰一室藹然氣太和珊瑚玉樹交枝柯
將進酒為君壽壽君步履康春秋多佳日桃李徧門墻鈞天一曲詠霓裳

吳桂榮 樹冬

少時聞公喜嫚罵破驚鬼膽避三舍所以龍門百尺高進將趦趄足未跨洎公與我交忘年靄然和氣如春夏見與傳聞各異詞嘗以質公公亦訏戲謂我非程不識一錢尙值數女姹談深不覺燈燭明善病工愁每慰藉獨有一

事不相饒督促作詩少寬假可憐搜索徧枯腸額汗往往交流下自從晉豫鄂奔馳爲他人作衣裳嫁春蠶吐已盡千絲駑馬鞭難期十駕緣衣鄒忽彩箋馳帖書小字泥金砑問年六十又有九海甸圭璋重聲價老子婆娑興不衰一錦囊共雙不借取將身世入謳唫述懷自壽篇成乍琳琅莊誦大雅詞珠玉光芒四迸射羨公老作地行仙儘日春秋足清暇百歲滄桑閱歷多紛紛眼底烟雲化齊眉梁孟子孫賢景福天申躬自逊人生七十古所稀何不先期祝壽斝豈知公意絶等倫俗事相溷轉驚詫天生合是作詩人一枝筆末江花謝驪壇且主牛耳盟已四三唐六五霸邇來久不過雷門倒峽詞源自傾瀉新添白髮丈三千撚斷吟髭未肯罷俚言今日到公前安得甘回如食蔗固知猶有蓬之心責讓傳來滋可怕

包人鏡 月秋

洛社欣逢白傅隨園愛說袁枚龍馬精神矍鑠先生五嶽歸來漫說兒孫繞膝最難夫婦齊眉絳帳春風時雨桃李千枝萬枝眞箇吟壇健將况爲多士楷模所好在詩與酒攜囊復喚提壺窗外鳥能解語好花開遍三春南海西湖嘯傲菩提現自在身

汪 度 最平集句

好將詩酒送流年 蘇軾 檀板金尊對綺筵 李商隱 東海桑田眞旦暮 蘇軾 稱觴獻壽樂鈞天 沈佺期

浪跡常如不繫舟 蘇軾 卧吹簫管到揚州 蘇軾 多情只有春庭月 張泌 山外青山樓外樓 林洪

百草千花共待春 徐鉉 心田灑掃淨無塵 白居易 崎嶇世路嘗應徧 蘇軾 高會傳觴似洛濱 蘇軾

心有靈犀一點通 李商隱 鬱金堂北畫樓東 李商隱 插花起舞爲公壽 蘇軾 千里鶯啼綠映紅 杜牧

畢 遂 漸鴻并序

稚仙仁伯大人耆年碩德名重當時本歲三月壽屆七旬作詩屬和惟自愧不敏謹勉賦七絶四章聊作南山之頌尚乞粲政是幸

曾記當年祝六旬光陰荏苒古稀春從心所欲循規矩樂道安貧學聖人

蒼狗浮雲慨變遷頻搔白首問青天而今始得林泉樂春酒一壺詩百篇

梁孟齊眉曼福多種成珊玉盡交柯誰知滄海橫流處尚有人間安樂窩

太翁七十貌如童繞膝兒孫樂意融歲歲蟠桃花又實合家歡酌酒杯紅

管得泉 石清

皓年人是採芝翁不服丹砂自返童舉世盲眊同漆黑使君壽考駐顏紅目

空一切無餘子胸有千秋獨此公下筆能將生面闢全銷障翳破溟濛

不求聞達樂閒居幻海風雲任卷舒文字有靈尊魯殿英雄幾輩老茅廬才華寗止稱三絶高尚還應勝二疏人爵何如天爵貴百城况擁刼餘書

鹿已成新世界扶鳩願杖太平朝會當瓦缶雷鳴日珠玉驚聞落九霄

我與先生總角交横流滄海逝滔滔兒時風月吟詩慣老去湖山載酒遨逐現出菩提自在身天敎樂事備彝倫七旬矍鑠長生慶百福駢闐攬揆辰階滿芝蘭欽壽耇庭盈桃李萃門人他年願上期頤祝一室熙熙萬象春

王 度 慕舟調。寄長生樂

春滿桃花泛酒巵風日正良時畫堂簫鼓樽俎訂佳期洞府神仙稱慶稀齡介祉鴛鴦福祿齊人長生自壽詩 清詞麗句玉蕊瓊枝祥光滿溢庭墀人預約獻斝祝期頤會當先後奔走歌吹莫來遲

倪嵩立 卉谷閬寄南請月

松柏長春童顏鶴髮南山翠稱觴介壽華祝人皆醉　不是老聃也是彭老
叟八百歲黃耇台背老健莊椿茂

羅　乾 子建 并序

久違　芝範忽捧　鸞箋一葉　瑤章三薰盥誦精心結撰羨庾鮑之風
流回首當年仰龔黃之政治敬和短章恭求鈞誨惟是以莛撞鐘未免如
蠡測海竊恐雕蟲小技難賡翽鳳清音然桃畔開筵應有華封之祝卽蕪
詞獻頌擬歌天保之章慶朱顏之不老荷青眼之相看肅具手書以介眉
壽

盥薇手浥露寄讓莊誦瑤篇漱齒芳根觸當年仁厚澤益思遺愛樹甘棠
同歷滄桑小隱中干戈擾擾大都同何時覓得桃源路去學嚴灘下釣筒

道德文章性字香胸懷闊綽淡名場有詩有酒堪怡性那管浮生逝水光
眉案相莊壽古稀子孫萊舞繞庭闈太和一室春常滿定祝期頤疊耀輝

張貽祖 孝著

八秩行開大耋年是翁淸健尙如仙酒經持戒甘能絕詩到能傳好肯捐世
味生來都覺淡筆花老去愈增妍騷壇牛耳天教執果結菩提證夙緣
無須蒿目慨時艱修到退齡豈等閒盛會莫追文潞國耆英好繼白香山鄭
虔藝得分三絕葛令丹眞歷九還繞膝齊眉增福壽庭柯日盼也怡顏

甥 袁蔭詩 仲奇

綵筆飛來富藻思便訡儒雅亦吾師田園娛老扶邛杖書畫傳家染墨池趙
國風雲廉頗飯錦江花月杜陵詩定須加入耆英會盛事西京信可追
人生難得古稀年況復雙星照綺筵讓畔已徵仁軌達操家尤仰孟光賢趙
庭秉訓營堂構繞膝含飴課硯田如此門楣如此福好留佳話海陵傳
淸癯風骨似羊欣行止還同出岫雲宦海抽身捐俗慮文壇拔幟樹新軍驢
騎湖上潮三折鶴跨揚州月二分養性自然多壽相不須採藥問桐君
自愧饑驅類轉輪平生有負渭陽親一年一度趨承訓三沐三薰替洗塵卻
值華筵開七秩好斟柏葉祝千春蕪詞當作南山頌敢向尊前說效矉

甥 袁蔭燾 戴之

今春三月初十日吾舅稚仙年七秩齊眉七十古所稀桂茂蘭英芬滿室去
年六九開樽時撫我掀髯意自得韶華一度秋復春笑謝賓朋羅酒食目擊
時艱又歲饑持身愛物非慳嗇賦詩自壽還自娛寄意風騷聊自適遙賜我
囍詩字字鏗金石囑我和佳章胸愧無簡册勉綴蕪詞祝無量祝公蒼勁如
松柏

外孫 胡秉璋 玉齋

從來女子號門楣猶憶歸寧母氏隨舉案齊眉欽祖德含飴繞膝附孫枝庭
前桐桂凌雲際堂上椿萱愛日時正是神仙聯眷屬孤高無復世人知
朗朗雙星照外家居廬市隱話桑麻斯文廢墜師儒重老子婆娑歲月賒別
有閒情縈暮樹好將努力愛春華安排詩酒無他事活火新烹穀雨茶
記隨桃李列門墻席上奇珍蘊夜光解組歸田陶靖節問安點頷郭汾陽士
林早擅千秋譽壽域宏開百世昌南海西湖恣汗漫醉眠高枕傲羲皇
下筆能參造化工不爭得失笑雞蟲直追李杜詩名重飽覽金焦眼界空才
愧樗櫟安像身節操松柏孰如公百年偕老歌君子願獻蕪詞比國風

陳玉章 琢如

皤然霜鬢老還童矍鑠精神說是翁世局滄桑經屢變禪宗色相本皆空聯

吟白社推詩叟齊著靑裙拜木公絲竹後堂宏絳帳滿城桃李坐春風
百歲原爲一剎那浮生況是亂離過祖鞭不爲虛名著陶覬潛消壯志多伏
勝傳經存古學猶龍杜宗導先河巋然魯殿靈光在獨抑橫流撼逝波
座荒愧我聽鄉居要好兒孫莫讀書避俗難詩高士宅倫閑願訪德公廬偶
親几席談經暢遠隔城闉問字疏三徑雖荒松菊在故園花木老懷舒
大德由來獲大年福疇有幾得其全貯囊未禿生花筆挂杖還餘買酒錢逐
鹿已成塵刼世杖鳩爭羡地行仙萊衣繞膝皆誇鳳笑與麻姑拍共肩

潘　冕　冠羣

猗歟先生才優學富庠序蜚聲規行矩步不求溫飽自安疏布壯游錢塘西
湖晚渡聽鼓十年䟫黃績懋捲席歸來皋比擁坐桃李滿城千樹萬樹倚酒
哦詩羲皇高臥弁髦軒冕衣冠儒素卒以學易可無大過茲屆古稀中生初
度酌兕稱觥盈門客賀公曰否否余弗之願秋月春花人生朝露以詩自壽
聊舒抱負珠玉揮毫隨風咳唾傳遍洛陽名追李杜我讀公詩自慚頑懦白
雪陽春難賡難和懿哉夫人辛含苦茹閫德式揚名驚婦孺君子偕老笄珈
樂副桂林一枝芳蘭叢茂願祝期頤永綿福祚

張康齡　平甫　井序

稚仙先生以七十自壽詩見示並屬和韻詩以壽之有引

歲屬己巳月正逢九稚仙先生惠詩四首盥薇薰香沐誦良久願作蟲雕
以續貂後因思朱氏族大無耦鹿洞書香家風世守金張門第紫陽堂皋
惟我先生純仁忠厚氣養冲和性眞孝友我邑儒宗士林泰斗夙宦之江
如雲出岫鵬翼圖南鴻猷抱負蚤歲游邗硯耕獲售用作鹽梅材適瑩琇
亦越於今古稀之叟室有孟光舉案操臼家有象賢桂馥蘭臭架有詩書

同歡帚笙噏五福天所眷佑弧帨雙懸肆筵設酒爰自子姓旁逮知舊居
同里閈世締婚媾睹此康強喜茲福祜偓佺可期籛彭重覯東王風委南
極星宿或載嘉穀或携美酎或擬其容如商芝秀或祝其齡如山松茂下
走思之則曰否否凡厥年高胥由德懋孝悌睦姻維持堂構宣慈惠和貽
傳裔冑猗歟先生由天所授耄耋期頤定臻上壽敢獻蕪詞聊伸巴奏
婆娑此老古稀年珠玉驚聞落九天潞國精神誠矍鑠香山杖履自悠然騷
壇舊主詅文席蟻酒新醅覽揆筵翹首中天望南極星光燦燦映奎躔
仰望華雲綵鶴姿謙沖氣度應延齡盈門桃李春風被繞膝兒孫晚景怡綺
里高年深閱世杜陵有感且吟詩相逢道左承垂問慚愧蕪箋晉祝遲

高炳華　子愚

新詩飛落酒尊前舊雨今情五十年浪跡光陰原草草當時丰度記翩翩滄
桑閱盡風騷在白首歸來子弟賢正喜門墻桃李盛老人星彩照經筵
兩家先世有交情（令叔仲仙世叔與先君先嗣父曾至好華之名字即世叔與張仲逸太姻丈所同命也）執手應呼老弟兄先我
已登年七秩祝君須晉酒千觥司空生壙殊多事白傅香山願結盟同是太
平歌詠客還期扶杖看昇平

張　庸　冠中　回文體

明公何煌煌偉業竟仕蘅學荃多馨香遠俗自立卓盈庭生蘭芝耀采炫璧
珏平居欽仁賢佑啓廣世覺傾心俱楩楠哲匠世巧斲荊班時游從矍鑠喜
見歎生申當良辰滯遠愧手握瓊筵張高軒壽永祝降嶽賡歌欽齊眉燦燿
艷錦幄情深舒文明合奏萬舞樂
樂舞萬奏合明文舒深情幄錦艷燿燦眉齊欽歌賡嶽降祝永壽軒高張筵
瓊握手愧遠滯辰良當申生歎見喜鑠矍從游時班荊斲巧世匠哲楠楩俱

心傾覺世廣啓佑賢仁欽居平珏璧炫采燿芝蘭生庭盈卓立自遠俗香馨
多荃蘅學仕竟業偉煌煌何公明

洪　澧　醴泉

七十老翁猶壯年健行不挂杖頭錢罷官欲學陶彭澤醉酒還同李謫僊北郭東垂成大隱西湖柳長憶前緣滿船書畫傳家德况有風流筆似椽

吳益齋　友三

壽曜高臨照紫陽德門弧帨彩輝煌兕觥晉祝賓朋盛鴻案相莊歲月長美蔭仰瞻松柏秀交柯爭羨桂蘭芳老來文思彌豪健絳帳從新設講堂

我昨恩恩返自燕（由清華大學畢業回里）登堂敬頌福綿延結成桃實三千歲閱徧滄桑七十年南海西湖舊蹤跡木公金母兩神仙他時疊進遐齡祝再讀陽春白雪篇

王一經　少裴

百花香裏廠華筵海屋籌添七十年象服晉賡偕老什兕觥共醉艷陽天桂蘭競秀參差列弧帨交輝左右懸白雪歌成難屬和巴人也許貢吟箋

生平閱歷幾滄桑老去精神更健康性秉松柏耐冰雪手栽桃李滿門墻自安蜷隱情眞淡不倩鳩扶步亦强我向堂階來祝嘏仰瞻壽曜煥光芒

沈世德　本淵

丈室花飛雨東籬菊傲霜同登僧寺閣一笑唱斜陽（甲子秋赴南郭淨因寺月澄上人八十壽宴始識公於座上）

袖底詩千首胸中月二分白頭談往事此老舊司勳

山妻兒女孫眉壽介壺罇我欲叨涓滴詩腸借酒溫

我不合時宜佯狂獲見知再遲三十載爲集百年詩

姪孫　聯　奎　象樞

鵝湖鹿洞儒家風紫陽世澤傳晦翁耆英碩德代相續堂開百歲溯先公（吾七世祖伯英公壽百歲賜有期頤再度枋額故名百歲堂）迨吾曾祖門庭煥窮年高詠文章冠香分貢樹沐聖恩就職東河直州判（吾曾祖竹仙公詩書畫世稱三絕載在州志）吾祖開創兼守成偕吾叔祖繼家聲壎篪雅奏叶同調親朋競羨二難并叔祖當年初束髮過目成誦稱英發風簷小試冠一軍海甸圭璋重特達無如十戰棘闈中枉從白下度秋風尋由司鐸官丞倅買掉移家僑浙東十年聽鼓虛晨夕名山主講曹娥席沽酒猶餘挂杖錢工詩未禿生花筆紅燈照起賦歸來瑣尾流離鴻雁哀一肩行李入門笑五十年前老秀才鄒枚先達均延譽廣寒不上瓊樓去重理鱣堂化雨敷相莊鴻案高風著寢室依依笑語溫蘭饈潔治奉晨昏羯末封胡露頭角問安惟是領諸孫老來有志徵文獻山水搜羅月徧飽閱滄桑學說新斯文珍重還如綫世事遷移劇可嘆幾回塵海翻波瀾引年羞希原盛典古調

其如今不彈孤高不合儕流俗效唾隨風生珠玉高歌好似白香山碧會直追文潞國年來好佛叩禪關江北江南任往還瓶柳澤沾三竺國鉢蓮芬裛九華山衰時莫睹唐虞治聊登家乘增人瑞歲歲籌添海屋春上壽方臻三之二壽詩盥誦聲滿屋一堂四世徵多福（奎與弟鴻先後各舉一子）稱觥不敢奏浮詞敢以休祥告同族

姪　心　培　性禾

叔父同居一宅時素偕吾父奏壎篪不堪我失椿萱蔭差幸公如松柏姿中歲壯游曾橐筆老來豪興喜吟詩愧余未獲承家學那有才華比阿宜

任他塵海起波瀾筆耒生涯獨自安馬帳琴書終歲樂謝家子姪一般看剩

欽相伴齊眉老菽水時深繞膝歡我附萊衣同祝嘏稱觥酌兕勸加餐

沈世甲　乙峯

龍馬精神壯芝蘭氣味佳春風無限好吹影徧天涯香山此遺老風月入詩歌一卷唱酬集薰香細細哦書香名世業傳與子孫宜儒雅風流裔能爲百世師老去心猶壯窮經到白頭頌公無量壽詩卷足千秋

李丙燊 樹人 調寄壽星明

月吉辰良天氣晚晴人意快哉正吳陵遺老閉門吟詠之江舊宰解組歸來欲可從心歡承繞膝白鹿名山著作才昭王去但黃金駿骨空說燕臺　詞流忠愛爲懷念玉宇高寒日幾回笑青衫故國重游共待紅箋壽序慶宴先開回首朝雲關心舊雨戲綵翩翩有老萊期頤晉祝兄先弟後一例相陪予均君一歲

尤文奎 李仲

壽曜雙輝煥紫穹懸弧設帨戶西東齊眉舉案推賢母祝嘏稱觥慶是翁繞

砌桂蘭瞻化日滿門桃李坐春風精神矍鑠人爭羨五福全臻範演洪

白璧堅貞獨自操任他塵海起波濤曹娥講席英材盛泰伯文章價值高公以第一屆提覆補博士弟子員提覆題爲泰伯二字

好佛年來情最篤吟詩老去興彌豪籌添海屋應無量

王母頻投曼倩桃

朱甲昌 仲夔

雲谷宗風足美譽髫齡曾讀等身書攝衣所至傾任范即席爲文冠應徐教子洵堪傳鼎鼐抱孫且喜得璠璵海陵明月之江水兩地清光護起居

眉宇今重挹紫芝童顏猶記少年時滄桑眼底風雲幻鐵杖髯仙歲月彌覽揆庚寅貽屈度別題甲子讀陶詩相逢我亦頭顱白願祝期頤酒一巵

單肇蟾 梅叟

十載中原盜似毛陳陳景物憶前朝卻看魯國靈光在坐見昆明劫燹銷薄宦倦游寄觴詠文孫英發想風標勛名寧爲先生祝但把喬松飽後凋

王宏辭祿喜家居經濟農商見故吾拜佛旁參般若諦治生博採計然書田文生日風流嬗洛社吟壇耆舊如瘡痏東南方待拯祝君眉壽奉清娛

楊悠祿 厚甫

久思上獻頌揚詩學畫蛾眉未入時卻強無鹽作西子不知何處買燕脂

自慚王後與盧前不事詩書二十年借頌古人佳句一劉剛夫婦亦神仙

張廉 錦泉

福曜輝南極新詩紀吉辰古今膺壽考都是讀書人

多福應多壽齊眉到古稀傳家青玉案白髮共相輝

蓮池村農七十壽言酬唱集

後跋

張貽祖 孝若

右蓮池村農　朱稚仙先生七十自壽述懷四章和而唱者計若干人得古今近體詩雜文數百首都爲一集貽祖受而讀悉爲之敬書於其後曰自古詩人多享大年唐之白香山宋之陸放翁皆年當大耋不廢吟哦當時好事者或寫放其貌驩欣忭舞長繹詠嘆近代東南諸老沈歸愚錢香樹趙甌北袁簡齋輩詩名滿海內而各及乎耄期之壽黃髮兒齒倚杖簪筆頡頏騷雅歸然爲詩壇祭酒雖其人得天獨厚亦由捐除百慮浸淫六籍咀英餐華陶養性靈用能葆固其天眞以躋之大年而詩亦昌矣先生嘗宦游浙水矣今者浩然退老一蓬一蓽以詩自娛一如香山之在洛放翁之歸湖時而身逢

易代老見亂離視乾嘉諸老優游杖履歌詠太平若或不逮而滄桑之感足以增助詩料唱歎江山比之沈錢趙袁之際殆又勝之當時寫放其貌者幾吾不得而知若集中之粲然和而唱者固所謂驩欣忭舞長繹詠嘆者也由人是而漸至於八十九十而屆乎期頤先生之壽日高而詩益日昌矣天保之三章曰如山如阜如岡如陵如川之方至以莫不增貽祖無似猶能爲先生增之

朱維澤 濬泉

蓋聞福壽原於天賦而才德端自身修吾弟　稚仙家學淵源士林泰斗風流儒雅海甸圭璋蚤入泮宮壯游浙水秋風白社思張翰之蓴鱸夜雨青山對林逋之梅鶴鹿門偕隱湖海言旋皋座授徒滄桑增感哦詩倚酒樂道安貧洵才德之兼至也享杖國之華齡極天倫之樂事百年好合琴瑟永偕五世其昌芝蘭競秀而吾弟猶精神龍馬弟祿鶯鶯茶竈筆牀室內別無長物機鞋銅帽世間疑有神仙人生所最難得者吾　弟得之非福壽俱全何以獲此今歲己巳春三月吾　弟年七十爲詩述懷得七律四章同人酬唱者數百餘首萃爲一編行將付梓屬余爲跋余讀畢因書其後曰香山醉聽盎然筆底之春洛社聯吟粲若行間之錦一時南州冠冕東國襟裾西河奉袂之生北海樞衣之士或庾清鮑俊或島瘦郊寒或陸海潘江或馬工枚速徐孝穆萬言下筆龍纚魚油曹子建七步成篇鸞笙鳳笛靡不善頌善禱以雅以南筆陣抽鋒詞源倒峽散九天之珠玉一洗凡音艷百福之琳琅皆成奇采洵屬詞場之佳話實爲壽域之休徵其錦心繡口業著千秋較瓦缶雷鳴價增十倍予自慚樗櫟敢獻芻蕘惟願吾　弟年登上壽由七十而八十而九十而期頤凡世界上形形色色奇奇怪怪之狀態及身親見其一二而悉

載之於詩俾後之有心人讀之當更有感不勝感者矣謹誌數言以待將來

翟芾 菶伯

蓋聞麥邱之祝遂禮於齊廷公堂之躋揚聲於豳雅介壽以文其來古已今庚三月爲吾師

稚仙先生七十壽辰合日下之名流振天邊之雅奏成述懷詩四首同人和詩數百首裒成一編命芾識其後芾受而讀之覺盛名鼎鼎宛在琅書雅什洸洸如披年譜文成天口詩雜仙心愧無毛舉之才以侑手仇之爵竊維

先生身兼仕隱望重斗山黃童是江夏無雙阮瞻爲秀才第一白公教主應居兜率之宮杜老詩王來自陳芳之國况復鳳毛濟美於池上犀角崢嶸於戶庭槐蔭方成桐孫已秀集殊祥於家祚占大順於實爻洵由德厚信征積之者裕機祥報集應之也神荀子所謂美意延年史遷所謂修道養壽者也

是以數騷人初度之歲恰好逢庚歌君子偕老之章己逾周甲老人星朗名士筵開招舊雨以言歡擘吟箋而展謔蟬聯之語時發其鏗鏘鶴立之姿自成其淡古 芾 未工獺祭徒誚蛙鳴身愧傳衣也傍催詩之鉢談時聆霏雪皆成潤骨之丹涪杖履之風流醉應十日話詩書之情味有似兒將賓鴻日送待揮伯牙海上之琴仙鶴南飛且擫李莫腰間之笛

姪 心培

男 本培 仝參校

紅杏樓唱和詩存

宋尹東 輯

《紅杏樓唱和詩存》二卷附《五十述懷》，宋尹東輯，據泰州圖書館藏鈔本影印。

宋尹東，字守清，江蘇泰縣人。縣參議員。

上卷爲其母親冥壽感懷，下卷五十述懷，和者近百人。劉法曾、方佛生序。

（顔　萍）

尹公五十蜕影

爾何人斯不獃不癡
側身天地能有幾時
與人日近於我日離
覥然面目爾不自知
本來面目爾試認之
爾胡不獃爾胡不癡
數十年後爾何人斯

宋尹公自題

序

天地生人不能無憂亦不能無樂樂之一境在物為魚躍鳶飛在人為陶情適性無論富貴貧賤苟知其所樂一切憂傷抑鬱自消滅於無形嘗見富貴之樂有不如貧賤之樂者富貴之樂飫膏粱飾文繡廣廈細旃粉白黛綠充其樂之所極有戕賊其性情而不自覺者貧賤之樂異是或以抹月披風為樂或以臨水登山為樂即至四壁徒存而嘯歌之聲若出金石由於性情之流露者真也夫性情之流露莫過於詩詩理性情者也古人云獨樂不若與人共樂旨哉斯言可以深長思矣宋君守清著十周冥壽五十述懷詩各二律疊載報紙徵求此守清之獨樂也一時珠玉紛投此唱彼和此守清之與人以共樂也余一生知足常樂尤於詩結莫解緣足跡所經皆有詩以紀其事以故數十年來恬吟密詠無間昕夕不知老之將至此余之獨樂其樂亦即與人共樂其樂也守清裒輯唱和詩若干首將付剞劂丐序於余余謂守清之樂與余之樂一而二二而一總之所樂本乎性情非世俗之樂所可同年而語也因不辭固陋用撰斯序以弁簡端乃曉然於詩之樂樂無窮也孔子樂在其中顏子不改其樂聖賢之樂以視余與守清之樂此不廢者相去為何如乎己未冬月定遠方佛生拜序

序

在昔雅詠翩離騷懷杞柟風賡肅鴇厘念黍梁餅罍罄而呼昊天岵屺陟而謠夙夜爰逮采南陔之蘭樹北堂之草歌毛裏於小弁賦尸饔於祈父古來孝子即是詩人降及漢魏以迄明清雖綺麗芊眠風華煩縟而芬芳悱惻天性寖微邇更江河日下騷雅道消修域外之新名詞薄門內為舊道德或且崇尚俗說掃除文言巴人下里屬和千人釘餃打油別開一派比娵隅句而益蠻較擊壤集而加俚鄭聲亂雅鄶下何譏

宋君守清我里俊英吾門材秀魯仲連為鄉鄰排難陸士衡偕昆季同居亦耕亦讀蕭散幽襟若校若倉振興公益凡生平之徽行胥原本於孝思乃者日逢生忌惻愴裁篇齡屆知非感懷製什一時和者羣彥彬然駢坒蟬嫣鸞唫鳳翽命之曰紅杏樓唱和詩存既將付諸殺青用遠咨於垂白嗟僕老矣目空千古飽經詩界之滄桑手此一編猶繞正聲於鄉樹

歲在庚申秋中心白劉法曾叙於吳陵舊廬之且且居

序

空梁燕泥新詩雋永落花水面大地文章當其儷白俳青抽辭逞秘解全牛而游刃探驪領而得珠若似乎有所為而為之而彈丸脫手水到渠成阿堵傳神賞心得意固所謂行乎所不得不行止乎所不得不止也若乃薦紳先生斗方名士對偶聲律強作解人月露風雲附膺風雅盈編累幅誰家留覆瓿之資禍棗災梨亂後作囫圇之具斯亦不可以已乎多見其不知量也然而人以文傳萬古愁曲歸元恭奕禩留名文以人傳滿江紅詞岳武穆千秋絕唱中原祖逖擊楫興辭天壤王郎登樓作賦憂時感世發為詩歌寸草春暉形諸詠嘆固非彼尋行數墨者所能等量齊觀也

宋君守清幼而穎悟長而岐嶷訂交杵臼題名於孫楚樓邊（守清與孫百樓交最早最久）就正高明受業於曹家倉裏（守清少受業于曹雲漢先生）正好乘風破浪萬里封侯詎知革故鼎新四郊多壘嘆遭逢之不偶寔才命之相妨幾度黃花逐秋風而鎩羽一枝紅杏幸春色之常關仙人好樓居當前即是老夫有詩癖到處留題此紅杏樓唱和詩存之所由起也白雪陽春曲高未嘗和寡蛛絲馬迹大才偏有細心戛玉敲金一片承平之頌和聲鳴盛迥非急就之章文在茲乎嘆觀止矣

立適迹名場偷閒市隱羨君子曾有三樂愧鯫生絕無片長竹馬

偕游白駒忽然過隙泮池共浴青衿竟老餘生樹欲寧而風不息子欲養而親不存守清志之慨當以慷行年五十尚如此便到百年已可知駢枝當此憂思難忘況乎珠玉在前自慚形穢琳琅滿目不落言詮尚何能弄月吟風效顰學步哉乃者眼福不淺竟為全豹之窺聲價非高亦有登龍之幸趁此低徊往事述春雨草堂之舊情敢云弁冕羣英繼桃李芳園而作序

民國九年端陽前五日同學硯愚弟馮自宮立序於市隱樓

敘言

嘉穀與尹公少同受業於陸師識其性豪邁而不迂拘心爽直而不阿曲即有迴不猶人之處故其為文也命意新穎措詞高超氣盛言宜浩浩蕩蕩氣之行也如黃河之瀉九千里奔放至於東海波浪滔天蛟龍出沒莫獲窺其涯涘時乎行則行言之止也如山嶽之屹然峙立峭壁千仞雖有五丁力士不可以開拔時乎止則止但非小試利器經四五次塲屋苦楚乃見賞宗工所謂士信知己而屈於不知己自應制詩即非題韻所能拘限清新俊逸兼而有之不僅以煊染帖括為能事故詩古文詞俱超超元箸惟彼時遊於科舉塲中為弋取功名計於古近各體未多涉筆一涉筆即臻妙趣未幾科舉廢矣功名淡焉民國成立參預縣議會襄辦鄉自治雖似政治漩渦而不為混濁之潮流所輸灌於塵俗骯髒之氣一掃而空之急公好義任俠為懷如立社倉為窮阨春秋之補助興學校為兒童幼穉之培植創漁業為經濟根本之圖謀歷有年所卓著成效矣居室之東南角有小樓一間顏曰紅杏樓尹公之讀書處也時邀嘉穀飲其上嘗戲謂曰君豪於詩而我豪於酒太白斗酒詩百篇合君與我而得之矣爰相視一笑近數年余就該學校職晨昏過從談風論月因之藉一紙投贈聯四海知交三

生許訂翰墨因緣千里同聲芝蘭氣味往來酬應幾無虛日其賦詩也一若鼓鐵板銅琶唱大江東去脫口而成不假思索應弦合拍聲韻鏗鏘如題漢口吳君莊嚴五嶽歸來圖爲最賞心愜意之手筆每翻閱是稿輒啞然自笑曰此非一道蓮花落乎余則應之曰中有天籟存焉耳至其細意熨貼則一字之推敲較賈閬仙有過之無不及徘徊於月夕花晨之會吟弄於燈紅酒綠之餘忘寢與餐不稍假借詩之意旨不失之沉晦詩之詞藻不失之艱深詩之趣味不失之枯燥讀其詩可以概其文讀其詩與文可以概其人矣謂余不揣請讀斯集可窺一斑歲己未冬月五日尹公五十誕辰以　今先慈十週七二冥壽感賦暨述懷各二律徵和不一月而雪篋雲集有來自同縣者有來自異省者有來自素相識者有來自未謀面者登高一呼萬山響應求友有聲鶯和鳴使非其詩有以感召豈至如斯即刻以不署名法倩定遠方老佛生編次彙印分贈吟朋將付梓挽余敘言盥讀一通不勝欽佩者久之而不敢贊一詞爰鄙人亦附驥尾懸譽人轉嫌自譽耳僅就尹公之詩證其爲人因並及其文以書於簡端嘉穀不敏不文之言願知我者諒之

歲在庚申端陽節前二日硯愚弟錢嘉穀兢五拜手謹敘

紅杏樓唱和詩存

原唱

先母黃太君十週冥壽感賦　宋尹東宇清

不見慈顏已十年深恩未報枉呼天雞羣鶴立思親訓（母嘗以鶴立雞羣訓）魚化龍成望子賢（母望子甚殷奈僅博一衿）拄杖手猶留澤在（母在日喜扶竹杖）縫衣眼記摸針穿（母眼近視燈下課子時縫衣針以手摸穿）萱幃七二逢冥壽萊綵從何舞膝前

年年秋露與春霜懿範何嘗一日忘處世萬難遵姆教（母嘗曰處世萬難難於作文）傳家兩字有書香（母系出泰縣羅塘舊族亦世代讀書故恒以書香二字訓）庭前荊樹雙株茂（僕兄弟三人二弟已謝世故云）階下蘭枝九畹芳（僕於前年姬人始生一子係母第九孫）十載光陰真轉瞬敢將近事訴萱堂

和章（以到先後為序）

方澤久　佛生　安徽定遠（和作因詩次故列此）

冥誕剛逢七二年那堪搔首問蒼天子輿力學追慈訓永叔成名賴母賢門播清芬修德報詩題好語借珠穿春霜秋露增悽愴髣髴音容在眼前

一生節操勵冰霜十載暌違祭不忘扶杖當年強代步思親永夜暗焚香藻芹薄采超羣彥蘭桂爭榮壓衆芳鞠我恩情成往事倚閭猶復憶高堂

高玉樹 月秋 泰縣

慈親既屆古稀年欲報深恩比昊天雖奉茅容能盡孝熊和柳母共稱賢桃筵誕日航爭奠梓舍兒時硯記穿斝觴一巵知慰望貽謀裕後垂光前

睽陽懸顏閱十霜依依孺慕未能忘儒門禮讓承家法黃氏本泰縣羅塘舊族亦禮法家也佛國皈依入衆香松栢操持垂不朽桂蘭馥郁美齊芳傳書合錫宣文號紗幔猶看列講堂

吳祖森 慕肅 江蘇溧水

五十還同孺慕年蓼莪一詠一呼天傷心欲補南陔闕截髮猶思東道賢十載光陰梭易擲半身事業硯頻穿可憐無限思親淚洒向三春寸草前

流光十度易星霜風木悲深未忍忘往事知非今伯玉孝思不匱古黃香恨違百載雞豚志幸有連枝棣蕚芳寄語生存逮養者早儲菽水奉高堂

聶爲崧 崑惽 湖北京山

仙壽古稀又二年蟠桃會歆九重天瑶池自昔伴王母巾幗而今稱大賢頌進麻姑音樂嘵香傳桂子淚珠穿清心 不受紅羊刦寶婺星沈十稔前

松筠勵節壓經霜孺慕終身永弗忘露冷萱幃凝淚雨烟浮蓮座篆心香慈恩允許千秋蔭懿範昭垂百世芳回首諸峯羅立處依然晉酒頌高堂

張宦倬 卓人 江蘇六合

情深孺慕憶當年罔極深恩比昊天十載頻增霜露感千金難買子孫賢驚心宿草人長逝過眼風花蝶怕穿我亦春暉嗟不再同將冷淚洒樽前

光陰荏苒鬢如霜慈訓昭垂永不忘一代遺徽思孟母千秋孝行說黃香蓼莪廢讀悲前哲蘭桂隨時發異芳此日十週冥壽屆音容如在仰高堂

王勲 厚余 安徽廬江

今朝猶似母生年無那幽明各一天萱室丸和傳懿範蘭陔詩補媲先賢貽謀手澤龍頭在逝水光陰駒隙穿最是思親老萊子斑衣還著舞筵前

蕭疏鬢髮欲凝霜五十居然慕不忘薦(奠)遍時陳俎豆慰親昔日採芹香桂蘭繞砌九原樂詩禮傳家百世芳西望瑶池遥祝嘏鸞輿應自降華堂

鄭文濤 松聲 江蘇武進
西池桃熟幾千年寶婺韜光悵九天薛鳳荀龍身後福陶箴歐範女中賢佛心慈善珠拈誦老眼婆娑鉞摸穿孝子思親恩未報那堪往事溯從前

含飴扶杖鬢絲霜想像音容永不忘孺慕十年遵禮教遺言兩字最書香慈幃太息金萱萎史筆流傳彤管芳祇恨仙凡塵世隔難將歡笑博高堂

錢樹人 楨叔 泰縣
正是先生孺慕年那知身世隔人天慈顏不愧今歐柳大孝常師古聖賢怙恃恩情難縷述光陰歲月似梭穿忠當雖說誠如在聲欬何曾到席前

蕭蕭鶴髮白如霜在日形容未忍忘天上壽星輝寶婺人間孝子羨黃香栝棬杖履今猶昔蘊藻蘋蘩潔亦芳莫謂九泉遥隔閡定當含笑赴中堂

錢嘉穀 競五 泰縣
慈幃謦欬憶當年親沒終成抱憾天孺慕時深風木感徽音不讓柳陶賢名揚泮水青衫舊訓懔書香鐵硯穿 令先慈常以書香二字訓我兄刻苦讀書 泮芹采擷冥壽今朝逢七二怎堪回首十週前

年年秋露與春霜 原句 孝子思親刻不忘諒憶當時衣綵舞頻教此日薦椒香作文處世遺言在 令先慈常言處世萬難難於作文 桂子蘭孫滿室芳我忝春風叨入座也隨跪拜列高堂 僕現任尊處學校校長職時相聚首談論風月

劉稻村 香國 泰縣
羨君五十慕親年純孝如斯出性天學易及時遵孔聖知非進境邁蘧賢世情淡尚韜菴隱文筆輕於蛺蝶穿正是萱幃逢七二可堪往事訴生前

自顧頭顱兩鬢霜終身孺慕孝難忘詎同赤槿朝榮落信是黃花晚節香十載金萱悲墓木雙株荆樹滿庭芳筵開五秩稱觴日壽酒先斟拜北堂

悼翠生 毋傲 浙江龍游縣
冥壽宏開已未年思親孝子泣旻天春霜秋露傷心候荻畫熊丸頌母賢海內爭投佳什賀筵前空有綵衣穿光陰十載如彈指慈訓昭昭在目前

人間十載換星霜母氏劬勞永不忘恭奠蘋蘩兼醴酒虔陳俎豆與心香一枝竹杖終天恨 令堂在世杖竹二人 兩族詩書百世芳 君與外家皆世代書香 蘭桂森森皆秀俊秀 君現昆仲二人子姪共有九人 家聲大振慰萱堂

范存 良心 浙江杭縣

悲深風木感年年孝思如公出性天十載蓼莪情尚痛千秋器
皿澤遺賢循陔默冀慈靈慰陟屺空勞望眼穿羅列孫枝爭挺秀
定知含笑俔階前

違顔瞬居十星霜鞠育恩深總未忘回首莫禁雙眼淚通神度藝
一爐香雲沉天姥音徽隔樹合瀧阡姓氏芳追念誕辰逢七二焚
詩釃酒奠萱堂

于懷慶 燕伯泰縣

也別慈顔十二年（先慈謝世十二年）與君同嘆奈何天偷彈點點思親淚
寫出生生老母賢菽水難脩增孝感紙灰蝴蝶帶烟穿詩歌千古
人千古莫把光陰過眼前

記曾椿樹落晨霜誼重留賓不忍忘（令君仙逝叨列贊襄盤桓數日方散）鳩隱姑山
留竹杖龍騰泮水掇芹香萊衣舞罷悲中樂萱草春回夢裏芳桂
郁蘭芬花事好滿斟椒酒慰高堂

王思誠 敬之泰縣

興嗟陟屺十周年（誠母正十周年謝世）欲報深恩歎昊天王樂莫如兄弟睦
（兄弟二人尚未析産）清貧惟望二孫賢（誠母嘗以此言訓誡）淒涼鳩杖塵灰積寂寞萱
幃月影穿猶憶北堂承色笑閒尋小説説鐙前（誠母好聽小説）
悲深風木十星霜追念何嘗一日忘不見歡顔承菽水謹遵遺訓
繼書香冬榮桂樹欣雙茂（誠兄弟二人境遇較十年前稍順）晚發蘭枝喜競芳（誠母去世以未抱孫爲憾現誠兄弟二人已皆得子）嶺上梅開便惆悵（誠母十月謝世）驚心節序記護
堂

游蔚文 炳華泰縣

誰將羔酒祝稀年松鶴緣慳欲問天垂訓久欽陶孟範遺徽空説
如任賢治家緒衍金鍼度教子名成鐵硯穿此日九泉應破涕試
看蘭桂滿階前

知君十載感星霜孺慕於今都未忘晚景承懽違菽水春暉食報
有芹香盈堦久羨蘭枝秀入室无欽玉樹芳愧我徒深瞻拜意未
能介壽一登堂

戴化南 卜五安徽廬江

追遠情殷瞬十年多君純孝直通天徽音萱室千秋播阡表瀧
岡百世賢瞻像常勞身再拜望雲猶是眼頻穿愴懷冥誕笙詩補
不讓古人專美前

悲興墓木屢新霜孺慕終身信不忘教子懿型同柳母思親孝性
比黄香五旬梓舍懸弧慶九畹蘭枝繞砌芳垂裕後昆綿福澤長
留遺蔭滿高堂

姚光遠 灼電江蘇東台

列女傳披讀幼年幽閑貞靜本諸天含丸教子徽音著截髮留賓
大德賢堂上栝棬誰忍飲鐙旁針黹記頻穿辛勤助得家聲振七
二光陰嘆目前
竹杖扶身髮似霜君來家政豈拋忘嗟登佛界音容杳羨出儒門
姓氏香遠奠椒漿連桂酒久瞻蕙馥又蘭芳人間天上筵雙設禮
拜追思宛在堂

秦景清 鏡秋 江蘇無錫

寶婺輝沉悵十年思親遺恨抱終天遊仙太息黃姑杳教子留傳
歐母賢織錦文從心坎運縫衣綫憶手中穿金萱長萎音容在處

世箴言記眼前 一

孝子春秋凜露霜深恩罔極報難忘當堦喜擬芝蘭秀遺澤猶留
蘋藻香江夏名媛傳待續羅塘舊族話流芳老萊五十未衰朽淚
灑斑衣舞北堂

丁景文 穆孫 泰縣

含丸畫荻憶當年母氏深恩配昊天系出名門嫻禮教訓垂後世
重仁賢萊衣璀燦鸞翔舞冥鏹紛飛蝶化穿應笑家園雖十稔梅
芳蘭秀勝生前
西池王母鬢如霜笑貌聲音未敢忘會赴蟠桃無量壽饌羞椒桂
有餘香眼前令子成雙璧膝下慈孫集眾芳乘鶴歸來乘鶴去白
煙裊裊出金堂

曾煥榮 少樵 北京

秋露春霜年復年愴懷寶婺殞中天萊衣綵憶昔時舞荻畫名留
後世賢教子詩書綿世澤催人日月訴梭穿雞群矯矯立仙鶴懿
訓猶思十載前
手持竹杖鬢如霜昔日承顏尚未忘處世艱難垂訓典盼兒鄭重
守書香喜看藻采芹同采培得蘭芳蕙亦芳最是烏私無一報怎
禁涕淚灑高堂

梅鶴元 吟仙 泰縣

萱花凋謝幾經年搔首無言罔問天滿室咸悲懿範杳舉鄉猶誦
姆名賢韶華似水滔滔逝佳句如珠一一穿最是親心欣慰處後
生才略勝於前
慈顏不見幾風霜懿訓殷殷未敢忘事業猶承先代澤家聲仍續
舊書香十年萱樹傷心謝此日蘭枝繞膝芳料得重幃剛冥壽到
門名士奠高堂

崔香亭 友伊 安徽太平

慈幃冥誕十周年祭設裳衣孝感天追遠惟陳宗器重慎終猶得

子孫賢因時食荐萱堂饗設帨香焚竹箭穿桃熟西池同介壽稱
觴斟酒奠靈前

睽違坤範幾經霜鞠育深恩終不忘壽祝幽冥存孝道祀陳俎豆
頌馨香慈顏懿德千秋感孝子賢孫百世芳遥向泉臺開壽域高
懸遺像拜萱堂

梅鶴池 鏡波 泰縣

春霜秋露幾經年相見無非夢裡天陟屺君懷千古恨持家人羨
滿門賢慈恩雖克身圖報懿範空勞眼望穿通日萱堂逢冥壽紙
灰應遍舞風前

興悲失恃幾風霜萬種恩勤日未忘孝行如斯人世少聲名到此
古今香慈顏雖恨幽明隔母德猶垂宇宙芳冥壽若教知有日不
才也應奠萱堂

陳 錚 鐵漢 安徽 廣德

壽祝慈親七二年登仙長住大羅天難忘助讀和丸苦永頌傳書
畫荻賢緬想先靈如面晤遥知好語比珠穿高堂酒晉金樽滿受
饗依稀在席前

萱花謝已十星霜孝子賢孫奠未忘正值九秋欣氣爽聊將一瓣祝
心香承懽終古雲天隔含笑從今姓氏字芳寄語同人伸敬意佩紙
灰焚化碧槐堂

易嘯春 江蘇 興化

慈顏未見悵年年鶴駕西歸別有天花萼相輝遵聖善柳丸訓淑
播明賢思親幻想瓊筵薦教子名成鐵硯穿事死如生逢十載音
容笑貌憶生前

飲泣吞聲步履霜春秋俎豆莫能忘扉依自抱千秋恨何恃猶焚
一炷香追遠調羹心感慨承歡奠酒味芬芳烏私反哺情難報渺
渺英靈供畫堂

潘政生 政生 安徽 涇縣
潘承翰

萱幃鞠育憶當年轉瞬而今各一天柳鄭遺風思老母郊祁婉美
溯先賢難從泉壤親身見曾倚門閭望眼穿屈指駒光真迅速慈
恩歷歷記生前

人生斯世幾風霜惟有慈親誌莫忘陟屺深情曾失恃嘗羹佳味
昔餘香當今棠棣枝雙秀後起芝蘭葉並芳一室雍雍家有慶九
泉堪以慰高堂

王瑄 軼倫 安徽 廬江

冥壽慈闈七二年捧觴遐祝大羅天春暉朝露深今感畫荻和丸
婉昔賢竹杖永悲塵久漬書鐙猶憶綠親穿班衣依舊瓊筵舞悦

惚渾如母在前

陟屺興悲已十霜雞羣鶴立訓難忘龍鍾莫覩慈顔霽鳩杖常存手澤香天上椿萱同化羽人間蘭桂競騰芳一門孝友詩書樂含笑今朝到北堂

易愛英女士 江蘇興化

不見慈顔已十年匆匆駕返大羅天垂留聖善持家範繼起書香訓子賢翰墨交酧隨月唱塤篪迭奏任風穿承歡救水而今沓難挽今身繞膝前

年年白露結爲霜追遠徧教俗慮忘昔日劬勞猶記憶今朝俎豆薦馨香家傳德澤詩書訓慈蔭鋪張蘭蕙芳畫荻遺風猶未泯安排祭酒慰高堂

劉 敬 敬之泰縣

巍躬虛度忝同年（僕亦五旬）屺岵頻登感在天先考誕期揮我淚（僕先考今年八十冥誕）顯親名世讓君賢題詩句妙紗應護磨硯工深鐵也穿拜罷萱堂冥誕會飛觴再向壽筵前

十度雖更星與霜深恩罔極究難忘詩吟萱草彌多淚筆吐奇花別有香誦到蓼莪應失色幸瞻棣蕚尚齊芳九京慈母怡然笑萊綵班衣慶滿堂

鮑 誠 士美泰縣

曾經假館十三年阿母慈悲本性天禮義持家常好禮賢良立教在親賢虛懷若鏡般般瑣事如珠一一穿內助儀型留好樣至今壼範等生前

六十高年兩鬢霜慈雲親謁未能忘文孫學就才華富令子名成姓字香喜共切磋延歲月藉資薰炙沐芬芳於今益見心田厚培得芝蘭滿畫堂

陳 禎 石因安徽廣德

頻薦蒸嘗頻計年十週一瞬慟蹤天養身思重和熊膽課讀功深勉家賢酒釀黃花瑶盞進牋裁白紙柳絲穿仙曹定捧蟠桃獻幾曲霓裳詠席前

七二冥齡兩鬢霜音容那得寸心忘銀爐裊出檀煙熱木簋盛來飯顆香一座佳城松柏茂千年京兆桂蘭芳敢云大孝追虞舜五十春秋慕北堂

陳文輝 佛卿安徽廣德

瑶池駕返十週年隔斷紅塵別有天大孝思親親有德義方教子子能賢衣裳縫夜書猶訓竹杖扶來屐倒穿忠厚傳家同孟母鳳嶽遥想畫堂前

詩傳九月雁銜霜泉下音容那得忘且敬靈前三盞酒還燒案上一爐香生來賢自人人說死去名能世世芳祭奠今朝剛十載數行淚灑到萱堂

梁國勳 子膺 廣東香山

萱室音容隔十年忽逢冥壽祝西天當階戲綵稱兒孝嘗膽和丸羨母賢鶴立超羣慈有訓鹿鳴望宴眼將穿愴懷七二詩徵和五秋思親感膝前

五十佳兒鬢未霜終身大孝慕難忘恪遵母訓傳家訓克繼書香歷代香桂子雙株欣競秀蘭孫九畹喜騰芳十週竹杖今猶在永感慈雲陰北堂

錢錫章 玉衡 泰縣

慟隔萱幃甫一年相憐同病數由天（予母去歲逝世）深思未報予恒咎大事能當君獨賢化鶴歸來徒目眩椎牛感及反心穿冥辰七十皆今歲共祝音容不似前

殊途子道履新霜喜懼交馳兩不忘（予母沒父存今年皆七十故云）入室雖悲縫線密（母在日工針線）勤趨庭且慶課書香（父親為敎課）羨君並蒂花常茂（予諸弟具之不及雙株並茂）笑我宜男草亦芳（予三子一孫）詩有蓼莪難卒讀恐將舊事觸椿堂

宋煥業 文青 山東招遠

秋霜春露記年年罔極深恩似昊天罷社王修同感孝斷機孟母共稱賢綵衣膝下從何舞弱線手中空憶穿遙識椒漿和淚薦羨君啟後更光前

見背慈親雖十霜音容笑語豈能忘熊丸荻畫皆遺澤桂子蘭孫共秀芳繞膝情牽菽水樂傳家世紹杏花香春秋佳節常常祭明德惟馨薦一堂

呂廷霖 硯田 山東曲阜

誰不願親享大年卻緣壽數總由天書香善繼宜孫子懿訓恪遵即聖賢萱室艾芬殷作薦墓門荊棘望將穿憐君十載違慈面轉瞬光陰如目前

三春雨露九秋霜人子思親怎敢忘每念儀容空想像頻將黍稷薦馨香庭生蘭桂家聲遠酒貽栝棬口澤芳深羨吾君篤孝道十週冥壽祝萱堂

孫寶鈞 伯銓 安徽蕪湖

別開冥壽憶親年夢祝南山醒喚天畫荻教書遵母訓垂簾課客昜兒賢思隨列炬心如熾淚灑重泉眼望穿已渺形容留口澤栝棬空整蕙幃前

讀禮宜知履露霜春能郊祀不秋忘樽開西母千秋節心繫南山一炷香雨宇傳家真葯石十年遺蹟此蘭芳珠穿九曲如聯壁不讓梅公有美堂

夏訓恭 敬安 安徽蕪湖

陶母仙遊倏十年劬勞未報憾終天和丸辛苦期兒貴畫荻殷勤課子賢截髮盤餐身數作縫衣針線手頻穿遥知此日逢冥壽定有椎牛祭墓前

蓼莪廢讀感風霜刻木丁蘭尚不忘幾度聞雷驚墓伏一番踈雨奠心香空遺竹杖千秋憶喜著新詩百世芳蘭桂盈階争馥郁揚名即是顯高堂

孫霽周 公輔 安徽南陵

稱觥擬祝古稀年未晤慈顏祇問天鶴返蓬壺俄十稔麟開萱閣集羣賢捧杯欲飲增心感陟屺低徊望眼穿壽母而今雖隔世綵衣也應舞庭前

愴懷春露又秋霜罔極深恩未敢忘怕聽反哺烏對語忻看連理樹聯芳悦懸綺閣悲萱萎觴泛瑤池羨酒香願約麻姑金母至蟠桃嘉會肆華堂

吕介夫 山東曲阜

逝水光陰計十年思親有恨抱終天社停為感王修孝荻畫方知歐母賢課子幾時燈侍撥縫衣猶記線頻穿秋嘗春祀終身事血淚一腔薦墓前

慈親永訣十星霜淑訓彝行記不忘爰念劬勞思聖善頻將時食薦馨香庭生蘭桂連科秀教衍詩書百代芳孔惠孔時豐潔告千秋俎豆奉高堂

歐陽庚 少白 安徽南陵

北堂萱謝十週年想到瑤池别有天求鯉卧冰誇子孝丸熊畫荻憶親賢每逢佳節心常戚慣望浮雲眼欲穿追遠慎終思不匱從來裕後必光前

秋雲秋月與秋霜陟屺思親何日忘笙管盈樓無俗韻琴書滿架有餘香梅開東閣花含淚萱萎北堂草不芳我愧乏緣親几席寸心千里祝華堂

王煥藻 子元 山東曲阜

回首萱幃瞬十年空餘遺恨抱終天秋霜思卻春先露子孝傳來孫更賢杖授徒懷膝下捧綫長猶憶手中穿慈顏遥隔重泉遠想像渾如在眼前

萱堂永隔幾風霜敬奉猶生莫敢忘俎豆倍增千載恨苾芬分薦

四時杏階前競秀荊花豔砌下頻生蕙葉芳冥壽古稀有二歲彩
衣猶自舞高堂

帥慕華 海蓮安 薇蕪湖

綵衣空舞自年年罔極恩難補昊天百歲不忘慈母訓九京含笑
後人賢舊懸竹杖傷心捧此去瑤池望眼穿猶幸萱幃遺澤在陶
歐應得比生前

同是先慈已隕霜年來椒薦敢輕忘劉生掌上燃分痛（宋孝義傳劉孝忠母病心痛劇孝忠燃火掌中代母受痛母尋愈）孟母墳前土亦香泣血三年難報德賢名
百代自流芳筵開八二冥中壽仍捧霞觴獻北堂

盧鴻 羽儀 奉縣

降誦入寰六二年功成圓滿上諸天里閭儘許傳嘉德婦稚猶知
話母賢蔬菜田園親手種釵裙荊布昔時穿記曾追悼登堂日忽
忽光陰十載前

為感人生薤上霜母儀當日敢輕忘蟠桃會啟應增壽丹桂枝榮
早吐香休恨音容千載別常留姓氏百年芳今朝七二逢生日孝
子賢孫拱北堂

紅杏樓唱和集詩存

五十述懷

原唱

等是昂藏七尺身光陰五十歲因循春風初入談經座（去歲遠道從師）舊
雨休嘲學道人口好直言難免過（僕性戇直排難解紛未免過當）胸無成見不留
神（遇事隨機以應不涉成心）頻年知被虛聲誤（僕近十餘年興辦學校義倉魚業等事雖稍著成效均盜虛聲）
數斗添來盡俗塵

五十無聞了此生敢云人濁我能清功名思想知無味政治潮流
聽不平（僕自科舉停無功名心縣議會停無政治心）大好文章隨手得（時與海內文豪唱和）等閒
歲月且躬耕一門雍睦差堪樂朋友時邀賦鳥鳴

和章

方澤久 佛生 安薇 定遠

風雨名山著作身羨君善詩自循循芙蓉閣上清高士胡豆洲邊
蘊藉人（芙蓉閣胡豆洲皆屬泰境）柳岸觀魚晴入畫（君研究漁業）芸窗與字易通神
唱酬海內無虛日瀟灑丰姿迥出塵

因緣文字訂三生難得頭銜署守清張緒風流卿免俗許劭月旦
總持平閒情祇合償詩債惡歲偏無樂硯耕我亦見機甘蟄伏耽
高怕聽角弓鳴

守清仁兄天性孝友意氣豪邁世居運糧河培世居白米鎮相隔十餘里文稱莫逆曩昔所謀公益志同道合乙卯秋培遣子入都求學翌年知培旅橐不充與　少平仁兄各寄十金尤為心感迄今六載未歸舊雨情疏正深馳系遥聞　先生聯得雙珠忻喜無量旋蒙以己未五十述懷詩寄示捧讀逝水駒陰之感回溯入都之歲年亦五十今五十有五矣猶天涯作客碌碌依人且歷年當局變幻屢處危境以視　先生享家園之樂趣謀社會之幸福真霄壤相懸也燕雲江村兩地心期爰步原韻以作五旬晉一之頌并乞一方家斧正是幸

志機早避宦官身寡過知非學有循東直信能醫薄俗解衣端不讓前人英才樂育高於我晚歲文章妙入神慙愧五年叨齒長而今猶自溷京塵

好從明月悟前生奎宿當秋景象清座繞芝蘭香馥郁詩歌依繼慶和平交由義合緣天合君以心耕我舌耕瞻望江天遥致祝郊祁小友羨齊鳴

中華民國九年庚申秋季愚弟蘇思培拜祝

和章

吳承烜東園安徽歙縣

尚書紅杏證前身知命知非自率循萍水屢逢天下士苔岑相契社中人隨形問影追莊叟刮垢磨光笑鏡神敢恃長君年十五一般俗吏困風塵

滌盡浮華論養生流泉水是在山清往來酬酢心都靖用舍行藏氣自平無日不償文苑債有年只恃硯田耕鶴南飛曲聲相應李委風前短笛鳴

高玉樹月秋泰縣

脫略功名物外身休談歲月誤閒循非知化玉惟修己集著壺山有替人漁唱農謳尋伴侶莊襟老帶寫丰神隨風咳唾珠璣落清雋詩才迥出塵

超然淮海一儒生混濁同流愈顯清養得性天真活潑拓開心地自寬平憂時頻眉長沙涕課讀還思粟里耕知命信能希聖者故懷詩酒訂嚶鳴

劉稻村香國泰縣

聞道幽人善潔身獨清獨醒豈因循山林養性渾超俗詩酒怡情是達人終古青雲成幻夢陽春白雪見精神何當一識荊州面浣

我胸襟萬斛塵

何事揮毫感慨生年華五十羨神清知非寡過言何遜明道通經氣更平隨意挑燈催夜織有時策杖看春耕石麟況復從天降會見驚人又一鳴

張官倬 卓人 江蘇六合

小隱林泉寄此身禮門義路共遵循名山著作稱高士實業經營號偉人荊樹當階徵有象萱花謝世倍傷神知非寡過從今始獨抱冰心不染塵

滿幅珠璣筆底生文章獨得聖之清傳家孝友聲華著接物謙恭意氣平東海魯連耽市隱南陽諸葛樂躬耕深情無限篇章托自古詩人總善鳴

孫起蔚 稻樓 武進江蘇

倦游千里乍歸身風雨蓬廬老賀循闊別音書頻托雁匡居詩什半懷人交成金石真無恙契結苔岑信有神具見樂天知命士半姿瀟洒久超塵

眼底風雲變態生斯人不改在山清就湯去桀成伊尹嫁女婚男了向平大有芳華文苑擷幸無惡歲硯田耕友朋好似遷喬鳥不過知音不肯鳴

錢樹人 楫叔 泰縣

說法如來妙現身良言苦口誘循循（先生常為鄉黨排難解紛有告事者多以藥石之言勸化）西窗夜話新詩草（先生常為予刪改詩草）東道情深舊主人（予濫竽教職寄先生門下已五年矣）室入芝蘭同氣味歲寒松柏見精神數年得坐光風裏滌我胸襟萬斛塵

天下滔滔濁浪生羨君心似玉壺清栽培桃李門牆列（先生曾創東興高等小學現改為第三國民學校校舍均係先生屋宇）刪剪荊榛道路平（鄉黨有強陵弱者先生多抱不平）燈畔每偕兒女笑（先生常於燈下閱報有女公子嫣令郎鶴九指報上書稿嬉笑）紅硯田仍課子孫耕（先生子侄與姪女及孫女輩多在校肄業）社倉魚業頻開則（先生創社倉積麥二百餘石又興魚業公司每年所出若干均係補助貧民）不忍哀鴻遍野鳴

王煥藻 子元 山東曲阜

僕亦吟壇廁側身羨君善誘樂循循中西貫澈千秋業新舊兼分兩界人年過知非深閱歷壽延大衍想丰神傳家孝友真堪慕卓爾孤芳不受塵

世事滄桑變幻生何年攬轡待澄清栽培厚處聲名溢涵養淵時意氣平閒向渭濱和雨釣樂來莘野帶烟耕學深知命欣然得休羨琴彈出宰鳴

秦景清 鏡秋 江蘇無錫

伯玉年華宋玉身陶箴蚤歳凜遵循漫誇弓冶承先志還讀詩書
友古人學士青蓮原灑脱尚書紅杏肖丰神嶺梅消息江南報想見
先生品軼塵

滄桑閲遍感懷生氣概縱横薄太清定有豪情追李杜豈無奇計
抗良平竹林阮氏誇雙秀松菊陶家樂耦耕領畧江鄉好風味達
夫五十以詩鳴

錢嘉穀 競五 泰縣

此身不是等閒身方矩圓規任蹈循安樂庭中無戾氣（君兄弟叔侄同居）
知交海内半騷人（海内詩人時相唱和）雅言謹奉詩書禮大道同躋化聖神（近從名師講道）
今是昨非蘧伯玉隨他世界蔽烟塵（君嘗慨時局非無心政治）
申甫之身嶽降生天教玉潔又冰清心思利濟存方厚（君曾興辦學校社倉）
路有崎嶇劇恰平（鄉里紛爭君善排解判其曲直正言無諱）長日祇知談性道（暇時輒與魚業僕談心性之學）
老農閒與課春耕（君喜與老農閒話桑麻）化龍此後全無意匣劍憑
他夜夜鳴（君早絶功名仕進之心享家園團聚之樂）

戴化南 卜五 安徽廬江

何用浮名絆此身鯉庭長荷誘循循高歌彈鋏真無謂大雅扶輪
定有人吟社唱酬閒覓句中原擾攘獨傷神新詩浣讀清芬挹撲
郄胸襟萬斛塵

三千桃李舊門生絳帳春風滿座清知命自能師孔聖前途何必
問君平奇文一卷江山助高蹈千秋畝畝耕垂老閒情舒嘯咏天
教東野以詩鳴

鄭文濤 松聲 武進（江蘇）

一領青衫自在身師箴母訓舊時循田園無恙釣遊地香火有緣
詩酒人過眼功名看淡泊熱心政學見精神達夫老去吟懷壯瀟灑
風流迥出塵

五十初逢百感生服官漫説際時清海田變幻殊難測世路崎嶇
未易平東閣開樽齊額頌南陽負耒且躬耕郊祁畢竟真名士鸞
鳳終期盛代鳴

王思誠 敬之 泰縣

筆舌生涯累此身追懷往事半因循疎狂似我誰知己爽直如君
有幾人謬以詩文相唱和敢將龍馬比精神逍遥物外安閒甚那
管山河付劫塵

無是無非過一生茅廬養拙覺心清絶交叔夜豪情減善論君山
俠氣平壯志銷磨詩與酒晚年安樂讀而耕羨君先入談經座講
學蘇台以道鳴

孫百樓 海珊 泰縣

同是韶華五十身媿余歲月付因循半身落拓成今我廿載知交
念故人昔日文章留價值近年詩酒見精神陽春白雪知難和勉
學巴人步後塵

政海潮流日日生何分渭濁與涇清徑存松菊追陶令家有梅花
賦廣平喜得佳兒榮晚景頻催僕輩課春耕壽筵開日應招我且
上新詩試一鳴

范　存　良心　浙江杭縣

樂天知命約心身扶履優游古道循有價文章推瀚海無邊風月
屬閒人鶯鳴求友吟懷暢鶴立超羣品格神料得今朝重九節題
糕健筆振覊塵 予賦此時適逢重九細懷高躅隨筆綴之

未許纖埃眼底生襟懷真得聖之清書香我獨欽文恪才調人爭
識廣平樂地好從名教拓心田合為子孫耕賡酬自恨無佳什聊
學吹竽和盛鳴

劉　敬　敬之　泰縣

同是韶華半百身相形見絀歎因循名塲我是灰心客泮水君為
得意人似柳似蒲慚委頓如松如柏羨精神吟來佳句徒欽慕且
和新詩步後塵

政界潮流濁漸生及時勇退獨為清春風護坐朱公撥末世能醒
楚屈平文友邀來張客宴佳兒扶去看農耕羨君自得閒中樂堪
笑如雷瓦釜鳴

郁　穰　景溪　江蘇武進

道德文章萃一身輪扶大雅轍遵循青蓮學士真無敵紅杏尚書
又有人宛似芝蘭同臭味况兼參术助精神臨風不盡期頤祝車
笠欣逢雨洗塵

勞庠輪蹄愧我生斯人獨得氣之清菊尋栗里歸元亮瓜種桑陰
學邵平愛向林中諧鶴飽閑從雨後看農耕湛盧儻亦韜藏久影
戢蓮廬不一鳴 余有影廬得同社題詠尚夥

游　蔚文　炳章　泰縣

聖賢事業首修身性道由來在率循陋巷簞瓢原樂境名山風雨
待傳人聲華到處雷鳴耳珠玉揮來筆有神堪羨吳中師叔度不
辭千里歷風塵

宇宙茫茫百感生神州鼎沸未澄清人心似水狂難挽世事如山
削不平身外功名原幻夢隆中經濟在躬耕羨君久屬斯民望何
日驚人試一鳴

聶為崧　崑僧　湖北京山

梅花伴隱宰官身天下滔滔待撫循腹貯經論堪問世胸懷磊落

不依人鳳雛迭舞輝生翼鶴侶高歌妙入神會宴羣仙開大衍春風拂塵淨無塵

歲月蹉跎百感生居心常抱玉壺清詞章雪亮推蘇子文采風流羡廣平荊樹花開含雨潤硯田墨聚合烟耕服官此日休云晚傾耳高岡聽鳳鳴

易嘯春 江蘇興化

心操松柏歲寒身富貴無求禮義循時雨春風惟在己樂天知命不尤人孝儒羊骨椒山膽衛玠肌膚杜牧神未識荊州惆悵甚茫茫自愧涸轍塵

閒來對月悟前生且喜林園氣味清天上風霜曾(累)易世間波浪總難平怡情翰墨憑心織遣性詩書愧舌耕明德惟馨君尚志吟詩求和效鶯鳴

聶國墀 玉丹 湖北京山

素仰金剛百鍊身鱣堂講道誘循循言緣不朽堪千古學到能傳有幾人桃李園開春氣象芝蘭室蘊玉精神笙歌北海樽開日願附羣仙步後塵

文境鏖戰一書生纓濯滄浪水取清甲冑衛身函禮義槍鬼影示和平梅開東閣添詩料硯作良田藉筆耕大衍稱觴晉歌舞慚深短笛類蛙鳴

陳培敏 安徽廣德

嘯傲桃州寄此身生平矩蹈亦規循羨君瀟灑真名士把酒消閒是達人咳唾文章聲似玉因緣翰墨契通神琴彈山水知音少高蹈優遊不染塵

名山著述屬儒生年屆知非心地清北(京)才高欽宋玉穎川學淺愧陳平嘆他逐鹿南和北喜我傳家讀與耕曲調陽春傳海內絕無塊壘借詩鳴

潘跛曲 包良 潘孝甫 安徽涇縣

進退優游世外身安然古道自遵循江湖遠蹈應慚我歲月如流莫假人大衍年華增閱歷知非學問勵精神君今不愧稱高士境覓桃源避俗塵

轉瞬光陰已半生滔滔何日望澄清壽期彭祖身常健學到蘧賢氣自平荊樹且看兄弟樂書田更有子孫耕家齊我亦差堪比幸得和聲一室鳴

梅鶴池 鏡波 泰縣

一樓風雨寄吟身茗椀詩筒逐日循賓客宴開花底月笑談塵滿道中人德孚桑梓情俱洽老去文章句更神世路興嗟爭戰起未

知何日息烟塵

弗求名利羨先生道味深嘗俗慮清詩善推敲彌雅健心能豁達自和平三年同硯風兼雨兩字傳家讀與耕昨夜故人佳句遞燈前誦罷已雞鳴

陳　錚 鐵漢 安徽 廣德

八尺居然自在身真能矩蹈又規循熱心教育稱賢者冷眼功名作達人老更虛懷無俗事生非媚骨自清神驗壇旗鼓憑君振不及何堪望後塵

解紛排難宋先生兩字名高羨守清一領青衿心已淡三杯綠酒氣常平嚴陵江上和煙釣伊尹田間帶雨耕本是聽天知命者詩成即自以詩鳴

鮑　誠 士美 泰縣

詩筒下逮值相如卧病之秋卷帙開披悵老杜奮飛之句賁而兼病素志怎禁銷磨詩不求工命意只期真實祇緣心契未敢面諛聿教下里之音俾附吟壇之末

勸君珍重自由身四境平民仰拊循學校培成佳子弟社倉普濟一鄉人胸如日月心如佛古有風雷筆有神句成每念觀魚饒逸興幾灣秋水淨無塵

介壽成圖欲寫生擬作介壽圖祝君壽病劇未果愛他梅雪品雙清耽吟我尚慙明遠作賦君能繼廣平別後益聞詩境好病餘依舊硯田耕年來學繪無聊賴敢望途窮以技鳴

姚光遠 灼電 江蘇 東台

著作如林重等身敦詩説禮敬循循黔婁雅潔原尊母令慈十週冥壽宋玉才華久可人涉世圖公欽著績先生興辦學校漁業義倉等大有成效假年學易諒通神幽居不滅淵明派清傲應無半點塵

烽烟徧處嘆民生拭目黄河幾日清混沌天教眠不覺崎嶇路涉到難平羨君有句皆心織愧我無才且舌耕安得如唐張籍筆窮居在下以詩鳴

丁景文 穆孫 泰縣

本是金剛不壞身蘭因絮果費推循誕登道岸猶希聖指點迷津慣度人義立社倉徵惻怛利興魚業見精神燈前閒握生花筆秋水文章不染塵

我公明月是前生雲淡天高色倍清目擊山河增感慨胸無城府自和平賢愚辨别憑心鑑經史縱横假舌耕滿腹經綸何所用百無聊賴以詩名鳴

吴祖森 慕肅 江蘇 溧水

莫怨蹉跎負此身，從來通達是緣循。子見莊 胸無物累塵超俗，詩到
天真亦可人。許我忘年同臭味，羨君垂老尚精神。淵明賦就歸來
日，不問河山幾刦塵。

稱名未肯讓先生，心跡由來喜共清。幸得師承宗叔度，慢將世事
問君平。天留暇日詩成帙，我愧頻年筆代耕。收拾壯心聊伏櫪，任
他狗盜與雞鳴。

于懷慶 燕伯 泰縣

愧我依籬落拓身，胸無才學只因循。懷近年館游姓 英雄時勢忙中客，政
治功名箇裏年。到五旬方寡過，運逢末季枉勞神。先生幸入春風
座，可許隨肩步後塵。

滿地荊榛劇復生，且安天命俟河清。詩朋社裏聲名遠，易理精時
意氣平。歲月消閒書與畫，門楣創守讀而耕。癡余枉作忘年友，翻
笑鴉鳴學鳳鳴。

曾煥癸 少樵 北京

嶽降崧生七尺身，有師善誘樂循循。每逢歲友誅心論，逕致烟霞
避世人。收歛才華常養氣，講求道德自通神。興來唱和周寰海，秋
水文章不染塵。

何須石上問三生，涇渭獨能辨濁清。我卜蝸居心自適，人爭鹿逐
氣難平。積儲善果兒孫慶，培植良田子弟耕。嘗把天倫樂事序，任
他雄劍匣中鳴。

陳 杜一鵬 廣德 安徽

絳帳宏開哥此身，先生善誘自循循。芹香早擷成名士，萊彩難期
抱恨人。君萱堂已作古矣 志足千秋多著述，交聯四海在精神。他鄉未識
子京面，料是風流出俗塵。

廿三寒暑我遲生，余年二十七 心到無求夢亦清。元亮襟期安淡泊，仲
連懷抱望和平。君善於和調鄉里 傳家女子蘭閨織，立業男兒草地耕。姜
被製成同臥好，桃園樂叙聽鶯鳴。

梁國勳 子膺 廣東香山

鐵漢錚錚煉此身，功成學校誘循循。利興海錯儕漁父，義著倉儲
備廩人。自治鄉中襄辦理，解紛局内振精神。高歌白雪難賡韻，一
曲陽春袖拂塵。

杖家崇拜宋先生，京兆風流到守清。蝦祝草堂家和韻 勳寄歲六十自壽刊詩徵和篆吟長偈以琳琅 難排梓
里荷持平。夸樓居處同唐翁，華野優游學尹
耕。海内文豪時唱和，述懷今又賦嚶鳴。

宮 立 驊枝 泰縣

本是圭璋自愛身，年將半百愧因循。文章舊價留嘉會，風雨深宵

念故人二十年前余與守清道明諸人結一文會錢輩雲泥分際遇羲君龍馬比精
神汪洋叔度新相識秋水南華不染塵讀春風一聯知守清新入黃門研求性命之學
後顧茫茫百感生幾何人壽俟河清尚餘郭泰堪師表可有陳摶
卜太平東海多才能卧治南陽非遠好躬耕頭顱老大無他好佳
句驚人試一鳴

劉榮甲 麓孫 泰縣

涉世皇然磈磊身當年同受教循循君與余同游高師星仲劉師心白叔門下天心愛
我誠憐我余嘗與人言天待我輩特厚時局困人竟弄人跡涸草茅聊寄意交
憑文字漫傳神昨非今是君先得清夜當思步後塵
消息浮名誤半生幡然律己志方清行藏相與慚王吉婚嫁俱遲
愧向平余近年為兒女婚嫁事將嬋聯接辦每冀修行消物議恒思培植寶心耕詩
吟伐木逢揞懶不及嚶嚶好鳥鳴

呂介夫 山東曲阜

空裏浮花夢裡身此中奥妙一推循誕登道岸為先覺且向江湖
作散人學易假年期寡過讀書破卷自通神老當益壯為君祝好
洗乾坤舊染塵
聊將樽酒寄浮生自與世人判濁清行本無瑕三代上心同止水
萬流平安仁不愧知天命樂道何妨以鐵耕敢謂能思君子者且
隨風雨誦雞鳴

歐陽庚 少白 南陵（安徽）

芝蘭為室玉為身矩步規行羲謹循豪邁爭誇真俠士清高競慕
是仙人詩成錦繡驚風雨文吐珠璣泣鬼神鶴立雞羣人共仰青
蓮出水不沾塵
圭璋品格羲先生玉潔冰堅本自清跨鳳行程天地窄攀龍回首
海波平雲烟滿紙揮毫掃花草成溪帶雨耕涵養寬宏期大雅乘
風破浪逐雷鳴

孫霽周 公輔 安徽南陵

馬帳鱣堂寄此身羲君善誘日循循惠風滿座常吹客化雨盈庭
慣澤人筆落騰蛟還起鳳詩成泣鬼並驚神樂天知命真仙侶尋
得桃源好避塵
大衍年華比伏生明經閣上管絃清知非寡過期蘧子眾醉獨醒
慕屈平繞屋梅花鋤月種沿堤瑤草帶雲耕服官志淡歸田早匣
有龍泉夜夜鳴

卲春臺 熙齡 泰縣

著作期君富等身莫因時變坐因循好為白眼觀流俗誓剖丹心
報故人賦就梅花饒嫵媚書成蕉葉愈丰神知非已過豪猶昔落

落英姿迎出塵

原知衛道仗儒生，品第羣倫忌太清。淚洒新亭空寄慨，氣吞雲夢尚難平。憶君在昔經同受，愧我於今硯輟耕。君受業先大父門下，與熙齡同筆硯者數年。一語自嘲兼自解，三年楚鳥不飛鳴。

師慕華 海遂 安徽[illegible]蕪湖

五十年華不厚身，門多問字莫推循。服官無意還求己，知命何妨且讓人。詩酒逍遙忘歲月，湖山著作健精神。羨君別具真懷抱，座上春風迴出塵。

筵開五秩拜先生，桃李爭瞻骨相清。早歲成名邀闡望，近時處世尚和平。妙談玄理閒雜語，喜勸卹農買犢耕。談笑一樽空北海，怕聽瓦釜作雷鳴。

錢止善 泰縣

知命年逢五十身，早將尼父學遵循。服官無意渾忘世，解難多才總爲人。拾級龍門增重價，牽裾麟子擅清神。陶朱市隱非因利，善賈輕財兩絕塵。

心腸佛子面書生，恵惠風和又節清。時局變遷原有感，人情險幻實難平。消閒歲月頻酬唱，守舊家風半讀耕。我獻蕪詞當祝嘏，敢云東野以詩鳴。

聶國蘭 詠馨女士 湖北京山

羣欽大孝慕終身，世澤縣長永奉循。頌進服官綿歲月，功深學道貫天人。蘭臺毓秀詩無敵，梅閣吟香語有神。遥望南山歌舞日，一堂濟濟盡超塵。

斯人出處繫蒼生，景仰高風兩袖清。問政有期沾雨化，回瀾何日慶波平。仙幃永享千秋祝，鐵硯堪傳百世耕。大衍筵開愧巾幗，才非詠絮假詩鳴。

楊蔚 豹岑 安徽廬江

萬卷書城擁此身，疾看時事怕因循。山中惟有英雄菜，眼底全無勢利人。秋水文章原絕俗，春江花事最怡神。知非兼得知天命，詩酒襟懷不染塵。

任爾妖氛寰海生，在山泉水自然清。功名蠖屈心思冷，筆陣縱橫勢不平。書史流連耽酒趣，烟霞供養帶雲耕。二分月裡長庚朗泰縣州屬揚，獻頌笙歌四座鳴。

孫寶鈞 伯銓 安徽蕪湖

讀破羣書說等身，光陰逝水善持循。年當服政偏辭職，席擅譚經是解人。韻事風流情似海，文章老鍊筆通神。應從此日知天命，到處題名謁後塵。

天時人事日相生大好江山已異清祖國文明元氣轉流光半百躁心平身逃宦海詩尋友舌戰名場筆作耕落落塵寰推健者敢將瓦釜混雷鳴

呂廷霖 硯田 山東曲阜

公豈等閑物外身周規折矩善遵循克敦孝友勤家政絕妙文章邁俗人愧我才思多魯鈍羨君矍鑠倍精神壽延大衍遥相祝皎皎半姿不染塵

都云若夢是浮生濁世誰能獨自清知命知非學有得觀人觀我氣皆平孝為至寶終身守書作良田百代耕僕亦吟壇思附驥君曾許我賦嚶鳴

王　瑄 戰倫 廬江 安徽

秋風珍重苦吟身玉潔冰清古賀循學士青蓮唐酒聖尚書紅杏宋人詩道宗宣父知天命非悟陶公養谷神艷羨此間山水好子京豹隱避囂塵

名利休教誤此生春風秋月此心清雙攜笠屐蘇坡老一賦梅花宋廣平北海樽開文舉座南陽琴伴武侯耕騷壇大雅扶輪手屈指推君最善鳴

易愛英女士 興化 江蘇

知命知非樂此身宏開絳帳誘循循一庭風月怡今我半榻琴書伴古人借響松筠都嘯傲相輝花萼見精神談經論道忘春夏耿介操持出俗塵

擊楫中流憶祖生先生高尚意懷清從來作畫惟求淡自古論文不喜平渭水非遥須可釣歷山在望儘堪耕服官莫把光陰逝提劍何妨對客鳴

張康齡 平甫 泰縣

人海茫茫寄此身莫將通達付緣循登場平屬婦阿輩當世誰為直道人欲振儒風思講學惓懷時局倍傷神師承既入談經座化雨應教洗俗塵

同是青袍誤我生廿年前有志澄清故園松菊今無恙世路荆榛久未平結納文豪推首領慨歎時事且躬耕河山莽莽秋陰裏爭奈驚人鳥未鳴

郭鴻襄 贊臣 湖北京山

名教由來好束身光陰輪轉自相循服官此日稱佳士學道由來說聖人樂善虛心惟舍己至誠獨物本如神花箋幾幅憑郵祝不佞何嫌步後塵

從來本色係書生竊歎人情似水清堂上頌歌符大衍寰中省識

肯和平羨君有句歸心發愧我無材借筆耕壽獻南山觴晋祝天涯一室賦嚶鳴

曹蔭槐 紹南 泰縣

少讀詩書寄此身肯將歲月付因循才慚祭獺憐今我技擅雕龍仰故人天命世情知洞徹光風霽月見精神當時幾輩能高尚勢利無心避劫塵

姑蘇問字仰先生聚濁而今我獨清身入賢關誠可羨世如蜀道最難平安居南畝尋幽趣有事西疇且課耕自恨敲詩渾不解妄將瓦缶作雷鳴

馬祥熙 洪章 江蘇丹徒

雄飛騷壇苦吟身春秋代謝休因循紅霞倒接綠水影白雲遮斷青山人開卷讀書得其興清詞麗句妙入神知非年華識叔度心胸皎潔無纖塵

窮經白首推儒生洗心久與冰壺清但論詩律至未至莫問人情平不平奇書硯北映月讀春雨江南荷鋤耕小子後進不相識和詩亦賦嚶其鳴

錢達源 德輔 泰縣

軒署雙芝日寄身 君有讀書室顏曰雙芝軒 歲華何事慨因循詩書垂裕承先志風雨頻來有故人萱草霜萎增孺慕 君有令堂十迴感賦詩 梅枝雪傲見羊神性甘恬淡難諧俗笑我花時亂有塵 蘇髯句

純仁高躅是前生 閒辦社倉 心與冰壺一例清業效陶朱能復散術將燕雀得其平 君善排難解紛 作官自昔辭融薦 君淡於功名 樂道於今學尹耕 聞近就名師講學 滕下麟兒期跨灶他年鶴向九皋鳴 聞令郎乳名鶴保故借用

崔香亭 因日 安徽太平

騷壇珍重此吟身學易年華善誘循半榻煙霞棲逸士一窗風月伴詩人揚清激濁胸無垢戛玉敲金筆有神大器晚成天命賦時來破浪出風塵

富貴浮雲大道生閒吟月白與風清不求一已爭榮耀但願群黎享太平淡利淡名臨水釣希賢希聖樂華耕羨君孝義天倫重濟美和聲聽鳳鳴

劉敬 敬之 泰縣

脩德光華足潤身更承函丈誘循循及時學易惟崇聖往事知非是解人議事有言皆道德 君曾被選為議員 作文無句不精神 君早蜚聲學界 年來淡泊以明志胸次清高脫俗塵

本立由來道自生羨君操守寸心清期頤半度親猶慕天命全知氣更平身世依仁安宅處心田以禮樂躬耕黃香孝友今重見江

夏聲名附一鳴（且新入黄門）

梅鶴元 吟仙 泰縣

議會場中寄此身每於世事理先循聽經不憚程千里把酒時邀
友幾人樓閣别開新境界鬚眉仍是舊年神年來風格饒清致瀟
洒園林脱俗塵

自慚勞碌已今生怎奈依然两袖清差幸此鄉年富有未知何日
世承平身閒窗下看兒課雨過田間叱犢耕記得曹門君肄業柳
邊携酒聽鶯鳴

劉稻村 香國 泰縣

行年五十益修身就正名山道率循孝似文疆思厥妣師承叔度
算高人濟貧慈善心同佛入妙詞章句有神無事賦詩藉排遣薄
他熱客受風塵

儒雅風流足一生光明徹底總澄清心如止水全無競文似看山
不喜平君擅十分才自富我慚三寸舌頻耕捧吟五秩徵詩稿音
節和諧若鳳鳴

游上林 霖生 泰縣

本是鄉閭仰望身禮文善誘荷循循（昔年同在鄉公所領教不少）蘧年過寡原
知命黄學新傳幸得人愧我書癡仍面目羨公鶴壽更精神主持
清議思當日一振英風掃俗塵（公前任鄉議會長縣議會員秉公直言百事賴之）
太息鞭遲着祖生狂瀾濁世幾時清愁來杯酒澆難解慣以詩歌
寫不平屢閲滄桑疑夢幻百無聊賴學躬耕他年皋尹膺公選定
卜驚人鳥一鳴

盧 鴻 羽儀 泰縣

本是吟壇老健身班門弄斧效規循春風得坐應慚我寶筏時乘
善度人丹桂月明期秀發梅花雪傲見精神閒中詩酒尋清樂慧
眼看他盡俗塵

年年散穀救蒼生澤普思深比太清两字聲名增價值一身情性
總和平良規勸誡銘心感苦志詩書藉自耕如此善人羣敬仰高
擎木鐸一鄉鳴

余文海 仰蘇 泰縣（安徽婺源）

莽莽乾坤寄此身盈虛消息細推循却欣楚國悲秋客曾作蘇臺
講學人鐵冶而今專鑄錯金錢自古可通神羨他叔度門牆峻千
頃汪洋不染塵

可畏年華屬後生人人攬轡志澄清言論高處心原熱學養深時
氣自平從此服官時已艾翻然入道禮先耕世間萬事都顛倒毀
棄黄鐘瓦釜鳴

錢金書 生俗 泰縣

百鍊原爲不朽身德門仍受教循循元龍品格無雙士司馬文章有幾人非到知時斯寡過易能學究自通神即今伏櫪誰言老良驥奔馳軼俗塵

不把浮名絆此生出山泉讓在山清情聯詩酒消閑興門有鄉鄰抱不平濠上靜觀魚極樂枝頭時聽鳥催耕而今政治需人急那得黃鐘大呂鳴

王　勲 厚予 安徽廬江

放眼乾坤一廁身光陰詎令誤因循廿年絳帳傳經客卅載詞林抗雅人儘許竹梅同品格依然龍馬舊精神陽春白雪歌雙曲摛藻揚芬不染塵

健羨筆花五色生冰心合比玉壺清言能排難原持正句欲驚人在不平東閣梅開攤卷讀西疇春及看農耕鶴齡報到服官歲詩境高超此一鳴

王秉衡 友梅 泰縣

匆匆肯負百年身樂國（大道）優游大（正）路循栩栩莊周魂幻蝶巍巍虞舜我何人良能終應求師友誠意難教媚鬼神獨羨江南游客返沐沾化雨洗埃塵

情文終古自相生心撇浮華句亦清與世無求真曠達思親有詠見生平眼看塵海隨波蕩手置書田倩筆耕信是知機超物外豈鍾九月應霜鳴

夏訓恭 敬安 安徽蕪湖

百年方半善修身政治潮流吏幾循海内顛狂誰酒客江南潦倒是詩人胸無芥蒂心無怨舌有風雷筆有神（戌句）早識蓴鱸佳味好喚他富貴等浮塵

宏開大衍慶先生一到知非品更清籌畫新章期美善維持公益總和平事繁畢竟思歸隱國困何如學稼耕底事譽前双鉄馬夜深猶作不平鳴

師慕華 海蓬 安徽蕪湖

乾坤莽莽一吟身半百光陰已拊循堂上初開新壽域江南久著大名人酒常知節無狂語心到能清不亂神明達如君能有幾買山從此避囂塵

我公明月證前生百戰吟壇得句清閑裏運籌如叔子靜中課命比君平青山常在名偏著絳帳宏開舌作耕莫許服官更愁絕安常不慣向人鳴

宋煥業 文青 山東招遠

知命斯緣德潤身禮門義路久遵循時尋孔孟書中樂常作羲皇
世上人寡過敬修真學問加年講易倍精神放懷風月真瀟灑秋
水文章不染塵
詎願浮名及此生居心惟抱玉壺清教家慶洽天倫樂養氣功深
蜀道平紅杏傳來先代澤丹田留與後人耕君平知命兼知足非
不驚人特不鳴

朱閒莊 揚州

我亦知非類廢身年年歷綠嘆因循同時友輩高聲價自顧鯫生
作懶人從古名流歸澹泊於今時事痛心神浮生若夢何為者聊
藉詩書解俗塵
百歲光陰已半生愧余身誤性偏清陶潛何事休官早賈誼持才
恨不平藉得茅廬權小隱聊將禿筆代躬耕茫茫自顧無長物一
咏新詩一感鳴

悼翠生 安徽歙縣 浙江龍游縣

天地生吾有用身前程萬里敢因循羞為逐利爭名客豈致無聞
沒世人才敬仲連能解難君排紛解難心傾韓氏倍馳神雲中閒不阿私所好
鶴方儀表軒舉高飛不染塵
性成孝友仰先生詩似冰壺見底清用韋應物贈王侍郎成句薄視功名高尚志協襄自治服持平君民國初曾襄自治怡情悦性觴兼詠守訓傳家讀與
耕今堂恒以書香見訓五十述懷徵唱和愧無佳句報嚶鳴

梅鶴舫 子舟 泰縣

樓高百尺寄閒身四壁琴書共羨循君已艾年須服政我雖寒素
不依人談經雅慕賢師範和句誰如妙手筆神冷眼笑他名利客爭
馳仕路日風塵
蘇臺學道慕先生愈老精神愈覺清得座春風胸淡蕩化沾時雨
氣和平羨君世事饒心德愧我身家仗舌耕宇內不知何日定掃
除狗盜與雞鳴

錢錫璋 玉衡 泰縣

聖道原來不外身脩齊及遠可親循教行北地皆求已化被南方
豈為人有志忘年真好學虛心入室倍留神知君負笈旋歸日撲
去從前萬斛塵
闡達無求樂境生浮名反足攖神清曠觀用舍皆前定何事興衰
憤不平學道原期心有得談經入妙舌能耕闇然尚絅懷君子衣
錦美如木鐸鳴

夏國榮 莖甫 泰縣

知命原為樂道身進升學業級堪循句唫龍化慚為我感賦中有魚化龍成

望子
賢句境獲鳩安算福人時寫閑情娱筆墨仙行陸地見精神感懷
代木瞻雲樹渴念頻添萬斛塵
光陰半百豈虛生兩字書香羨守清訓凜慈幃猶賦感議參政席
每持平驚心時局楚難理加意兒孫讀與畊風雅宜人聯唱和報
端先我以詩鳴 先生原唱戲姜堰通揚日報

陳 頎 石固 安徽廣德
修德居然克潤身萱幃善誘信循循敢誇宋玉無雙士願做陳摶
後一人世局如棋殘待整詩心入畫妙傳神今朝正值知非日
瀟灑風流別出塵
悲煞英雄髀肉生何時海晏與河清年來已自知天命數定無庸
推子平進華陶情歌對酒山林養晦讀兼耕請纓壯志鎖還未壁
劍琅琅夜作鳴

陳文輝 儒卿 安徽廣德
名利難羈自在身高懸絳帳善循循舉杯江上成三影作賦樓頭
第一人富貴懶談聯翰墨升沈不問養精神從今唱和無虛日京
兆門庭隔俗塵
才同元白仰先生初度知非詩思清築有高軒無俗迹嘆他大局
不昇平行雲響遏陽春曲荷笠鋤持月地耕花萼樓開憑望處山
前彩鳥向人鳴

王漢民 溪隱 江蘇泰縣
孤露煢煢百病身青箱事業付因循白榴社結聯吟友紅杏樓開
識主人萬斛珠璣傾咳唾一庭梅鶴見精神樂天知命無拘束曠
達襟懷迥出塵
口碑載道說先生心似冰壺見底清教育英材期晉及經營實業
重和平談經座滿師兼友避亂鄉居讀且耕闡達不求成大隱閉
門抱膝以詩鳴

方嘉棣　伯華 安徽定遠　黄太君十週冥壽非原韻和章

十載音容隔思親淚欲流忍看慈母線怕上讀書樓駘背鴻能立生前慣扶竹秋雞羣鶴不儔賢聲傳戚鄰畫荻媲千秋

王德潤　壽芝 盧江 安徽

棖觸萱堂冥壽天不堪清酒奠黃泉果然追遠思曾子無間人言似閔騫祝嘏已過七秩後和丸猶憶十年前廣平洒盡思親淚物在人亡倍惘然

陳愷　惻仙 盧江 安徽

陟屺悲沉寶婺星十年回首淚雙零鸞歌珠履三千客鶴算瑤池七二齡萱室龍鍾曾畫荻杏壇鳳尾慣傳經心香遙晉岡陵頌天姥山高萬古青

陳杜一　鵑 廣德 安徽

古稀壽共祝黃泉遽弔而今啟戚筵言笑已難聽死後音容猶易想生前思親戚賦兒能老望子成名母獨賢待到八年逢八秩再陳桃釀奠秋天

五十述懷非原韻和章

陳　愷　惻仙 盧江

清風明月擁書城渭樹江雲兩繫情太白催詩浩酒廬陵作賦感秋聲苦吟我愧陳無己好句君真宋子京等是年華過五十扶輪大雅仰先生

方嘉棣　伯華 定遠

伯玉知非歲徵詩遍海隅盈倉多黍稷泛宅老江湖（君創辦義倉魚業有年）鄉里籌公益詩書仰大儒盟心甘淡泊珥筆祝懸弧

王德潤　壽芝 廬江

神交酬唱托鱗鴻秋水蒹葭洄溯中五十春秋蘧伯玉三千桃李狄梁公題詩酒醉青蓮月作賦家傳宋玉風更羨文通五色筆騷壇聲價重江東

陳培敏　廣德 安徽

伯玉知非際此年詩章徵和大名傳羨君落筆驚風雨繡口錦心李謫仙

五十年華天命知才高學富匹歐之陽春曲調傳中外爭和先生白雪詩

樓聞花萼樂天倫兄弟同居氣味親際此風雲時擾攘優遊顧作葛懷民

儒生結席惟詩酒四海神交翰墨緣紙厚人情都看破吟風嘯月

樂林泉
不貪世利不爭名風月文情杯酒傾館外幽篁堪作伴一塵不染
仰先生
神交千里寄蕪詞何日瞻韓慰所思倜儻不羣非俗士花前小臥
笛橫吹

李心爵 泰縣江蘇升徒

知命年華松柏姿吳門奔走訪名師口胸如一人難及拋却浮名
心自怡
睦族和隣友弟兄功名政治不關情自娛每有驚人作樂守清高
更力耕

陳拜石 安徽廣德

調寄西江月詞

文匠韓潮蘇海詩同宋艷班香年華五十自昂藏誠是吟壇健將
身外烟霞嘯傲滕前蘭桂芬芳名爭利奪任他忙可嘆神州擾
攘

翟醒 楚狂號醒園安吳

八寶妝

一卷琳琅多半是搜盡星客枯腸鯉尾頻至爭進門角文章追遠
舒懷感逐和陽春白雪競流芳細平量既能壽世長此名揚 四
思天倫樂趣更感身佗傺豈不悲傷駒隙韶華何若斗酒飛觴青
萍素練寄跡且學個青驄脫羈繮捐愛處好飲風醉月如我楚廼
狂 文光

徵詩十年今始出版賦此道歉

宋尹東守清

五十歲徵詩遲遲不出版既登蘭言報何以又須假遲想諸吟壇
望穿秋水眼非疑我食言即疑我命短我亦當知非用敢自解免
貽誤始于民五年原壁反繼因荆室亡心灰復意懶去歲近披猖
年年鬧共產村里半為墟不寧歎難大避亂居羅塘海陵後假館
事急議清御方將荆棘劇大軍奏凱還臨風一展卷我身幸未死
我言終當踐雅意愧未酬蕪詞聊代柬

仲氏女史遺詩

（清）仲振奎 編選

《仲氏女史遺詩》，清仲振奎編選，據泰州圖書館藏清嘉慶十六年興寧刻本影印。

仲振奎有《緑雲紅雨山房文鈔外集》，已著録。

本書一題《泰州仲氏閨秀集合刻》，彙輯泰州仲氏家族女子及入嫁仲家之女子詩集。家族女子普遍能詩，在文化經濟發達的蘇南地區並不鮮見，但在江蘇長江以北地區則較少見到。此集反映了泰州仲氏閨秀的文化成就，值得重視。子目如下：

《碧香女史遺草》，清仲蓮慶（字碧香）撰，存詩四十一首

《綺泉女史遺草》，清仲振宜（字綺泉，號薌雲）撰，存詩一百三十七首

《瑶泉女史遺草》，清仲振宣（字瑶泉，號芝芸，振宜妹）撰，存詩三十四首

《辟塵軒詩鈔》，清趙箋霞撰（字書雲，江蘇甘泉人，振奎妻），存詩一百零六首

《綺雲閣遺草》，清洪湘蘭撰（字畹香，一作畹雲，江蘇儀徵人，振猷妻），存詩十六首

附：

仲貽鑾（字金城，振奎女，年二十七卒）詩二十三首

張貽鷸（字揄華，振宣女，未嫁，年二十卒）詩八首

（江慶柏）

先君子十五志學晝課不足繼之以夜一燈熒[illegible]手針黹以伴夙姑母素工聲律讀既畢或詩或詞必相唱和始各歸寢不數年姑母詩裒然成集矣既出閣適洪氏洪世業醫無解聲律者而亦不廢吟詠每歸寧輒攜一卷就吾祖正可丞中年以後家事日零八口嗸嗸惟仰姑母十指以給於是積勞成疾而淒風苦雨之聲時亦見諸詩歌下世後二子皆相繼而殁詩多散佚惟一卷獨在奩處奩不忍姑母之貧病以終而名復湮没也因錄以付梓氏而為仲氏閨秀冠且慰吾先君子式好無尤之意 愚姪振奎雲礀謹識

碧香女史遺草

泰州女史仲蓮慶碧香

詩四十一首

送春

繡佛當軒坐才知春事終草荒三徑雨花落一簾風甌茗新烹綠山櫻競染紅東郊迎幾日歸去太匆匆

夏夜迴文

長宵月影清蓰竹靜署更聲遠報籌牆短過螢飛閃閃閣深歸燕語啾啾

夏夜即景

牆角檐牙挂絳河藕花風裡夜涼多不須月底脩簫譜自有鄰家女善歌

秋夜

碧雲庭院送新涼幾日瑤天有鴈行三徑亂蛩吟不住一輪明月在東牆

鷹

擊出西郊去金鈴曜錦文爪翻天外日翼捲塞邊雲遠掠鵠羣亂斜衝鴈字分由來誇羽獵誰是李將軍

春草

袁皋昨夜燕纖雨，綠淺香微處處春。白馬蹄來初有迹，黃羊卧處未成茵。煙浮古道青韉軟，日落遥山翠靄新。只恐王孫歸未得，天涯望斷玉樓人。

桃花

漢武靈臺春識還，留遺仙種在人間。三千笑靨迎朝日，一片嬌雲㨂遠山。粉蝶枝頭香夢暖，蜜蜂聲裡繡簾閑。縣知未免低回甚，愁雨愁風損艷顔。

秋日雨中口占

樹底風來全散暑，簾前雨過驟生凉。無人小立迴廊下，落盡一庭秋海棠。

秋日溪堂和松嵐二弟

十里迴溪古渡頭，空波淼淼汎輕鷗。夕陽欸乃一聲起，綠柳陰中歸釣舟。

代母哭姊

戊辰冬，姨母即世，慟甚，欲為詩，不能擱管，乃命蓮作長歌以代。情皆實情，事皆實事，以為哀詞可，以為家傳亦可。姨母查氏，京江望族，諱純貞，適戴君東山。

寒雲白，寒風吹，昏月在牎，燈照帷，爐火不温白灰死，老淚縱橫哭吾姊。哭吾姊，吾姊歸冥鄉，猶憶少年日，與姊居同室，與姊寢同牀，讀書刺繡八九年，引之翼之惟姊憐。既王我於成，復愛我以情。吾父若母苦無子，惟吾與姊為同生。哭吾姊，吾姊于歸，如女道易盡，婦道難，必敬必戒猶未如。造家未定旋出遇，飄颻風雨多顛連。月下擣衣，燈前補履，雞鳴始眠，雀噪即起，園中采茶，堂上毀粥，人皆稱賢姊甘椘腹。哭吾姊，吾姊勤且儉，艱辛盡瘁家既厚。有子幾輩皆無年，既竊頭上釵，無典嫁時服。為夫納妾延似續，納妾妾旋殁，再聘無難色。蘇瑔幸有子，文君已白頭。人失在過則，姊失在過柔，過則或多禍，過柔亦遭侮，能剛不能柔，煢煢依二女。哭吾姊，姊德日益彰，姊苦日益長。逝梁非所恤，蓄旨他人嘗。欲歸既患不自保，反目又恐夫心傷。抑鬱十餘載，自嗟還自解。長齋繡佛禮空王，莫使來生仍業海。哭吾姊，姊罹厄，知交憤懣途人泣，而姊從容無恨色。掌珠愈加愛，姻戚愈不怠。脯醢時相饋，棗栗時相餉。嗚呼！與子手足誼，五十餘載無參商。哭吾姊，姊在帷，姊親姊殁，吾無人。泉臺一去音問斷，悽悽繐帳銀燈昏。痛姊死，思姊情，墨和淚迸紀生平。姊命如絃薄，姊生如雲散，哭吾姊，肝腸斷。

早春曉起

鳥語山窗夢乍醒起來開户恰新晴竹梢風定煙猶重海宇雲添日漸明花氣暗從簾隙入雞聲遥逐寺鐘鳴春寒春暖渾無定添著香棉尚自輕

餅梅

冰胎一夕透春暉翦得先教入繡幃消瘦可堪憐玉女清芬應合贈江妃朝窺鸞鏡胭脂淺夜對銀燈酒暈微從此麝蘭無用處袛憑花氣漬羅衣

美人曉起戲用溪西雞齊啼為韻

轆轤不斷轉前溪小夢驚回畫閣西四壁蘭氛生睡鴨半牕晴日正鳴雞釵橫削玉雲全散眉蝕浮膏月不齊底事傷心夜流淚闌珊頰頰帶殘啼

美人晚粧戲用屋北鹿獨宿為韻

珊瑚簾捲黃金屋星斗南環粧閣北消瘦人憐鏡裏身來回心似溪邊鹿深紅花襯髻鬟新淺碧煙描形影獨粧罷凭闌久不言伴兒低喚熏香宿

五

冰心蠟梅

既是孤山共一宗如何肯點寸脂紅蕭閒本性丰裁別冷淡芳心内外同水月未酬三世願冰霜已許一林通曲他百卉紛繁艷部向天真兒化工

畫扇美人

春草瑤階景物幽冰絃欲奏更垂頭深情莫向姮娥訴只恐瓊樓另外愁

硯池牛和松嵐二弟

玆牛心性忒奇哉不到春原到硯臺筆耒生涯終歲勉書田辛苦為誰來淋漓墨瀋通身滿蹴踏文園識字該若使臥池吹短笛應疑橫背牧童回

花貓

花貓分黑白其性本猙獰鼎坐蝶蜂避長鳴雀鼠驚有時翻食櫃無故擾書城未免憎驕寵功多罰慢行

六

虞美人花

一種離愁想未消柔姿媚骨別生嬌楚宮煙月今何處忽向風前試舞腰

新藕

金刀試斷花香藕縷縷輕絲漾晚風道是一彎西子臂如何心孔會玲瓏

紫玉蘭

薔薇仙種已無苐誰翦瓊瑤更作花擘碎珊瑚鎔絳雪琢成琥珀膩晴霞飽經雨露常含潤微醉春陽不是瑕應與丹劉同一本名併九畹豈為誇

落梅

翩翩玉屑舞春風半點苔中半草中但使有香都作雪果然是色竟成空片芳擲下償詩債全潔歸來見化工多事銜泥雙燕子却偷殘錦入簾櫳

柳煙

萬縷煙痕楊柳絲多從畫閣粉牆西河橋遮斷天涯路惆悵玉人簾捲時

秋海棠

莫訝秋花名斷腸露寒風緊欲為霜可憐弱質添顦顇愁倚牆陰背月光

弔史閣部墓步　家大人韻

戰血殘骸徧海東孤城無計効孤忠感軍惟有淚千點哀死誰封土一籠梅嶺風沙春寂寞蕪城煙雨夜溟濛行人莫話前朝事恐有精靈泣斷蓬

夜牕對月

七

冰蟾高挂宿雲收如水乾坤小院幽半壁清光凝斷樹一天秋色浸空樓人來花徑霜侵鬢夢入湘江雪滿舟欲共飛瓊認舊樹自憐身不在瀛洲

菊

雨雨風風秋去也東籬猶綻一枝黃影空三徑留殘月寒逸孤根耐夜霜浣盡鉛華存瘦骨釀成臭味結幽香晚彫却是無頹色不及凡花競艷粧

寄二弟蜀中

蜀山蜀水路迢迢鴻鴈分飛各自傷把酒幾回憐舊雨倚闌終日望斜陽即看鬢髮都全白遥想鬚眉亦半蒼好建文翁新事業妹家蓬蓽也生光

屋破

屋破緣春雨泥深没草堂無從支卧榻所恨損書箱風急燈難點寒深夜獨長一晴須葺補含淚看空囊

自歎

強支瘦影度朝昏積漸年衰積漸貧八口飢寒憑指力半生辛苦是針神方書空檢寧心藥茗盌難消渴肺塵垂老何堪愁又病莫雲西望幾懷人　謂二弟

八

寄懷二弟時聞罷官消息

别來無日不懷思，又是秋光欲老時。聞說風波生宦海，平安迹與故鄉知。

兩載徒戎萬里身，歸來星議幾傷神。不須苦苦分晴雨，雲起雲收有夙因。

喜二弟歸里

經年懸望眼，今日見歸人。莫語升沈事，須留磊落身。心清何所慮，道在不憂貧。一酌蔬盤酒，黃粱夢後真。

九日有感

老來多病倚黔婁，賣藥空憐韓伯休。一竈冷雲三徑月，可堪孤館又驚秋。

雪

漫天碎作花，轉眼豈有迹。徒解送奇寒，病骨嗟誰敵。

病中作

秋病無逢雨，空房坐寂寥。瘦嗔風勢急，静厭雀聲囂。塵劫應知滿，仙鄉想見招。樵波流不住，自覺百愁消。

九

繡雲閣合稿序

予己丑于歸，壬辰自晉南旋，事翁姑，始得與瓊雲、芝雲聚。明牕淨几，爇茗焚香，讀曲歌詩，更倡迭和，既相愛又相敬也，遂訂蘭盟焉。越二載，瓊雲出閣，南箕貝錦，靡間朝夕。又三載，芝雲出閣，終風陰雨，憾更無窮。嗟乎！以曠代之淑質名姝，不逢賞音之士，日在愁城淚海中傷，已而又夭其年，無後，天之阨之何其甚也。或曰女子有才則無福，然與，非與？以為然，是天欲使閨中靈秀盡為愚傳，而后妃卷耳，班女漢書，不聞其無福也。以為不然，則兩妹何辜於天，而俾其支離顛頓若此，其諸命為之乎？予才遠不逮兩姊，所遭亦無兩妹之苦，而甚貧無後，又未嘗不相若。今則髮禿齒豁矣，追憶昔時燈前花下，如影依形，此境杳然不可復得，而惟予蕭條獨存，人孰無情，誰能遣此耶？壬戌秋，夫子將梓其遺稾，以予與兩妹相愛敬也，命為之序。予痛兩妹之骯髒以終，而又自傷命之蹇也，爰書此以應。愚嫂氏箋霞斂衽。

十

綠泉女史遺草

泰州女史仲振宜瓣雲

詩一百三十七首

春雨

春陰漠漠雨霏霏，冷卷珠簾燕未歸。惟有樓頭楊柳樹，烟痕添得兩三圍。

送春

三徑殘花似雪飛，留春不住送春歸。人歸那及春歸易，萬里雲山對夕暉。

十

寄呈姑母

尺書寫就意忡忡，一種離愁兩地同。靈鵲晚號吳苑月，杜鵑朝喚蜀江風。三年夢自通淮右，萬疊山難見海東。何日扁舟歸故國，挑燈笑語小窗中。

春雨

碧苔芳草半油油，細雨無聲濕瓦溝。燕子不來春寂寞，曉烟空鎖杏花樓。

南歸却賦

石犀瀾外莫江空，一片征帆動曉風。放眼波光春雪白，回頭山色夕陽紅。八年旅夢窮西國，萬里歸心詫短蓬。此去雲峰青不斷，扁舟都在畫圖中。

出峽

千厓萬壑水爭流，水急舟輕不暫留。百險經過人出峽，江南歸去看紅樓。

送家大人北上

底事匆匆跨玉驄，林泉夢穩閉門難。欲酬未了風雲志，那惜長征雨雪寒。江郭輕舟乘醉放，燕臺芳樹入春看。華顛跋涉須珍重，父若平安兒亦安。

十一

留鸎

畫橋柳色尚依依，何事秦青曲調稀。我有記歌紅豆子，斜風細雨莫言歸。

立春

猶是沈寒痼冷時，春來人意若為怡。漸回芳草天涯夢，催賦梅花驛路詩。蠟燕家家攢采勝，碧雲面面護青旗。東君畢竟來何處，問取黃鸝知不知。

梅影

殘月孤山夜靜時，欄邊苔上幾枝枝。空堂一曲琴初罷，移過牆腰

人不知

上元雨

瀟瀟涷雨灑長街，問柳尋花興不諧。却笑鄰姬踏歌去，香泥涴透鳳頭鞵。

風似輕綿雨似絲，紅燈庭院夜深時。吟成小倚闌干曲，溼透梅花春不知。

草春

春光欲盡雨絲絲，芳草豐茸滿碧墀。白紵客歸游興嬾，綠牕人起畫眉遲。飄殘柳絮鶯才老，落盡梨花蝶未知。風靜一庭簾自捲，最無聊是脫棉時。

將歸外家呈　兩大人

膝下團欒二十年，柰何忽上別離船。相看清淚數行下，隔面愁懷兩地牽。勤慎持家心自切，危疑度日意先懸。椿萱珍重休相憶，盼我歸舟二月天。

秋柳和漁洋山人韻

長條彫盡冷柔魂，愁寄南山陶令門。細雨如含新眼淚，淡煙羞染舊眉痕。凄涼羌笛聲中怨，蕭瑟漁家渡口邨。莫更西泠思舞態，六橋風景共誰論。

纖腰消瘦不禁霜，踈影猶堪罨曲塘。汴水濛洄傷故國，舞衣零落冷空箱。已拚幽怨同桃葉，尚逞風流伴晉王。底事亂蟬斜日後，更無人過果園坊。

不堪顛簸曉征衣，駐馬橋頭往事非。荒草長隄人漸遠，青帘茅店影全稀。愁聞雛姤新歌緩，不見雷塘冷燕飛。寄語玉人休亂折，江南煙雨夢多違。

芳菲易過不勝憐，縷縷殘絲漠漠煙。萑谷已悲新冷落，曲江無復舊蹁躚。誰將春信催三起，耐盡秋風又一年。只有離情消不得，牽愁還挂小樓邊。

寄書雲大姊

愁中病裏好扶持，人在天涯繫遠思。月慘淡時休折鬱，夜深沈後莫淒其。滿腔別緒憑誰訴，一枕鄉心有夢知。寂寞紅閨如問我，闌珊瘦骨更支離。

寄芝雲三妹

相思相憶更相憐，一樣離懷兩地牽。虎阜那堪人寂莫，留雲空自夢纏綿。久拚薄命隨流水，不恐回頭悵昔年。幾度夜深眠又起，山鐘邨柝總淒然。

元夜思鄉

展轉愁懷滯海濱，雨中佳節病中身。虛房睡起添離感，故國燈圍憶老親。夢裏關河雖有路，春來魚鴈總無因。不知此夕團欒酒，幾度停杯念遠人。

望家人不至

春來何事阻星槎，音信何曾到海涯。寄語故園雙父母，可知夜夜卜燈花。

秋笛

誰向秋風怨柳枝，嗚嗚咽咽復遲遲。驚回羈客三更夢，陡起關山萬里思。孤館夜長燈燼後，戍樓人倚月明時。淒涼莫更吹哀調，恐有紅顏感鬢絲。

十五

秋塞

西風刀斗夜淒其，百二雄關朔鴈飛。月黑山城生瘴霧，雲昏沙磧暗旌旗。五更霜冷悲笳咽，萬里秋高戰馬肥。幾度回頭思故國，空階人正擣寒衣。

秋月

十二闌干秋氣清，高空如水夜晶瑩。滿衣玉露涼如許，一線銀河淡自橫。吹笛樓臺何處怨，敲碪庭院幾人情。青天碧海徒增感，底事嫦娥故故明。

秋雲

浮天漠漠住還移，蕩漾無心出岫遲。不帶雨容情自淡，偶因風力勢偏奇。亂蒸成綺斜陽後，薄翦如羅夜月時。為問王京諸伴侶，下看塵界可相思。

秋寺

地僻山荒石徑西，亂松深處有招提。海潮音定流泉咽，粥鼓聲殘落照低。槲葉滿階風自埽，禪關無客鳥空啼。鄔婆淨秀開宗久，欲闢青鴛傍竹谿。

梅花

十六

占春全不羡繁華，霜點檀心玉作花。苦耐酸寒全是骨，生宜冰雪自無瑕。晚風茅店閒情遠，落月孤山舊夢賒。我欲拈豪成一賦，自憐纖線豈名家。

梅魂

晚風庭院是耶非，縹緲香魂似欲飛。半堵頹垣春寂寞，一溪寒水夢依稀。斷橋古寺雲無跡，冷月空山夜未歸。何處更容求色相，半凝紈帳半苔衣。

寄懷雲磵大兄

時將未得話離違，別後離懷輾轉牽。六十日中愁與夢，二千里外

月和烟單衣故國風霜劫襆被他鄉雨雪天隔斷楚南雲樹影幾回翹首淚潸然

一棹瀟湘江上舟離心耿耿路悠悠兄嗟客况多蕭索我幸慈幃得逗遛迢迢江聲縈別夢亂山霜氣逼征裘海東悵望歸須早莫使倚門人更愁

秋霞

九光全借夕陽烘世上千紅無此紅想是天孫機杼斷亂拋殘錦散晴空

秋宮

沈沈宮漏思悠悠十二珠簾冷玉鉤腸斷君恩逐流水夜深無語看牽牛

秋客

空江兩岸氣蕭森戚戚征人道路心千里鄉關一輪月羈魂夜夜夢寒砧

秋柳

愁姿病態總蕭蕭淚眼猶舒翠黛銷只有歸人尚含怨謝他枯盡斷腸條

秋後

落木空山冷夕曛斷腸何事嘯孤雲三千自訴心頭怨那管行人聞不聞

秋晴

仙人掌上試新霜曉日從容上曲廊蝴蝶不知身是夢強扶病態覓寒香

秋夜

梧桐院落夜初分斷續寒砧處處聞聲雜亂蛩眠不得一庭皓月冷於雲

落梅和雲江六弟

莫奏紅羅舊樂章瓊姬仙去斷人腸芳緣不合如春夢殘夢空教泣趙郎深夜林端縣片月空江留裏咽斜陽返魂縱有靈洲藥爭返花天第一香

不矜浮艷不嬌嬈耐盡酸辛轉易消疎影尚留真骨相名香全散舊枝條堂開玉照晴雲冷夢隔青溪積雪遙怪殺封姨太輕薄忍教玉質等閒凋

委地紛紛點蘚衣南枝無復舊芳菲餐英贊雪人何處索笑巡檐事已非一徑閒雲春黯淡半簾殘月影依稀應知絳闕吹笙去可有芳魂夢裏歸

江南江北不勝情雨雨風風送落英處士可憐多積恨美人底事少長生縞衣竟失芳春約石骨虛留瘦影橫一掬黃沙埋豔色酒醒紙帳怨能平

昔日冰肌無處求輕烟庭院莫回頭縱教何遜情常切爭得羊權夢再留翠羽自鳴孤館靜春泥猶帶冷香浮鷺花歲歲都成錦何日同心願可酬

乙齋頭桃花和雲碉大兄 乙

曾向瑤池翠水栽何時摘下五雲來可憐天上神仙種却傍人間寂莫開艷骨尚能隨令住錦衣渾未借春栽無端一夜蕭蕭雨半

十九

倚紅闌淚滿腮

雨令莫悵舊漁津弄玉丹成尚在秦鳳管縱憐常寄迹宮衣差幸不沾塵輶拋夢裏繁華夢應是人間解恨人壯蠣牆高遮不得一枝醉殺艷陽晨

韶春有限等閒過強試濃粧怨已多薄命飄零雖有主妒花風雨且如何不求金屋藏仙客但乞瓊漿已病魔潦倒年來歎崔護東風人面亦空歌

灼灼夭夭足賞題幾回望斷武陵溪山齋晝永春情惰荒隖雲多蝶夢迷金粉愁隨紅雨散玉顏羞與落霞齊來生不作傷心柳願化飛騰許椽梨

乙齋頭海棠

香霏舊事不勝悲愁雨愁風縷縷垂真骨自然仙有品柔情未許蝶輕窺心常以醉宜酣睡夢易多驚好護持終有千金羊度在繼教腸斷不相思

梨花和雲浦七弟 存二

最難摩擬是虛神雨雨風風送暮春煙半凝時看有迹夜將深處認偏真仙姿合傍丹臺客紫影應憐白屋人除却梅花為伴侶尚嫌文杏誤紅塵

二十

迴別丰神自一家低垂縹緲玉紋斜全空金粉三千隊薄翦冰綃半幅紗天女智瓊緣未了名山姑射路非賒莫愁寂莫無人睇能傍琴書即艷華

杏花和芝雲三妹

東風催整嫁時粧芳夢驚回百寶坊霞蔚雲蒸機上錦斷橋野店雨中香每因扶醉潮紅粉不為爭春理繡裳好是繁華未消歇江南寒食日初長

落花

花開花謝不須傷自是紅顏易斷腸當日繁華歸轉瞬只今飄泊

惜明粧三分幽恨閒青瑣一片春愁冷艷陽寄語奚童莫輕掃殘
英滿地總文章
空庭一任五更風未死芳心有剩紅幽夢已隨流水去芳魂誰借
繡幃籠遺鈿遺珥零春草和雨和煙襯玉驄搖落何人憐碎錦紛
紛鋪徧夕陽中
一番顦顇冷臙脂薄命何堪又此時自分幽芳埋淺土不隨飛絮
入春池紅塵易了生前債金屋誰描病後姿爲問瑶宮花侍史綠
陰幾得子盈枝

夢中詩有序

不日將歸虎阜怏怏不樂夜夢坐留雲閣怊悵長吁忽絮
衣女笑而入曰鄰雲何自苦也獨不記子姻婭中有東海
夫人乎其人豪邁尤篤好五七言以片楮千之必有濟也
也予立成四律授之去及寤默誦之尚無蒙寐恍惚語因
存之

神交莫道隔虛無閨閣名姝女丈夫濟世有心恳自溥憐才如命
性全殊瓊樓春暖君調瑟海甸秋寒我茹荼幾日扁舟又東去一
身飄蕩似雲孤
滿腹忡忡恨不消寸箋和淚寫無憀堂前老樹應垂蔭天末浮雲

只解飄善病誰憐秦弄玉多方未合董嬌娆自慚無得宜家室無
到歸期淚自澆
窮居况是寄窮鄉近海虾墟類大荒萬里風高枯草白千厓潮落
莽雲黄故園回首椿萱遠異地遥憐姊妹傷思欲移家依母舍只
愁命薄事多妨
迴溪曲巷小橋通小築花邊半畝宫萬種悲愁消夜雨一家骨肉
在春風閒來邀月聯吟社静裏焚香理繡工好仗神威酬隠願他
年海上捧詩筒

述懷

茫茫宇宙一身多愁裏年華夢裏過酒興詩情半淪落天心人事
兩蹉跎盤無苜蓿長飢矣裳製芙蓉奈薄何莫惜病餘丰骨弱任
他顦顇任銷磨

將歸虎阜誌别

自分依親舍驚聞買去舟一宵餘瘦骨百恨此回頭眼底飢寒慮
天涯姊妹愁更多怊悵處慈父在他州

自歎

蕭蕭蓬蓽掩荒蕪鏡裏朱顔失故吾貧極不知人世樂愁來惟覺
地天孤哀蛩悲鴈三生恨弱蕙芳蘭一葉軀風雨閒來東海上只

愁蟬化在句吴

述懷

底事身為巾幗身了然遠寄海之濱黄金羞買長門賦皚雪空嗟薄命人百歲年華今若此一生心事向誰陳斷腸冷淚知多少訴與遥天月半輪

梅花

南國神仙萼緑華香寒玉潔冠羣葩知音不遇林和靖開作人間薄命花

冬夜月下思家

肅氣凝球半寒空海月孤家園隔烟樹天地在冰壺兀坐愁如許今宵夢有無更聞嘹唳雁清淚一沾襦

廿三

早春自感

柳鬱羈東海經時感歲華春愁初到鬢鄉夢不離家顏色今非故心期冷轉燊皚皚霜雪志薄命等飛花

春夜作

挑燈無語獨傷神愁聽迢迢玉漏頻生怕雁聲悽到耳最憐梅影瘦於人命如斯薄無悲喜心已成灰任屈伸只有思鄉兩行淚飢寒遥念白頭親

小游仙

鸞雀閒吟自往來穿寥宫殿掩蒼苔劉郎一去無消息惆悵桃花幾度開

會飲歸来酒半醺天風吹起九霞裙不知王母来傳唤笑倚紅鸞弄白雲

釣得金鰲碧海歸萬山嵐翠浸霞衣青童忽報迎仙馭雲髻玲瓏拜玉妃

日照丹臺晝漏遲崑崙山下採靈芝桃花開徧梨花發春色人間總未知

盼雲碉大兄不至有作

廿四

擲碎金錢人未来闌干倚徧更徘徊經年別恨都叢集昨夜燈花又浪開百結暗愁殘黛鎖五更歸夢曉鐘催傷心獨羡天邊雁已逐春風一一回

古詞

採採秋蓮花顛顛西風下不怨誤芳時浮生任開謝

月下懷兄弟姊妹

天淡雲閒夜可憐銷魂又見月華圓故園百里盈盈水腸斷音書已隔年

暗自相思暗自籌寂寥庭院夜悠悠最憐一片冰壺水照見離人兩地愁

獨步裴回萬緒紛滿階花影颭羅裙遙知今夜留雲閣定有新詩憶如芬

影轉西廊玉漏遲閑前久立意如癡就中無限傷心事訴與嫦娥知未知

春日自遣

懨懨長晝幾傷神蹤迹猶憐滯海濱別恨遠縈芳草夢愁心獨醉艷陽春望雲灑淚終何益久病看花厭此身卻謝多情雙燕子來回絮語故相親

二十五

寄懷

海上風光別自新強扶病骨度殘春悲歌豈償班姬怨冷眼誰憐謝女貧心似轆轤高下轉愁如潮汐往來頻胸中積恨吟難盡聊疊鄉書付錦鱗

齋頭梅花和書雲姊韻

獨抱清芬冠百花一枝香到讀書家疎籬雪凍冰魂瘦驛路人遙曉夢賒金玉為心應比潔酸寒有骨豈留瑕劇憐落莫梨雲下半向青春減艷華

娛總幸姿雅絕粧仙姿婉約傍林郎月窺苔徑神全淡影落書牕紙亦香知爾不愁花命薄得春常護玉容芳佇看何遜開東閣月觀風亭志可償

寄懷雲江六弟

去歲與爾別關河雨雪最憐分手後又值落花飛春草愁中長家山夢裏歸一帆東下艇何事久相違

寄懷雲浦七弟

四月不相見看花惟自悲衷懷倩誰剖歲籥忽如馳路近雙眸暗愁多兩鬢絲開函得爾稟中夜慰離思

二十六

寄芝雲

生憎溪水不西流尺素空吟字字愁夢落海天魂亦倦情堅金石死難休三春花柳憐孤影百里烟波誤小舟何日留雲深閣裏脕雲涼月共優游

偶感

向人號不得日對昔賢書久蓄心情淡長貧骨肉疎暗燈箋恨事冷淚落衣裾意欲求仙隱何山可卜居

不寐

春宵苦無寐愁卧到更深強欲合雙眼渾難安寸心故園不入夢

冷淚溼重衾別醒燈花蕊披衣起夜吟

薔薇

烟花丰度薛蘿身愛逞濃粧鬬晚春任爾舞衫裁艷錦可能香骨是天真風前巧笑渾如醉雨後殘紅半未匀莫向牆陰輕折取叢叢芒刺慣傷人

病孔雀

臨風獨愴影蕭蕭丹頂全低翠羽彫萬里空懷滄海志一身常憶故山遥飢無桂蠹鈿豪癢卧看山雞舞態驕盡日懨懨簷下立何時雙翮振雲霄

二十七

懷父

去歲客東海別兒倉卒歸傳聞渡淮水又復入京畿髮禿猶行役春寒自檢衣燕臺千里路悵望日歔欷

懷母

家貧累老母遥憶暗神傷髮為飢寒禿盤虛苜蓿香桃燈課書史趁日補衣裳半載離親舍無時不斷腸

懷雲碉大兄

我昔辭親舍時兄久別家年華如電激骨肉尚天涯鬱鬱長飢鳳淒淒薄命花風塵嗟落魄何日汎歸楂

懷青雲妹

尺柔倩誰傳登樓悵莫烟知音在何處流水自潺湲鴈斷雲邊翼詩留別後箋離魂剛一縷銷盡夕陽天

懷芝雲三妹

命薄仍多病無如我與卿難酬冰雪志空訂死生盟握手前宵夢挑燈此夜情悲懷倩誰訴深悔別離輕

懷雲江六弟

半載耐岑寂苦辛離別憂空吟道韞雪誰慰女嬃愁卽近鄉關遠雲沈海氣浮靈均如有意早放木蘭舟

二十八

懷雲浦七弟

鍾情憐幼弟其奈久分離夢為無眠斷書因抱病遲難消懷遠意誰誦寄愁詩會面知何日言歸未有期

海上午日

近海窮居已半年每逢時節一淒然郵荒地僻歌聲少天濶雲黄蜃氣連歸思猶縣鄉國外榴花空對酒尊前紅顔薄命嗟如此采縷條條莫謾牽

幼中人題詞

幽閨寂寂雨聲殘抱膝低吟離別難一縷愁魂銷欲盡那堪紅淚

夏閨干。

誰排閶闔一呼天。薄命飄零實可憐。堂上花枝堂外月。但祈永向夢中圓。

心已成灰意未窮。斷腸泣向畫圖中。人間離別渾閒事。只到多情便不同。

秋宵銀漏響東丁。一曲悲歌涕淚零。夢裏真癡知是幻。真中幻問幾時醒。

丁氏齋中以花葉補牕藤蘿護壁春夏之交青葱四映几案簾幕翠影扶疎一時詩人結社其中從姪吟香以予稍知染翰走簡索和予雖不才樂聞韻事按篇續貂以博諸君一笑

牕披花葉玲瓏影。門掩藤蘿窈窕實。一片陰浮芳草徑。二分月到碧雲寮。蝶貪露葉窺書幌。夢倚煙嵐弄玉簫。如此詩壇真雅絕。晚風清籟自蕭蕭。

室靜應知得性靈。幽牕窈窕敞疎欞。非關苔色侵簾綠。錯認山光入座青。曲徑雲深清似夜。荒園秋早醉初醒。環牆多少參差影。掩映銀燈與畫屏。

空廊窈窕晝沈沈。瀟灑芸牕掩綠陰。閑户悄無浮世慮。晚涼清透讀書心。晴烟黯淡生虛牖。冷翠扶疎罨綠琴。合是詩人吟嘯處。暗香繚繞襲羅襟。

疊疊輕陰四面圍。山齋長晝掩柴扉。護牕葉密春雲暖。透徑花新蝶夢歸。瀲灩碎搖明月影。葱蘢深染主人衣。坐來即是空山地。何必登臨問翠微。

春花秋葉共參差。絡壁緣牕幾護持。香氣濃侵青玉案。黛痕飛上紫羅帷。涼生篋扇斜陽後。夢隱蕉聲夜雨時。爭怪才人齊覓句。淋漓收得一囊詩。

石闌干裏屋西東。葉影花光面面通。牕敞輕紗全掩映。簾分新翠半玲瓏。幽棲世外叢塵絕。招隱淮南意趣同。消得阿咸沈醉後。夢魂如在碧雲中。

和芝雲三妹韻

漫傷百事苦無成。但得團欒得失輕。萬種離愁今幸慰。一家至樂有誰爭。簪花載酒秋三徑。紅燭敲詩月二更。閨閣依依同曉夜。不妨談笑且忘情。

雁影

萬里驚飛片影浮。一行掩映出沙洲。偶遮仙掌長門夜。悄度霜砧廢院秋。立處單棲生幻侶。浴時梳羽倒寒流。最憐黯淡蘆花外。漠漠雲痕冷共留。

波心月

月湧長河分外寬晶瑩倒影浸波瀾光爭老蚌明珠躍夢醒潛龍古穴寒淑浦鷺飛湘女鏡櫂歌人在水精盤有時冉冉微風起萬道金蛇雪一團

蟋蟀

多少閒愁消不得啾啾唧唧短牆陰憐渠入夜尤悽斷底事逢秋獨苦吟徑月寒苔聲亂半簾露重葯蘿深燈殘孤館簾垂後叫碎閨人枕上心

落葉聲

蕭蕭落葉下空枝悄墮虛檐打碧墀月冷禪房僧定後風生荒野客眠時亂鳴廢井蛩初咽寒警秋心夢轉遲幾度夜深燈燼後半和踈雨上罘罳

三十一

瑤泉女史遺草

泰州女史仲振宣芝雲

詩三十四首

恭送 家大人迎 鑾邗上

放歸無日不風塵喜際良時再問津菊圃可容陶令隱花溪其柰杜陵貧東游天子方徵士南國循良有幾人想到

王旒瞻拜處溫溫

天語總生春

雲山百里是鄉關縹被僑居未是難蹴歲冰霜消夜雨滿門花柏破春寒

龍顏近接新承澤豹尾趨陪舊服官藉免舟車勞頓苦年來人意況闌珊

三十二

齋頭梅花和書雲大姊韻

原是瑤臺第一花合移疎影傍山家月中冷韻清如此雪後清香淡更賒消瘦可知寒有骨孤高自信潔無瑕莫言清絕仙粧束命世文章幾艷華

牆腰屋角試新粧約畧丰姿似女郎未免寒山憐薄命獨憑紙帳

護餘香石欄雲淨魂應冷毳幕風清夢自苦知是春来有消息百花頭上領先償

杏花

小桃冷落舊時粧芳信俄傳碎錦坊幽夢暗催三日雨曉寒輕吐一分香旋凝采蠟融春色薄翦冰綃護綺裳不似桃根易飄泊賣餳天氣日初長

書總月

一輪冰鏡挂幽居夜坐人疑在石渠素影暗移總上竹餘光冷照架頭書從容枕簟安閒夢寂莫心情接太虛消得草元人從倚也

應錯喚子雲廬

西瓜燈

晚天誰翦碧玻璃幽餤朦朧暎玉墀似有輕寒浮斷樹遥分銀綠上雙眉清涼能具光明相赫耀應歸冷淡姿一自長廊游日後青門煙月至今疑

鴈影

自聲驚起鴈南翔影度遥天自有行暗過荻蘆全寂莫悄隨煙月早迷藏不因哀響空中發錯認輕雲屋外颺礁杵樓頭凝望處虛傳邊信入迴廊

秋笳

西風落日孤城閉甲胄六軍吹草笳毳幕冷催鄉夢斷女牆聲遏鴈行斜羈魂入夜號陰磧老將無家感鬢華嗚咽莫教添急響殘骸剩骨滿天涯

露珠

滾滾零露下花房肅氣猶輕未結霜聚入荷盤無定迹欹將花瓣有餘香漢宮玉唾凝仙掌寶甕瓊漿耿夜光只恐易稀愁洛女晶瑩萬斛盡朝陽

落葉聲

秋老江南萬木森蕭蕭落葉起商音風回古墅空階旋篇亂寒煙石徑深冷屋書燈扃小户荒郵客夢醒疎林憐他槭槭凄凄意擾亂愁人一寸心

秋懷

百感茫茫不自由當年閨閣怕回頭命乖豈盡詩書誤志大翻成凍餒憂遺業星分輕似葉蓬門岑寂冷於秋此身知是天難問莫仰蒼蒼涕淚流

一年揮霍百無成費盡黃金覺太輕梁剩空巢嬌燕去庭餘遺粟亂鴉爭西風襆被誰投訴浮世炎凉有變更寄語終須無怨恨孀

姑嫂愛未忘情

水仙花和雲磵大兄韻

何曾不是歲寒身寶蒜瑶釵別有神以水為家應愛潔鏤冰作骨不生塵湘江乍醒留仙夢漢浦初迎解佩人好惜重帷深護惜莫教零落等飄蘋

低回無語自凌波遠浦人歸竟若何閬苑夢酣霄雪淺楚天風起夜寒多自安月性依蘭友合着雲衣翦越羅只恐年年春恨重仙根金屋易蹉跎

待春

三十五

天地已更歲東君歸尚遲冰花朝尚結芳夢鳥先知埽雪開三徑看梅折一枝寄言消息近莫更誤良時

懷鄰雲二姊

予家篤愛在天倫別緒難忘東海濱底事生來同薄命可堪天意不憐人情多令節增長恨詩到今題幾愴神欲寄梅花煩驛使殊寥東閣未回春

再懷二姊

寸心何耿耿悒悵海東天相別未經月馳思已隔年多愁常善病新瘦得誰憐回首留雲閣柔腸兩暗牽

上元

第一回圓月色瑩良辰更喜得新晴金鼇光耀蓬萊島火樹花飛不夜城病骨伶傳詩骨健愁懷抑鬱酒懷清持杯欲慶傳柑節回首天涯悵別情

春草

眺盡平原翠欲齊似袍顏色淡煙迷已看別恨生江浦未遂歸心到馬蹄雨後碧侵唐帝輦風前綠上大蘇隄年年不管興亡事一望青青夕照低

三十六

萋萋莫怪怨靡蕪仲蔚門庭似舊無煙重翠今鄰院裏雨荒青過短牆隅蘇臺有路穿雲見蕭寺無僧滿徑鋪為問踏歌郊外客可能偏展綠羅襦

長歌行

窮通無處排青天歷歷錄錄皆徒然妄生自恨作巾幗半世困苦虛華年幼長名家稱楚楚有姊鄰雲為伴侶曉粧同鏡夜同衾鎮日常耽書畫譜十齡隨任蜀江濆江山詩筆生煙雲春風鬭草金荃句秋月穿針乞巧文裁紅刻翠多娛樂茗盌香爐坐深閣自儕陸地神仙儔不信人生有淪落忽然宦海起風波椿庭顛躓網羅回天賴有維持力

鳳味温綸下天極，巴水迨遞巴峡深。一帆風穩歸舟急，歸来林下風味閒。留雲花樹護雙鐶，（留雲小閣，予妝閣也）阿嫂至自太行此。（嫂氏書雲隨任山右，至是歸于）一門風雅開詩壇，燈前賭酒傳花鼓。醉後敲詩厭歌舞，金蘭細字寫烏絲，共藝心香訂心譜。（予與嫂氏阿姊曾訂蘭譜）春燈幾載碧牕紗，東風忽散連枝花。雲英既逐仙舫去，桃萼予時亦有家。（姊歸虎阜崔氏，予適張氏）奉侍孀姑肅温凊，明星纔協鳴雞詠。薄子如草予何懟，男兒豈不籌生計。千金不足一夕揮，先人遺業欻如灰。相如竝無四壁立，環門索逋聲如雷。斯時無語空相覷，一紙魚書渡江去。暫遣蕭郎侍阿翁，留雲且作浮家處。（家業既盡，通欠大譁，棄產賣屋不足以償，時家嚴主講白鹿，因遣之往侍，以避予）

三十七

（後歸留雲）海濱剛值乍歸寧。（鄰雲姊亦歸）重試燈前笑語聲，花天洒地都如昨，不是當年歡樂情。流光轉盼欻二載，良人隨父歸東海。數口同依阿母家，還期心性翻然改。嗚呼天乎呼不得，罡風吹折泰山石。（乙巳先嚴下世）茲年況復值凶荒，舉家血淚號朝夕。夜燈無火朝無食，老弱煢煢有菜色。傾箱典質一物無，良人尚事梟盧擲。昔予抱病心怦怦，時作時止如懸旌。沈痾日痼不可藥，四肢皴裂膚如黝。手爪拳曲鬢髮禿，衣不能整帶難束。攀樹空餐范女花，此身雖存如朽木。去年積廢卧空牀，三月不起神羸尫。寒風晝夜擁敗絮，惟恃弱女相扶將。關心賴有弟兄行，藥我參苓起餘燼。我生今年三十餘，愁魔病骨無時舒。嬌癡只有貽鷄女，九齡已解繙詩書。欲思静夜寒帷縊，宛轉明珠未能棄。生死茫茫且聽天，知在何時拋世事。吞聲飲恨攄煩惱，日訟悲心對蒼昊。歌成一曲長歌行，留與人間作遺稿。

余與書雲結褵二十八載匪獨工於詩詞也其處已接物之道無不曲盡其禮中饋井臼鍼黹補綴之事無不親執其勞以余之貧也脫簪珥質衣物以給而絕無怨言遠邇悉稱之曰賢儕輩之中與二三兩妹情尤篤晚食既過虛房一燈三人環坐檢牙籤抽秘籍閑然吟嘯不自知漏之將盡也其為詩也溫潤以澤務使宮商應節聲律和諧雖才不逮古人然略無詰聱亦如其為人每花晨月夕先君子命男女輩賦詩吟詠之聲達於外舍先君子樂之以為風雅如此吾幾忘貧矣無何而先君子下世三妹又相繼下世雖清興頓消而猶幸書雲獨在今甘共苦尚有同心而

三十九

予以才拙運蹇淹滯場屋書雲屬望過殷常是戚戚甲子之秋六弟計偕書雲色喜而神憂而又無子惟一女貽鑾頗聰慧能吟七字詩婉孌膝下惟稱意既而贅壻宮桐山不三年而桐山殀書雲痛壻憐女淚無乾時而貽鑾又盼書雲思之而又撫孤子瘁盡心力精氣遂大耗矣丙春一病及秋而逝嗚呼命之不減失我珍偶顧念此身纍然已老料今世無以慰書雲之癡心且恐先秋而零甚以草木乃取其藏稾編輯之並貽鑾所吟詩付之梓以迴憶就婚山右時侍女捧硯索催粧詩幾如夢寐而予之淚又將何時霽矣嘉慶丁卯九月雲硐仲振奎撰

辟塵軒詩鈔

詩一百零六首　　廣陵女史趙箋霞書雲

夜牕坐月和韻

細雨初晴夜氣微浮雲散盡月騰暉珠簾半捲庭階靜玉笛一聲更漏稀碎閃螢光穿畫閣亂篩花影上柴扉幾番欲睡渾難睡漸覺新凉透袷衣

絡緯

東籬斜挂薜蘿裳斷續聲聲出畫牆夜月一天風乍起機絲零亂不成行

四十

螢

一徑籐蘿月螢飛小院幽往來過畫閣明滅上朱樓似火階前亂如星檻畔流碧紗籠數點把卷坐清秋

除夕

梅花牕外漏春光年住題詩坐畫堂遥想西泠歸未得桃符換處說他鄉（時家嚴客西泠）

春雨

芳草葺葺溼不乾苔痕點點上朱欄廣陵百里鄉關外添得新濤

幾釣竿

春柳

萬縷煙痕半板橋春風翦出一條條多情怕贈人離別留與宮娃鬭細腰

春風戲有所贈

利於翦更軟於絲吹得行人倦欲眠落盡海棠花事了又過牆外送秋千

清明雨

亂雲低壓碧罘罳佳節偏逢細雨時蟻屐一聲沽酒遠香泥三尺踏青遲鋪成霧縠迷芳草溼透秋千惱玉兒回首桃花橋外路墓門煙樹隔天涯

（先慈墓在揚州桃花橋）

梅花

何家東閣初消酒南土枝頭早放香十二瑣窻明月夜一分春到美人粧

寒菊

一夜新霜下曲欄獨留勁骨耐秋殘清貧氣味陶潛老落拓形容范叔寒疏影一籬新月上淡粧三徑暮煙攢傲人豈必繁華境白眼西風帶笑看

立春

東風消息到迴廊春日曈曨滿畫堂芳草漸回游子夢彩人新上女兒粧未消積雪垂珠幙尚怯餘寒泛玉觴我正披裘庭畔立巡簷味取早梅香

早春玩月

溶溶半輪月簾外雪如銀竹影清篩玉梅魂夜覺春樓臺鄰女笛燈火市橋塵久立迴廊下冰壺浸此身

寄兩妹

挑盡銀燈夜未眠寂無聊是暮春天牀頭幾卷新詩句半為懷人半自憐

留雲小閣近何如一妹愁多一病多隔斷煙雲百餘里教人心水易生波

春風

半捲香塵半捲煙落花庭院送秋千掠窻燕子輕狂甚才過牆頭又檻前

栽紅翦綠助春工吹綻羣芳一色同只有楊花太輕薄亂翻香雪舞晴空

寶晉書院消夏恭和 大人元韻

或時作畫或臨書寂寞消閒得趣餘一榻晝安聊偃仰幾人清話
漫踟躕俗塵能洗心都淨天籟全消念自虛笑煞塵中多熱惱爭
如江上伴樵漁

秋思

寂寂苔階小院幽天涼思壓簾鉤紅衣零落芙蓉老青瑣蕭條
燕子愁潦倒襟懷聊寄傲伶仃病骨那禁秋西風處處縈心境欲
望維揚怕上樓

秋笛

一聲長笛韻悠悠散入晴空滿院秋無定河邊鄉思遠黃雲戍口
夢魂愁西風野店客垂淚夜月荒園人倚樓思婦空閨添別恨十
年征戰滯涼州

秋塞

蠻煙腥血野蒼蒼萬里伊涼古戰場戍鼓聲殘邊月黑悲笳吹斷
朔雲黃驕嘶健馬趨陰磧冷插牙旗護女牆十載防秋歸未得空
閨幾度夢徊徨

聽林鐵簫丈吹鐵簫

玉管瑶笙未足倫龍紋剝落海風皴會當鐵脚歌秋水唱醒梅花
八月春

清調徵角緩調宮裂石穿雲運八風三疊犯音鸞鳳集前身合是
老仙翁

聽陳小山丈弹琴

冷冷淅淅復融融切玉調金十指中剪得湘江衣帶水浪花聲鬭
白蘋風

抑揚挑抹響琮琤迸起幺絃碎玉鳴三疊曲終人靜後竹風猶學
太初聲

寄綺泉二妹

海天雲樹影蕭蕭鴈字分開寂寥繡閣伴愁君有妹吟箋寫恨
我無聊一庭涼月殘燈暗百里羈魂曉夢遙莫苦咨嗟傷薄命秋
風容易到芭蕉

寄瑶泉三妹

淚花和雨落寒濤十日離懷萬疊愁征鴈啼殘香閣夢亂蛩吟老
菊庭秋身如珠網東西繫心逐江濤日夜流為問留雲小牕下晚
風病骨幾登樓

陳小山丈以畫冊見賜詩以謝之

玲瓏彩筆劃銀鉤仙露明珠掜底收萬變昆虫歸嘯詠一時花柳
入春秋寫生小識如椽手什襲宜歸刺繡樓尺半瑶函來錫與薔

褜盟手拜僧録

秋柳和漁洋山人韻

西風消不盡柔魂落落踈踈傍里門楚館細腰猶舞態灞橋殘黛減眉痕何堪繫馬長亭路留伴啼烏落葉邨爲問青青今在否蕭條風景共誰論

驚秋猶幸未飛霜零落長條鎖曲塘空剩殘絲牽別夢誰收斷線入鍼箱新歌傳徧白居易玉笛吹殘桓野王不用人前矜妙舞更誰來問善和坊

欲携柑酒聽金衣斷岸斜橋舊日非蘇小半姿空旖旎謝家簾閣尚依稀誰云老大情無那自信輕狂絮不飛回首芳菲二三月一番憔悴與心違

家近隋隄寂可憐蕭踈十里欲生烟雨中猶有芳心在風裏誰知舞力綿鼻向永豐悲鼻影婀同京兆惜蛾年他時春到靈和殿萬縷千絲畫檻邊

梅魂

半姍姍處半依依到底羅浮歸未歸風淡蕩時驚不定夜深沈處是耶非一邨積雪雲痕淡十里空山月色微翠羽嚶鳴不住夢回人靜記依稀

四十五

落梅和雲江韻

歷盡冰霜豈畏寒無端憔悴解紅丸魂歸庾嶺情何限夢醒羅浮春未殘晴雪幾堆飄院落殘香千片下闌干莫愁薄命埋芳徑雨雨風風尚耐看

詞客空裁錦繡章酒闌東閣九迴腸紅羅夢醒悲天女細笛聲寒泣玉郎何處輕魂來紙帳尚留半面映斜陽可憐寂寂苔階畔剩有清寒一段香

豈爭浮艷豈妖嬈玉質亭亭欻忽消一徑暖風疑積雪千林玉蝶散空條瑤姬夢斷空山冷何遜情濃舊路遙何事夭桃傷命薄任他飄泊不言彫

殘香剩粉點羅衣落盡南枝冷畫帷一院亂瓊春夢杳半簾殘玉曉雲非縞衣消盡清歌歇媚賦吟殘素影稀莫向水邊籬落過只愁和靖怕言歸

道人何必太傷情猶可晨餐嚼落英玉照堂前消夙恨育華林裏證前生辭鋪碧草瓊英碎空剩清溪碧股横莫苦飄零終有寄玉郎底事怨難平

誰道芳魂無路求小陽春轉放枝頭冤國物序應知感猿臂江城不可留千點灑匀殘墨潤梅有墨半窗香散羽觴收須知銀燭承漿

四十六

任修竹空齋且唱酬

齋頭桃花和外韻

靈胎曾向羽瓊栽分得仙根小院來夜雨闌干才作蕊春風消息漸催開釀成美酒如斯釅織就霓裳別樣裁最是夕陽斜照處一枝遮映美人腮

何須再問武陵津幽絕山家勝避秦艷質最宜依絳帳芳心斷不悞紅塵風前掩映多嬌態醉後丰姿更膩人休賦韶光同一賞闘詩蕉葛約明晨

丁寧峰蝶莫輕過誰道紅顏薄命多酥雨潤沾猶若此朝霞紅襯更如何果然艷色忘餐色折得繁英已病魔華曲更翻新樂府倩他桃葉放清歌

天台有夢不須題辟卻麻姑舊日溪金屋芳根知有寄瑤池風世未曾迷落霞成綺千枝麗玉靨凝脂一抹齊伴得幽人閒坐好濃粧原不妒紅梨

齋頭海棠

不誇穠艷碧雞坊簇簇新紅傍粉牆亂絮縈愁傷小夢柔情扶倦試新粧果然似睡心難睡莫道無香骨有香圓月滿庭簾半捲不須燒燭立迴廊

四十七

半似情濃半似羞倩誰扶起倚粧樓列成錦帳書窗外攢就明霞石徑頭紅豆離離偏寄恨紫棉薄薄最牽愁不同冶綠凡紅輩爛縵春光且唱酬

梨花和雲浦韻

洗淨胭脂石徑傍雪兒轉更顯容光生來素質原非艷能作明粧自有香悄悄春風留玉佩溶溶夜月試霓裳芳魂不入繁華夢一樹亭亭白海棠

雕成碎玉幾絲攢淡處精神淡處看和雨和煙依畫檻夢雲夢月隔朱闌天然素面寧敷粉薄翦冰綃不畏寒今落空庭春寂寂洗粧人着素羅紈

不共夭桃冶杏栽笑他夭冶盡凡材寂寥庭院三分淡寒食人家一樹開玉骨可憐愁落寞芳情無限獨徘徊寧容亂蝶游蜂過留得清名壓嶺梅

不須名酒助精神門掩黃昏寂寞春一徑薄雲留素影半簾殘雪見天真得成雅淡叢中客豈羨繁華隊裏人幾日東風瑤管外枝枝美玉淨無塵

瓊芳初放玉階東欲送殘春春未終雅態粧成全絕俗真香蘊就愁風晴雲輕翦宮衣白素幔遮分夕照紅小院深沈人寂寂空

四十八

庭月影半矇朧

晝掩柴扉處士家春光脈脈一枝斜玉容黯淡羞金屋舞袖翩翻翦素紗夜雨樓臺人不見晚風簾幙恨猶賒明姿自信非無骨不與花王鬭艷華

杏花和瑶泉韻

玉樓曉起試新粧爛縵春光碎錦坊寒食人家酥雨嫩軟風郵店酒旗香金刀南國裁文綺彩線東樓製繡裳富是賣餳天氣好絛絛深巷踏歌長

蝴蝶

四九

鳳子輕盈舞草煙翩飛斜過落花前春回莊叟生前夢魂繞羅浮洞裏天繾綣乍停雕檻畔輕狂又過畫牆邊迷沈不識年華老猶自雙雙影共連

難買韶光一寸陰秦臺春事易銷沈餘情未盡憐芳意病態空存惜玉心回首舊游皆是幻那堪新綠已成林莫因落魄增惆悵闌外榴花尚可尋

落花和綺泉韻

含苞曾記綻春風泣雨愁煙片片紅人去那堪金屋冷春歸怕惜翠雲籠幾枝穿莫依雕檻十里高低襯玉驄說到傷情傷不盡繁

華一瞬去來中

蒼苔點點冷臙脂消減紅粧感舊時幽夢不歸三月雨春愁空付百花池只今難遣東皇恨自古常牽艷女思到處飄零何忍見綠天惟望子盈枝

秋蛩

半庭衰草三更月一徑煙蘿四壁秋切切悽悽還唧唧斷腸何事語難休

秋猨

青峰窱穿白雲深長嘯高空夜月沈淒絕三聲誰下淚異鄉孤客故園心

五十

秋隄

何人躡屐問雷塘煬帝孤墳蔓草荒燕子不飛楓葉落一溪煙水冷斜陽

秋草

芳草王孫夢已殘斷垣荒徑總闌珊可憐牧馬征人戍盡塞雲戰血乾

秋塞

一聲羌笛戍樓空萬里關山落日紅戰馬不嘶金甲冷西風吹老

奚苑悄

秋別

誰家歌出斷腸聲鞍馬西風送遠征無可奈何今手處荒煙冷徹夕陽城

菊花

簾捲西風秋未殘瘦於人處倚闌干便教冷落非無品能耐辛酸不畏寒幽豔但留陶令賞冷香惟喜屈原餐莫愁孤傲無人識白眼東籬帶笑看

新柳

東風裁剪葉初勻金線低垂淨絕塵縹緲翠蛾初對鏡矇矓青眼乍窺人夢回隋苑煙痕淡客去長亭別恨新待得春深酥雨足萬條斜挂白門津

齋頭梅花

分得東風第一花仙根從此寄山家香生紙帳芳魂定月冷羅浮舊夢賒賞得寒酸方見骨耐殘冰雪自無瑕石腸應識清高品不共凡紅鬪艷華

自託蓮門不艷妝常甘冷淡伴何郎雪堆荒徑冰肌瘦風定疎簾玉骨香古致縱橫留雅範天然辛度冠羣芳幾時才得調羹鼎白

五十一

屋應教鳳志償

紅梨夢傳奇題辭

是真是幻總難真幻出無端夢裏身一樹紅梨花落寞淒風殘月獨傷神

斷情漫道竟無情悄曳虛廊玉佩聲一行闌干春寂寂愁魂扶病認飛瓊

茫茫無路莫相思便是相思夢豈知燈暗書牕人不見三生緣短泣殘絲

休傷梅葉展香囊空向梅花喚斷腸一曲歌殘紅淚盡春風春雨憶蘭娘

寄外

百里未云別高懷且自由詩書能快意風雨漫牽愁夜讀休傷酒春寒莫典裘蕭條家室處拚縷自能籌

春歸自遣

春歸懊惱日如年病骨伶仃鎮日憐怪殺營巢雙燕子喃喃私語綠牕前

寂寥深院敞輕紗一樹棠梨自整斜小步玉階新雨後惱人落盡丁香花

五十二

倚徧闌干暗自傷，蕭條家計費商量。阿翁一去關山遠，三月愁無隔宿糧。

冷落蓬門寄此身，春花秋月總傷神。東風百里揚州路，又負歸寧過一春。

花魂

亞字闌前夜色微，避風臺上是耶非。春雲小院更初靜，夜月啼鵑喚欲歸。蹴躃疑隨游子馬，娉婷欲上美人衣。輕塵弱草游何處，一樹星幡卜所依。

西瓜燈

五三

製就玲瓏碧玉毬，鎖牕皎皎夜光浮。十分瑩潔雕痕露，一片虛明翠影流。蕉館雨殘籠桂魄，竹欄風動漾蘭油。納涼終是青門好，分取餘暉照故侯。

鴈影

何事嗸嗸在路岐，一行千里影相隨。難傳錦字音全杳，暗度長門人不知。漢苑微橫仙掌外，清江悄度荻花陂。最憐漁火驚飛起，似帶湘雲到處垂。

秋笳

悲笳調起玉關秋，咽咽嗚嗚夜不休。古戍風高陰磧冷，亂山寒逼夢魂驚。馬嘶苜蓿歸沙苑，人坐穹廬歎白頭。三疊哀鳴聽不得，一時回首望京樓。

露珠

岑寂秋宵玉露涼，明珠顆顆走花房。香含玉唾衣留迹，冷溜金莖夜有光。着草蕨難垂寶結，經風歷亂散荷裳。木蘭朝飲瀟湘岍，萬斛晶瑩潤錦腸。

訪菊

滿目秋光秋思賒，共攜尊酒問黃花。此間定有幽人宅，猶記曾過處士家。落照横車來帝女，撥雲潭水泛浮槎。扶笻覓到東籬下，才吐寒香幾朵斜。

五四

波心月

澄波皓月兩悠悠，對射蟾暉映碧流。蚌孕斂宮光皎潔，璧投銀海影沈浮。一篙碎攪冰壺亂，萬頃清涵寶鏡秋。應是馮夷無賴甚，夜寒拋墮水晶毬。

紅葉

斕斑十里影初稠，楓葉蕭蕭動客愁。大野晴霜山驛曉，平林落日楚江秋。冷留古艷烘高寺，悄遞相思出御溝。驢背遠郵歸去晚，落霞天末幾回顧。

歸燕

半年踪迹影凄凄，翦翠裁香畫閣西。別我不知何處去，依人更傍阿誰棲。梨花院落抛春夢，落月巢空墮翠泥。多少愁心無訖處，天涯回首筭雲低。

落葉聲

蕭蕭落葉下高枝，悄黙苔階靜裏知。古樹鴉歸風定後，寒帷夜讀漏闌時。非關蕉雨敲金井，自幻潮聲到碧墀。亂撲簾櫳秋瑟瑟，空閨少婦有離思。

懷綺泉二妹

閨闥依依見性真，息息分袂去河濱。燈䆫離緒縈新夢，雪夜相思悵遠人。落寞海天空望眼，模糊煙樹暗傷神。幾時歸到留雲閣，笑共紅燈緑酒春。

再懷綺泉

雖有遥歸約，離踪尚海東。空波一痕靜，清夢五更同。春草非瑶草，終風不惠風。梅花新屋裏，曾否檢詩筒。

春月

閒雲初掃盡，玉宇涌銀輪。梅影千枝瘦，冰花一掬春。虚煙籠寶鏡，香霧散芳塵。久立迴廊下，輕寒尚逼人。

五五

恭祝 大人初度時歸自淮陽

半年此日客天涯，却喜團欒今在家。篋載睢陽新化雨，庭開兔苑老梅花。文章談笑真功業，家室和融好歲華。况是小春晴日麗，肉芝金縷佐流霞。

水仙

珊珊環珮漾微波，春水春煙柰冷何。雪貌雲姿丰度迴，鏤冰琢玉遠神多。深盟白水宜湘瑟，悄越春風翦越羅。長得幽蘭作知己，緑衣瑶佩不蹉跎。

懷錫之二弟

一身多病百愁牽，鴈字分飛各一天。三度庭花開又謝，幾回夜月缺還圓。世途冷暖誰青眼，浪迹風塵誤少年。好自殷勤依樂廣，音書莫忘海東邊。

春草

又迹東風整翠鈿，靈芽深淺小橋邊。斜侵輦路初留迹，淡入苔花欲化煙。碎翦碧雲鋪繡壤，亂裁緑綺散瑶田。陌頭幾日春深後，一路芊眠到馬前。

秋懷和瑤泉

身世蹉跎豈自由，浮雲往事莫回頭。且同清雅琴書業，暫撇蕭條

五六

家室憂冷處歌吟留太古聞中心事付高秋書城自有回春力榮悴何憑莫淚流

五七

綠雲閣遺草

芍藥

真州女史洪湘蘭畹香

揀花風裏試花鈿鏤出玲瓏五色烟魚袋煖垂紅簇簇鸞披軟護錦聯蟬鵝春芳字排三品入市濃香滴一肩分得名湖湖上種鏤金囊線寶珠懸

鶯燕二首

錯落珠盤瀉歌喉洵不羣一聲春入破十里綠成雲有客臨流水何人倚夕曛嚶嚶啼不住好付賞音聞

燕燕爾何意頻年作客飛梨雲新夢合梁月舊巢非拋翦空裁柳妨泥自惜衣輕身能一舞還養羽毛肥

揚州留別諸兄弟

一鴈高騫白露天離樽惆悵晚燈前廣陵今夜清秋月曾否吳陵月倍圓

寒夜月

水晶簾子獲牕紗深院沈沈一逕斜風自嚴寒霜自冷且分清影照梅花

寒雨

五八

曉起聞雨聲入夜雨猶滴挑燈壮牕下獨坐數年日

上元對月偶成寄外

第一回圓月偏當别後明春先半月至雪讓一宵晴毓管京華地幽燈旅客情迢迢今夜夢應過廣陵城

新月

雲洗長空日乍馳一彎如畫未成規疑從鏡背微偷影似下銀鉤欲釣詩何處簫聲今夜早有人褰帶晚風吹纖纖花外朦朧影照入書牕不滿帷

月季花

五九

殘粧卸罷又新粧豈為争春屢擅場笑臉不因寒煖易濃情特與歲時長霜飛尚着枝頭艷月閏還添分外香此是紅顏長命種水晶簾底細端詳

落花

遺玉遺珠漫斷腸根株終信轉青陽因風碎剪江淹錦和雨春收李賀囊上苑晴飛紅影亂綠樓深護碧陰長五雲藉作瓔瑜軟得得花驄一路香

菊影 得尖字

曲檻婆娑别趣添扶疎瘦影半依簾豈埋幽恨歸荒徑似寫秋魂到筆尖公子相思迷落巳美人清夢隔涼蟾畫成不用徐熙手一幅青霜傲素縑

紅甲用尖叉韻

納涼庭院淨餘炎匀染嬌香上玉纖扇底欲飛紅杏雨袖梢低露海棠尖豆當拈處雙情艷花擬拈来一瓣黏却笑半將櫻顆掩點脂疑向粉腮添

削葱原比水晶柔軟玉嬌添一點瑕屈指春生鉤弋掌理鬟香嫩壽陽花愁憐芳印心常捧唱到紅么手半叉寂是不分明處好笑拈骰子裏冰紗

六十

草布

剪得江南煙雨春織来疎密總停匀憐生茅屋金釵女雅稱棕鞋竹帽人黄淺黄深楊柳色雲輕雲重苧蘿身比牕披曳清涼地懷葛風期見朴真

茶煙

迷離一道捲空庭煖爇松枝火正熒雨濕畫欄飛不遠風輕曲逕裊還停粉垣半堵薰全黑柳院斜飄染更青何處朦朧消復起小牕人渴酒初醒

題墨蘭

釵股輕抽翠帶長。寫他清韻出瀟湘。淋漓一幅參差影。別有煙雲滿紙香。

六十一

仲貽鑾字金城雲澗女適宮淮甫逾年相繼而逝年二十七歲遺子杏春

詩二十三首

留春

綠暗紅稀春事微。別林風景已全非。倚牕分付雙燕銜住飛花莫放歸

春草

年年一翦繞荒城春到江南草漸生遠覷鴨頭新漲淺近含螭陛嫩苔平東風已醒傷離夢南浦還添惜別情幾處翠雲鋪似毯堪憐是雨初晴

杏花

絳雪周遮碎錦坊亭亭艷骨試新粧略敷淺白朝天粉小染輕紅及第香唐苑嬌含青鏡女曲江春護綠衣郎知他自有神仙度不倚東風宋玉牆

柳眉

東風埽出翠盈盈却似脩蛾甫畫成怪底梢頭不輕展箇中深鎖別離情

柳線

六十二

顯出條條拂地長搓風搓雨罩池塘知他別具補天手不作人家
針線娘
新燕
過春社後軟東風来往營巢入絳櫳却怕香泥経雨浣隔簾銜碎
海棠紅
新柳
東風吹醞灞橋春縷縷煙痕染未勻不放長條青到地柔情怕贈
別離人
風箏
裊裊長空一線牽碧桃花外㛹浮煙憐他本有凌雲骨得借吹噓
便上天
黄牡丹
蕊珠宮殿接天高錦帊金牀意氣豪但是花仙齊執玉一時朝拜
赭黄袍
緑牡丹
一苞春氣壓闌干花葉蒙茸欲辨難不識九真羅郁面幾回想像
對花看
紅牡丹

六三

駐顏那用借靈砂天女曾餐碧落霞一種無雙嬌艷色睨人不是
等閑花
白牡丹
自將本色見天真不染煙霏半點塵應許萬家同贊歎繁華隊裏
素心人
黑牡丹
新粧常訝菓煙籠墨彩飛騰傍玉櫳始信人間真富貴由来都在
研池中
紫牡丹
花天八面瑞煙鋪孳出韓房火齊珠暢好月明風細夜紫雲一曲
幾縈紆
榆錢
誰把青錢撒草春紛紛堆積滿芳塵獨憐日對迴廊下只買春愁
不濟貧
新緑
芳草茸茸柳線長碧天庭院碧陰涼最憐掩冉斜陽裏一帶瑠璃
鎖畫牆
新月

六四

一彎新月素光清㛹㛹空憁素影橫想到美人春睡 蛾眉初試黛痕輕

邗上中秋和家嚴韻

海東歲歲中秋節此夜邗江慶月圓最喜團欒依舅舍得同詩酒侍親前晚風桂蕊傳盃夕仙露芙蓉問字天遙想故園諸弟妹也應相望意悠然

六十五

鶴字揄華芝雲女母殁雲浦嗣爲巳女太

中桃花

第一枝繡帷深處護紅兒軍持吏 源好雨雨風風

緯

嘖送秋聲似有無邊恨未平最是愁人聽不得敲碪庭院

始

十二更月清沁銅盤五夜涼草木餘芳幾日莫教容易

六十六

勢轉加仍裁六出散銀

日雪

𠂊𠂊雲容容瑣長空旋積旋消曲徑中比似
玉玲瓏
禀禀寒風播玉塵梅花香盖粉痕匀撒鹽亭院爭
〻人

克峻堂彙稿

（清）夏震選

《克峻堂彙稿》三卷，清夏震選，據泰州圖書館藏清嘉慶十八年夏氏稿本影印。

夏震有《寄園詩存》，已著録。

此輯録泰州常光宗祖孫三代之詩集，子目如下：

《甓牖吟》，清常光宗撰。孫常增輯，夏震評點並序，常增後跋。常光宗，字厚直，其先自東臺遷泰。

《半翁詩鈔》，清常廷諤撰，子常增輯，夏震評選，葉兆蘭序，常增後跋。常廷諤，字諍士，號檢齋。光宗子。

《延令遊草》，清常增撰。爲嘉慶十八年遊泰興之作。夏震評選，周長泰序，顧允厚跋。常增，字子壽，一字益之，又字美質，號繼香，又號高庵。廷諤子。

（顧　萍）

克峻堂彙稿

甕牖唫

題克峻堂遺草
辛未歲試余視學江蘓按揚州府試泰州童生得常增
卷文章詩賦卓然可觀極欣賞之拔冠一郡試畢生來
謁舟次袖先人遺詩二卷乞數言弁其首余覽其詩豪
邁古樸清微淡遠各極其妙迥非東撏西撦以爲博叫
哮跳𧾷以爲雄者比也三世能詩亦可謂一門風雅矣
芝序　序

余友常厚亶先生名光宗性醇謹冲淡寡欲接人無忌言遽色鄉里敬之善棋工詩不事生產故終身坎坷而弗恤也里居與余最近青鞋布韈徵逐往來罇酒論文神氣拂拂聯牀夜話三更不歸以是相唱和益相得也酒酣論交肺腑悉示益於余有獨厚焉今先生死且垂四十年矣回憶曩時酒燈棋雨渺若隔世思其人淚輒數行十死之日嘗囑余撫其子廷謨廷詔廷試昆季余誌之、、敢忘廷謨字謇齋長而工詩倜儻有鴻才性嗜風雅喜結納推解所謂賢豪閒者非耶中年癡廢故亦號半翁廷詔字鳳書廷試字金策皆慷慨似燕趙閒人

而鳳書尤聰慧有俠氣今鳳書謇齋先後繼歿又有年矣余鬢蒼蒼猶延殘喘故友凋零半歸地下嗚呼可勝慨哉今其孫增若視余爲老馬識途者彙其兩世遺稿屬余序而梓之余不敢死其友且嘉其意以三世之交情叙一門之風雅余又烏能辭之哉若夫先生之詩與謇齋之詩並其孫之詩風氣既殊才力亦異當必有辨之者增字繼香謇齋之子也

嘉慶十五年夏五月同里愚弟夏震拜序

克峻堂彙稿甕牖吟

海陵常光宗著
同里夏震評選

謁吳野人墓

來訪先生墓乘槎入海濱詩名千古定風雅一家貧絕少新花樣犀推老斲輪青鞋與布襪何處寫其眞（風骨高古）携得一盃酒奠君抔土旁斯人不可見涕淚自千行（音節蒼涼）打鴐鶄散風號蘆荻狂臨歧回首望海水汩茫茫

三昧寺坐雨

古刹巍峩雄海上來遊恰值雨喧時天垂瀑布當簷急

烟溼鐘聲出樹遲半日禪心應可證一瓢水厄豈容辭花深曲徑空濛裏不愧吾家五字詩

贈王伊人

人生難得性情眞卅載深交不厭貧同輩多爲羅刹鬼除君罕見葛天民糟邱鬭酒看豪氣茅屋談詩喜近鄰我忝通家共風雨何妨白首尚如新

卜宅

人嘆室如罄我並室無懸（二十字千滴淚）還播經三載艱辛覓數椽小橋仍姓董（西有董小橋）大隱許鄰仙（居鄰大隱道院）卷軸新妝點聊同書畫船

秋日客東淘作

驚心客裏又逢秋有酒難澆萬斛愁不是家書避人寫怕人看見淚同流
沉着凄楚讀之酸鼻

謝友人見示程雙橋先生南陔松菊集

千里榮歸日新詩一卷傳公卿題已徧桑梓睹爭先老境文章樸當時偽體捐感君持贈意歌咏太平年
樸老 鄒耳山

謁胡安定先生祠

門掩斜陽推始開荒祠寂寂滿蒿萊不知經義齋前過可有人知弟子來
氣味醇雅 李雨村

謁王心齋先生祠

東海有文教先生實振之布衣成鐵漢俎豆享崇祠想像衣冠古私嬿見謁遲我生何所事空自鬢如絲

懷朱應侯客郡中

追追一水隔渺不慰相思況締姻盟久正當婚嫁時向平願未畢杜牧返無期何日摇雙槳歸來醉酒卮
醇息老横使人無從捉摹 句句轉與沈休文別范安成詩並傳千古

移居

囊空誰贈買山錢且向東橋暫受廛新居東橋大數口妻孥渾若寄一家雞犬笑頻遷又辭大隱舘道院拏雲樹來看

城濠養鴨船堤畔閒遊磐石坐惹人猶羨地行仙

憫農曲

人勞我獨逸我歎人獨豐游戲與力作莫說將母同
老成之言可發猛省

蠶婦吟

採桑桑葉稀飼蠶蠶腰肥飼蠶復採桑終身無整衣
蠶腰二字甚新 天籟
意味深長 鄒耳山

送袁懷堂之金陵

荼荼大江水書生膽不寒蕩舟入烟霧持幟下文壇筆可萬人敵誰言一第難者番須努力老淚莫輕彈
氣勢絶佳 耳山

讀程姬田槐江詩鈔

生近黃山氣便奇讀君集恨識君遲無詩已許人千載作達非關酒一卮脚下雲烟多古蹟眼前華袞有佳兒謂令嗣觀察休言漫賦迎鑾曲白首名邀
天子知

秦淮秋日次杜茶村韻

錦瑟銀箏破寂寥斷烟衰柳亦魂銷秦淮應厭才人膩船住中央話六朝

廣陵雙烈女詩

雙烈一為池氏女一為霍氏女池許字吳廷望
廷望以從軍死於粵西池聞之戴聘時簪珥自
經死霍許字李正榮受聘甫十日正榮死霍從
容靚妝扃户自刎母聞劃然刀落聲倉卒走視
死矣墓俱在平山廣陵紳士醵金建祠額曰雙
烈因賦是詩

郎君不死妾不死郎死妾生妾無恥受郎之聘為郎亾（大義懍然語關風化）
魚化比目樹連理廣陵兩女性堅貞待字紅閨初長成
風摧雨敗鴛鴦散鳳隻鸞單涕淚盈含淚同嗟妾命薄
九原殘鬼不可作箕帚巾櫛雖未奉欲往從之入冥漠

兩女先後若合符共說羅敷自有夫夫亾何必生斯世
各戴聘時珥與珠珥珠纔戴鬼已伏維繯可縊刀可戮（飄風驟雨奔赴腕底鬼神焉得不泣）
繯投刀落聲慘然行人聞之亦慟哭及今高廟峙廣陵
千古應傳兩女名嗟乎欲死誓必死女子猶存眞性情

有是題不可無是詩發潛
闡幽勝讀香山新樂府

（不朽之論此方是立言）

鮑孝婦

患難見苦心鬼神鑒眞誠惟審義所在知死不知生休
寗鮑孝婦從姑避紅巾紅巾賊橫掠殺人不問名家家
骨肉竄流離慘無情深山與幽谷匿者皆鄉人老姑哭
遇賊擒姑姑心驚悶悶賊及揮鏘鏘賊刀鳴小婦挺身
出乞命多哀聲翼姑頗就戮姑重我命輕諸賊感乃赦（綱常語）
姑命婦所爭脫令婦不爭姑巳赴九京死生頃刻判此
念通神明卓哉純孝心天地多完成

夏春舟招飲

又到花時折柬招一盃重與話深宵無言各憶新詩句（妙境）
有癖同躭舊酒瓢傀儡當場人易老醍醐入口味難消
醉鄉容我封侯去差抵浮名慰寂寥

弔查梅壑墓

草蔓烟荒鎖墓門棠梨花下弔吟魂牛羊慣傍斜陽出
狐兎潛依短碣蹲愛客情當貧亦篤憐才心到死猶溫（九原得知已矣）

我來特薦溪毛拜牧唱樵歌遠近村

哭黃儀逋先生

涔涔數行淚何堪屢哭人風流又杳矣吾輩歎艱辛並（筆所未到氣已吞渾灝流轉涵屬漢魏遺響）
世生非晚能詩境更貧最憐門下客搔首憶陳遵

貧女

生不識繁華柴門是阿家晚妝無別物自摘鳳仙花

揚州道中見流民有感

年荒何處不流離鴻雁嗷嗷只自悲忽見飢驅千萬輩
篋中燒去斷炊詩（仁人之言）

喜得高南阜先生左腕書幅

手寫龍蛇尺幅傳，每看醉墨卽垂涎。眞神得自評書後，奇氣生於著筆先。山比蜿蜒輸渾厚，碑臨岣嶁較精堅。可憐薄宦同萍梗，囊底全無賣字錢。

懷友人

（高唱入雲，純乎元氣。）（聲情慷慨。）
故人渺天末，千里隔雲山。有夢不相識，思君如轉環。文章酬應拙，風雪鬢毛斑。為問南來雁，今年何日還。

喜聞顧澥陸詩集刊成

何用區區世上名，新詩那要動公卿。一篳未必人能搞，五岳徒誇眼尚明。李賀少年原險怪，盧仝老境欲和平。烟雲過眼搜遺稿（集係廣陵汪君遐刻，汪名頎），應感揚州舊雨情。

磊落不凡周綺村

廢寺

（悲壯雄警。）
不識何年寺，荒蕪曠野中。草黄狐瞰客，樹黑鬼吟風。暗佛塵埃掩，飢僧藜藿空。我來秋八月，惆悵聽鳴蛩。

擣衣曲

（深於怨者。）
桐陰秋又到，經歲歎暌違。不識過江去，何人為擣衣。

五十

（眞情眞景，語語從肺腑中流出，此方是眞詩，無野人。）（有此襟官。）
一家十口九啼飢，五十年來力不支。憶舊閒翻點鬼簿，斷炊且作課兒詩。身如雞肋存何用，人類鴻毛死恨遲。卻笑老妻為我壽，乞來新釀酒盈巵。

秋日送友人歸丹陽

（蒼莽而來，其聲凄以楚。）
又挾詩筒走，飄然返故鄉。風塵餘禿髮，潦倒剩空囊。江水連天白，山花匝地黄。匆匆鼓棹去，明日是重陽。

贈朱應侯

雙眸炯炯意飄飄，鳳瞰塵寰鶴盪霄。竟屈風塵成短馭，最憐辛苦到今朝。虀鹽同歎家為累，絲竹原非福莫消。才力羨君眞善用，高人一著不矜驕。

揚州湖上喜晤申笏山先生

（純以氣勝。）
耳熟才名久，傾慳一面難。今朝邗水上，何幸與盤桓。嘯傲君眞嬾，蕭條我太寒。歸來詡同輩，今日得瞻韓。

讀繆曉巖遊全州湘山寺記卽次遊湘山原韻

繆君捧檄遊永州，時訪全州湘山遊。湘山寺古麗金碧，當年工是親王鳩。門前氿滘路畧彴，遠疑天上樓臺落。競傳楚南第一觀，千里萬里集雙屩。嵯峨老樹森攫拏，玲瓏怪石露林薄。蹓步來登第一山，峭壁凌雲聳高閣。峰回路轉人騰空，振衣千仞胸懷暢。宮闕插天懸清虛，天宮月府疑相傍。清磬一聲悠然來，隨聲去覓湘佛樣。歷級一百二十層，浮圖中有眞色相。傳開元十六年，金色寶光空中懸。宗慧誕生無俗緣，未生早已嗜慈捐。腹中腸胃水自湔，無邊塵網不能纏。功德山中憩瓢笠舒眉展目瑞靄騫，鐘鼓喧鳴山之顛。蒲團光與星雲聯，油釜不畏烈焰煎。齊誇佛力逾飛仙，寺僧從頭歷歷告。（包埽一切）姑請寺僧撮其要，為言佛亦無他奇，眞詮兩字惟忠孝。（喚醒聵聵不少）登塔徘徊瞰人世，此境迥與塵寰異。及今歸話舊遊蹤，（一筆束住）尊前許讀湘山記。君家前世證香烟，拈花還參舊日禪。（目前即是，非解悟者不能道）巖前即是七寶地，眼中無非光明天。跏趺曾解間中趣，（悟道語）皮囊脫後無來去。肉髻珠眉蟬殼同，青天何日披雲霧。（何減暮鼓晨鐘）曇華現後空彪炳，摩尼瓦礫渾不省。人生那得了塵緣，（回頭不是在山時）立山想見斜陽影。腐儒局促貪虛名，因緣難與言三生。天下名山能有幾，多君益我遊山情。此中妙諦能參透，正是入山好時候。踹破芒鞋拄杖歸，如來應識人猶舊。（請君猜謎）

克峻堂彙稿　甕牖吟　八

偶成

嗜好酸鹹只自知，嬾將沉博共矜奇。桃花絢爛梅花冷，黜體何如老境詩。

寄內

欲說不可說，臨風淚自彈。躊躇千萬遍，循例報平安。（令人不忍卒讀，至此乃許其傳。）（唐音）

宿友人村居

臥我繩牀上，蕭然夢亦清。無聊惟月色，耐聽是雞聲。夜冷霜初下，燈昏焰尚明。綢繆感今夕，珍重故人情。

冬日寄袁懷堂

應歎瀛洲路隔凡，書生何日署氷銜。鵝毛雪片飛如掌，猶著衣充舊葛衫。（讀足泣下）

漁

網得大鯉魚，入市爭相求。賣魚人人羨，風波人人憂。（節短音長，耐人咀味。）

樵

斧聲響空谷，知是樵砍木。砍木不賣錢，歸去自炊粥。

耕

農人世耕田，入城入昇仙。市人陌上過，直走揚金鞭。（史家之筆，國風之遺。）

牧

共見某牛惰，共見某牛勤。究之惰與勤，牧兒了不分。（當局憒憒，可發一笑。）

克峻堂彙稿　甕牖吟　九

書鄧孝威先生詩集後

淮海爭傳過嶺編，新詩讀罷轉淒然。楓人颶母黃昏路，瘴雨蠻烟獨客船。盡把文章歸慟哭，可憐奔走到華顛。卅年弔古蒼涼處，眼底何人許並肩。

余與里中許筠原羅夏園常謇齋鄭耳山輩爲會課詩凡二十餘年矣每課謇齋必先至拈毫兀坐對客苦吟累夜不倦時諸名士往來海陵者踵相接以故人愈繁而詩課愈倡也迄於今歸者歸没者没謇齋死且近十載余復衰病漸臻齒危髮禿曾幾何時風流雲散賴以不墜者謇齋之子繼香諸人維特之力也繼香豪邁有父風紅燭半隐濁酒一壺嘗從予爲蔬筍飲縱横談藝廓如也茲彙其兩世遺稿亟謀付梓而以謇齋詩問序於余亦以余知謇齋爲最深余將有西湖之行筆墨久廢書此以誌交情之不敢忘耳努力良時珍重千古則深有望於索余序者之繼香也繼香勉旃

嘉慶壬申重陽後二日愚兄葉兆蘭拜序

附録輓章

朱景泗 冠林

故舊頻凋喪年來不忍聞如何金石友又作死生分失意曾悲我憐才獨倚君一朝成永訣洒淚對斜曛

許秉銓 薹原

維我良友常君謇齋睟然其面不羈其才幼而失怙孝友兼該壯嗜風雅不屑營財胷羅錦繡筆挾風雷騷壇角藝佳句掄魁釋紛利俗衆許通材聰明天忌二豎爲災身雖嬰痒學轉加恢課兒西塾奉母南陔妻偕鶴侶子得龍媒年如可假克底鴻裁胡天不弔處士星頹病無竟日倏赴泉臺一朝風燭萬古塵埃王琴已碎丁鶴難來緬予畸士夙荷追陪酒壚增感鄰笛興哀蕪詞片帋椒稰一盃奠君之靈嗚乎痛哉

李 琪 少白

三年艤棹鳳城西得得詩人過虎溪鎮日流觴沉醉後憐君扶病夜闌題

風雅中間落兔身疇時到處率天真長才最惜蹉跎甚漫向風塵號半人

匆匆小別下姑蘇客裏相逢四月初我是浮萍君落葉茫茫身世慟何如

不堪潦倒滯天涯凶問遥傳信復疑如此才人如此命
將毋天道果無知
為君寄語慰同人檢點遺編著隱淪他日方千身後事
千秋名字莫全湮

葉兆蘭 古軒

天地如蜉蝣人生無百年所處身後名寂寞無人憐解一
零齋少貧而孤從母讀書兒讀母績聞啼烏一燈熒熒
破屋隅解二飢寒交迫毋命廢讀書生不習吏事時仰天
而哭解三揮霍成性不善理財聲色狗馬為禍胎黃金盡
病魔來解四一病六年手足拘攣就醫吳門醫云保身君

歸忘醫語乃溘然歸土解五去年弟喪今年君亡兩世三
孀啾啾唧唧哭一堂道路聞之心悲喪解六遺六尺兒能
讀父詩處兒血氣未定與叔相依為命解七緬我生平交
那得如斯人君死不顧我我哭君不聞誦君之詩招君
冤魂歸來些梨花陰解八

羅克俊 夏園

落落才猷絕等倫風塵何易得斯人好施不惜常空手
有癖寧知竟累身卅載浮沉悲畫餅半資消受泣勞薪
卻憐厚遇翻成薄知己傳聞淚滿巾
兩世孀一子單弟兄存歿各艱難支離漫說生為寄
憔悴應憐死不安斷鼻祇今思郢客酬心何日表方干
十年芸社興哀感爭忍援琴一再彈

周 煦 曙峯

七載同芸社談詩見性情風塵羈壯志孝友抑才名卻
病原非藥斯人不再生遺編堪善後有子振家聲

鄒 熊 耳山

貧過杜甫社常開不厭羣鷗日日來終歲惲為裘葛計
笑人錯擬簿書才生輕世事如春夢死帶詩聲入夜臺
我是樗材曾附驥遺篇一讀一含哀

俞國華 蔚村

山窗風雪正漫漫故友云亡淚暗彈詩有百篇傳世易
死無一語教兒難吳門丹藥終成夢嘗就醫吳門春月梨花
不忍看死前一日君有春月句云深院梨花門掩高樓楊柳笛將殘遂成詩讖矣地下若
逢舊吟侶何妨把臂述辛酸

王 輔 左亭

芸社聯吟十二年新題舊詠滿三千如何一句高樓笛
便作詩人絕命篇
落燈前赴耳山招扶醉談詩過板橋訂我魯魚言尚在
不知永別即來朝死前一日為正月十七日同課耳山處談詩而歸
有筆如椽復似刀何難富貴駕蕭曹可知風雅非長策

附郤依然一敝袍
瀟洒渾忘四壁空揮金猶賦少年雄自從病廢持螯手
一事無成號半翁
婚嫁平生事未償孀嫠兩世泣空房知君抱恨重泉去
猶幸同枝有季方

魯嘉祥 楓橋

古樸衣冠憶繐帷儀床酹酒淚雙垂病肢枉蓄三年艾
得暇先吟七字詩泉下應添將母恨庭前猶記課兒時
可憐風雨燈青夜彷彿分題鬭酒巵

翁維圻 筱山

楊柳梨花識已成雄心猶自苦經營終年作嫁無虛日
僅博人間慷慨名
關心兒女未全婚殮後青衫有淚痕我黍葭莩情最切
瓣香斗酒一招魂

釋慶延 需野

囊中金盡仍留客病裏詩成尚課兒 惜全稾偶佚
許蕓原先生云謇齋不善歌然每當同人讌集酒政初
行君輙犯令司罰者故令作歌聲纔發而哄堂矣今正
月十七日社課春月題君得句云深院梨花門未掩高
樓楊柳笛將殘陰森淒惋殆其讖耶余為作挽聯云嫗
歌竟作廣陵散佳句真成蒿里吟

右　先大父詩一卷凡四十二首　先大父生於康熙五十六年八月二十日　曾祖子儀公自淘上歸海陵捐館之日　先大父甫十三歲零丁孤苦鬻物而炊嘗爲人傭書日作蠅頭數千字以餬口艱辛數十年僅得賃屋三間稍營常産爲饘粥資乃筋力未息而旋赴泉臺矣時乾隆三十九年六月十六日　先大父忠厚待人遇人有顛連困苦無不盡力爲謀以期有濟而後安故鄉里稱長者幼以棋名當世嗜吟詩工作隱語隱語罕有傳者生平所爲詩皆酒酣揮毫往來贈答之作以故稿多散佚孫增慮其寖久湮没特從故舊處蒐羅遺稿僅得十之一亟付剞劂藏之於家庶後世讀其詩得知　先大父之辛苦艱難可以愀然生悲矣

嘉慶十六年夏五月望日孫增謹跋

克峻堂彙稿　跋　十

半翁詩鈔

克峻堂彙稿　半翁詩鈔

海陵常廷諤謇齋

登鳳山

鳳去留仙跡深山鎖翠微晚烟連樹合新月送僧歸寺
破青藤補庭空白鶴飛姜公禪洞在上有以洞姜坐久亦忘
機　似摩詰　王左亭

得葉古軒客真州書並以詩寄作此達覆

故人三載別何啻隔千秋書到真成喜詩吟翻作愁片
雲停海嶠孤枕聽江流翠竹沙村裏憐君獨倚樓
真情真景　鄒耳山

克峻堂彙稿　半翁詩鈔　一

獵

弓響西風勁笳鳴大地荒馬嘶千帳月雕落一天霜衰
草連雲白驚沙撲面黃羨禽分賞後酣酒賦長湯

新夏浣香軒同人雅集

柴門新綠裏問字日經過窓補籠烟竹池平出水荷琴
棋消晝永詩酒得朋多不覺斜陽晚紛紛和醉歌

峴山

巖壑自千古登臨幾輩過人留名姓少碑漬淚痕多秋
色襄陽樹天光夢澤波我今成獨立搔首意如何

登黃金臺

臺上黃金盡猶餘百尺臺燕昭不復見惆悵我空來
絕唱　耳山

古寺

南朝樓閣舊招提斜日蒼松徑欲迷、零落丹青留畫壁
荒涼燈火暗琉璃塵封淨土無僧掃花謝空山任鳥啼
一帶迴廊存斷碣春來無限草萋萋
摹景如西秀逸可誦　吳椒堂

聞鐘

鞺鞳深山夜有聲上方遙度韻錚錚三更枕上敲霜月
一（千古名句）棒人間冷利名聽慣寺樓僧不爽傳來旅棹夢初驚

克峻堂彙稿　半翁詩鈔　二

寄言富貴紗籠客往事休提飯後鳴
警句發人猛省　官霜橋

懷李少白

記曾風雪送君回卻喜書隨候雁來千里暮雲迷皖樹
三秋羸馬走燕臺空携逸少如椽筆深負青蓮曠世才
何日西河重艤棹草堂同覆掌中盃

六月鞠

彭澤歸來早花從六月黃人疑輕出處心不鬪炎涼小
圃傳秋意疎籬洩（洩字妙）晚芳何當誇采采送酒已先嘗
三四可傳　椒堂

採蓮詞

垂楊堤外已斜陽。采罷停橈趁晚涼。雲髻半鬆無箇事，亂拋花片打鴛鴦。

浪濕紅裙嬌不勝。銀塘香滿碧波澄。並頭采得原佳兆，同伴相調笑莫譍。

二首秀麗乃爾，在集中別具一種風調。宮霜橋

秋柳

冶葉倡條事已非。臨風無力尚依依。少年空使黃金盡，此日能邀青眼稀。十里隋堤傷逝水，一聲羌笛怨斜暉。多情只有寒鴉好，猶向章臺作陣飛。

大有感慨。葉古軒

陳宮懷古

臨江樓閣望神仙。玉樹新聲入管弦。膝上美人朝病酒，燈前詞客夜分牋。西風禾黍離離日，南國胭脂寂寂年。到此不須憑弔古，無愁天子劇堪憐。

瘦而潔，豔而哀。霜橋

送王魯石回浙

吟壇幾日別詩儕。折柳歌殘各愴懷。三尺斷琴中散調，十年清況太常齋。山從北指遥連越，水更西流不入淮。此去置身圖畫裏，綠陰門巷舊官槐。

酒旗

飄颻不定短長亭。招引遊人騎每停。竹店茅檐風蕩漾，水村山郭雨濛溟。杏花桃出雙叉軟，楊柳分開半幅青。識得牧童遥指處，何妨日日載銀瓶。

細膩熨貼，大雅不羣，洵屬此題傑作。左亭

蕉扇

一葉驚看破綠天。團團巧製拂吟肩。秋從夜雨窗前剪，月在佳人掌上圓。新浴罷時涼意透，好詩題處墨痕鮮。晚來薄醉銀屏掩，借取清風到枕邊。

第四句膾炙人口。左亭

九日客海安登高

客裏登高動別愁。蕭蕭此日孰為儔。飲殘綠酒難成醉，看到黃花便是秋。新月半輪橫雁塞，疏星幾點見漁舟。今朝遥憶龍山會，極目江鄉獨倚樓。

音節悲涼。耳山

漁庵

窄徑斜開繞綠波。小於蝸角淺於螺。一留燈火蘆中影，四壁菰蒲月下歌。門對瀟湘時挂席，屋當風雨不披蓑。溪邊爛醉歸來後，臥聽潮聲入夢多。

枯牡丹

百寶雕欄總劫塵。而今北阮亦嗣貧。早知富貴成春夢，

枉起樓臺炫世人

懷宮霜橋先生客淮陰

自古風人遇合乖相思渺渺隔天涯孤城日暮雲迷樹五月寒深水漲淮（時淮安水漲）老去杜陵悲作客愁來王粲少同儕知君弔古搜遺跡定有新詩慰遠懷

登金山塔頂

浮圖七級勢岧嶢塔頂登臨眼界遥山色至今連北固濤聲終古咽南朝渾如有路通銀漢直可扶梯上碧霄俯首蒼茫烟樹渺無邊落木下蕭蕭

春日雨中喜王荔塘夏春舟過訪即席分賦

一尊須待故人開若個能從風雨來徑滿蒼苔分屐齒庭空舊榻拂塵埃香留茵座多佳句詩溢吟筒見妙才酒冷燈昏情不倦落紅堆裏共徘徊

新蕉

清陰漸上小窗幽嫩綠浮空潤欲流底事寸心抽不盡一番經雨一番秋

雨中登高

詩酒聯高會黃花冒雨看不妨拖蠟屐聊為聱儒冠棲外片雲濕座中雙鬢寒莫辭今日醉開口笑應難

落落大方　耳山

送韓曉村再遊大梁

楊花如雪雨如絲正是橋頭欲別時千里白雲遊子夢三更紅燭故人詩傷心有淚風塵老握手興嗟富貴遲此去梁園重駐馬啼鶯聲裏繫相思

送王荔塘

判袂從今天一方離愁歸思兩茫茫十年空托鍾期遇四海誰容阮籍狂歌罷不堪重勸酒詩成偏覺變迴腸待君借得春風力共信梅花別有香

四十

四十韶光逝水流安貧已分復何求懶從舊雨邀青眼只恐新霜上黑頭兒女未婚身早廢弟兄分爨母貽憂從今事事無爭競一任人呼作馬牛

真切沉痛五六必傳之句　左亭

秋夜

月明涼露白竟夕使人愁五夜蟲鳴砌一聲雁到樓長年時患病短鬢復驚秋已苦艱衣食猶為藥餌謀

淒婉而蘊藉　耳山

哭七弟鳳書

爾死經年我更窮惟將老淚哭秋風如何半世為兄弟祇得相逢兩夢中（吾弟七後入夢二次）

黄葉

一逕西風晚，斜陽樹樹金。任多搖落意，終有戀枝心。雁到霜偏早，蟬鳴秋已深。江皋人別後，惆悵對疏林。

是黄葉非落葉，名句可傳。左亭

右　先君子詩一卷，凡三十一首。　先君生於乾隆二十三年六月初四日，卒於嘉慶九年正月十九日。十六歲而孤，越明年，　曾祖母相繼辭世，　先君皆喪葬盡禮，而貧日甚。少敏悟，入塾時一目成誦。比長，藉筆墨為餬口計，事如蝟毛，靡不立剖，人咸服其器識。且友愛出於至性，上體　祖母意，為二叔、三叔次第完姻。慷慨結納，揮金如土。前錄諸先生輓章，而其梗概可知矣。生平癖苦吟，如四十秋夜諸詩，而其境又可知矣。詩稿多不收拾，故舊處雖有存者，又皆零落散佚。謹搜舊篋，得其手編一卷，所存無多，心血具在，爰附錄於　先大父之後，以存　先君之真面目云。

嘉慶辛未五月十六日，男增稽首泣跋

延令游草

侍

夫人非川嶽鍾靈則不好游非氷雪塡臆則不善游〻者何性情也性情淑則游興高繼香大兄之謂也繼香系出名家自幼妙悟前生種慧今生才多作為文章洋〻灑〻數千言可以馬而待癸酉四月友人招往延令延令昔隸廣陵沃野民林比户絃歌盧止泉先生教于是鄉書院中彬〻皆大雅才繼香至適盧公返淮陰令子秋士倒屣迎之登高作賦其詩盈筐錦囊之貯不是過也予過吴陵讀其稾益信繼香為川嶽鍾靈氷雪塡臆為淮東第一流人物他日躋身蓬萊為
國家宣力黼黻
昇平且遊徧寓內矣延令其嚆矢也

紫琅綺村愚弟周長泰拜序

延令游草

海陵 常增 子壽

將之延令舟中口占

南風吹我出蓬廬。放棹前溪正午餘。映水樹疑經染綠。
繞塍麥香帶黄。鋤童當狹路爭驅犢。婦背斜陽學網魚。
消受煙波好圖畫。閒游佳趣樂何如。

由村中岔河出港

蜻蜓飛與綠波連。荇菜參差水上牽。行盡荒溪三四里。
出灣僅見兩漁船。

風景逼真 李雨村

舟中小卧

扁舟小卧蓬窗口。一路倒看雲樹久。不知船在水中行。
但覺岸能載麥走。

奇創 周綺村

即景

濛洄一溪水。曲折抱城圍。村遠樹如織。天低雲墮田桑
間。蠶寂婦柳下。打魚船望江。茅檐外人家炊有煙。

不事雕琢而雕琢者莫及。三四必傳 雨村

堤上

部屋代陶瓦。村居樸勝華。繞堤種楊柳。編竹作籬笆。畫
意水眠鴨。機聲人紡紗。不因風俗美。也欲此移家。

老樸 雨村

克峻堂稾稿 延令游草 一

舟中阻雨

濃陰密樹交狂風下。有孤棹波心中。驟雨瀧瀧水盡黑。
一籬閃閃燈微紅。小犬如豹吠不止。舟子停篙坐復起。
棹艤三次旋自流。愁聽官蛙聒人耳。

詩中有畫 綺村

曉泊延令

迢迢百里来延陵。河干小泊彼岸登。飢烏下城啄木葉。
老翁臨水張漁罾。溼衣幾點雨初下。入市半日人漸增。
兩足趑趄不識路。岐途一似鑽窗蠅。

古雅 雨村

宿萬壽小觀

暫向茆庵借一枝。攜鉏荷鍤共棲遲。堂中淚滿閨中病。
枕上何堪徹夜思。

讀之惻然 雨村

城東閒步

蘆葦青青柳條綠。小橋横斷一溪煙。不是低徊不肯去。
天留詩境在當前。

延令城中

南北東西路。蕭條滿道傍。地偏廛市少。人樸繭蠶忙。郭
内田堪種。城隅草半荒。邑書勤採訪。載筆定增光。時方修邑乘

音節最佳 綺村

克峻堂稾稿 延令游草 二

同人登騰蛟閣

城頭高閣勢崔巍挈伴登臨眼界開麥外風光烟隔斷
雲中樹色鳥拖來牛羊多傍田家出蘆荻能招野棹回
此境原知看不厭女牆一帶夕陽摧

題虎神祠壁

風湍大河口英威踞此間果然有神勇何必定深山古
道兔狐歛荒祠雲水閒立功能不朽俎豆尚難刪

精悍異常　雨村

訪水月菴浮圖未果

閒道城西三四里菴前浮圖突然起出游渾如訪載舟

未及半途旋復止回頭買得筍芽歸村中人家多掩扉
自恨不如柳外燕日暮一雙西向飛

別趣　雨村

夜行

十圍大樹夜來黑況復兩樹枝相連嶜然仰視心膽怯
怕見陰森遮半天

枕上作

出門百里即天涯料得慈幃望眼賒魂夢不嫌歸路遠
一宵一度一回家

語意纏綿　綺村

令改陵

萬壽觀前即事

橋頭暮靄日初斜四面蘆茅兩部蛙忽見薔薇開道左
我來手一花枝

逸致　雨村

過延令書院訪盧止泉先生澤不值書晤秋士令
嗣桂珍賦此奉贈

五日延令道上行過門徒步謁先生登壇久重淮陰將
入帳真同細柳營許我瑯環披典籍知君才藻動公卿
明年汁染宮袍綠聽唱芙蓉鏡下名
自古桂林無雜木那聞雛鳳有凡毛人驚頭角當前露
語必驚人
山讓聰明絕頂高談笑意輕小壇坫文章胸富大波濤

陸機入洛三張減氣縱如虹不敢豪

金和玉節　綺村

郊遊

平生癖游覽策蹇過城闉麥穗老如畫菜花高似人綠
陰遮道路黃鳥下前津僕僕此為客難消三斗塵

三四奇想　雨村

孟夏雜興

林中或鶯或烏田間有牛有羊老婦當門織布稚子上
樹採桑
蛙鳴時相唱答烏飛不辨雌雄橋上歸去一道半溪夕

陽猶紅
塘中蒲劍欲成隴頭烟盡如雲鳥去水僅一寸参結穗
恰十分　六言哭過前人　綺村

萬壽觀對雨
三點五點微雨一處兩處水濱但聞烟中人語不見樹
裏行人
双鳩繞屋脊飛一鵠傍樹根立雨來溪水迷茫三尺菖
蒲暗濕

有所思
雲箔垂銀蒜珠宮晝不開海棠應睡足荳蔻正含胎悶
悶燈光下珊〻玉佩來相思隔百里別後憶天台

慶雲寺喜晤普公上人
杯渡江來見已遲空門盔衣費支持寒山常恐僧饒舌
蓮社寧教客皺眉幾縷名香成篆後一當活火煎茶時
拈花笑與當頭時都是禪機愧不知

懷姜桐軒先生
旦〻追陪共一堂南游偶學鶺鴒翔文多離別合尤好
畫到容時疎不妨每憶雄談同景略敢言知己有歐陽
老來百事看都設只為憐才鎮日忙
三四須會心人領略　綺村

懷方芹軒先生
衡門我最往來頻別業時〻點輟新禿筆惟憐玉擋賤
時余寓壽禪院萬空囊同嘆孟嘗貧少年綠鬢樽前客細雨青
燈屋裏人好待歸來重晤對笑談聊為浣征塵

懷葉古軒先生
為憶吹篪淚不乾溪毛聊爾莫相棺我來正作青蠅弔
舟買旋歌行路難癸令弟蔚芳先生日余往延令料把豪情歸痛哭可
憐哀鬢嘆凋殘問君長晝西河住猶擁當年卷帙看

歸晤姜桐軒先生詢延令游跡賦此呈之
男兒生不能遍遊五嶽覽盡天下奇山水胸中邱壑從
何起昔年汪子仲玉招余遊黃山擬登蓮峯任徒倚座

事東縛難遠離遊山之興倏然止又聞友人歸話西泠
游跡多清奇語未及竟神往矣儼如奇巖峭壁羅當前
不能以目但以耳余年弱冠初離家買舟出門從此始
赴郡以外無遠游終日蹙〻困閭里附近異縣足未經
何異醯鷄處甕底今年四月游延令瓜皮小艇烟波裏
兩岸田高河水深荒溪曲港相迤邐窺人水鳥時一飛
燕子去水不盈咫車聲轆〻堤上過老牛卧倒河之涘
夕陽在天來船稀船頭坐着霞成綺晚來天暝風雨狂
此時寂寞無比擬鷄聲破夢遠近啼睡裏聞道舟以艤

入城成訴容蕭條幾卷殘書壓行李一路閶闔無繁華
可憐冷落日中市三日遊遍城四隅舊時閥閱多傾圮
居人半不識姓名相逢祇有盧

跋

癸酉孟夏繼香仁兄游延令余未之知也壬申冬余晤
繼香僅二次今年春蹤跡益疎咫尺間不相往來九十
餘日矣蓋繼香羈於丹鉛余又束於塵市聚愈難思深
每桃花盛開鼠姑堪賞輙思携壺觴邀繼香循例為賞
花飲性嬾未果而余兩人又豈里巷遊戲相徵逐觴酒
豆肉相慕悅者比哉今出其遊草見示清新俊逸獨抒
懷抱乃知詩人所至無不流連遣興情見乎詞繼香全
集甚富斯編特豹之一斑耳愚弟顧允厚跋

泰州陸氏家集

陸蓥彤 輯

《泰州陸氏家集》不分卷，陸蔭彤輯，據北京師範大學圖書館藏清稿本影印。

是編爲民國十七年（一九二八）泰州陸氏後人陸蔭彤輯録陸氏先人遺作。前有陸蔭彤所作跋，稱叔韓公止叟（韓國鈞）『命兒子崇晋寒暑繕録一副本』，『彤復細心校勘，呈止叟，請付手民，列入《海陵叢刻》中』。其集子目如下：

《雙虹堂文集選》九册、《吴州公佚稿》二册，清陸舜撰。陸舜（？—一六九二），字元升，號吴州。崇禎十四年（一六四一）與張幼學、張一僑在里結曲江社。康熙三年（一六六四）進士。初任刑曹，多所平反。後視學浙江。十七年舉博學鴻辭，不就。文集分表四篇，頌二篇，策三篇，議一篇，論二十二篇，記九篇，序二十三篇，賦六篇。

《湫碧堂集詩賦合選》二册，清陸籛齡撰。陸籛齡，字夢修，號耆卿。舜次子。貢生。是書全爲詩賦。

《樵海詩鈔》四册，陸進撰。陸進（一六八九—？），字宿帆，號海樵，一號湫石。庠生。乾隆十年（一七四五）遷居如皋，教授生徒。

《陸夢九詩最》一册，陸與齡撰。陸與齡，字夢九。舜子。諸生。年未三十而卒。

《小樵詩存》一册，陸鎮撰。陸鎮，字四山。進長子。庠生。

（高中正）

吴州公集似多阙佚捡叔丞丙寅文集及残本五言诗
集未登入者尚多似应校明补钞跋语略加删改仍
希 再酌刻资已罄须俟筹有款方能付印
此上
秋评世兄大鉴 钧谨启 闰月先
附上原抄四本 又文集二本 残本诗一本 目录七纸

八世祖鄉賢吴州公都人士僉稱為東南才
掌粤西湖東兩省文衡生平著作極富據
公退菴筆記云雙虹堂文集總目計雜文四
八首古近體詩三千二百四十首詩餘二百首傳奇
七種自清初迄今歷三百餘年欲求刻本全集渺不
可得吾祖小江公暨父湘舫公所珍藏者僅鈔本四帙前
三帙計文六十九首詩二百三十三首較之刻本總
目文纔七之一詩纔十之一末一帙為潄碧堂集吴
州公哲嗣者卿公所撰也有清雍乾兩朝文字獄興
時賢詩文集中措詞如有違反帝國主義者悉罹刑
禍高高祖襄平公生值其時懼吴州公與耆卿公之
遺集致遭忌諱故奉禮部檄取即與式蘧清源兩昆
弟嚴加選擇上呈御覽可謂矜慎之至政變後適年
叔韓公止叟曾長蘇皖民政暨蘇督辦致仕後閉戶
家居對於鄉先賢遺作有未刻者有已刻而近多散
佚者皆種種孤本必一一搜羅付諸剞劂裒積至二十餘
種顏曰海陵叢刻闡發幽潛厥功甚偉彤與從弟敬
彝議及吴州公之詩文全集刻本久湮若並此選本
秘而不宣俾後人末由窺其崖略何以告無罪於先
人爰命兒子崇晋於校課講授外不間寒暑繕錄一副本

逾閱數月告成彤復細心校勘特呈止叟請付手民列入海陵叢刻中以餉吾邑賢士大夫之嗜古而劭學者此雖嘗鼎一臠亦可畧知其味邦人君子有能搜獲劉本全集者乎彤日馨香祝之矣

中華民國十七年仲春月裔孫蔭彤謹跋

雙虹堂文集選

陸舜爵里

號吳州江南揚州府泰州籍蘇州人順治甲午經魁康熙甲辰會魁内秘書院制誥中書歷任廣西正主考浙江學院　欽召博學宏詞陞内閣學士不赴崇祀本州鄉賢浙江名宦有雙虹堂全集行世今奉禮部檄取進　呈

雙虹堂文集選

泰州陸　舜吳州著

男　與齡夢九、夔齡耆卿仝編

孫　祖游天隨、禹碧人仝輯

曾孫　珣褱平、瑗式蓬、塗清源仝校

雙虹堂文集

表集

扈從皇帝躬祀山陵禮成羣臣謝表 順治十一年

伏以

大孝首尊親萃聚假乎有廟

皇靈勤對越豐亨祼自于京蓋怵露淒霜每因時而生慨慕乃感風悲木必眡壙以慰焄蒿六龍指

王隧以遥臨萬騎卜

帝都而爰止惟騰扈蹕寵溢近光臣等誠惶誠恐稽首頓首上言竊惟開國以承家禮必卜郊而卜禘偹物以致享誠須如見而如聞與其對木主以告武成何如觀梓宫而揚文烈故鼎湖龍去人抱烏號之弓梧野山迯妃弔青湘之竹塗陽之山麓會壬應占禹穴棲靈郢陰之墓草生蓍不斷西豐作廟長陵一坏土日游原廟衣冠茂陵九秋風雅賦金盤莖露顯節具在蔦漢馨香昭獻依然肇唐禋祀他如桐宫冕服爲嗣王不惠而來西陵墓田徒諸伎含悽而望穿姜氏

之隧生及黄泉考仲子之宫没識丹桶此皆仁
孝不出乎天性故爾典禮弗協于人情未聞廓
九有之規模功成而報
二祖集萬方之玉帛禮明而謁
諸陵如
天朝者也兹蓋伏遇
皇帝陛下
至仁天縱
純孝性成
聖德當陽告帝如湯而載主如武
冲齡在位負扆如誦而見廟如釗豫之方和作樂以
配祖考涣之已濟立廟而享帝覲因念我
太祖武皇帝智勇錫自天創業以神武肇迹更念我
太宗文皇帝勛華協于帝守文以不殺爲功並荒天作
之高山卒託龍蟠之
路寢當此治定功成之日可無
祖功宗德之思乃
命禮官頒言
駕幸爰咨卿士俾爾扈從吉諏八月既望以前道
除

盛京徂東而北
宫車雷動嵩山呼萬歲之聲
天仗星移遼水作千年之氣惟望父而瞻祖爰陟
岵而降丘禮修祖禰合食之儀事通祫禘五年
之典登斯丘壠增怵惕而動悽愴撫彼松楸慕
音容而聞嘅息玄武方之靈爽於昭于天白虎
殿之精英未墜于地思其耆思其好思其咲語
帝曰予小子繼志而述事庶其告無罪于
先
王聞其息聞其歎聞其音聲若曰爾一人承烈而顯
謨殆其有大勛于王室寢園春薦撫弓劍而愀
然丘首秋嘗幸箕裘之舊矣在
祖宗上仙而厭世乘彼白雲帝鄉而曾孫于海以朝宗
圖若明堂王會爲天子父尊之至也以宗廟饗
禮有加焉白楊東廓習陰風今日已非昨日蔓
草平原縈拱木百年想見當年念魂魄在沛而
暫返新豐亦錦衣歸鄉而高會父老斯識漢皇
之盛事而
昭代之上儀也臣等職忝扈行心慚問禮不及宋
昌之從龍代邸豈若張良之勸駕關中望岐陽
之雷鼓洪鐘音響未識拜

二陵之春霜秋露風雨疑來何幸隨執鞭而告虜
得遂作裸將之膚敏伏願
設衣思紹
展墓如從念
武皇櫛風沐雨之如生追
文廟就日瞻雲之未遠入宗廟而生敬七世德方舞
于庭過墟墓而生哀三尺劍尚縣諸隴以此展
親之誼廣為錫類之恩則聖人之躬不負入雍
鎬而過豐沛且天子之孝行將横天地而塞古
今矣臣等瞻
天仰
聖激切屏營之至謹奉
表稱
謝以
聞

恭逢
上以覃恩給內外大小文武百官誥命
謝表 順治十一年
伏以
大地沛洪波
帝命錫龍鸞之字
彌天蒸澤雨
王言宣綸綍之音故御墨淋漓勸臣忠而酬子孝迺
宸章飛灑傳國寶而襲家珍中外貫魚臣工賀
雀臣等誠惶誠恐稽首頓首上言竊惟懋功者
嘉績書垂咨命之文揚名者顯親史著封功之
典故漢高封功臣于馬上且徽氏爵之榮而武
帝廣侯爵于房中亦定武功之號賜小大之第
室女子亦佩印于丰通復貴賤之户身大夫皆
賜爵乎一級賜貴戚之學小子為侯過功臣之
家老妻呼嫁宅如公服特賜祇榮郭賀之身商
霖自書不及商英之族皆未有存殁均沾其澤
邀三錫之殊榮文武同升諸公拜四封之曠典
如
今日者也茲蓋伏遇

皇帝陛下
仁如天覆
德映川流
若武王治定功成尚太王文王之尊謚如成王
禮制樂作大同姓異姓之分封更不匱夫孝思
用永錫予爾類特下
覃恩之詔肆加
誥命之頒上以念我祖宗下併及乎妻子欲盡人之
得為孝子徹一世二世三世而徽榮念率土之
莫非王臣通一命二命三命而承寵自曾祖父
母祖父母以及吾父母若生若繼皆得被以高
深若光祿大夫從大夫以及諸大夫為卿為郎
悉得蒙其浩蕩命夫命婦盡受花封長子長孫
咸叨恩蔭身有爵祿者家有爵祿子為大夫者
父為大夫直加特授之名曲盡移封之意遠可
追而終可慎咸有仁孝之一心歿則贈而存則
封適合幽明之三孝考翰林為制誥中書為制
詔武功與文德俱昭三品用制書四品用勅書
品級與勛階差別雲文奏色煌煌鳳篆龍章紙
尾署名炳炳蝌書鳥跡得一字而榮顯不啻宣
兩制之麻合四海以尊親共喜捧五花之誥洵
萬年之盛事乃百爾之殊恩臣等職愧掌綸才
慚知誥封章洊奏善辭孤保之榮批旨纔頒飭
遣王人之重伏願
帝德遐敷
皇仁汪濊
念百官以及萬姓念父老以及子孫則施命以
告四方申重法巽風之善入作誥而示有衆霑
濡同解澤之旁敷矣臣等瞻
天仰
聖激切屏營之至謹奉
表稱
謝以
聞

擬

上以
太祖高皇帝
太宗文皇帝功德隆盛加上
尊號禮成羣臣
賀表 康熙元年

伏以
帝德首尊親休烈覲耿光之盛
皇仁先愛敬中邦揚淑問之隆
垂兩朝謨烈之麻式燕貽于有永
綜列代帝王之美熙
鴻號於無窮歷年昭玉版之光祝册紀金縢之秘慶
流
宫廟喜動臣鄰 臣等誠懽誠忭稽首頓首上言竊
惟乃聖極乎乃神光于前者必耀于後大孝形
為大德得其位者必得其名故廟號祇沿得統
之規而尊謚乃表因心之孝上稽前古代有徽
稱堯羲如日如雲放勳著開天之號舜僎四聰
四目重華流協帝之聲太昊少昊之各異其名
高辛高陽之別傳其氏彼功能惟汝不獨堯稱
神而禹亦稱神智勇錫王豈惟發號武而履亦
號武夏后伯仲太少統次有倫商家癸甲辛壬
干支悉脩伐虎載熊以還積功累仁進稱穆考
流烏躍魚而後永清大定加頌寧王若夫由周
而來姑且置秦不道漢高唐高明高皆帝開天
翊運各垂原廟之衣冠漢文唐文明文並皇聖
德神功遞炳史臣之彤管謚必先孝昉自漢魏
以前廟必稱宗斷自宋唐而下起輦谷畔星辰
列寢拱先仙人天壽山前風雨諸陵傳帝子受
命之符螢集琯刻昭華追王之典肆行宸銘繪
斧他如六龍南渡昭王不復稱昭八駿西來穆
滿依然謚穆白帝子稚博浪徒刱始皇之名秋
風客賦茂陵僅有劉郎之號同泰蕭梁空頌武
沒貽大弟之羞玉清趙宋浪稱徽生引道君之
誚英帝安懿之奉大禮朋謀世宗興獻之加尊
稱聚訟未有本天親祖寔隆孝敬之文崇德報
功懋建光榮之典如
今日者也兹蓋伏遇
皇帝陛下
聰明天亶

仁孝性生
軼成而復軼康冲齡無偶
法舜而兼法武大孝於昭既念我
太祖高皇帝王迹肇基混一已知九有更念我
太宗文皇帝舊邦新命有二不啻三分遼陽瀋陽之間
已兆岐陽之長發松山杏山之捷無異高山之
作荒爰思功德之萬隆彌覺追崇之未至在昔
南郊之禮既虔奉配之儀暨夫實錄之修丕著
顯承之烈凡皆我
皇考顯親之德罔無間然於聖子神孫今值我
皇上格祖之年乃益欽哉於大父王父雖
尊號上而再上乃孝思加而又加爰命秩宗用成典禮
思
太祖之功德不盡于武故進武而稱高思
太宗之功德無過于文故仍文而繼武明堂木主依稀
綠字丹文王隧桐宮詎比芝泥玉檢議謚則先
以大宗伯之草剏
大清會典與有明會典互考依然取監二代之文定
謚則斷以大學士之討論
大清實錄與有明實錄相參無非進退百王之義版

光玉白看銀鈎玉切御章同飛白之書字樣金
青知鐵馬金戈遺照寫丹青之汗翔業之名號
大都文武聖神故在洪永之間差堪損益守成
之表章不過英明仁孝故自熙宣而降無所取
義謚以全德為榮用登於穆清廟之頌義以三
代為正無貴太皇天帝之名齋宮呼
萬歲之聲玉冊映千年之色譬祭祀之先河海難以
涓滴益其汪洋若封禪之上泰山僅以土壤增
其高厚由二字而加極于二十字從萬年而傳
至于億萬年臣等學昧考文識慙議禮叔孫之
綿蕞未諳烏能制禮而制儀元公之才藝無多
詎敢剏謚而剏法然唐史之贊堯願學則思文
之頌稷難忘伏願
祖述益虔
孝思不匱
念先世之一戎衣而定不失天下之顯名就當年之
之七世廟以觀莫鬱生前之懿德行見
元子踐祚奉金冊而登金甌
曾孫告虔晉玉書而調玉燭矣臣等瞻
天仰

聖踴躍懽忭之至謹奉
表稱
賀以
聞

春日
上大宴羣臣於瀛臺
命各賦詩以
進羣臣
謝表康熙十二年
伏以
御苑春回
駐蹕不離乎宮府
翠華時幸
采風先及於臣鄰
萬幾之暇有餘閒一日明良盛事四始之音皆大雅百年鼓吹休明
綺筵歌笙瑟之章芳什被筦絃之奏寅恭曠遇
休沐奇聞臣等誠惶誠恐稽首頓首上言竊惟元首股肱尚書紀賡揚之美鹿鳴天保風詩昭燕樂之麻有那其居魚在在藻而王在在鎬與衆樂樂春風風人而春雨雨人爰歌好我之篇大索賢臣之頌彼觀燈大酺唐皇弛禁夜之條乃賞花釣魚宋代下賦詩之詔上官樓曆妙選飛沈宋之詞公主山莊應制擬裴王之什十八學

士舘敞弘文一介老臣殿開崇政西園飛蓋爭
美建安七人北闕聞詩僅見襄陽一孟華林濠
濮依依魚鳥親人輿慶池臺隱隱烟雲滿楮若
彼新豐被酒漢高自製大風歌瑶池獻觴周穆
徒謡白雲曲醉學士沈香亭北調鄗清平老歌
工絃索槽頸譜翻新舊此皆有差喜起徒然無
補賡歌未有
西苑鳴鑾方歌樂只於父母南風届節旋賡解愠
於吾民如
今日者也兹蓋伏遇
皇帝陛下
德如甘醴
仁若薰風
歡樂同民每
靈沼靈臺之上拜賜及下於引商引羽之餘大宴
羣臣于
瀛臺遍
命百僚而唱和滿盤白墮盡飛樂滑之觴五字黄初
咸作昇平之頌銀燭共金杯交映陽春偕白雪
賡聞自三品而上皆得同列
御筵不過北門待詔由侍臣以外無不分承佳韻
庶幾東觀人文見
盛世無不學問之公卿知
昭代皆大手筆之燕許曲水流觴樂矣金谷酒數
凜然五言七言無不過揣摩應
制一觴一詠亦足以暢叙幽情
君臣之間何嫌何疑唱酬之下有典有則今日之
瀛臺較昔日之瀛洲更盛此時之學士比當時之
學士加榮羨美景之信芳爲
熙朝之僅事臣等醉鄉歌器下里巴人花滿上林已
飽櫻桃之賜雪消
禁苑猶開椰絮之吟給筆札以無能觀堵墻而有
幸伏願
澤普滈池
功高横槊
念艱難之稼穡依然圖繪豳風形醉飽之民心允
矣酵投德水知暫逸而無逸且雖休而勿休講
易見天心
天子早年勤學誦詩聞國政羣公暇日銷憂行見太
平有象四方皆弦誦之聲

至德無私萬姓盡罔陵之祝矣臣等瞻
天仰
聖激切屏營之至謹奉
表稱
謝以
聞

頌集

郊祀頌并序　辛亥扈侍

維十年冬十有一月朔越翌日甲午日長至
皇帝親見
上帝於南郊祀圜丘而禮成焉是日也天朗氣清載
昕以黎三光明五緯叙卿雲輪菌景星耀魄
皇帝迺宿齋宮命禮官踵修典祀候景時舉顧乃服
皮弁衣玄衣六龍既駕鸞路軿轢至於壇壝而
舉禮焉是時也
天子穆穆諸侯皇皇大夫濟濟士蹌蹌庶人焦焦昧
爽而禮行明旦而禮畢於戲甚盛事已攷之前
代郊祀之來舊矣有虞氏郊夏后氏郊殷郊配
契周郊配稷秦漢以來每郊見帝於雍唐宋而
后定為典禮凡皆德配天地功侔鬼神而後履
帝位踐郊壇以明昭事之有主乃必舉于日至
者抑亦所以荅陽氣大報本云爾故夫燔柴以
祭昭其明也牲用特以繭以栗昭其誠也器用
陶匏昭其質也黃琮薦幣昭其儀也猗歟休哉
郊之時義大矣非甚盛德
孰能當此者乎迺今

皇帝踐祚以來十年於茲矣而歲每一郊類皆天庥
滋至史不勝書以答
一人昭格之精意而
皇帝勿恤誠敬有加斯誠
聖德深厚
帝克用享者矣語云郊焉而天神假廟焉而人鬼饗
是日也其
天神來假矣乎敢拜稽首用獻頌辭其頌曰
於惟我
后假於
昊穹陟降左右合漠在冲纘承十祀欽時亮工履復
體乾適升自中廼維是月律中黄鐘一陽攸復
親見于雍蠲潔志氣信宿齋宫辨明舉祀燔柴
上通大武栗角特牲以童維幣斯玄有黄其琮
爰陶爰匏亦匪不犧蕭薌在壇盻蠁在空馨香
在德日月在躬
天子載弁昭質有容秉圭植璧於穆華蟲秬鬯紛鬱
黍稷芃芃埽地既灌神降來同振鷺至止於皇
辟公嶽瀆咸時有孚若顒百職幽贊師濟朋從
駿奔肅走自西徂東六縣奏雅萬舞廻風廼名
百靈百靈雝雝非雲非烟瑞靄蘊隆在壇之樹
于棟之松夏翟翠葆金車玄龍蕭索輪菌芭符
渾濛錫我純嘏
上帝六宗歷年世卜曆數道隆景命有僕受祿無終

瑞雪頌 有序

蓋聞之聖人之德孚于上下則天茁應地符出山川雲物咸效異靈故下而獻圖書産罍車上而縣景星耀卿雲凡以表夫王者之德至昊穹天休滋至而霙霰輪菌愷澤艘流也月令所紀兹在季冬長安之雪寔三瑞矣先是聞

今上皇帝冠玄冕服玄衣佩玄玉致齋信宿祈雪法宫之中甫畢而瑞雪降兹且再降餞三尺也猗歟休哉凡物皆足以徵聖天子德澤所感唯雪以瑞得名昭其時也昭其時所以昭天之德昭天之德所以昭聖天子之德有以假上帝而名靈瑞也昔隋苑于此剪綵而爲花唐宫于此應制而賦詩綺靡之轍不足多述即唐憲以此而成淮西之功宋祖于此而定江南之策亦皆海宇未一反側未安而宵旦憂勤席煖未遑豈若

今天子至德大業轡問無疆勿違奉時與天合德以故三瑞降康萬里烟火人給家足而氣象和樂見于天時物候五風十雨五雲六花區區一物之徵也雖然晋鑿明出豐戒日中

聖天子陋隋唐之游盤而亦不忘憲宗藝祖之憂勤宵旰故天澤濊至而時和年豐無不可以見

聖天子至德玄符之感召而志臣民賡歌喜起之休也於是拜首而獻頌曰

季冬之月　律中大呂　我后祈年　絪縕陰雨　乃符玄郛　六瑞颷舉　積素既下　徵霰先零　蕭索輪菌　非烟非雲　山川以縞　草木掩春　雨焉匪澍　花焉匪樹　皓寉奪妍　白鷴失素　藍玉萬頃　瑞珠千箸　乃徵時和　亦兆年豐　紛紛藉藉　至仁大公　歲事伊卒　澤洽昊穹　寒不可衣　饑不可食　男以卜耕　女以卜織　既協素理　亦昭玄德　維彼昭質　太素不緇　東山若絮　荆南似梅　維天之澤　維民之資　維帝所感　於以占時　於維休徵　歌斯詠斯　爲天子頌　瑞靄無涯

策議

弭盗策

王者之治天下也太平無事之日臻而寇賊奸宄之不作誠上理也雖然物不能皆麟鳳而無猛鷙人不能皆夷惠而無蹻蹠是固不能使天下之人之皆良百姓而不為盗所恃上之人之有以弭盗而究歸于無盗而已矣今夫天下即晏安也而未免有殺人萑苻者矣而未免有膾人東陵者矣而未免有稱豪綠林者矣而未免有弄兵潢池者矣如是安得不思所以弭之然而弭大盗易弭小盗難大盗如斬木揭竿之陳勝吳廣也如赤眉之劉盆子也如黄巾之張角也如燒香聚米之劉福通韓林兒也如販鹽之黄巢王仙芝朱清張瑄之屬也其釀禍有自其激變有由其稱亂有方隅其盤踞有巢穴為之興師振旅摧枯拉朽以大敵臨之可以使之立就撲滅而不得以復振若夫穿窬之行漸而為梁上之謀饑餒之餘積而成嘯聚之族其興也勃焉其亡也忽焉乘人之所忽以為聚散故往往出于不可測大盗成其為盗故弭之有方而可以立殲小盗為其不成盗故弭之無時而不能遽靖然而弭之固難因其弭之之難而弭之抑又不可以不亟弭之維何是在擒勦之權而寓撫綏之術鉤致之法而行化導之方而後可以言弭張敞之治京兆而以赭污衣裾虞詡之治朝歌而以彩線縫裾則擒勦之權也趙廣漢之治三輔而設鉤鉅王溫舒之治關中而設缿筩則鉤致之法也尹翁歸之治扶風而以知主名龔遂之治渤海而俾其賣劍而買牛賣刀而買犢則撫綏之術化導之方也捺此數術不惟得盗之勢而併以得盗之情不惟得盗之情而且以得盗之心夫至于得其勢與情與心矣而尚不革心革面惟我是歸而猶相率而為盗豈理也哉雖然言盗于今日則猶有難焉者有東南之盗有西北之盗則又以為弭東南之盗易弭西北之盗難東南之盗多出于饑寒西北之盗則皆出于飽煖出于饑寒者不得已而為盗出于飽煖者則大得已而為盗其情之苦樂不同其勢之強弱亦特異彼夫東南之民或苦征斂或苦水旱或苦疾疫或苦兵火衣食不足則禮義蕩然然則足其衣食仍然一禮義之民而已矣故偶爾饑寒則民皆迫而為盗使之飽暖則盗皆反而為民若夫西北之民負質剽悍金革索衽以弓馬為長技犯刑憲如飲食故往往有紈袴之

子尚氣之徒其始慕為任俠如朱家郭解之流其卒流為大寇為田虎宋江之屬則東南之盜兼用撫綏而西北之盜專用擒勦東南之盜兼用化導而西北之盜專用鉤致是在嚴馬禁併嚴弓矢之禁用保甲法併行之村堡之閒而後可言弭也今馬禁已行矣從而加厲馬而後取弓矢之禁與夫保甲等法行之秦銷兵非策也而獨用之以治响馬則盜無所資宋王安石保甲非法也而節取之以治响馬則盜無所容予以甚窘之勢而不復有能逞之形驅之自絕之塗而亦未嘗盡塞其自新之路則响馬可以去而西北之盜漸息西北之盜息而東南之盜不足憂矣惟善用者採擇焉

說察

說察之道於城守言其弊而未言其利利在表裏城守而遠近相為用則其道與城守同城守之道曰守境守境在守郊守郊在守關說察之道亦曰在察境察境在察郊察郊在察關古云為關禦暴說察非常言在明也以境守城以城遥制敵以城守城以境飽敵以境飽敵即以城飽敵以境察城以城遠絕賊以城察城以境入賊以境入賊即以城入賊今之說察法亦曲善止乎城以內與其門而已顧即不以城入賊以境入賊矣以境入賊即以城入賊之漸弊在以城察城而一境之內不說今之說察置門卒捍棘木盛器衛辨音聲考冠服詢土居究親朋內則嚴旅寓稽戶口定牌冊編年貌勅僧道淨寺宇以法坐生面可疑之人及其所主之家法則善顧此種種守皆知為之夫內城之賊則說矣然而滿城下也不滿城下必滿境中以說察之不至于城下與境中也入乎境必漸逼乎城逼乎城必漸來其守之懈與其隙而入乎城其始為門垣之寇而後為室堂之盜則其道在察境為察城之先聲以察城防營境之踪網表裏互詰遠近交攻則賊不入境而城以外內可無憂然則

察境之道維何即因城守而爲功故以兵守境即以兵察境郊關衝要之地必爲姦賊之所踪以兵察之道行十人詢其縣道行五人詢其縣道行一人詢其縣不禁証據之農民不阻來歷之商賈外此有小不信即屏逐之有大可疑即執問之勑其首領相以嚴官不得貪貲罔坐兵或憚煩亦用更番而衝要之賊清矣路之小且便者亦置盤詰之司察以守兵如衝要所而諸路之賊清矣其餘散鄉下里鄉有保里有長命有守官率令編保甲練鄉兵亦如都城給以更牌花冊人聚處置牌人散處給冊紀户口辨男女稽面貌嚴寢宿忌踨迹難明之人如有隱者或與出入四鄰得公鳴之保長申報之四鄰不鳴罪同四鄰保長不報罪同保長十夫之宅嚴如都城而四野之賊清矣進此城以外亦巡綽如城中夫賊不識鄉導凡有來者必值吾兵而土著入賊軍者又畏不敢遊故里則賊之至吾境者亦果希有夫城則說之于内境則說之于外而城以外境以内凡郊關鄉遂之地又互相警覺以說于中晝閑遠至宵禁微行城門則朝與午一日再啟以運水草以便交易兼通出入餘時則鎖鑰謹閑以清支離數法並飭賊即潛入内地之中難逌重關之察則賊將不易入吾境矣不入吾境則不能窺動靜于城下不窺城下則不能觀虛實于城中故察城必先察境而察境兼將察城抑遠方之人多託親朋以進夫親朋亦未可盡恃也夫觀遠人之是非必觀近人爲所主者之人物貴賤大小身家體統以分疑信可也不然惟土著者遂可以信也彼土著者之人之賢不肖又豈可以盡信乎

制兵

有賊之名有賊之形者可避無賊之名無賊之形而有爲我去賊之名爲我去賊之形者不可避有爲我去賊之名爲我去賊之形而乃因之而爲賊遂以不可避而墮其中斯毒益深而民益困今之兵去賊以爲賊者也未嘗去賊而爲賊與賊同爲賊者也今之賊爲兵任賊名任賊形者也故民前憂賊後憂兵賊之來也必有先聲自遠而近自鄰而家自縣而郡自村而鄉或望塵烟或馳羽檄民皆知曰賊至矣吾起而避之或東西竄而遯其鋒而不盡至蒙其僇賊去而復安堵如居人何也有其名也有其形也兵至則曰無畏寧爾也民亦相信曰無畏寧爾也顧家已爲賊破矣人已爲賊僇矣乃兵尾而鼓其後未見賊破家而兵衛之賊僇人而兵奪之者所謂寧爾烏有也乃一旦而至其家家乃破之餘人乃僇之餘惹其餘者而盡破焉不僇人而人寔有不如僇之勢何也僇則死矣不僇而奪其資以生是生之死也死生不可窮之又窮然則兵而賊矣胡不以爲賊焉而逃之而且就之而且忍之無其名也無其形也故曰有其名有其形者可避無其名無其形者不可避也某地有婺居者聞兵至闔門兵掠地至其家怒碎婦門盡掠其金貲而笞之垂死又某地有婺居者聞兵暮至懼假宿閭門兵彊之婦犇淫誣督者臺督者怒以矢貫耳示諸里兵乃滋益驕烏摩先此兩事耳所餘耳外此刼人之才傷人之業毀人之居淫人之室不卒於書顧凡此者皆兵耳賊擅其名兵漁其實則兵喜賊民遇賊不謂生而生遇兵不謂死而死則民避兵民也進魚肉于賊退魚肉于兵避賊而之兵又之兵而之賊之兵之賊而思避而民卒至無所之故毒益深而民益困且夫兵貪而不可用兵驕而不可使其禍流于民而其罪遺于將則在以法救將以將救民兵合而制之則勞分而制之則逸將則總兵總兵之下有遊參遊參之下有守總守總之下有千哨千哨之下有十佰長十佰長之下爲散兵名雖盡存實則懈弛不相約束今仍其名而約束之督之以法而輔之以威散民屬之十佰長十佰長屬之千哨千哨屬守總守總屬遊參統而屬之以一將自將而下自兵而上而遞制焉而遞屬焉且下者服乎凡爲上上者服乎凡爲下而又相爲制又相爲屬焉而于主者復重之以權而嚴之以令屬者不法主者治之屬不受治

將則傈之主者不治罪坐主者自上而下毋不視滋法則其勢分而易為治分其主則分其數分其數則分其心分其心則分其勢分其勢則各受治而不至于叢生變顧兵寬之則驕而急之則又易為亂此必徒威而無恩威以陽之恩以陰之陽束其體陰戀其心將以下同甘苦念温飽恤勞役齊結束威則曰將軍畏我恩則曰將軍愛我畏則不敢貪愛則不忍驕然後兵有不法則聲諸軍與衆是之與衆非之與衆賞之與衆罰之與衆生之與衆殺之一軍不敢有異同而受殺者不獨殺其身直殺其心矣抑約束之失一失之于其法寬一失之于其勢散將統一軍歷都經野絶續而進亂于縱橫後者畏其近將而守法前者以為遠不及聞而盜矣前者畏其近將而守法后者以為遠不及聞而盜矣故單行則左右屬聯如秋羽遠近相望如炎星車不停輳騎不存鸞雞豚蔬果竊者必誅則其勢不散于行而行剽于塗之患息處則重兵所住無令不得散入村里都城制為部冊紀其名貌點不循時分屬清查各聽其主仍相譏察以嚴規避至者賞後至者罰不至者誅無故離營地者責讓無故入市者笞杖無故入民家者罰金無故竊攘貲物者劓刵刑兵始前畏稽冊後憂贖刑不敢四出縱恣生非則其勢不散于處而居橫于里之患息兵散束之以主兵頑整之以法兵玩肅之以威兵愚養之以恩兵行嚴之以制兵處重之以稽查數術盡備則兵不敢驕而貪不敢驕而貪則必不敢因賊以為賊不敢因賊以為賊則禍不至流于民而罪不至遺于將

遼東屯田議

興屯要政也而今于遼為益亟遼可以不衛不所而必不可以不屯何以言之遼起東海岸西至薊鎮沿邊二千餘里今雖畜牧之地而實沃野資粟之國也明初廢郡縣置衛所于遼陽開原設自在安樂二州今更廢衛所復置郡縣其創制異者何也蓋昔以遼為重邊而今以遼為內地重邊則宜分鎮內地則宜分省此不待再計而決也今則當事已有定論矣而茲復議屯議省者開遼之規模議屯者保遼之方畧兩者相須以為表裏不可不講也今以全遼言之其極衝之城七曰遼陽義州開原廣寧寧遠瀋陽錦州次衝之城五曰海州鐵嶺中固蒲河金州凡此十二城者幅員非不廣饒原野非不沃衍人民非不衆多牛羊駝馬諸畜非不羣夥然而土物減少谷粟虛耗市多游食之人野盡不毛之土則嚮經殘破以來沒世而未復者也夫民為邦本食為民天遼之人不能一日不再食遼之土即不可令一日不出粟以必粟之人需宜粟之地而當嚮經殘破之餘民自為耕則不能官移之衆則不繼勢不得不迫而歸之于屯此所謂以官養民為損上益下之道而卒之以民奉官為上下俱益之道也顧興屯有五要愚為條列之一曰清屯地二曰選屯丁三曰給屯資四曰緩屯征五曰廣屯利何為清屯地攷之明初守邊之策立法分屯屯為遼故事則必有屯故田今雖荒蕪汙萊而其壤地可清查也為稽某城若干地某地若干屯在山者若干畝在地者若干畝近水者若干畝舊地可屯者若干畝新地可屯者若干畝為之井疆以畫之溝塗以界之封植以識之畎澮甽洫以經緯之為之穿其渠塘疏其水泉辨其土宜別其穀種小荒之地糞之沃之種以芸以薅之粟中荒之地灌之溉之種半芸半薅之粟大荒之地闢之墾之種不芸不薅之粟小荒者一歲而熟中荒者一歲而小荒大荒者一歲而中荒積之三歲五歲以蓄以畬無地而不可田矣此清地之法也何為選屯丁四民之業惟農為苦商賈勞而逸三農勞而勞非壯有年強有力者不能任其事而習其苦故古者男子年六十以上十三以下者皆不得服役則亦不得力田因人以選年因年以選力因力以選勤召募者若干人土著者若干人而且減其授田節其生力可百畝者七之可七十畝者五之可五十畝者三之力者則功勤功勤則業精無

人而不可田矣此選丁之法也何為給屯資應募之民不能載其耒耜以往土著之民亦復徒手而居為之給其車牛助其穀種而且厚其衣糧備其器用分其廬舍優其妻子夫民餓不能勤日作寒不能舉歲功無室家則無由安土而重遷無八口則輕去其鄉而寡所係累可田則田不可田則去是雖屯而不屯也反此數者則一屯而永屯也此給資之法也何為緩屯征有利則民忘其勞無害則民忘其苦屯遼亦勞且苦矣自非有利無害以招之恐畏足而不前也故使隨屯而隨征荒畝之所入不足以供一歛之所出不及一年而民流户散矣是在免其數年之賦歛以厚其私家之蓄積蠲口税以復其身去力役以復其家畝收數石則彼之粢梁也歲收數十鍾則彼之京坻也三年耕則彼有一年之蓄也九年耕則彼有三年之資也而後徐起而議征且遠稽于中邦成賦一切三等九征之數則民自以人給家足為樂而不以輕傜薄賦為苦矣此緩征之法也何為廣屯利屯之初必不能盡有其地即有其地必不能盡有其人即有其人必不能盡有其資即有其資必不能盡有其時與其力量力以給時量時以給資量資以給人

量人以給地百畝之中或墾其十之七百人之中或役其十之七力漸用漸出時漸久漸暇資漸深漸裕人漸集漸繁地漸闢漸廣一歲墾其七積歲可百畝矣一歲役其七積歲可百人矣不出十年而此疆彼理原畛相望星羅棊布阡陌成羣無地而不屯無人而不屯矣此廣利之法也五要具舉而屯之能事畢矣且復督郡縣長吏行勸屯之典點游食閒民謹食屯之數賑貸補助脩屯之水旱鈐柝守望防屯之盜賊行之朞年而衣食足行之三年五年而風俗變行之七年十年而禮義興行見全遼之閭㢑土以沃沃土以饒粟米滿廩庾馬牛滿街巷男耕女織烟火萬里將三十年以前富庶衛煩之備所且復且變而為財賦克牣之郡縣焉為關東之一大都會亦即朝廷之一大積貯矣然有策焉方今天下需用甚急也遼之費或不能支是用復當年鹽課開邊種引之法為第一務夫種引之法一引輸粟二斗五升商人親詣邊納之商人無賫幣之累朝廷省轉餉之勞遼人有得粟之樂一舉而三便也自後商人於產鹽本處折色納銀而引法遂廢屯政以壞邊事亦虛故夫鹽政與屯政相為表裏而不可偏廢而軍政亦即以寓焉

遼在昔固為邊今雖為内地而亦未嘗遂非邊者以外附之國東北則有建州毛憐等衛西北則有朶顔福餘泰寧三衛不屯田則全遼皆虚屯田則全遼皆寔屯田之人可以為守而不用州鎮之兵屯田之粟可以為粮而不賴東南之餉一舉屯而强兵足食寔内地備邊塞道無不得也當事者慎毋奉故事而謀之不審計之不詳行之不力則全遼幸甚朝廷幸甚謹議

論集

性論上

形氣之謂人主宰之謂心生心之理之謂性為人物得之為物物無為而人有為有為之跡殊故性之説歧有有為而善者矣有有為而惡者矣有有為而善惡參者矣有先善而后惡者矣有先惡而后善者矣有不善而不惡者矣其有為而善曰性善也有為而惡曰性惡也有為而善惡參曰性參也先善而后惡先惡而后善曰性中變也不善而不惡曰性渾敦也性一而言性之家六是六其性矣六其性惡在其為性之一乎此性之理不明而性猶存性之理愈明而性反失也孟子曰性善告子曰性無善無不善或人曰性可以為善可以為不善又或人曰有性善有性不善荀子曰性惡楊子曰性之善惡混韓子曰性之品有三有上有中有下凡皆援古證今因人指事以求實其解嗚呼凡前數家皆似是而非而唯孟子之説為終不可易而未暢厥旨故各是而相非也蓋人性止有一善而或有時近於數家之説者則其氣稟物欲為之也而好事者又謂其有義理之性有嗜欲之性嗚呼性有二名幾何其不同於六説乎

夫性一耳義理皆强名而何有嗜欲嗜欲者即氣稟物欲之説誤指而得名者也今夫成人有氣稟而復有物欲童子無物欲而但有氣稟故言成人之性而易為其物欲所欺言童子之性而每為其氣稟所誤也氣有清有濁而質有純有駁習有邪有正而情有淑有慝性之乘於清氣者多則醇矣乘於濁氣者多則駁矣其醇與駁氣也而非性也性之染於正習者深則淑矣染於邪習者深則慝矣其淑與慝習也而非性也故有童子而循良者有童子而凶根者其先天之氣稟殊也以為其性則然何以無不知愛其親無不知敬其長也有成人而敦篤者有成人而嚚訟者其後天之物欲殊也以為其性則然何以見孺子入井而皆怵惕聞盜跖其行而皆羞惡也故夫性者内也一而不雜者也氣稟物欲皆外也雜而不一者也使各去而物欲化而氣稟則濁者皆清駁者皆醇邪者皆正慝者皆淑矣而謂非其本性之皆善也其亦何能强人以本無而易天所不足乎要其所謂氣稟物欲之説者不惟人然物亦有之彼夫鷙鳥猛獸不得與仁麟威鳳比良者非其性然其氣惡也若夫豺獺知報本虎豹不食兒以言其性則善矣而何疑於人疑於人者天命之謂性性固天命者矣天亦將命誰為善誰為惡乎誰為善且為惡乎誰中更其善惡而為之誰毋為善且毋為惡乎誣性可也誣命不可也誣人可也誣天不可也

性論下

性有體有用體一而用殊體稟天而處天無智愚貴賤之別故一也用乘氣而動氣有陰陽淑慝之分故殊也然則不特非其體殊也用并非其用殊也用之著於氣者殊用之率於性者仍一爾水之洌泉而出也其源則清自其幽折散落泥污之間乃有濁焉謂其源則已然豈流水之本哉然則併其所謂物欲焉者後天者也習也非性也不必辯也所謂氣稟焉者先天者也非性也似性者也宜亟辯也孟子之言性善去氣稟而言者也荀子之言性惡耑言氣稟者也楊子之言善惡混兼性與氣稟而為言者也韓子之言品有三上焉者言性中下言其氣稟也其引孔子曰唯上智與下愚不移孔子亦言氣稟也非言性也子貢曰夫子言性與天道孔子言性連於天道矣謂性不皆善將謂天道亦有惡乎哉且孔子曰性相近習相遠吾不謂其善與惡相近且以習指善言也告子之說反荀孟可善不善之或說近楊子有善不善之或說近韓子而失其中要皆雜言氣稟也孟子祇言性故其說是荀子祇言氣稟而不及性故其說非其他諸子言性而兼言氣稟故其說是非參而說者曰性之乘氣而發也猶火之竄烟而出也烟有輕有重重亦不至遏火之明氣有清有濁濁即何至揜性之善乎余曰噫正如火然烟輕則火明稍重而火明暗半烟重則火暗而失明矣而究之火體之本明者則同則性體之本善者亦猶夫是也儻必謂人性有善惡將亦謂火固有赤黑乎且夫聞有瞽瞍而底豫傲象而克諧者矣卒未聞堯舜之變而為桀紂夷惠之易而為蹻蹠者可知性之未嘗以惡為宿而必以善為歸也何也本善故也

季布丁公論

興亡之際其出處利害之機亦危矣已求於人者重而求人者輕刻與權術自貫之主遇其為禍福往往至於不可測漢高權術之主也貫輕士嫚罵役智籠人大抵轉於張良陳平目足之際且多以前倨後恭陽賤陰貴之使倆顛倒楚漢之際之豪傑故罵韓信而王之辱黥布彭越而極富貴之皆其故智不足多也顧用此智以用人可也而間用此智以殺人其可乎季布之為項梁將也數窘辱高後項楚滅求之急布髡鉗為奴賣于魯朱家朱家為說滕公謂布各為其主而不應以私怨求一人滕公言之赦召拜郎中說者謂高之有人君之度也能用賢也不宿怨也乃亦知高固將以其用布之術致楚之亡人新附者乎丁公聞其風以為漢王真長者固能用怨我且有恩來謁見高而乃徇之軍中也曰丁公為項王臣不忠使項王失天下者丁公也遂斬之且曰使後世人臣無效丁公也案其狀則丁公亦項王將也嚮窘辱高彭城西短兵接高急顧曰兩賢豈相戹丁公乃還而縱之縱之是以見殺也烏虖季布丁公皆窘辱高者耳而布卒以用丁卒以誅說者謂高為壯布之始終不肯為漢屈節而惡丁之縱敵賣楚也而不知其皆術也其用布也將以示於人曰布之有怨於我者且用之漢之不以念怨棄敵國也如是天下其歸我乎其斬丁也將以示於人曰丁之有恩於我者且誅之漢之不以私恩廢大義也如是天下其忠我乎顧獨不思用一布不足遂感田横好義之輩斬一丁公而適以釀他日韓信彭越陳豨豪傑解體之萌而速其釁漢亦何所利哉甚矣漢之少恩也故夫季布可用也用之誠是也丁公可斬也漢高斬之則何忍也賞人之將殺己者而誅人之卒不殺己者豈人情哉烏虖兩人皆有得罪於漢之勢而卒之禍福異者惟其求布急而布乃出而又有人漢高之側焉故反重之以為可以市恩也未嘗求丁公而丁公至而又無人於其側故輕之以為可以示威也故曰已求於人者重布之謂也而求人者輕丁公之謂也其在漢高凡皆賣人以行其術爾豈真為楚誅不臣者哉且夫其求布急其先亦一殺布之意也微朱家滕公則季布亦丁公之續耳且如雍齒微張良幾何其不卒殺雍齒哉雍齒季布丁公三人者固皆各有幸不幸任以其死生榮辱玩弄於高股掌之間也故論漢高者少

恩其本也大度詐也用仇誅不忠飾辭也凡皆行其智術而已矣噫身為帝王乃以人之死生禍福而快一己術智之用其可訓哉雖然丁公為楚故將楚滅不殉為季布所為其可耳顧不出此乃挾恩而倖仇讐為丁公者亦難矣

天下文章莫大乎論

今夫以文章為文章其為文章也小以人才為文章其為文章也大著書立說表章經術藏之名山傳諸其人不過一人之事以古今第一流人物立天下不世出功業焜燿皇路美章盛傳此非僅一人之事而實煌煌乎天下後世之鉅觀也無文章而非政事即無政事而非文章此其文章為何等乎說在宋之以歐陽入翰林以韓琦居政府而論者以為天下文章莫大乎是是豈非以人才為文章而不僅以文章為文章者哉顧文章亦難言爾文章之運與世運相高卑古之風茂故文亦茂降而下世風遞衰故文亦遞衰古之文典次墳索次丘夏書次虞書商書次夏書周書次商書三代已然三代而下秦漢降六朝至唐而少興旋降為五代沿而至于宋而歐公即以振古之才生三古之後欲其起衰濟弱亦誠難且如子長識于班而孟堅亦非全史之才王粲弱于建安而盧駱王楊師旦且以為浮而見黜即蘇子瞻公所舉文章大家也而朱子謂其蚕拾蘇張之唾餘晚尋佛老之糟粕夫識其徒識其師也則識子瞻亦以識公也然而公之所為文章天下誰得而識之論縱曰則文

而仁論朋黨則文而節論伶官則文而理賦秋聲則文而華而其大者在修五代史與辨生父母之喪史書成而天下有君臣喪制定而天下有父子其倣麟經之遺筆而嘵嘵于司馬諸公之前者千古且有傳文而其經緯天地潤色國家者更在知貢舉一事公之拔擢天下之文章沙數也而最著者曾與蘇謂南豐曰曾子文章世罕有水之江漢星之斗長公曰吾文如湧泉可以不擇地而出且讀海外集是天下之奇也然而次公難為弟不獨長公難為兄此三子者皆公所得士也皆公試之論策之雄長者也非公天下才而一代宗烏能得人甚盛哉然天下不患無永叔之才為魏公者極難耳愛才宰相事也忌才亦宰相事魏武有遠畧而于德祖之才且殺其身而奪之君臣尚然況同列為人望乎則修在翰林而琦居政府一擅清望于當朝一秉樞密于皇路有相代之勢有相形之嫌則修而免琦之忌足矣無忌而有譽辭亦已過矣甚即譽之為荆揚之偉俊而一空豫章之才亦已無加矣廼譽之為天下之文章修即有奇聞壯采以歆耀當時然非附休休有容如魏公者烏能聲施後世哉天下宰相之天下則天下之文章宰相之文章且魏公之所為文章未嘗不與修並傳識量英偉執政三朝盡力事君而不恤乎死生成敗以事君為文章者也取事稟帝白后求去使太后復辟而命鸞儀速撤垂簾以正統為文章者也薦仲淹于永興試舉士于臺閣以進賢為文章者也斥張士遜非政府之器諫王隨等非輔弼之才以退不肖為文章者也且為右司諫前後七十餘疏則文章著于諫垣後知制誥而合班奏事不避中書則文章炳于劄子元昊無約請和廼戒嚴諸將而自行邊則文章赫于退敵之詩營修洛都密定討伐以和好為權宜以戰守為實務則文章威于嚇蠻之書夫惟匠石可以知玉惟子喬可以相鶴惟伯樂可以辨馬而惟天下光明俊偉之器可以識天下非常不次之才此二公之所為相需殷而表章勿倦更于魏公服其度兼服其才也然非歐陽天下才而一代宗雖以魏公之休休有容亦烏能阿好至此哉且琦遇事敢言切而不迂修論事切直人視如讐則二公之風節符同且有相遇于文章之外者一在政府一在翰林所以夾輔星日之光而焜煌雲漢之表不其偉哉抑文章又不獨在修一人而已皇宋以來闆閭濂雒之教興而天

下有理學之士田包李趙之族盛而天下有忠節之臣范富鳳蹈于中朝張岳鷹揚于上塞又得王宋諸文士吐館閣之春華樹羽儀于玄櫃而得公以為之宗此其與魏公忠犯人主勇奪三軍道濟天下而文起八代延皇宋數百年之社稷于炳烺者也古今以韓柳歐蘇稱四大家夫韓則海也柳則山也蘇則潮也公與三家並驅而擅其兼長故曰天下才而一代文章之宗

古今朋黨論

朋黨之係人家國安危之際豈細故哉歐陽子云君子以同道為朋小人以同利為朋一也而有君子小人之分朋而黨則併君子也而小人之矣人臣正色立朝乃心公室獨行踽踽絕無私交而後可以上報國家下立人品若夫建樹與援分别門户以領袖人士為己資以進退賢不肖為自便計即非罔上行私傾危社稷之輩顧事不由國是政半出家門一時士大夫不奉朝廷之衮鉞而反道草野之清議波靡而成人心浸淫而為風俗國家之神氣于此暗移而其元氣亦于此漸耗而不可收拾識者讀史至漢以下未嘗不三太息于其間也西漢無黨而亦無朋東漢有朋而且有黨諸如三君八俊八顧八厨八及之輩矜尚名節互相標榜登堂拜親千里致客譽一人不難損己以增高毀一人甚至戮之市朝而莫之恤其習氣漸靡之所致自古以迄于今未有如東漢之末之甚者也而唐則有牛僧孺李德裕之為黨其黨局不如東漢之錮其黨禍亦未有如東漢之深然白馬清流亦未始不禍至嘗烈朋黨自漢以外又未有如唐季之甚者矣至夫宋又復有洛黨蜀黨之名時

蓋以司馬光程頤劉摯之輩當之或以事業樹標幟或以文章爭壁壘或以理學立壇坫甚至國門立黨人之碑而公道動安民之憤豈盡衆君子之是而諸小人之非耶蓋亦未免君子意氣之爲害而馴致小人攻擊之日深爾總而言之東漢李范之黨純任氣質者也唐牛李之黨邪正互見者也宋洛蜀之黨真僞參焉者也漢之朋黨與不數傳而漢亡唐之朋黨與不數傳而唐盡宋之朋黨與不數傳而宋且轉北而爲南雖中興而勢輒終于不振也豈非朋黨之與人家國安危之故實則互爲倚伏者哉或者曰漢之亡亡于宦官唐之亡亡于藩鎮宋之亡亡于金元于朋黨乎何與顧不知朋黨之起名爲君子攻治小人而君子實爲小人所攻治攻治不已一變而爲閹寺再變而爲藩鎮再變而爲敵國外患焉譬之治疾者然疾之初起始而扶正氣以攻邪氣不得其道而正氣反爲邪氣所攻往復不已究之邪氣未必能盡除而正氣遂受其困頓而不可救漢唐宋朋黨之爲害何以異是而有心于治國家者豈獨嚴于防小人而不思朋黨之君子實階之厲哉

四皓論

處士而盜虛聲秦漢之間多有之彼四皓者不知何許人也傳聞隱商山年皆八十餘鬚眉皓然衣冠甚古夫抱道而老不爲世資其隱君子流歟漢高帝欲立戚夫人子趙王如意吕后恐與張良陳平輩謀謂有商山四皓者帝每欲名見不果致爲名侍太子帝見之知爲東園公夏黄公綺里季甪里先生帝輒以爲太子羽翼已成卒寢廢立之意蓋四皓以高帝輕士嫚駡孝惠賢明仁恕故不應帝召而應太子之招誠有道者言哉雖然四皓誠有道爲隱君子者秦楚之際入山恐不深入林恐不密矣謂高帝不能致而孝惠能致之耶彼不事王侯高尚其志且廢君臣之義肯與人父子之間耶抑高帝不能致而孝惠能致之實良平輩致之也良平輩能致之則四皓者直良平輩人也應奇計而出抑戰國策士之遺耶侍太子而後卒無所表見且不知所終得毋詭借名氏以愚好名之主歟則四皓者四老人耳匪真商山四皓也

四君論

戰國有四君四公子也一趙勝一魏無忌平原信陵是稱兩君楚一君為公子黃歇號春申焉孟嘗君田文則齊公子聞是時四君食客甚盛孟嘗蓋三千焉馮驩輩而外率皆雞鳴狗盜其他公子食客雖多多不傳其概烏虖不士而客且尚食大抵皆戰國任俠者流耳諸公子者亦特任俠之雄耳豈復尊賢養士如昔伯王之資哉雖然孟嘗客少見三君客僅傳意三公子客且出雞鳴狗盜下者乎噫無客甚矣

漢諸儒執經問難論

國家崇儒術而經術興崇經術而儒術明儒術經術相表裏而表章之庶幾吾道明而天下因之以幾治經術者若日星雲漢之昭回于天若江河華嶽之流亘于地人主所尚在此則日進于王道所尚不在此則未免于雜伯小休者亦既彰明較著矣顧人主者作經術者也而儒者明經術者也人主即欲購求遺書表章絕學而不得經明行修之士相與表大義析微言鼓吹休明而爭光日月不幾玉卮無當雖寶而非用哉此秦皇漢武雖有雄才大略而不可與圖治唐太宋藝即銳意圖治亦終雜而不醇者無他攷古之術疏而經術制治之源流不講也㫖哉漢明幸辟雍禮畢升堂而與諸儒執經問難此殆聖學昭明之漸而制治清濁之原矣自夫有易象春秋詩書禮記是謂五經附之以周禮儀禮併增之以論語孟子左傳公穀孝經爾雅是謂十三經三代以上無經而有經以經之學所自來也三代以下有經而無經以經之傳所由失也漢之諸儒承秦雖迫而去古未遠雖遭坑焚之慘不無文獻之樂有易則有揚劉有詩則有二毛有壁經則有伏生有禮則有二戴有孝經爾

雅諸書則有顔芝終童諸儒他未可殫述凡皆魚魚而雅雅彬彬而郁郁可謂儒術丕振而經術蔚興矣洎乎西漢若高祖誇馬上而溺儒冠文景稱仁儉質美而未學東漢若光武雖嘗幸太學而祇取文具習故事而已獨至明帝則天子以經學求諸儒以經學進自為辨説而復互與揚扢縉紳冠帶環橋而拱聽者蓋億萬計也不其盛乎雖然學在明理徒博無益傳廸多讀而不解譏以書簏陸澄廣學而昧理號為書廚房輝遠之五經庫殷踐猷之五經笥此皆未能好學深思心知其故抱殘守缺而與于不學無術之甚者也故荒經者亂之資也通經者治之資也通經而未明經者亦治亦亂之資也則夫執經者通經之事也問難者明經之事也以五經六經而論溫惠柔良詩也淳龐敦厚書也清明條達易也恭儉尊讓禮也寛裕簡易樂也刺譏辨義春秋也此執經者之所知也易之失鬼樂之失淫詩之失愚書之失拘禮之失忮春秋之失訾此問難者之所知而不問難不知也以十三經而論孝經有百家之註論語有齊魯之異孟子有趙陸張丁四家之註釋爾雅為九流之輿旨周禮為三禮之綱領此執經者之所知也孝經宗于劉炫而讖于陸澄論語之章句出于包周而宗于王何孟子尊于余允文而刪于馮休爾雅辨于終軍而究心于郭景純周禮六官皆有可議而甚于司空此問難者之所知而不問難不知也漢時雖有十三經之名而以六經為宗雖有六經之名而以五經為用明帝少師桓榮敬受尚書留心經術可謂深且久矣旋與弟子踐名教之地攷六藝之文主客數沓往反精苦攷古之學其彬彬焉以較東西漢之二祖列宗其亦不啻河漢已抑夫充諸儒之用即皆李躬桓榮三老五更之選也充執經之用即朝廷明經取士百執事庶司引經斷獄之資也充問難之用即為郎而不為蕭伏獵作相而不作蘇摸稜之義也上不過一學問之天子而有儒者之氣象下不過如白虎談經之故事而未有學士大夫之建明乃實則格致誠正之天德王道齊治均平之盛德大業所由醖釀而設施焉奈何孝明有人主之高致帝王之盛節而桓榮專事章句不知修身治天下之道以輔成其君之德業遂致永平之治如是而止也惜哉雖然三代而降秦不具論獨是漢儒與宋儒並稱而唐遂不及至東漢之儒術深醇且有遠過西漢者其亦庶幾顯宗

辟雍作人之遺意歟

讀二十一史論

史學蓋其難哉自盤古而後以迄九頭禪通循蜚因提疏佗諸紀皆古史也而或失則荒攷古之家難言之孔子删書斷自唐虞降而夏后商周以及秦誓其閒傳不一姓史不一書然而古之遺直猶有存者故自秦漢以上無譏焉談遷之世官龍門也稱爲太史令而子長猶獨著史記以傳其閭巷任俠尚貨殖文辭雖最優然殊失古史官遺意猶曰此司馬氏一家之言也若漢書實成于班氏論世則將自漢始論史將自班氏始班氏漢書可謂贍而不穢詳而有體然嘗折忠臣賤直節已後漢書則范氏踵班事而增之以華藻亦至腴已然諸如烈蔡琰酷董宣之類君子讀前後漢譏者不無遺恨焉若夫陳壽之三國志李延壽之南北史稗官小説而已魏收之元魏書穢筲而已沈約之宋書蕭子顯之齊書姚思廉之梁書陳書李百藥之北齊書令狐德棻之周書學究記而已若魏徵之隋書傳亮之晉書與夫唐書舊唐書暨陸游之南唐書等編亦俱不無可論可議之事存焉所可嘉者其歐陽公五代史乎以治法正亂君以死節植臣紀然而載瑞遺災猶非垂戒之意也其司馬公

通鑑乎既有關風教亦可鑒興亡然而進曹抑蜀猶非正統之說也其蘇子由古史乎攷諸儒之訂證糾馬遷之述誤然而降孔尊毌猶非明道之旨也於求古今信史則惟朱子綱目而已嵗周于上而天道明統正于下而人事定黜武后而存中宗削曹魏而帝昭烈莽大夫以誅阿附晉處士以表忠貞蓋儼然麟筆哉迨金履祥得其意而為通鑑前編于宋可謂有史矣及後遼金元雖有分注一統正閏之别而實各有史然以之紀事則有餘以之考信或不足則綜古今二十一史以旁及諸家記注諸編而論列之而必以朱子綱目一書為斷其史家千古之定論哉夫以史家而斷得朱子綱目一書而已史學不其難哉

停刑論

事有近是而實非者有衆人為此一事而近是一人為此一事而實非者不可不察也大司寇之奏特簡而出也明刑弼教于此觀政體焉乃首疏停刑一時内外之人莫不以為此大司寇之仁心為質而澤且及亡命也烏虖失政體矣孟子有云惠而不知為政其此之謂與君猶天也君之施政令猶天之行氣化也大臣之奉君以施政令猶風雨雷霆之百神之奉天以行氣化也一嵗之内君不能有慶賞而無刑威猶天之不能有春生而無秋殺儻云停刑是君之秖有慶賞而無刑矣謂天亦秖有春而無秋有生而無殺可乎哉如其囚當釋即釋之而不以為恩否則其在諸不赦之條者即殺之而不以為怨彼夫朝審秋决三覆奏而便决識重典也而固可廢乎哉路温舒即有尚德緩刑之一書其意亦謂在德不在刑非謂其竟取刑之所不當停者而停之也且若囚當日取無辜之人而賊之也曾不許其緩須臾之死而今之為此無辜之人而復之也乃竟許其多嵗月之生是何刻于待無辜者而寬于待囚者哉舜為天子皐陶為士瞽瞍殺人為皐陶者惟執之而已彼大司寇固

非執法之一人哉天子偶停刑不失為欽恤之仁諸大夫請停刑猶不失為好生之意臺省疏停刑即已失進言之體矣至大廷尉操平反之權大中丞為會審之主失出失入不容姑貸可矜可疑烏容濫觴況刑曹為出生入死之地司冦為明罰勑法之官而固可以意為寬假沽名市恩為哉昔唐太宗縱囚歐陽論其非今大司冦停刑士論以為是以予觀之縱囚停刑後先一轍爾然則古今是非得失之林不可不察也

為士瞽瞍殺人為皐陶者惟執之而已彼大司冦固

唐武攸緒論

古今少隱君子唐武攸緒者其隱君子哉以則天為之姑以士彠為之從祖父以承嗣三思為之兄若弟一時椒房之親煽惑朝野傾陷中外潛移唐祚僭號稱周而攸緒獨疾首高蹈超然肥遯棄國戚若敝屣視偽主如冦讐不惟犬豕昌宗易之懷義輩而亦且以仁傑柬之敬暉諸君子為庸庸碌碌者流已雖然攸緒之挂冠解組可謂歸潔其身矣獨奈何小之不能犯顔强諫歸正國祚與人母子之際大之不能職棄宗親勤王舉義處人君臣之間而乃然一去遂畢平生委骨肉于刑餘置家國于度外俾中宗不得正其始則天不得正其終也例以春秋之大義攸緒其亦何以處此哉烏虖五王義起玄武兵臨反周為唐此亦時數之適然耳前此不少豪傑之士豈無撥正之謀帝在房州賊居天室周唐之際殆有天焉以諸君子興唐而卒不易興以諸武廢唐而卒不得廢此豈一手一足之烈所得恢復從心而翻覆任意者哉若攸緒者不得已而去不猶愈于唐之得已而臣者哉彼夫畏禍遠害明哲保身此攸緒之所以為攸緒然則攸緒非隱也而跡類于隱故以之為隱君子噫

凡夫當人國家禍亂之際其出處去留之義宜何如者哉

金錢論

讀明史景宣之際撒金錢賜講官史臣故事凡再見景泰朝初開經筵進講陳懋以太保知經筵陳循高穀以內閣同知經筵事江淵商輅及洎侍郎儀寫俞山俞綱祭酒蕭鎡侍講學士劉鉉諭德趙琬皆兼經筵講官進講烏虖甚盛事哉宣德中李時勉為侍講學士直史館宣廟英君時勉文臣置之史局亦一時之選已乃故事有異景泰諸臣直講則相傳每講畢命中官撒金錢于地令講官拾之以為恩典時高穀年六十餘俯仰不便無所得一講官嘗拾以貽之又宣廟亦嘗懷金錢至史館撒之于地令諸臣拾取時勉獨正立乃呼至前以袖中餘錢賜之烏虖景宣君臣之際此過矣昔孔子曰君使臣以禮又曰事君盡禮然則君之與臣亦安往而不以禮哉今景宣可謂不以禮矣而諸講官史臣亦皆無禮于其君者諸臣已矣穀亦無足道為時勉者猶差强耳然秪能以禮自處而未能以禮事其君也凡夫為人臣者其事君也貴乎通達國體引君當道匪獨盤遊進説玩好獻箴即一顧瞻之際嚬笑之微每必書思對命盡懷極言以求合于禮矧其當聖學之時密勿之地哉為時勉

計雖曰君賜出之袖中雖曰國恩撒之地上即當伏地叩頭面為陳奏請令中涓列序而傾唱名而給仍令諸臣舞蹈謝恩成禮而退庶上不致有傷國體而下亦得各盡臣節也顧不出此而但强立不就自存講官之體又復不敢卻君之賜以蹈慢君之轍而遂已也脫使時勉終不就其亦何以對宣廟宣廟卒不與亦復何以處時勉哉雖然當是時為時勉者獨難爾至若諸臣惟知攫金略無顧忌以致九重之尊幾成一閧之市顧卒不思便殿何地視學何人經筵何官修史何事而區區金錢撒者自撒拾者自拾君臣之間有同兒戲斯文一綫即未喪于天而已墜于地矣惜哉此舉學士之金錢不幾等于宮奄之銀豆哉可慨也已

明于謙論

謀人之國家于危急存亡之秋不得已而倡社稷為重君為輕之說以致去危而即安瀕亡而得存此于國家有不世出之功而卒未免貽一身以一旦不可測之禍讀史者未嘗不咨嗟太息于其際也明正統己巳土木之變少保于謙以為太子監國不若郕王居攝既且迎立而即位焉其意或謂正統父也太子子也父子之親必急迎復之舉昔宋高宗南渡徽欽北轅日事迎請而卒不得于金今計出此不幾復蹈當日宋君臣之故轍哉惟擁立郕王則國有長君社稷賴之且將示以另立新君有不復迎請舊君之意則乜先之視英宗為無所緩急焉故反有帝恩送歸之舉然其苦心妙用為謙一人獨得之見而未必合乎景泰之意且併不能遥諒于正統之心從此乜先日望其迎復而明之君若臣反絶意不及迎復焉是其始之詭為不迎復者謙為之後之果不欲其迎復者實景泰為之也景泰為之而謙卒無如何而不能復為之計矣以故王直奏請迎復而景泰不懌謙遂不得不曰大位已定孰敢有議也先以復駕為名直偪京師謙亦不得不曰中國有君駕其無復此雖一

時權辭以紓景泰之怨而阻乜先之謀而顧為新君之所眷即安得不為舊君之所銜哉前此景帝既立即不能不故遠上皇后此上皇雖歸其勢亦不能易置景帝夫何迎拜持泣偽為推遜而卒送之南宮此雖景帝為之而非謙為之然觀後上皇復辟之詔有幽閑易儲之言是上皇一日不出南宮未嘗一日忘景帝而即未嘗一日忘謙也迨後丁丑正月景弟寢疾大漸之時紛紛議立漫及襄藩而徐有貞石亨曹國祥輩且將遵太后懿旨奉上皇復辟為謙之計正可于此危疑改革之時思作轉禍為福之舉則即不肎與徐石合謀而身為本兵國柄在握何難奮臂而起迎駕南城反以奪門之功委諸他人而自為一一無所事之人哉即或以為上皇在北初不迎請此時迎請復辟未必遂得上皇之懽心顧上皇亦人情耳初不議迎復即未免讐謙而卒議復辟或亦未免德謙耳倘疑上皇即復辟而亦未免讐謙則不迎請亦罪既復辟亦罪耳顧不復辟之罪之卒不可解毋寧復辟而其為功為罪為誅為賞尚有不可知之數者哉矧後上皇復位曹石羅織詔獄已成上皇猶豫謂謙曾有功或亦即謂其當日立景泰保社稷之功耳

英宗晳后也使謙而出之南城復以帝位即始終奏明其所以立景泰之故而詭辭不事迎請者正所以為宗社生靈之計以安全太祖太宗宣宗之天下而為皇上今日所以得乜先送歸復位之機則上皇與謙君臣之間嫌疑盡釋而卒成泰交未可知也且即不計上皇之復辟亦當議及沂王之復儲即襄世子之金牌符勅尚在宮中謙未必與王文謀而亦未聞有一言之及沂王之當復為太子而當立者夫始也景泰之易沂王而立見濟未見謙之力爭卒也有議及迎襄世子而不及沂王亦卒未聞謙之定策是其父銜之其子亦銜之矣夫人而為人之父子之所銜而復加以奸黨之所嫉抑又烏能善保其終者哉烏虖謙皆見不及此徒令有貞以無名之對進亨輩以意欲二字之獄成卒與王文及閹人王成舒良等俛首無辭戮于西市王文已矣為于謙者豈不惜哉雖然謙之罪即難見原謙之功終不可泯受知于景帝而見白于興安已已丁丑本末始終之間謙誠有萬難處置于其閒者可慨也夫

明周鍾論

高才而能文章昔人以為不幸夫高才能文章何不幸之有高才而多忌能文章而多謗往往以莫須有之事遭亂世之媒孽甚之為舌所殺而禍至嘗烈焉斯直以為不幸而已矣李自成之寇燕都也京師破而天子死士大夫之享時名者皆紛紛從逆而鍾與焉一時人口則獨傳鍾為賊草登極之詔獻下江南之策士林唾之弘光立于建康大索逆案而鍾見殺後自都中來者漸得其實以為冤謂皆一時好惡之口而鍾實未嘗為之也夫鍾固偉然人望耳不幸而當君國之大故已不能為忠臣之行而受從逆之名矣又從而弄柔翰偉新恩是亦不可以已乎鍾固不即病風喪心以至此極也且傳其詔語有云比堯舜而多武功較湯武而無慚德是二語者側聞明太祖登極時勸進表中句也夫既為明興勸進之語安知非移以搆鍾者乎不然何卒不以他語傳而獨傳此二語也獻策果出鍾手則亦必有奇聞秘計為人所樓索以為口實者初不聞其策將安出也夫固有傳其獻策而不傳其策畧者乎是二說者固皆不足以定鍾之罪而反足以為鍾也冤矣凡夫以一事一言殺人者必將廉得其供狀而購求其遺蹟榜之國門以正告于天下而后有以折其心而杜之口跡介于影響之間事出于謠啄之末遂欲以想當然者害才子而殺名士誰實任受殺者乎人無璽符而指稱為反官不坐贓而黜為汙吏民未嘗行劫而目為盜女未嘗有金夫挑達投報之跡而啄為善淫夫誰謂為之而孰令聽之鍾之受誣何以異是蓋烏之文者必羅木之奇者必斧人之負盛名者必多成而多敗鍾自束髮以迄强年享盛名者三十載而為復社士人之弁冕兩雋名魁而登庶嘗吉士之清選海以內莫不知有介生也然師事鍾者固多而嫉鍾者亦復不少矣夫何不幸而遭甲申之變烏虖此責備賢者之時而綱箝才士之日也雖然鍾之冤白而鍾已死矣然其罪則固無所逃也處為名儒出為名臣不能與國俱死生存亡而苟顏從逆以偷活也鍾其無罪也哉

明英宗歸國論

天下事急投則緩應緩投則急應人情也故我之所求于人者急而人以緩應之人之所求于我者急而我亦復以緩應之故其計得成而其事遂必不至于終敗自晋而宋以至于明爲天子而蒙塵者凡三代有五主焉晋之懷愍宋之徽欽明英宗也懷愍青衣行酒辱及當世徽欽淪棄沙漠卒于北轅唯明英宗以親征失利始敗壞于王振而卒阻撓于喜寧是明與晋宋之二帝三宗蒙塵則一而其强弱勇懦之分殆未可以尺寸較懷愍已矣徽欽則宋之君若臣終日迎請而金人固留之而不許其議英宗則明之君若臣終日知乜先之望其迎請而故不迎請乜先則卒不待其迎請而徑送之歸國也此雖人事亦有天意焉而亦知其故則實由于宋之求徽欽日急而金人故緩之明之求英宗日益緩而乜先反爲之急焉此于謙輩秖議和好而不及迎請之卒爲得計也此徽欽在金之所謂金注而英宗在乜先之所謂瓦注也究竟宋不得遂其迎請而徽欽卒于五國明不及迎請而英宗歸自野狐此雖天意豈非人事哉且英宗之歸國也乜先伯顔輩率其妻妾盛宰牛馬爲英宗及使臣楊善輩設餞護送甚至慟哭呼號邏拜而望其入關焉豈非以英宗之親征也非爲遊畋而實爲宗社生靈之計英宗之南返也非因迎復而實爲有動于乜先伯顔之誠其北狩也非以爲辱其歸國也且以爲榮英宗之强勇有爲有天不倖于晋宋之所爲懷愍徽欽者感天心而動敵情英宗其亦非悠悠之主哉雖然英宗之輕身以誓師也惑于權閹而卒至喪師辱國不有乜先其不爲晋宋蒙塵之續亦幾希爾

明景泰帝論

國家當禍亂之際國君或出奔蒙塵而謀國者不得已而奉其太子諸王為監國即位之舉此亦用權之最大者顧第不可不慎其始而慮及其終以致有以權衷經之弊而後可明正統之北狩也天子孫而太子存一時諸大臣即當亟白太后羣奉太子為監國之計昔唐玄宗當祿山之亂幸蜀而其子肅宗且即即位于靈武正統既北狩太子不獨當監國即即位改元亦誰曰不宜謀國者顧不及此顧或以為太子尚在幼冲主少則國疑未能戡衷亂而厭敵情必國有長君庶可以安人心而且泱敵人以奇貨可居之意故置太子于見深而立其弟郕王即于庚午改元而國號景泰焉此亦用權而不拂乎其經者與顧卒不計英宗之卒得返國也夫景泰于宣宗為子于英宗為弟于太子為叔父以之輔太子而監國可也以之居攝可也即循兄終弟及之義倣宋太祖光太宗而及德昭之說而即位焉亦未為不可也顧即位而後之三年而即詔立皇子見濟為皇太子改封皇太子見深為沂王以宮僚唆閣臣而甚至內監金英有兩太子生長之對景泰其將不利于孺子哉顧猶以為有天下者必私其子私其子自不得復子其猶子人情也至其所以處正統者則有因權而大拂乎其經者焉當英宗之北狩也景泰以藩封入繼而為天子正統兄也君也景泰弟也臣也弟不可一日無望其兄歸國之意臣不可一日無望其君歸國之心宋高宗南渡刻刻以迎請徽欽為事景泰代立而可不思所以迎請夫英宗者哉即謀國者以為宋終日迎請而不得之金我終日迎請而亦不得之于也先不若以為我國已立君俾也先抱空質而無所覬覦焉此所為泱敵情也此所為懷敵計也此所為厭敵心也顧廷議使命不得不詭出乎此而明一時之君若臣則不可一日有忘上皇之心此詎非天理人情之至者與顧景泰則大異乎是當其上皇之在北也羣臣疏請進冬衣則繳旨不行王直請迎復則帝不懌李實之出使則惟言報禮而不及迎請及歸而奏請奉迎而復不之許是卒不欲上皇之歸國矣及上皇之歸國也上皇反有遣使辟位之語諭而景帝于上皇秖有各述授受之意及推遜良久之虛文而卒送之入南宮焉是卒不欲上皇之復辟矣且其在南宮也上皇萬歲聖節羣臣請朝上皇而特詔免輒廬忠上

變妄言怒殺中宫院浪等而欲加窮治章綸鍾同廖莊南北俊先疏請朝見南宫而俱加杖謫禁錮詔獄是且不欲上皇之居南宫矣上皇卒其宫眷閒居七載初無異志而復增高其垣墉翦伐其樹木扃鑰南城而灌之鐵此其意于上皇欲何為者哉是景泰于上皇之未歸也久有無兄之意于上皇之既歸也又屢有無其君父之心假使庚午八年而非以疾大漸而卒弗能興則景泰之于上皇不獨失子臧之節而且將有宋太宗斧聲燭影之疑焉其于君臣兄弟之間奚翅處之不得其道者哉然則為景泰計奈何遜讓辟位權不失經亦既已矣至臨終建儲一事已子見濟亦既殤祖兄子沂王見在藩邸特降遺詔而復之儲宫是猶以太祖太宗及父宣宗之天下而歸之太祖太宗宣宗也是亦猶以其兄英宗之天下而歸之于英宗此猶救雲夢之失而不失有悔心之萌也顧卒不見及于此此明正景之際所謂以用權之大而卒至盡喪其經者與

荆軻論

戰國多刺客死士烏虖亦愚矣哉顧愚莫愚于荆軻之刺秦秦帝制自為負劍以臨南面此其意已知其不得當于六國而有為之為刺士死也者雖然秦王立朝豈無虎賁晳御之屬為之左右而羽翼之乃欲一匹夫操三寸匕首而思自逞于敵人之廷則亦迂矣張良之挾壯士以椎秦博浪沙也事亦近愚然幸謀于野故東西竄走大索不得耳若軻則釜魚杌肉爾豈博浪壯士之比哉即博浪壯士之與良亦幾不免為軻之續況軻又安能不為刺人者口實哉雖然為荆卿者顧亦壯且烈已

巢父許由論

凡夫人之大不近情哉未必有是人言與事之大不近情者未必有是言與事如所稱巢父許由者非以其大不近情之言與事遂傳以為自古以及于今曾有是大不近情之人者耶說者曰堯讓天下于許由許由以為汙其耳輒入山臨流而洗之此何為者哉由即隱者隱者已耳由即不受讓不受讓已耳即矯情欺世而侈然自大即澹情忘世而夸然不屑儘足以寫其傲睨天下之情狀而必以為汙我而洗其耳天下豈有迂拙不近人情而汗顏以為此態者哉且天下大器也何物許由而堯必惓惓讓之反以資之口實而俾其輕薄以待天子猖狂以獲罪上天亦至此極哉更可哂者又適有巢父其人牽牛而過由詢及其故不獨以為汙我耳且以為汙及牛之口牽上流而飲之咄哉胡堯之世甚多此大不近情之人也哉古人即高尚恐未必高尚一至于此古人即迂濶恐未必迂濶一至于此也且洗耳飲牛既為山中互答之語兩人而外誰為見之而知之耶亦許由即舉以告人耶抑巢父即舉以告人耶且巢父傳姓不傳名既不知其名又胡從得其姓耶則所謂巢父或亦好事者之口以為曾有其人是未可知也即許由或亦好事者之口以為曾有是言與是事是未可知也即堯讓許由或亦未必有其言其事其人而皆為好事者之口傳會傳訛過為高論而失其實是未可知也如其有之由之不受讓由且為高人而舜之受讓反為貪夫矣此當以一噱置之

修己以敬論　會試

今夫人主以藐躬而立于天下之上，其所馭之數亦至多，而所圖之業亦至博矣。雖然，立乎至少之地而後可以馭至多之勢，操乎至約之術而後可以圖至博之功。夫所謂至多之數，吾不得而窮詰之，而至少者莫如己；所謂至博之業，吾不得而究圖之，而至約者莫如己。而或則曰：天下之為己者皆小，而人主之一己最大；天下之為己者皆卑，而人主之一己最尊。然則有大於天下之勢，則遂不復有小於天下之心；有尊於天下之體，則遂不復有卑於天下之氣，又安可於其至少與至約者而求之歟？不知外而觀之，則人主之身為至大至尊；內而求之，人主之心實至卑至小。夫卑者近於至約，而小者近於至少，則又安可從其所謂至多與至博者而求之歟？善乎孔子之對子路君子之問，而以一言蔽之曰「修己以敬」。所謂立乎至少而操其至約者與？夫君子蓋內則聖而外實王者也。曰內聖，則當言心而不言己；曰外王，則當言治而不言己。然而大學之道，非即所稱大人之學歟？內而心意知，不可得而見，而可見者惟身；外而家國天下，不可得而據，而可據者惟身。故內而言格致誠正，而必以修身為驗；外而言齊治均平，而必以修身為端。則夫子之言己，亦即大學之言身者是；夫子之言修己，亦即大學之言修身者是。己物有有餘之處，而必待損而去之之謂修；抑物有不足之處，而待益而整之之謂修。己亦一物也，非偏於不足之數，即偏於有餘之數，修亦一損一益也。在治其不足之形，而併治其有餘之形，此又即大學之所謂無過不及而止於至善者是已。而獨是兢兢于一敬，則何也？蓋心者己之君，而敬者心之主。己非心則已為頑而不靈之器，心非敬則心為擾而不靜之鄉。闇有以敬而猶或失之者矣，未聞有不敬而不失者也；聞有一之不敬而即無所得者矣，未聞有無一之或敬而反有所得者也。故語有云「及爾出王，及爾游衍」，則上以敬天；又有云「不畏强禦，不侮鰥寡」，則下以敬民；有云「無然畔援，無然歆羨」，則內以敬心；有云「終日乾乾，夕亦惕若」，則外以敬事。今人之身，內而秖有此理，外而秖有此氣。理不堅持則欲乘之，氣不固守則習中之。乘之以欲，則仁義道德之原雜，而聲色貨利之漸開；中之以習，則賢士大夫之交疏，而宦官宮妾之媒起。則己又安可以弗修，而修又安可以弗敬哉？且夫敬與畏相似畏起于一事而敬則周乎事事之原故不言畏而言敬而修己無多功敬與謹相似謹見于一節而敬則操乎節節之全故不言謹而言敬而修己無餘法此所謂馭至多于至少之中操至博于至約之内取之弗竭而用之靡窮也不然古之帝王有所謂聖敬日躋者有所謂緝熙敬止者有所謂敬勝怠而疾敬德者使誠封己于至大而置己于至尊也亦何一則曰敬再則曰敬而自苦好勞云爾哉

君子以自彊不息論 會試

天道日變而有不變者存惟天道不息故日變亦不天道不息故不變也人道日變而有不變者惟道不息故日變亦惟人道不息故不變也故較天于人天大而人小也天大而人小者以人處乎天之下合人于天天小而人大也天小而人大者以天處乎人之心之中人心乎天之心則人亦運乎天之運天運之流行是則人心之所視以為終始而已矣易乾之大象曰天行健君子以自彊不息此誠有見于天人合一之旨與今夫君子之耳目非必彊于人之視聽君子之手足非必彊于人之持行君子之食息起居非必彊于人之云為動靜而獨是其彊于人者彊以君子體乾之一心而實彊以吾一心之理與氣故最不可屈撓者理也以理無形而無乎不形其所形天下之有形者有息時而無形者又安得有息時與抑最難斷續者氣也以氣無質而無乎不質其所質天下之有質者有息機而無質者又安得有息機與然理亦言其至純之理而已也倘稍有所雜焉則亦未有雜而不散者矣氣亦言其至剛之氣而已也倘稍有所靡焉則亦未有靡而不仆者矣乾健至純者

也至剛者也故能為不息自彊之君子亦至純者也至剛者也故與天亦同為此不息而已矣閒嘗即天與人而合言之天之晝夜即人之動息也天之舒慘即人之休戚也天之日月星辰即人之耳目官骸也天之風雨露雷即人之喜怒哀樂也天所以運而不失其嘗者以有一健以為之槖籥故終古而不敝人所以運而亦不失其嘗者以有一自彊以為之剛維故亦終身而不敝焉又何疑于天之必彊于人而人之不即自彊于天也哉且夫盤古渾敦之君因提循蜚之紀有萬歲歲焉者矣有數千歲焉者矣有百餘歲焉者矣凡此皆得天甚厚樂天甚全故神完而形並堅氣昌而年倍永不惟自彊于身而且自彊于世不惟不息于中而且不息于外也不亦章章可攷矣哉抑夫天一日而一周天而君子且可以一日而數周天焉蓋天以形周之故動而有嘗君子以心周之故不疾而速不行而至也此又君子之以人勝天者歟故曰人在天之下則天大而人小天在人之心之中且人大而天小也

養生論

儒釋道有三教焉人少而壯則儒者而非釋即道釋之為佛吾不知其所以為佛也相習以為佛焉而已道則所稱神仙之術也人之學神仙者莫不以學神仙而死秦皇漢武其較著者與夫人之學神仙非得已而學焉者也其或功成名遂身為王侯公卿無所用其為仕進矣乃富貴已極而年甚衰暇惟憂死期之將至焉遂藉以為偷生之階而兼行其辟死之術故不得已而學神仙焉學之不得而適以速其死也以故學仙而死則盡富貴也而貧賤者不與焉然則養生固足以死人哉即今之為仕宦者黏黃門善養生者也相傳以為衣大衣現金光矣未幾內閹而卒于京師俞侍御善養生者也親見以為師羅漢得真傳矣未幾外轉而卒于口北凡夫此者皆所謂善養生學神仙者也而相繼以殁然則養生固足以死人哉吾亦嘗志此而未逮已竊以為養生之術有諸內必形諸外有太夫子者為宗人丞原少宰高公善長生之術而骨貌清癯五官蕭索吾疑其中未必有也不欲過而問焉即俞侍御吾兄事者每以其術招予予亦以其清癯蕭索而少之姑與之談道而甘亦以

為其道可談而已若黏黄門者則盎然而蒼黝然而黑骨肉互勝表裏充塞有巨人風亦似乎有諸内形諸外矣而或以枯槁寂滅而死或以潤澤豐美而死又何以稱焉總之學長生者或小裨于疾病之微初無異乎死生之大至若理盡氣終數過時可强亦死弱亦死耳而金石失術助長為災又適有以速之焉然則養生固足以死人哉抑養生之説何自而來也孟子云老者衣帛食肉黎民不飢不寒是使民養生送死無憾使誠五十者衣帛七十者食肉飢寒不作而終厥天年是則養生之大者也彼學神仙者之所為養生不綦言大而失實哉

聖人所以能致天下之治論 應試

夫天下非可以一人之治治之也故得其人則治而不得其人則亂抑朝野上下僅得其人猶在難治難亂之介而朝野上下莫不得其人則犁盤固于永治無亂之閒通鑑總論云治天下有法有道有本治則如治繭治絲法如治繭之必繅治絲之必棉道如繅繭棉絲而悟先蠶公桑之理本如親蠶親桑羽翼先蠶公桑之大績施之天下之寒男春女以告厥成功治與法相濟道與本相守而亦知道與法與本之本能自為治而必須之于人故得其人則雖置天下于雲委波蕩之中而不可汩集天下于晨霜朝露之上而不可危累天下于累棊弄丸一髮千鈞之下而不可以傾且墜旨哉程子之言曰聖王所以能致天下之治無他術公卿大夫百職羣吏各稱其任而已何以稱其任親賢舉能各盡其道而已嗚呼聖王奉三無私以御天下亦豈偶然哉父老歎息子弟縱觀以手加額扶杖而聽固已他如百越重譯萬里指南在子前兕飛頭飲鼻或坐門外或坐門内獻琛貢物王會明堂則萬國所奔走矣麟畜而獸不狘鳳畜而鳥不獝龜畜而情不失龍畜而魚不淰則萬靈所效順

矣纖阿耀魄望舒濯冰豐隆擊槖姨姊吹和蝘蜓時
肥螘伏怪哉消俞兒匿則百神所呵護矣然而天下
固一人自有之天下而非一人自治之天下也故而
上之黃帝清淨四佐致之陶姚平成二十二人致之
夏忠商質周文箕陰舊人左右相與十亂八士致之
降及漢治四百年則致之以三傑三十二人二十八
將之創興唐治三百年則致之以魏房張陸仁傑世
勣李泌裴度之經畧宋治四百餘年則致之以趙普
竇儀曹彬王全斌及後司馬輩與南渡四將之戮力
贊襄固知天下一人之所有而非一人之所治也抑
治具之在天下數大條而已一則厚根本一則謹制
度一則清刑罰一則理財用九廟七廟三親三宗國
之本也七國反而漢危二王爭而晉懷則操戈嚏臍
之耗吾元氣也根本厚則天下可以一治五玉三帛
八十物朝儀國之辨也三田貸而田易姜九錫僭而
魏代漢則假器倒阿之殫吾神氣也制度謹則天下
可以一治斷獄天下之秋氣廢則無秋冬濫則無春
夏斷決多而渭不流囹圄空而刑戮措則祥刑與否
之報也刑罰清而天下又一治積貯天下之大命飲
食必有訟土田必有爭乾餱愆而民失德雞豚徵而

怨豐心則均輸與否之驗也財用理而天下又一治
凡前四治言之聖王之所以能致盡此矣然而聖王
不自以為有德所能致必亟亟以求吾人不得其人
則晁家令而害吾根本之人至趙武靈而變吾制度
之人至張湯桑孔而敝吾刑罰財用之人至此輩而
布于朝野充于上下天下即未必遂至于壞而漸不
可救得其人則張留侯而護吾根本之人至叔孫通
而創吾制度之人至路温舒汲長孺而調停吾刑罰
財用之人至天下即未必有盡不危之處而自可人
安故大臣為王之股肱而乃更自廣其股肱以盡為
王之股肱小臣為王之爪牙而乃更自廣其爪牙以
盡為王之爪牙則心德一于内而政事修于外協氣
感于下而和瑞應于上起視天下則見卿雲爛也旦
日華也五風披也十雨潤也玄霜濃也甘露降也泰
階平也貫索空也天治也昭華受也金根產也雲雲
封也亭亭禪也嵩山呼也德水映也黃河清也海不
波也地治也翠筳摇也朱草秀也祥桑拱也靈芝房
也蓂莢十五葉也嘉禾九莖穗也鳳凰鳴岡也麒麟
走郊也虎渡知農河也雀不生宋國鶴也神馬產渥
洼也角端見而人言也萬物治也至此而致天下之

事與致天下之效其大章明較明已顧孰非聖王之建官分職而顯忠遂良乃以緣茲盛治哉抑夫人才治天下之具而亦亂天下之具也顧致之者何如主耳主凡則得臣愚如駑駘之應駑駘也主聖則得臣賢如騏驥之應騏驥也則治天下以人而取人之又必以自也聖王調玉燭而鞏金甌道在此

記集

重修翰林院碑記

翰苑為國家儲育人才預養公輔之地蓋重之也攷之官制創于唐詳于宋而盛于明其在唐宋有專名而無專官有專官而無專院或稱學士或稱承旨或稱待詔名則專矣而或自外官而入或自內官而出是之謂無專官即或唐如李白以供奉名宋如歐陽修以知制誥名官則專矣而或待詔于北門直廬于承明說書于邇英崇政諸殿閣是之謂無專院至明則有專官有專院矣其賜進士及第者則有修撰編修之授賜第賜同出身者則有庶常吉士之選其一時與選者則連茹瀛洲升華鼇禁自散館而後繫籍木天終其身無兵農錢穀民人社稷之寄捱資序進極之台鉉而後止焉其自編檢而上則東閣以招之文淵以待之分差以遣之開經筵以禮之此不囿于院而以院為歸者也其自庶吉士而下則督之館師嚴以教習此未出于院而以院為始基者也總之皆稱為翰林院者近是凡以養成識度資為輔弼華國升猷其道視此則居是院者固人以公輔自期而設是院者亦識以為宰相須用讀書人焉是又安可不

首加之意也今者定鼎以來百工具舉庶府孔修而尤以甄别相才留意宰輔爲亟其以昔三閣更名爲三院而不遷其官一仍當時史臣簪筆日講之舊而每科遴選庶常以實翰林院之中蓋坐朝之制不易則枚卜之禮不殊枚卜之禮不殊則儲相之地不易此麟鳳之郊藪而龍虎之嘉會也聞之語云荆山之璞雖美不琢不成其器顔閔之材雖善不學不成其道翰林之宜早教諭其説則猶是也又聞之語云百工居肆以成其事君子學以致其道翰林院之宜早建置其説則猶是也夫士拔以英華之選躋之清要之班理學之名臣于是乎出經術之鴻儒于是乎興史學于是乎成相業于是乎大自非處以秘閣朝討夕稽即欲上窺中秘之奥而下免不學無術之譏其道無由以故創兹堂與廣其廡舍旌以登瀛之名額以龍門之號其重教養以重人才重人才以輔佐聖德之意未嘗一息不繫乎此也然而周道茂草正路榛蕪斯文之責有心同慨矧其爲朝廷儲才作人之地而顧聽其棟宇崩壞風雨不蔽不遑寧處以妨講貫不惟非在官言官在府言府之規模而亦非吾道中天日新月盛之氣象也已兹院自昔以迄于今垂二百餘年其間修葺不一而足歲時深遠不無凋敝我朝宅心輔佐加意儒臣念及養賢育才之所無有重于斯院者乃命考工鳩工庀材將重修焉誠以人才成就之域寔亦朝廷根本之地修而葺之甚盛事已然則今日之議修匪以飾觀也其加意于翰苑匪以好名也蓋將以崇實學育異才選宏詞招博學開史局御經筵修左右之史慎起居之注用以輔成聖德弘敷上理焉顧不懋哉獨是居是院者如履承明金馬著作之庭天禄石渠藏書之府開麗正之院過弘文之館亦思所以握彤管草制麻調梅鹽居鼎鼐以不負所學不負所知則規模弘遠蔚爲國華不其偉歟昔明宣宗御製翰林院箴有曰啟沃之言惟義與仁堯舜之道鄒孟以陳竊願居是院者毋忘斯義則庶幾人傑地靈名實交稱髙髙皇皇雖垂萬世而不敝可也 臣謹記

石門諸山記

石門邊驛也以邊近故多山其自薊門達口外凡起伏千里驛有城如斗山寶環之高僅可百尺迴抱蓋不翅數重無甚深林密箐致賞人應接然亦自佳已山有水有石水活而石清山有谿有谷谿幽而谷靈繞山有屋繞屋復有山啟扉到青開軒落紫翠微侵人景狀都有皴有斧劈有披麻有解索有捲雲或荷葉者或鐵綫者或牛毛者或辣梨或鬼臉者石則龍眠馬虎蹲馬猿飛而兕陣馬又或為烘霞為崩雲為糝雪為妖霧且若裂雹若隕星若貫虹樹不數點如出大癡人不多見如寫高士苔色則道人點青嵐氣則米顛潑墨宛轉向背陰晴映發如剝蕉心疊見層次如抽繭絲不可斷絕殆此中有小天地未許一蹴為觀者盡也山西北隅兩峰夾出下有石潭清且如鏡石瀨涓涓不知所從深不易漁淺可釣也南山之麓有水泉焉泉方及凡四旁石甃界無位置深可尺餘澄寒見底窺斯泉者而髮欲鑒而肌欲粟焉驛日萬夫汲之盈虧不能以寸斯亦奇矣嗚呼羣然山也而不知名今然泉也而不傳聲儻其山水之屈游觀之所休沐既饜魚鳥自覩歸以金碧通之車馬游人雖運緇羽畧處資彼天巧人事躡之幾何而弗烟景日劭品題入勝也耶此如抱璞不言離羣索處不自好名名亦不至者乎嗚呼豈出處顯晦之際雖物理亦有然者耶抑其有幸不幸哉

湖州弘文館記

康熙十三年夏五月余力疾試湖州駐校士之弘文館迴廊西壁有碑焉徑濶尺許嵌壁之陰拂埃讀之廼識斯館為胡安定先生設教湖州舊書院也先是安定先生之教湖也立經義治事二齋未聞有弘文館之名亦未聞有湖州學憲之名茲碑以為有是焉顧反不及經義治事之說然則其所傳聞異辭其所見異辭亦孰是耶非耶越數百年而余小子至乃官則學憲也乃校士則弘文館也烏虖名其名得不實其實耶顧余所處雖官舍實郵寓耳不暇構經義治事之二齋又安可無經義治事之諸學政以與莒士相砥于有成乎彼試士時顧余病且劇始也傷足僕役負而納諸皐比或匡床焉既復內壅作癸狼狽僵卧頭腦冬烘目不行下然不敢不勉奉先生教耳且先生海陵之三塘里人也余亦海陵之三塘里人先後閱數百歲而生東西距十餘里而家而皆官于湖以學憲出校士先生之樂得有余小子於其後猶余小子之樂得有先生于其前也何也昔之為學憲者有人今之為學憲者有人昔之學憲我不及見今之學憲我不敢知獨余與先生而皆產于泰官于湖留心于設教余與先生有相喻于微爾烏虖余與先生有同者四同里同官同斯館同設教也有不同者二不同時不同代也烏虖惟有所不同以顯其同此匪惟人而已殆有天焉以存乎其間者耶是為記

西湖講院碑記

癸丑春王正月余奉簡命督學浙江經里促裝鍵關謝客手製條約十章先聲馳越蓋欲與浙士講求文行進今人而古之不欲其為近代都人士已也越夏六月甫蒞武林展視先賢祠廟至湖上甫得拜謁先子宣公因竊嘆曰余先子以相業傳余小子敢云以師道顯乎顧竊有志意千祀後不欲吾先子遺躅獨存無偶也烏虖宰相為功業之冠奏議為文章之祖舍吾先子其誰與宗哉余因祖述先烈勉興教化一切課士崇實去文故下學講書不騰口說惟于立心行己之道訓誨諄諄一時論者以為使者下車遂有可觀匪飾耳目重根本也其校士也奇正兼收古今並采一取貴少賤老之習而更張之惟其文不惟其人孤寒固無沈滯老成亦多不至淪落已其所頒發各教條清冒籍禁代筆除竊頭逐鎗手革贊禮嚴守祠優劣寧缺毋濫以別真贋下等寧少毋多不貴充額兩造不作緣事以防規避拖陷犯生不即褫革以免誣復艱難種種利弊所關靡不革除務盡行必身先文具口授車轍所過恊然成風烏虖其于學政可幸無罪其于吾先子庶幾其不愧焉爾雖然學使者之得與士相見僅校文時耳歲棄兩試為日幾何即按月有課亦衹行學程文有同故事勢分相懸以嚴見憚耳提面命其道無繇不知以文教不若以身教以身教不若以言教也敬業樂羣執經問難振聾啟瞶儼如擊桴鼓叩洪鐘焉語云君子講道立德又易曰君子以朋友講習率此志也然則講院之設殆將與余先子之丞相祠堂表裏而源流焉蓋可缺乎哉余因于家宣公祠旁建搆數椽一堂兩廡繚以周牆于某日鳩工于某日竣事額曰西湖講院蓋欲與此中之學士大夫及後此之先生子弟世世講貫勿虛也顧講不一人薦紳先生博士弟子鄉社里老方外道流皆可講也講不一時春夏羽籥秋冬詩書良辰美景退食休沐皆可講也講不一事朝政非迂鄉約非細古文時事世說清譚皆可講也為講學之事去道學之名不必深衣幅巾毋取生徒女樂所以闢門户所以捐城府所以避黨錮明黨之嫌所以遠白馬清流之戚此吾講院之所由設也講院而必西湖者借空濛之山色與瀲灧之湖光聚十里之笙歌與六橋之花柳于以觸景物發興會洗精神淨聰明也不綦極一時之快事作千禩之勝場哉獨是余之為學

使者以癸丑夏至以甲寅秋去中闈蒞政僅十四閱月按考僅杭紹湖溫處五郡邑尋引疾乞歸未終事而旋里也豈以勝事不嘗勝場難久抑亦天之不欲予之直吾道而畢是役也耶講院成而為之記以志幸也，以志憾也，以志感也。

括蒼郡城碑記

康熙甲寅春余以督學兼備兵巡行甌括兩郡二月東甌巡歷既周考校亦竣于三月六日而按括焉閱城視事之餘亦復七日而竣試事致瀟如也先是余校士杭紹間每試日拈全場經書論各題為之成書二帙頗為一時膾炙旋聞有議之者因而索筆于甌括間遂不復臨題屬文試日高拱絳帷袖手憑几而已有縉雲廣文張起升者進而請曰大人不為時文獨不為古文乎今括處萬山之中俗瘠民貧人事減少于浙之省雖不遠他郡然視大人之性情超然若不以功名為念者風味澹泊若合符也取而記之亦自適其性情與余笑而諾援筆為之記記曰夫環括皆山也與滁同與浙之他郡異浙他郡亦皆山然環而有之則括已夫括西鄰婺州東接東甌朔南未審然大抵四界皆山而括處其中易云天在山中括其地在山中者乎括之南北皆山余耳之余未之見也若夫西則崇山峻嶺千峰萬壑磕研糾結戢突入天跌翠飛青罕從辨別以婺州為咽喉恃縉雲為門戶一入其中鑿山通道緣嶺為棧仰摩白雲俯臨幽壑迂迴百里莫敢諦視中經桃花峻嶺郤金舊館儼若

峭函關門聳峙隻輪匹騎飛渡為難烏虖形勢之雄莫此為最而括之西偏若此此亦誌什一于千百爾括東下則兩岸亂峰插霄蔽日中流一線為溪為江急湍奔流澄澈見底去甌三百里許可以朝發而夕至也余向曾為瀟湘之遊觀其水德之清水骨之翠水勢之激湍水紋之漪那带以兩峯烟巒萬重雨障逶迤屈曲綠玉照人誰謂甌括之際非復蒼梧之閒乎由是觀之括之為水者一為山者百此括之形勢也括之為商賈者一為士者二三而為農者十此括之人民也括之為百貨者不及半而為食者卒亦不得全此括之風土也然則他人以括為不齒者而余乃深齒之齒其寂以勝喧朴以勝華僻以勝衡儉以勝奢簡以勝繁質以勝文爾烏虖地僻而政自簡官清而民共安淅亦安得有郡之易治如括者哉天下亦安得有地之易治如淅之括者哉記已為之詩余亦情見乎詞已詩見别碑

梅雨潭快亭碑記

康熙十三年歲甲寅春二月既望余以督學東甌兼備兵海上巡轍所屆越瑞而平信宿來歸距甌三十里許道經僊巖寺溪山出口適東甌郡守西江舊僚友蔡雪餘偕永嘉馬令遣吏邀余洎本房梁溪顧子梁汾即丙午北闈第二魁也與余與蔡皆後先以中秘起家故三人相得頗懽而亦適以官以遊聯袂於此已一快已因相率尋溪路入僊巖寺則青松拳翠白日盡壓溪盡而林林深而寺顧所顏額為溪山第一云有僧天目即今世俗所稱和尚者繁有徒接引而入疊石為磴折往通幽拾級而登委曲任勢或亭或臺或軒或閣或堂或室或墻或峯隨其高下皆成位置茗余飯余倡余梵余卿自卿法我自我法不相猜也烏虖此又一快已折而西則王氏山房以小特勝山依固有水用自然一丘一壑皆割僊巖尺寸而就烏虖此又一快已余將歸矣僧復請曰僊巖之東偏有潭焉曰梅雨曷往觀諸以盡茲山之勝乎詢其遠近僅容咫耳因歷寺左旋幽秀互態多所應接俄聞有聲從石上來則引流作磨激湍為舂渢渢乎相遭而成响裏虛而為糧也一曲一折幾百十層空青

積翠化色飛來俯壓人背仰椽人面肩入側出直上橫行踵頂盡成烟雲手足無非巒岫烏虖此又一快已迴山頂有聲虛空𩆜沸兩峰傑峙中分石門衆皆冷然而驚相視笑勝以為此瀑布耶見亦多矣若此得未曾有即而狀之高可十丈濶幾半之如整雪懸崖中藏散碎錯錯落落蒙蒙茸茸碎玉如烟澌冰作雨對面紛飛不寒而栗如蠶之繅絲如鶴之裂氅如柑之剖穰如柳之飛棉如冰雪之山盡融而不化如琉璃之屏實窗而似疎有色都空何空非色瀑布之觀觀止此矣山圍四面有潭中央碧既如油圓復若鏡元風飛屑碧水生烟孟夏澄陰黃梅作雨庶幾似之故昔名為梅雨潭云去潭數武亂峰中窈可以築亭作坐臥觀因出貲命構謀所以名之者外焉快此山内焉快此寺西焉快此王氏之别業東焉快此潭無地而非快無時而非快且無人而非快也烏虖快甚遂以名茲亭

過嚴光釣臺記

桐江水秀甲天下唯瀟湘匹焉而桐兩岸之山復過之迤東而溯洄者錢江也其水大而緩迤西而溯游者蘭江也其水狹而急其中桐廬以西嚴州以東則為桐江江之南北峰嶺鬱紆椽青飛翠水波一碧有如綺縠疊痕折紋臉鏡奩扃指螺競細有日沈景無風自波故水勢激湍七里瀧而上始有甚焉北岸亂峰之陽荒江之濆雙磯如乳西東對峙頂仄勢峭攀躋竝艱相傳以為嚴光釣臺謂光為光武故人嘗披羊裘埀釣于此光武即帝位後思光訪求之有以桐水披裘翁聞者因索而致之尋復不肯臣事漢辭去歸處雙臺之間埀綸如故光武卒不復强起光說者以為微光武無以成子陵之高微子陵無以成光武之大余素領之今過此則疑之矣顧何以疑之磯高而峻距水不下數十百尺謂子陵日夕躋踣其上竿圍若何綸長幾許而後及于江漁魚于虛空而躍取之豈任公子坐東海而漁者匹乎噫恐無之已且子陵漢隱者也隱者不著名不見身不近俗不表異以彼入山唯恐不深入林唯恐不密則將擇地唯恐不僻辟人唯恐不遠若夫釣臺之二磯則雖亂峰之陽

荒江之濆而實為蘭錢兩江游人過客商賈帆舶往來如鶩之所且山不暇應接水足可泳游過此之人莫不耳而目之登臨而翫賞者況有一五月披裘頭角迥異之漁子獨釣而孤處焉孰不諦視而心識近傳而遠播者乎然則子陵之垂釣是著名見身也其披裘是近俗表異也其隱也是隱于人耳目之際與人齒舌之間也然則子陵蓋隱而不欲竟隱者也不欲隱而竟是烏得以隱君子稱哉且夫非垂釣于此光武詎得而知子陵人亦何處聞子陵于光武乃聞之而知之而召見之而辭歸焉而復即釣臺而終老焉烏虖此隱士逃名而賣名之術也此子陵光武相知之深相訂之密一放縱之以自成其大一放欲自縱以成其高爾然則子陵固漢隱者非真漢隱者也烏虖世固不乏堅臥强起欺世盜名欲藏身而身反躋于廟堂之上欲逃名而名反傳于千百世之後而以為此隱者隱者烏虖隱者固如是乎等而下之陳搏种放率是類也等而上之下隨務光巢父許由率是類也非然宋史徵處士于華山請還山于嵩岳挾之歸漢辭漢何其似也卞務之名隨光也商以從誰傳之洗耳飲斗此中人語又誰為外人道也由此言之不知其為隱君子誰是隱君子者知其為隱君子即非隱君子矣然則自古以迄于今直謂之無隱君子者可

敢清堂記

南旺分司公署廳事後有堂額曰敢清前此行河使者唐賡堯舊題名也余來蒞止每留客飲輒誌諷斯額而不得其解余曰噫此必有本第勿深攷姑以不解解之烏虖今日之仕敢清者幾人哉夫君子之仕也莫不名節相勉而以清白自貽奈何今日之仕有大不得已者內而六官之屬莫不相率而事六官之長者而其他之各長若屬視此矣外而下司之屬莫不相率而事上司之長者而其他之各長若屬視此矣等而下之有所事焉等而上之有所事焉非然則功隱非然則名没非然則遷左非然則禍隨取詰宮中無有也不得已轉而資之逋負矣資之逋負不資也不得已轉而索之民間矣甚至貪可冒功而清反獲罪仕者亦何樂而不為貪廼清哉烏虖推今日之仕殆駈彝惠而為蹻蹠迫咎高而近共驩也已然則仕宦之公署皆不應以敢清得名而獨以名斯堂者誠以為非南旺必無或清之堂非南旺分司必不能作敢清之人爾南旺之有是分司也貪無可貪清亦無可清貪無可貪遂不得已而有清名清亦無可清又遂得已而有敢清之名彼其蒞茲土也無錢穀無刑名無工程幾于無職掌其所司者泉與閘也而有清味其所轄者湖與河也而有清德其所游覽巡行者山林川澤也而有清境其所標榜位置者欽差客使也而有清聲以內部為堂屬經年無一介之遺以河督為上臺每幣僅一芹之獻河官不奉其號令州縣徒擁以虛名有差遣而無考核有賓客而無餽遺有統屬而無責備官如是故清清如是故敢爾雖然有不敢不清者亦有敢于不清者而獨無有敢清者敢清實自南旺分司始烏虖今日之仕敢清者幾人哉烏虖今日之仕如此仕亦尚可言哉因與客相視而大噱者久之遂命筆而為之記以示後此之為南旺分司者

雙虹堂記

昔李太白登謝眺北樓詩云兩水夾明鏡雙橋落彩虹張子詞臣以雙虹名堂其殆取此乎顧當之者惟詞臣與余耳余與詞臣生同井閈為三墟里人詞臣住西頭余住東頭其里僅距三里許余兩人或偶爾一見尋常拱揖不相知也一日竊于他許互見所為著作兩兩竊訝以為異人胡為交臂失管鮑耶它許友人相為道之而詞臣來而余往談至夜分不忍釋手遂成莫逆惟吾兩人意氣相屬不可一世每對酒當歌有咳唾風雲吞吐虹霓氣槩因以顏堂志期許也顧詞臣以此名堂而余不名此其意何居凡夫今人之情大非古處遇同道者則相非見同心者則相忌野有社盟之隟朝多門户之嫌推而極之漢之黨錮唐之清流宋之朋黨明之東林皆坐此弊流禍無窮故雙虹之設吾為隱其義而勿彰託其文而無跡所以全名所以保身所以籠絡同人所以銷鎔異類舉此志也夫今張子奄亡予遍舉其名而堂之烏虖張子之堂閉而我之堂斯開張子之額塵而我之額方拭凡為此者所以志不忘爾抑且忌者不覺其可忌非者亦忘其可非繼我友之志傳我友之名述我友之事全我友之心一虹去而一虹存存斯堂所以存一虹也存一虹所以存雙虹也或亦不忘所自善藏其用者乎余伯兄奠兩季弟山雨偕余有河東三鳳之目亦顏其堂為三鳳堂與雙虹並傳烏虖一堂也一額三鳳一額雙虹余兄弟朋友之間亦胡人傑地靈物華天寶之無盡藏耶余堂成而觀者以為結搆谷嵌空玲瓏少少許勝多多許別有傳記見之他集此不及也

序集

擬

御製十三經序

朕惟皇祖基命用肇造我國家及我太宗仰承天庥拓疆展土奄有萬邦洪惟我幼沖人纘承丕緒受籙應圖撫綏區夏以集祖宗之大勳用成一統之業厥惟否德忝位隕越是懼庶幾考古定憲師聖益愚近法憲章遠通經術其或愆忘不作敢告無罪以勿替我曆年然酌古準今紛有方策群書攸載罔弗資治抑惟是振裘挈領泝流窮源於山必求嵩華之高於水必求黃河之大且深於人必求古人之聖與古聖人之言語政事必進吏與傳而求其萬世不易之常法謂之經庶其考信六藝原本三才典則孔彰以輔朕治之不逮故夫學者多稱三墳五典以迨八索九丘尚已其言而世為道行而世為法者則有十三經為易詩書春秋禮記以及周禮儀禮論語孟子公羊穀梁孝經爾雅蓋嘗聞之易以道陰陽詩以述性情書以載政事春秋以明賞罰三禮以定名分論語有齊魯之異而宋相資之以為治孟子有趙岐之註而唐儒宋儒師之以為學孝經倡於河間唐玄序之以為百行之大原爾雅倡於周公子夏成之以為九流之奧旨穀梁之無明文公羊之有隱義凡皆補左傳之缺拾麟經之遺以為世道人心之大防故此十三經者若日月之昭回於天若江河之流行於地窮高以樹表極遠以啟疆所以百家騰躍終入環內列代開創不過範圍者也且夫經者經也言經而緯在其中經者常也言常而變制其後我國家自天造以來禮明樂修刑清政簡百工允釐庶績咸熙所謂緯也而不考經以為治則運世而無本也命將出師討逆伐叛兼弱攻昧取亂侮亡所謂變也而不據經以靖亂則招攜懷遠而不以德也予小子其昌敢不敬于古先哲王之訓典與夫古先聖賢之著作其事不師古或糠秕于政以為祖宗羞用特取所謂十三經者壽之銅版藏諸太學以廣為頒行俾人人務崇實學湛乎經術朝廷以之立德百官以之佐治士以之為學庶人以之寡過庶其大猷是經先民是程潤色我太平鼓吹我休明朕用是凝天命而揚休烈垂萬萬世無斁也朕與爾諸臣其克念君師之責僉曰欽哉是為序

静海高中堂父榮封序

皇清既受天命居攝有年乃歸大寶 今上皇帝越八年辛卯載親厥政登極詔赦肆封天下文武諸臣其自勳階以上恩眷有加錫類四世雖云特隆昭自職也靜海中堂岱輿公者其與 今上君臣相得之誼閎始終存歿不衰且特至於本身及夫人姜氏受封而外即晉錫誥命於其父望雲公洎母曹太夫人又復特隆昭予職也其上大父拱吾公大母蕭太夫人亦晉封又上曾大父鴻臚一峯公曾大母邢太夫人又竝晉封皆昭孫職其先兩世特贈望雲公世特封竝特進光祿大夫累加宮保勳階如故於戲甚盛高三世受特恩為一時文武勳封之冠其榮顯昭代賁及靈爽亦云極已乃鴻臚公慷慨任俠閭里受言得平反母邢夫人勤儉平恕獨明大義拱吾公聰敏力學母蕭夫人賢淑有聲具載高家乘不述述望雲公行畧蓋以見中堂之封先世有繇其俾中堂得以肆封先世者有本也公少而孤大母邢太夫人以孀姑撫乳孫教養兼至迄於成立公被大母之教立身行已動法古人嚬笑不私直聲四訖且樂施與稱鄉長者蚤好讀書力學有年齎志未遂爰以教子殫盡義方中堂不冠帶不敢在側其諸兒孫然則未嘗不跽請命也卒至不發其身發其子孫故中堂取卿相陟崇階遂安令爾修亦成進士為良吏而家孫恒懋又蚤歲領賢書次恒豫弱冠仕州郡丞也曹太夫人克勤克儉有祖姑風其教養中堂亦如母邢之教公者此其所由竝晉皇寵而食報無疆也今公年七十餘幾八衰矣 今上覃封首先暨訖人謂公食中堂之報抑知公之自食其報為如是其不爽者乎 今上之與中堂君臣之間握手眷顧輒諸廷臣為有差賜以玉音傍諸庭曰存心醇謹行事和平人第知為朝廷之美中堂不知即公所以自立而以之教中堂者然則公既教其子為賢宰相以與國家矣而國家即與之為賢宰相之父亦即宰相也適相償爾而豈有濫歟及今封典而外兼行廕襲其曾孫某蚤已入監讀書列之官廕而恒豫復以新恩特廕中書舍人高氏之世受國恩可謂勤且渥矣而皆由於公之承先而啟後然則公之所以冠冕氏望者固不足法哉

送張孝廉詞臣再上公車序

士之感意氣乘風雲者盈燕趙之間皆是也雖然士之獵名則一而齎志不同制科之有鄉試會試者一雋而為鄉舉再雋而成進士此俗所謂兩勝者固嘗人之所驚豔心䰟而豪士夸然以為必得者也嘗人苟得一雋而為鄉所舉此以一雋為已足矣豪士雖得一雋而為鄉所舉此必以一雋為未足也豪士而遂以一雋為已足而勰然苟就一職焉烏虖此非遲莫促之而即饑寒驅之也夫饑寒烏足以驅人哉人自驅之耳人自驅之則亦安往而不得饑寒也者而謂饑寒之果足以驅人哉吾子丙戌領賢書己丑舉進士不第越茲六年壁蕭蕭也不賤而貧孝廉中人稱好消息然亦不貧之貧耳而人謂為吾子病聞有勉以明年成進士固應遂補官不即亦挂選為貧仕將除別駕分守浙之烏鎮焉今辛卯冬且再上公車矣而余以一言贈行吾子勉乎哉夫吾子豈饑寒中人哉即以饑寒論者有屋數椽誅茅可以蔽風雨有田數疇收粟可以充粢飭有桑數樹食蠶可以備繭絲溪可以漁圃可以蔬秫可以釀僮婢可以給供役而肩輿可以代趨步即較鳴鐘列鼎之家有間矣若云肘見腹枵而有貧士之色此亦庶幾其或免夫即行作吏官不過守令祿不過升斗簿書之側廉恥為重耳作清白吏者仍不能自給其子孫而賙其妻妾貧而仕豈少仕而貧乎至若一雋之不如兩勝固俗士之言然而甲之乙之朝廷之所以次第天下之士者非無謂也明初用人不循資格草莽特簡之才徐馮數輩而已若孝廉仕者才俊如李贄輩官秪部郎而罷剛直能幹如海瑞秦舟輩位及僉憲別駕而止歷三品階以上者罕聞焉夫士策名登籍將以闡濟為已任匪特邀一級之祿糊口四方而已而必登高第躋顯秩抑又豈唯大文譽炫里閭以榮寵戚屬為哉凡以位極一鄉者治一鄉位極一國者治一國位極一朝者治一朝位極天下者治極於天下夫吾之治必極之天下而后快然非高位魁柄者不能則是爵位者功業之所託也科名者爵位之所趣也鄉會者科名之所分也成進士而不在高位者比比矣鮮有明經孝廉而特起在高位修功名者若吾子之平生豈不以天下為念者哉聞此一行豈遂足以定出處哉儻謂饑寒之驅之者彼饑寒者抑又烏可以為名哉

葉年伯榮封暨同年葉西角新補興泉觀察序

今天子以孝治天下有事郊壇配以祖考錫類之恩推及臣庶無有中外咸克承庥凡以顯人親裕後之名展人子報本之意至弘遠已先是甲午之役閩孽不靖戴揚海氛　皇帝乃命簡親王紆大將軍印駕海專征扈蹕而行有兩中翰皆江左名士一為鄧偶樵一則西角也古人成名文章自所固有郊壘之日往往多在軍中軍旅俎豆之事古人缺一不以為材謂是匪此不足銘績永禩也然是時西角仗劍以從者則猶棠微舍人耳先是春三月西角偕其執友方蛟峰薛式九鄧偶樵徐默菴潘進也包樞臣韓聖秋輩及余凡十八人奉詔入西清備官橐筆一時朝士皆以為華假之登瀛洲西角其季杜與西角前此貢舉入太學且方陳鄧士而仕未有遭遇如此之捷者文章固極盛其器畧亦自此遠矣然有奇者前此試南闈冠副車一蹶後此試北闈又中副車再蹶再蹶不得志且謂鳳池不足為賀者既遂投筆請纓也何西角之志大而遠慷慨而獨壯乎甚矣此才之出為不偶也生西角者為極難酉棠之邑有歌風先生者隱君子也少工制科之業而志不存殫心經世寄趣吟嘯其脩然高蹈在林逋种放之間舉七男皃頭角互異皆郡諸生試輒冠軍有子有傳如先生者復何求矣配夫人陸相與偕隱洞庭江滸之濱固有高人如葉者哉夫諸葉皆昔過江諸賢之遺而未盡得志以顯其親顯其親者西角也咄咄先生實生西角傑哉父子兄弟先後之間相輝映已雖然西角吳材數為閩用其熟諳海上情形以往反為時保障者又濟世才豈儒臣比哉時未厭亂　天子以南顧為憂其意嘗在閩海也彼西角從王海徼時實任保釐之矣簡親王為上其狀于　天子曰閩海之役首在興泉此一臣者固昔興泉能吏也築城修堡興百堵招流離安插兵民守禦盜賊惟此臣能　天子曰俞汝某典泉吾股肱郡仍以委卿昔之承乏茲郡者今奉簡書行矣時覃恩之命亦適偕整飭閩南之命並下此固內外大小臣鄰之慶何葉氏之疊逢其盛哉自西角以辛卯副元入貢成均讀中秘書知名朝野文章華國之業比為懋已褰帷簪筆出事戎行初為親王備兵既為　天子觀察取當年莆絲保障之蹟踵而濟之其為勳勞曷有極與夫西角之所以能為文章與其勳勞在王室者雖曰天授然歌風先生教之素

矣蓋拜爵者君子以之自顯推恩者君子以之顯親
天子仁孝而大夫公忠進秩進階曠世一遇西甪此
經故鄉奉巵酒為二親壽丈夫子之志其亦少慰與
雖然先生之風山高而水長西甪之才文經而武緯
海上孤城根盤節錯倘三年不復揚波功成以報天
子此時朝廷之答西甪以洎先生者正未有量然則
今日之榮始基之爾　天子以之教孝先生以之教
忠觀察以之報本食舊德而兔新圖抑所望于無窮
者乎

壽王大司馬序

國家新造以來　天子慎簡大僚疏而列之六官之
表凡皆公輔大器萃為昭代典寶者而咨命之所以
釐别庶府佐辟宅師而景熈鴻運也顧天之生才如
區量然有得八斗者加一石則已溢有得一石者損
八斗則已缺匪惟文章然經濟視此平準矣是故冢
宰掌邦治司徒掌邦教宗伯掌邦禮司馬掌邦政司
寇掌邦禁司空掌邦土毋内位而尸不代庖而理和
齊如五味專一若琴瑟用各奮庸若采以熈天工固
五器之不相謀抑亦不器之難也今國之三公疇則
匪不器者乎而以大司馬公為冠故以之治兵則兵
治而公之才則自此遠也公於前代舊績勿皆攷以
時余耳之余目未及也不敢諛自余入都公為少司
農日取四方水旱錢穀之數食廢而心計言桑孔者
奴之言王吕者敵之以恤民之心而行足國之術兩
難矣而國用以足民罔不恤焉顧兩不難而知公之
善於治財也且朝拜奏則言治河矣夕抗疏則有水
旱矣或則為籌餉或則為議兵噫是安得公百其身
為國家經此數大政以禔中外福而　天子曰咨爾
永吉政急其艱且鉅者事既不可攝用以詰吾戎是

時四方抑且多難爾西北之役在金幣不以頴廢兵東南閩廣滇粤之交議鎮議剿無虛日公坐政事堂露布電激而風馳羽檄赤日而白月覩捷書之快不若策六軍之繁且苦卒之不呼庚不呼癸荷戈而脫巾者絕跡萬里之外也公之克詰戎兵者雖起司馬法何以右之哉顧東北水西南旱有司章奏不以聞聞亦且日緩公疏凡再上饑寒之色啼號之聲警耳而惻目者我公舌而筆之震殿廷而泣　天子安上門之馬未邇而流民以圖我公始終爲民之心歷司農而司馬且即由此總揆以燮理其亦何時已已哉烏虖治水司空之事也救災恤荒司農之職也量財酌用通於空伯之掌也捄災所以弭盗通於司寇之理也天官冢宰之責凡以慎選六職廣而布之岳牧監司守令之間耳五職既修其于銓政何有我公兼而有之展也於今不器之才矣昔之論周禮者曰冢宰亦司稅斂司徒亦司搢朴宗伯亦領樂律司馬亦典官林司寇亦掌生蠱司空亦掌邦事古六官之職固未嘗不兼而今以才分之也自周官后兼六官者無其選矣而公其績與公方富於春秋　天子生靈實嘉賴之有無疆之休矣余將歲進卮酒而爲之壽

壽龔少司寇序

今夫天以好生之德而寄之天子天子以好生之德而寄之股肱之大臣大臣以天與天子好生之德而洽之于下民之心然則刑者天地之秋氣而欽恤諸天子大臣之心而後用之則又未嘗非即天地之春氣已以故書曰明于五刑以弼五教夫刑爲弼教而設則刑亦教民之具爾刑爲教民之具則亦如家有不率教之子而嚴父董之以笞撻塾有不率教之弟而嚴師繩之以朴擊夫天下有父師得已而僇辱其子弟者哉則亦安有仁人長者在上位得已而擊斷其百姓者雖然難言之我公之爲少司寇庶幾有之已公之爲少司寇也時取歲事而爲之省憂西北苦于水澇東南苦於暵旱而公爲抗水旱之疏繪流民之圖盡取西方督撫諸臣之所不及言與所不盡言者而極言之識者固知我公之有所大不忍於其中也夫有所大不忍于吾民之昏墊饑寒者必有所大不忍于吾民之死生禍福而我公果再上疏艱難周慎而議刑寧失出毋失入與不辜寧不經按其典則五刑之屬未能盡廢推其意則即三章之約猶若多焉者公如是其不忍於民哉是誠所謂刑之如秋而

用之如春已夫春主生天有春氣能生萬物人而體之實生萬民生民物者即能自生故天無息而人無疆壽之徵也且夫天下未嘗無殺物之春而亦有生物之秋然則治刑者誤法乎秋之為殺其可哉是皆天子之罪臣而我公之棄人也已

壬子廣西鄉試録序

子秋之役余以簡命校士粵西特先諸有主司指麾為其服徼道紓也我朝定鼎以來諸國之會車書者同文逾紀矣顧十五國之風猶有缺遺焉前此唯滇粵之交耳今茲桂林新定象郡道通矣從來文教之敷不脛無翼虎皮載戢蔚炳隨之矧我國家菁棫作人即一二世而釀億萬斯年之氣不下堂而開千八百國之風其於西粵之璽臺鼓鐘又胡弗可致而我也顧余不敏承之西來日兢兢焉以勿克勝厥斯文之責是懼肆於鎖院棘闈之深風鈴霜柝之隙月簹星盥浣手校讐體　聖天子思皇之至意以為多士鼓吹至勤懇已其誓諸監試也不惟其禮惟其法其誓諸分考也不惟其公惟其明其誓諸士也不惟其言惟其行以故一時所得之士為真龍不為刻鵠為木雞不為野狐為骨駿不為墨豬為蒼鷹不為乳虎凡此者魯魚亥豕去其訛也羊質虎皮去其僞也梟脛鶴鄰去其揉也牛鬼蛇神去其怪也凡此者匪獨以奉功令亦所以還古道匪獨以崇正學亦所以端士心匪獨以表章經術亦所以預儲政本匪獨以慎簡官材亦所以厚培國氣夫馬以調良者稱為千里

未聞蹈蹝跂駕者之得像其顧鳳以備德者稱為九苞未聞鞲距黔喙者之得覽其輝士以正誼明道通經學古者稱為天下才未聞枝葉為言枘鑿成行者之得濫其選今茲之役掃正路而闢其蕪砥倒瀾而障其趨手口瘁瘏之皇皇以幸畢此丙夜乙藜之一事即不敢謂拔十得五以上報 天子亦庶不至挂一漏萬以滋戾於多士已古百粵之為國也內制廣源外控交趾南瀕海徼西接溪洞中有龍蟠鳳巢之奇鎮鄒鈷鉧之勝荊州之域實產異才卒以獠猺弄兵割險負固民無由服王化士故不得揆文教焉今茲兵革甫寧賓興遂舉當時之士白骨而肉之餘生咸得與於斯文也由是載領賢書入貢 天子其所以發覆射策條對天人以黼黻我國家者殆未有量而不在乎區區制科之業也粵士勉乎哉抑新造之邦民樂更始草昧之俗士爭懷新彼得雋者已已未雋之士其亦厚自祓濯以為他日薪棋之積將于古人所謂舉錯相成之誼亦或可以孰念也夫

困學紀聞鈔序

古學蓋其難哉其能治古學者之難尤什伯于古作者之林矣夫不能治古人之所長則不能搜括其閎肆而網羅其菁藻而不能治古人之所短則不能芟薙其繁蕪而割取其膏腴既治其所長復治其所短必有精于取古人之識而又有雄於服古人之膽故筆墨之役廉而不劌卒能俾古作者俛首以奉約束而莫敢有所枝梧紀聞一書出自故宋浚儀王伯厚先生先生博學洽聞備宋季六官之長之一而輒好著書以自娛故博極諸家彙為一編為易詩書禮春秋篇者雕而不訛為經說篇者精而不鄙為論語篇者質而不近為孝經篇者條而不纖為史篇者反而不僻為諸子篇者炫而不詭為小學篇者曲而不穢為雜識篇者贍而不亂大抵全書京而能暢奇而能法淵異而能通誠使京王毛戴不得各擅其經術而班范劉陸不敢尚耀其史策一家言者也第彼徵類該博有見畢收非漁獵之未精實蒐羅之過密所賴后之讀是書者覆其膚而存其精務去其繳言而標其新旨攷其異同而訂補其紕漏而后彙羣書以成一書且彙一書之精以冠絕乎古今諸家之書而復

成為一代一姓大醇無疵之業辟則作食乃有以散前人之飽療後人之饑而皆有以各得茲余夫子嶧龍劉公觀察汝陰則出其書為之繕訂以嚴其校讐而閻藩大方伯元亮周公復再四遺書以襄董其剞劂夫子乃與同人共為刪洽嘉意豉覈由博以洽約以精而益精與為豐年玉寧饑年粟與為玉卮無當雖寶非用寧取荊山之璞之美琢之而成器也夫是鈔之成夫子與周公揚扢于千里之外而又與同人刪定於一室之內既搜討乎羣書之精義微言又裁制乎浚儀之深心大力規之萬之刀之尺之非取其琴瑟而更張之乃取其美錦而學製之也展矣浚儀之功臣而羣書之宗匠與語云千羊之皮不如一狐之腋去千羊之皮而取一腋固以為美矣聚千狐之腋而成一裘不其美之美者乎吾於紀聞一鈔云爾已

歷代史序

詩亡而春秋作後世歷代之史皆自以為續春秋也然則春秋者其歷代諸史之宗與雖然杜預之序春秋曰發傳之體有三而為例之情有五一曰微而顯二曰志而晦三曰婉而成章四曰盡而不汙五曰懲惡而勸善凡此五者將以明義例正褒貶誅亂賊故文成數萬大指數千為萬世作史之冠若夫列代之史僅得其似而已然得其似已足以賞罰一代而有餘不謂之春秋之續不可得何也史未必其春秋也代必不可以無春秋也有可以續春秋者則史之即有僅得其似而續春秋者亦史之而已夫周之史以柱下得名故有史佚史聃史過至秦則有太史令夫周以上之史春秋終之春秋以下之史秦始之君子不道秦以漢徑承火德也故終春秋者斷自漢史始漢之太史令以龍門氏著自談及遷不遷其官而遷則著成史記以行世故言漢史者其首司馬子長乎扶風班氏固復以漢書顯贍而不穢詳而有體則亦子長之亞與至宋順陽范曄乃作後漢書抑又續班氏之烈也晉巴西陳壽三國志續漢而外蜀其統散于三國矣若唐文皇帝撰晉書御筆其僅事爾梁吳

興沈約之宋書其亦有風流才氣者與梁蘭陵蕭子顯之撰齊書也北齊鉅鹿魏收之撰魏書也隋博陵李百藥之撰北齊書也唐華源令狐德棻之撰周書也唐魏州魏徵之撰隋書也唐隴西李延壽之撰南史北史也凡皆一代之偉人而千秋之鉅筆也後唐歸義劉昫則有舊唐書之著宋雍丘宋祁則有新唐書之著其軼五代六朝而直接兩漢者乎若宋廬陵歐陽脩之五代史則又上掩馬班而下儷君實紫陽者乎元脫脫之著宋金遼三史也亦一代之典章者矣明古婺宋濂王褘則元史出其手焉蓋一時之金鑑矣乎撰其所長則直以為一代一春秋可也雖然腐令史記未更筆削之經也以固祇遷太玄之擬易乎司馬氏尚遊俠輕仁義班氏折忠臣賤直節范氏烈蔡琰酷董宣其于春秋之義例未可以訓也蔚宗休文叛逆而滕龢范雖小佳而沈則蕪陋陳壽李延壽有如稗官小說焉魏收元魏穢笥焉爾已沈之宋書蕭之齊書令狐之周書則以為有學究氣焉隋書之作于魏徵其引周齊蕭梁之舊事載王邵袁宏之繆說均可詆也誠哉所謂晉齊五朝駢儷之風骨而事多浮誇北書蕪冗弗倫失均魯衛李延壽二史識者皆其南畧北詳以世家體作列傳厥製未允猶彼善也由此觀之不惟不合于春秋襃貶之義且併失其文與指焉至若新唐事增文省謂勝于舊然晦而不達雖有何貴其于文辭雖為畧近然其指失矣其于義例襃貶亦何當也歐公五代史筆可謂義嚴秋霜惜是時事半禽行人皆盜賊否亦悍卒駿豎取姍有餘執法不足者雖以治法正亂君以死節植臣紀且惜其載瑞遺災非垂戒之意也至若宋史成于疑譯之世庸熟支離然不能指人髮喜不堪解人頤真邸報之極爛者矣金遼元史名號未雅事亦庸碌蒙氣滿紙焉其于春秋之義例之襃貶之指之文皆奚當也嗚呼史亦難言矣哉

杭郡富瑒制藝自序

人即有善游者其足跡無所不至而里閈目睫之地往往多所未經匪獨夢瞰鐵杵棄輿入鼠穴已也唯帖括一道亦然今夫童而習者經書長而安者筆札認聖賢之言語太深而反失之于淺守父師之訓太難而反失之于易任文章之事太高且遠而反失之于近于平故有白首窮經而不得其解終年呫嗶咿唔而不傳其妙者嗚呼為我輩者强半皆癡人耳又何惑乎其說蔓乎不知天下之理以易簡為歸吾儒之業以平易近人為貴故先輩云為文之道須典顯淺典之義姑不具論其云顯淺豈非所云里閈目睫之地往往多所昧經者乎讀桃花源記知武陵漁人之說誕讀世說新語至山陰道上行山川自相映發令人應接不暇其說夸今文章家之迷于高遠而失之平近者亦猶入桃源而迷蹊以為此中人語未可為人道過山陰而潑目以為千巖萬壑草木蒙茸而不盡然也則曷不求諸里閈目睫之地自有所為人所未經見者乎如乎此編中夫子何為二句文作八股富潤屋文點適章近滑稽猶天之不可階二句文直兩對以猶字作紐子曰庶矣哉二句文兩大對即用複字複句直以一股作兩股寬裕溫柔文截長為短孟子自范之齊文斷無作有其他不能枚舉皆所謂里閈目睫之地人所未經而我為之語云眼前有景道不出予庶幾其免矣夫然諸生童非不能為此不敢為此耳何以言之與試者外有功令之懸内存得失之見倘蹈予而為之一旦遇盲主司而殿之最之進之退之必有不可知者故知而不為非不知而不能為也然則予之服予服生皐比惟吾所欲為而為之亦曷足多乎雖然諸生不敢為而徑令箇中佳境遂湮没而不傳不甚可惜哉即以予是編為攻玉之石引玉之瓴又何不可自為序

攬茝集序

騷云雜杜蘅與芳芷屈大夫蓋自況也江潭遣放潛行微吟其喻已也揭車江離其睇人也荆棘菉葹矢古一屈大夫今一唐中翰同放人也而栖託好佳牽情香草屈子以之自況而孤潔有悲情唐子以之況八而搴芳有樂致顧其所得亦孰多乎唐子宛之名士而蕭瘖過江為汗漫之遊恣逍遥之樂與周方伯劉使君修白社青蓮天祿石渠舊雅因與此中名士周旋畧盡而劉夫子以余與唐子兩兩相通不置不翅王荆公為正之道子固為子固道正之也乃余則烽燹蠖屈徬皇數起而造門不前乃唐子則風雨雞栖招隱屢詠而俟人兮徛相思適相恨彼此難為懷也逢之旬日慕望彌殷余乃發于歔之棹詣安道而流連焉雖新相知然藏之胸中久矣見同阿促歡若平生天下有絕不相識而相思相思甚苦而后乃相見相見立譚而徑可託以為故人者余與唐子之謂也刻燭賦詩把酒論文色韻飄然依栖信宿唐子視余不謂宋玉景差余之視唐子則屈豪杰一流人矣不然袖集而弁攬茝攬茝云者緊何聲情歟既披其集則江以南北一徑流覽其中美人君子贈貽之絕妙好辭也唐子且曰衆芳皆備俟吾子椒馨之贈焉余曰唉余何能為衆芳之託哉展斯集也秀若芙蕖翩若芰荷辛若申椒芬若菌桂或搴木蘭于阰或攬宿莽于洲或種九畹之蘭或樹百畮之蕙或貫薜荔之蕊或餐秋菊之英我之自我資蘼也菀枯也蒲柳也紉不宜帶結不為佩亦浪得名于香雲白水間耳何能為衆芳之所託哉雖然衆蕙菉而紛之懷椒糈而要之岌兮高余冠陸兮離兮長余佩瞻靈修而思公子搴芳草而送王孫雅有茲願弗敢辭也他日過江左弔風流上新亭分譙鲁北樓可登敬亭不厭盡雨水雙橋梧桐橘柚之美收十月吴山梅花曉落之勝則且以全宛之才人騷士為遠志小草而以我唐子擅蘭蘜之芳秀標荃蕙之袖領也

送曲沃令序

縣令為古天子牧民之寄蓋重之也故伯之次有牧牧之下有監監之下有守守之下有令維令與民獨親而其任亦獨繁且鉅故天子益嘉賴焉今公之令曲沃也以贛令補其令贛也值金兵蹂躪之餘又接壤粤東南征之師如更戍焉南贛故上游地貨財甲天下為豫章一大都會而一擾于金再衝于粤遂致城郭破壞人民流散里俗彫敝大反于有明盛時公至寧輯其人民增修其城郭招集而安全之不惟不至無贛且幾幾有贛全盛者公之力也贛距汴南數千里余挾歲又復留都下顧曷從知之而信之然豫章仕者多君子游吾鄉且接軫京洛類能為其鄉之邑大夫良有司頌德政首公故余及知之而信之且公先贛為吳陵尉吳陵者吾鄉也其為尉賢故知其為贛實賢而今且令沃固非儼然嚮之尉吳陵以令贛者哉公令贛以憂去服闋補官枚得沃銓部疑之奪使更枚之尋復得補者驚羡而公之客咸賀曰沃為財藪顧公得令茲土廉亦富矣且枚之至再而必得鬼神亦將有意于公乎公曰噫吾之視沃猶視贛爾沃故緜地兵革以來大創傷矣縣新而後稍能安集民聊以生今茲方澤鴻而郊鳥之相依為理未能無罪而敢倖心為民父母之謂何邑貧令之憂也于邑何求邑富邑之福也于令何與吾無以需沃吾有以謝客矣陸子聞之曰公言及此沃之福也吾無復相勉矣獨其枚之至再而得沃者客祇知為鬼神福公而未知其所以福公之意也鬼神將愛沃人而畀之以公豈獨以利公為哉福公所以愛沃也愛沃所以利公也公言及此沃之福也願公始終毋忘今日之言沃其有厚賴乎吾將俟公以循良之詔矣相與顧謝驅車去

鄧孝威過嶺詩序

過嶺詩者，鄧子孝威從龔芝麓先生游粵東而作也。先是先生游吾里，從游倡和屨滿，蓋陰而鄧子蚤為上客領袖焉。既次廣陵，則鄧子俱；既次白門，則鄧子俱；既次他諸名都大郡，好山佳水，則鄧子莫不與俱。刻景橅辭，鞭才赴韻，金罍不夜，蠟屐忘暄。先生可無他人，必不可無鄧子。然則鄧子之與先生，可謂道合忘年，傾倒不近者邪。既先生累官京師，則招鄧子于別署委蛇退食之暇，即與鄧子吮毫濡墨之會也。憂讒畏譏之日，即與鄧子痛哭流涕之時也。先生未幾而躋崇秩，復未幾而累左遷。一時僚友朝士門生故吏趨避聚散之緣，殊有難可道者。鄧子蕭然一慷慨布衣耳，論交十年，升沉一致，大雅相成，名溢海内，可以遠追王孟，近方陳董。鄧子有不為先生重，而益以重先生者哉。丙秋粵東之役，先生奉使而南，遇鄧子于江淮之間，既見之，瘳不忍釋手，强以從游。而鄧子暢然孤往，襆被未遑，自隨也。往返嶺南，不下幾千餘里。蠻烟瘴雨，海蜃山嵐，皇華所駈，車船迭進，先生之興不淺，而鄧子之氣益豪。其閒山川之盤鬱，雲物之變幻，鳥獸草木之奇，城郭人民之異，觸目者感，心發聲者成韻，而有是集也。題曰過嶺，匪獨紀時紀事紀地紀從游之盛，將以見鄧子與先生萬里投轄，迥出當時僚友朝士門生故吏趨避聚散之緣之外也。其亦山中白雲，不可持贈者邪。

宮宗衮文序 譚夢仁

昔司馬子長能為文章陟勁疎宕而有奇氣其得於山川遊覽奇聞壯觀者固多而其出自窮愁抑鬱悲憤無聊不得志於時者之所為亦復匪少矣韓昌黎振興斯文起衰濟弱而其當時上宰執諸書或則借推解或則假薦援以希得志而行其道非彼所遇之困頓而慷慨此何以稱焉然則子長昌黎兩人者所推為古今著作之林而為漢唐士人之冠冕要其所遭莫不于憂離患難之中發憤著書以成一代之絶業然則文章一道豈非以膏粱益拙而以愁苦益工歟宮子武承之為中翰也力追子長昌黎之為文而與余有同年之誼且先後同官相友善今庚戌榜元宗衮宮子其伯兄也因與余講年家世誼每讀平生所著文章實有難為兄弟者行將並子長昌黎而為三焉溯其家學淵源箕裘弓冶之喻則以丁丑鶯鄰公為之祖癸未紫陽公為之父其三世雄文亮采輝映當時則又以子長昌黎為宮氏過庭詩禮之學故宗衮于酉戌之役為能聯捷冠軍弋獲大物為不爽爾夫宮子出于兩世甲科之後而復為甲科且冠軍焉然則宮子有子長昌黎之才而子長昌黎未得有宮子宗衮之遇乃今擬之不亦失其倫歟不知宮子之與子長昌黎實有異而同者宮子世家吳陵祖貫瀛海因其原籍而作瀛海諸生取功名者莫不以為北易于南而不謂宮子之每試輒蹶也夫宮子之每試輒蹶焉者以為天乎人乎兩不可知而大抵宮子所遇夫亦可謂窮愁抑鬱悲憤無聊不得志於時者之司馬子長希得志行道而適得其困頓之韓昌黎已宮子以燥髮入都迄今年幾強仕入試者凡六見絀栖遲都下者不下廿餘年而其往返道途雨雪饑渴僕馬痡瘏者約畧幾十萬餘里而其閒之憂讒畏譏謗興毀來者又複數十輩然則宮子之幾遇而不遇固天之欲老其才而厚其報而人之從而媒孽其短謠咏而簧鼓之以助天之成就吾宮子者亦復忍尤攘詬而無所不極其至也夫純鈞之質淬而益精豐城之氣埋而益出積之久而發之暴抑之深而揚之高理數所期間不容髮故以數十年六七試而不得志之宮子而猝于庚戌南宮之役一旦弋獲大物而冠軍焉不其勝任而愉快哉夫古今會元科不乏人不足為異而獨是吾宮子之抑鬱而困頓覺非此第一人不足以厭其欲而紓其憤然則由後觀前臨

得思夫是何人謀益拙而天意益巧也然則宮子今日之遇又豈盡委於天人之數而于其平生之所為文章及置之漫無符券而勿講乎今其所鎔臨瑒制藝具在有目共覩千人一見余無從贊一詞而揆其平日所著時文理足辭贍誠豐年之玉而饑年之粟第其神氣洋溢醇乎其醇根茂實繁膏沃光曄則較新藝為差殊焉嗚呼此誠積厚流光水到渠成之謂歟莊子云風之積也不厚則其負大翼也無力水之積也不厚則其負大舟也無力宮子則所謂有大舟大翼之才而適遇積水積風之候然則宮子之悲憤抑鬱而困頓於天乎何怨於人乎何尤其敗我者其成我者也其大敗我者其大成我者也是即今之司馬子長而韓昌黎者歟然則士之負才而不得志悲憤困頓而不卽出於憂離患難中者觀於宮子夫亦可以自信也夫

劉念菴都閫六十壽序

先皇御極之六年時海宇未盡底定每拊髀而思將帥之臣乃命大宗伯宛平敬哉王公于己丑會闈大肆鷹揚之選念菴劉公特應景運而出以第一人魁多士為兔罝干城弁冕一時騎射論策緯武經文名噪部下而達諸中外公其人傑矣哉攷公先世繫籍雉皐簪纓累葉冠蓋四朝明經十世公王父司遠公官山左臬憲都閫晉秩三司公父蓼莪公以教授名家作宛陵司訓公伯兄耻菴先生出宰盧陵仲兄文起先生領袖學博而我公大魁之後筮仕秦中以母老顧辭道遠不赴尋補江淮衛守駐鎮和陽剔歷興屯政聲丕著時直指上官公制院馬公並疏薦紀錄督漕蔡公復特疏公等十餘員名經理漕運公凡三督漕務輸江南粟貳拾餘萬石于京師督倉任公馬公亦特疏薦公轉輸功為第一奉　旨賜宴錫賚有加實授正三品服俸晉秩江南都閫僉書督理通省屯田又復功冠江左未幾議裁赴部謁補時伯兄謁選任令盧陵母張太淑人聞其遠宦憂思成疾時公適值楚中都閫缺出復恐道遠益厪母憂遂乞疏歸里累奉部檄力懇督漕疏請予告決計終養奉太淑

人享耳髦髦有加公先後歷仕有年與其先世功勳掩映雉邑官三司者劉氏有其二則公與其王父可遠公也夫人知公之出為大魁仕為名宦于古財雉之鄉為第一流人物而抑知其一則以母老控辭初仕于秦再則以母老控辭卒仕于楚其為純孝為隱君子更有大過人者公其人傑矣哉公之退休于雉皐也蓋二十年于茲矣先是以力行孝盡人子職于堂上既而以陰行善高長者風于林下諸如倡同善會以同道為朋創育嬰社于衆人為母施襯而澤及枯骨賑饑而贈偏麥舟樂此不疲久而靡倦事在勉强漸近自然今之人與古豪傑也夫公之出處畧盡于彼公之梗槩復畧盡于此乃更有異則在舉丈夫子三長錦玉次雍州季桓郁三君者未易才弱冠具皐名雋其次第入泮皆以第一人補邑弟子員與公之以第一人魁天下試無小大先後同符則三子之食報于庭訓與公之食報于祖德燭照券取又必有同然者且其七孫似續芝玉生庭大兒小兒器俱遠到則公之父子祖孫和丸弄飴于其門以內堂以上者此又為善最樂家慶圖繪之一徵也今公行年届六衮矣嗜書而外亦復嗜酒敎子而後又復敎孫為

盛世之頗收而即作清時之廣受效善俗之苗陳而亦同任達之嵇阮孔稚圭之北山移文既可以不設陶淵明之歸去來辭亦可以不賦高山峩峩大河洋洋先生之風山高水長公其有之已然則觀公之出處梗槩其亦可謂功業德行之極致矣公其人傑矣哉公之女孫配余冢孫祖游以屬嫻未識公有素又復偕隱知公特深得為序

壽楊河臺序

丁未之夏　今上咨念治河之重簡新命開府任城蓋何遜重來處也先是庚子秋以暫歸予告廣陵苗公以代理輒行朝廷謂兩河隄防繫七省飛輓疇若予工誰爲可代庖者在廷諸臣則咸以公爲推于是單騎赴濟星馳而受事焉夫治河亦孔亟爾天下凡事所可爲者人也所不可爲者天也唯治河之任則盡人受過而與天爭功爭功所以受過也公至即悉取兩河之要害而經營之不以爲此爲人代庖者而悠悠是視且若預卜其後來之必膺是任而先爲未雨綢繆之計焉者故不獨不爲人受過而且將與天爭功猗嗟公治河之功亦綦偉矣哉未幾而治河之命果下初謂此駕輕就熟耳詎意其勞苦而功高固什伯于前日哉夫治河至今日爲益孔亟爾天每作其霖澇浸淫之勢而且挾異變以逞河亦肆其強悍橫行之性而不由故道以趨江淮而北徐邳以南鮮有不爲巨浸澤國者而公則風雨宵馳寢興露處動檄丁夫數十萬衆相杵而畚鍤焉今日塞瓠子明日決金堤矣此地築宣房彼地沉白馬矣朝廷之斗金不及恤而民力民命可哀憐也小民之一身不足計而公過公功難更僕也猗嗟今日之治河不又綦難矣哉顧更有難焉者勞臣効胼胝于下而朝廷懸令甲于上一人獨賢勞于外而衆人爭衆訟于內坐而言者之易詎知起而行者之難哉嚮非　今上屢遣部臣巡行河上閱視險要周覽情形而因得以公成功歸報天子俾朝廷知其無過而且有功也則公之知我罪我且有不可恃者顧其克勝斯任而不致于隕越焉者不亦難哉若夫朝廷之待公則又有出于尋常之外者諸如疏請河神廟祀爲儀曹所議而朝廷以特旨寬之且賜之香帛以旌其所建立既而勞于河事以稱疾請告而朝廷以溫旨留之且表其前勳而勉其後効朝廷之所以待公可謂優而有禮而公之所以報朝廷者不其王臣而蹇蹇君子而勞謙者與乃今河事亦既告厥成功矣余小子每欲一頌功德而無從也今年秋八月歲在己酉則實爲我公初度之辰焉猗哉余小子有以壽公矣因敬進卮酒再拜致辭爲我公一頌治河之功德而因以併頌朝廷之所以褒寵我公治河之功德者以爲公壽然則公今日之治河不又其偉矣哉謹爲序

張詞臣詩序

文者性之華詩者情之華顧情藻乎外性澄乎中晋人綿邈而情遐唐人莊雅而多風人曰晋饒性而唐饒情非也性情缺一難為詩知者道之矣書曰詩言志歌永言聲依永律和聲夫律起于黄鍾而協之為五聲人協律而為詩而切之以音韻似乎詩自外來者焉言乎律在外耳不知夫律性情之氣而聲性情之形也律起于天地之氣而動乎聖人之心然則聖人有心律焉律起于聖人之心而動乎詩人之心然則詩人有心律焉余嘗謂人之一心而律度量衡悉備宜字之清者協律而濁者即以失錙焉宜字之疾者協律而徐者即以爽銖焉豈非律之從心者乎以心律發新聲乃于是乎為有詩而其精微則又存乎氣詩有氣有體體隨氣而成章者也語云詩有別才非關學也則似乎氣生而然者也然亦要有養焉李供奉氣之自然者也杜水部養之自然者也李則仙而杜且聖豈非氣資于養乎氣為之君養為之輔心之所紀隨類而見氣之發于幽寂者則瘦寒之體以形之氣之發于榮華者則金相玉質之體以形之氣之發于怪誕而倔曲則近仙近鬼之體以形之抑或體聯絡而氣乖離體獮重而氣稠濁在毫髮之間幾微之介則于養中辨消息焉又存乎其人之神明其間而書不盡言言不盡意者矣無詩之表詩理森焉詩情躍焉詩景出詩財貯焉顧摹切終生而不就脱穎而有風人之遺者何也則天人之交有詩氣焉不得氣者容有詩未有得氣而無詩者也張子詞臣得乎氣者也養醇者也協心律者也體乎性發乎情者也體乎性發乎情吾因張子之能詩而知張子之能文

方白英鄰隱園詩序

魏武殺德祖才人以為恨恨其嫉且毒也咄哉生我為阿瞞幾何其不嫉且毒吾亦殺德祖何恨乎阿瞞然才天之秘寶也人之私命也我推之不離人奪之不去人殺我才已隨我死不能生我才于人我殺人才又隨人死不能生人才于我然則老瞞殺德祖並殺其才也既殺德祖才又失一德祖究不為我奪不如生德祖分使後才人以舌殺老瞞余里白英方子楊德祖才士不少老瞞也其殺白英乎其生白英乎咄咄白英一才命生死寄人手詩其一班已

西湖校士錄序

今夫合十五國以行教化者禮官也分十五國以行教化者學臣也又析一國之一郡一邑以共行教化者郡縣之有司與教職也歲試棄試屬之學臣季考月考屬之有司教職外此而有觀風會課有錄遺大羅則又屬之諸任憲臺以汔各監司與立榷諸使者上為主其教而宣其化次之補其缺而拾其遺而後舉之于鄉貢之于澤宮以上薦之禮官之長不憚分廷別壘以曲成其教化之美烏虖甚盛事哉然則教士一事亦甚匪細故也已余于癸丑夏奉簡書督學兩浙來涖武林蓋西湖也維時督憲則為山左司馬李公撫憲則為山右中丞田公鹺憲則為八閩侍御許公倡教化于上藩憲則為方伯陳公臬憲則憲長郭公糧憲劉公鹺憲李公鄞憲李公分憲萬公南關使者閻公北關使者歐陽公贊教化于中當是時郡守闞郡丞則有秦中習君縣令則錢塘梁君仁和孫君以及三學廣文為毛子萬齡輩奉教化于下顧余則從諸大君子之後秉綱領諸君而董率之以顯承教化之名而陰行其教化之實烏虖豈細故哉初至未及試士先嚴月課之令于諸郡邑尋隨侍中丞田

公觀風杭郡于學宮自課七藝以先多士未幾首試紹次試杭其所取文大約崇尚古學超越時蹊内闡性靈外達時務一時人士類皆沈博絶麗飫食先秦兩漢次亦唐宋大家劉左穀之膏腴潤張程之理學皆所稱壇坫之霸壁壘之雄也即習為時文者亦皆理體清勝骨月勻停枝茂實繁音沃光曄争為有用之言耻為無本之學起衰救弊之意殆浸浸焉一時郡縣校士凡皆肖余意旨遴取真材搜討實學即一府縣小試不復苟且故郡司馬習丞全史代郡守之闈遴取童子鍵户校讐屏絶請託錢塘梁令允植孜孜好古甄别羣材不爽銖兩類皆能取武林佳士而蕞爾之烏虖郡邑小試而取士尤有古風亦既異矣且按其日昔所課士月要歲會拔擢有素皆與余所録試牘爭以古今文辭互相頡頏不肯上下因彙余與諸君課士之文勒成一書為西湖校士録噫一快事已雖然前乎此者有是録焉後乎此者亦將有是録焉則是録者不幾為效顰之續而作覆瓿之倡哉不知是録之成人攬西湖之勝家傳校士之書其名則同其實則異余與諸君匪敢表異或亦未敢求同耳獨是嵇叔子以予告去而作人之太守不復習郡丞以單與之役卒而取士之郡司馬不傳惜哉顧猶幸有梁孫二令能以文而會友廣文毛子嘗自課而課士合之余一嗜文之學使者鼎分陣列而勉為興起此文教焉庶猶不負　聖天子作人之盛意洎諸憲臺及各憲長造士之公心也烏虖余東海一豎儒耳尠見寡聞罔識忌諱每一校士見秀才身拈題自課刺刺不休不過性癖耽佳率先多士耳而一時西湖之濆不獨多士輩攘臂述作喁然嚮風即一簧書之長苜蓿之良亦皆執經問業以吏作師探脈屬文以身率教與學使者合志同方選勝著書而相與勉興文教共成盛事也然則教化所關誠匪細故也已

西湖士勉乎哉司教化者勉乎哉

毛廣文詩序

癸丑之夏予捧勅督學三浙而駐節于武林一時知名之士蓋風起而雲合霞離而星落矣顧聞其閒有老成人焉其足以領袖人士而登東南之壇坫者則咸推蕭然二毛顧李子諸生而阿大儼然苜蓿皋比矣視事之暇各學廣文以手版見竊意此中有大毛公在乎姑勿詢其姓氏里居而于南北觀見之時為暗中揣摹之計見廣文有魁梧奇偉可以掩映數人如周侯者且洪鐘雷鼓其音響而峩冠博帶其威儀也以為蕭然之所稱大毛者意者其在斯乎既為舉其姓氏里居則果儼然蕭然山下老成人也相與掀髯而笑曰此其聞聲多偽而望氣乃真者乎之於大毛如是即余之於天下士亦莫不如是也因而詢其生平之所為文與其所為詩曰唯唯余小子固有詩一編問諸世今且以質之明公矣亟披而讀之其矩矱則唐其風味則晉其吐噫者宋其揮斥者六朝嗚呼固知其所志者深而其所言者大矣夫詩之為道言此者多矣宗歷下者為李杜優孟之衣冠宗竟陵者為郊島蘧篨之粉黛夫固安得所為整旋大雅留連正始者相與從先唱和響答古今哉今得大毛夫

亦可以言此矣彼蕭然山者錢塘而東之一拳石也而顧乃誕此老成人焉以羽儀盛世而鼓吹當代顧不異哉特為序

蘇立原笈鳳軒詞序

風雅一道以詩為歸外此有詞有曲詩純乎雅者也曲則多通乎俗而詞則雅俗兼之然則詞也者不窮為風雅之緒餘而實則鼓吹之韻事哉夫詞有花間有草堂歷而進之殆以楚辭為之祖自漁父而後凡夫漢武之秋風陶元亮之歸去來太子賢之黄臺瓜杜牧之之連昌宮皆為詞之宗而李青蓮之清平調變而為菩薩蠻則直為宋元人之先聲矣若古樂府則又其從先唱答為宋詞元曲之衣鉢者歟夫詞以宋人為之倡歷元與明而極盛于昭代宋人則為蘇為柳為周為秦不一其手元與明未暇殫述而昭代則一盛于雲間今再盛于武林矣其間風流標舉綺麗動人多為香奩之調若夫蒼涼震盪歌哭相當實又為詞家之正鋒上選焉顧得此者殊難其人而要以蘇子瞻之赤壁一詞為最上一乘今立原其苗裔已笈鳳軒諸闋香生于骨玉潤為膚以要眇之新聲發幽貞之正性斯其為坡老之嫡傳而獨樹騷壇之赤幟者歟抑詞與曲皆謂之填詞此皆以牌名得名與風雅頌興賦比之為詩有變有正各與人之性情相為流連者也欤之古初祇有候人兮猗四字遂為后世詩詞歌賦傳奇之鼻祖而極盡其天花爛熳之快致焉何其抱天之趣而移人以情哉此余又因序詞學而肆及之

賦集

廣陵賦

廣陵客謂吳陵主人曰今夫覓窺者不知天運之大蠡測者不知海藏之深子產斥鹵雖隸揚屬未稔郡風今域中大都會六北曰古燕南曰金陵東曰武林西曰武昌江之南曰姑蘇江之北曰維揚伯京仲省南咽朔喉詎十邑之綱領繫六代之風流余起而言子共而聽余恐竹罄糜竭舌蜨斷敝他郡什傳其九而吾揚伯不盡一也淮海揚州幅員千里以郡嵩名實惟茲始都城百雉人烟蔚紫天心謗有江壕於止瞭分野乎九州洪惟綠諸女牛當河鼓之韠鞱罗天漢之上流地利鑿斯礐砦逆吳顏以邗溝砐海鹺於萬頃飛盤渦之鹵艘碎七國以阻險淮南坎為上游生則厥富燀其敵國歿猶廟食而淩轢乎王侯譏楮貝以米提去仄尚其私壟斷于千秋消洲瓜渚盥溢城陽潤揚子之靈潮渭廣陵之濤聲蕩沖瀜而灊沆引泊栢于中泠湧瀇瀎而汍漰薄没坂而吞城遺垠隩與壑空尚頹橋之孤村籍沙洲之潰澀限衣帶而衫襟濯濩禹廟龍蛇古屋重江宅隩長淮瀟洑敺浮石以中空響訇訇而砰湱鏵霾疊以架梁磊滀潔而匯陸儼山陰之遺構羌日鵶而夜蝠窟水渦之千頭移明砂其萬斛董祠特嶫峯峯中衢書院欄蕒道風髓颾擣廣川之高鄉揞易相于江都睽上木之儼雅瞻衣冠其宛如懷椒糈與肸蠁振木鐸于天隅漢祖魏骨越宋斯齊蕭梁嬗代亂庶湍沮華戎遷處泐丘崿墟衍皇厭世嗣統夫儲儡濯帝重雅善讀書苞文選之高樓憩井幹之猶夸汔楚襄與吳會蕞書臺之礫佹皇昭明之砂選留炎劉而下諸森牙籤之軸軸陋泌架而掩澄廚官閣棋花香颸嫠靆蓉署峴嶢琴堂峪嵃敞廣廈以焜爚霏香雲而霱颸嚌羅浮之唱嘈盛衣綠而晨采罗何遯以重來太傅梵其遺愛蘽門少陵右臨茲閣逢彼蚤梅賦詩送客淺春辭其薄寒落英紛其賸雪花空窕而作苞香叫窱而初眉人靄昱而云遐懷霱寥而若結詩蟠瑶而自馨與洄沉而方熱伊老杜之驚句引何公以示絕謝傅作鎮築埭邵伯被潦湖民以琦蓄洩愴恨𠄎遺剪拜卒比瑶彼北門圍碁野睹徙太傅于東山箸幾雨之蠟屐行相宅以敞閣碌手植之雙檜自西晉以迄今眡水嘉之芳躅臨海于填荊州移鎮奄至廣陵負固一隅爰作叛逆戩干稱戈參軍隨而諷諫賦故城之荒蕪追

昔全盛轉挂肩摩沸天歌吹撲地廛閭銅山斬鐘鹽瀨渠潛版築鞏固烽櫓盤紆磁石重門頹壞高隅中經崩析雉分堞疏豆分瓜剖井堙灾除瞍歌堂之傾圮曦舞閣之壁墟眄璇淵之澴滅然碧樹之杈枒散佰人于南國委妙姬于東都凡此景之喪亂實明遠為繪圖借吳濞以悟瑱爰抽琴而作歌盡平原之瀰追洵葵井而葛塗幾烏兔馬翻蝴嘗披錦其斕如竹西古社耳嘈目瞍鼓吹殷雷歌聲遏雲絲抽繭而竊梟竹洞瞙而妖滛皮花腔而碎迫內鐵吽而鮮习繚鑄金嶶而玉軫鬆彤雁柱而龍紋凄瑟奏二十五弦之調雄雌發三十六莞之鳴樗蒲瞰暧蹋踘斜曛曲高雪苑響蒼氷晨抱雲和于月底錯絃索于槽根賀老龜年之技新磨阿丑之能魚龍角觝之戲弄丸累碁之神尚樓館以成市簇士女以如雲袤延十里達乎東灣梔茱萸而命名勢崛屼而蜿蜒斜燕磯之鐵索濁長淮而漩還傾鄭臼之迅瀖湍芝稻之衝瀾肆有黃公之罏百斛家有主人之黍萬石趁西社之歌晨醉東園之花旦北西有阜名曰蜀岡龍氣抉北土脈增崆起伏萬里糾繆鬱蒼前為栖靈之寺後為西山之陽車璘馬蕭之道市酒縱博之鄉馳馬射鵰之俗門雞走狗之場妖松荒乎萬頭怪栢蔥乎千章樹杞薄乎潯涘楊棲森乎峰陽瞪丹青之飛翥瞠金碧呂熒煌信朔暨南暨之孔道羌五達六達之康莊岡巔有泉次曰第五傳言通蜀脉絡楚楚匯川納之誑語曾憑物而驗取水息淪洌心脾沁只盈甕溢樽盎擔罌舉潤三峽之滈汗恣濫觴之沮洳中滲慭其第一惠泉篡其第二虎泡孫其芳甘劍池歉其清洸豹趵輸其澄泖龍井謝其淵沚蓀越澧而逾冷荃奴瀼而隸乳陋徂徠之百究靜陪尾之千縷綜核遺跡彈乎前載與記之彩侈乎六代六代惟隋竹不罄咳楊隋受命堅終廣在魔夢江都爰名中外泝洛洄伊蹐陳越蔡觀西楚之雌風抵淮南之雄界鑿汴河之阻修掘狹邪之上怪役丁夫以百萬揮畚鍤于瓩瘵沈千里之畾㵾不計日而工罷駕鳳舸與龍舟棧烏樯而鳶柁御殿腳以如飛首絳仙而牽緑擁挂檝于中流纜錦纜于雲外柳圍堤而成陰槐蔭溝而若蓋洵宮車以雷碾爛旌旗之霞駮飽士馬之驍騰糞蔄粳而砂礫衛玉輦以犇馳傷郡縣之破碎爰至于維經度九重靈光不足景福是攻陛彼西岵逑樓鳩工以梓以材以垣以墉侈阿房之複道夸建章之離宮開

萬户以千門既達渭而迤隴㟧複閣以摘星橋馳道以迴風廣乃哆口乎真仙亦自迷乎此中臨春結綺之閣館娃響屧之宮飛燕昭陽之殿潘妃金屋之房七夕比肩之苑章華細腰之叢堙堯門之砍腐呰鈎弋之何從復差强于晉井之云殁且特驕語乎銅雀之臨終此梳鬟而倒脂彼倚䡾而偎紅振羊車之韡韡照鸞鏡之空空肆裸逐之狂態追半欲于狡童逞風魔而弗輟託征遼于夢中夫乃明月二分鋪金飛練流水小橋簫聲吹斷美人念四闌干倚遍瀑濺舞衣風飄歌扇結肉屏于天街趁烟花之瀲灧爾譜清夜遊曲汝唱竹枝詞徧雜遝二十四橋之所歡點䙡三十六宮之阿春生離溼柔鄉之倩魂死葬王勾斜之嬌面古道夕陽精靈變現九幽夜臺未央前殿雲去月來脂零粉亂斷珥遺簪剩香餘豔狹邪若蚓宫道如箭孤塚纍纍殘碑峴峴步阿誰之悄竟藏官家之孽媛妃嬪不禄獨夫䖏殄何物宇文好頸頭斷千歲厭世窮靈機變游無日出之衣冠墓徒閭閻之髻箭礙畜水之雷塘悒轟雷而掣電哂淮海之隩區頫阿㕓之粉點博碩古觀熯閣岐屹高昌岌雲建城標霞一朶無二上宛瓊花不植自樹無蕊而葩香風熠

其醖酢古榦挺其磕研錦砌週其凝電瑶臺聳其構櫨中有蓄蘆之仙子託錬師以宅家養嬰兒以結胎葫姹女以孕芽嵌黄金之内鼎茁海棠之肉華蹐海鶴于雲根馴溪鹿于霞窟選洞天以鳳駕挾瀛島以乘槎出陰陽之神子羽消息于黄婆拔雞犬以上昇笑井竈之丹砂草青谿之遺搆儷仙都于城阿今兹紛吾有此羽客長衣鉢而傳訛祖唐及宋中更五代風景不殊江河異態東京雲擾南渡枝歧嶽欽逼迫淵聖崩壞趙構葩南汪黄擁戴萬馬奔騰千軍覆敗困宰相于征鞍辱天子于行在走江都于馬上移瓜洲為關外康王策泥馬之烏有彦善聽浮屠而無賴流汗血于長干撒木主于大塊照甘泉之烽火㦖追師其宛在燕木熾其綠烟炯九泉其燐賽胝此日之古揚幾土崩而瓦躔究石大興雹光鮮足為其大呰宋擁族而南巡金退師而北罷渺長江之一綫指天塹以如帶各受命而偏安劃南北為兩界嗟淮南為戰場作江北之邊塞雖時几朮實入淮揚張浚督師身任金湯帝欲退兵保兹大江浚為執奏屯田此方淮南屏蔽廟謨允臧補天浴日取亂侮亡魏公之功功不可量金犯天長三圩劫火虢虢震隣偪瓟右左

十室九空橫罹殘破焚劫而太四郊戎馬短截羅壇蒼鼠竄瓦月色虧朏簫音入啞浪子半孤佳人全寡指爪稽羅髑髏土稼殍夫晝吹鬼物幻化斛鐵壁之江山壓玉皇之法駕輴烟滅而灰蜚坎賢劫之話靶蘄王敗金爰于大儀逐北至淮勤王誓師屈指武功中興首魁豈獨黃天績高鼓鼙後金復犯破于劉琦揚子橋頭阜角林西一鼓得利再鼓繼之八戰八捷此為二之奚翅順昌之旗幟奪標的于穎淯前此緬二將之功烈壯哉馳空壁而搴大旗歐陽作守登彼西山爰構廣堂額曰平山極拱江北星羅江南窄嶺巘嶭在檐楹間因與堂平劃區題顏湧金焦如列眉橫銀玉以分鈿浮北固以為螺帶甘露而作鬟瞰海門之淹汜碌江瀅之噴屹睇五樓而十館瞠萬壑而千巖坐永叔以優游每朝出而莫還垂風雅于不墜編嘉祐之曆年前有歐陽後有糜公堂壁題詩讖緯畧同詠新栽之楊柳飛破壁之蛇龍雨千嶂而秀滴烟萬井而陰濛恰歐去而糜逝云即五百年之崖公鉅公高橋疊折長虹舒卷黃金古壩巃嵸對偃禪智開寺上方山院僧蘭之側湍湧明泉潰濩渚濛潺漫淒涼乞茗甌于高衲剪雷筴于枯禪億所造于漸兒

辨荊公之舌尖州城迤北堞雉穹窿俯劉濬泗仰劃崇墉屹金湯之一助築保祐而鳩工維似道其終始尚瀏睨乎秋壑之雄風阿木樹圍久嚴刁斗姜李合謀同心堅守惟文信之孤忠志勤王而出走由蒙古而真州假偏師于城下通秘計于再成圖興復于萬一庭芝疑而不納犇通州之海口盡傷乎兩守將之殉城徒功高而何有時維嘉靖東倭犯順爰自通泰至于揚郡燭天冠氛水陸竝進佗佗守師聚于城東大士山側爰燧及烽未及成列一鼓成禽王師敗績陷陣破軍禍緣林木延及雞豚爞煌四警樓櫓震驚流血遍堡烈焰連屯焚掠輦其寶玉亾虜俘其美人鳥獸駭其茞氂游鯈噍其恬鱗琢蠡顛其匽穴堀堁揚其腥塵晻晻兮烟景之歇絕怦怦乎明月之銷沉曾日月之幾何又繁華之復仍重城之西夕陽是度有盤古墓則固其所眇開天之古皇藏弓劍而爰處返鴻濛而歸空抱洪荒而入土帝南鯈而北忽鑿混沌無死所疑前史之荒唐作淜吊之鼻祖梅花高嶺峙于城陰太守濬河築土而成烟花三月水荇重門亘以長虹之橋岸以中流之亭圍以五柳之莊繚以武陵之垣通以習家之池艤以漢陂之艇亭臺六七

各一其名有曰杉詣有曰承光有曰駘盪有曰馺娑舍南舍北半郭半村在城在闕亦陽亦陰帶杏花之酒家試穀雨之茶亭燗三春之壺榼沸中夜之謳聲承土山之舊址援别墅而稱平闢書院以崇雅由吴公而命名嶺重複而凹凸植嘉樹以蜚英竊孤山之冰雪續羅浮之夢魂今茅蹋其安在撫手植而愴神爰及李載貂璫出鎮新舊重城版築是競花蔓夾道御氣流映萬家熙其春臺衆派洄其冬潤有河名曰保揚漲彭亨而遠近既紆帶而拖襟復資溉而頻運雖寺人其孟子實中涓之上乘曾有二龍矯矯攫鬬虚空民間什物飛雨翻風旋舞如蝶百里其同瀾洪水之氾濫助神物之龘駕杉墩之二水紀妖孽于鱗蟲亦有秔稻無種自生厥名為穭維瑞迺鍾盛世斯見此方實叢踈秀麥之兩岐越嘉禾之九莖亦子花而千實詎夏苗而秋榮匪土物之工錯信瑞草之天成粤自禹貢判州天文分野下上千年玉步游改金甲崩其乾坤玉壘變其雲物凡幾治而幾亂亦載遷而載播南北四通之衢歷代必爭之所今咽喉其未改古戰場實相亞説繁華則篡天堂之名犯戰鬬則墮地獄之下地旋興而旋廢有如過鏡之花人儵散而儵聚有似噪林之雀昨哭亡而鞠哀今偷生而行樂肆自古之揚州誇腰纏而騎鶴覽茲勝槩仍號天中四方五極風雨會同東南佳氣鬱鬱葱葱若夫仰城墉之壯而瞭麗譙之嶁喋纍三版而萬堞綦蹻省而俪都埽開門之落花啼黄雲之渴烏儀東海之臨淄羅十萬之甲户仍逆漢之湟潰匪亡梁之榛蕪三條五劇之街衢五步十步之窩篷敞夾城之廣道列十三之通門外小闕而大闕内小東而大東惟邦關其為最羡鈔庫其流通美街花巷柳之霏霏聽男羅女綺之眩眩彼闕南以迨闕北倍燕趙之衕衕樹樓閣之嵬嵬勝羅錯其半空下燈火以照水上星月以縣穹炫玄黄而闇聲響竹肉而聰聾日金吾之不禁徹五漏以丁冬糞貫金如逝水況仙纏若臭銅書寒食而不厭夜月宵其與同徑九達之衢與五都之市一郭外之與城中肅肅黄堂自宫及府廨屋森羅廡宇錯處梅閣繚垣琴堂築堵庭栢聳翠墀鶴率舞桃李門高芙蓉幕古兩掖賓寮少府參佐丹陽比郡洪都較府公署蟬聯書院暈舉江都相家邗溝王府都府遺搆疏道廢址鹺司鈔關賦財之所府庫殷盈夙號天府伏地道場仙都琳宮金鋪碧椽紺鑠丹封

石塔禹廟西放旌忠法雲與教瓊花觀通翡翠照眼
琉璃排空蘭若疊出精舍百重選佛壇場沙數其同
善慶宅南福緣拱東古刹天寧北極在中黄金釧區
御書勑封叢林内建客舍巵從九州錯雜十邑闐闐
五更燈炬六時鼓鐘酒肉安禪花柳談宗第一希有
人天之宫上方福地禪智梵宫法海寺傍遊人刀艟
觀音閣下治女薰籠司徒廟側南車北驄寶城花樹
橐駝植封闤闠百堵溪橋週通洗馬通泗三坌五空
民居稠札屋宇崢嶸蘭室桂梁玳殿瑁宫馬驢街巷
雞犬突冲縱横軹道圖畫新豐富室既夥商家更崇
穋流河下鐵壁金墉户分甲乙洞門合宫雲裹城闕
天半垣墉有車皆水無馬非龍邯鄲道上五陵市中
王侯第宅殆將毋同五衢九達六街三市鬬草春遊
賣花早起迷五色于新街吹香風于埂子百貨斫其
鱗砌萬寶肆其編貝崩郭家之莊山倒石家之金穴
鬭珊瑚于海藏剖珠玉于鮫泪擁秦晋之旃裘新吴
越之機杼縣繡箔于西洋撞香毬于洛市羅海南之
檀梨駝關東之貂貉晃燭銀于寶籠酏夜光于翠羽
頗瑒珈與雲精烚潛珉與水碧列優俳之坊牌勝茶
酒之帘肆洵迷目而瞠矑疇掩鼻而唾嚏厥賦作貢

實資上國厥土塗泥非同下下惟金貢琛厥賦上錯
厥篚織貝羽毛齒革南緣江海北達淮泗騎塞官旗
飽騰衛卒轉國漕于上京霸飛雲于水次凌揚子之
惣溷抵通灣之倉庾紛襄鄧之檣艣挂吴會之莞蒻
每自春而徂夏羌過淮而入衛裕九府之泉刀榮兩
京之膏血鹽筴立榷千艘萬艘越橋渡關涉所江頭
相艖衙尾官榷通溝掣泛溶江課到淮秋桅封出口
引銃歸舟識金銀之夜氣荃充棟而汗牛彼官山與
煮海夷吾昌其足謀人物都儷咸莫與京男跻三河
女駕二京白非粉而黛非綠馬倍肥而裘倍輕風韻
習貫文雅性成既惠中而秀外復便體而清聲周伯
仁之下車掩蔭王夷甫之手如玉柄王夫人之神情
散朗顧家婦之清心玉映置之于五方雜處之區望
而識其為揚人之俊男不離鄉女多背井里中無藉
每思不逞巧覓貧兒畜養齊蹩私為巳息遠諳昏聘
盡態極妍訬使悉省父張母李絲秦蘿晋婚媾無時
媒妁寡信動計千緡百兩殆甚寠子細民市心是競
從而效顰割愛爭狗或作王侯之姬或作仕宦之媵
或作商人之媍或作娼樓之倩舉國忘其若狂餌毒
不以為鴆服飾華鮮甲乎南北蜀錦齊紈吴綺越縠

女蘭姑絨男繡娟帛絲非為越而白桑非為吳而綠繭非為齊而黃絨非為晉而素貂非為遼而東羔非為蔚而北蠶非為春而生蛾非為夏而爇咸以載四路之玄纖藏皆雲集淮南而以為衣服冠冕之制準古酌今法唐師晉服周孔殷鳴珂待漏珮玉蹡行出鸞入和王制式遵外此巾幘趍異競新高冠岌岌非同切雲大冠莪莪不侔折巾東坡變宋義之翻晉孟子扳古浩然招隱接㒞倒着東風醉沈市井少年修容整鬓粉傅何郎香熏奉倩蛛絲結烟馬尾織雲細髮棕帽一縷十金傳聞洪武束髮包巾網興半截圈鍍鈎金塗飾膏沐狀如婦人鮮衣華履偏袖長裙剪裁似雪花樣如雲機房逞怪織府翻新織工蘇蕙錦奪天孫服之無數不衷灾身閨房之秀更工妝束珠圍翠繞錦攢花簇晒日閃金晶月映玉翠裙掀舞紅袖掩曲氷紈顯臂羅襪漾足綺縠千箱明珠十斛更不襲衣鬟不重幅一孕簪花十層襯服日南之珠沿頸明月之璫坦腹八寶之髻籠頭百折之裙拖足七歲之女餅妝半百之嫗善東富室之妹塗膏貧家之婦工沐人人奉為楷模家家沿為風俗飲饌精鑿珍錯是娛肥甘不足水陸搜奇烹羔膰熊炮鱉膾鯉麟髓蠶脂腥蚕鳳腊無故不殺非其所許漁子栫澱而涔接釣叟罾罶而船比乂手箭洒而鋒連涉人夾眾而筌擠松江之鱸細鱗石首之豚酦子三春之鮒曉馳五月之黃夜遞吳王之唖膾殘齊侯之涎嘉鬣江瑶之柱南珍黃鼠之脯北美三月之鰻海陽八月之魫龍嶺直負伊尹之俎茲極易牙之味洵懷穎叔之羹每動鄭臣之指蒸膾細而食精羔肴嘉而酒旨豪家日食萬錢編户輒陳四簋浪子擲其纏頭傾人典盡簪珥佳節則游船進檥勝地則肩輿至止花晨則酒如澠池月夕則觴如曲水無喪祭與冠昏怵肆筵而授几即起何曾于九京幾何嘗有下箸之處禮俗侈嫮吉凶賓嘉宗以文公家禮祖以孔子世家仕客則鶴蓋成陰婦女則翟茀盈車僮僕則紅披彩結嫗媪則裹錦攢花鼓樂則梨園到小頭搭則庭燎喧譁鄰舍則提壺挈榼姻婭則轉葛推瓜昏嫁則燒幾尺丈尋之通天紫檯喪祭則餽一十百兩之壓地盤茶縺稱家之無有日踵事而增華俗好遊冶士女戲謔美女畫船王孫駿馬三百六日無冬無夏一十二時無晝無夜正月元宵鰲山陸海九市重城小家大户雜要畢陳諸伎競顧燈燭照地星河晒天都人在中

流流連連嗟美人之遘莫思公子而不言上巳佳日花朝令晨于野在郊會親及隣男射天毬馳馬走解女鬭百子艙窗賭賽伊其相謔春風無賴芍藥贈愁少嗔多怪清明寒食罷市上墳家家掃墓如荼與雲哭泣半假言笑實真幼女粉黛寡婦紅裙一杯黃土誰箇銷寬纔收聲而破靨剛掩涕而微顰此展墓而匡坐彼藉草而傾尊度不醉以無歸矓斜陽之尚曛五日龍舟爭光競渡八方旗幟中流簫鼓駕邪濤以灣漚繞保障而滑瀘滿隣人于牆頭蓋觀者其如堵拋鶩鴨于中流爭奪標之如鶩飾龍頭于鷁首藏兒童于屋柁纓方勝于宜春籠滿頭與半臂押金釧于雛䭾顫玉釵之艾虎汎白水之菖蒲解清波之角黍飛續命之五絲續佳吟于萬楚六月荷花生辰念四選勝紅橋百千坊肆築室差池搆館層次艤一葦以所如越春分而夏至乘濠濮之蔚蔽傍岡巒之體勢城隅進艇村腳浮槎斜風疎雨夕照殘霞園金城之柘榭鋪鄰水之朱華雪佳人之藕絲垂稚子之鉤杖爛回舟之蠟炬攬歸舫之箏琶儼西泠之一曲分輞川之三汊土物斯藏不可殫論鹽筴而外厥產實盛南江之沙畝連雲西山之稻田若錦草布爭締綌之奇花樹擅卉木之春園蔬瀆去絲之水芹果蓏剝無心之銀杏夏則薦千項之含桃春則怒萬笏之牙筍薦新費十萬黃金之落錯進鮮爭一騎紅塵之飛迅其它方物之夥陳皆不足供厥篚錫貢之效順真龍鬱紆形勢墳衍北憑地利南藉天險重江淜湃三湖滀潤邵伯黃子謝公之故埭依然南澪北澪陸羽之品水甚善履大儀之廣袤躡甘泉之屹岪吊崑岡之遺軸溯仙女之瀠洄盤古之墟墓仍靈董相之井泉如咽孔融之遺躅尚新高歡之故都如見聽杜牧之之念四箜篌望張若虛之春江花月眺官閣之白梅似雪睇黃灣之紅蓼如血維城之景物特殊鶴城之名號復別袁廷凡數百里古今長為澤國南紛大江之柱石北抵長淮之肩脊西接鍾離之莽曠東沂滄溟之瀾淪為顧瞻此四維洵一大都會之寥泬彼夫夏鼎攸載九州之一維揚建州西南咸夷吳其為頭楚實其尾胡為專稱聿歸茲宇無古無今何終何始地符攸結天苞聿鍾襟喉貫接躔次適中坤脈遠引乾象匪同既天寶而物華亦人傑而地靈察十二州之風氣雖減九而弗齊任南柔而北剛究強參而弱差楚急疾而慓悍荊結嗇而侏儒蜀狡猾而傲狠黔

鬼蜮而披離雲入滇而鄙俚粵僥貴而蹺蹊閩七閩之缺古更東粵之苗彝秦剛武而率直晉弇鄙而褊私燕沓拖而不信趙蹻蹋而奸回齊闔狠而少文豫齷齪而多攜吳佻達而喪實越尖峭而詭隨狹卭筠為未足又縣蠻夫水西凡百狡而千獪皆不足以望吾揚人之肩背者也則夫居今稽古探遠討近闢訣辯誣闕疑徵信陋志乘之多文諂父老之尚諗攷輿圖之流傳搜形勝之藉甚溯淵岳之渟峙覈城隍之修濬次人物之卑高驗風土之秀勁較習俗之奢儉詢物產之衰盛窮曆數之廢興極氣運之流迸紀創建之沿革分好尚之邪正有夏著名炎漢封邸六朝嬗統五代易姓中更唐宋歷承大命一統分注惟正閏閏作京建都曾分一姓牧宇內之名區疇復佪此鼎盛若夫載通志隸廣輿遺太史役輶車采王風陳國詩登冊府纘元龜體裁乎研京雜組乎練都洵皇圖之黼黻爛休明之鼓吹豈惟絜才盡于鮑昭行將問勝事于董胡眇爾十屬悉隸版圖辟諸一手指列枝附各名一物黔驢遼豕子誠泰人烏能遐覯海陵紅粟如斯而已此集大成莫可枚舉請進女我于越境之交相與披圖而睹子將挂一漏萬余其拔十得五信非言大而夸未可一二為外人道此中之人語

吳陵賦

吳陵主人答廣陵客曰客兮侈邗都之劭而為隩區豈寧睽其為揚首隸凤號天府者乎子斥鹵之濱睽楚尾之勝畧瀕海之奧土彈控淮之雄風余恐客之耳睹而目曦也若稽禹貢淮海惟揚域東距海實為海陽昔炎漢以封濞置海陵之太倉隸臨淮於漢武號亭閭於新莽後晉及宋齊梁陳之置郡邑或隸南兖或隸徐州南唐及宋雉城昭易附屬延袁及有明之有天下籍茲土也仍以南唐昇元之號削以士誠僭據之戚世以屯田煮海之利閒以廣陵崇川之奇厥土爽塏水道蜿蜒田疇廣衍淮南東路則列為上州焉靜海都鎮則跨為沃都焉若乃星紀之次于辰為丑仰協太微之精上應紫微之宿占星分之度次惟斗女與牽牛推淮海以分野當雲漢之下流疆域連畷廣袤百餘編户綦置領縣膏腴東抵五山西界蜀岡南薄延令北距楚易牂與疇形勝旴雲物未道今志先㬜古蹟古有偽吳制院皇宋尉廳江海會祠金碧煌熒壙永寧之宮闕嗄偽國其相譬玉硯瑪瑙聲碎譙樓淮東道院風華左丞隨清署以孤鶴鮮澤國之飛蚊泰堂無訟三樂郡圃坐嘯風高聽政樹古曾子讌會層樓望京潮來岸浸雨過風生望遥浦于帆影聽孤村之笛聲文會建堂惟滕子京范富寡和周胡高賡清風玩芳繡野留春芙蓉積翠平野齊雲浮香須友宣詔頒春五樓十館軒翥牙橫爾其建雄亭溜鳳池蔙華表紅長堤閣頳鷗菴匾雞六十二處烏革翬飛宾以皇華觀衍宧以問津澄清月蕊浮香天柱流英瀛碧萬頃捲翠千層星亭雨樓雪堂月臺俯精舍乎柳塘垂香留於蓬萊吐琳球於書庫和牙檣兮舫齋坐星槎以超忽游墨沙而瀠洄竹軒斗搖箒菴塵縫遲鹿臺而瞳僊女遊鶴亭以睇神翁眹海門之朝陽嗟鳳去而臺空謝葫蘆之高躍榻八埊之麗風磶晏溪之古井石欄彩麋子於長洲巨澤發百合之花鏡匣寶光而吞日聽高麗之鼓聲隨海潮而颾𩗗此皆遺跡塌圮紛我思存即僵碑之與卧碣瘞白草而黃塵幸名勝之新積更畧古而論今附郭堂崇實首泰山跨都百里縱橫睫闇醎諸峰於京口似雲連而霧環山麓湖光鱗羽停舟上廻巒天閱晹谷之崖架起雲之樓睇元君於霞表駐玉女於山頭泣武穆之字鐫沐王范之風流銀杏蔭夫三圍抱風霜而萬秋睋崆峴兮西南卧駱駝于高

嶺礉花園之頭塔聳風雨於寶頂寺罩南山望乎櫺
星煒浮屠以攢日蘸鳳池之筆穎若夫魚塔荒鳳墩
隱柴墟莖烟柳堤落蔭州治北東楊公古堤首蟠靈
濟尾瀠西溪驅二元之峻坡數甲乙於門楣扣響林
而憩息悲劍瘞夫龍蛇南園蕪兮莫建賡歐陽之玅
辭方洲窈窱李公舊處區畝百餘堂亭十五齋方丈
於陸海之央築瀛洲於水雲之圃别有西湖之勝霖
亭之觀長堤方嶼雨廡重開神祀僊子人栖黄冠彷
彿丹丘之境隱約烟霞之端玉帶環寶藏之秀躍鱗
縱魚龍之歡至夫開化院卓錫泉湧穴濤其如星灩
蜀井而淵淵浮太子之舊港憶蕭王以求僊施灣嘈
唽舟舶駢集魚鹽積而海雲蟹稻嬴而秋碧商賈雲
𩇔夫水鄉鬻販烏合於市壁太保之潭以禦北丘湔
湖數項桃花讓深來游龍於别湖風雷栖乎明神吏
南北之二潭飛龍族以龘從藕花名洲水村芊茭芏
菡萏以如霞渺蓮香於天際開僊井以七星象斗杓
之横置泗文曲之靈源流鏡香而噴沫若此塵蹟之
廢興誠赫赫不可枚紀然此猶誇民閭之聖觀未悉
地利之稗夫朝廷西北南東運河周并東接通州之
腴暨諸鹽場之瀆連巨海而浸天暐朝宗之萬頃西

南則有吳王之溝迤邐灣頭之城絞茱萸之路賒流
紅粟於漢京北則通塲十二飛輓百千收吳潩利于
立榷載相公艖而滿船東則連纆北運水旱不涸即
歲久而暫湮旋皇國以開鑿凡兹四渠艆艣櫛比檣
櫓牙攢下上上錯賦量厥田盐革羽毛篠簜瑤琨惟
金三品惟木貢焉島夷卉服厥篚織貝厥包橘柚錫
貢惟年淮泗是達江海是沿昔列禹貢今惟賦田送
咽喉於西北兩國漕於東南他若北瀕運河南抵廟
灣河流湯湯是名濟川下通揚子賈舶商帆鼓枻從
天此又極風物之牣饒儲貨財之嬴峙者也其東則
有地缽福地天目高山二井蟠勝嘗隱諸僊王翁臨
昇左井鎘鉗靈寶五符杖履木鞋隱形僊帽飄飄石
函兼之右井鹿角森森斑斑金龍蜿蜿玉璧珊珊羌
阜角之合抱鷩嘯木而怒山東有呂城壘石為雉曾
呂姓之曩居哀故家以横滞三塘之隈實有鳳凰苞
彩盤踞昂首巽方磵橋溪路環遶軒翔栖日月以開
洞煒雲霞其發窗拜白川之遺像疇鯨海而波揚唐
灣舊阜恫喝宋臣文山熒其早發詖胡馬而追奔羅
塘運河堰豬三水泛月槎于上京飛霜軺于千里若
迺東洋之瀆巨海之口澎湃漭流電奔雷吼坼天地

於華夸浴遥天之星斗渺一日於萬里横千狀而沈
浮天黑鰲身日赤魚睟鼉鼓黿梁移山吞舟怪狀奇
聲所在都有列海物之惟錯蒸寶氣夫蚕樓通倭達
彝奇貨艢收漂萬國於滄溟之隅遷千艀於通番之
艘泼一郡之險要作財賦之淵藪其南則鴨子黄沙
横拖直紆湖望運漕溝入南徐潑長江於天南牽一
綫兮楊子鑿運渠而周通浹潮汐之時至控吳會以
出勝引金焦如列眉館海門之風雪混青白於兩儀
織帆檣於千尺之水走蛇龍於萬里之湄西北則羅
浮秀峰巑岏澤藪蕩洪水而不懷嚕神都於峋嶁其
北澤國萬頃接水為鄉濯興鹽於釜底浮高實夫天
上起海陵之巨溪下淼渼乎雁蕩時則夏漲瀰瀰薰
風南促細柳新蒲與波俱綠荷開一里二里之花漁
垂三竿兩竿之竹蒿芽簇藪蝦菜成林佳人雪藕稚
子移艇采蘩采蘋采蓮采菱輕謳柔櫓哦吹嗆哼更
逦夏涼滿秋氣高菰蒲纚纚葦荻蕭蕭中有雁子淵
湧息雛溇溅孳尾夫葭萑啞口於芟芟渺千羣於天
末走萬掌於波面則有操罻羉繫罦罿發輕箭彈弱
弓胃山肉林血雨毛風生雛萬篦吆嘟峰吆尚爾忘
湖面之既廣逐觧叙於鴛鴻東北則有香茅之峰中

洲之山硈石塔于三昧汜浮卵于潮端翹軒寺于海
春嗺尉遲其迷漫若夫范公堤捍海堰綿亘百里滇
澌障掩亭竈相望耕稼時歛竭兩朝之經營歷四使
以衺衍版築塘乎金城磚甃砌夫天塹逶長城于渤
澥鉗鎖鑰于淪汸堤硔楊公鎮營泰潼湖海口目岡
阜臂肱湫溪雞雀包老仇湖此四湖者照於祈於霜
鏡栖禽鳥於烟都響清流而滴漏躍龍神而龖趯表
裏夫滉瀁經緯乎虛無惏忠義之明河謚賀公之將
隋鼓將軍之樓船殲鯨鯢夫海涯逦若天女纅綵辭
郎鳳昇惟董子之純孝仙姝感而下嬪汲仙井以織
縑燦雲錦于天孫三百六十周月而成後插釵以成
穴辭郎去夫亙延迄今箔吳蠶之既爇空絲草而泉
生端輝古寺淵而為溝寶佛沙數光浮海舟更逦聖
果之僧涉乎葦灣具袈裟于黿鼉折蘆葦而航秋小
海名池與海呼吸也通番之衆艙荃朝發而夕息取
魚攔其故灘徐福老于竿籊井有十軒星横月直極
西溪之玅觀儇佛游于晨夕傳有郭欒之潭二氏燀
赫姻婕世居匿龍卵於積薪躍釜中之生魚蔡郭陷
而欒逃聞雨風于機杼總三萬之樂場紛屈指而記
諸境夸後而櫂前知路出夫名區其城池也象體乎

峭谷勢匝兮金湯仁規之為刺史隍羅城以築唐後罕儒以團練子城建乎周軀一覽乎馬尚再覆乎趙逵公濤何封繼官而攻買袁湖之木灰增隆豐于施公厥後堡城之創置諸湖蕩之中驕卒驅夫巨濠空收馬而難東迨明皇其靈濯謀合攻于常徐共轉戰夫夏張鼓俘獲乎城隅繇是故官悉平爰建堞雉圍以二千三丈方以一十二里垣高址濶樓門聳峙江濠海塹廣亘十千買海防之要害溧水灾夫周垣沓鼎新于萬曆紀二十有五年內則官舍溪橋流丹聳翠閈闠閬飛京拱對雞犬亂聞烟火綿密衽帷汗兩人摩車擊列肆侈夫五都遊人還于九市置倉建庫一十餘所貫朽粟紅墉蚨阿堵檉之以五場錯之以六務充闕蔽埤冠惟食貨砮通橋之念四硝六七之巍坊六旌義士之門四表貞嫠之家宣永巷之四十敞七條之天街文則立先聖之廟前泮水而後宸章武齊六齋繚以宮墻庖湢庫庾中闢黌文左文雅右儒林祠鄉賢閣尊經聯壁聚奎浴沂亭亭絃繽郛廓道義之門翼以兩淮文獻脇以萬世師模廟貌更而焜新易丹黄而木主時則春秋從祀大夫士庶僬濟蹌蹌迺跣大成之殿趼明倫之堂羅冠蓋以齊雲

紛子衿而揚揚鍧鐘磬于金玉罇罍執夫犧象既散柷而戛敔揭旙帛而高張器則鼎鼎嶽嶽人則穆穆皇皇乃鼓置書之櫃游羣籍之府咸咳玉而唾珠能狼藉乎藝圃斯文苑之英華過人物乎齊魯又若教場演武紛我兵車將軍屬甲登先而驅冠鍪胄擐纓鋌馳騁騍驟驩駪踐蹌紅塵之原蹀躞沓沙之側卓軻軻馬騄騄接以短兵鉤以長殳武弁仡乎單門試糾糾而桓桓粃鍠鋭之鎧甲金鐵耀夫纓冠碎和鍈于鞱韛駃騠騁乎雕鞍奮猿臂之鈚矢飲石虎于羽端落遠雁于平沙穿危楊于長天俄而韋弦釋夫弢殘闘武庫之琳瑯砮猵於鑠閭以戭戣恒雷激而飈馳挾紫電而披青霜將佐罷武迺較士卒猝擊五方之旗著五采之衣鐵甲褭兮紅氷麾漢趙之旗幟簇飛羽之迭發皆攢雲而插天促金石之皆鳴羌稱戈而比千騎馬騶騶壯士贔屭爭剸臂而剸吭賁育埒乎肥瘠未幾罷擊刺誇征討倫倭寇掘令島列八門分六花魚麗直鵞鸛斜掩息爾旗鼓衡勒彼枚驕遂攻營呰擒豕蛇漢賊不兩立吳越為一家夫乃鼓鼙鼞鑼鐍鑭砲硤矶以崩雷揚龜隼而反反軍威撼而落日昏殺氣高而鼓聲斷既迺鳴胡笳奏歸凱捆戎

醜而載旋犇人馬于中寨俘馘獻牛酒烹歡聲嚾嚾囉嗊成風即單容之棘蠻占東海之罡風治外則分場十二列寨六區十鎮五鄉念六成都驛鋪置郵一十六座羽書星馳舟諂霞鋪環橋拱勝四十一所繡錯虹拖羌橫吊夫古今入江山于畫圖户口增損截今補前自太廟迄于今日登籍十餘萬千林林總總充衢溢原軍額千餘甲乎三單人匠四百良器盈㕓竈丁半萬煮地官天教不空塾養不雲年貨無棄地力毋擇田士農工賈四民翩翩度阡越陌量田萬頃夏秋税糧石七萬零土產歲進野味百珍鹿雁鵝鸛天鵞鶬鶊雜以麞麂百十維羣羅于上方之庖陳彼光祿之廷助大官以烹彝膏香膳而薦馨歲例造辦聿有其常紵絲線攤五色施彰遶甲錐箭惟絹與桑厥貢惟皮麞羊鹿獐藥材蒲草斯倉斯箱鵞翎魚膠麻靛是將商稅屋錢六餘萬貫鹵鹽醯酒軍器甓鍜鍱鈔溢于湧泉迺海東之緡算若夫馬政之繁厥有駼騊孳之民間馬場七處代夫監羣列若雲錦驟若風林駃騠蕃息小大斯羣雜以牛種犍毋㸺牮其耳濕濕九十其犉乘馬服牛馳獻于京駁騎華山之陽伎伎桃林之陰誇鉄魯而駕齊襄牧攻于戍兵至若

鹹土作溜淋海為鹵石蓮上浮煎厥釀滷法變夫第五琦勞劉晏之亭户煮東南之滄漠國儲寄于水府緡計六百萬餘半十五國之稅賦若夫風俗之良綦華於古冠服則累芷切雲危冠側注騁裘馬於長衢纘紛競夫紅紫濫齊蜀之女手枯吳楚之蠶腹豈昔昔之布袍佩青篋為純素博場蹴寨不一其處兢千金于一擲狗馬蹴夫巷路戰鶏雞于邯鄲之門走蟋蟀于咸陽之墅婚姻則姻戚媒妁讖讖乎其前聘定請期納采親迎遝遝于其後開錦堂以坐賓繁數部之鼓吹琤錦卮以流霞花香迷而燭輝蓋觀者如堵牆擁天門而望姮三日入廚洗手作羹妾身分明可拜姑嫜自侯宁以迄歸寧儼仙都與帝鄉四美併乎二難及冰桃之未央喪祭則有詢廟卜筊向隅而泣哭踴悲哀面目黎黑道書佛藏天語經聲錢賻贈答雜以簧笙紛致客於數郡乘芻靈之千束緣結夫靈輀哭范子之元白超塵劫于水火覘馬鬣而肅肅按哭泣之成禮知民德之有淑歲時燕會則元旦寅起拜慶闔門袖攜香炬之烟繹絡皇神之廷椒酒相邀姻族如雲月正元夕燈火萬家玉樓簫管銀海煙花燭光奪月酒氣成霞大餔唐樓詩謎杜家雜王孫于

佳人香風嗅夫雲髻爰有少年之兒遊冶之輩持雞登八寶之蓮花舞龍吐變心之炬彩鼙鼓鳴鐃喧衢陸海更迺燈闌人散月輝乡微鄰姬族女逐隊追攜走橋如織乞子嘻嘻攜花磚于雨袖卜紫姑而依依迺而風雨寒食烟火清明展墓祀先空首兒孫遊以嫠婦孤兒之泣遷以蕩子冶郎之遊走駿馬于紈扇士女遺而李猶楊柳紛夫帽髻折桃花而笑謳亂紅顏於白骨望明霞於清秋五日解粽舊有楚風菖蒲火酒旨蓄臘供丹符佩而綺羅續五綵之綜綜既插艾而簪花酣男女于内宮七夕何夕乞巧穿針浪傳烏鵲之橋實看女牛之星八月既望時維中秋中庭地白戠月且華既相月而裁餅復陳果而削瓜聽竹肉以交作竟海天之一涯更爾寒菊自花是月重九糕有字而無詩空旗彩之彪虎人存落帽之風家酌登高之酒除夕之夜桃符盈門詩聯摘于婉兒擁齊丘之寒爐爇松脂而通天紛砲聲之雷驅他如穀日占雲浴佛令辰中元盂蘭米豆飯熟西成孔徵陽至罷市燕賀司釁臘粥相招果膾追尋如此良會待時而舉不可殫論更與數物產之奇殫艱鮮之食穀有海陵秋紅救公隨犁馬尾鶴脚燕口羊脂駝兒烏売虎皮羊鬚秈有黑白早班芒有青黃赤紫下馬香粢了田深水小香早香鯽魚鱔魚秈糯穗秀夫下下之田秋稻花香于塗泥之土麥有大小淮蕎之種黍有赤蘆白蘆之稌豆有五色龍鬚之觀菽稷有稌粟芝麻之異黃茂秬于豐草百種穄乎千畦蔬蓏則列苦蕒香蒿萬苣萊荷薯蕷芋蕈甘露香芋豆芽胡荽菜名十二十種[illegible]瓜茨菇壺蘆荸薺絲茄木有松栢桑槐柘柳榆桐黃白垂楊椿檀梓楝女貞棕櫚楮穀椒楓花則壯丹郁李芍藥薔薇木瑞杰香八仙荼蘪海棠棣棠木筆槿櫸玉蘭紫荊繡球紫薇金沙鹿葱鼓子臘梅梔子夜合金萱蜀葵丁香後庭茉莉珍珠更有旋覆月季玫瑰山丹芙蓉山花鶯粟金錢石竹黃葵叢菊雞冠果則櫻桃石榴棗柿梨橙李杏桃梅芡藕蓮菱銀杏葡萄桃栗林檎竹則有苦筆節筊紫鳳斑葱草則有菰茈莞荇蒲蓼茅葦蘋蒿稗莠萍藻荻蘆三稜佛甲竹節孩兒馬鞭雀麥獐舌菖蒲藥有牽牛南星蒲黃大戟白芨玄精三七葶藶恒藥凡餌不一而述芃以三十之草筤以九種之竹苻以四十一材之藥荅以四十餘品之花楼以二十五般之木譜天寶而瞻物華胡地靈之郁郁獸則有狼獺其羣麋

麃其族友以兔罹君以虎鹿跔跡葭蓬之原跑踘雀
葦之國鳥則鶺鴒鷦鷯白鷗黃鸝鶖鷲鳧鶂鶉公雪
姑編羽連距候春而啼雜海宇之鶯花奏瑤天之笙
竽蟲則有螻蟈蜩螗蟬絡緯天牛蚱蜢蝸泥蠶蠹叩頭
蛃蛃水陸感氣鳴秋其他禽蟲瞟睫所周水則有針
口楊梅黃桑水母鱧魴魧鯛百族之鱗蜆螺蠻蠣蟛
蟣蠐蟀蝻蛸土蚨諸蜀之介朝雨落乎江干夕星羅
之海隈凡前此產者甲族之里餚核蓋張好香妙茶
恣其翺翔或登高以作賦更臨流而亂芳空山饈與
陸珍藏咽海而吞江若迺不貴異物惟善為寶喋古
萬象人倫是謨名賢鉅公出宰維屏起自南宋接踵
有明流州司之愷澤實惟生余萬靈撫鎮翳其雄武
仡仡峙夫干城牧政師表煦煦京京翔仁風于海隅
百里敷其文命欽作人之鼎盛菁莪鬱其朋生辟薦
滿于清朝彙揚言而舉行諸科迭勝僉以明經選造
進士鏦鏦錚錚春秋榜首勾臚傳名甲第蟬聯袍笏
虹雲後先迭貴奕葉雲仍屋比鴻儒門稀白丁翻旗
影于千翼區鏤耀夫黃金車馬駢兮閭都億高宮于
薦紳天子貢士臣子顯親曬榮躬之濟濟尊三老與
五更宮誥馳夫五花渊俑祖而高曾又多侍元胄于

太學遣子弟夫上京紛三途之名俊衣冠侈于都門
更爾功封一弁名籍三科爵埒乎衛霍券盟夫山河
名像圖于雲烟瞻家胄而戶戈刀筆之吏橫從椽府
績業偉夫曹參籌計列夫蕭何更為列次較讐嘉藏
人物理學蔚宗崇巘兀特家有闕閣之書人傳濂洛
之骨惟胡王其白眉咸領袖夫南國自宋迄今代起
名賢或以文揚或以武傳或以茂材或以弱冠或百
年而一人或累世而迭顯廊廟資其股肱流風聲于
郡縣眡將軍之如飛蒢芭革而銘燕良牧使相戶侯
萬千華夏澤洽中外烈喧于稽其族累什伯焉義士
隱行於物閭里高節清風煌煌踽踽闡陰行之善績
荃豪俠而好義步張陳以同居恒四世而六世遺不
拾夫道路更助歲而賑飢爭刻鵠以畫虎符伯高與
杜季孝弟連族貞節編門首乎董永琳琳瓚瓚孤嫠
標峻夏侯長孫鰥羹泣夫寒河秀紫芝于空庭碧熱
血兮羹菜戒羣盜而靡驚更為弔李解之斷股泣鬼
神于藥羹沈司馬之女陸能茹荼而含冰此又繫子
族里為鰥生所覩聞封坊盈于市衢旌詔繁夫紫宸
若此者姑勒其最著于右匪幽潛之可論豈三月之
烟花男駢駢而女娑娑若夫百年期頤兒齒黃髮鄉

國天下杖履跆蹋隆虞庠之耿風養國庶于周法肚
百歲之人仙瞬三朝之人傑躋四皓與三昵御行仙
之風而颯颯僑寓之族磊砢英多過金蘭之橋經景
德之居朗昭明之英華九郎連轡夫郭西求王佐之
國士拔留彥國于行窩二王求兮天祥盡南宋之轗
軻王介甫以蒞判炙蟬螯而高歌淮海宦遊馳驅
過人傑地靈高山峩峩若迺方外仙釋惚怳象飛
窓入雲實有杜姜白日上昇樂氏子長王冶步壺歷
宋齊梁女道沙行飛舄履江稽沖和之絶粒讀丹書
而瑯琊蕯石門之青毛三仙一有周郎睡埋雪之甘
弼凌青城而西江陳毯皮以行乞貯篋書而飛翔杖
頭制而羣虎傳栖霞之法響胡白衣之真人遺鐵罐
以丹方拔宅昇兮孫公絜妻子而上驤辟爐火而不
食卧蓑仙于路傍列藥五十九品留此報夫仲良中
禪沙懸十二泆王猛虎伏而妖狐死識慈柔之能剛
烟氣觸兮成舍利繞生面以異香一十二百四年符
真誥之秘藏分仙人于八百據五陵之一方方士遊
其芸總前知泰乎旋陽至若建廟三十有二立寺二
十有四構菴十九二八樹祠觀殿聳夫玄霄光道院
之宓宓宮閣鬱盤神光抖佗林刹窈窕亭樓甜閬亘

以神池靈臺紆以龐廔閈闠庭雲棟之破天窗宦廉
而庌房廊廡繚於周曲紛偎傷而宬窣丹楹刻桷嵌
以金玉鑠景流輝煌煌熇熇仙佛鱗排矍曇樹簇子
弟縱觀老僧嘆息潺潺逸逸嗟嗟嗢嗢編織夫緇流
邏拜乎羽客鄉郡屬壇山川社稷雷雨風雲旱澇水
陸鄉立無祀之壇一百四十二所皇鬼神之幽都崇
仙師之樂國終迺搜括神異殫紀災祥徵疆域之奇
軼方物之常聖朮叢生芝蓑比長劉墓木拱連理榮
昌文懿桐棺畫文成繪鱗皴黝黑花石奇狀深入木
理臆文人之精華實燧焞乎墓底肆土木之禎瑄皆
斑斕而膴脂採民謠于隆慶歌升米而三錢傳孕婦
之三子餘雙乳而奇焉兹皆民德良地氣靈發天地
之房流玄冥之精瑞靄肆共磅礴升千物之清英即
若山水暴漲湖溢萬田白兔占水黑鼠飢年海潮溢
甸通都火燔淮水入洋泫泫涽涽沐聖浴賢通河千
里蛵蛤鄉鄉川海雜流亂貽奪鮮爗爗霆星流景民
閭禾苗耳生排墅壘阡雨冰雹以如卵殺飛禽而滿
天風雨伊其颶靄泱念旬以困困民懸甑而木栖駭
魚山而鳥淵司馬石坊雷火爇烟烽經夕而不滅悚
新鬼之含冤洪水嘯而簇聲雨毛粟其蔽天凡乎此

者亦足續搜神之紀跋怪異之篇多震皓而蕩晃豈凡睫之所觀統而論之謡俗之良民物之古山谿之勝封疆之阻兄漢而弟秦頭吳而足楚面江肘海以背湖匪一姓其伊國譜形勢者藏諸其名山誌壯麗者鐫碣而競傳或睇景而賦詩勒山河之巨篇歌文辭章聲麗而辨倒三峽以振詞既瀧瀧而澌澌遒著方俗賦山水傳行狀表閭里極幽明之奇蹤卒窮天而竭地上通國政下悉野稗儷隩詩而觀風佐方聞于太史多悲歌于古賢更著述于今㤀備金石之賈錄圖名州于億紀若客所言是則拓蠅蚊之短睫工斥鷃之微嘻坐井而觀天謂天小而譏之者也

孝陵賦 有序

攻工使者銜命

山陵林鍾選月玄黓占辰牽駕薊門之陽睨嚳山海之陰鑿隧則兩峰中斷合宮則絕壁萬仞邊風吹草春未盡而驚秋沙磧揚塵日當空而失晝爰率匠作董蒞巖役迴環二十餘里華固百千億禩九州財賦嶽貢川流六府泉刀風蹄雨轂山陰禹穴渭北武陵虞舜蒼梧姬文畢郢風成雲搆既輸巧而倕機鬼斧神工亦丁開而靈劈遼東華表之鶴歲返千年嵩陽玉女之峰宅名萬古星臨北斗人傑地靈天作高山龍蟠虎踞呵百靈以作衛呼萬歲而聞聲詎云鼎湖之攀自是橋山之會使者再拜稽首為颺言曰

於皇我

祖悳肆時夏南漉朱炎朔呴幽沍冲齔紹衣英算衍服澤讖車書功斕戎馬日中晉晝文止貢火十有八祀肇造終古三王不足四五帝不足六攬夾馬以胄降蓀齊赤舃之一哭維攝提格厭世上賓景山晻鶩白虎棲靈　嗣皇孝思卜度薊陽山封昌瑞始基孝陵白雲望闕俎東自京爰名宗伯靈臺諸

郎穆卜襲吉興役山陵青鳥正宂司天授時鑿山通道拓地啟彊鳩工庀材百堵具興兩山對岌中砉龍門龍王作口豕腹彭亨爟燎石㷀埽除礫場圍徑繚紆衺延周牆郛廓百里鱗次翼張土塗丹堊敘朱孔陽赫歘歘其有熚熛朱霞於赤城御路直竪蜿蜒中通凹凸因勢曲直其同䕺以花甎夾以疎松儼通阿之複道宛縣棧於蠶叢路迴峰轉原横川縱褋以輿梁帶以徒杠石如漱螘橋若飛虹雕欄百曲鐵岸數重縮獅頭以崗蠢張雁翅而淯淵睇紛拏與夭矯騎青天之白龍新夏水長蕩蕩西河雪消波下風細紋多滙衆壑之清流浸遥天之白波西山百泉飛瀑同聲穿玉河以南下經御溝而東湯淼溔渫沺水烟萬狀雁鶩嘤呷鰕魚跳踉蛙腹怒鼓蟹螯嬉筐菰沈黑而飄米蓮褪粉而成房雲陰風起秋霖夏漲鞺鞳硑磕水高十丈龍啾嘈而出潭魚㶇刺而走塘蘋翻翻而掣水荻蕭蕭而萎霜湧瀟湘之夜潮波木葉于洞庭沉秋宮以縧子决金隄于宣房迺編鐵柵以為門鎖銅柱而為梁迤東萬頃平原莽蒼叢棘百圍夏木千章星羅碁布風號覓鄉桃源接洞五柳聯莊春日鬬雞之場秋風走狗之塘夏月種苗之圃冬雪校獵之鄉從地著之萬户尚剩柘而遺桑驚脱兔于宿莽鳴碎蟲于陰牆碑樓㟧嶭距天尺五丹梯靈構玉梁石補上岌華嶽下鎮玄武削三峰而作碣琢南山而為礎業雙柱以擎天蕤雕龍而繡虎喙檐霤于風箏礎脊角于河鼓繞山三匝有伉天門金青勒石龍鳳題名湖丹山之錦羽躍紫海之蒼鱗候陰而動水族朝陽而率百禽黄金顔其劍匾蝌蚪額而丹文柱石肆張鴟吻華表疑招鶴魂列石作供精靈雜處角抵魚龍百獸率舞玄豹隱霧文犀燃氷蒼兕犇陣石鯨吸雨馬繪將軍之鬣羊收執戟之羝蛟射處士之氷虎飲猿臂之羽人物雜陳衣冠文武佩繡銅魚甲纓金璫允戈和弓楚纓秦組金人緘而不言翁仲立而無語儼茂陵之仙人捧玉盤以承露豈宮門之銅駝會荊棘而見汝上緣丹巘節被碑亭雕檐九丸畫棟鱗鱗罘罳鐵網厂宇風鈴雀羽沉影蛛絲拂塵蒲牢答響貝贔潛形丹雘爛其雲錦金碧熒其丹青解珮餙於神女乞雲巧於天孫佃栢梁之絶構挾露臺之百金列屋右左規模朝列粉署畫省棨戟兼設奉詞龍鍾健兒超忽中挂層鱗弓懸萬月寓直殊少供奉宿禁但有邏卒負石上之松泉與嶺頭之月雪玉墀

碧淨繡戺金鋪朗若鏡臺麗如畫圖渠繞後屋木下中厨金鰲玉蝀石梁蘧篨彷彿大内金水御河汎流鶴于春半點紅葉於秋初思公子而不忘懷佳人而躇躕宰牲有所刻桷丹楹灌燎蠲潔齋宿明禋三百九十維羣其惇剛日柔日上巳上辛天子告廟大夫牽牲晁而肉袒騂壯選純鸞刀奏割明水薦馨毛風血雨肹蠁氤氳仁人饗帝孝子饗親春露秋霜仁孝所憑後擁陵單列屋萃處萬騎屯雲千夫插羽曲突連烟狹斜通市複巷重門喧男譁女既吠犬而鳴雞亦椎牛而屠豕還長楊與羽林貲千城而呵護肆望既畢爰至宮門官非三品九叩不陳於穆深扃萬戶千門獸環金鏤鰕鑠鋋紋銀釘紫貝石鼓籀文納陛流丹櫺星屹寘齋宮錯繡饗殿沉雲九連翡翠塚卧麒麟紺琉璃之瑞色嵌玳瑁之祥雯捧五雲而朝擁景三台而夜明中央王氣霞蔚雲興千秋萬歲靉靆佳城鬱鬱蔥蔥杳杳冥冥非草非木非烟非雲從横直上山古無名千峰萬壑龍眠豹蹲遼水在目津海横襟塞垣百道下川高陵九邊開漢長城築秦秦雲吐白漢草噓青晴杉蔽日臼楊失晴嶽瀆一氣風雨百靈茲焉終古屏藩聖明猗歟盛哉占風測水何脉匪龍收秋色于盧塞扼雄關于喜峰控三輔于地下望二陵于雲中指扶桑以出日渺滄溟之既東鬱蒼蒼以萬里歌大風其誰同維茲北地苦寒山澤氣通天少霽而多陰地難春而易冬草盂夏而長雨松夕陽而自風羌履霜以怵露荃悽愴其難降洵仙靈之隩區允真人之上宮攀墮髯與遺鼎號弓劍以何窮於維　皇祖功德在民遺愛茲土卜曆自過八百定王不翅十五混人天于一脉泝陰陽而作所靈炎炎其下來建雲旗而鼉鼓既駕虬以媒鴆御巫咸于前路探罔象以得珠遂駈豹而渡虎聿胥宇以請隧望嶽塗而會風雨噫驪山之送徒美靈臺之攻庶既勿騫而勿崩信有德而有土知孝述以慈作緬前王以於戲紛積功而累仁羌萬世而基徂

金臺懷古賦

洪惟帝京宅此冀方肇建茲土維彼陶唐降及蒼姬肆建兄弟乃封召公是為燕邦歷纘厥服以至昭王代作天臺易姓不更彼鴻圖之巍峩肇丕基於易水羑買骨以市駿後人移其故址蘇望氣而采風爰溯洄游首尾惟古幽薊甲茲形勢右擁太行左環海瀣北枕居庸南襟河濟形勢之雄天下無二語天文則為禹貢薊州之域金湯天府之地分野臨乎箕尾躔次通于昴畢語地利則東北有林胡樓煩東有朝鮮既遼西有雲中九原南有滹沱易水與夫碣石雁門之饒語建置則唐曰幽都周曰幽州秦為上谷漁陽漢曰廣陽燕國晉唐則曰范陽有宋則曰燕山朙初則曰北平語建都則陶唐而後厥有後燕維彼大遼至於金元有明成祖靖難用遷山川則有天壽諸陵西山爽氣彼鳳舞以龍翔比凝華而積素玉泉玉帶白檀白浮香山翠微泰谷軍都訪黃帝於崆峒盻火石兮彼與過彈琴之冷峽眺明月之蒼嶼督亢漢陂玉河秋影西湖一碧琉璃萬頃拭殘碑于石經沈九龍其清冷蔭賈島之峪陰淵高梁之泉井闌梁則有黃花古北榆河盧溝漭三河之風雨照石門之林丘鼙鼓息兮漁陽望密雲之長秋遺址則有三皇昭烈之清廟梁公文山之祠堂悲斷塚于張華弔廢陵于燕王舊蹟則有銅馬遺門石鼓敗簫桐樓桑之故蔓美華陽而佐酒玉田芃其佳種廣陵祝夫滿箕辨商鼎之三足問十郎之莊柳名宦則有卻金之楊震吹玉之鄒衍猛虎伏兮仁傑秀麥岐于張堪人物則有伯桃羊角盧植寇恂國士風乎翼德將材選夫齊雲理學著于邵雍世德作夫禹鈞社稷安乎呂端名世守乎則平著述博于道元風雅振于韓嬰若乃苑囿之場宸遊之所沸南海之烟濤爛西苑之御果覽及風物厥土斯藏頻婆翠兮木實畫眉采夫石精躍銀魚于御水紛綿梨之野香其他耳目所守滋多古風登高望遠拓開心胸弔神聖之隩區走風雨而會同俯興亡其一瞬幾度南而遷東維厥父之既基亦厥子其肯構思玉步之方改乃委詳而原究天子之徽千里以遙神京譬指豈伊動搖惟有道之可守非形勢其足驕皇矣建邦緊惟有德得人斯得失人斯失延攬英雄為古休蹟嗟昭王之安在弔郭隗其何來頹奄有此土者其有感于斯臺

蜃樓賦

唐維歲千支大淵獻祝融令赫林鍾月建陸子迺汗漫乎墨胎北遊之濱翺遊於祖龍東遊之縣放跡乎東牟之上都栖霧乎蓬萊之輿閬苑躡水城之淼漾跨海門之汗灩下臨獮子之窩窺漏天兮一綫剪秋水之所之恍扶桑其靚面已晰眼乎暘谷之輿益淵又何况乎三神之影現夫迺積水混瀁諸島瀠洄蘇劈巨靈之掌羌列伊耆之眉有名鳥帽有名母雞有名長山有名砣磯有名皇城有名蛇蛇大竹小竹為棺為皮儼卷石之碎一勺激為門而為磯自謂是嘆洋洋之大風將觀止於嵎夸者矣俄而南薰解瀞輕颸颸颼英英吐氣倏引倏收名曰海市是為蜃樓一島兮怡始諸嶼焉將遍復霎空于混沌半陰晴而晝見若作雨而作雲亦如帶而如線似春蠶兮吐絲訝秋娘兮瀑練睇漂渺于無何有之鄉亦唯趣東南之風便探靈奇于貝宮誠萬狀而千變斯蓋郭景純山海所未圖酈道元水經所未箋者乎其為時也自春徂夏星中朱鳥陰陽氣發天乙孕藻赤帝奮其炎光反噓氣于太皞前此龍門桃花之水無恙後此洞庭木葉之波未了彼空中之樓閣偏寂寂乎蓬壺之輿瑤島其為候也羲和既御陽烏始晞天吳夢醒海若晨炊詫蚩尤其戰野駈風伯與雲姨項朝旭以鬖鬡忽夕陽而依微盼倏生倏滅于五斗米項紛膚寸瀰天于一十二時每子隱而午見想陽盈而陰虧其為氣也色白如銀勢倒如雪非烟非雲輪菌蕭索濃若妖霧輕如玉屑水沈烟兮其有痕雨雪霰兮其無質沈光景于渾元遺鴻濛而就鑿其為狀也大而城郭小而堡壕喧而江市寂而山村高建阿房之旗洞開建章之門華子輞川之圖會稽山陰之行或人物焉來去或鳥獸焉飛騰或草木焉蹤條或臺殿焉崢嶸崛起者元龍百尺之危樓横亘者道濟萬里之長城忽此無而彼有極滄桑之變更譬彼白衣之亂蒼狗將誰偽而誰真聞之海市之奇域中有二維齊東溟之壃暨粵南海之滣出有神助遇有緣會逐鬼物之光芒盜神僊之精氣類舍利于浮圖匪凡夫其可睥睨維蜃伊何實雄所化匪龍胡雲匪鮫胡帕匪鱷胡神匪鯤胡化藐茲一物烏能語大抑或天地別有其橐籥鬼神自具夫網維浅玄化于幽眇幻泡匪夸所思諸如指蝃蝀之在東測倒景之在西彼鄙然其見簹及怪哉如轟雷驚朱博之翰音聲鼓妖而鐘如凡

物理之莫解恒紛焉其若兹藏將存而不論悉以委諸六合以内外之空虛

霜鐘賦 有小引

攷昔漢武帝有鐘自鳴東方朔云金者土之子山恐有崩者一日蜀山崩郡守奏聞又豐山有鐘九耳霜降自鳴物候應感機祥或殊鐘異鳴同爰取作賦是謂霜鐘賦曰

若耶之溪涸而出銅豐隆佽飛筮金為工或爰鑄劍或爰鑄鐘法物世寶縣諸漢宮武皇奄有維樅維鏞小大未叩自鳴其中語云銅山崩西靈鐘應東帝乃咨朔東方占同金子土母蜀山告崩客來自豐有九耳鐘霜降則鳴符漢奏公咄哉太陰結而為霜金精凝而作鐘適一氣以名感蓀擊搏而不降諗生尅之理微纂陰陽之數終維斯時也景陽之陰豐山之陽考風擊雨求氣應聲羌秋氣之肅殺觸蒲牢之翁翁撼太液之拂水戰昆明之秋風波洞庭兮下木凋玉露兮溥空儼怪哉兮獄底顛鼓妖兮空中見慣兮豐之父老奏異兮蜀之羣公夫乃月季秋律無射閶闔開鑾輿駕待漏門啟聽更籥罷鈞天樂陳遶朝鞭下儵忽噌吰須臾鏜鞳四顧無聲聲在譙架簨簴蟲嗌追紐蠡挂體堅兮腹虛聲洪兮實大感天子兮雄才荃起舞乎中夜警委巷兮婕好代脱簪而勸駕豈惟

咨諏仙兮金門抑將問鬼神兮宣夜行見秋令金行木難土化萬户千門春聲秋詑木葉脱乎上林罘罳震乎五柞淒斷橋之風雨壯長楊之射獵即以馳啻夫而走庶人不幾乎書災變而勞筆削抑又遠山陸獨客夜九耳懸五更打風物兮淒緊天地兮變化仰隼驕而雁賓俯楓頳而菊華緬霜降之既迎感靈物而嗟訝恍博浪之一椎訛漁陽之三撾閒瓠笙以奏虞配雷鼓而駈夏玫二鐘之自鳴殆蜀變而豐常者也若彼淋鈴溜濕磑潤潮生杵寒音啞手澁聲沈是謂雨鐘風箏剥啄鐵馬冬丁封姨十八送遠傳聲是謂風鐘河耿星潔如練如洗僧敲月下雁歸聲裏是謂月鐘白雲過來深山何處杳杳冥冥穿霧出霧是謂烟鐘又若晨鐘則可發深省驚花魂於春曉午鐘則豈容鼾睡回蕉夢于綠天晚鐘則烟寺黃昏閉醉歸之僧院夜鐘則寒山夜半到愁眠之客船更若歌鐘則大夫陳其家樂景鐘則功臣銘其姓氏黃鐘則陰陽各六分呂而應鎛鐘則編貝十二列鼎而食此皆物以人用響隨聲答樂人莛撞山僧杵擊乃聞聲金聿先振玉未聞為鏞為鎛不擊自鳴感霜而動呼山則靈如霜鐘者也竊攷彼海東國有自鳴鐘造作

機巧關鍵周通漏水傳箭仙人捧銅按此一十二時懸遍三十六宮亦皆下邦之人巧不敵上國之天工以故絶無而僅有獨傳自鳴之霜鐘咄哉霜降其常山崩非變理極數窮陽代陰嬗生尅循環子母顧戀事屬創聞史亦僅見聖人慎微君子見幾無天變之足畏修人事而應之此理有而事無姑大書而特書

雙虹堂詩集選

陸舜爵里

號吳州江南揚州府泰州籍蘇州人順治甲午

經魁康熙甲辰會魁内秘書院制誥中書歷任

廣西正主考浙江學院　欽召博學宏詞陞内

閣學士不赴崇祀本州鄉賢浙江名宦有雙虹

堂全集行世今奉禮部檄取進　呈

雙虹堂詩集選

泰州陸　舜吳州著

男　與齡夢九　籛齡耆卿

孫　祖游天□　祖禹碧人

曾孫　珣襄平　瑗式蘧　淦清源　仝校

詩集目錄

古樂府六首

五言古詩三十首

七言古詩十一首

五言律詩四十一首

七言律詩九十六首

五言排律五首

七言排律五首

五言絶句十首

七言絶句三十首

雙虹堂詩集選

古樂府

望夫石

人何處楚何方化為石長相望君不来兮妾化石君若来兮石化妾

烏夜啼

春雲冷濕烏獨栖春寒愁殺夢中啼遠塞驚回翠樓女倏忽半天題兒語烟絲滿窗月不明一片花枝昏細雨

行見月

江月生清明秋夜孤客行馬蹄半載踏明月鞭上圓時邊下缺行行見月能幾何有月時稀無月多獨影酸辛梅上子孤身清冷江頭波人苦夢蒐馬苦粟雙足天涯俱碌碌關山減絶方獲歸是我居家見時月

采蓮怨

采蓮心薰風習習晚溪深采蓮根萍杪風過藕絲輕倏忽驚語半空落散作采蓮女兒聲女兒聲度花陰女兒怨花花不語可憐花貌不似去年人

滿山路

滿山路英雄没入常人墓平海沙英雄生出常人家悠悠世態不禁嘆人情冷煖一時換感天生我英雄身絶塵而奔上霄漢

鳩子生

鳩子生巢端出性雖梟矢亦疾三塘惡少休含沙浮雲安能蔽白日輕佻落拓胡狂為蜉蝣寄生能幾時花開花落知誰好桃李不經松栢老聽歌音在失聲

金井怨

宮人千百影箇箇怨金井不怨井水深但怨孤影冷

五噫歌

海曲荒荒兮噫春聲蠢蠢兮噫先生何憊兮噫但得齊眉兮噫可以偕隱兮噫

轉應詞

蝴蝶蝴蝶到處尋花覓葉東風不管愁人吹得香魂亂零零亂零亂樓上女兒腸斷

五雜組

五雜組縫擣衣往復還關塞西不獲已生別離

其二

五雜組續命絲往復還白水危不獲已愁女兒

疊韻吳宮詞

樓頭愁鵂鶹翠被睡未寐宵譙遙高敲細碎墜涕泪

新弦曲

老清客翻新聲七絃五絃三絃精大珠小珠還錯落如泣如訴泪雨若舊絃已斷不成响撥出新絃清且莽間用雙指撮合尖丁當一尺飛流泉聽去靡靡都欲睡雅音不奏不如醉

李夫人歌

少翁神術神無賴夜帳熒熒夫人在帳隔不曾來哀哉更無奈李夫人漢武帝生別離死相識滿宮宮人狂若醉

南山鳥

南山有鳥北山有羅莫謂羅遠無如鳥何魚細鴻則羅何地無風波君歸來聽妾謌祇今世途皆坎坷北山縱遠南山多無鳥無羅可奈何

將進酒

君不見桃李花幾日搖落歸泥沙又不見蜉蝣蟲朝生暮死都成空人生幾箇是彭祖劉伶荷鋤亦楚楚古希壽對酒債吟達人及今數杜甫酒泉下在地酒星上在天老佛不知味神仙便流涎乾坤無酒人那能金甲堅一日十二杯轉指一年三百觴流水後有太白普公榮多　少古人糟粕裏生前不醉死應悔地下須知無酒鬼天上玉液人間麴糵禹飲實甘強疏夷狄維北有海維南有江若作酒池其樂未央

空城雀

空城雀難自保人民稀啄飲少覓蟲蟲類噍繞樹樹根草相將哺乳雛謀夕不謀早幾年兵荒遭亂離人家零落烟火微小兒啼饑老人死雀還偷生破巢底

築城詞

無大秦始皇浪作築城王莫小孟姜女獨作哭城婦幾家無骨在城頭幾家妻兒將骨收

悲歌

霸王別姬勾踐攜妻興喪未知消息死生難為別離烏江會稽同調不老搔手問天天亦欲老

華山畿

華山畿為情死生不願死無悔追郎追郎妾先斷腸

估客詞

結束錦簷毡腰纏十萬錢倡樓隨處到忘却折金年

楊白花

楊白花老飛絮趁着東南風飛來復飛去日晴梟梟天垂絲釣住花飛不放飛不放飛已離樹飄泊空中無是處高樓上長嗟嗟紅粉兒楊白花

團扇郎

佳人把團扇命薄不如紙輕薄誰家郎秋風却似爾

長相思

長相思思何長亂我心曲迴我腸滋味有如百沸湯焦心剎不向蠶繭抽可量十倍小兒紙鳶線飛入無何有之鄉長相思思何長

君馬黄

君馬黄我馬青君馬渥洼種我馬房星精騎出邯鄲斜狹道驕嘶蹄嗌不肯停主人御之得其道兩兩無失千里名不然黄金古臺側反教輸却千里骨

堂上歌行

堂上歌歌渭城行人將行朝雨傾梅花開盡柳正青黄鸝啼滿春風亭春風亭一杯酒無限意不開口

雉子班

雉子班在山梁五色郁郁飛流黄一飲一啄於人無防鼎(雉)射矢誰下埸忘却弋人羅網張(好)收拾文采煎膏徒悲傷

結客少年場行

人生百年過半血氣衰平昔健者多灰頹胸中萬事不能作何況任俠彊有為所以結客者多在少年裏不結游冶郎專結豪俠子千金憑我擲一劍為君死君不見燕荆卿年當强仕秦廷行又不見晉豫讓幾見鬢毛垂白趙橋上監門侯嬴舉朱亥老者少者俱有賴但腰長刀韔大弓二十過頭壯且雄請纓棄繻須若輩西有杖乘南終童豈必為人多成功平生意氣將無同貴少賤老誠非錯鄉愿强半皆者碩

秦箏曲

三十六絃鏦且錚銀爪玉甲聲冬丁小立不坐鬟髻横寶髻横纖手倦文姬悲明妃怨

五言古

過滁陽王廟

明主奮隆準父事滁陽王天命定有屬中道分興亡
全兵屬有明諸子反從行稱帝竟不成分封徒千古
廟食雖在滁敢與孝陵伍天欲逸真主經營勞鉅公
聖人殆將出生死多英雄壯泪掩遺照松楸吹悲風

湘江曉行

我愛瀟湘碧波紋細如織美人開鏡奩公子染衣汁
風定日初高新晴好秋色

觀釣

濁水見魚多清水見魚少深水見魚大淺水見魚小
水有參差名魚同生活情寄言垂釣者舍釣縱魚生

試畢出館歸署簡同事諸公

元陰奮消息噫氣催嚴霜酸飇結空響大塊為之荒
月令當季冬中呂調宮商宵旦鬱如晦雞鳴烟不揚
勞人息永夜烱烱雙眸張展轉不成寐獨影栖匡床
宿醒為寒驅重衾添微涼撚髯髯半蒼問髮髮已黃
始事已如此何以卒四方童僕厭久客夙興催歸裝
來朝馬齒長知非安敢忘萬端集歲暮百感生灯光

讀王西樵香奩詩賦答並致令弟阮亭

烏衣貴公子妙才王子霊青罈舊家物官閣仍讀書
不知情所鍾樂府製詩餘香奩三十首七襄轉環樞
心吐春蠶絲字殺粉蠹魚佳人宛在目柔香生衣裾
阿季字貽上無題自厥初（阮亭亦字貽上）翩翩唱且和應並
擲果車既見大王作二王渺愁予有如入寶山不盡
窺璠璵倘能因雙鯉寄我青瓊琚不數東家鄰美女
賦相如

與黄雨相對酒

我有一壺酒與君斟酌之天寒氣正肅胡為中路岐
我亦薄游客與子同仳離作客無近遠鄉關揔不如
出門一尺地舉目成天涯不恨出遊早但恨歸來遲
風雪下床席卧起兩不宜旅人不度夜長客無足悲
子留不能久我醉難為支語長杯數短瓶罄亦有時
送子出門去已見晨烟吹

雨晴

一雨二三日雨霽明炎曛林小澹秋氣我屋當其分
衆山落落出高風驅天雲水滿池塘中蒲柳自為羣
漁樵耐泥徑兒女曝溪芹喧喧蒔田曲遠近忻相聞

飯罷

飯罷出門户秋好在清晝青天無纖雲爽氣偪簷牖

至止桑林下午陰隨其後木葉脱二三黄落未全瘦
隔林人聲滿白日事杵臼若此天氣佳衣履净無垢
肅肅身外來涼風灣懷袖

燕雀吟

凭高睇遥村午陰下叢棘白雲時在天窈窕有佳色
霽心緣極野廻眸及簷側雀亦如燕飛所分在婉直
因之滋浩難微物抱隱德燕巢在我南雀巢在我北
朝飛恃陽暉倦還趂風力我生值亂離飛倦而不得
坐卧一小樓未敢下而溺百好皆不存衣履敝無飾
朝則飽一餐夜則謀一夕此外安敢求理亂謝不識

別楊陸二子送陳滄仙先生北上

荒風吹空原枯林辟淡日而我在其中行路湫凄瑟
氷房萃蘋蓼霜氣飽橙橘豈不畏途寒所重在膠漆

酌酒與家右臣留別

南畦日斜道故人對綢繆寒飈下天末吹我在南樓
冬陽淡風日短景忽西流素席饒芳醑妙理辨咽喉
落月過夜半羣象羅冥幽微辭析清妙劇談剖玄謀
鵶鳴旦復旦風雨下更籌喔喔鷄亂村鳴鳴鷗警洲
灯火晚來白結束問長溝飲滿贈離別川途去悠悠
滄海百年道彈指費春秋還山約良期琹杯娛靈修

秋曉

花氣尚如夢冷意白濛濛海日上空濶照露光惺忪
不覺忽寒紫無端悲苦紅蕪之蛩語清金鈴搖荒叢
胡為八月天離別成秋空游目遠不歸高風駈孤鴻

詠麦

魯地郊原好翁翳桑麻攢連阡何繡錯麦浪翻翠瀾
漸漸且油油秀色真可餐晴晝野俱緑曉風春正寒
粉蝶戀菜花點染香無端上有桑桑蔭下有芳草漫
顔色各相似稼穡獨艱難咄嗟此時物吊古生長歎
箕子過周涕鄭人取温殘何如太平野雞豚差得安
農事已如此預想征傜寬

憶山居園子

家有數畝園主人易程陸林木苦不多曉春帶微緑
泉香自然水鳥囀天然曲煮泉聽鳥歌光景飽幽獨

壬子八月朔日桂林道中哭亡兒與齡

乙酉吾兒兒已酉吾兒殁北王名莊吾兒生南旺吾兒
卒乙巳象字形王旺諧聲律生辰當忌辰八月復初
一行年二十五四年前自述謂當名玉樓曾不謬瞬
息吾兒生聰明吾兒死儵忽與其成神仙何如仍孤
孽弱冠善屬文少年有陰德陰德翻夭亡屬文殘空

笑昧兹感應理報施揔難説孫娘先兒摧徐娘後兒
折渺渺爾三人舍我將何適去年家書至爾輩各窀
穸我今行歸來見棺不能得哀哉重哀哉進退兩縮
踖一年三百日日日淚痕濕不欲長壽考但願疾速
𣩵非壽不如夭聊以省哭泣聞此鐵石傷前旌無氣
色秋雯為我悲白雲漫西粤

嫁女

予有六女兒三亡實三存存者一出閣兩女正閨門
徐也方伯顯李亦郡守尊𠊱忽兩公子各各來求婚
余自予告歸屢空無餘緡阿母惟急女悉索敝賦繁
愛女與子仇剝父施母恩奩具厚亦薄檢點窮朝昏
將來婿潤玉眼前翁無褌看女作門楣願君勿復言

簡張詞臣示弟山雨

風雨在屋檐感懷念遠道予季示消息云反北山早
歸馬夜來發已食故園草念彼馬上人日落鬢眉老

蹶江沙上行

濯足萬里流我今來其中遥睇江淼淼近躡沙融融
遊子三五人跣揭齊小童江勢下來急南北隱與通
平沙杳無際十里光濛濛遊子急落日瘦馬遲歸風
驅車指前途宛轉人烟迷

吊李行人

昔年班諸生抗身入虎穴三十有六人竟與西域決
咲抱虎子歸漢道允光烈玉門生歸時酒泉首封列
丈夫有奇氣每放萬里轍身向豺虎投知為彼所唖
前途有黃泉氣重甘一跌大行封國書正義挾强舌
薄衫題苦言十字照賢哲舌本懸如河墨花濃于血
問答恣往返時事諭婉折莫言江東小江東有豪傑
肩驅上雲陽譚笑好顏色七尺一布衣千古浩然結

送陳天耳歸延令

別子歲再寒見子月未缺見之纔一夕來夕子又別
悵予懷古道送子多曲折路白風威凜征馬嘶頻咽
駈車出陽門百里草木絶且盡一杯酒酒酣風為熱

客歸阻雨

出門五十日而今重懷鄉呼童買舟楫雨細歸路長
兄弟坐涼夜白風吹燈光凍膚覺生粟霜氣下屋梁
不知旅人苦請看舊衣裳願言獨寤寐積寒空滿床
衾薄夢不歸雨聲高且長宵風窺暗燈對此心茫茫

賦秋

新秋天氣佳日色澹如水白雲在樹巔樹動雲不起
玉人擣練衣清聲絶杵底因之念遠道投目關山裡

肅肅遠天淨獨雁下江沚

雨餘二首

竹屋風雨至倏忽繁陰開白雲在天漢與月為爽徊
高樹碎涼影滿地疑青苔户外月光入亭白無纖埃
對此不成寐深坐駈愁懷

其二

長林下平畫石路生波文薄暮瀑聲歇古木澄澄分
涼風吹積雨明月流華雲群壑不厭客清池空為君
逸德感彭澤置心高鳥群

後湖

森森後湖水上抱盧龍山勞勞聖天子開鑿不得閒
恩波方浩蕩佳氣生龍顏大内居上流御溝相廻環
昔日貴公子樓船曾至止乃今秋高時驕駹飲其水
雁鶩飽稻粱鴛鷺宿差池帝城飛不得風雨生仳離
仳離亦胡為主人知是誰我來夜雨闇臨流少別館
寒草荒萋芠邊笳縻絲管商飆咽不流木葉下波緩
茫茫已斷腸況復秋陽滿

西江怨

丙長三月周屺公自彭城歸為余言宿遷縣驛有西江李廉于北兵隊中猝見其子驚問故子泣謂為兵所掠母亦與俱其父往視之兵不許明日兵掠其妻子去是夕旅舍三間夫哭東頭婦哭西頭慘不可言因語予唐人石壕吏新婚別無家別諸詩悲苦尚不及此當為紀之余因感而賦此

傳聞宿遷驛八旗獻俘歸西江某孝廉落魄驚見兒
問兒胡為來泣為兵所攜匪獨兒來此曰娘亦在茲
孝廉驚而呼胡為復胡為兒泣不能言父亦領首知
兒為頻指卒一指一悲啼夫也哭東頭婦也哭在西
僅隔一重壁夫婦生分飛來朝各岐路但以目送之
妻兒上馬去掉頭各沾衣阿翁僵欲絕生死從此辭
嗟哉歷喪亂不如犬與雞雞犬偶喪家猶能還入扉
那得太平日骨肉守生幃嗚呼此一事其他安有期

病憶

人老苦歲短人病苦夜長歲夜猶復爾不寐生耿光
憶昔與齡兒寢疾在他鄉兒病我不寐中夜起徬徨
百醫不得效夜與俱衣裳童婢悉僵卧母妻倦匡床
惟有老妻在戚起空翱翔冷燈照清淚承映時泱泱
嘆息事調攝披幃視東方孤星漸起明群動慰凄涼
天曉非鮮愁聊以便趨蹌夜長滋味惡此時倫親嘗
今茲偶小極舊況殊莫當痛兒違惜身微軀拚棄將

見菊

忽忽暮秋過蕭條衆芳歇齊頭見叢菊始知是九月

日色皎如水菊英落如雪中有白間黄着眼金玉屑
突兀一小山恰與叢桂別南山遠相望東籬近相接
風起屋檐冷客到酒杯熱秉此天氣佳高燭早須設

田家晚食作

秋月照場圃野人亂于晝婦女織燈前老稚轉牛後
當晚不得食更深尚趨走紫蟹不厭肥黄雞不厭痩
烹以佐酒漿速客亦云厚稼穡本艱難寶啬漸消受
穀賤聞傷農糶糴莫輕就

五人墓

弔古山塘行一坏夕陽卧纔拜貞孃塚再揖五人墓
卓哉顏佩韋領袖英風大徒手甃緹騎同仇不避禍
魏璫亦已殁周侯亦已亡翻存此五人宿草官道旁
丘上山蒼蒼丘下水湯湯留此萬古宅山高與水長

端午前四日於伯陽留郡泛蒲率歸答別

度歲不于家而況端陽節好友欲我留競渡實喧熱
兼之謀八篇此妙不可說十意九留戀傍皇未能决
中夜翻然興呼童買舟楫趁此西南風帶星走一葉
肩輿遺　夫徒步出城闕薄汚沾衣紗走健不喘息
到舡心始安去去莫周折無以對朋友有以對妻妾
時節事猶小團圓理難缺再過七十年泛蒲亦有日
從此出門多不如得便歇非以畏星霜因之保氣血
黑髮齒未凋何故尋人雪膝前好兒孫舞衫滿堂設
笑供小猢猻云恐翁腰折白水抹雄黄諸姬左右挽
歡笑溢中庭不覺午將夕人生但快樂便是長生訣

七言古

元旦早朝賦得羣鷹攫食歌

月正元旦朝元殿朝罷傳呼賜春宴須臾衛士爭傳餐金椀珠盤炊玉饌東風沉醉吹人衣春日承恩照人面有物的爍晴雲頭有聲啁啾如驚秋倏忽紛拏滿空至茫茫海鷹百十儔始猶摩雲若拳小作復掠地如輪楇黑頭蒼腹白肩背鄙哉盤旋肉食謀欲下不下不得肉頃之宴罷徒歸休飢來飢去喧天風殿角蹲滿丹墀空百官仰視向天笑啄肉永日終無功轉視百官歸匆匆飢食飽颺將無同

薊門長城行

昔聞秦皇築長城當闕萬夫不得行今見長城乃如此築愁築怨徒縱横九邊萬里不復道花戍榆關天府號西起臨洮東遼海依山負海矜天造天限南北為兩家峻起石骨繚塵沙千峰萬峰已如爪千堞萬堞復作牙山之罅處築城補五色煉石如女媧燉煌臺閣更複疊傳烽揚燧爭讙譁一朝失守藩籬撤宛如村舍疎籬笆長城上頭行人笑長城下頭兒鬼嘯將人白骨和黄土黄土多年復誰弔白骨未枯黄土傾白骨堆與長城平倘知不久長城毀不如廟筭休用兵山勢一仗仍一偃塞垣歷亂餘殘照邊風吹蕩碎為泥散入空濛日光掩狐狸爭穴虎豹奔直繞幽燕到山陜秦月漢關終不免嗚呼在德不在險

平陽觀海行

平陽城下邊風急平陽城頭邊日白邊風邊日兩無情吹來萬頃傷心碧我來東甌行倫兵平陽一作觀海行海邊要害看不了登高望遠無適形小橋流水下山渡蟹行蟻渡上山路五里嶺盡山上頭傾國傾城漶一顧平陽都督祭將軍統領名將多如雲為余指點各形勝棘門霸上諸營屯瑞安平陽兩江口東名雷瀆西飛雲中湧小山僅如豆洪流中斷時窅冥迤東一帶金鄉衛鳳皇城子鎖鑰深傳言隅水雞籠島縹緲曾一覊遊䫂一瞬周廻數百里沙圍宋圃連環分千山萬山結如蚓海氣三面爭氤氳一水五方色具倫青白間錯多遠痕漫言此中有海國高麗日本琉球孫究竟乾坤一片水沐日浴月波星辰乍晴島嶼參差出微雨波濤混沌昏豈必廣南與山左蜃氣結作高樓壓壯哉此觀經信宿此外之水盡溝瀆兕艘孑遺不足憂出水魚蝦岸麋鹿昔年東甌亦戰場惟搖功多廟食長即今 聖主掛髀急守邊那得

東甌王

孔雀尾

叱啄文鳥奴雉雞九苞五德文暗齊丹山頳塌挑池低但傍佳人佳處栖佳人樓空屏正宜相公袍赤名高題出入瓊殿和金閨樸簌飢城集若木四照花開聞笑哭織頭巨體光䳄䳄鸂鶒鵁鶄讓華屋雄翔錢距立河漢低視百鳥俱在腹調笑鳳皇悲雛𪂹貢人翟兮飽人肉不道如爾亦錦簇南山北山羅也伏胡為弱喪粤西陸身死空遺雙尾尭生前開屏死棰屏金絲纏文耀紫青鉄鏃管白横嘶翎細柳絲高疏戴星移入慫前公子亭月落巷黑霜光零熒熒照火流青螢席罷酒闌我歌浩嘆息文章害身早古今幾輩善屬文不分忠佞塗肝腦中原亂離正難保報仇滅賊甘滾倒自古雄人無終老不信但看輩上藥孔雀姓名徒自好噫吁嘻痛乎哀傷哉鳳皇不壽鴛鴦夭瓶中鎖尾如秋草

劉仙巖

城南萬山窟中湧劉仙巖積翠無草木石骨皴俱巉晚看朝氣紫暮看瞑色藍自然成丹青在市非塵凡劉仙名景字仲遠放下屠刀聞道晚紫陽真人並鍾吕循良太守稱嵆阮三人鼎立還參坐丹鼎不設丹自返懸崖一片洞天奇卻如蟾化留頑皮如何蟬脫入蟾腹橘裹老子元白眉壁間椎鑿惟丹經篇名悟真同黄庭蒲團坐破爐火威石牀苔蘚千年青畫符點石作門户坐墜不落撑翠屏傍勒口授海上方駐顔大藥非參苓傳聞道人亦尸解芒鞵寄歸矜神靈人世僅活百餘歲是耶非耶如丁令石穴宛轉上尺咫嵌空玲瓏幻如此山圍四面中央開想到雪月看千里噫嚱歎我視浮名浮雲耳近來願從赤松子蟬脫羽化究如彼誰言神仙真不死

小姑山

水中之山多無數茲山臨流不可渡望之如笠復如冠上天下地總無路孤根壁立水晶宫蛟龍破家不敢怒白石凝寒儼積雪素練横江若晨霧峰巒如削波濤洄鳥雀不飛絕鷗鷺巨靈手劈留一拳共工頭觸落寸步日晴風細中流平蝴蝶燒錢買神助土人傳説事多奇大姑小姑談掌故為言此是小姑山遥與大姑相回顧堲然灝氣長渾淪因風縹緲知何處疑是小姑愛倩粧寶絡朱纓揺太素

蘭松 有引

粵西引路去全西行三四十里許為石蘭舖舖東有嶺沓引路松中有一松可十丈餘近頂三四尺許叢枝四出花葉紛披如盆蘭然相傳以為仙人手種四季自花有使君欲取之輒雷轟不得近云

粵西引路多古松蒼枝翠蓋千百重中有一松可十丈九丈以上香風濃濃香本是蘭芽茁北邙飛來武彝峰有花有葉生芳叢無土無水成化工四時若彼春無主五行到此天無功君不見藤羅花紫莖綠帶纏高枝百年亦是尋常物豈有神靈呵護之又不見靈芝草草生木生顏色好此種祥瑞不易生佳氣偶然容易了爭如蘭開四季中凡花仙草俱難同蘭花耐春秋松栢經秋冬四季長春不復老美人君子偕初終傳言此是神仙植使君欲取轟雷攻神仙不留名蘭花閒剪風空谷幽香零細雨落花幾點千年紅

官梅集弁歌鄧子孝威與余官閣聯帷校讐玉海風燈月業吟嘯閒之彼此唱酬之樂不異晨昏橘裏白眉匪我過也鄧子官梅集成而余亦著琹鶴餘清之帙几余附之未遂當兩部鼓吹兩節子則一卷氷雪矣歌以弁之

靈禽悲薄暮奇馬嘶亂流志士感勝心淚落闕門秋朱華吐光迷鄴水臨川巨筆照才子開元鉛水滴宮人天寶鮫珠零內使春燈秋帳宮梅閣有情未免猶如此喬桑漏月月半明入人懷抱熒熒清此夜不必聽笳遂別有腸肺生商聲何堪風日新亭上咫尺之外關山情溢霜滿梁動衢鼓葳蕤漸鎖芙蓉罕空庭晝白形影孤茫茫百端結能吐不著離騷亦屈原敢賦新蒲如杜甫白璫簪來筆筆愁一草一蟲送悲苦咄嗟行唫踽踽踏莓苔自有心胸塊壘來風光好惡兩無定逐人嚬笑為徘徊吟望强半對搖落哀不樂兮樂且哀握君手飲君酒拒宣武兮悲種柳戟君鬚發君歙王處仲兮擊唾壺壺口缺柳條折憂從中來不可漫臧風景蕭蕭山河列列懷以亂深目與愁結人情古今鑱鑱筆舌述懷懷可言飲恨恨難說噫吁嘻痛乎傷哉鄧尉南州八斗才登臨每上宋公戲馬之高臺阮籍不學楊朱泣途窮真可悲蒿萊永嘉崩騰後太元偪迫纔我非一觴一咏何為哉嘅彼鼓吏曷嘗定因鸜鵒却教抑塞磊落之士疾走如啣枚

括蒼署中

括蒼城子越東小括蒼山色越中少山盡見城城見山城僻山深風日好高衙晝掩盡不譁鼓吹一部喧鳥鵶踏青天氣恰三月何處春城無落花

泰州水灾歌

昔日陽城書下考撫字心勞催科少即令上考知為誰官租收及豚與雞海陵下鄉原澤國河防水門堤作瀆一望巨浸翻秋空貧農死亡富農哭州人老稚爭提攜頻乞下司謁上司監門有圖不肯繪流民未秋知流離父母誰不念赤子無如功令疾于矢籲思朝疏言災荒觸怒大吏未竟已便許上言請民命幾回批駁過時矣朝廷即一降綸音官蠲吏征永為例吁嗟乎報災只如徒望歲不如不報各逃去各逃必須舉室逃民逃妻子恐不饒慈狼仁虎那得有災黎叫天天轉高

還山

我來西齋已信宿歸時但看新漲綠徘徊顧我荒城下一分茅屋三分竹高低自有山水情豈必河陽花與木相對談者皆道流言言瑣細都非俗一允雲窓坐不歸黃鸝下來茗初熟

鑿冰行

河流凍合河面平伐冰沖沖鑿冰行水澤腹堅渾作鐵酸風白日迷雙睛長年呵凍弄椎鑿流澌一片聲冬丁細如擲破玻璃盞大如擊破琉璃屏撒天草樹禿黃髮剩雪樓臺立水晶窮日之力三十里水面一

黑昭陽城昭陽城頭譙鼓明昭陽城腳燈火熒游子若柢家園宿帖然纔慰旅魂驚噫吁嘻行路之難備如此風天雪天冰天行風天雪天冰天行

下河行兼阻風行

昭陽往還經一旬石尤日日吹陰晴昇繳蒿祭不肯停吁喝萬竅大荒生城頭一更少一更天邊一聲多一聲金鐵縱縱復錚錚行空人馬疑天兵山搖虎豹羣相驚水激蛟龍族不寧千門萬戶皆秋聲谽谺屋瓦爭飛鳴那前一程退兩程十五里路天失明渾如三寸金蓮行金蓮猶覺能縱橫水鄉澤國此著名但水不陸虧平成東西南北溪復汀榜人惟持雙篙撐雙篙力盡徒睛睜對此令人魂魄驚陸行無路水無情勸君莫作下河行

題湯映臺㲉園

廣陵城裏家園多位置繁華各偏頗若不傷石便傷屋纍纍百間兼磊砢湯子㲉園好點綴不欲冒作真巖阿二分山石五分樹三分搆作風月窩此外隙地美開曠參差掩映無俗魔高軒深厦曲忘暑琅玕萬箇青漪漪堂顏式穀念先子山人則有孝子無項之見其二三子又復慈父師孔丘彬彬學詩且學禮此

非趨庭鯉歷我亦曾為屬聯句集句差强杜撰詭岩石自能幼輿在丘壑祇應長康過爭與湯子作主客晋魏以下誰唱和主人酌我金巨羅栽贈主人白雪歌明朝且來今且去謂非即我家園何

贈湯映臺諸子五常歌

穀園主人賢且良一日一至飛羽觴元禮自喜客到門芃先不厭人登堂主人雅望逼張李因而好友頻趨蹌出妻見子古人事呼童召出馬五常大兒兩度露頭角識此非復田舍郎年幾弱冠蚤衿佩健翮指日風雲翔並復窺見二三子從肩服衣若干長自足文舉小兒輩尚向廚中偷酒嘗公然人前諳行禮分明眉目畫鳳皇問名逐個從容對不衫不履如冠裳聞説諸兒各穎異中有次公差更强蚤歲方當六七齡慣聽讀書聲琅琅他人用目兼用口此獨用耳如説堂洵是烏衣兼白項他家姓王此姓湯不難君家多男子獨難君家將仕年甫强年行四十五男兒莫説未老如柴桑但恐後來不下慶成王

己己四月念日大風歌

君不見漢高皇還鄉唱出大風歌又不見漢武帝橫汾再作秋風辭二月傳向二千年想見大風潑刺秋風微未見今年四月廿念日屋草如麻屋瓦飛拔木折樹了無數樓櫓不知何所歸斗既走順疾無影馬復走逆不成嘶行人登塲傀儡子什物舞空蝴蝶兒蛟龍頭角見孽影霹靂刼火腥炎灰砰砰擊碎庭屋柱焰焰燒藝夏侯衣帶得雪山怪氷雹大者如磨小如棋天心雖怒實仁愛不打二麥憐子遺自晨越已過亭午飄斜風急斜雨人自危即無謡曲亦恐怖君子原自畏天威側目東南望西北調元者誰贊化誰

五言律

戊午被召感賦

忽被賢良詔，迂疎娩老臣。聖明方側席，古道有遺民。
吏事從來拙，君恩到處春。敢勞更徵辟，歷代有遺民。

過伯夷待清處

既有待清志，翻多叩馬言。定知孤竹意，非報獨夫恩。
大義成千古，高風自一門。蕭條空北海，留得此碑存。

賦贈王阮亭司李

十年池上客，當日鳳皇毛。名以文章重，官因才子高。
風流原逸少，明允自皐陶。肯念金昆舊，委蛇籍•綈袍。

喜本房陸義山聯捷（余丙午所得士也，時以中翰登第，余初亦然）

薇省風流遠，傳經多秘郎。羣空因伯樂，省試娩歐陽。
春半人還少，花深馬亦香。但為清白吏，寧使一莊荒。

食櫻桃作

薦寢嘗新味，子離花已飛。圓從春老啄，紅得夏初肥。
樹樹雨餘熟，家中雀暗歸。飽餐防內熱，天遠蔗漿稀。

泰州修志書感

莫謾言修志，朝廷視一鄉。國書陳壽價，直筆董狐亡。
簡之直儒白，金多暮夜黃。傳疑不傳信，何代有文章。

兩遊靈隱寺

再過靈隱寺，選勝一尋春。魚磬不驚鳥，瞿曇欲語人。
溪山皆色相，風雨即微塵。笑問三天竺，西方亦有鄰。

平陽道署偶晴見月同本房顧梁汾

不辨陰晴色，天涯復海涯。一春三見月，十日九飛花。
客少清談出，官貧薄俸賒。東甌風景好，相勉勿思家。

同黃仲遠萬賓臣謁廣陵五先生祠

折入西山路，諸峯翠作屏。到來三學士，長揖五先生。
地古留名氏，山高及性情。此回恣憑弔，何代舊碑銘。

劍池夕坐

誰劈兩峯碎，於中作劍池。壁深天氣變，泉黑水經奇。
螢點未消雪，魚遊不釣陂。第三題碣處，獨客坐天涯。

暮遊虎丘訪貞娘墓不得

古墓不知處，山僧亦未詳。自慚非烈士，無分見貞娘。
白骨誰青眼，黃昏我斷腸。莫言徒女子，鬚髮愧人長。

題吳銘卣新閣

高閣翠微半，如登百尺樓。迴廊迂入畫，板屋淨宜秋。
蟲語淒清碎，雲陰黯淡流。主人頻醉客，風雨一燈篝。

督兵縉雲偕徐貞一表姪署齋即事

忽忽乾坤烈，東南各戰爭。樓船家海國，風雨客山城。

萬里紅塵暗孤臣白髮生殷憂原啓聖徒抱杞人情

其二

寢疾兼憂亂鬚眉老丈夫萬端雙眼有百結寸腸無

高樹凄斜日空衢冷碧蕪所親多阻隔靜念一身孤

其三

親戚各歸去惟君與我依艱難寸心共幽冷一燈微

杯對羽書隙烽烟山海圍自茲交白首共采故園薇

夜行

帶夢成傾跌征夫促又行莫言驟背穩不見道旁平

前路盡如此吾生總未明秋風禾黍役辛苦過周京

西山棲靈寺前別兄莫雨弟山雨暨諸姪北上

去去勿復顧無言悄出門不知心所向但覺路如屯

轉背問諸弟低頭見我昆別離非易事達者莫輕論

雨詣湯泉不果感賦

登臨非偶然數里隔湯泉極目夕陽樹一邊松影天

浴蘭知往跡起疾自何年老至躭游興山川信有緣

其二

十年聞勝蹟獨往怯攀登水自温泉出流從寶地澄

雲飛千樹練月白萬峯燈脉脉湯山寺清涼輸老僧

大姪昌齡至一日即使　山陵留示

小阮忽驚至茲逢又六年遣因王事去倍使我愁牽

別久翻無語情多竟不眠天涯吾骨肉安得暫留連

見蝶

舞去紛紛雪飛來片片花來香如有意依草即為家

客路幾回見春光一點賒輕風吹不住飄泊任天涯

客澄江登君山絶頂

三十三山山入画圖大江全跨楚絶壁遠通吴

黄歇貴公子延陵古丈夫海天人去後憑吊一身孤

登白狼

天地東南盡滄江晝夜流何年留聖蹟千里没春秋

人出蒼鷹外天低積翠頭五山今古勝風雨望中秋

甓社湖　刻入揚州府志

天入秋冬際蕭蕭木葉波帆隨飛鳥盡岸倚白雲多

水氣生空雨晴光點緑蓑神珠猶在否一棹夜經過

過洞庭湖

岳陽樓下水千里洞庭深不復辨天地安知有古今

星河盡摇落魚鳥半浮沉極目風雲曉鄉關一片心

喜晤張詞臣

祇此忘年友音書咫尺稀有懷全默默攜手只依依

好景兒時忽雄心老至非惟餘酒無量不醉且無歸

婺州早發

水盡山初起，嵐光潑眼前。雨晴村尚濕，春半草猶眠。
香識花開日，陰知海近天。願言游宦侶，斟酌與翩翩。

其二

已厭操舟苦，還憎結駟譁。雨消三十日，春減一分花。
敢賦賢勞句，徒增靡盬嗟。此身原在客，又復滯天涯。

縉雲山中瀑布

百道泉流急，多從峭壁鳴。晴飛四時雨，響答半天聲。
不許春風斷，偏爭疋練明。括蒼行欲暝，孤客聽無情。

梅雨潭觀瀑布題壁

山巔碧流水，瀟洒落紛紜。天半不知處，空中時一聞。
捲來千尺雪，衝破幾層雲。覿面飛梅雨，陰晴揔不分。

仙巖寺集飲王氏山房

結構無多地，天然尺幅間。一邱兼一壑，分水復分山。
屋得松俱冷，橋憑石自彎。便如飛倦鳥，樂此不知還。

苦寒對黄雨相

我客憐君客，雪晴氷正堅。一爐常帶火，無酒不成眠。
凍白棋花地，寒青橘柚天。相看應耐取，松栢歲寒年。

銀山絶頂

攀石窮奇嶺，長江足下深。鴻濛一片氣，感慨此時心。
日落衆山小，天青萬壑陰。從茲舒具眼，收拾盡雲林。

孤桐

孤高廻出林，拱把特蕭森。葉放影初碎，天低緑漸深。
一春肥細雨，萬木讓清陰。不待琢琴瑟，已聞空際音。

新燕

三五梁間燕，空巢覓舊遺。影翻滄海日，聲碎落花天。
高入梨雲小，晴穿柳浪圓。殷勤問王謝，六代是何年。

題冒辟疆水繪菴屋壁

一水散成園，清溪繞斷門。滿城秋在樹，半郭盡為村。
涼月幽偏碎，栖烏冷自喧。此生因客苦，隣舍亦銷竟。

入汶上簡汪令

九點青烟東，荒城一片孤。百川歸汶上，匹馬入中都。
落日齊州遠，秋風魯殿蕪。輶軒聊止宿，負弩莫爭驅。

壽劉石芝學憲

吾兄游宦處，僕也每追隨。昔作河泉使，今為越絶師。
乾坤身外物，山水西中詩。恰值傾春酒，西湖勾一巵。

戊午哭大兄萸函兼憶亡弟山雨

哭兄兼哭弟，先後只三年。本是同胞誼，都成聚散緣。
一身嗟獨立，孤影屬誰憐。骨肉多淪喪，能無淚泫然。

入湯陰弔武穆故里

咄咄朱仙鎮功成報主深中原歸野戰南渡獨沾恩
鐵馬千尋氣黄龍一片心臨風懷武穆今古哭淮陰

旅食淇縣驛署和吴卧山同門壁間韻

昔年經過處風景未全湮戰國山川色中原車馬塵
盡看殘碣壁倍覺古人新落日悲歌起相呼酒數巡

同人野行訪僧不值

郊南相緩步城闕下通津野色晴時遠春暉雨後新
樵歸隔水渡犬吠過村人未及逢僧話知聞何處身

春游潁陰里中早發

早月三更發春風千里游還疑故園宿已是遠村舟
宦隙催堤過河聲接枕流妻兒殘夢在眠食戒從頭

宿石門

野屋依山隙欹斜石作牆蕭條數烟火蒼　得衣裳
海日懸空塞邊風動大荒石門今夜宿分　鄉

村燕

三五尋村社巢空待爾歸小宜春水點輕向落花飛
語入晴偏碎泥經香自肥草堂棲漸熟頻掠主人衣

韓侯釣臺

未作登壇將聊為把釣翁英雄多崛起草澤半飄蓬
朝食憐淮母生涯待沛公荒臺湖水上定　未央宮

淮陰元日僧樓坐雨 二首

孟陬廻斗柄此日入新年朝雨千門暗春燈一榻懸
酒醒深夜後鐘過小樓前極目淮南晚家鄉各水天

又

望去淮陰市春城景物新日高猶閉户雨急不行人
畫鼓鄰家畫空尊客院身良辰當異地到此亦沾巾

初渡江

潑眼渾無際驚心但有聲四時天地雪兩岸畫圖城
峰壑數難了魚龍看欲明誰言衡洗馬今古獨多情

丙戌亂後舟行即事志感

去路朝猶暮新墳高與低髑髏清淺見草樹淡黄迷
人跡全稀野春光半在泥幾時烽火靖征馬絶長堤

清明

仲春陰不止佳節正油雲雨溼清明紙花開寒食墳
醉醒芳草客啼笑石榴裙説到綿山事悲涼不忍聞

生公講堂

可中亭子下當日雨花平石活人偏殁堂存公不生
教興憑在舌僧俗亦知名果是神通輩還聞説法聲

舟夜

一葉春溪晚歸人不肯休風帆輕若練月路冷于秋

吠犬知村落，鄉心警戍樓。夜深頻選泊，燈火暗長溝。

王子眉雙西齋設帳

先生非國子，子弟有諸生。惜此扶風座，深予皋比情。林亭帆早蔭，園鳥變時聲。為謝門庭客，奇書著未成。

夜坐

信宿西齋夜，孤眠悄不成。瘦燈昏作夢，獨鶴冷知更。影寂歸思出，秋深酒氣清。莫嫌滋味惡，風雨雜書聲。

又

半畝桑園小，心清欲作冰。自宜岩石裏，高臥白雲層。破屋胥窺鼠，匡牀冷受燈。暗鐘蕭寺出，知有未眠僧。

安石榴花

易起紅裙妒，長懷百子仁。蜻蜓晴作雨，鶯燕老疑春。知近黃梅熟，驚看火樹新。桃花鞍馬上，留贈虢夫人。

贈僧覺印

與子不同道，然而屬舊知。彼身原是客，長去亦何悲。語錄尋糟粕，衣裳掛翠微。年年江水上，歸夢落潮遲。

雨中偕門下諸子課集

文戰酣初罷，澄懷喜雨清。滄桑成故事，今古亦間評。屋小園花氣，溪清帶鶴聲。呼童簷溜下，邀水煮新鐺。

癸未秋中州捕行鄉試擬赴應舉簡張詞臣

陸子負奇性，思為千里游。釣鰲失東海，倚馬賦中州。日落黃河遠，天青白帝秋。洛陽王氣在，今古幾沈浮。

送鄭子房歸廣陵

八月河橋路，歸人不愛秋。扁舟返滄海，三日指揚州。今古樓靈寺，興亡文選樓。與君憑弔處，何但別離愁。

夜坐

滋味年來惡，悠悠負丈夫。亂深時有歎，影獨為誰孤。吠犬連村起，驚烏匝月呼。五更眠不穩，髩髮欲霜無。

雨晴

二月春陰盡，晴光今始歸。庭柯懸宿雨，溪女浣新衣。泥燕啣還濕，陽烏照尚微。朗然清極目，人在亂花圍。

呈雲陽令許菊溪先生

一刺投先輩，雲陽道上行。獨無名士氣，新有故人情。署靜園山色，春歸變鳥聲。不辭烽火路，詩酒結深盟。

雲陽道中

青草黃泥岸，層堤曲路人。河流如入峽，舟小僅容身。吳市鶯花老，江南烟火新。長途清不惡，何惜冒風塵。

舟次紅林過銀魚塘

觀魚有佳癖，塘小入紅林。雖則風波少，依然數罟深。一灣藏碎玉，千里費黃金。不覺臨淵羨，終無結網心。

遥望錫山

惠山看不厭又見一峰孤白晝鴻濛氣青天烟雨圖
客疑遊舫少泉始隔山無薄暮梁谿上登臨疲老夫

梁谿放生菴觀魚

菴靜石為沼澄流十丈餘豪情生積水奇壽問嘉魚
地古評年後僧新識姓初放生何代事兵火未丘墟

惠山絶頂

江南佳勝地初選惠山遊點次難言好徘徊無暇眸
泉觀三尺雪松聽一峯秋絶頂人蹤少乾坤在下頭

過江別劉爾功

客路晝長日君歸我正行古今游子路南北故人情
祖道生秋氣天涯隔浥聲明朝幽谷口一路聽黃鶯

郭園感賦

槜里春申後雨山天一涯經營須舊主名勝屬誰家
門鍵無人鎖庭閒過客花不因戎馬廢能得久繁華

次楊次羲進士錫山原韻

四月梁谿路雙峰淹歲華樹深全不夏山好欲為家
風物一泉水春香萬壑花勞勞南北客沽酒泛浮槎

梁谿道中役夫平云便走馬感賦

舊是游船岸今成走馬堤船梢吳下女堤上隴西妻
村落入烽火閭閻卧鼓鼙可憐桑者頸空以一丸泥

江南道中初見刈麥復見種秋感賦

屈指離家日江南一月游關河盡吳會烽火半南州
去日麥初夏歸時苗欲秋人生本無恨景物動深愁

重晤雲陽睦允立

舊游甘露寺分較一春書半揖冷然咲相逢再下車
問年催茗後憂亂過江初落魄真同調恩仇説劍餘

江營聽馬

健兒驕不騎牧馬廣陵堤江月連營暗邊聲雨岸嘶
風高肥浙水師老瘦關西莫羨如雲錦中原了四蹄

哭從兄君爵

吾兄感意氣不盡為忠君誰料死生別竟從離亂分
招搖聊出戰辛苦漫從軍痛惜山莊裏清明雨度墳

弔孟黃門兆祥并子進士章明

欲盡君臣義隨亡父子恩烈過唐進士忠識漢黃門
國難一朝没家聲兩代存可憐齊化月雙照孟家魂

吳山立秋

萬家烟火裏哭兀一峯君地迴皆樓閣天空盡水雲
湖山半面秀吳越一江分恰好梧桐落秋光片葉聞

聞角

曉出錢塘郭城頭畫角鳴數聲天地暗一片水山孤
客苦聽來早秋悲喚徹無傷心歌舞舊換却錦西湖

復渡錢塘

歸路錢塘潤乘潮寄小舲秋高九月白風弄一江青
薄曉人猶夢新寒酒易醒艱難問王事雙鬢欲星星

細雨

春雨細如髮絲絲嚴織成溼來看有跡吹去聽無聲
著樹花全落沾泥草易生一天愁并下行路不勝情

飛雲渡

百尺飛雲渡晴飛滿渡雲滄桑四時變閩越一江分
海色春難見邊聲靜不聞莫言春汎早廟算正殷勤

平陽舟行

獨坐一春水水清春更饒村谿爭一線官舫不容刀
帶海飛青近屏山聳翠高乍晴微醉後一瞬息賢勞

平陽道中

一路好風景横陽道上賒村村暮春色曲曲野人家
雨歇催青草香晴出菜花誰言邊海地別是一天涯

田家作

秋在屋簷低農家事事齊雨河肥蟹稻半畝早秋雞
賓客邀鄰叟衣裳會老妻今年田事足醉飽夕陽西

再渡江

二月金焦渡東風一瞬舟江聲吴楚失山色古今浮
空濶天無際蒼茫氣盡秋乾坤歸眼界萬里辨滄洲

送白門向遠它

落落持蟹會蕭條影便親域中供一咲天下不多人
謀面未能久別離何遽新匕亭風日美莫厭過江頻

舟行

落葉舟人路帆程與水長家藏遙墅月人在野河霜
華髮游滄海新詩足古囊十年常作客星露滿衣裳

歸舟落照次右臣

川途終半百落照在孤村山脚下平地樹陰多小門
風聲連野發天影一溪吞前是還家路征夫穩夢魂

猝晤崇川友人即別賦柬

見君纔一日偏有故人情楓葉傳詩早黄花對酒清
星河搖戍鼓人馬作秋聲似此天涯路如君未可行

賦雁二首

西風下邊塞征鳥度南州何事瀟湘去知為粳稻遊
一天離恨路九月斷腸秋爾是江湖客江湖未可留

又

胡越不知路乘雲下帝鄉半生蘆荻水滿背菊花霜

日落遲江海秋高急稻粱驚寒聲欲斷慎勿過衡陽

懷真州鄭子房

季弟歸來說邗溝晤鄭昆依依懷抱苦惻惻亂離言
咲入愁中短豪從別後吞此情傳我炤雙淚為君昏

和王直指題壁首聯用其原句同鄭孝威

代巡王公秉節淮泗間時流寇再犯廬鳳報至兼聞家難闔門死賊時典武闈因題壁云

關河雙鬓白風雨一燈寒家國愁兼到公私淚併彈
君王恩命重兒女別離難何日平西賊銷兵日月端

戍鼓

金吾騎若流鞭影濕街頭城靜夜眠柝星稀人倚樓
夢回姬塞雨風緊玉關秋聽錯靈鼉鼓鼕鼕響不休

甘露寺

三山皆湧秀甘露更凌霄此地聞鶯滑當年溜馬驕
衣冠羅石磴歌舞雜江潮太守風流遠驅車屢見招

登北固山後凌雲亭

五兩緣龍埂登來翠不分有亭開白石留額寫凌雲
山色天南到江聲地下聞故鄉望何處烟水隔氤氳

遙聞宛陵友人秦郵卧病却寄

風雨不堪病氷霜更可憐卧來家萬里愁到客多年
秋水此中路夕陽何處天好憑北風雁遙寄甓湖船

瓊花觀弔古

高觀枕城隈遊人訪舊來瓊花亦已沒隋廣復何哀
事事今非古年年盛有敗荒臺傳往蹟惆悵立蒼苔

遊金沙顧龍山同萬仲嘉萬賓臣顧遠鴐周我成諸子

山湧金沙秀平岡積渾淪何年龍作窟此日鳳題門
碑綠莓苔雨泥黃橘柚村東南知寶盡選勝一開尊

聽蟬

天高暑正濃羣響發晴空驛路荒山裏孤村落照中
柳揚千種樹斷續一溪風自是仙都侶支嗄俯百蟲

返照

西下夕陽剩東來返照空山河沈倒影烟雨幻長虹
萬木蒼茫綠千家黯淡紅陰晴難辨色只待解薰風

野望

村樓舒遠眺風物接城皋木落人家出雞啼日影高
歲寒餘氣節地僻遠波濤百感秋冬集青春貴二毛

同王子眉雙池上

孟冬搖朔氣草木發兵端初霽澄懷遠閒情縱步安

水深魚眼濶，天淨雁聲寒。華管無分席，從來出處寛。

枯楊

萬木巑岏立，蕭條爾亦空。葉疎全漏月，綠老不隨風。
節見山河晚，寒深歲候中。十圍生古恨，清淚滴桓公。

哭鄭天玉侍御

侍御正年少，孤忠識老成。力難爭氣數，死亦見功名。
圖識虛三户，星辰亂七閩。屈原天問絶，興廢感書生。

喜龔半千過海上

馬首夕陽託，相思梅正開。烽烟遊子出，雨雪故人來。
生事惟詩筆，天涯一酒杯。重逢當亂世，珍重莫輕回。

除夕前九日送翁岱瞻歸里

嗟我出門日，乃君歸里時。年光催客路，風色滿河涯。
離亂鮮終極，遭逢無定期。不言頻執手，未別已相思。

遥贈虎墩沈處士

遭逢每不識，汗漫有相知。海濶多奇氣，人高出亂時。
草青亡國恨，楓落過江詩。豈必曾攜手，形骸正可疑。

廣陵棋者攜畫扇乞阿大小書因以扇中四景
索題漫綴

天高有佳氣，非雨亦非烟。不肯向城郭，自然生石泉。
人家疎密裏，空翠有無邊。漠漠連春水，峯腰可住船。

烟寺晚鐘

金碧何年地，昏黄罨畫圖。遠聲雙杵接，晚氣一天孤。
燈火不可極，星河似欲無。僧歸迷宿處，咲指白雲途。

平沙落雁

秋明雨岸濶，征羽急長天。日落爭先下，灘晴喜淨眠。
稻粱依咽水，蘆荻懶御烟。寂寞臨風老，江天最可憐。

江天暮雨

空濛竟何際，積素在其中。水樹千重白，梢燈幾點紅。
太虛全不有，盤古得無同。惟見釣磯上，悄然蓑笠翁。

水南坐月

獨坐夜何永，一城臨水隈。高天秋氣出，滄海月光來。
樹色參差見，蟲聲次第哀。田園歸去後，三徑未蒿萊。

飲寄園

一春相過少，竟與遠人同。酒對翠微下，鳥鳴花影中。
坐深還待月，語冷自生風。漸見蓬蒿没，當年仲蔚宮。

晚坐翠虛亭子試茶

坐酣乘興出，催茗試新柯。還入翠虛坐，恰從香裏過。
樹梢天影碎，鴉背月明多。漸聽昏鐘起，人聲散薜蘿。

聞鶯

新鶯鳴四月，聲滑不能　碎。逐柳花落，喜逢芳草晴。

畫清偏入夢風細倍關情一樹斜陽影江南最得名

贈法雨

結屋東門野茆檐淨不塵安禪午餘夢漱客雨前春
樸極翻為雅迂全乃近真更多幽勝事有菊淡如人

寄燕都梁仲木

經年纔握手百里又懷人似此山河裡艱難風雨親
客游貧者事棲逸亂餘身雨意渾堪惜飄零未可呻

聞鳩

啼鳩渾不止繞屋報春田雖與海鶯別曾同江燕來
語從烟半落聲共日初開只滴愁人耳何嘗不可哀

贈洪舫

近來常避客那可不逢君心跡似秋水人情如夏雲
過江埋濁酒呑海著奇文惟恐仙舟盡濤聲兩岸分

遊建山朝陽洞

亂石立千仞中開一線天大江流辟後滄海落門前
坐此竟忘世登來便欲仙所憎潮帶雨惆悵日華鮮

城臺晚望

登臨纔十尺極目望如何野馬塵埃合游龍道路過
風高雲影淨天迴月光多脉脉春愁起人烟桑拓窩

龔賢至自白門

歲暮江東去江聲又送回風流依舊發衣履盡新裁
春色隨人到山光潑面來倉皇問時事不及掃塵埃

東二友人客中閉戶山莊二首

已是出門客胡為又杜門兩人足今古五字盡朝昏
繞屋聽流水當窗落遠村久遊多靜想暫此樂雞豚

又

六里離城郭三家共水涯人當亂離後門掩落花時
日腳開桑影溪光動柳絲著書滄海上辛苦自家知

哭方伯英秀才 四首

伯英千古士人壽竟無多作者書千卷諸生布一拖
才情生疾苦貧病作風波更勿憑奇氣辛勤問制科

其二

吳陵喪傑士海内失奇人生死尋常有文章夭壽真
才高偏短算名早每亡身大悟從今徹虛空不礙貧

其三

死豈不足惜狂生亦自愁箇中無晝夜身後有春秋
僅過修文曆尋趨白玉樓將無應奇讖集著夢羅浮

其四

哭君殊不少如我更吞聲初度已同命相知更過情
生離常　里死別杜蕪程訃至空如夢臨風呼伯英

偕内子山莊月夜

極目天垂樹蒼虛萬里過野星平地出海月大荒多聲在遠燈含寒生高鳥窠妻兒攜手處咲語雜農歌

西墅月圓

一月照千里青天無片雲夏蟲時一唱鄰犬或相聞清極自生冷坐深無與群數星疎欲没不覺夜當分

夏至得雨

大澤當時至須臾旱澇分陰晴更晝夜川陸盡波紋犢影分烟出人聲隔雨聞老農墻屋下顛倒述占雲測水漾歸舟

踏雨秧鍼路家家事土功妻兒都立水蓑笠半灣躬岸没魚罾下人行蛙鼓中臨流問深淺下蕩一飛蓬

真州早發

買棹白門去五更遥聽風榜人喧岸脚江月照湟中世亂名偏重心違跡暫同烟波江上客前渡少漁翁

青山道中

路自迎鑾發秋驚白帝皤沙痕依水細山曲受私多僻處幾家住閒中獨客過行行愁欲盡此外即風波

江干選石

愛石不能去搜奇亂石叢江山雙足下丘壑一拳中得向此間老寧甘吾道窮莫教誰奪去癡却米南宮

夜雨閣

日午龍江道遥臨御水隈涼秋不厭客夜雨一登臺京洛風塵遠湖山氣色來兩年魂夢地今日重徘徊

又

坐此竟忘世不須言避秦桂冠翻見貴沽酒莫辭貧龍蟄空留水魚神欲近人此游自佳勝歸棹幾逡巡

盧龍山

江東萬山窟紀勝及盧龍建業全臨水諸陵半面峯秀分慈母石秋老大夫松絶塞同名字招摇牧馬蹤

初識韓經正畕

我本滄江客君非道路人通名成一咲半榻定終身注目久無語相看已入神片言聊作贈夫子不嘗貧

龍潭江驛

數里龍潭驛依稀水樹多空中人道路閒裏客烟波日出秋光滿江昏曉氣過莫愁南北限招我有漁蓑

晤吴門張聖祥

五年離亂別一瞬道途逢久別亂心曲相逢信脚蹤家人問安樂烽火説從容不肯遂無語年來塊壘胸

秦淮訪筴刻梁大年不得

訪舊白門去秦淮一問津到來桃葉渡不見石頭人
老至仍刀筆饑驅倍苦辛茫茫天壤內難測亂離身

過八寶

白波無際處依此作關河小國槐根蟻孤城水上螺
衢通風物滿居密市烟多南北帆如織浮名急浪過

氾光湖

淼淼淮邗接分名是氾光兩湖共吐納一水去蒼茫
鳬鴨群時出蛟龍氣不藏舉頭看八寶渾入有無鄉

月夜孤舟

歸舟疾如羽豈復警黄昏霜影淡明月犬聲清暗村
易寒深夜客偏醒入鄉魂戒僕催舟子還家問酒尊

舟中誕日書感

上下分絃日新陳易歲正半生全路邁十月九舟行
伏臘天涯改庚寅客裏更故鄉淑酒熟誰與介春明

同白門李君大武昭茲宿八寶夜話

舟次明窗火塵埃識面新湖雲添楚水淮月照吳人
獻賦各隻手浮名皆一身孤蓬兩相傃星露下沾巾

淮陰晤張修崖志喜

江左知名士淮陰挾刺時却憐相見晚悔作故人遲
脫古但惟蜀眼明當更誰釣臺攜手處意氣慎相期

燕子磯試歸晚泊

峭壁渾如鐵金陵最上頭破軍懸索斷亡國大江流
地下魚龍夢山中燕子秋慈雲今古月猶照故宮樓

又

燕子磯邊宿風雲屢變更千檣集吳楚百浪定功名
天黑生寒氣江黄出大聲客歸爭問渡已動故園情

白下中秋

明月江南節黄花白下秋一年推此夜千里獨登樓
天水連江浦鄉關接潤州悔教輕作客不醉不銷愁

白門僦居釣魚巷

曲巷稅行李功名託釣魚實占憂患易虛上治安書
桃葉喧成渡秦淮靜卜居繁華京國地容我一迂疎

覓路草堂寺

鐘山曾讀記舊識草堂名夜半愁江險灘頭測路行
中原沈盜賊寸步怯浮生倘欲輕身世風波正自平

過關山前

絕頂盤深澗山名題漢臣險疑無道路高欲斷星辰
怪石全驚馬青天一度人雄關稀草木今古不知春

過關山後

極目關山路淒涼無數山家藏千里外身在萬重間

閶道扶雲直層巒碍鳥還行行猶若近蒼翠點人班

住觀黃河未達而返

九曲黃河水曾聞天上浮奇觀通絶塞鄉事促歸舟
積石千行雨龍門一線秋何時臨極浦落日看中流

八寶喜晤林子上業師同王鼎養兄弟飲喬子穀齋頭

不謂逢師弟相看驚喜初新知當更樂故舊復何如
酒借人家有燈分薪火餘殷勤留信宿歲晚偏躊躇

喜晴

風雨江南節今朝喜乍晴入春雲影細當曉月華明
凍鵲翻高樹晨雞散滿城林宗昨宿處洒掃自縱横

京東道中

信宿京東路山涯帶水涯城臨先見塔風定亦飛沙
夏隱斜陽樹春留晚色花肩輿坐行穩翻作夢浮艖

長安雪霽

一夜關山白朝來霽更寒雪高天影淨風緊日光梭
客況兼冬冷鄉思偏歲殘十年騎馬老辛苦是長安

送同門侯童麓令華容 今監利縣

同門十六族十載別升沈諸子皆文虎如君饒古心
尹何新製錦宓子舊鳴琴宋玉沙還在風流秋正深

春日游齊里中早發

乍晴還復陰風雨候前林況此莫春日難為游子心
雨淮新漲潤千里落花深喜見歸巢燕偏予客自今

過八寶訪李孝廉不值

千尺風波裏如君解細稀士奇能轉禍名噪貴知幾
去跡巧相錯行踪到處非長湖春渺渺鰕菜眼空肥

八寶王令傷於盜口占賦投

萬水一孤城縱横寇盜行朝歌雖劇邑虞詡亦虛名
亂起官為累饑驅客自征東南如借箸憂盜不憂兵

淮陰喜晤武林紀司李

不憶西湖好三年憶故人豈期釣臺水流到越江濱
執手又離別憂時各苦辛南游深訂約堤柳待人新

過訪東萊太守鄧偶樵得晤賦東

六子皆游宦遲余金馬門遠尋千里友間過萬山林
客苦棲難穩時艱意各存綈袍滄海冷還待故人溫

坐雨

夜來嵐氣重曉起識陰晴沙重雨難見山空雷更鳴
牛羊歸細草烟火溼孤城客況正愁寂鄉思此倍生

入東萊

辛苦下滄驪驚看戰伐餘海聲天末小山色郭中虛

長日愁荒陌他鄉且故居此生頻在客每一悔當初

苦客 二首

老大游踪拙飢驅每自嗟緒書忘在客離酒憶歸家
日冷知邊海風高不受花伴狂少年態輸却此天涯

又

野寺蕭條靜萆句客似年三餐無箇事長日盡高眠
愁自閒中出貧從悔後堅不須言緩急知己亦徒然

張別駕晤別業觀蓮同鄭同年駿賦東

鑿沼因陧便栽荷亦作田淺涼層葉晚細雨萬花天
新綠侵衣上空香落眼前勝它周茂叔祇愛種盆蓮

壽昌辟疆五十

我輩盡年少相看近老夫豈惟忘魏闕不復憶江湖
白社琴尊集蘭亭少長俱祇今無箇事愛日自吾徒

寄東武林黃孝廉

百尺金臺迴頻年憶舊遊近聞湖水曲一繫孝廉舟
人隔吳山月詩懷越絕秋春明京洛會遲我讀書樓

壽楊大年兄母夫人李年伯母七袟

楊子吾昆季登堂為拜親不須千歲實自有萬花春
雨雪支机老冰霜白髮新教兒成玉樹爭說謝夫人

辛丑闈後賦送劉安劉孝廉歸里

辛苦長安道驅車又一歸蛾眉天亦妬風雨客何依
故國酒堪醉春江魚正肥此時商出處不盡與心違

雨泊石渚 二首

天事因人事蕭騷意況同客愁縈細雨野望失秋空
村郭幾家在滄桑一醉中長年貪臥嬾清晝繫孤蓬

又

雨涼溪水清秋浸小橋平卜午煙吹碧愁人樹有聲
隱懷游後得獨夢醒時成咫尺園亭好攜尊不計晴

山陽縣雪

高臥不知寒驚聞行路難頓生虛室白纔識六花漫
酒入愁偏覺天當冷愈寬望鄉渾咫尺何事亦情酸

雪晴

夜色忽然霽寒空更照人滿城如破玉萬木欲生春
驚夢鄉關失披衣客況新逢人咨冷煖容易酒杯親

陳自力屬畫併書因詠以贈

六法栖心久迂疎了半生偶然邱壑意螙負水山名
五嶽無蹊徑千秋各性情所憎工匠拙黃董竊虛聲

壬寅入都同山雨弟客張詞臣穆如書舍遲之不至因留別

子一過余舍余薩客子家到來須我友未別去京華

路迴迷芳草，春歸負杏花。不勞頻悵望，有弟惜天涯。

宿新嘉驛

一宿新嘉驛，初經逆旅時。鼓吹增落寞，椽壁見衝疲。
日下雞栖樹，燈清犬吠籬。寶山未空手，歸得美人詩。

入寧陽

風光入境初，漸近轉蕭疎。遶郭但泉水，到城多草廬。
地傳征戰後，人是亂離餘。日落空衙閉，徬徨一下車。

贈劉令 劉諱興漢，己亥進士

我愛臨邛好，殷勤負弩情。祇緣然諾重，頓使簡書輕。
久客青春老，荒城白髮生。追隨還信宿，雙眼倍分明。

謁禹廟

一片邱墟裏，巋然禹廟存。荒碑幾興廢，古木自朝昏。
汶水沙侵壁，堙城秋漲門。深山功尚在，使者獨承恩。

渡汶河

不用褰裳涉，憑將橇作舟。鏡中窺倒景，天上坐中流。
競渡人如蟻，閒情客似鷗。喜看春水足，飛輓或寬憂。

過肥城

食罷平陰盡，征途細欲迷。川原辭望魯，烟靄入青齊。
山轉陶朱北，城臨肥子西。行行春復暮，瘵馬不成嘶。

行路

日日但行路，山陰復水前。日斜村腳下，人倦馬頭眠。
陰盡杏花雨，晴深梅子天。一官渾作客，無計速歸鞭。

秋杪雨中偶咏

八月漸秋深，深秋氣自陰。幾絲難斷雨，一片奈何心。
客裏衣偏冷，愁中醉易尋。最堪悲處切，落葉帶蟲吟。

括蒼城南雨中校射

急雨覆盆傾，山山烟靄平。谷陰沈白晝，陸海繞孤城。
馬溼嘶風苦，溪深放溜清。舉頭觀射處，櫛沐選諸生。

送本房顧子梁汾歸里

師弟相依久，辛勤耐歲寒。春從愁裏過，山盡雨中看。
忽爾嗟行役，先予賦考盤。恰當憂亂日，倍覺別離難。

壽袁輔宸方伯

咄咄袁方伯，維藩此价人。風雲傳姓字，氷雪洗精神。
潮聽錢塘古，書垂越絕新。兕觥催述職，聖主得賢臣。

送金鎮遠廉憲

昔共聽金鑰，今同佩玉珂。豈期懷舞綵，頓欲唱驪歌。
明月雞聲滿，新霜馬首多。春明清夢穩，還向浙潮過。

壽金洞如織造憲府

聖主勞咨命，名臣出尚衣。幾年開政府，三祝傍慈幃。
霜白酒初熟，秋黃花正肥。一觴爭獻壽，晝錦入光輝。

上表陳情望信不至

未罷先羅雀銜齋總寂然曰歸真擬賦當路莫爭憐
烽火錢江急烟雲苕水偏會城消息近遥聽日如年

夜生

五月住苕霅難禁客漏長夾衣驚剩暑疎雨滴微凉
更浄迴華燭夜清聞遠香會須辭酩酊一醉一思鄉

訪張蘭友時值病中話舊感賦

鄉過五旬矣予將六秩焉合歡曾幾夜離别動經年
每為青春惜非因老病憐鍾情在我輩還結再生緣

落紅亭在靈巖山李祁和尚題壁

寺入靈巖半孤亭照徑斜却疑鋪地錦還是墜天花
返照山山夕飄楓處處霞落紅誰捉筆傳説老僧家

迎咲亭在靈巖山落紅亭上

亭子又亭子山腰木末斜都來看落葉誰復解拈花
潑眼太湖水傷心吴館娃舉頭道場近西咲屬誰家

春雨日晴

風光誰最好二月雨晴天細草欣欣溼新花冉冉妍
徑泥酥屐齒簷雀喜墻肩欲問春深淺梅邊與柳邊

懷陳楙吉觀察

京洛久分袂江湖一逝波各天聊仕宦兩地忽干戈
世變山林少時危風雨多曰歸相繼賦笑詠碩人邁

秋後孤蚊

有物了然至能驚晝夢回一聲猶作雨細響不成雷
蛩出秋籬落螢歸腐草堆萬般隨物候嗟爾復何來

聞張蘭友較書訃音感賦兼憶詞臣張子

偶過平原里驚聞鄉訃音平添故人泪倍感老夫心
病自别離久情從生死深夜臺張子在魂夢好追尋

東皋皂角樹

東皋城西八里許有皂角大樹高幾丈餘清陰數畝鬱蔥團結無風自聲相傳江南有大家某每過夜祀報其旺相云

僧臘紀何年江南佳氣連婆娑陰掠地疎密影篩天
只有春難老從無秋可憐何須羨松柏應占歲寒先

南游有阻率歸漫賦

百端交集處忽忽渡江干仕宦依人苦霜天行路難
間關滄海暮烟樹廣陵寒汗漫復歸去東山魂夢安

里中元宵

歸見元宵好天街引玉繩一年初度月三里萬家燈
風入香連陣花圍春幾層金吾渾不禁裘馬恣憑陵

壽丁漢公孝康六秩

同年如隔歲，初度恰初春。弟未觀燈夕，兄先覽揆辰。青春頻話舊，白髮幾驚新。甲子等閒過，滄桑老此身。

春日苦雨

酥雨不肯歇，出門泥滿車。春歸層樹杪，陰惜落花初。作客倍孤悶，懷人更潤疎。踏青無好計，澆酒讀奇書。

又

强卧不成寐，披衣喚奈何。一春花事少，二月鳥聲多。細雨催芳草，輕陰上薜蘿。只因騎馬滑，鄰舍不曾過。

聞蛙

忽爾驚蛙鼓，時來感候鳴。不喧春暮雨，偏聒曉初晴。青草短長碧，池塘三兩聲。公私何所為，聞者不勝情。

萸灣夜泊

夜静水聲出，淙淙響暗紛。星明無盡野，天黑牛沈雲。犬吠知村近，雞鳴識漏分。時危方警柝，孤客獨驚聞。

重九前數日入郡苦雨

苦雨復苦雨，那堪春到秋。盆翻三尺水，簷溜五更愁。豈歎渾難定，陰晴不敢謀。何當重九月，風雨客揚州。

重九前三日喜晴

九月重陽近，新晴日漸中。雨聲猶滴瀝，霽色尚朦朧。人試登高酒，寒知落帽風。誰家秋正好，尋菊過籬東。

廣陵阻冰舍舟從陸歸里口占二首

忽漫河冰合，肩輿轉故鄉。歲寒人易老，落日路偏長。愁自無端集，情因百感傷。不須憐髮鬢，拚得滿頭霜。

又

寒日轉晴好，行人得暖甦。冰霜多少客，雨雪利名途。一様苦寒色，誰云車馬都。移文渾忘却，還念北山無。

崇川凌似之文學以其先人城南繞屋梅花畫屏示余即索題句走筆賦贈

凌氏先君子，植茲冰雪姿。花深仍野屋，香古尚南枝。和靖人歸後，孤山月暗時。春風三十樹，樹樹有遺思。

贈王子申太學

祭酒布衣後，諸生迴不同。烏衣原國器，白項自家風。意氣傾都下，聲華滿洛中。聖朝書莫上，無復用陳東。

雨過梁溪道中

細雨江南路，高低燕子泥。六朝青草地，五月落花堤。遠翠陰如滴，斜陽景漸西。醉眠何處泊，燈火是梁谿。

杪秋哭幼子一麟

雲白雨驚寒，愁人入耳難。陰晴原不定，心眼自成酸。秋盡悲逾緊，花黄淚未乾。何當悲襁褓，竟作喪明看。

除夕盛雪感懷 時有悼亡之意

晴冬將一月除夕反彤雲六出花如玉千山鳥絶群
乾坤成一色晝夜許誰分白到傷心處難憑淑酒醺

郡府檄催薦舉復辭感賦

聖代求賢意時官檄起行豈知傷國體非復近人情
奉職全無狀遭時浪得名撫然成一笑掉背出庭楹

戊午除夕感賦時當歲歉有感而作

年少喜年新難為老至人家家除夕淡个个白頭貧
積雪三分玉梅花幾點春蕭條看人事莫厭酒傷唇

正月十五日雨中飦乾乾大和尚方丈

今夕元宵夕彤雲匝數層風絲微帶雨月色總歸燈
遊興全銷客閒情且就僧却愁好時節都付雪和氷

己未仲春過淮辭召歸里廣陵王仔圍孝廉
及余各因抱病得晤賦柬二章

一枕天涯裏相逢我與公多才原病種無恙自東風
楚甸新年碧江南二月紅無端車馬客珍重別西東

又

作客二三月離人八九秋窮愁司馬賦風雨仲宣樓
洛下殊堪老淮侯不羨侯相期坐春水招隱下揚州

詠蝗時己未季秋

中庭偶枯坐蔽日見飛蝗慘色徒盈目空聲欲斷腸
半邊天漢漢千里地荒荒不獨三農泣杞人憂正長

庚申元旦

流年如暗箭防敵不防身記得是童子如何成老人
雨三花破臘八九樹知春微雨江南節家家淑酒新

庚申立春

金盃傳獸炭見說是新春但覺風光好還看日色新
未青三月草又老一年人何處吹葭管飛來一點々

過韓桓侯故里

見說桓侯里遥連涿鹿東三家村落在兩漢戰功同
巴蜀英雄泪西川國士風封侯兼廟食留得一碑空

宿上谷喜晤本房陳進士正子

卓然成進士吾道已無憂不謂人如菊驚看氣轉秋
客憐逢處別心近醒時愁暫爾圖高卧君家百尺樓

蟬聲

暑極萬物靜惟蟬獨有聲一絲天籟引千縷客愁生
日落猶不歇山空覺更鳴十年游宦侶辛苦聽長征

入順德宿連城書院

暫憩連城院痡瘏僕馬嗟長途爭止宿傳舍若歸家
天上江南月庭隅冀北花且乘今夕醉忘却是天涯

急雨渡河入臨洺驛館

野渡無舟楫肩輿水上行眼迷烟漸密心急雨偏鳴
客況轉多幻鄉思此倍生雄關争託跡辛苦入臨洺

中原立秋

七月正流火中原已早秋井梧飛信至河雨晚涼收
旅食宜先酒征衣欲換裘驚心時序改無故亦生愁

雨中鄖城早發

朝發鄖城去陰陰嬾戒裝秋泥沾雨滑水地作
黍稷連村暗風雲散野涼肩輿惜行役一步九迴腸

行路

户外山川滿馳驅甫浹旬欲行頻問路聞近亦疑人
筆墨緣俱廢輿圖亦轉親莫言征蕩易舉步即艱辛

又

攬轡百端苦驅車一片心關山自遠近今古日追尋
已覺客途厭況經細雨陰何如林下息高坐白雲深

遂平阻雨

雨宿復雨阻郵亭傍郭門孤城何代廢茅屋幾家存
人跡斷橋渡秋烟遠野昏客來經信宿旅食念君恩

次日遂平復經阻水

城南不半里山溜下迷漫橋上水三尺客中愁萬端
匹雲飛練溼絲雨織秋寒不得徑行路方為行路難

確山道中

百里驅車過郊原極目蕪烟疎知爨少草遍識秋無
嵐氣晴猶溼山城遠更孤此方民力竭誰繪監門圖

信陽南北山行

百里登天路乾坤又此中亂山拳虎豹森木戰
蒼翠重重出丹青幅幅空羊腸同九曲直欲泣途窮

又

岡勢高低叠經心到處危白雲衢馬過青嶂劃山圍
落落山家見行行征客稀斜風復疎雨心骨益秋悲

至漢口憩甘露禪林

蕭疎一片意甘露結禪林茅屋在秋水竹籬欹樹陰
淺涼吹夢醒逋客息機深翻恐僧禪寂逢迎有 心

渡漢江

一線中流急扁舟下武昌悲秋人過楚問渡水名湘
樹色六朝碧江流三國黄舉頭望吳蜀天地入蒼茫

又

忽達武昌岸纔離大別磯江因秋水潤山得白雲肥
地迴天門斷樓驚黄鶴飛且投官廨宿斜日 征衣

又

曉遵鸚鵡渚萬傾坐茫然荊楚南兼北關山斷復連

秋光江夏水晴色漢陽川日暮鄉思起愁生萬里天

宿崗口驛萬年庵與駟吏夜話感賦

己巳元旦

年光何所見景物助喧譁雪跨冬春白梅經冷暖花一年間此日萬户醒誰家最是驚心處老人添歲華

立北王莊溪後憶與齡兒初生處

四十五年後憶兒前此生依然舊流水如作悼亡聲曾記呱呱泣還呼楚楚名高堂雙白髮老至倍傷情

二月寒

二月寒疑臘能令盛氣衰客將尋醉去雪欲妬春來人自官休拙貧從老至催蕭條北窓下清絕起徘徊

月夜霧

十里霧濛濛非烟非雨中人迷涿鹿野天失廣寒宫元氣資磅礴乾坤入混濛蚩尤能轉戰今古尚朦朧

兵裏過梁谿

舊是游船岸今成走馬隄船梢吴下女隄上隴西妻歲月連烽火東南半鼓鼙前途慎棲宿警角日將西

赴西園僧飯春冷早歸即事口占

耐冷赴僧飯蕭森入翠微鳥蠻曾不識春老欲先歸呵筆寒生字移鑪暖近衣輕風淒漸緊未許坐斜暉

野步仝弟亮工翔九

踏青無勝地散步廢城腰日脚亂村落人踪急板橋田姑桃菜老游女走風嬌聊作莫春者行吟百感消

徐貞一小構新成和韻二首

半間營六尺隨意結茆椽鑪火時聽雨瓶花净插筵靜為難老訣閒是養生篇學得東坡坐誰云七十年

其二

境分塵以内屋趁地之餘五柳自為傳三間小卜居藥煤香逕遠燈影過窓虛只此堪忘世蕭然處士廬

梁松崖觀察招同諸憲使看半山桃花

一棹半山風羅浮好夢同花全鋪地錦溪盡染春紅人醉日光下香陪菜圃中武陵漫相識權説是漁翁

冷泉亭

方池架古亭水德净無聲日以喧為事翻從冷得名西泠萬肰出巴蜀一峯晴坐到賞心處真詩不易成

雨游三竺

本是真邱壑三峯一串間俗成香火院誤作道場山下上人如織逢迎僧肯閒登臨無厭足風雨不知還

岳墳

武穆孤忠在千秋馬鬣封奸雖由老檜昏[illegible]
井宅傷心甚湖山涕泪重徒然宋時鉄鞭碎

張憲墓

但說鄂王事誰云張憲忠定知驍將魄長繞岳墳東
冤氣吞湖水傷心及牧童還憐子雲没鄰舍墓門封

小秋喜雨同杜遺思弟亮工翔九

午日辭晴去申雲染雨過乍聞猶淅瀝深聽欲滂沱
燕壘啣花溼蠶筐焙葉多秧針針幾許新翠滴農歌

青鳥嘲 二首

鍼影袖中分雙眸炯出羣死徒尋地理生未壓天文
混沌鑿還鑿鬼神聞不聞藏龍信何地先儘自家墳

其二

不是葛天民黃泉老此身死中求活計生者蚩亡人
鏡裡乾坤假夢中山水真如何九流輩方外術偏神

邗上重晤李大郡孝廉於十增春暉園子 時贈

嬴隱集

再晤春暉閣經年已十三上書唐闕北延譽晉江南
感舊啼兼笑譚新老更憨別君歸一葉披集趁風帆

湯映台孝廉招同顧懷塘廣文於泊陽　弟

靖侯貳師穀園頁子

妙理存時投偏宜市隱君蕭騷堪此老理亂不須聞
丘壑少成趣風流真自文半酣無主客忘却漏初分

亭午仝弟靖侯過顧懷塘署中得門人紐起文

姪羽白對酒達旦

漫興不能已來尋顧虎頭三間容上客二隽恰同游
代月燒華燭呼尊當茗甌不須歸且醉銷此五更愁

泰州牧施公潯江特旨超擢廣陵郡守賦送

特地綵綸出吳陵晉廣陵置身忽天際轉眼即仙登
主眷雖云渥民情實未憎一般清白吏三級幾家陞

留晤薊門家叔賦此奉簡 家叔姪同處雙虹堂六年

過門艱一語枉却久相思急病因猶子憂思實比兒
客歸憐作客詩罷憶題詩何日竹林下依然二阮時

其二

叔姪皆吾友安危如一人雞豚滿斜日詩酒隔殘春
風正船催客愁多夢繞身寄言狂阮藉應亦念周親

戊辰午日朝雨後晴同人集賦

黃梅風雨定乘霽賞佳辰五日如元日問人盡醉人
節仍金黍舊花是石榴新千古羅江怨年年弔楚臣

冬杪入郡遇風紀事

昨夜陰霾重朝來氣轉空錯高三丈日倒捲一帆風
人事遠難定鄉思冷更濃喜非名利客忙趁廣陵鍾

至日歸自海陵道中

閉關止商旅偏我且行行卜子已過半微陽何處生
雞喧纜罷漏樵急未開城莫怪驅車早還家梦不成

七言律

壬子夏奉　命粵西典試初出京西道中

簡命新承重五紀桑乾赤日渡洋河星分北極奎光
出入在西山爽氣多莫計間關程近遠敢言桃李事
如何廣渠門外長安路二十年前戴笠過

過真定

单車萬里粵西征又是恒山道上行七國風流公子
墓千年禾黍趙王城井陘此日猶存跡鉅鹿當時未
罷兵每過霸王爭戰地馬頭憑吊不勝情

河上立秋問渡

平明遲渡荻蘆洲滎澤城陰百斛舟山色太行連七
郡河流積石斷中州凉風散盡三分暑急雨飛來一
片秋萬頃茫然回首處乾坤何處解人愁

過長沙吊屈原

水天何處汨羅江憑吊靈均涕淚淙楚些徒聞迎兕
曲大招空設返蒐幢彭咸遺則先生獨宋景華文國
士雙忠孝只須平等盡何勞魚腹氣難降

出楚入粤

嶽雲直與嶺雲齊路接巴天界五谿馳驛看山殊不
俗請纓懷室肯教迷秋歸橘柚三江盡潮看瀟湘八

月低闠道粤西泉石好登臨何處不留題

粤山深處

嶺雲平壓楚天低直上天邊是粤西人立高空危自語馬臨幽險怯驚嘶老猺古樹叢中見怪鳥蠻烟密處啼心骨悄然愁欲絶白雲蒼雨到秋齊

秋渡錢塘

越國山川半似吳錢塘東渡片帆孤滿空雲物弄秋色西岸江城入畫圖葉落萬峯看樹小風高九月聽潮無追思戰伐當年事故壘西邊叫鷓鴣

東甌備兵

借冠何當繆及余北門鎖鑰竟何如念年薄宦文兼武一代浮名劍復書春色斷腸風雨後邊聲無恙海天初東都盧側扶風帳校士談兵興有餘

其二

書生莫謾說防秋斗大黃金肘後頭倚馬檄原成鄴下嚇蠻書欲草東甌弋船不渡江心寺蜃氣全消海市樓願借成功報天子東南半壁坐銷憂

舊王府

破苑荒垣苜蓿也依微紫氣自朝昏玉華蒼凨何王殿荆棘銅駝舊内門文武彈冠雙闕在子孫隆準幾人存百年與廢尋常事帝業空留費討論

追送米紫来司李贛州法司李一代通才兼精八

十載聲華滿洛都鵲巢樹裏遠分符五重花嶺全通粤九派秋江半帶吳才子南宮還拜石故人東野正提壺且將善繪流民手先繪山川入畫圖

贈浙撫趙玉峯同門

念年桃李共公門出鎮河陽特旨温越絶山川孤掌握蜀游琴鶴舊風存文章不借官階重節鉞知從主眷尊同學九人公領袖君恩報處即師恩

送繆墨書歲獻入都

幾年戴笠已乘車快出東都處士盧伏闕肯教同孟浩游梁今復見相如九門雨雪三春後一路鶯花二月初此去洛陽逢謦欬知君獨上治平書

舟抵武林

襟江帶海夾湖流名勝東南一郡收風俗尚傳吳越國山川猶識帝王州十門春雨通花港六井人烟動竹樓萬弩射潮誠怪事至今父老説錢鏐

寓昭慶寺

招提暫憩軟塵輿細雨春泥屐齒酥二月多情好楊柳十年無恙舊西湖昔為好客齊公子今作行吟屈

大夫夜半鄉心何限動越王城上聽啼烏

大雪入朝同吳綺趙而忭西中翰

金闕巍峩霄漢間六花飛砌五雲間乾坤欲忽歸盤古車馬渾疑渡玉關直接高寒通御水逶連霽色到西山百官退食餘辛苦鵷立清華玉筍班

送劉金部芳聲奉名會讞京東諸郡

易水如為泣罪寒祥刑選部出長安君恩欲造高深易民命須知斷續難仁者自然科律減聖朝不厭網羅寬于公聽獄門還在昂首應思執法冠

津樓遠眺

水抱人家海帶城總無落木下秋聲高天萬里片雲没白日幾聲雙杵清歸去故園餘酒債薄游此日信人情蔦衣澣盡瀟瀟雨冷氣偏從薄宦生

津門官署同李子汪子對酒

荷香銷盡柳棉衰不雨陰陰葉脱時日暮漸看隣火出秋來最是旅人知臨邛那解相如渴滄海徒增宋玉悲除却一杯頻在手客中何事最相宜

憶使

再渡江干訪佰華美人廢院集烏鵶橋横巷曲皆前事水大河深是別家草細隔年腸斷路園開幾度亂離花烽烟不免朱樓却散盡門前白鼻騧

雁字

書空咄咄影蕭蕭鑿破洪濛寫太靈斜洒數行狂作草横拖一陣楷為書祇存點畫文無考雖有音聲讀不如風際水邀明月下子昂活潑似當初

謁陵恭紀二首

御路迢遥蜿蜒通東来佳氣鬱葱葱遶城百道開王隧山色千重護梓宮遠水魚龍疑作雨夕陽松柏自生風碑亭咫尺天顔隔丹鼎遺弓思不窮

其二

帶海襟關古北平龍眠虎渡自佳城鶴歸觧作千年語山廻疑聞萬歲聲饗殿白雲深甲子寢園春色近清明十年前憶平臺對此日空山涕泗横丁酉夏余當名對午門

讀書不識君臣字此日諸公乃識之太極圖從雙闕

吊北都死節諸臣 成德 施邦燿 李邦華

隕鼎湖人共一龍騎至情項刻同歸盡死法當年各著奇多少衣冠皆負國寥寥贏得姓名垂

吊諸内臣 王德化 王之新 王之才 王之俊 王承恩

稱臣不與百官同少小承恩紫禁中擊賊東華傳御捷從王北面縊山宮詩書不事偏扶義家國俱亡獨效忠誰道黄衣共洒掃爭光日月是諸公

弔封疆諸臣 衛景瑗 朱之馮 羅壙

萬里長城著姓名難將半壁護神京火攻下策知無補舌戰英鋒空有聲兩鎮開藩君命重一州古夢國恩宏援師絶處天亡我數萬胸中廢甲兵

弔諸勛戚 劉文炳 劉文燿 張慶臻

當年風雨共專征此日應同帶礪傾苗裔能揮亡國涕祖宗不負故人盟五侯家向輕咽殁七貴人從漢井名三百年來承寵渥報恩敢或後公卿

弔李襄城 諱國楨 封襄城伯

山陵未畢竟誰爭三事殷勤計聖明草制誰憐虫出户墮髯空聽蓼棲楹艱難後裔存三恪生死微勞劾大行典禮告成身即殉從容獨見李襄城

弔倪宫詹 諱元璐

冠佩巍峩大帶垂整襟南向是歸期木天秉筆分忠佞青史當身著亂離情至若飴甘鼎鑊怒餘如戟見鬚眉荆榛滿目青宮裡吾道艱難失帝師

弔范相國 諱景文

十年名姓范吳橋正氣星河動九霄斷綆玉堂人忼慷攀髯金井夢逍遥文章未必奇千古節烈真堪立一朝司馬不曾頃大厦從來獨木易飄摇

弔故御史王章 公守京門殉難

經過先生半畆宮驥舟釃酒哭孤忠破都徒折雎陽齒辟路猶傳御史驄萬里長城霊道濟北門鎖鑰痛萊公廣渠三月更樓上定識英竜不欲東

弔金部金鉉 鉉衣冠赴金水橋殉難

秋憑衣冠新沐蘭玉河橋畔淚闌干千年王氣銷金水一代威儀見漢官内苑無人幽咲出長溝流月故宫寒鼎湖一段傷心事追入騎龍積恨寬

弔寧武總戎周遇吉

關西鐵騎敢臨河寧武當關有伏波三十日還生氣盡五千人在戰功多全銷粉堞移營幟半卷紅旗出巷戈倘得勤王師一旅離離猶未泣宮禾

弔梁谿故太史馬君常

天崩地缺舊神京誰計光同日月爭破國偽傳牛太史從王真見馬先生時危敢墮思親淚事亟徒深戀主情二十八公名姓在汗青緼頌是長卿

弔故駙馬鞏永固

椒房靖節自君稀闔户成仁任指揮臣罪當誅身不
足君恩欲報子同歸寵深貳室孤忠出烈比綿山一
炬輝八字到頭成箇是德言應咲過江非

吊望亭故文學許琰

望亭未拜先生塚升屋空招國士竟一死肯教遲旦
暮半生已足正乾坤衣冠盡盗難舒眼衿佩何人不
報恩莫對河山有遺恨故朝今是布衣存

緑牡丹上下平三十韻

一東

天然别種領春風脂粉全銷錦繡叢富貴一般偏出
色青春九十許誰同淺深意欲迷芳黛高下還能映
碧空乍看却疑傳墨筆姚家焉敢復稱雄

二冬

花開花落鬱葱葱碧玉樓臺第幾重纔許千枝迷潋
色豈惟三變得嬌容玉環咏就朱顔改萬楚觀来翠
黛鬆雙眼迷離渾錯認却疑草色入簾櫳

三江

不是芭蕉碧到窗夜深踈影暗銀缸緑珠買就千人
見碧玉妝成衆美降第一花魁還第一無雙國士更
無雙長安年少探花日拾翠何須赴曲江

四支

絶色名花此最奇東君初嫁小喬時春風吹破琅玕
玉晴日嬌纓翡翠絲雲雨暗憐飛燕子苧蘿輕點病
西施天香不是尋常韵一種應栽凝碧池

五微

濃豔枝頭春已非錦衣公子試荷衣花神想應元青
女木本渾疑是翠微初夏陰濃如欲滴老春紅瘦自
能肥淡香凝露清無比秀色真堪一療饑

六魚

萬緑叢中積翠虚奇葩一樣與扶踈奪將萱草色全
可妬煞青蓮花不如春睡起殘眉黛小曉粧堆就鬟
雲徐怪来樂府翻新曲真假題箋女較書

七虞

花品從来此獨殊白深黄淺雨糢糊只須眉黛能傾
國莫買臙脂作畫圖灑處蜻蜓翻碧雨采来蜂蝶染
香鬚時人謗語多輕薄好處何曾倩葉扶

八齊

滴翠凝香眼欲迷輕風吹皺若耶溪衣裳想到應為
妾顔色看来亦作妻寒玉似梅分緑萼落花如蘚染
春泥仙姿佛骨空羣立一片青雲貴品題

九佳

不鬬芳菲色自佳，獨從青帝巧安排。佳人翠拾朱瓔珞，美女花簪碧玉釵。烟柳迷離通錦砌，露葵深淺映清齋。珠圍翠繞瑶臺側，未許苔痕影上堦。

十灰

碧雲誰向茈珠裁，散作奇葩别樣開。菜色不宜公子有，蕉心疑吐美人来。洛陽非復看如錦，妙手全然點錯苔。竒語早梅應却步，此卿纔占百花魁。

十一真

花色渾如柳色新，碧天蕉雨洗精神。豈知貴介如幽士，翻訝花王作素臣。翡翠光凝玫瑰紫，瀟湘影浸玉樓春。會須增入清平調，供奉丹青寫太真。

十二文

洛陽千樹幾曾聞，春到枝頭總不分。歌舞筵前承翠袖，金釵隊裏掩紅裙。幾分顔色全描黛，一片衣裳暗想雲。緑綺琴挑青鬓婦，文園私奔卓文君。

十三元

號國夫人褪粉痕，蛾眉淡掃沐新恩。一園玉碎菱花鏡，十斛珠名金谷園。香黯淡時春冷落，影迷離處月黄昏。緑衣郎倚春風看，兩兩長安作狀元。

十四寒

庭階自合比芝蘭，姿態從来却一般。羣玉山堆青琬琰，沉香亭倚碧闌干。惱人春色芳如影，照我鬚眉影欲寒。不是風塵輕賞玩，一雙青眼許誰看。

十五刪

緑天蕉夢百花間，翠綬嬌凝占一班。自是靈根移碧落，勝它薄命怨紅顔。全從點翠分嬌面，豈獨宜春畫遠山。茗椀爐香相對處，鳳團烟接鷓鴣斑。

一先

深迷蕉雨淡籠煙，一種偏宜種玉田。宫様髮堆螺子髻，巧粧額貼翠花鈿。芳菲别有幽香氣，顔色渾疑老少年。脱却凡胎僊也佛，前身想應是青蓮。

二蕭

韶光九十遅春嬌，豔顫東風若翠翹。披譜宜供青玉案，看花不上洛陽橋。瀟湘竹下憐妃子，孔雀屏間貯阿嬌。最是曉沾晴雨足，似從鴨緑染江潮。

三肴

看花不必酒兼肴，青眼相逢别訂交。碧借琉璃侵瓦色，碎將寒玉作香巢。枝枝夜影依微見，片片春光慘淡殘。晝錦堂前歌舞地，分明翻做踏青郊。

四豪

嘲黑吟黄緫太勞盡教輸却些妖嬈蟻波酣映玻璃盞柳色新拖宫錦袍色罕見時應呌絶品離奇處獨稱高幽香寒緑恣清賞珍重題箋寫薛濤

五歌

君王帶笑看如何老去春風鬢不皤絶代玉肌肥不減可人顔色怨應多漫從天女飛華鬘自是嫦娥剪緑羅粉蝶黄蜂猜莫戀好將香雪弄鶯哥

六麻

别樣春工試淺芽矗將寒碧一枝斜蓄壟瓊蕋同無匹群玉天姿更有加色淡染香香染色花開疑葉葉疑花前身不是人間物應是仙人蕚緑華

七陽

風流如晋不如唐宜植裴公緑野堂五色叢中翻異色衆香國内奪天香褪殘魏氏十分紫淡却姚家一半黄舊譜祗今移不得果然堪號百花王

八庚

幽枝獨立翠生生峇影侵將薛作戍花底宜供鸚鵡咏枝頭不染杜鵑聲却疑病後偏饒色似覺愁多别有情留取玉顔配松栢美人君子得齊名

九青

花光碧映冷冥冥積翠生寒畏異馨玉葉金枝春富貴瘦紅肥緑木精靈如蘭亦復誇如蕙小字還應唤小青金屋不容輕貯就泥香别置阿嬌亭

十蒸

花間寒碧一層層香近青陽媛處騰看去只宜油幕葦浣来自合玉壺氷秋護淡色分新翠蠟燭輕烟映暮燈疑是阿房春睡起倒殘脂水曉鬟凝

十一尤

萬紫千紅春盡收獨將蔡玉點枝頭看来樹色全無辨數入花叢反不侔濯魄冷宜仙掌露稱王御製翠雲裘瑶臺月下深深見一碧相輝花蕚樓

十二侵

枝枝紺玉吐芳心行過花陰是柳陰曉日看来如月暗晚春開去若秋深畫工半用丹青筆美女全罷碧玉簪應制詩成移警蹕唐家些日翠華臨

十三覃

名葩獨産大河南些種幽姿别樣探五色得君應是六一春好月却當三植来上苑芳全染開近東方態正酣蒼翠煕人渾欲滴只疑花氣着山嵐

十四豔

花光點點態淹淹秀映香奩共粉奩公子風流臨玉樹美人踈影隔湘簾春烟夜月香千縷膏雨油雲碧半檐一自此卿傾國後百花皆可作無豔

十五咸

吹破東皇錦一函春當好處錦全芟知誰點翠心偏巧令我看花眼倍饞渾似文園耽渴病恰宜司馬對青衫怪来不似琅玕竹一樣黄金碧玉箴

紅鸚鵡上下平三十韻

一東

冶容多豔性多聰巧熬天工拙畫工絶代羽儀秦樹裡少年顏色隴山中千金價值三春夜一點紅嵌萬綠叢朝日晚霞争掩映蛛絲鐵網錦雕籠

二冬

一雙花羽比游龍漆點鶯拳未抹胸掛向錦堂衣苴葩調来仙掌立芙蓉愁歸碧海三千里笑語朱樓十二重嬌鳥一羣誰最好絳衣公子亢吾宗

三江

巧作人言引犬厖五絲續命碧紗窓家家好鳥籠花月箇箇朱衣浴錦江額點落梅渾不減影搖紅燭定無雙逆来玩物勞拘管一片靈心肯自降

四支

天然一種羽毛奇倩首低眉鍊艷姿似學長生渾未老真成薄命不須悲語来楊柳分明見繫入桃花仔細窺爲問當年孳尾者也應不是翠絲絲

五微

戀煞南窗香稻肥却将毛羽惹芳菲振衣花砌沾紅雨側眼雕籠醉落暉百鳥文章知盡廢幾人詞賦覺俱非綠衣使者新承寵畫錦堂前賜錦歸

六魚

海上羣空挖不如一般尚距别華裾情多春日嬌姿出紅瘦秋風老眼踈赤羽宜軍細柳外赭衣常鎖落花餘怪来此種真無賴醉倚吾家修竹廬

七虞

泰山飛出若塗朱不羨丹砂點額顱色絶衆花還解語文空百鳥欲成圖紅顏半爲風沙老頳尾全逆客苦殊簾外春寒袍茁冷還将金紫紀官無

八齊

長成嬌樣自金閨五采文中極品題育卵定逆流絳月引雛深惹落花泥悔教白雪来江夏一捧紅雲出

隴西輭玉籠中眉黛好兒童柏手各爭攜

九佳

横拖絳雪度江淮晴日簾櫳天氣佳殷七疑登杜鵑樹紅兒却任杏花街啄殘瑰珀臨香梳夢破胭脂扣玉釵珍鳥阿嬌應作伴貯將金屋勝扉柴

十灰

朱翎拍速畫檐隈咒落櫻桃點鏡臺芍藥欄邊宜飲啄石榴裙畔許徘徊夢寬恰合眠花塚名字真堪醉酒盃濯錦江邊紅絮冷帶尝春色自西來

十一真

不架霜韝架繡茵浣花溪水澹為神赤城喚起朱霞襯丹穴朝回宮錦新紅線雙飛依女子絳帷深宿傍夫人攜來曉日晴簷底片片絲絲細裏春

十二文

靈禽此日罕曾聞能語應推第一羣白項自然輸赤幘綠衣翻欲看紅裙夜迷蜀帝當年血晴立巫山一點雲擬向深閨誰得似芙蓉臉際卓文君

十三元

撚舌梳翎弱息存受人憐惜感人恩一雙眼賊難瞞語九十春嬌欲斷魂憶到家山紅淚影染將襟袖碧啼痕閒情怕惹朱顏惱底事前頭不敢言

十四寒

産就南州種渥丹鞦韆架側錦闌干荔枝馬上紅塵繫珠玉崖前絳雪看桃葉定教呼小字海棠應許睡春寒香閨豈獨傳嬌語巧學紅粧也一般

十五删

點染春光出蜀山美人簾外妒朱顏采毫丹鳳無多别巧舌啼鵑一樣斑香粒啄宜紅豆小金籠繫就赤繩閒禰衡賦罷飛歸晚黄祖忩前濺血還

一先

能言羽族衹今傳幾見文成火德妍五色不隨凡鳥隊雙翎宜冠百花天却疑絳袖飄飄舉錯認紅牙嚦嚦圓反舌畫眉推領袖朝宗豈必鳳皇前

二蕭

朱闌曲檻自昏朝兩翼蓬鬆花樣嬌報曉雞人分絳幘鞦韆院落戲紅綃共知錦繡來西地別有文明出聖朝春試羽虫三百六杏紅一色領雲霄

三肴

落紅堆裏燕爭巢輸却天然赤羽苞身自五行分火德背泛八卦衍離文飛鳴只傍丹楹繞歌舞還同彩

袖教棲此良禽須擇木柳條不繫繫花梢

四豪

何年仙種謫江皋花片紛綸作毹毛曾自蘸叢栖火樹故疑蜀魄繫鴛條嬌啼籬落遊絲醉紅語人家細柳高曉日樓頭倒脂水染成顏色在秋毫

五歌

細腰曾似楚宮娥忒忒愣愣瘦若何彩翼定知西蜀少緋衣難得上林多誤為物色来千里嬾對人言只半酡猶憶石家春富貴珊瑚樹底獨婆娑

六麻

踏遍花房共柳衙日長簾靜耐人家佳名錫得諸昆季艷色翻如十姊花似食椒郎成化羽不離烟火鍊丹砂口脂一縷香多許紅萼殷勤一喚茶

七陽

落紅檻外茜衣郎花想容時雲想裳萬里風塵来瘴海十年春色老迴廊雄分紫玉貂蟬座雌壓紅樓翡翠粧怪底化工多點綴却教夏翟染朱陽

八庚

聲華獨壓錦宮城小立屏山未距明香語調成家婢巧絳綃裁出羽衣輕窺来茜草難分色罵入桃花只辨聲曾憶姓名傳戴記故教殘血惹猩猩

九青

愛别檐前赤羽翎春風呌徹十三亭炎州弟子江湖老南海親朋鬓髮星故學絳仙牽錦索却憐紅袖繫金鈴若將彩筆傳嬌鳥留取丹鉛易汗青

十蒸

鈴索筵前醉飽曾輕盈斜掛紫蘿藤榴花分酒蜻蜓雨杏蕊偷眠燕子燈剪掠自然同好鳥韝絛元不是饑鷹上林占斷光煇迴惹得君王晁雁憎

十一尤

花月江南燕子樓籠来一種自丹丘間鍾隴樹千年秀似染霜林八月秋色相未空絲繫足聰明偏誤錦纏頭紅肥綠瘦今如許崖顥空題芳草洲

十二侵

閶門鎖日鎖春深隴樹秦雲一片心紅粉粧成羞畜鳥桃花命薄此籠禽飄零紫陌天南北憔頓青春日古今長翢婑簷聲慣重可堪顏色值黃金

十三覃

語學嚼蠻態學憨絳條絲細染氷蠶畫長玳瑁籠花下日煖珊瑚架嶺南百果摘来春占九萬花啣處月

爭三經年只夢秦時月彷彿中山酒半酣

十四盤

悄窺函閣倚雕檐粉絮脂香竊鏡奩禁煞紅顏金落索袒將赤腹水晶簾身餘爛熳雙飛翼語只尋常巧舌尖脫白不須還掛綠絳紗籠處影纖纖

十五歲

尺木裝成七寶嵌啄花紅溜觜分饞自充蜀道緋衣使不數兒家紅杏衫滑比花間音睍睆蠻欺梁上語呢喃從來説不離飛鳥自此應題鳥盡凡

歲朝四日之楚陽哭亡女九姑

銜寒何事蚤披襟腸斷門楣不自禁褰幙窺頻初曙影隔雞啼亂五更心田田野雪通天白樹樹酸風動地陰豈必到門纔哭女淚痕先向白雲深

前乙酉避兵北王莊今已己重過訪玉基題贈留壁

五十年前此卜居桃源流水似當初村莊父老爭扶杖地主兒孫盡讀書知晉漁人何處有避秦雞犬幾家餘急歸何事停歸棹風雨留人處士廬

元宵後五日聞諸子壻招同薛方平集雙虹堂即事分韻漫賦一律

霏微春色已鮮澄蓂葉凋來二十層缺月尚懸滄海鏡中旬逢接上元燈親朋盡集無雙士詩酒平分一半僧　聖主東巡容內舉管教宫餅賜紅綾

三月春陰正養花社題和韻

三月春陰正養花天氣好韶華一瓶無恙清明水幾盞分香穀雨茶不暖不寒風似剪半醒半醉客如麻養花何處傳消息不在農家在圃家

白牡丹

名擅花王第一傳淡粧粧就占風流冰姿儘向嬌金谷春色何須絢玉樓三月烟花誰奪錦六宮粉黛盡含羞沈香亭北逢妃子譜出清平調更幽

其二

天然一種粉痕勻嬌立東風最可人玉面定欺玫瑰紫紅顏不數玉樓春瓊花只合移為伴柳絮渾疑滚作塵國色天香真絶世慣從姚魏接芳鄰

飛來峯

何處飛來第一峯鬱葱天半作屏封千章積翠松盤蓋一片玲瓏石嵌空泉脉冷通湖水北山光還認錦江東諸天色相收羅盡鬼運神輪點梵宫

王純嘏河臺視東巡河過訪留飲

擁旄秉傳海天虛，忽過東都處士廬。二省再移開府
幕，兩江三下制臺車。白英何用求耆老，宋禮於今見
尚書。彈指成功赦天子，新書知復著河渠。

憶吴梅邨祭酒

當時親炙後聞風，六十年來仰止同。先輩典型皋比
上，故人風雨木天中。雲霄事業虛遺老，滄海文章出
放翁。復社幸非朋黨續，至今領袖說婁東。

梅雨廣陵道中

昏星纔下海雲連，一片孤帆破暝縣。田舍炊烟縹緲
日，行人風雨熟梅天。客途遠近皆無謂，宦況蕭條漸
自然。昨晚胡威舟畔宿，一燈清照五更眠。

簡李五侍臣、李六詞臣、李七十埒同臣、李八
臣，兼寄李三捷臣

家園兩世敞春暉，每入江城一扣扉。謝氏幾多窺玉
樹，王家過半識烏衣。使君舊館堂重搆時匠師重葺園中山石，
名士新亭檝共飛時昆仲同潤州大社。石此中堪我老，漫言
不醉醉無歸。

問二姪嵩齡病狀，聞因劇飲所致，賦以示警

病肺聞如杜少陵，遍嘗百草費參苓。弟兄聞說膏肓
疾，朋友徒諳素問經。半枕殘春頭欲白，一燈終夜眼
俱青。燭醪妙理從今悟，皆醉何如我獨醒。

戊辰夢句

沙洲水樹互縈洄，敗李殘桃繼落梅。兩岸飛將雙槳
去，一舟吞入萬峯來。黃鶯弄絮流歌曲，青草斜陽對
酒杯。莫計前途歸路遠，詩成金谷各相催。

春園看芍藥

豐臺草本獨存真，開過東風簇簇新。木末疑傾膩脂
水，風流想見紫衣人。蓄韲定借無雙價，溱洧平分一
半春。國色天香休占盡，花王自是有花臣。

無文弟七十余丁巳十二月二十三日七十，無文戊午十二月三十日七十

少小家園日往還，偏教遲莫隔鄉關。問年次第僧分
臘，各老東西屋一間。不許鏡中生白髮，每逢醉裏駐
朱顏。一杯春酒當除夕，消受梅花白雪間。

廣陵仲冬繡毬復花

阿誰冬半把春賒，嵌作玲瓏滿樹葩。幾簇粉粧塵不
染，一團香雪冷難加。却疑似覩瓊花發，還向唐宮上
苑誇。不道東風重布暖，烟花添出舊繁華。

五言排律

隨

駕東巡登岱恭紀十八韻

臺曆詠黄道綸音出紫宸歷年皆北狩九月一東巡
輯瑞趍羣辟呵靈擁百神嶽孫長作主天子暫為賓
十八盤旋馬無字碑勒珉載旌懸日月飛羽動星辰
封禪威儀古明堂清問真宫車雷碾疾行殿雨隨頻
玉檢朝元日金泥降帝晨嵩山呼萬歲水德映千春
五大夫擎蓋十常侍轉輪海王波不起博浪士俱馴
扈蹕多方呂從龍盡甫申百千家獻壽十萬户歸仁
玉帛塗山盛衣冠王會新宸遊非故事秋省為勞人
典與漢秦別書同舜禹隣小臣陪祀喜　聖主樂民
親

癸巳秋上傳

皇太后發帑金賑濟京畿被水諸郡應制

大内恩波出温綸賁草廬武皇憂水德堯母涣王居
雨露連畿輔陽和遍井閭地雖全結蜃民幸不為魚
萬灶況畫外千夫立鵠餘函圖爭遞馬祖税反驅車
發粟忠猶薄量沙術較疎不因天道變翻致國恩虚
飢渴開仁后災祲敢聖子慈寧任推解紫極慰淪胥
西北無昏墊東南正歃歎此方先待拯薄海望傾儲
京各太平頌春秋大有書尚方烟火及和樂漢家初

開經筵

一代人初起千秋文在兹聖明天授早吾道日光時
馬上戎衣定書中問字奇辭臣紛侍從大學進箴規
蒙若新泉發朋如麗澤隨紫微開御帳太乙矚青藜
甘蔗傳漿遠薔薇浣露滋石　登珉瑁天禄坐琉璃
少小自黄卷古今誰白眉崆峒軒帝駕莂野穆王碑
洪範陳箕子丹書受太師不須宣室夜何必羽陵碑
知勇成湯錫神靈姬誦姿貞觀圖政要綿蕞定威儀
恭穆追殷武淹通越魏丕寶箴傳實録金鏡續先姿
十等儒為首三家教莫疑稔聽全部史熟讀二南詩
鑑以明心炯謨從衍義咨學焉如不及樂此不為疲
桓季頻趨召高齊各受知鸝陰鳴未已龍德進無遺
藜挍開宸藻蘭臺啟睿思冲齡稱化理至治及伊耆

圜丘陪祀

北斗杓廻日南郊祀近烝紫微通咫尺上帝儼凝承
子夜微陽復函鐘玉律應星隨黄屋動天映翠華澄
萬物蒙初氣千官履薄冰蒼琮瞰采幣玄牡祖金繩
秬鬯神宵降燔柴臭上升景雲紛碧落仙樂起蓮燈

禮至求多福歌終錫百朋羣公欣奏假萬壽祀岡陵

粤西山行遇雨

秋日晝長晦崎嶇奈何客心方慘淡天意欲滂沱
巴子城將盡王公嶺復過白雲湘口練落木洞庭波
樹密烟痕細山深雨氣多陰晴非所計王事恐蹉跎

七言絶句

東甌道中門人仇兆鰲索画塗以示之

三月東甌春正濃滿江綠映滿山紅分明一意寫入千巖萬壑中

吳山齋宿

一宿吳山第一峰高樓百尺敞天風錢塘江面西湖背四顧如臨玉鏡中

由穆州達括蒼口號

春風千里一閒闗去住山間與水間一路畫圖看不盡富春春水括蒼山

括蒼試士贈門人查嗣韓

東甌雨轉括蒼雲三月陰晴始漸分銀燭絳帷春欲曉萬山深處賞奇文

逢節日哭兒子與齡

兩當寒食兩天中哭泣依然顧況同七十老夫年欲近那能兒作顧飛熊

哭孫徐両亡妾

每逢時節痛離寃地北天南盡淚痕春日落花秋夜雨斷腸桃葉復桃根

報陳雁羣太史書

開緘拭淚眼驚新地北天南已一春報爾老親顏色好不須遥念白頭人

聞鷓鴣

巴陵曉渡亂峯西草樹連天路盡迷半日半雲山半暝客心禁聽鷓鴣啼

山行即事

大火西流七月烽行過七十二高峰山中何物堪消受百里荷香千里松

芝城曉望

兩月纔踰五日間舉頭不敢望閩關晚来殘暑疑生雨遠處秋雲自作山

初入粵西望山

橫卧千重已到天何須豎立幾千年濛濛一片烟和氣小李將軍畫不全

舟次九江

一葦如航犯白波空天無鳥敢飛過潯陽江上孤舟晚不聽琵琶淚亦多

焚詩祝洞庭君乞風北渡

洞庭湖水勢奔騰節使中流破浪乘願借一朝風力便好尋秋色上巴陵

隋堤

蜿蜒春堤沙似昔隋家種柳于今碧將軍人馬堤上行幾回踏破宮人跡

過故中丞徐蓼莪墓

我後公前四十年嗟公客死我歸田即今華表樓桑道輸却歸来辭一篇

至衡陽貽毛吏部

瘴癘崇山鬱不開早秋人去暮秋回如何回雁峯頭路君亦偏承簡命来

其二

瀟湘南去楚天涯瘴雨蠻烟倍憶家昔日長沙遷客地到来還自過長沙

清官店（昔年北上過束鹿境有清風明月二店今讀明史見天順間御史盛顒無錫人以言謫知束鹿有清如水明如鏡之謠遠近之民響風来歸郊外荒落悉皆成聚邑人因為清官店後訛以為清風店云）

真定城南束鹿東清官店子錯清風後人抹煞神明宰今日方知是盛顒

秋日張石樓齋頭見玫瑰花

齋頭八月見名葩紫艷甜香女兒家顛倒黃州叢菊

本春花今後雜秋花

和秦淮難女宗蕙湘原韵

風静江平羯鼓催降旗遥颭鳳城開將軍戰死君王繫薄命紅顔馬上来

告灾書感

圖繪流民事已霊手書裁答意何如愛民大吏争傳諭莫上春秋水旱書

曉起

何事春寒二月賒客来十日便思家無端一夜沉沉雨落盡梅花綻杏花

汪蛟門舍人納姬香奩八首之四

娶婦須從越水濱嫁郎須嫁廣陵人阿家郎女真堪羡江北江南占斷春

其二

生自西陵已鏡臺長成家傍六橋隈渾如西子歸吳日却倩錢塘潮送来

其三

每聽雞鳴入省闈舍人慣着早朝衣承恩那得寛更鑰但放仙郎宿直歸

其四

何處萍踪聚鵲橋廣陵濤接浙江潮黄金臺舘非銅雀次第東風嫁二喬

念四橋

流水無聲鑠寂寥夜来風景倍蕭蕭玉人何處吹簫去剩月空明念四橋

回雁峯

南岳南来山萬重衡陽浦上漸秋風寄書名利勞勞客試看衡陽回雁峯

見月

到来素魄圓于鏡歸去清光曲似眉圓曲幾回天亦老照人那得不成絲

詠柳

北地東風不可聽百花時節冷冥冥春光只不饒楊柳触使天涯處處春

己巳清明

節過清明七十三壯年冀北老江南風光一樣春三月只有揚州不一般

其二

揚州此日女如雲罷市携家去上墳急去紅橋成勝會練裙忘不繫紅裙

辛卯下第解嘲序

昔伊川先生曰少年登高科一不幸也初覺其言繆而后乃今以為非非也余少絀一遇自丁巳吾降四年遂出就傅越辛巳乃補邑弟子時受讀二十年奇矣無幾時大姓改革中丁丙黜不應制科者復五七祀戊子秋乃應省鄉試不第今辛卯復不第啻加長十年矣試畢江南人爭把余闈牘讀之以為獅子其冠軍乎顧余卽不欲過讓自謂此來且將得大物也牓發之下乃在孫山之外矣彼得雋者則皆一時不相知名之士而硃墨二卷又多里巷編笑啄而成謠江南人乃取其雋卷與余輩落卷轉相讎校以為一時人物倒置為主司罪而余曰唉主司之所以絀我者主司之所以成我哉夫主司烏能成我而我之所以自成則實由于主司之我絀則主司抑又烏能絀我哉今夫名山之陽廣漠之野有大木焉壽以日月滋以霜雨一歲而把再歲而拱數年而成圍又數年而合抱匠石采之伐而為材其在拱與把之歲也任節矣或未堪梲也任宇矣或未堪棟也其在圍與抱之年也任茨瓦之椽矣而或未堪縉紳之堂廈也任金碧之榦矣而或未堪王侯之甲第也倘遲之數十年而蔽日矣再遲之數十年而干霄矣大工收之以作宮闕之壯麗匠伯顧之以搆甲乙之輪奐而後有以全大木之質而成一代柱石之材也使夫用其拱把無其圍抱矣使夫用其圍抱無其干霄蔽日矣然則所以盡此大木之用者豈非以早用之之用小而以不用用之之用之為大乎士之受知于世也猶木之落而為材也小大遲速之際固未可以為幸不幸矣蓋人之于為學之日日益親者為諸生為然若孝廉而遠矣若薦紳先生逾遠矣諸生者其人儳其事簡其日暇其氣醇而又有督學守令以課其成而又有歲龕鄉省以嚴其比且或不得于時發憤為雄悉出古今書乘而砣砣窮年白首者往往而是故司馬子長憤恨而著文章杜子美窮愁而精著作也為鄉舉人者不肖者諛溫飽而賢者亦荒于交際成進士去者不肖者營苞苴而賢者亦廢于簿書故蕭炅伏獵而為侍郎鄭五歇後而作宰相也然則士之倖雋於幼年者長年之學其孰得而學也士之倖雋於長年者壯年之學其孰得而學也然則吾功名之損吾學業之益也吾遭時之暮吾聞道之蚤也天之愛士何渠不如其愛木也而謂小大遲速之際烏知幸

者之非不幸而不幸者之為甚幸哉唐劉蕡以對策忤宦官而落第杜牧者其時得雋士也為之語曰劉蕡下第我輩登科能無汗顏夫杜牧不可謂無自謙之實而有知人之明而蕡則無怨言尤色焉烏虖為劉蕡者深遠矣

送葉西甪觀察序

余與西甪皆有退然之志而皆得一官進之所以為退也尺蠖之屈以求信及其術而操之此處今日之道與雖然士之讀書以行道爾道不一行而卷懷之天下後世即安得知有我焉其人者也道行矣而知信而不知屈知雄而不知雌知進而不知退此豈得謂之聞道者哉抑豈所以為今日之仕焉者哉西甪與余起家中書舍人與知制詔非膽炙此官也謂可以為登進遠退之計耳一行吾道可不負吾學名成而身退焉庶幾不若顯卿鉅公之居高而危進而不可得退之為廩廩也乃西甪之才如處囊之錐脫穎而穎見見而不即可囊也簡親王世子大將軍專征閩南以兩中翰行葉西甪鄧偶樵也授秘省參軍俱以儒臣從武事西甪尋以軍功備兵興泉閩則親王署之其仁政賢聲所為保釐此殘疆危土者可考而最也今其地為東南海徼國姓貿藏孽焉且以開作邊釁也　天子嘉西甪之署功而復命之仍實授閩南備兵之任以往昔之蘭綵而保障者今其復莅于茲土哉　天子之用西甪于興泉也為其習也為其能也為其文以武也西甪之再用于興泉也習其故

也能其故也文以武其故也體　天子慎簡之心與大將軍薦剡之意出其新政以毋忘舊服西角固自有上報朝廷中報世子下報與泉者吾不得而知之吾蓋得而信之也然西角之于進其身者則善矣夫吾今而亦猶然進其身焉者數年而後不出十載之間儗不讓兩疏者獨步聖世也凡夫所以為此者吾道既行而吾身亦甚可保矣人莫不欲自保其身而役役為四方京雒之遊以至髮白齒落也是豈所以保其身者哉余與西角生同鄉出同年仕同籍學同志于其進而商退焉此中國有不可疆焉者然不欲其進而爽厥初服焉蓋仕而有不必竟仕之意存而後乃為今日之仕也烏虖難言哉

送楊桂生南歸序 併短歌

古燕故風沙老客之區而今為甚烏虖雖有京雒不如歸也匪無遊宦櫪焉而閒居匪無名刺旅食而騎驢仕章士服感慨係之余固願長安之人傾國而家一馬出都下門以為牵也楊子行矣長安之故未可一二為人道但覽湖之陰大涇之上田朕而澤清稻香而魚肥卧可以耕坐可以釣晞髮冬陽之林煮鐺落木之夜謹事老母弟妹佐之而妻拏從後篤倫稽古行修學進無歉于時仕則名隱亦傳也以視此之風起塵合塞聽蔽明穿車隊而守馬賓者相距豈啻河漢哉此去故鄉有問燕之黄金臺尚在者乎子其應曰千金之市今亡有矣序畢為之歌曰秋光老兮寒漸肥送子出門兮加征衣河水欲凍兮雙槳催歸

錢羨鶴年伯榮封暨同年錢生一中翰轉補計部序

丁酉之春三月己酉　天子有事于圜丘越三日壬子至于方澤而奉祖宗以為配倣古錫類以訖大小臣工厥祖暨父貲不匱而沐貤封者王人以下罔弗被甚盛事已羨鶴錢先生者武林隱君子也以諸生老先此乙未夏為其長公生一迎養入京師生一者時猶中書制誥也先生以其子貴來未即以其子貴也誼固高布衣耳先是辛卯歲　皇帝親政有覃恩中翰甫能貢舉入成均國恩不及士揚名而未顯親也今郊以配而覃恩繼舉中外四訖大者晉勲階小者咨陞授制書勅書之煌煌馬鬣步輒勿絕也是時中翰亦既通顯矣且三載考績候除六屬矣而先生久以迎養至丙年之閏而受恩得封為郎特授徵仕昭子舊職噫貴已夫先生豐于才而嗇于遇吾鄺惜之而茲且豐于遇矣先生固精于治易者其在乾之二漸之上九矣乎先生生而穎異數歲能成文章八齡時太公以謁選卒長安先生從之盡喪如成人禮因之少孤事母夫人孝有聲黌庠累應鄉舉不得售講易授徒儗之王鄮邵雍其人名彥顯紳多其弟子而三錢過庭則各授一經中翰執戴記兼易峻宗治春秋世其學者季子翼士爾三錢即尚士仕殊致然皆未易才先生故盡以其制科之業歸之第工著述為時鼓吹徵酔朗吟之餘致蕭如也晚年大節多在門內張仲孝友古人如之蓋先生卓然文行為時所宗處為大儒出為名臣豈遽出濂洛關閩以下乃不于其身而于其子于其子謂非即于其身哉矧一時奉恩綸者俱以堂上白髮八春秋高越在故鄉為憾而先生獨躬承寵渥朝錫命夕拜官焉夫先生逍遙湖上為名士高人亦復優游國門號封君大姓其在浙西則一郡之耆英其在都下不亦天下之大老歟越戊辰中翰遷計部其距得封時中間十有五日耳計部東南之寶龍躍鳳鳴齊駈顧陸而起家中秘侍從絲綸尋復晉秩小司徒佐地官以為王安擾邦國初以為賈舍人既以為劉正字以八斗之才極庶司之選曾何有于更張而調之者則計部之秩日益進而其器日益遠乎身之所受即親身之所矣矣區區一命之錫豈遽以盡事先生者哉昔宋王祐身未大用植槐于庭自期其後世必為三公而子旦卒相此必有所自信以信其子者今先生以一經老而拱手

以族其子之成且伏闕肆封也方之祐旦得無近是然則計部不得不勉為王旦而先生固有待以為王祐也且其在計部者兩晉清要不為匪貴一被覃封不為匪榮洊沐國恩不為匪厚然則無所謂報先生者有報　天子而已思所以報　天子者即其所以報先生也先生尚已為計部者勉乎哉

題張詞臣青樓恨傳奇序

竊若歲寒浪託貲百種于元人我輩情鍾寄一聲之河滿故吳歈越吟不惜翻歌子夜乃引商刻羽居然解律周郎銅匙美女騷士耽佳鐵板江東英雄舒歗豈必汾陽之伎若雲無聲白雪賡平之賜如鐵不賦梅花者手獨是南北之窠巢未脫悲歡之印版難翻有劇必演大都公子美人無奇不傳強半分釵合鈿還魂之女鬼活向人間被孤山畫中遂爾精靈出跳幽閨之姊妹呼同小字乃西園燕子因之面目雷同王孫吉俐莫須有兩輩奇人紅線押衙未免倩一番劍俠雖云離合悲歡無此不成關目然而生旦淨丑演之竟成啞餘今者雙虹主人善解人情耽鳴天籟數部雕訛笑傀儡之全是九宮稠濁痛椰榆之日非采瑶館之詩譜青樓之恨終富情死宛轉關生瑶華窈窕賦神人之降貌姑邵妓風流催紅葉之流御水秦淮淮河曲簫鼓夜半落揚州桃葉渡頭絃索秋千鳴杜曲是雨催詩刻殘銀燭生風行酒畫斷金釵儼坐石之三生擅登場之四美偏爾多情易別薄倖成悲絲竹堂前愁緒憐卿愛卿琵琶亭上泪痕出爾反爾李白冊行情滿桃花潭上戴淵未薦影落雀符澤

中既斷藕而無絲自落花以成病傷情者終非壽相斷腸矣豈復生年斷魂蘇小開癡心女子之山絕粒玉簫寫薄命佳人之照楊何以死邵何以生未免有情法然流淚至若渺渺游魂排山倒海啾啾血魄穴地通天託蝴蝶以捕鳳擁骷髏而捉影一日花開正駈馬疾滿船明月穴載人歸蕭條媒妁傷素縞以何來冷落門庭剩蔵雞之自鎖夫乃分別之中添大分別死生之後著另死生玉香入再生之寺回頭我不認當初林生感三七之期東道主竟為今日楊之視林人情與秋雲俱薄林之于楊鬼語偕夜月俱涼梨花泰吉舌叫寒玉馬金雞楊柳杜鵑聲啼破曉風殘月草不成別永從此辭此填詞之家絕無僅有者也鏤版為烟不傳其妙嘔心成錦漸近自然有如捉劍呼天持杯唱月擬惠連之夢句綻文通之筆花蓋斷者不可復續妙有殊情死者不可復生不無定理掃破鏡重圓之故事空去珠還合之肯文較之杜麗應少一生較之柳娅不多一死假鄰女以歸人幻同趙玉託妹尸而旋里真比興娘可謂自有雌龍不同畫虎至于文皆生日事無雜優可以詠歌難于串演無論下里巴人不獲頭搖眼合即若梨園子弟何從舞

絕歌清雖置坊間實供同好讀此編者慎毋視為王殺之卮當銀樣之鎗頭則宮商之別調山水之知音矣

代壽吳少司寇封翁禹石先生序

本朝以孝治天下，一時諸大臣皆得以其錫類之故
各因其爵秩而肆封其祖父母與其父母，其祖父母
與其父母類皆得因其子弟之爵秩而實受恩得封。
雖然為人子親而食子弟之報，或以世德，或以布衣
崛起而得沐　天子之恩榮，以為其累世光寵，必其
有積德累行，不發其身而發其子孫者，以為戩穀適
祿之本。然其豐嗇之故，修短之數，人爵之受，蓋有天
焉，而莫不肖其人之生平德行之淺深厚薄以為報，
蓋食報若斯之難也。若少司寇賡蕃吳公之翁為禹
石先生者，其足以當此者乎？先生楚產也，吾聞楚故
多名山大川，如洞庭、彭蠡之奇，嶓冢、湘梧之異，以奇
氣鬱為高人，如前接輿、後彭澤，其流者不然。先生之
風，何山高而水長也！先生蹂躪藝苑，吐嚏榮美，以數
奇不偶而遂絕意進取，雖其時為之，要其高節有過
人者，否則天下豈少白首窮年而矻矻一經者哉？又
其性謹厚而其氣豪上，不以尺度自踰，不以榆枋自
限，殆伯高、季良合而為一人者歟？又若孝謹以事二
人，友于而撫猶子，則用之張仲也；設祭田以祀先，置
義産以贍族，則宋之范文正也；憂人之憂，急人之急，
排難紓紛而以義高天下，則七國之魯仲連、漢之龍
伯高也。先生之生平不少槩見如此，然則先生非蘄
以文章著而併以德行著，亦非僅以德行著而併以
節俠著。德行、節俠、文章合而萃于先生之一人，夫亦
可以處為大儒而出為名臣矣。顧乃力學好古，名教
自樂，鴻漸羽儀，翛然物表，視富貴若浮雲，以江湖為
息壤，漚泡一切，駒隙此生，而栖心物外，睥睨一世，不
以封君大姓自翊，而以名士高人自遠也。先生其少
室之山人而華山之處士哉！時覃封之綸與憲乞之
典並下，而先生亦適以辛丑春王正月届六旬。噫，此
所稱有達尊三者歟！其家君少司寇　公一時之先後
同譜及其門下士，俱隨海內薦紳先生、名公鉅卿之
後，問言于余，而余曰：噫，吾何以壽先生者？即以朝廷
之應封吾先生者壽先生而已。吾何以封先生者壽
先生哉？即以先生之所以教少司寇公者而因受恩
得封以壽吾先生而已。先生令嗣二，家君為少司寇
公，次君為某某某某某，皆遠到，行將取次輝映當代，
而司寇公則為先生之已食大報者。然則欲觀先生
之壽考福履，亦祇觀司寇公之佐辟宅師、立朝之大
節可也。夫秋官以欽恤為事，以好生為心，大司寇掌

建三典小司寇掌詢萬民則其所為佐王刑邦國以衆輔志而弊謀者至無已也不其以壽吾心者壽吾民壽吾民者壽吾君而即以壽吾君者壽吾親也哉自是而晉卿貳歷公孤位台衡納百揆則其所以出宰天下以長六官而明三台者其以道百祿而備五福以無疆之休以事吾親者更為不可更僕數也抑又寧惟既醉備福而歌如維九也哉謹為序

代諸道觀察使壽李鹽臺序

弘惟先生大人莒葉呑花鲝叶蕭梁吉夢龐無賦草近躔淮海文星里既著以八龍靈惟有地羣犄空夫一驥俊儗過人乃譽起延平濯氷壺而秋月復才追供奉開白社以青蓮舉甲戌而先登覽庚寅而初度面知鐵冷馬避驄行獬豸風清松蔭烏臺九里貂蟬座敞草縣青瑣雙扇駸駸天馬北來冉冉人龍南渡劉正字理財立權溶江艖月曉蘆花蘇學士憂國聞韶飛道軺霜清茜草鳌别海東之鹽筴佐理江南之度支卧高日日春深依太傅官梅重門坐嘯行看紛紛雪似配謝家絮柳聯句耽佳襄七道以供方儲通九府而資圜法奉璽符而飛下纔鳴石萬石之鸞和拜勅書以遝巡正握貴長房之鳩杖乃北之自内朱紱方來而佑之自天戩穀俾爾既大雅之歌如九宜老人之祝多三疊畫金臺擁婉姈而謡白雪八瑯吹繞韃靆紫氣從伯陽而馭青犢一卷琳琅太丘行奏真人司馬臨占太史遮莫錫蕃北極依微曙迴西庚某等擎分虎節弁冕章屬先生登滿龍門領袖不遺諸道長日秀眉白釆玉壺春酒堪攜花明玉洞錦成霞不識春秋鶴侑天厨白鳳秉出滄溟紅透火無邊

籌屋袖將瀛島青霞顒吉人有道之贍進君子無疆之頌淮天何際人是登仙江漢有聲民歌孔邇儼騎箕而附尾實生甫以及申商錢以為大夫陪侍彤楓古道自然煕色曼倩而官執戟游揚金馬是兒尚可知年我姑酌彼金罍用特介兹眉壽百千維祝四六俱成

張爾弼七十壽序

往予嘗閱郡志屈指有明吾鄉科第之盛實自張氏始蓋張氏發祥自奉直公碩一傳而為觀察公文郎以第一人開科吳陵者又四傳而為司馬光桐甲第蔚興後先輝映人謂張氏何多才也其近系徙三墉者則為肖巖公杓實生爾弼張子抑又什伯其才而大亢厥宗者與夫士君子得志于時顧不若不得志于時者之所為矣其得志于時不過藉少年登科第致身青雲而附驥上馳耳抑知豐于遇或未必其不嗇于才碌碌無短長庸庸多厚福此雖博一第及不如其且困一衿也夫非謂其困一衿者之必過于其博一第者顧博一第而卒薄于學困一衿而反得以厚其才此則曠觀于得失之林微測夫天人之故其成我者適敗我者也其敗我者適成我者也其超然卓然于世俗遇合之解之外為何如哉今爾弼張子殆彼此如一轍已三墉地黑子耳而人才殊夥張子乃執牛耳登作者堂結而為社號貞一焉後復集海內人士大會齊檥於廣陵廣而為江淮一社則宇內巨觀已二社既次第舉行而皆推張子為弁冕其博學嗜古弦誦不輟風雨自如聯席操筦獨能為沈博

絕麗之文，駕軼韓蘇而伯仲班馬，雖作者時藝而實皆為古文，以示同人，遂名噪一時，而試輒冠軍，故當路前輩十五國名流咸知海陵三塘有張子，已顧遇合有時，而出處任運，時雖博一衿而尚困一第，其在世俗未免以為如張子而且啬於遇，而張子則恢乎亦不自知其豐於才已，時會變遷，倏當改革，乃不勝慨然有滄桑陵谷之感，廢書而嘆，不復仕進，舉昔之雄才灝氣而忽退為深山道流焉。噫！此誠聖賢之徒為龍為蛇為虎為蠖之作用，獨於張子見之已。今行年七十矣，與其嫂夫子許舉案齊眉，如伯鸞德曜，三塘里人咸以為令妻壽母，夫若婦有同風，能如是乎與子偕隱，致足樂已。其長君從修、次君罄宜、長孫符驤、屬予孫坦，皆不易才，羣揖予以壽言請。余曰：此非予不能傳張子，又何能壽張子焉，因諾其請而贈以言。其於張子可謂傳之亦略盡矣。乃長君者，前江南省試壬子副車也，其讀書屬文超忽軼羣，無不悉如張子，其於一第雖幾得而暫失，而其役為已效焉，此殆所謂不發於其身而發其子孫，在他人處此無不以為其子克勝任而愉快，張子則處此夺然若不經意者，其積學益深，觀時益達，信道益篤，而處境益平，是非博一第而薄於學，反不如其困一衿之為益厚其才者歟？抑嘗言之，人之履富貴極崇高者，往往當時則榮，沒則已焉，而負才著述之士又往往屈於身前而信於身後，以故從百世之下觀百世之上，取古人之書而讀之，但知其為某子某子，稱述其所為德行，諷誦其所為文章，而未暇攷其官品與其所為布衣薦紳先生也。然則其以功名富貴壽，孰若其以德行文章傳者哉？顧若張子者，匪第不屑以其功名富貴壽，亦若無意以其德行文章傳者，而為之子若孫與其謀所以壽若翁，不若謀所以傳若翁者。然則亟取張子之所以為張子，並取張子之所以為今文古文者起而傳之，則壽之百世，有什伯於其所為壽之一時者，是則所望于從修、罄宜者哉！特為序。

壽楊廣文序

長至之月越望三日為楊子歲生之辰年三十有八紀癸巳也薦紳先生皆為楊子壽纁貝雲列羔鴈飈起而余壽以言蓋橐水袖風矣楊子色喜謂誼過羣公以是壽我不俗也余因舉巵酒進曰大丈夫豈不貴得志於時哉雖然金玉其外而敗絮其中毋寧不得志為也然則内金而外玉倘即不得志且將敗絮得志者抑又何自不得志為也然則人顧其内何如耳遑恤其外矧夫外之不皆金玉也子遊長安而歲寒矣衣輕裘策肥馬滑稽公卿之間噓吐雲霄之上識者謂為禰正平終子雲其人否者以為此太湖澤畔行吟一廣文耳噫此則所謂以敗絮測金玉矣夫楊子掉三寸舌挾五寸管飈馳雲擧上書策事水監大觀使誠得志何遽不作痛哭流涕之賈長沙也而顧乃未展驥足尚困鹽車薄遊長安留而家焉夫士輕去其鄉而遠違其慈母幼子亦有所大不得已於時者顧乃為敗絮者所姍笑生才者天憐才者人斯世悠悠亦何為哉雖然楊子優於才而未進於道余以道進之昔嵇叔夜璞玉渾金人欽其寶而不知名其器儒者固宜金玉其中而仍貴渾璞其外已夫才高者叢毀之淵藪智深者招妬之蛾眉才高而卑之智深而淺之寧渾而金璞而玉與肥裘肥馬滑稽噓吐者有間也其亦庶乎其可矣如是而毀之而妬之妄人而横逆君子豈復無説以處此今子行年幾强仕矣其亦聞道之年乎而於天人抑何怨尤矣楊子皤然起曰吾子之言壽我心矣何以謝之爵以大斗

沈子文集序

余竊嘗謂屬古文辭者諸體不可失而蹊徑不可循今之為古文辭家輒云某先秦兩漢某晉魏唐宋大家烏虖古人安存乎我古人矣我安往乎蓋天之生材必有所近率其材之所近而又充以學之所至似左穀班馬偶耳而非規規乎我之左之穀之班之馬之也斯真左穀班馬矣即不謂之左穀班馬焉可矣似應劉徐庾偶耳而非規規乎我之應之劉之徐之庾之也斯真應劉徐庾矣即不謂之應劉徐庾焉可矣似韓柳歐蘇偶耳而非規規乎我之韓之柳之歐之蘇之也斯真韓柳歐蘇矣即不謂之韓柳歐蘇焉可矣夫天之為雲為霞為霜為霰日相類實日不相仍也之為鳥為獸為草為蘤日相肖實日不相襲人之負材與天地之生材大小雖不侔而其原流變幻之故其間同而異異而同則一耳故夫破庸人之論創一家之言拓萬古之心胸推一世之智勇此之謂諸體不失而蹊徑不循者邪然而難其人矣入都交雒青沈子出其集示余余披而讀之烏虖斯誠不失諸體者也斯誠不循蹊徑者也斯誠屬古文辭家者也喜而為之序

沙子梅花詩三十首序

諸花詩既難作而梅花詩更難作非難作也難盡作也盡作之而仍然一難盡作難盡作故難作也盡作而難盡作故更難作也昔之詠梅花句者雪滿山中高士卧月明林下美人來一佳疎影橫斜水清淺暗香浮動月黃昏再佳一佳再佳而又佳者誰與宋廣平不得已廣詩而為之賦得毋謂詩難盡而賦易盡歟然賦亦獨以一廣平傳即賦亦若難盡者而匪獨詩也已今沙子之為詩乃竟上下平三十韻其取難盡作者而盡作之也邪三十韻適以配梅花三十樹烏虖三十樹梅花不足盡梅花而梅花亦以盡三十韻之詩亦不盡梅花而梅花亦以盡邪瑞圃者沙子海上圃也辛丑秋余游焉於萬花谷中坐卧其梅花間者如坐卧其三十首詩間也追而序之何幸與其梅花與其詩俱傳也邪

鄭子房母孺人王老伯母七十壽序

今上登極之四年，予以考工承乏野廬之職。子友鄭子子房以觀光游學至京師，款署詒予歡，相道故。爲詢厥婦，婦子嫪也，曰親操井臼，今伊昔矣。詢厥諸子，諸子子猶子也，曰五男兒皆樹立，長山亦次山裔，咸能餬口四方矣。詢厥孫男女，曰此已十人矣。而予曰：唉，吾子門内若此，吾伯母王太孺人者，厨下膝前，得母環視而色喜乎？因憶吾伯母且今年幾何，而子房曰：古希矣。吾母康寧如昔，服食無異，第髮蒼蒼而白，齒或搖而脱焉。既喜且懼，無以稱吾觴，因思知吾母莫若子，但得子一言，歸而壽吾母，可乎？予唯唯。予固及記子爲予言伯母平生矣。伯母早適吾伯父泰徵公，公先世即客邗上，實皆擁不訾。公義俠輕財，遂不復似昔家人生產。伯母先經華膴，後遭澹泊，處樂見德，處約見才，猗嗟女子而丈夫矣。然且隱德大度，見之處人雖怨之間焉。泰徵公故義俠，曾爲人完逋而卒蕩其千金之貲者，其人不修德而修怨，雀鼠騷然，致以家殉。伯母且謂妄人横逆，以雖報恩何所不至，吾寧破產匄復，與爭。後經國變，其人禍至嘗烈，雖報以天，而人不與焉。此可以見吾伯母之德與度爲不可及也。區區箕帚之謹，織紉之勤，熊熊畫荻之勞，蔬食澣衣之節，此不過婦道母道之常，更僕而難悉數者，于母無取焉，吾惟舉其大者而已矣。甲申而後，泰徵公被難廣陵，子房奉母播遷西浙，復以公故奔走江淮間。伯母獨率子婦諸孫羈栖湖上，生事蕭條，銖粒寸絲，經營辛苦，所謂處樂見德而處約見才也。既以子兄弟與張子詞臣、周子爾凝皆與子房友善，因卜居余里之三塘。維時諸子比鄰，遂往返數晨夕矣。夫人於時平締交者，更亂離則愈密；以安樂通好者，經憂患則更真。以故吾輩與吾子房風燈月案，雪火霜雞，尊酒論文，幾忘寒暑，其于伯母，豈惟登堂而拜，實則朝夕如見吾母矣。以故伯母因時時課及子房與予輩所讀何書，所屬何文，所交何人，所行何事，日輒欣然爲脱簪珥，佐肴核，酒予飯予，無倦容色焉。予輩之受吾伯母之飲食教誨，又真如吾母矣。厥後變亂大定，復就廣陵故土而家焉。是時蹤跡雖少濶疎，然每一入郡，未嘗不時時過從也。噫，異姓而骨肉若此，有不知之甚深而言之無有不盡者哉！無何，余以游宦京邸十餘年，而其所以事吾伯母者亦徑少疎已。一旦子房至，爲予言伯母七秩近狀，而命予序，遂不覺吾伯母之黃髮龐眉嘉言善行一時畢集而感予懷且感予言也有不知之甚深而言之無有不盡者哉今子房歸矣彼其交游遍海內自能羅致四方賓客以榮顯其親然即屨交于室觴溢于庭皆未足為伯母壽獨是朝廷將復舉廷對之舊典子房行且歲獻焉由是擢高第致青雲其所以慰老母於桑榆而虵高堂以翟茀者殆未易量也是則吾伯母之意是則吾子房之志也夫謹為序

楊石袍文集序

人知文章出于薦紳先生而不知其出于布衣高士也蓋薦紳先生之能為文章取富貴而止耳即有傳者百不得一人焉而布衣高士其事簡其氣約其心澹志醇其學嵩業精其值於境習貧故其力於文益工也顧不託於文以傳則已苟能託於文以傳者必傳焉此牛馬走下室而著史記執戟登閣而草太玄少陵七歌而為詩日進平子四愁而治賦獨精也抑布衣而未必盡高士未有高士而不布衣者抑能為文章而不必盡布衣高士未能布衣高士而不能為文章者然則布衣高士其與薦紳先生爭此壇坫久矣顧薦紳先生之傳則易而布衣高士之傳獨難若楊子者所稱東海布衣高士耶其文章固傳矣得毋所謂為其難者歟楊子豫章士而實產東海之虎墩其讀書好古下帷而不窺園者有年矣故為文章駕韓而馭蘇若曾歐李柳諸大家遂以為口喫而舌彊者流已出其集以示余蓋爛如披錦焉究極所學則原本六經根柢史漢唐之比偶且不足齒矧其在三晉六朝而下者乎故其炳烺如日星其滂沛如江河其潔清如冰雪其絢爛如雲漢一言之帔駮如剝蕉

抽繭焉一氣之縈洄如發風涌泉焉筆墨之變化理窟之勃窣氣體之高妙篇幅之瀚演可謂至楊子之文而極矣楊子之文而至此極者又豈非以其窮愁而工者哉楊子食貧于舌耕冬夏一裘葛而止寸心以内有千古一卷而外無百年出其聰明才智心思月日不以供他事而獨發為文章利名若漚泡貴富如草芥也楊子亦何幸而不為薦紳先生而為布衣高士者哉雖然天下之為布衣高士者必如楊子而後可稍不為楊子者顧又安可自託于布衣高士而遂驕語薦紳先生者哉昔魯仲連東海布衣高士也義不帝秦高蹈溟渤以義俠而能文章知名齊魯之間著作周秦之際千祀而後鮮嗣續矣楊子其流亞歟不然何人地之同也

代壽陸母李孺人五十序

東陽古風節郡士女貞雅標舉南州余舊治其許有諸陸偕余游指顧之暇棲尋絃酒相與弘奬孝節長益風流載搜郡志得故大司馬沈公女為諸陸從祖母夫人攬其節槩飲氷茹荼為里坊表烏虖陸有婦焉如是者哉而諸陸曰噫此固吾先世姑已傳者爾近有余嫂為故從兄和玉婦者爲猶子駒母不幸而論節沈夫人而後巖音之嗣其在斯乎敢為齒牙之以布大夫椒馨之錫矣嫂姓李氏右族之遺蚤適余兄為陸家婦時不及事舅姑矣而相夫子以賢能聞諸姑識者謂是婦言笑矜貴舉止靜遠誠吾家之福不謂彼遭不造才二十有二歲得相夫子五年耳先舉子駒繼以女目是余兄不諱嫂泣而言曰殉夫與守孤孰難則守孤難矣吾詎不可從容衾穴永矣唱隨顧此遺孽何怙何恃成一已之名固不失為烈婦誤二天之嗣且併累未亡人為不孝子吾其忍且敢乎遂決意為守孤計而辛苦之況凄涼之色兩有之可哀憐也時依叔舅寄命有年言不出梱孤嘗在抱風雨一鐙霜雪一帷人所不堪晏如也自駒稍長嫂乃漸與家事析箸而居是時止下中外駸駸奉顏色

承音旨和柔調理妙有經綸男室女家殊煩心計矣迨駒可教慈且兼嚴駒素姿敏給志操高尚且值亂流隱處不仕顧母實教之駒承母訓琴書自娛性癖耽茗寄指臨池且旁溢為花草木石之趣以事其母亦既抱子兼多女媛洩洩融融怡厥堂上嫪乃漸去辛苦凄涼之況之色而臻福壽康寧之樂也今年夏亦既五秩初度矣余聞而歎曰嘻陸又有婦焉如是者哉守夫近忠保孤近孝克家近才教子近義方而率子偕隱近明哲備此五賢可以婦矣且有佳兒婦以供舞綵有多子孫以慶含飴有勤臧獲以掃掃除良田可以耕美池可以漁庭戶瀟灑寢興濬足天之報施苦節固與濁富異矣抑夫以壽壽者所榮一時以節壽者所榮奕世彼蠕人者行將休被郡志與沈夫人輝映後先爭光日月節之所壽壽且無疆吾將以是為諸陸之嫪氏祝

送浮屠覺公序

天之杳地之渺山之長水之悠風日之馳驅雪霜月露之沾濡車船之役僕馬之奔走雄都名州之涉閱名人俊士之所交遊吾不知其幾輩也而惟浮屠為最覺公來從淮北游於南緣揚以東游海陵之三塘憩余柳城越今年且餘師浮屠氏喜文章經禪之暇樂觀性理綱鑑淮南莊周晉人世說諸書每與余兄弟或晝則對一榻話或暮則共一炬食或風雨夕或星霜晨或炙茗或治果或坐花或嘯竹或登危岡或歷平原笑語相續各儒其儒各宗其宗相與探天地之終始究日月之虧盈考鬼神之幽秘窮風雷雲物之幻化鏡人情之深觀物態之變理之所有事之所無器之所不足道之所有餘我隨其言之縱橫直折而歸于儒其儒彼隨其言之縱橫直折而歸其宗其宗用反為合于異見同公見詈佛者喟然曰嗚呼是因今之佛及古之佛也因漢魏晉六朝唐五代宋元明土木金碧之佛而及吾佛之所以佛也佛成之日父淨飯于羅睺未嘗無父子昔王歌利未嘗無君臣妻摩耶未嘗無夫婦弟阿難未嘗無兄弟後天臺有豐行者佛法未嘗無朋友乃今言其斷父子滅君臣

毀夫婦棄兄弟絕朋友夫安從而斷之滅之毀之棄之絕之也是皆繇今之事佛之迹昧佛之所以然者遂言其斷父子滅君臣毀夫婦棄兄弟絕朋友夫又安從禁人之謂其斷之滅之毀之棄之絕之也且孔子之謂老子曰老子其猶龍謂佛曰西方有聖人孔子其佞佛乎儒釋道異流而同源者也今之為儒釋道者尋流而喪源者也尋源而失流則治尋流而失源則亂今之儒釋道源邪流邪治邪亂邪吾又安從而知之韓子李子懼人之溺于偽佛故并其真者而姑置之朱程周張諸子懼人之溺于偽佛故并其真者而姑置之彼誣不知其教之通乎道并通于儒邪乃悉采其經語與性理通者出而錄之書因示之人余聞其説不入其教而深服其言今者公將去柳城遊長千不盡所言殆極乎天之杳也地之渺也山之長水之悠也殆歷乎風日之馳驅雪霜月露之沾濡也車船僕馬之役之奔走也雄都名州名人俊士之涉閱之所交遊也余兄弟不得留因餞之祖悉記公所言弁諸篇端而為之序且跋以詩

壽程母吳太孺人序

今夫壽有得之自人者基命宄固賦質敦龐以自強不息之躬行原筮永貞之德此得之自天者也以性命為之根柢以德行為之栽植以陰騭積累為之究竟以長生導引為之依歸此得之自人者也顧壽得之天者固難得之人者更難得之自天之男子固難而得之自人之女子更難若今吳太孺人之歷年週甲子也所云既得之自天而復得之自人者非與余前此薦舉入都道經邗上時余與銘卣懋叔兩昆季有別業居停主人之雅故訂交益深脂車之夕主于其家適館授餐誼無不至初以為兩昆季之樂賓好客顧賓皆孺人之脫簪剉薦為之自是入幕作賓登堂拜親吳既引余為友而余遂視孺人為母矣母出程氏為歙大姓適吳復歙名門相夫子爾世先生明章婦順未可殫述烏虖先生早世而孺人遂孀孺人之節于是為苦而孺人之慈于此遂彰已撫銘卣以明經入貢撫懋叔為國子諸生數十年來苦荼甘蘗風搖雨飄以婦代子以妻代夫以母代父而且以親代師故嘉言懿行第勿深攷攷其大者則守吳節而撫吳孤母之為母可以風矣夫婦人

多樂以孝聞以慈著而甚不樂以節顯以及孝得慈為幸而見節之為近不幸也爾世先生早世母時上有姑無何銘旨復早世母僅存一子有姑得以盡孝存子未盡失慈母之幸也夫子既早世而節著其全冢子又早世而慈失其半未敢以為母之幸矣然銘旨以名成身去而遺有兩孫懋叔更多才多藝而復見多孫母又有大幸存焉有不幸而骨肉棄捐心形凋瘁感遇似足妨生有其大幸而子衍孫繁根榮枝茂備福可以永命矧其掩骼行仁澤及枯骨發粟賑饑人待舉火積德累行難更僕數然則母之所以享有曆年固皆孝始之慈終之而大節之有以始之而終之也詎非既得之自天而復得之自人者哉特為序

顧九恒母翁太夫人苦節序

西泠古帝王州也山川鬱岧人物瑰異匪獨男子負嶔崎歷落之槩即婦人多奇節焉而特著者為梅東顧氏顧先後有兩節母前為王夫人後即今乙丑進士永年之母翁夫人也顧子乙丑廷對進呈卷次第七名名噪都下以字行為九恒顧子顧子之為余門下士也以歲試高等受知於余特歡然未悉其家世里居也成進士後入都謁選乃值余於廣陵道中繞以其節母翁夫人苦節狀署屬余一言以傳余受而伏讀之乃知梅東節母之奇胡其一而再異而同也先是王夫人之為節也為顧子高王父繼配年十九孀顧子曾大父尚襁褓遺產悉歸長子某尋長子以試吏得丞之官闔門皆斃於盜而王夫人以不從之官免遂率孤兒泣控當道捕賊渠魁卒得復讐傳為僅事輒撫孤兒教養兼至為里名儒計凡苦節七十有八年歷九十七齡乃老烏虖以十九歲孀以九十七而殁距百齡僅三耳詎非節母之絕無而僅有者歟再傳而及今母翁於王夫人有加斯亦奇之又奇者已嘗攷古及今凡賢母之具大節者必多異才而其所謂孝與慈能詒謀而燕翼者不與焉如太夫人

翁之生而有異也甫八齡時父太學承𡢃公即教其通經嫺詩及禮稍長涉獵詩于史於漢魏三唐諸詩悉窺其奥且工各體父公憐愛之為擇配得顧子尊大人孝先公遂坦腹焉公為仁和邑庠生弱冠遍游諸名公前輩之門與海内名士往還無虚日聲譽大起母于歸之伉儷極篤所唱和有幽蘭舉案二集一時稱梁孟竇蘇焉無何公以急制科過工苦以攺治麟經未三日而成成而輒病病且歿也其時顧子甫半歲而父喪母孀烏虖斯時難為母已孝先公歿母不欲生瀕死者再是時母翁姑在堂百般防護指顧子謂母曰婦如此已矣此呱呱而泣者將以累兩老人耶母不得已乃止姑且稱未亡人于是日斷葷酒焚筆硯剪髮如縷併向所著幽蘭舉案集殉棺中誓曰吾姑留此身以撫若子育則教之學不敢忘遺言不育死未晚爾自是顧子方四五齡時母即口授毛詩及就外塾每晏歸必取日所誦書反覆訓誨至漏下三籌不休或值嬉遊偶不率教則撻之流血復持而泣曰孤兒豈忍加此但恐一念姑息不能俾兒竪立以成而父之志耳歲辛卯顧子年十二得遊泮臺使者引講席復面試文藝給紙筆踰格母乃喜懸其夫子遺像率拜曰此可以續書香矣然未足以竟先人之志也自是教顧子益篤而且生孫併篤于教孫孫相亦遊泮且娶婦又復舉子而母乃益喜謂吾事亦小畢此外惟長齋繡佛言不出捆歷數十年如一日焉歲丁巳母謂顧子曰汝父子俱遊泮吾事雖小畢尚未及大成顧念汝困塲屋久圖南未獲曷為北計耶因是顧子遂入都亟進取戊午登北榜領賢書乙丑隽南宫時　天子加意得人欽定十卷厠名第十廷對進呈復名次第七為二甲第四因未遇館選需次歸里拜母母喜曰吾稱未亡人四十六年于兹矣以兩月孩孤今亦既抱子又且生孫為吾孫及曾孫也功名雖晚成而父之志遂大畢吾亦可告無罪于地下矣汝身已許國當思為名臣以不負為孝子自兹吾出世汝入世當各盡所事無生吾自悟富貴誑吾顧哉葢自是而母之教子有始終母之苦節亦相與為始終已且他不具攷其所以助成大節者亦復有數事焉母父承𡢃公易簀時以愛女多授財產母一無所取迨諸顧析箸顧子以孫承祖幼不更事每不均母戒無相較致蹈紛爭痼習謂大丈夫富貴當自致須遺蔭胡為又顧子伯無嗣蓄異姓子以為

後顧子先大父歿按序當入繼大宗議者欲鋤去非種以顧子承重母曰吾兒受祖父母撫育恩分當承重三年然泊氏所繼異姓子姑置不與爭爭則不知者以為吾兒且以貨取也矧吾夫祇有此子寧忍出繼反裨無後乎烏虖母其苦節在孀其曲成此苦節者在教兒成名其相得益章此苦節者且在前數事也母遂至此極哉烏虖難為母已更有異者母今年七十有五矣苦節五十年由此登大齊正與高王母王夫人苦節年相等且王夫人撫數月藐孤教之讀書成名士以倡其家學而梅東之文風蔚起翁夫人亦即撫數月藐孤教之讀書成進士以守其家學而梅東之世業克光是兩母之苦節同兩母之教子以成此苦節亦同兩母之大造于顧而垂裕于梅東者亦復無不同也有開者必先極盛者難為繼王夫人之間出固難而翁夫人之接踵為更難爾然則以西泠之婦人為多奇節者豈不以梅東為最哉

崔若魯七十壽序

今上龍飛之二年　天子特頒恩例詔各郡國貢士於成均部試授官有差海門若魯崔公應命而入欽授州丞此余識若翁之初而相與訂交之始也間攷崔世家自東洲公桐以探花及第為名宦載在國史嗣後科第聯蟬族號鼎盛泊其木生祖某官兵馬指揮轉縣令文德武功一時延譽傳及其尊大人鼎隅公為邑庠生名藉儒林鄉里推重如王彥方陳仲弓輩屢介鄉飲冠冕南州舉丈夫子三而若翁則其季也若翁生而穎異舉止非常蚤年補弟子員試輒高等隨以明經入貢京師名公鉅卿無不引重海內名士爭與納交　章黃帝時欽試中翰名已入選以讒見擯卒雖僅授參軍而聲譽已滿長安矣時余與公誼屬桑梓僅百里餘又以騎驢十載旅食京春遂得形弔影隨共數晨夕借觴詠以備風雨記琴奕以送年光花酒作客茶墨譚兵既遇解人無非韻事惟我兩人獨爾若翁嗣是授官歸里不欲小試似高不仕而實待時余亦遊宦四方風流雲散十年而後亦解官歸夫以余兩人相距百餘里之海鄉而又當十餘年以來離別之後何難朝夕過從修京洛客中故事

顧乃以走晤諸公為總戎時數見又以暫詣同年彭公為州守時數見見則權相道故好會如初尋復别去為賦秋水懷人而已大都我輩以異鄉親以故里疎以少壯親以老大疎往往而然殊堪歎悼故余與公近日情狀多如是已然間一過崇川班荆投轄每淹時日因稔得公蚤歲行藏與晚年舉動殊以為快每樂道之顧我兩人客都下時尚未盡知公者以豪士猝然相遇一通姓氏而外未暇悉其家世里居相與譚者無非大而朝政近而時事遠而新聞蒐要津而薄權貴重結納而尚聲氣以故其人之為人與其所以為人尚有不可得而盡曉者及歸而考其家世訪其居處聞之於其都人士暨其親戚交遊而后知其為孝子悌弟仁人長者亦其嘗爾故公原海門以栟江故繫籍通州而鄉之人咸以為公善士誠善士也其惇族睦里救災恤鄰絮寒麋飢起疾澤枯陰德隱行難更僕數者而余曰嘻第勿深攷識其大者則事二人孝遇兩兄友恭母髦舞斑父喪致客咸籍相成椿津友愛此蚤年公也麥舟急難栟糧除累非公不至偪室有辟嘗滿陳庭此中年公也歸而娛老别墅郵拳追白社而訪杏山薄陶朱而輕猗頓此晚年公也夫交公於數十年旅處以前而悉公於數十年家食以後公之論始定而我之知公益深我兩人誠有大快于平生者而非區區形骸意氣之間而遂已也今七衮初度鄉人問言於予余亦何以壽公哉惟是善頌善禱俾其美章盛傳而已夫公之名姓自在朝廷爵秩自藏品級芝蘭玉樹東山之種在即生徒女樂扶風之帳在前偉哉我公可以出而仕可以入而隱矣可以老而傳可以壽而考矣特為序

漱碧堂集詩賦合選

泰州陸籛齡耆卿著

男 繼祖仝

孫 禹甸襄 璞式 淦清

詩賦目錄

賦四首

古樂府六首

五言古詩三十二首

七言古詩二十首

五言律詩四十首

七言律詩八十二首

五言排律六首

七言排律四首

五言絶句二十首

七言絶句七十二首

漱碧堂集選

賦

蕩平噶爾旦賦 有序

皇上乘乾御曆東震臨民剛柔克協乎陰陽健順悉符乎咸德斯幬斯覆無私配兩大之功已治已安有祜兆一人之福簡兹臣庶佐廟堂爾雅之儀維我皇躬積宇宙和平之氣九州非異共戴堯天四海雖遥俱環禹甸紛紛億兆頂沾愷澤之覃敷藉藉窮閻屢飽湛恩之汪濊問垂裳者三十六年蒙休養者千八百國莫不感愛而歌亦復激揚而語緬想唐虞而後何以加兹歷觀周漢以來從無是矣是以天唯眷德世則呈祥嶢關謦絶知塞外之無虞大海波澄識中原之有聖瘡痍畢淨於中朝妖眚全消於化日對銅駝而無荆棘何煩索靖之悲聞啼鵑而辨興衰詎致堯夫之歎覩斥堠之空存烽烟寂寞聽謳謡之相繼士女喧闐於是聖天子端拱無為得肆餘閒於講論諸大臣調和有道時寄豥職於搜羅固已文學振興于鋌不事矣不意西陲猶藏餘孽何當北伐勞我至尊然而彼實有辜天令自絶王師壓陣僅能一戰而倒戈玉輦臨

邊豈待三年而滅敵殄除醜類窮猿與狡兔齊收掃盪祲氛障霧及蠻烟俱霽入關聞將士之歌薄海奏臣民之頌 臣伏居草野髫髻而事詩書幸際昇平組紃以為吟弄私心自揣給筆札而摛詞望闕何由紀宏勳而作賦適因 督學張公自任揄揚之分廣徵歌頌之章爰來下里逮及巴人不知所學敢誇夢鳥之才粗解拈毫用獻雕蟲之技惟所採擇以效賡歌

其辭曰

伊皇王之受命兮俯六合而為家寶黔黎之所仰望兮戴尊親而何誇將徒登斯民於衽席兮惟主德之無邪上以對祖宗而非渺兮下以式萬國而非遐眞金甌與調玉燭兮卜萬年之永嘉念昊蒼之眷顧兮亦將鑒而無差若乃值聖王之當陽兮斯規模之可紀或文德盛而肇修兮或武功成而不易莫不藉詞臣之藻絲詡天威而賡喜起然而世事無常前型猶在茫茫青簡不知幾易興衰浩浩黄輿倏爾遞更成敗歷觀國運之推移卽係才人之梗概庾信有傷心之賦喪亂為懷劉琨多感恨之言詩篇寄慨矧明上表憶鄉里以何堪子美無家訴窮愁而莫外是則痛風雨於二陵望山河之兩戒至如徐陵許國王粲從軍帑登樓而作賦陵負羽而摛文亦復行間悲惋字裏酸辛甚至雄各乘權英賢供職征南帳下偏多倚馬之才魏武軍中不少揮毫之客翩翩記室阮元瑜且為飛書奕奕才華陳孔璋從而草檄凡此諸端原非一節塞遭亂世徒成愀愴之音幸在熙朝豈乏雍容之質自古其難於今為烈粤自 清皇丕建玉曆重新百千年之基業鞏如磐石億萬家之歲月藹似陽春洛下之衣冠運振江陵之文武道興外及金馬朱鳶居遐荒者亦皆底定內而秦關閩海隸版圖者倍覺澄清卽有强藩梗逆叛黨驕恣要祗自甘絶命曾何少假揚威化比膏霖盪寇靖三方之難功高山嶽平淮勒百尺之碑紀卿雲而歌復旦遊化日而樂重熙筐篚於辭章之國絃歌於墳籍之司 天子工詩坐九霄而旰食侍臣簪筆直三殿而書思斯眞太平之羽翼抑亦休明之鼓吹矣迺者噶爾旦以逸焉孽種蠢茲醜類生西北之勁俗稟天地之戾氣不須正朔公然竟犯邊陲罔奉王章敢爾來侵土地豈自恃山川險峻任來出沒之何從部落縱橫埋伏攻戰之無際肆猖獗而無何逞跳梁而莫禦者哉我皇上乾剛獨斷神武威昭籌邊況瘁望治焦勞豈忍

使蒼生顛厄猛獸咆哮煩　睿筭之三思孰提戈而却敵奮　天顔之一怒誓滅此而來朝衮冕臨軒恣爾廷臣詔傳中外維朕北征司空整轡司馬揚旌羽書紛集軍聲沸騰三秋命駕十道徵兵製芙蓉以爲帳兮堆翡翠以爲營分龍蛇以爲隊兮雜鵷鷺以爲陳望玉關而迅發兮指紫塞而遄征鐵騎嘶風不怕渾河水冷金笳吹月何愁絕域霜清列仗晨開梴槍曉落牙旗夜捲朱斗宵澄統轄寄寰中之元后指麾兼閫外之將軍按鎖而無遺其事聚米而盡見其形驍騎飛時唯尋兔窟奇兵到處直搗梟林戟手科頭者累踰萬計超距投石者動過千羣鼓吹而敵人破膽金鳴而蠻卒消魂前矛其利後陣猶精既三戰而三北復一縱而一擒況乃神符感召天祐承平有意插泉拔刀而荒山瀾湧無謀止渴正冠而古井波沈精誠足以動天地志氣足以洽高深是以讋夢鐃武盡掃烟塵利刃横馳快於破竹長戈銳進下若建瓴俄焉自絕已矣無人聞霆電之轟喧萬里威靈大震覩僵尸之積疊千山草木皆腥雖三回制勝而一戰功成獲嘉名縣聞喜爲城霽景方妍日月爲之融朗光風旋動士卒爲之欣榮於是名刻天山劍封青海事邁前王功垂昭代春回辟壤放牛馬以常安手挽銀河洗甲兵而不再班聯濟濟羣稽首以賡歌隊伍糾糾咸伏闕而奏凱論羣僚之爵賞差等無妨沛兆庶之恩波四方一概士林相競爲譚詒草野共生其感戴聊借謳吟畧抒忠愛伏維　張公恭承三命督學兩江家聲嗣陸才藻潘揚既專心於讐校遂雅意於頌颺弘篇揮洒逸韻鏗鏘率爾多士頌我君王兔園帖括之徒效祭獺者盡歸藥籠螢案揣摩之子能雕冰者悉付宮牆古歌排律從乎所好散行排偶各見其長於以達其忱悃豈徒事夫鋪張鋟以國門不泰燕然之勒雕之史册何殊皇矣之章　臣以微才亦遵前路不慚懵昧而爲斯賦賦曰唯天之德照萬方兮風雷雨露亦兼施兮唯地之德載萬物兮榮枯舒慘不偏值兮唯君之德配高深兮極此時艱及萬民兮赫斯一怒淨西陲兮獻俘告廟如振落兮武功丕定超唐宋兮嵩呼忭舞遍康衢兮南北東西胥奠安兮億萬斯年允無疆兮

淮海安瀾賦 并序

蓋聞聖王之在上也河清有頌海不揚波今豈其時歟何其與吾所聞者適相合也余生斥鹵適當望若之鄉歲睹耕桑幸免為魚之患仰化日於滏陬荷甄陶於牧伯既承命以援簡爰拜手以颺言其辭曰

覽皇王之式緒握貞符於睿謨唯天人之一致合上下而同流洩玄機於寶道悟修悖於咎休彼否德以忝位乃聚亂而招尤稽嘉祥於哲后自輜輧乎寰陬若夫上古之世 山出器車河出圖馬屈軼生堦華封祝䇲龜龍育於宫沼麟鳳遊於郊野風雨昭其和會日月貴其光華遐哉盛德斯為最已由斯而降祥瑞代徵有德斯應無物不珍天顯其寶地獻其琛雪亦呈瑞雨亦洗兵寶鼎作歌黃雀稱神渥洼天馬雍都白麐歌叅秀兮兩岐擢嘉禾兮九莖產靈芝於紺殿溢甘醴於泉陰凡茲一物之細一事之微莫不效神奇於盛世而況於九州四隩之巨浸與夫山川嶽瀆之精靈夫其懸流千里百折不窮桐栢是導沂泗其同側被淝水遙帶羽蒙下經澤國直抵高墉洪波東注勢接溟濛碣石既徙宅隩攸通南浮閩粵北漸山東蓬瀛列岫江漢朝宗激湍洄洑狂瀾簸舂震蕩乎六合淼變乎蒼穹巖島夷而混日月夾輸輓而鬬艟艨囿淮海之大觀也爾乃濁浪不興洪濤俱靜岸谷免其遷移枝泒息其流競夏不漲而波平海無災而風正豈天道之自然實百靈之效順淮之清兮其流汩汩上偃長堤下豬沮澤羨板閘之安流壯天妃之廟食蕩微波於清籟纈細鱗於白石繫泛濫之無虞信往來之舟楫海之晏兮其波浩浩颶絕波澄烟明月耀識蜃氣之朝升聽龍吟之夜悄修貢職於外夷聚賈舶於遠島望萬頃之悠然嘆浮槎之非渺念災沴之不作喜川瀆之凝休考祀典於封內備聖主之懷柔伊天子之當陽成一統之殊猷允哉盛德蕩蕩優優吾將與之極睿慮探皇修上媲堯禹下掩殷周又豈必誇海若以紀盛禪梁父以稽謀鄙漢皇之雄畧陋秦帝之東遊唯天人之降瑞乃協應乎九州茲淮海之咸若實永奠夫金甌

平山堂賦 應試

維揚古郡淮海名都扼楚越之咽喉控南北之津途襟淮泗於上流隸金陵之版圖濤濺廣陵播嘉名於古渡江通揚子壯水會於東吳蓋其城郭壯麗閭閻充物繁華結秀於通衢歌吹沸雲於萬井景因物彩而增妍人以地靈而表盛至若山川秀發原野曠夷雖乏崇岡峻嶺隩徑層區亦涉谿而成趣乃緣境而生奇隋堤亘北崑岡軸西沿蕪城之修路經板渚之故阯長雲折而北倚列宿帶以東迷則有平山之堂寂自前古高盤地肺都人雜沓以成羣騷客攀援而連袂艷陽之遊俄如雲上巳之飛花競墜冬雪逶迤夏雲奇麗藹送嵐光凉澄爽氣皆有以助其勝概增其雲異而凡所為澗壑相招烟蘿結契者又將有俯仰情移流連冥會而不可以悉紀者矣爾其為地也不紆不近或折或旋出入乎町畦之圃掩映乎雲水之泉處山林而非邈隔闤闠而成喧土膏沃衍逕陌芊綿爾其為勢也上接雲衢下瞰波渚華子之岡百重章曲之天尺五引樵牧而眺烟霞狎魚鳥而騰風雨爾其為狀也樓觀凌空檐廊倚樹金碧昭其輝耀塗塈新其丹雘前包禪智之山旁隣法海之路千門萬户雖遜美於馺娑左輔右陵亦齊聲於鄠杜爾其為景物也還山當户遠岫排空南徐表鎮北固爭雄望若几案之列隱如眉黛之横宜晴宜雨或淡或濃四時之變態不一而皆在乎有無之中兼之閒水浮葉繞堤列榆夏不暑而生風春無雲而披絮沼有浴鳧野有飛鷺翩翩雁鶩以翔雲隱隱鴛鴦之戲浦凡皆可忻可悦遊目騁懷以共娱乎朝夕撫斯堂之遺構竊景仰乎前賢緬風流於六一披文采於當年之有若眉山之才子實闔苑之神仙繼廬陵而振藻開東閣以招延若今者雖世殊時異繁華代遷而覽其勝蹟夫孰能已於慨慕而留連賦既奏亂未終乃復為之頌曰恭承嘉命郁郁操觚有美者堂峙此名都前有太守維歐與蘇今之司衡實為楷模仰其軌範而謂非斯人之徒

牡丹賦 有小引

齋中有牡丹一本名玉樓春較諸色為佳而今歲花開獨奄昔人之咏此花者絶少而佳者尤罕見焉余因廣其意而賦之

原夫牡丹者產自中州移來上郡旣裒延於故土亦滋榮於異徑千金易買連城且遜其方十里頻栽舉國爭為之競倘遇仙靈於瑶海異術俄開不誇蓬島之瓊枝佳名肇慶沈香亭北謾驚妃子之容天寶年間倒作騷人之贈脫靴殿上曾經綵筆而彌珍刻漏宮中對舞霓裳而倍倩誠為富貴之花不忝繁華之勝粤在昔而已然顧於今而益信爰乃雕甍繡闥綺户文窗紫絲步閣青瑣華堂罘罳窅窱屈戌迴翔園名金谷地接清漳林塘幽邃島嶼微茫列朱欄之百轉亘複道之千行以及三間茅屋半畝荒崗籬圃疏畦之下營丘瀘至之旁莫不藉兹花之雅麗增物色之輝光爾乃葉輸荷芰色踰蓮房絶離品物迥出尋常梅開花而隕綠杏結子而含黄惜辛夷之不久恨海棠之無香質本輕柔不比葵榴之肥艷姿雖靡曼豈同桃李之輕狂梔子則同心傳粉梨花則春夜凝霜呼櫻桃之小字謟豆蔻之篇章以芙蓉為臣妾以芍藥為嬪嬙陶令有東籬之色靈均樹九畹之芳若斯之類賦有遺忘凡為嫩白妖紅之屬啼烟泣雨之粧皆無以方其氣象並此堂皇此則王孫過而延貯潔士因而迴腸固宜邁羣芭而獨貴冠百卉而稱王者矣當夫春深忽去夏淺徐來紅稀後院綠暗前堦顧芳時而惆悵睹風景而徘徊嘆韶華之易歇倏茂樹而枯萎惟兹花之獨晚甫破萼而含胎蓋呈艷質綴綻瓊腮纔能宛轉旋覺㻌瑰晴色迷人透幾層之簾幙繁紅潑眼耀十丈之樓臺或遠迤乎錦障或掩映乎銅街絶不離披臨晚風而轉媚果然掩冉帶朝雨而偏佳取驗榴裙之淚胭脂點點如尋楓葉之林霜露皚皚粉蝶何來棟深枝而戀宿黄公不去過别館以頻催極研盡態綴此幽齋主人顧而樂之何以為懷於是出玉斝洗金罍延徐庾集鄒枚參差授簡繹絡傳杯窈爾紅粧不用燒殘高燭相逢越艷也須折作横釵釃酒一觴祝明年之全盛為歡幾度方昨夜之初開盡説荀郎染天香於寶鴨又傳虢國酣國色於濃酩讀學士之詩誠為絶調覽侍郎之作不是仙才斯即仿昔人之吟咏備騷客之俳諧亦何以盡名花之美而擅賦物之魁也哉客曰有是夫子言之

善也曷不從而賦之乃酌酒飲余而爲之賦曰花開兮翡翠爲床上玉樓兮傍紅牆伊微物之得時兮與天地而爲常花謝兮華不再揚悼美人兮悵難忘彼吳宫與晉苑兮亦草綠而烟黄花開花謝兮身茫茫物猶如此兮云胡不傷賦成擲筆垂頭太息主人醉矣客笑而别頹然枕藉乎花前願花一雙之蝴蝶

漱碧堂詩集選

古樂府

碌碌古詞

左亦不碌碌右亦不碌碌麥熟乳雉飛羸牛生健犢蠶娘五月賣新絲田家八月糶新穀場頭禾穗高連天夜月蓮蓬聲斷續牛不眠人欲哭眼見兒饑婦無帛里正催科漕運速倒囷猶久官倉粟官倉粟常不足今年又改加三斛

君馬黄

君馬黄我馬白 蹀躞雙行御溝曲 御溝流水遶宫墻一夜潺湲無斷續二月東風吹柳絲暖踏芳春芳草綠御苑青門大道邊高樓有美人如玉珠箔空明隔座垂屏山蒼翠齊眉覆黄金挾彈誰家子陌上凝眸見素齒飛鞚身輕蹴落花含情只爲嬌娘死黄衫客古押衙臨街繫馬問東家知他欲嫁臨邛婿一曲爭彈鳳尾斜

空城雀

空城雀生蓬科千百爲羣何其多飛來飛去稻田裏虞人刈稻張網羅網羅亦不密天宇空無極摶扶尚有大鵬鳥翹首青冥垂六翮嗟我鵬與雀殊形同所

托天高海濶相隨飛彼憂此樂將無錯

巫山高

巫山高高插天孤峯竦直連雲烟上有亭亭合抱之楓樹下有盤渦颯沓之迴川蜿龍白日怒相觸猿猱倒掛飛枝懸古廟何崔巍明粧尚儼然神女不可識疑是帝子魂蒼梧翠華曾一哭至今斑竹餘淚痕楚襄爾何人敢托夢裏緣得毋宋玉誕作賦徒虛傳虞帝南巡寧不返壞壁書存非脫簡楚國銷亡霸業灰荒臺雲雨秋風慘

將進酒

大笑古來賢與聖百榼千鍾尚有桀又笑古來放達徒為官秖乞步兵厨甕底可眠井可落一日不飲自不樂醉眼看天醒眼愁淵明屈原俱寂寞燕市相逢閭擊筑慶卿已老漸離禿大風蕭蕭易水寒請君為我歌一曲歌一曲呼醽醁口流涎手浮拍一瓢一石我歌君續生死可要酒不可缺豪家昔日絲竹嬌貴主園林明月銷美人愛子倏已盡撫觴欲飲涕沾袍涕沾袍思鬱陶何以解之麴與糟杜康造酒劉伶死莫言此輩非人豪將進酒歌且謡酒德頌樂府操勸君但學酩酊醉莫管紛紛死生賢達如牛毛吁嗟乎地厚與天高

故城曲

野草燒作烟故城土色斑頹垣覆荒塚落日春風寒繞城河水綠百里斷還續西湖廣陵濤曾唱錦帆曲隋家帝與嬪遺却故城春惟餘樵牧迹不生歌舞塵

五言古

詠史

昔有巢許氏，高尚玩世人。天下自不受，焉用藏其身。拱手笑揖讓，恥爲堯舜氏。洗牛與洗耳，見道徒斤斤。黄綺方晚出，採芝商山春。國事如懸錘，豈能付不聞。漢嗣一朝定，羽翼相與成。出處各有道，功名非所論。

其二

吾觀屈大夫，忠鯁有至性。苗裔自高陽，仕楚爲同姓。信讒良足傷，争寵寧爲順。一旦葬淵魚，身殘名獨振。漢代有賈生，懷才遭時擯。作傳向長沙，遇與昔時近。悲悽弔湘沅，慷慨過秦論。宣室詔雖懇，鬼神非所問。兩賢各守真，千古人同恨。

同邑侯魏長麓先生重修胡安定公祠落成即和原韻

民皆秉秀質，叔世鮮真儒。崛起乃豪傑，振藻輝邦隅。斯人孔孟徒，不亞程與朱。教化播兩郡，猶然滯蘇湖。魏闕一朝致，朝野式步趨。太學充直講，乃與孫復俱。經義得上陳，洋洋昭聖謨。儒者爲世用，豈必握鈞樞。推公娩伊洛，尊信良不誣。况兹桑梓地，後學思楷模。祠廟峙城麓，芳躅播修途。締造近千祀，傾圮隣荒蕪。蒼山抱灰淵，哀鴻增鳴吁。興廢賴賢牧，重修新欂櫨。捐貲繼倒橐，人知清益孚。善政次第舉，碣榜歌且愉。敬仰大賢後，式廬事咨諏。較彼貪汙吏，奚若判恒巫。努力崇正學，古今同一符。頹卒此鄉士，繼起振宏圖。

都門旅寓喜晤蘇審堂歸自喀喇沁國即送南旋用令兄易門見贈原韻

朔風動歸計，萬里馬聲驕。振策來沙漠，旋過蘆溝橋。東征越齊魯，淮南雲鶴招。下視高車客，攙擾成具僚。君身自仙骨，獨種靈山苗。王門敬設醴（時授讀喀喇沁國辭歸），去同瓌與霄。征途冒雨雪，煖席餘豐貂。歸與髯公道，春期許共要。

輓繆澧南少司寇（四首選二）

異才不世出，大器宜廟廊。維公瑚璉寶，得近日月光。蚤歲與華選，雲路森翱翔。受　命主文柄，江漢清風揚。諫垣秉風議，青瑣惜夕郎。致身歷卿貳，敷土田賛襄。晋秩佐司寇，秋曹肅刑章。五典晰毫釐，平允讞决詳。　熙朝方倚重，一德歌明良。惜哉賢人萎，遽應龍蛇殃。傳説本星精，騎箕排九閶。斯人不可作，朝野徒徬徨。

其二

夙昔忝深契投分固已久一别二十年蒼黄半回首
君臂廊廟選我困鹽車杻偶然來京師其時歲在丑
君自武昌來朝衣具抖擻（時視學楚中復命）匍匐見恐遲良
辰辱尊酒謂我荆山璞獻玉猶未剖誦我玉笥吟説
項常在口（曾以拙稿代呈王馬雨相公）遺貴辨越裳垂諭語温
厚（南遊後屢以手書見招）俄聞簉台階旋見歸泉畝生死倏一
朝功名垂不朽感激為知交抒情叙靦縷

詠梅（效何遜體應試）

清瘦籬邊影翛然琢雪姿半開纔近日曉寒殊未知
山禽占幽墅宿蝶揀深枝百卉應相妬芳華盡在兹

繅絲曲

纔見採桑葉旋聞繅繭車繅繭繭白轉手車呀呀蠶
老麥亦熟千畝齊收穫農夫赤體荷腰鐮隣女責絲
來羅縠

瑶瑟怨

佳人撫瑶瑟夜静不能眠明月皎如鏡空帷鑑嬋娟
理絃玉指倦促柱冰絲纏亦有秦皇女乘鸞昇紫烟

感遇

鄴下推應劉漢代有鄒枚自古英俊士曳裾不為諂
飛蓋遊西園珥筆侍瑶堦兔園閒應教作賦誇雄才
出入侯王第意氣真崔嵬麟閣盛勲業區區非所儕
恩澤一朝盡文墨數優俳維被佐命雄垂鈎渭水涯
後車忽相載奮迹乘風雷經綸固如此遇合何常哉

其二

卞生雙刖足猶抱荆山璞燕昭市龍媒死骨千金足
好醜自不知愛惡多反覆取舍如轉圜得失成羌蜕
知己雖偶然契合動冥默世人信耳目賤士慕榮禄
咄彼評書人厭此家鷄鶩

其三

對策首賢良藝文其末屬孝弟與力田鄉舉古之俗
唐初分甲乙宋代尚科目出處非一途進賢亦推轂
前明設制科取士惟文墨波流沿自今文運日郁郁
我生值休明橐筆事場屋十七次入闈屢遭黜顉辱
昨曾四見收徽才列薦牘（戊子辛卯庚子癸卯俱蒙特薦）巨匠判妍媸貪
人實秉軸一第何轗軻既勝旋復北譬彼席上珍待
聘仍韞櫝譬彼南溟鵬摶扶未云足早達寧知艱晚
成或為福撫卷勿復嗟卓哉宜自勗

貧也樂

人皆苦厭貧我道貧也樂貪夫日營營達人常落落
有命自在天無財非所怍曲肱不為貧飲水不為惡

䄻未待朝炊充腸勝羶酪布衣體自温不羨深狐貉
有時誦詩書有時仰寥廓真趣在性情至味歸淡泊
曠然君子心無累賢者學所以顏夫子屢空安窮約
視彼軒冕徒各有豐與薄為問鏡裏鸞何如山頭鶴

冬夜同蘇立原徐雪張良御諸子集飲薛方平宅上

霜月已過望故人忽見招嗟余嬰塵網契濶文酒交
思君鍵帷坐誦讀雅與騷玉軸萬卷書綺繡分裏包
我來共披閲勝似聞簫韶朝餐黃粱飯暮飲清松醪
醉吟紫芝曲閒賡白雪謡座上三四客慷慨皆人豪
散如雲卧岫聚若鶴鳴皋矯首望烟海良夜方迢迢

壽姪天隨四十韻

山木有本根江水同一源人生重倫理族姓胡不敦
况我同父人生汝為再傳六歲失所怙承祧一脈延
逮予實晚出同伴如諸昆僻寓東西住相望不隔壥
少小不自振老大困丘樊詩書多負累田園但棄捐
干時無他策屢試衆棘垣有若奔騠馬往往縶短轅
汝昔去京華奮志霄漢邊名譽冠時彥結交皆俊賢
藉藉公卿輩肯念夙昔緣從人復挺拔率祖蓋有焉
豈意稽延祖不逢山巨源旅食能幾時出入惟喘奔
再上北闕書淹留太學氊家信自南來葡匐挽歸鞭
寢門不可即風木俄相纏遊子方在途高堂息已奄
卒抱終天恨莫補劬勞恩五十雖云艾服政未為愆
所嗟貧且賤百事不如前家人羅酒漿觸緒腸内煎
室有齊眉婦不復同寒暄歷想盛年事茫如東逝川
半白髮相雜多病眼欲昏憔悴顏色槁衰顏行迍邅
苜蓿廣文飯濁醪從事罇無心對童稚有謂閉庭軒
為懽不擇酌良辰翻無筵丈夫不適意年壽何足論
有為詎衰晚成功非少年緬昔渭濱釣車載尚父尊
終軍雖弱冠請纓志徒存似茲伏櫪驥不爭駑馬先
夙具應世才况乃練達全遇合各有時功名在勉旃
知汝莫若我稱觴豈無言願汝益自保毋為憂患牽

擬科篇和薛方平

青雲不落地桂輪常在天紛紛擬科子奮袂相攀緣
人生欲富貴舍此斷無因良工不徙業惰農亦求田
得失正相懸毋乃天道偏或為沖霄鶴或為墮水鳶
愛之如拱寶棄之付便旋舟有檣則濟車無輔則顛
遇有時而拙事與適不然傀偉世常有迷亂古所傳
五采非一色目炫如雲烟瓊玖雜碔砆刖落不能全
卞和奉之泣淚下隨流泉誓將獻楚王刖足無由前

君抱良玉質困躓今幾年古貨無人售待賈將終焉
怪君不攻詩有才如劉錢怪君不作史有筆如馬遷
怪君不自炫文采何翩翩俛為掇科事常遭妻子憐

再東薛方平用前韻

賈生方踈罷屈子亦問天有才為世棄古今同一緣
出身仕明主遇合各有因尚釣渭濱水尹耕莘野田
慷慨佐征伐豈曰行義偏鳳鳥侶鸞鶴燕雀避鸇鳶
托契為朋友少壯相周旋稽古陟崑崙要當求其巔
致身雖未遑此事寧不然弄墨及詞翰一燈相與傳
觸緒不可斷如吐青雲烟豈惟性情露亦使面目全
昨日賦高山今日仰流泉君居班馬右我愧盧王前
馳突一千里縱橫五百年我欲捐日費與爾充酒錢
我欲入山林與爾同居遷朝吟窮著述夜坐定烏焉
事業付鉛槧名山亦翩翩窮知不富貴橋死為人憐

讀書四首

讀書不讀經如繩未引木隨圓因就方視直但為曲
古奥雖難窮義蘊可深復乃知飲食中至味惟菽粟

其二

讀書不讀史如鑑未磨治眼前一寸光物敝形亦移
馳騁千載上鑒觀有所思乃知參术功可以補虛脾

其三

讀書不讀子如流未灌注蠡測亦見深尋源得其趣
見道雖一偏立言殊訓詁乃知海錯中更有江瑶注

其四

讀書不讀律如醫昧診視良藥自有靈庸師誤投劑
罪疑因惟輕失出亦非計乃使儒者學不知文法吏

後讀書四首 有序

余制藝之暇粗涉經史子集聞管窺一二因作讀書四章法律之學未之講也以示友人杜右詩我友以為凡人之行當務者祇於書中求之恐言盡而事無窮且四民各執一業所處不同何必盡在讀書人哉乃變通其説作敦倫狗名處世行己四章視予言更簡切余取而和之因事有緣起仍以後讀書命篇並綴之序云

為人不敦倫枯枝蟠拱木萌芽一以息作器皆拳曲
舂舂父母心日夜勤顧復忍哉於陵子不食世家粟

其二

讀書徒狗名狗名忘自治業以荒而敗情以利而移
童子初識字儼然為人師痛彼膏肓疾不比傷肝脾

其三

處世近小利𠺝歆不盈注沾丐盡殘膏染指有深趣
昔人戒貪饕叮嚀如訓詁遠大不自期鼓瑟方膠柱

其四

行己不返求伐柯忘睨視取則既無憑和甘失調劑
咄彼謀道人乃為身家計變械日多端深文如酷吏

讀史

制科心欲灰文字束高閣虛上治安書不事將軍幕
一室有千載見聞何寂寞漢室帝逐羣剪除如掃籜
蕭樊樹功勳季布重然諾將相與豪傑微時俱落魄
龍門成列傳引類猶疑錯豈知梟父倫委懐在巖壑
所遇茍非時富貴寧吾樂

苦旱和韻

飛蝗起西北布陣如項羽（用東坡詩）遺種地上生橫空復
塞路旱歲雨何從驕霖化為霧纔自六月初經秋尚
如故豈惟草木枯花叢亦減趣我宅臨東臯田禾無
不具農有釋耒嗟士有仰天賦鴻雁適中野哀音亦
如訴秋光慘欲陰滅沒雪中雨

大風五章

大風亦何狂發我園中屋蓋薄無重茅飄搖散郊曲
坐嘆炊烟銷仰視空天綠令我腹忍饑朝餐不得熟

其二

大風亦何暴拔我溪邊樹臃腫雖不材陰森覆官路
失勢千丈餘欹側倚桓柱并令多年屋傾頽在指顧

其三

大風亦何雄吹我毛骨冽金行氣更肅威聲播林樾
豈獨千人廢山石為之裂我欲添衣裳囊中無寸帛

其四

大風亦何驟折我園中桃園桃吐華日灼灼顏色嬌
昔日曾賞睞今日委蓬蒿榮華不可常物固有其遭

其五

大風亦何久從朝直至夕遇物輒催傷籬崩架亦折
震驚遍下土細微何足恤茲理諒有因天怒何時息

七言古

過黃天蕩呈長沙陳使君

長江一線東西織黃天超忽杳無極千曲百折顏色奇受日者黃受風黑去山走岸岸如隨逆水倒天天欲仄雷門鼓聲浪頭滚蒼茫吼變乾坤色行人戒嚴青山下反云風正行不得飛帆忽忽向天流舫頭高下百十刻瘦蛟舞波魆魆行老魚跳浪亭亭直水面高掀蓬腳低安危畧隔鮫人國仰天大笑此何時軀命猶然供翰墨得意馮虛且御風天能㨪命人㨪力大江東唱鐵綽板曲終已是長安側茫茫水上有情人日暮江南望江北

冬日遊焦山夜宿松寥閣全句曲李芷林江都郭商山暨兒子禹用東坡詩韻

甕城虎蹲何眈眈翠峰倚薄江之南金山泝流更東折焦巖北固參為三落日清風半帆駛殊異登陟緣叢蠶仙宮杳冥竦毛骨頃離壓世忘羞慚波濤四望獨孤立山根下嵌蛟龍潭松寥前軒更空曠江風雲月恣情酣同遊仙侶遠攜酒解頤一醉多雄譚山僧出遊久不返佛燈黯淡塵滿龕夜眠僨被不裹足朝饑哄羊情所甘平生愛山况奇絕嗜慾有似常人貪興來拾級歷危險筋力那顧難支堪裹糧再至與僧約一枝借我栖雲菴

賑粥行呈泰州牧

澤國秋荒歲窮促萬民漂徙江淮屬婦子扶攜雜老羸待哺嗷嗷皆枵腹富家耕穫盡膏腴坐擁囷倉粟千斛誰者惻隱無其心事不能行猶力獨鄉中父老恤流亡義聲一倡羣推轂屈指冬春半載遥計日公然有餘穀高薪大釜不停炊亂沸銀花浮暖玉朝餐期爾寺門開鳩鵠紛紛走相逐道路歡呼遠近聞笑執盆盂扶壞竹阿爺語兒兒曰嬉温飽猶當勝粱肉窮冬雨雪迷村市仰視蒼蒼復誰告皮肉凍皴腸胃空幾人得免塡溝瀆苟延殘喘幸有賴日食僧廚一盂粥東風吹野水無波好待陽春回黍谷嗟哉此輩非游民有田可耕屋可宿他年隴畝足安居此日饑軀何詬辱積善如何讓里人救時有術稱賢牧請遵良法遍斯邦莫教區區瞻鄉曲

贈方海槎學博

二十下帷誦文史冬膏焚盡秋螢死三十聲名動膠庠文章一枝登壇場四十壯遊走京洛班楊隊裏森翺翔有眼不識尚書郎五十浪迹清淮上悲歌懷古

情何壯胸中大有史遷書興衰百戰分劉項六十歸來舊衡門脱畧時流對儒人鬢髮雖衰顔色赤一卷一瓢忘清貧及今行年將七十矍鑠名場爭射策平生一第雖墋坷志氣如虹猶貫日猶喜墨綬晚隨身領取頭銜未為失廣文館首蓿盤照來朝日長闌干鄭虔老去風流在不羨他人逐熱官

錢達人枉顧即送公車北上

十月顛風暗河曲澄潭水色搖寒綠黄昏帆落孝廉舡敲門夜抵陳蕃宿屈指荒村數舊遊癖耋東頭尋小陸把臂空驚會面難重來但恐為歡促歲暮公車又北行三到長安衝臘雪我已垂翅向冥鴻君方翹舉追黄鵠輦下紛紛射策人春風並轡馳金闕人生聚散本無時且顧相從浮大白

浮香亭梅花和邑侯魏長麓先生用宋賢唱和原韻

草木因人不枯槁昔賢吟咏同傾倒我侯繼起振風騷簿書不令梅花惱羅浮舊夢杳難尋官閣春風開獨蚤何遜揚州亦法曹漁洋作吏詩逾好阮亭先生司李吾揚州有官梅唱和詩今先生亦濟南法派也公餘韻事久無聞壇坫非公誰迅掃謳吟兼得化邦人花縱殘時春不老甘棠可愛德可歌剪伐誰能同膺草浮香片石倚峻嶒流傳呵護憑蒼昊

喜唐石郊來村墅即席分韵

踈狂不改平生意拋却閒憂復千慮花殘只為好春愁日長穩伴閒僧語故人兩載會面稀夢中情態渾無據天風吹墮酒筵前鼓吹風騷真一助細雨輕寒未脱棉斜陽官道猶飛絮秋風棠首準相期金蓮揮翰傳清署江鄉兄弟且為歡竹笋鮮魚羨可茹

讀五姪天隨北遊草書後

丈夫平生不得意頗遭鄉里兒童戲坐守邱園幾度春馬能鬱鬱成匏繫昨年吾姪入長安奮翮秋風隨羽翰歸來譜就凄涼客再向雪中復行役莽莽川原戰壘横迢迢關舍長城隔猿哀虎嘯曉征時獨客消魂瘦馬遲登危歷險那堪數不信請驗囊中詩醉把詩卷閒吟久奇句驚人無不有兩歲空嗟汗漫行百年徒見揮毫手詩人從古悔封侯汝才豈合常覊愁搏扶他日青冥上萬里黄花賦壯遊

倣歐陽公聚星堂詠雪禁體物語

忍寒不出如凍龜縮殼運氣唯自知五花入夜勢凌亂漫空遍野隨風吹高低疎直盡變態森森着物生

鬚髭沾濡枯荄旋落地青苔石上鋪流澌細皴碎駁掌紋見有如氷繭縈千絲肖形奇幻非一類若非造化焉能為匀芒却避不知處陽氣覆壓潛幽滋南天氣暖少所積越犬怪吠成驚癡胡為山陰有此景乘舟訪友彼一時孤山山寺梅花發紛紛踏雪相扶攜西子湖邊寒浪靜水天照徹空明姿酒船遊屐雜還集江山興趣何淋漓我坐窮村無所適出門衹可窺藩籬朝來强起漫乘興小阮樓頭借一枝漁庄鴨浦不復見迷漫廣陌無人馳捲簾同賦清寒句夜坐仍傾錯落卮三更又聽打窓急醉眠萬事歸淳羲羽衣仙人招我住夢中髣髴曾見之

雨後憶南園梅花倣楊誠齋體即用其韻並示景師

昨日看梅誰醉倒料峭春風盪吹帽夜來微雨花逕濕蝴蝶夢寒飛不到關情怕奏笛中聲妬雨無何直到明不知嫩蕊全開否只愁花落隨風走粧殘半面不成妍錦碎千絲豈尚鮮香霑塵土同飛絮色染污泥愧白蓮我語主人傷此意除却持杯更無計不趁花時脫杖頭轉眼春歸麥又秋亟攜酒伴聯詩社狂吟爛醉桃花下百年如過一春中花易零落人龍鍾若但惜化不常好痴絶孤山種樹翁

插秧歌 雜言有序

南山之田惟種豆今茲時水被堤囙命僕引流注之種稻滿畦青青可待不費車牛之力坐收刈獲之功天下豈有是理爰作插秧歌以省記云善歌者使人繼其志此亦余繼志之雅也歲月不同體製則一增諸卷帙以代報蜡之詞庶農家者流採而歌之

乙亥歲農登麥仲夏交陰在腹上田下田俱插秧三時雨足沿溪綠我有一丘田近在南山西年年種豆豆苗稀今年種豆爛成泥翻然變計耕且犁決陂注水為稻畦稻畦青青稻苗圻莫田土化由蒸濕既不須牛車亦不煩人力朝種一畦秧暮臥南山側南山之樹鬱蒼蒼南山之田堪牧羊三時雨足沿溪綠上田下田俱插秧乙亥歲多豐穰倩人力穡我自笑如此逢年非所望

李母孫太夫人殉難詩 次孫奕仁請作

我聞揚州甲乙際運丁百六羅兵燧居人俘掠勢難全污辱紅顏凡幾輩陋軒曾賦李家孃巾幗芳型堪百世暨手太母秉霜操奮然自刎真難事匹婦何當

溝瀆經刳腦屠腸凜若生臨難豈知還顧惜傳家此事良非輕時平掃室驅黄土墻邊一穴藏遺譜封錮儼然石室銘百年宗派存此縷家世由來自伯陽支分派別爭豪芒由越中葉幾何代洊遭喪亂無遺亡窮壓歷叔伊誰力母也捐軀猶秘惜閫範徒欽陶孟風國典應光班范籍女子自古重堅貞寡鵠哀唱誓守身允矣煌煌忠與孝摩筭隨樓非比倫

醉歌

吾不知滄海之深兮又安知華嶽之高廓然者宇宙不足為其濶茫然者古今不足為其遥嗟吾生之所適唯杯酒之陶陶紙窓明月十四五清輝透戶森霜毫興酣獨飲窮賓已逃自耕自勸無喧無囂可以鼓趙瑟可以讀楚騷可以摹張旭之草書可以賡楊惲之歌謡忽不覺漏板之聲促而見燭影之烟消問執壺之童子盡滿甕之松醪醉懷傾倒醉語奇豪滄海之深華嶽之高宇宙之濶古今之遥世人驚聞而駭汗總歸諸酩酊之一瓢區區身與名何論窮達遭憂愁𩯭𩯭非吾曹

用少陵起句投贈清湘先生

神仙中人不易得野服黄冠見風格採山飲水情何深避俗無心希隱逸少時意氣薄霄漢森然五嶽横胸臆坎坷磨滅老且貧鸞凰屈作樊籬翮十霜橋寓包昭城雲霞落落無儔匹訪舊頻過柳巷東咫尺高標不可識淮海寺僧曰耕隱公之至友我膠漆西來引我登公堂塵埃下士蒙推挹光燄虛將頑石珍羽毛錯為山雞惜我本迂踈率性人入世常遭達官斥百年人物待爐錘願將方靈換凡骨玉皇香案近蓬萊提攜好逐清湘客

沙田歎

江水東流日充斥海門巨浪高千尺盤渦現出青玻璃裒延洲渚無南北東海桑田幾萬頃有力得之為修埂我家畬頭不讓人截江築岸如雲屯爾家畬頭僅一角約畧春蕪湖半落連人結黨走相爭長刀利匕横胷所縮者疾走要股傷進者傷多半死亡親朋對面為攘奪紛紛此輩皆毫强縣令官卑不敢捕刺史堂開為擊鼓丈量官吏下江邊比疆彼界寧無主沿爾罷還爾田爾曹爭奪何紛然陵遷谷變尋常事慎勿貪天累子孫

祀灶曲

赤豆錫盤晨祀灶神享椒馨馬飽料驂鸞乘鳳不可

當神兮上升白雲鄉林間殘雪迴風翔爆竹千點明星揚家家厨頭燈燭光歲寒享祀灶居一奧穴屋漏無蒸嘗虔誠致禱主人跪里巫村嫗徒傍徨奠椒漿正直由來神姓張 右送神

其二

烟為車兮雲為龍靈旂縹緲東風洒上天下天一瞬間神兮歸來歸卜瓦杜詩瓦卜傳神語 厨頭燈火徹夜明家家灶下無積薪飯香餳白酒更清年農享祀當虔誠人間善惡復何有展禽窮阨盜跖否天帝夢夢如不聞禍福公然由爾口爾神為我降禎祥明年祀爾烹肥羊 右迎神

沈子厚訓導過寓齋與山陰黃儀甫夜話

沈郎攜酒情何極旅舍寒天伴孤寂誰與剥啄暮能來意中疑是山陰客相逢忽憶别離時蒼顏又復三秋隔笑我囊之沈郎錢何期有酒同君吃一夕壺觴醉放顛半生書劍愁蕭瑟斯人豈合老蓬蒿京華冠蓋需君入為君先作送行歌枯柳河干不堪折且泥當前未盡杯百年聚散今猶昔

送飛蝗

我聞螽斯之羽生蕃詹以一化百曾無差今茲遺種遍地上計數當直恆河沙經時涵育生翅股飛向晴空落如雨前隊過盡後復來三日縱橫塞天宇蔽日漫空浩不收南去平蕪一千里初言蝗多不食稼但食樵蘇盡茅茹漸閑屯聚肆兇鋒東家百畝無遺數眼見狼猖莫可禁令我中心憮然顧爰有空中大嘴烏攫拿禽雀如孤雛肉食同類害及無辜大嘴大啄張雨足百烏之中爾最毒爾何不滅蝗族啄蝗肉千百為餐飽爾腹又有籬邊燕雀羣朝捕粉蝶暮蜻蜓蜻蜓粉蝶乃不惡日向花間恣戲謔何似爾蝗災獨苦食稼不留秋寸土田野雀羣飛逐燕忙何不有足蝗[碎]之羽有吻嘬蝗之脯使之不得害我倉箱毁我場圃含卻嗉中餘飼爾巢中乳但使驅除為民害禽鳥於人亦有補若輩無知竟罔聞令我嘵嘵意何取歎然雷雨起天末掃除撲滅猶神速南北東西何處飛折蝗之翅斷蝗足盡作海中魚與蝦始信天誅不可贖

過催麥村和陋軒詩韻 催麥鳥也村中多此鳥故名

村南村北鳥催麥低飛去麥不盈尺麥花落地泥亦香麥浪翻空雲亦黃饑來便啄隴頭穗田父待鋪未得嘗屈指種時莫可數待到收時相聚苦勞力不如

勞口功休薄讀書慕行路

五言律

恭進

寶曆無疆頌四首

其一

帝德昭千古
皇仁慶萬年虞絃揮盛世景運際中天有截歸環海
無私協　睿乾光前兼裕後　寶曆頌綿綿

其二

踐祚膺姬曆羣黎奉
至尊山河頻獻瑞甲子復調元樂利功原普陽和氣
自温膠庠崇棫樸多士得沾　恩

其三

至道歸無物烽烟靖八方馬飛秦塞澗雉貢越波長
廟筭殲遺醜　神功耀遠光昇平同擊壤寰宇慶
無疆

其四

瑞日麗
天階虞巡應節回山鳴前騎動雲擁後旗開仙侶呈
芝蓋都人捧菊盃謳歌環　翠輦侍從有鄒枚

讀汪蛟門先輩百尺梧桐閣集書後二首

先生吾父執詩在白歐閣脱口爽如果隨心圓似環
趨庭知郢曲作椽起清班千載京華客曾闓日往還先生與先子先後掌制西清交好甚篤

其二

舊本多年失重看眼忽明不知窓北月已共斗西傾
逸響憑誰繼遺徽係我情頓令羸病體坚坐又更深

覽社湖和先憲使集中韵

隔岸分湖水淮天涌漫波春深皃雁少秋晚稻粱多
收笛開青朧漁舟覆緑蓑已無孫秘監珠㶁夜如何

賦得鴻雁夜歸林

蕭然秋氣至鴻雁每知機背塞來何遠歸林夜不違
内地聞應少姬人聽亦稀獨有江湖客孤眠與爾依

楚江清明前一日舟中雨雪感賦

江亭頻坦腹何事復披裘雪妬清明節寒生杜若洲
風波淮楚涉歲月古今流我自悲羈旅逢春肯浪遊

重過八寶喬氏園亭

水郭東城近名園北望開寄情堪縱櫂園名選石一登臺
地古多喬木春深尚落梅佳時便眺咏猶記昔曾來

其二

往日滄洲客清時紫禁仙黑頭猶未艾拱木已成阡謂石林侍讀
別業留名字高卬辨井烟紛紛來黨議重見漢安年時念堂復以林連被議

過淮口投淮楊楊觀察

放舟淮口岸落日晚峯低不見飛花亂惟聞杜宇啼
故人愁裏別謂紹典楊僉日春色到時迷歷盡寒暄態歸家尚敝綈

潤州甘露寺

甘露何年寺三山積翠分檐廊虚貯月欄檻半横雲
潮迅驚鼉吼天空見鳥雲循途躡修埂嶺日已斜曛

春半

二月又將半杏花深淺紅曉風吹不放春意若為濃
水面魚喣沫林間鳥躡蹤倦行依樹立落日淡春容

偶成

白日行將暮青陽候已奄梅殘吹笛渚草緑𣙜香巖
壁火觀書倦盤飧養志廉安貧須小婦井臼力能兼

立秋

炎蒸不易謝節序已新秋落葉依宮井瓜期過女牛
笛聲空外動河影静中流可惜尋常飲三甌與兩甌

長至

夜雨忽無跡嚴寒莽莽風天時隨滆轉鄉俗與年同
曉日三竿白花磚一線紅何當拘禮數筋力似衰翁

僧舍咏白蜀葵限韻

何年來蜀地佳種播墻東錦里千山外雲亭一夢中
粉垣朝雨淡蓮社綺塵空愧比秋芳晚心傾向日風

新秋晚興

漸有秋來意園林遠俗情涼生桐葉檻蟲響槿籬城
新月初三見銀河一水明焉知天上匹指日待橋成

七夕園中小集

月沒黃姑渚雲生白帝秋穿鍼知令節乞巧讓粧樓
露網蠨蛸織風枝絡緯愁一尊清夜酒乘興待牽牛

經宿遷縣 友人吴承絧居此未及過訪

漸近鍾吾驛經過伍相堤抱城河水濁分野楚雲低
驚急宵鳴柝關征曉夜雞夢中吾訪友咫尺路多迷

月下

青蓮塵外士高咏一時新對影無二我并月為三人
此時思共酌何處待情親忽遇嵇山老金龜換酒頻

歸舟即事

昨日沾微雨今朝候好風船頭䲩畫鷁水面逐晴紅
道路憐逋客天涯識寓公浪遊成底事淮海一孤蓬

其二

只此歸家路迢迢海岸東月明三島外人卧一舟中
朧麥晴翻浪溪雲曉度風流鶯啼客夢不與別時同

城西訪菊有懷黃儀逋 儀逋墓在蘇州虎邱聖主欽賜石碣書詩人山陰黃逵之墓

尚紀淵明宅城西傍水涯斯人嗟已沒殘菊只空花
迴野霜初淨寒林日易斜攜歸三兩種寂歷向誰誇

路經小西湖春雨堂故址

廢址憐幽圃荒丘遍草萊縱橫堆亂石欹倒認池臺
勝事聞人說名園傍水開湖波何淼淼無復畫船來

東皋石氏寓園

異縣頻來往閒園復寓居綠陰春更密爽籟夏偏餘
漫把山翁酒真慚食客魚對床猶有伴明月小樓虛

僧舍雨中

黃葉城南寺幽偏頗自如隨僧炊午飯帶雨摘畦蔬
市遠衡泥怯籬荒把酒疎客懷聊寄興氣習未全除

內庭夜雪

禁苑迷金闕寒花燦玉京背燈窓已白無月夜偏明
夾雨侵堦濕隨風入夜輕近聞宮漏永滴破夢歸情

塞上雪晴

六花飛已空亭午日微明地欲氣天色晴猶作雨聲
揚鞭難擇路出塞望連營白雲深漸汝陽春賦不成

渡黃河

莽莽黃河水朝乘一葉過北來浮地濶西上接天多
窺漢非吾事垂綸柰爾何澄清歌聖代吾欲狎風波

南歸和張良御太史見送原韻即致都門諸先達

白敗蟾宮興難邀玉杵靈去同遼白豕歸遂海東青
鳳舉真堪羨鴻飛豈願冥笑非沈陸者空見岸楊舲時故園有水災

過峴山

峴山推羊傅登臨待後賢此生真達者何處更潸然
烏道長空外江流故國前雕鎸一片石陵谷幾移遷

過白蒲訪姜自芸太史不值兼懷文甫給諫

華表倚崔嵬雙橋指顧開登堂唯拜母題閣憶多才
得馬身為累迴戈興未灰難兄鐵鵲起高步上鸞臺

送沈滄扶召試入都時予將入閩即次留別原韵

夢已馳燕闕名應罷漢廷藻思春入彀華袞遇堪銘
烏慕遷喬侶鷗隨渡海萍蠻風衝臘雪遠道敢求寧

繆湘芷京提後以書見招不得即赴却寄

同忝狂名久沈淪氣獨伸幾年辭故國一第忽驚人
婦隔重泉影兒艱寄食身青雲雖有路無柰困風塵

長安元宵

今夕是何夕中旬又復中髮摧頭上白柑向日邊紅
愁惜通宵月寒添禁夜風王侯多邸第歌舞幾曾終

風鳶

縱有千尋勢虛乘九萬風日邊猶自杳天際莫能窮
柳陌嬌鶯燕晴空舞蝶蝀顛狂雖可喜伸縮任兒童

客中七夕

雙星靈是匹分處碧雲霄一水原非淼經年却悵遥
人間無彩鳳天上有藍橋竊藥甘幽獨姮娥特自嬌

其二

曉夢雲初散河邊歸意遲祇憑秋有約不抵別無期
騐翔辰雖集占星畢尚離夜來風雨驟觸景動鄉思

七言律

康熙六十一年十一月壬子

大行賓天伏讀遺詔不勝哀感竊見教習臣徐鼐述

德抒情作詩四首因次其韻以紀愚忱之愛戴

云

御宇垂裳六十年皇風廣播遍山川熙皞豈易名堯德長養唯應繼舜弦文武欽明天獨縱詩書謨範道兼全即今徂落頒遺詔字字心傳印卻圖

其二

神武空聞古帝傳堂堦萬里與周旋三藩勘定清氛祲四仲巡行歷陌阡北極河山歸壽永南遊花柳帶春妍小臣幸得瞻天近曾向彤墀捧御箋辛丑年曾隨大司成詣闕獻壽兼上徽號

其三

椄統誰云本至尊舜趨堯步始千春鼎明乍惜龍髯墮銀海空愁雁迹新赤子哀號瞻柏寢繡衣雨泣洒楓宸誰將夢裏如椽筆刻畫昇平繼史臣

其四

尺一遥頒四海俱龍飛如見萬人趨疇咨已識膺天眷禪代新承本帝命武烈文謨欽世及禹肩堯顙慶山呼枯葵已欲辭春夏涕泣沾恩又賜逋

呈天宗伯德清蔡世兄

歐蘇自昔不言恩始信恩深未可論喜我先人能拔士多君雅度獨留髡文章蚤重鰲頭選典禮新加鼎首尊第後和神今日事青雲有路仰龍門

慰江蘇撫軍儀封張公被議

中丞雅望重三吳獬豸風清久握符豈有今將非逆命尚憑掩覆得稽誅被剃寂寂寧知鬼視赤紛紛莫匪狐記取封章詳欵叚不虛公道有吾徒時江蘇紳庶俱有呈請題保留

呈兩淮鹺憲大中丞謝勿亭先生

星象中台畫戟開江淮重賦荷公來權鹺蚤識和羹用裕國還同繡衮才瀉滷生民歌樂業壺漿父老慶春臺俄聞借寇沾恩幸萬竈歡聲動草萊公時留任一年

其二

江東太傅躋崇班坐嘯維揚氣象閒節越文膺臨重鎮典型今復見人間九州貢錯形鹽白五嶺山連象郡斑曾記空羣邀伯顧軒車又喜得追攀

廣陵僧舍喜晤唐太史赤子

慙予日下著虛名清禁春鶯荷蚤盟喜輟爐烟馳驛

使遥瞻紫氣駐行旌萬雄文屬當途雅御李君叨不世情心折詞場唯宋景郢中一曲愧無成赤子是人辭歷絶一時

寄伯兄天冶縣令時近誕辰

弟兄離別感茲辰揆覽春風幾度新三匝棲鴉常繞樹一行歸雁又逢春鑄來爐冶人知錯想共籌羹意倍親千里江關雖遠隔謝池幽夢不無神

送學使者方實川太史之任蜀中

形勝西南自古聞雲山萬點逼清冥遥瞻蜀道如天上暫賠征車作使星錦里絳帷春欲曉臨邛驛路酒初醒相思應有懷人句不比哀猿隔嶺聽謂盧雅雨郡使君

喜學使繆湘芷太史自楚中復命來京並祝五十

日下曾聞見彩雲曲江春宴蚤知名久欽才子爲鸞鳳共羨文章翊聖明化洽洪鈞看毓質風移南紀誦持衡即今袍綬朝天後正直嵩辰進玉觥

其二

悵望京華幾度春哀遲又踏九衢塵屢蒙以書見招不獲即至懶將書策干時宰快覩雲霄有故人掌制會看綸閣近歸朝翻羨玉堂新不關華髮餘秋氣自是辛勤典校頻

壽常州太守章岵齋七十時直内廷

才高繡衮直黄扉退食從容興不違肝膽照人清比雪珠璣觸手捷如飛時同詩社術良久著芳聲美保障尤推衆望歸好借春光進春酒朱顔鶴髮倍生輝

送武英殿修書王岩築世兄之任安宜

飛鳧仙令出京城不比尋常製錦榮萬卷功成歸掌握十年簪筆近蓬瀛通家久羨傳經學投分忻叨御李情指日河陽花事勝懸知睢植遍含生

贈鄭衣聞進士之任山陰

羨君綰綬蚤專城民社應知不世情爲爾蘭亭曾寄跡稽山越水待逢迎由來製錦年非少想見彈琴調更清風月無邊須有主鏡湖可許着狂生

簡雉皋石樊山農部

抽簪暫爾謝朝榮蘊藉爲郎似長卿賦就閒居仍射雉名留粉署憶還鶯醉擕犀屐東山讓卧友琴書我輩情鄉黨相推兼齒分轉驚花甲歲初盈

贈湯溪令杜海樹先生

解組悠然得自如白頭晚喜共詩書引年甫及懸車日投分忻從總角初燕許文章垂簡牘瞿唐家法入樓鋤漢廷自昔榮更老翊運何妨卧里閭

暮春至東臯胡夢白給諫留寓齋次兼訂北上

名園開處絶囂塵花鳥春來愜性情墻角夭桃舒望眼風前玉樹撼飛英暫同對宅沾高義最喜聯鑣賦遠征此去燕臺頻聚首蘭盟久益快平生

懷舒城任濟滄教習客蜀中即用其集中寄蕭士揆三詩韵

猶憶金臺欲別時殷懃為索贈行詩隴梅寄信無來使蜀魄啼紅有故枝海上釣鰲成夢幻渡頭送客感親知誰憐垂翅秋風裏更遣離愁係我思

呈浙令朱勖儒先生 時年八十有八

先生名重斗南躔係我羹墻四十年詩律蚤從風雅得文章窜藉製科傳椿椵此日人稱壽琴鶴當年吏是仙鞍凝侯芭無舊分肯容問字到亭前

柬王竹所乞尊公野航集書字

先公秉節踵儒師桃李西湖半主持漫溯通家修雁贄薄言觀國表鴻儀紫微有集曾相賞先君有贈門人野航詩對策大廷知董子書天祿想揚雲句白雲無壁慎見貽欲乞珠璣隨筆墨傾囊且得遂懷私

壽念堂聘君病中枉過叙懷

京華刲袂惜從前淮海重來續舊緣避世不妨辭散秩養疴端可送餘年筍輿强病因吾出木榻空梁少客懸眼底浮雲多自有虛無消滅坐悠然

過江都贈新令沈聚五

首善維揚第一城名高薰相播賢聲栽花政寓經綸美製錦才兼撫字誠此日謳歌迎邵父他年霖雨遍蒼生任來京雒曾同寓晉接如叨夙昔情

喜徐象求令子攝篆泰州司馬書賀

白田官署憶尋盟昔常寓象求衙署玉樹忻看蔭已成鳳穴清聲堪振響牛刀小試欲專城尚書世德簪纓盛謂令祖徐元正世兄司馬新恩組綬榮喚作仙郎真不忝風流年少蚤知名

贈上元令王復蔚世兄

蘭亭家世溯宗風作序才名自古同國士曾聞空冀北先君拔取第一贈有國士無雙之句循聲今已冠江東祊筵製錦三山近繞鏡栽花兩縣公玉尺冰壺原有授又看桃李托芳叢時奉聘入闈

偶感寄許立崖府丞

素柰紅蕉入夏宜林塘難與慰心期青鸞駕杳終相待子燕巢空竟不知敢望科名同劫洗更無才調比陳思憑君寄語青雲侶酒肉朱門又一時

幽居和袁山人韻

貝闕琳宫喚不開端如蚌母護珠胎更無熱客乘軒至秖有春風掃逕來雨過欣然鋤樂圃花開遥見倚雲臺草玄淡泊吾何有錯比揚雄一任猜

其二

春來日月漸長舒身外閒愁總豁除策杖飽看雲駘蕩當門喜對竹蕭疏老能齊物全須友病不干人只著書卜築儘饒泉石興何須屏跡隱華廬

過淮上友人以湖艸送别扇頭見貽即和原韻謝答

淮海星躔隔帝宸望湖堤上望湖津已從農户尋耕笠更向魚師乞釣綸短笛生情愁落日片帆無恙送歸人憑君再疊陽關句萬縷垂楊似綰綸

其二

路指揚州古竹西隋家堤畔草萋萋薰風此去無多别紈扇重來憶舊題白髮能詩真碩果青衫混俗豈遺黎瀼西未卜幽人宅何處柴門月滿谿

讀阮亭尚書悼亡詩感賦

鴛鴦失侣慣驚棲閨閣傷心掩画帷萬古還魂悲馬角幾人鋏臂中雞雌歌來薤露靈旗杳望去秋原宿草滋我是悼亡潘騎省不堪重讀集中詩

欽賜進士田右軍以候補卒於京師送櫬歸里哭輓二首

才名宿昔動先皇御賜臨軒姓字香得路幾年同鳳舉攀髯一日附龍翔重闡絳足馳他縣時移稷寧都縣令旋遺招魂返故鄉八闋政成曾報最至今人説舊循良

其二

恢恢皇路任翺翔豈意才多與命妨製錦生前仍作吏修文地下始為郎君以卓異應補郎署賜書全付佳兒讀引紼惟教故友傷雨載京華同旅食翔雲秋月揔茫茫

哭薛方平歲薦

阮籍佯狂志益孤此生何處不窮途經明尚阻彤廷對瞎薄微分上舍祖黃皓有田終研北方平有詩云試問南山黃皓輩可能俱是沒田人烏公無聘到東都不才轉得邀天幸連茹于于半朽駑

觀海

滔滔萬壑盡朝宗日出東隅曉色紅孤蚤韻仄為樓徵幻境巨鰲竦背倚長空望迷杳藹三山外天入鴻濛一氣中今古滄桑無限變松喬猶恐未能窮

文丞相祠

寧海有文丞相祠久訛為祖師觀其後人經此欲復其舊而未能余愧夫鄉有崇賢之典而使之泯殁弗彰學士之責也因感事而為之咏

丞相祠堂何處尋（借用杜句）仙都未改舊碑陰薦馨此地幾何歲航海當年一片心顧得仰瞻仍宿昔却憐遺悮到如今懷賢弔古空惆悵愧我鄉人雪髮深

張學使試院賦平山堂

祠宇風雲護几筵山川猶誌昔人賢辯香競説歐陽守古蹟長留六一泉亭畔松杉寒籠霧堤邊楊柳緑生烟汴渠已廢隋宫圯何似兹堂歷歲綿

西山

京華幾載笑騎驢喜入西山暫卜居去住總因蝸角誤登臨不使馬啼虛高秋積翠諸峰上爽氣盤空百里餘此日牛羊隨意牧再來卯望似當初

過東平梁灝故里

歷盡齊郊復魯城征途迅速傍風塵青衫去國非吾志白首成名羨古人樹裏崗巒愁出入車迴碙塋倍艱辛停驂差喜無多路汶水東流接泗濱

過濟寧

二千里外望神京盡日篷窗計水程短篋琴書隨我寂長淮波浪與天平朝旗不見高牙動暮鼓空聞舊戍更閘口從來時事換秋風應惜濟河清（先君曾建旌是城）

韓侯釣臺

湯湯淮水抱城隈且繫扁舟訪古臺不是干戈興漢鼎何由草澤顯奇才千秋把釣王孫貴一飯酬恩漂母陪遺像儼然人共仰殘碑空自覆蒼苔

漂母祠

區區一飯值千金早識王孫不久貧高義遠能勝跨下荒祠應合建湖濱憐才幾輩輸巾幗題額千秋伴釣綸謾道龍門多傳會當年邑里獨傳真

黄鶴樓

武昌城外漢陽隈水撼風摇自古開黄鶴詩成黄鶴去白雲人帶白雲來滿川樹色秋千縷萬里江流酒一杯李白既亡崔灝没幾人攜句復登臺

過露筋祠

露井祠畔草芊芊春到淮南浪拍天宿鷺未翔雙槳急曉風初正一帆懸牆陰蘚石荒時代水際朱扉勝墓田風景不殊遺恨在娥眉頻為感青烟

句曲道中

渡江風暖拂行鞭，驛路東來取道連。四野山光春藹藹，一肩書篆腹便便。清時制舉隨人願，里社成名半我先。三度華陽如不到，幾時丹訣快登仙。

其二

午餐村店似相邀，緩步隨人過板橋。狹路疲驢馱客重，亂山斜日計程遥。羸軀小試春初暖，破帽重來髩已凋。喜值聖朝勤造士，江邊未敢狎漁樵。

自白下抵揚州阻風漫賦

舟航信宿阻江干，二月濤聲帶雨寒。折柁風狂如退鷁，張帆船疾似驂鸞。隋堤花月應難待，建業雲山久厭看。卅載名場艱一第（余入南北闈十七次，五次見售旋被抹），往來何異轉珠盤。

焦山看紅葉同耕隱上人分韻（上人本非淄流，有感而棄俗者）

流青疊翠遍山窪，秋老江南葉葉華。盡訝鵑啼猶有淚，誰憐命薄不如花。根蟠石罅知霜氣，樹倚澄心帶落霞。高下迷離都入眼，回橈指點白雲賒。

秦淮河看燈船

令節爭為清夜遊，秦淮簫鼓塞中流。青谿画舫咖波聚，桃葉燈光掩月浮。喜有新恩江剩使，恨無舊院李班頭。依稀似聽南朝曲，六代興亡總繫愁。

紅橋陪孔太守泛舟

荇沼河溪野徑通，對城樓角夕陽中。竹西有夢聞歌吹，水調誰人唱晚風。画舫輕搖波影綠，酒筵斜見粉粧紅。消魂杜牧前身是，果為隋家吊廢宮。

出都別儲六雅太史即和見送原韻

去國情懷最可憐，楊花如雪撲青氈。乍寒乍暖春歸後，愁雨愁風驛路前。山有終南非我住，水餘鳳沼惜時遷。江鄉到日清和好，晚蝶殘英也自研。

元旦試筆

擾擾勞魂作夢牽，朝來靜坐始安然。無窮日月摧人去，有幾親朋慰我前。門外蒼苔迷舊跡，窗間紅日是新年。强吟破寂尋生活，又得詩成第一篇。

人日

怪來身世總悠悠，冥吐新翻七葉稠。一日雨風一日雪，六時眠食六時愁。不期杜甫留詩史，祇羡劉伶是醉侯。彩勝春旛都看却，風光不上老人頭。

落燈夕江上遣懷

半晴半雨潤花枝，病懶驚心負所思。惆悵年華傷別後，寂寥風景落燈時。剪刀有恨愁難破，歌板無聲月也遲。不向江頭望顏色，春風愁絕髩如絲。

花朝雨中遣悶

愼悴羈愁兩鬢蒙春陰頻及夢難醒萍號又作今朝雨月離（仄）聲仍占昨夜星祗有青燈披卷牘更多綠酒醉娉婷舍人別後楊壇老記得當時最妙齡（俞綿泉中翰昔有家妓太盛今歿後無復存矣）

清明

纔過上巳又清明花自芳菲草自生冀北歸人慚故態淮南到日正新晴敝袍不敵旋風冷短棹難追去翼輕野老賣魚供墓祇錯疑簑笠是閒情

春盡日花前獨酌思賈舍人不須睡之句明日日會有客來爰作此以侍之

老去逢春春又去算來身世總悠悠花前獨酌一杯酒坐處寧消萬斛愁榆莢如錢難買笑柳綿似絮不宜秋朝來有客同歡賞且免斜陽獨倚樓（王西齋贈余詩云又閒送春作暮倚西山樓蓋謂余少時有倚樓之咏也）

穀雨憶故園壯丹用野航看花天壇詩韻

曾記晴霞護石壇好花無語壓雕欄消磨歲月東風恨寥落都城穀雨寒偃息隨時支枕倦繁華轉眼過春殘不知歸日濃香底猶得呼朋一晌看

端陽後一日小集簡徐雪堂

偶來花底問歸人隔面應知寄語真穀日登堂猶紀臘蒲觴續酒更添春盟言尚欲依三舍宦學何當繫一身投轄近來凡幾輩清晨　為拭車茵

重陽前一日都門示桂林蔣碁江太史

機事無煩日日乘俗情漸減道情增雙螯到手曾持蟹一驥何時許附蠅不患雲程迷向背轉愁風雨阻憑陵茱萸節至秋光好直指西山試一登

九日同清源令家滌村三兄暨兒子禹遊報國寺登毘盧閣

毘盧閣上晚登高徙倚三層意共超市捲黃埃空外散雲開紫闕望中朝少年喜接蟾宮近（時放將榜）老況愁驚菊社遙獵獵西風催肅景雁行橫處酒旗飄

臘八日戲答澧州牧

大澤龍蛇凍欲蟠黃鐘又逼季冬殘霜凝作屋烏啼曙日背松軒鶴語寒閒事人來聊漫語催租吏去暫相安粥香餳白家園夢不羨蘭江作好官

都門除夕呈侍御柴南屏儀部吳燮公雨世兄暨大銀臺舒城家仲

京華傲雪照銅龍除夕風光總不同栢酒杳無筵上綠梅花難覓故山紅青雲事業羞年少白水人情見

至公欲趁夕陽舒望眼鄉園迢遞隔燕鴻

賦得小欄花韻午晴初 考教習第一

輕雲逗日復徐徐天氣温馨細雨餘簾外舞風花欲活檻中移植錦頻舒流鶯弄語窺歌席晚蝶尋芳傍綺疏看取穠華常不歇蓬萊仙鏡擬何如

賦得楊柳風來面上吹 雍試第一

雪後東風細雨飛溪邊行詠柳邊歸吹來滿面皆和氣識得當前即化機候應摽梅回律蚤暖吹生浪過時稀緬懷曾點胸襟異春風初成好浴沂

其二

二月江臯百草齊微風拂袖曉凄凄未經狼籍催花信漸覺融和轉柳堤行樂及時春正好尋芳何處徑多迷曠觀鏡有無窮趣小飲旗亭日又西

賦得龍池柳色雨中新 京邸消寒第四集

龍池柳色雨中新萬縷絲垂萬縷金宮女鬟邊濃入畫侍臣衣上綠沾襟移來列宿雙星近望去靈和小殿陰暮靄沈沈森禁地絶無人折攬栖禽

雪美人限韻

縞素粧成倚別除無情刻畫本來虛乍能夜月簾前見不向春風帳底舒玉質轉堪銷烈火冰心端可濯清渠姮娥一樣同孤潔瘦盡瓊肢總不如

新燕和朱鹿田太史韻

社日歸來蚤占先金華邸第尚依然一辭故國玄冰隔乍試春衫玉剪妍青鎖門前飛上下花磚影裏掠翩躚盧家文杏棲尤好兩兩將雛似去年

紙鳶和徐南村學博韻

世間無事不兒戲提絜憑空任所之百種飛騰爭日下一場傀儡出雲墀鶯花儘覺迷人眼蝴蝶尤堪繫夢思柳陌風狂收不得葫蘆聲滿夕陽時

溪南古雙虹堂芍藥初開招楊滙南太史孫斗文吏部同賞分韻

藥欄春盡已多時更有芳菲照酒卮香濯紫袍擎露掌色傾粉黛比紅兒掖垣伴直憐詞客郡閣同簪得異姿堪羨瑞花成勝賞不關謝墅草離離

新篁

數竿猶記拂苔磯應許平安待我歸影漸過牆久鳳舞色纔侵雨籜龍飛雄風已覺凌雲上清露還憐掃黛微試向筍根尋稚子長身今作老萊衣

新柳

愛煞鶯黃吐嫩芽宛如青眼隔蒹葭漫憐人體成眠

數喜見宮腰鬬舞斜清戈江村纔拂影隋家堤岸待藏鴉重來定有無窮感贏得濃陰覆路賒

春雨

濛濛一望暝長空春雨悠揚致不同暖潤梅花初似露濕沾楊柳不禁風麥苗漸拔泥中跡草色全憑暗裏功應有兒童虛夢想紙鳶天際罷高翀

春帆

枯蒲也喜得逢春掛向東風渡水濆汎汎沙鷗難避影飛飛檣燕自為羣烟迷楚澤波千疊柳送隋堤月二分盡日風狂吹不歇綠蕪低暎滿溪雲

諸葛花 同圓子助教田旻碩分韻

芊綿紫穗雜花叢浪得芳名自蜀中豈有丹心知向日曾非冤魄化啼紅千戈隊裏饑堪食苜蓿盤中味畧同此菜可食滿地閒愁無可說年年開落任春風

虞美人

楚帳兵殘視死歸虞兮疊唤泣重圍染將血淚深和淺認作香魂是也非暮雨殘陽生怨恨荒宮故苑鬬芳菲世間尤物應相似蛺蝶何當姤舞衣

麥浪和菜蕪鮑長麓觀察韻

陸地何緣湧漫波隨風逐浪世間多溪光直欲分濃柳翠色偏能障蚤禾拆葦可航寧類海漸車雖試不成河年年野老吞聲哭落實充腸手自搓

菜花和韻

全憑灌溉發輿輿老圃春深滿屋隅蛾子銜時頻借影蜂兒啣得亦占鬚混來草澤何曾異插向單持也足娛匹似玉人初厭穠道裝風味軼時趨

梅花

僧舍茅簷寄傲斜東風二月吐仙葩枯枝倒影窗前雪老幹橫生竹外花只許寒山伴寂寞不貪春曉鬪繁華解人莫認胭脂好錯畫橫枝映晚霞

其二

不拘樓觀與山塘嬝嬝橫枝合斷腸韻格似饒詩作骨丰標頻認月為裳未憐玉笛吹三弄輸與檀槽鬧一場和靖死來無勝概那容豪俠領風光

五言排律

賀歲過蘇立原見元旦頌皇帝姘幪之德余亦謹紀一章以誌咏歌之意

感鳳啣丹至翔龍報瑞臻載歌三百首嘉頌一時新天子登封暇羣公獻替頻堯年書甲子禹甸協先春酒欲憑歡伯詩將採逸民喜無金革事老作太平人

臨雍

仙仗繞龍紋靈臺駿虎賁紫微移北極黃屋到南薰鳳詔頒詠吉鸞儀眂大昕上辛行釋奠有苾詠其芬頖壁勝初旭櫺星駐五雲濯玄將秬鬯雅奏動鼉鼓車服蒼精映旌旗赤羽曛玉枚堦草獻絲竹壁苔聞石鼓鳴天語銅缸染御薰時從卜郊禘饗過禪亭云後裔趨朝命真人幸水濆欝葱花蕚氣瑞靄翠華雯贊座傳唐后環橋拱漢君聖賢忻繫籍更老克司勳澤貢諸侯士經横弟子員閟宮元跨魯序射自通殷好道先虞夏崇儒重典墳百王推禮樂八代讓蒿焄萬國聽鐘簴千官荐黼黻君臣終古誼師表一人羣扈從瑶簪筆諸王曝采芹太平天子頌應共臥碑分

蕩平海島

顯比離明日行師解悖年布昭惟聖武掃蕩盡蠻烟混一規模大來同氣象鮮狡馬誰頓轡蠢爾我投鞭兔穴株邊窟蛙觀井底天萑苻容嘯聚卧榻忍鼾眠渠冦看孤逞三師綏一偏敝江驚木芾駕海命樓船蛟蜃難成市鯨鯢敢吸川幾千人入海五百客亡田貢服惟皮卉陳珠有毋蠙慰佗符璽獻李煜册書傳外國梯航入中朝車馬懸得非徒子女求石為神仙正朔行看奉輿圖取次編漁樵依日出耕種及虞淵百粤憑陵格三苗負固悛揚波應有頌還獻聖人前

初夏同唐石知進士暨諸子坐雙樹閣茶話限韵

入夏時方好初長晝漸宜鳥啣簾外蕊春老鬢邊絲亦有歡娛興何煩輾轉疑中途相聚遠初地到來遲夢醒聞鐘後心清放梵時寺深諸籟寂徑曲幾人知倒屣應緣我雄談更讓誰石床花雨潤苔砌綠陰垂樓外平蕪潤齋中繪畫奇茶瓜留客坐枕簟為誰移燕啄簷牙語風迎麥浪吹酒從前夜醉樂任故人為止水猶東逝輕車且載脂櫻桃消肺病楊柳繫離思茗椀貪僧話天漿酌滿巵

贈張良御秋捷歸里即送公車北上

展也青雲器圖南志未酬燕臺求駿骨冀馬列前騶
文囿才初展龍門價益收乙科欣擢選三策益陳籌
京兆先聲遠成均美譽留計偕仍旅食逌返有歸舟
鄉夢隨陽鴈輕裘渡濁流緇塵衝雨雪白社仰松楸
列鼎羞雞黍刑牲到犬牛親朋連日聚宗社一時修
奮跡攀榮路騫飛赴上游斗輝將發獄刃利定名歐
輦下羅英俊春闈待校讐遭逢希國士文采動宸諏
辨石應知玉遷鶯莫逐鷗揮鞭還踏月犯曉更披裘
愧乏東門祖聊抒下里謳送君千里目翹首望皇州

聞漏和唐人韵 京邸消寒第三集

樓月初當午蓮籌不報辰最能消酒盞何處着愁人
魚鑰含珠迥銀缸墮焰新箭徒寒守夜漏水激疑春
雪洒微茫度風傳繼續頻羈懷吟未穩曙色隱勾陳

七言排律

董子祠瞻遺像敬紀十四韻

廣川祠宇有還無此地猶傳待漏圖文景中朝勞使
相天人三策事江都但聞得失匡驕主敢議醇疵見
大巫初下帷時非絳帳不窺園處豈壺盧爭如天祿
揚夫子漫擬長沙賈大夫寢殿井榦星半揭栢梁雲
構草全鋤烟花三月仍隋苑俎豆千年自漢儒遺廟
錦官森古柏玉華古瓦竄蒼鼯春秋絕筆憂方大繁
露談經道不孤正誼仁人風百世賢良科目重三途
宮牆倒挾韓追孟衣鉢遥聽陸辨朱聲價終教誠我
輩文章班馬盡吾徒官梅閣秖供游戲文選樓空待
說郛獨有高山頻仰止蜀岡列水未榛蕪

壽家宰張遂寧公十六韵

山嵯峨處水揚波磊砢耆英自保阿因識神人生蜀
國況聞奇氣出鄞沱曲江益賜酴醾醞帝里先分錦
臂羅萬卷石渠藏幾許五星東井聚如何龍門姓字
占雲奏鼇禁文章白雪歌内苑每驚鴻藻發朝陽轉
聽鳳鳴和清時烏雀來秋遠盛世鷹鸇絕漢摩諫院
方平深待漏參知宗道肅鳴珂侯烟靄靄傳應溼卿
月乾乾省欲皤學使校讐勤更慎中丞雅俗鎮尤多

杭疏呂誨名逾重亟用馮京節不摩孔鄧聲華曾莫及裴王功業近誰過選階始正康兼德啟事惟寅細弗苛周禮百官推領袖魯論半部佐山河金甌覆定將杖卜玉燭調成尚素純又見棘槐庭樹裏彩眉春酒貳公酡

濂溪書院謁周子遺像

理學祠堂幾有無此邦猶自祀真儒宛然片石人如在想見先生道不孤四面青山飛翠入萬家烟樹得秋多盆蓮故故清香細窗草依依化雨酥紫氣何時銷鄂渚白雲無數滿蒼梧千年俎豆宋君子百世聞風聊大夫左右銘昏懸日月西南奧亦闢榛蕪高山流水芝城上熳爛虛空太極圖

括蒼山行

桃花嶺上路迤邐今古行人不計年鳥道幾盤雙掌劈羊腸十里九迴旋縱横虎豹爭盤地蜿蜒虬龍欲到天蹀躞紫韁如渡蟻籃輿錦纜似乘船山南山北全銀氣春雨春晴草木烟疑入蠶叢高絕處倒從人面看山懸

五言絕句

朱鷺歌 京卿消寒第五集　時西征報捷

烏壘朝乘障葱河夜合圍共傳收贊普決勝在兵機

其二

選騎還深入乘虛殲彼師蕃人猶赤子新識漢旌旗

其三

我作饒吹歌請勒天山石獻捷自烏斯長弓拓西極

其四

定策擒驕虜天威遠戰場旋頭新氣色昨夜落欃槍

過光武斬石人處

白水真人起秋風劍亦香不知何代石錯認試鋒芒

臺城崔府君祠

隋史讀遺文淇州識府君千年應廟食共穴罕曾聞

客路

小雨暗滋長桃花已過春故園寒食近愁殺未歸人

對酒嘲兵曹某

校酒來兵署督郵風味渾若教北海見應悔坐盈尊

其二

七日重來客一陽旋復同如何共把酒翻倒旅囊空

釣疑 雲中十景之三

漁梁不見人舴艋沼溪弄孤鶴踏不翻雪壓知船重

酒旆

風雪滿江村酒旗挑烟樹但聞酒味香不識雪中路

凍雀

雪晴羣雀噪飛去復飛還蚤知生處樂不向紇干山

飲酒

飲酒讀離騷屈原不必弔爾自沈湘江何如醉死好

其二

飲酒思淵明辭官北窗卧不愛頭上巾但惜腰折挫

雪珠有感

春雪不作花迸珠出天池乾龍何為者領下棄離離

錯書

潛龍將勿用沙子是何人可怪秋風客猶疑白髮新

端陽憶兒輩客郡城

酒缺榴花稀貧家時節賤領將端午雨添作杯中灩

其二

有子客邗江夢繞邗江渡歌吹沸天間應是竹西路

過桃源弔賈山人

岸上芙蓉落舟中露菊新山頭騎雀去便我獨傷神

其二

聞道桃源岸腴田半屬人蒲菊不釀酒誰與共留賓

七言絶句

康熙六十年三月十八日聖祖仁皇帝萬壽之辰予時在太學奉大司成檄諭隨 諸王大小臣工詣宫門勸進敬跣恭紀一章

甲子忻逢萬歲辰太和曉日布陽春肅隨鵷鷺趨宫掖也算皇家一舊臣

都門濫竽吟

鼓瑟當場一濫竽不聞有客愛吹噓軒轅嶰谷空栽竹自是無能莫怨渠

其二

碧眼琉璃世所難歐陽遺事到今歎滿天涼月初弦夜回首磚門淚暗彈

其三

紛紛挾策欲何如盛世還開寶曆科堪笑書生無厭足頻艱宫燭費吟哦

其四

毛錐事業本尋常 聖壽何須賜舉場好待春明隨去鷁江邉依舊狎滄浪

學使方君衡文西蜀任濟蒼兄雅與校籌車書所會風氣或殊於其行也再成兩絶囑其曲成真才之意

文賦從來誇蜀人江河日下勢駸駸竹枝尚有當年意好向巴渝覓此音

其二

文獻千秋總變殊風流只合問當壚楊雄死後侯巴少奇字還能識得無

咏冒姬人貼梅扇

愛弄梅花自貼黃畫眉無事倩檀郎含章若使承恩幸好把新粧學壽陽

其二

玲瓏玉指巧安排色藝無雙擅妙才憔悴蕭郎今已老風流無復在粧臺

長安客夜調查可亭三首

旅舍當年漏下遲擁衾如卧在家時可亭曾納妾寓内城而今若使無離別異樣深情那得知

其二

情字從來最悮人世間何處不關情深閨樂事孤衾夢總爲根苗做得成

其三

悔踏京華九陌塵不如歸去信閒身誰憐作客如遊妓邂逅相親祇識人

長安清明

江南寒食禁烟新異地風沙遠客情不見園花兼巷柳那知今日是清明

其二

往歲尋花兼載酒不虛佳節醉江皐却憐帝里風光異愁絕今春損鬢毛

琉璃廠看燈

燈局運宵掛已齊出門閒步廠東西南行更過花兒市夜月銷魂逐馬蹄

柳下

柳下風情鉏亦佳無人聞見自徘徊多情只有溪南月來到黃昏叠上來

耕公寫西園老樹為山僧塗扇戲題一絕

曾寫西園入畫圖分來老樹雨三株百年烟雨常相對試問山僧認得無

清明聞燕

巷陌無烟柳色微梨雲黯淡影初歸可堪冷落清明節只有雙雙燕子飛

其二

翠羽紅襟一剪齊呢喃似怨故巢迷江東久已無王謝只揀雕梁好處棲

風箏燈

天垂四角羅珠斗河擁三霄暗玉虬誰把紅燈添夜色彩雲高處似懸毬

城西尋秋

城西風土饒園圃路接蒼山景最幽北有泰山小我坐塵埃空碌碌菊花時節一尋秋

詠古

菁莪蕭艾雜江蘺自古懷貞每見疑楚宮宴罷君王醉便是靈均命盡時

其二

歷事誰堪言幹濟成家那復解經營太公何似莊周好冷醉閒吟過一生

其三

苧蘿溪女性貞良傾國翻教戒色荒不惜將身鬭歌舞邀懽豈是為吳王

重陽雨嘲北山猿鶴

雷伏龍蟠昨夜回清渠百丈綠萍開北山猿鶴休驚
攪風雨重陽幾個來

寺夜

何處笙歌促酒卮北風吹面雨如絲伽藍殿上鐘初
動正是匡床夢覺時

其二

全憑薄托渡朝昏雖在揚州似薊門記得永光東寺
住廿年辛苦逐車塵

微雪

廉潔從來患自摽雪殄素質滿空飄天公不許留遺
迹纔着庭除便已消

書憤

男兒已不帶吳鉤意氣憑誰布九州未信生花一枝
筆猶能刺骨寫春愁

憎杏

去歲杏花開特遲今年花落花朝時榮華蚤暮全無
準試問春風知不知

晚泊

溪嘴通湖集晚檣湖風湖水共天光微茫隔岸人家
遠半似沙洲半蓼塘

過高郵

人物應難比宋朝甓湖珠氣尚沖霄風流不見秦淮
海萬草千花總寂寥

其二

十渡長淮浪漫遊酒溪風裏認高郵遶城尋遍黃公
肆那有奇香撲鼻頭

山莊打麥

二畝山田種且收倩人割麥喜逢秋雨來不惜拋書
起散步城南自校讐

其二

午飯相呼過小溪篝車不用手親攜山莊大有農家
趣打麥聲中日又西

癸卯立春

癸卯新春日在辰王正不隔歲除新明朝便是雛君
曆雍正纔過第一春

元宵

夏屋熒煌實炬然傳柑每自上元前而今誰識家風
減貧到無燈已二年

其二

老子風光本自酸小兒伎倆復何言花燈刻就紅柑

子便是今朝過上元

題畫

蒼顏黛甲傲秦封，節可稱君簿化龍。不用千尋誇體勢，居然巉削九疑峯。

烈士祠

古祠蕭颯起悲風，何代英靈說顯忠。讀罷碑陰黃絹字，始知烈士是臧洪。

陳侯墓

興亡已則無人管，剩有流鶯自在啼。欲識陳侯舊時墓，松岡一帶草萋萋。

寄沈緝之進士 時令施秉縣

常歎遭時係纆徽，蓼君相見亦牽衣。桐參歷井黔南路，猶是纍臣未放歸。

得似

幾時得似放翁閒，詩到無心遇也安。飯罷出門了無事，手攜竹杖去看山。

驅蚊

暖蒸暗室飛蚊起，雨助重陽弄化生。安得天晴風一掃，斷無此輩可營營。

昔元遺山先生及本朝王阮亭司寇皆有論詩絕句，余未能上下古人，僅於朋友比似閒彷彿其一二，題曰論詩兼懷友。然專主亡者何居？以存者造境未可量，又余隱逸流也，故顯貴不與。撫今追昔，共得十八人，計詩二十首。其首末兩章亦彷遺山詩意。至於性情話言及夙昔遊處之事，他人或未知，因自為詮釋云。

其一

一語曾如為我言，風流可惜在蠻村。東坡句 芳洲已寂天隨死，更與何人恣去聲討論。

其二 西齋王仲儒

萬古傳衣說少陵，鋪張排比特硜硜。西齋大集今人賞，不學南山學北征。

其三 勿齋王熹儒

錦瑟無題每自誇，一層籬外是天涯。勿齋無醉中擷題句 起當時句，溫李由來是一家。

其四 薊林方壇

方大才情絕比倫，高談雄辯豁塵襟。縱然不到盧王地，自是元龍湖海心。

其五 海槎方城

漢魏風謠邁古今，長城無復峙高深。海槎自有琤琤

鐵猶見當年正始音

其六 舊棋黃雲

虞山風格破藩籬，晚近陶菴節轉奇。更莫將詩論高下，泉然遺老是吾師。

其七 柳亭張世奇

玉潤當年是所思柳亭保黃氏壻，風雲月露節吟詩。何期譚氏翻無後，卧柳荒亭付與誰。

其八 耕心蘇闓

蘇家例自説髯公，玉局才華孰與同。也有風流播孫子，揮毫談笑足稱雄。

其九 海房張符驤

好古何知更好奇，藩垣相壓復相岐。別裁頗自矜横放，不是聱牙做宋詞。

其十 芳洲薛奇芳

護梅園裏共徘徊，愛煞青丘絶世才。五字清新同是寶，方塘片月久塵埃薛與余詩云方塘一片月又與故人吟。

其十一 姪祖游

仲容嗜酒及嗣宗，故宅雙虹日過從。近體詩中容曠放，放翁真乃是前蹤。

其十二 竟陵陸光

竟陵老子伯敬先生譚中晚，劉許崔羅共賞音。愛惜斯人心力殫，也從門逕肆幽尋。

其十三 陳芳俞楷

曾與華堂臂彩箋，南村霜葉雁聲連俞與余詩云揚好南村咏霜葉雁聲高唱白雲頭。春帆一帙堪名世，已自飈流逐宋賢。

其十四 雪堂徐碧

雪堂能畫復能詩叶韵下，畫了長松手自題。綺客蕭森都自有，每誇文長與西溪。

其十五 靜慧僧耕隱

摩詰詩中清切句，把來移贈恰如何。桃花洞口曾飛錫，應識湯師綺語多此勿齋贈栖一句也余愛之用以移贈耕公。

其十六 茗柯張坭授

香茗才情我未諳，東皋壇坫久騷驊。授經母氏兼師氏，猶説雲間接文函茗柯自言授經於先子又為太夫人作授經圖傳於後。

其十七 金谿陸祖淵

宋唐流派本殊津，此子猶能辨贋真。自覺揮斤貽鼻堊，難隨輸子斵車輪。

其十八 桓僕沈嘉植

沈宋從來並著名，盛唐家法是元燈。鄙夫未識真風雅，三十年前此服膺。

其十九　肩山袁爾賦

雪中高士有袁安何處能窺李杜垣一月詩成三百首（肩山自言其多如此）任他布穀語闌翻

其二十

半世尋流未探源箇中涇渭畧能言論詩正爾兼懷友敢與元王一律論

前詩既成客有謂余得毋遺漏者曰如某某胡不相及乎顧余非敢有遺正恐其濫耳今之所作或論其人或論其事固不必專以詩論而論詩之意亦在其中矣因續成八首以付於剞劂之後

其一　山陰黃逵

清新詩調出無窮醉語吟來又不同自說山陰兩才子（陸游　徐渭）比肩猶可作三公

又二　商山吳熙

商山一老道然至冰藕新詩坦腹吟（限韵詩有冰盤藕脫胎之句）未識前人誰髣髴猶傳風韻到如今

又三　北愚張世爵

過庭餘論評今古（先君每為余言張生）籍湜郊翺大小分惟有張生才有數新編樂府定超羣

又四　掌亭楊滔

楊雲昔在吾鄉日把筆能言絕妙詞自此無緣窺硯席無從紈素表相思

又五　可亭陸大琮

無雙妙譽比黃童蚤慧多才事事通一卷蟲雕兼鳥篆至今零落故書中（外姪孫黃中能詩兼通八法）

又六　姜兆熊文子

論交雖晚快交期十日東亭嘯咏宜記向半村居小憩鞠殘霜冷暮秋時

又七　丹徒李曾

南徐兄弟幼稱詩（令弟同臣）追逐詞場樂不疲用盡黃金餘筆墨若言逝者更堪悲（詞臣先物故）

又八　休寧程贇

黃石山人世所無不解吟哦解畫圖試與援毫題一品墓頭幽草未曾枯（山人善畫昔寓西園後卒於東寺墓在寺後半里有石碣）

昔歐陽子銘張子野，謂平生之舊，朋友之見其
者皆宜見於予文，而以相知之深且久也。予少時謁
大宗伯程夔州先生，以歷舉當代工詩文之士示予，
中有海安檀海陵先生。予耳熟焉。繼予以求名奔
走南北數十年，重來浙游，遍海安陶方伯蓉王義
坑書院，因得與新唐諸同學相往復，而任子小樵為
尤勤。蓋小樵即檀海陵先生家嗣，時館韓氏家，寓居相
近也。故往復雜更僕數，間請其詩讀之，有瓊集
掖之承家學。予信之富好筆墨，時相唱酬，六七年如
一日。未幾小樵以貧投遠館蕉郡，浙跡闊矣，往音問
猶得時通。後予應館淮揚江都官署數年，聞小樵
以老病辭。此乎若將來得握手一慟也。壬子復以

主講來院，因老杜浙屢索墨卷，夏副其後，其
尊人詩詞一冊，屬予決擇。披覽閱之，詩亦識如予昔所
評，詞則希風屯田，訂句與予所唱詠什，不歷歷在焉。而
存亡異矣。掩卷三歎。君因曰：渡以相知之深且久，如予兩
人而竟以老謝，愧古人矣。勉為決擇，直採數首于簡端。
大小樵長予一歲，而歸其數年。子桓述序云況偏逝矣。行
自念也。殆予亡日，行也，孫楓吉蓍月之詢小樵底人，我勞
母畏水深波浪闊也。乾隆癸丑七夕，學愚弟宮慥拓記于
仍道書院，時年七十又四

乾隆甲寅春小樵陸三兄之嗣子增禧手錄其尊人詩詞一冊来索叙於余蓋小樵之墓有宿草焉今已歷年所矣增禧能珍藏父書奉遺稿問諸親舊與乃父篤世好者其情切其心苦而殷殷感舊之意深也憶樵海先生客東皋余年方少于江雁橋昆季出上得接芝宇氣溫如也言藹如也論文莫逆于心自是厥後日親教益時小樵隨父肄業于皋有才名皋人士嘖嘖稱絕羨不數載小樵隨侍樵海先生歸海陵雁橋昆季遊都下余奉崇川太守董公權文命就學紫瑱書院再館于吾州牧李晴江先生之梅樓復移榻冒氏姜太史白蒲書屋忽忽近二十年不得與小樵聚後余遭家多故歲乙酉流寓海陵悲樵海先生已作古人與小樵復聚首如在皋日適宮子節溪奉悔菴陶方伯之命主講三塘明道書院與余皆舊日世戚因得偕小樵暨同學諸賢縱談今古用慰離索相得甚歡也未幾節溪歷館淮安江都官署以去小樵授經荒村僻壤忽焉遠逝嗚呼以小樵之才之學而不得遇知當時徒窮經皓首敝精于丹黃鉛槧之閒與余蹤跡亦大略相似而今逝已如斯猶幸其子增禧能珍藏父書也茲奉乃君遺稿未披吟之下覺龍躍空靈秀潤書味盎然真乃學有家傳文如其人既書乘焉而情懷因流連以抒結聊述生平離合之蹤以付增禧克家有子勉益珍重以光先業以裕後昆余不敢以遷詞敷衍也惟是暮年白首相知最切昨宮子節溪復自淮署来仍主蓉塘講席每花天酒地往返酬唱之餘嗟老友落落若晨星于小樵亦念念不置也余能毋把卷深長思哉　學愚弟雉皋冒論題于雙桂書齋時年七十又九

題詞

叢桂追隨憶往年（先王父構叢桂軒受業夫子）吾師卅載隔重泉珠沉碧海光芒在夢繞春風化雨天

不因人熱性蕭疎春草閒門獨自如懶向塲中登傀儡詩城酒國樂居諸

曾記揚帆白下遊文章聲價重南州劉蕡未遂泥金願半世寃銷鎖院秋

四壁蕭然不厭貧天生風雅一閒人晚來簾捲茶烟漾窗外娟娟月似銀

杜陵詞客最孤高詩到窮時興轉豪肯使年年花月夕等閒風景笑吾曹

垂老傳經容異鄉情耽翰墨積盈箱　嗣君稽寫頻貽示敬為南豐一瓣香

懷人詠物句新奇游夏何能贊一詞杳矣門墻難再得青燈風雨耐尋思

雲間累代擅詩名端把珠璣筆下生三逕花開來舊雨西園剪燭坐深更

騷壇領袖幾人存悵冷扶風海氣昏天喪斯文誰繼志流傳詩學有樵孫

節溪敘述感傷多歷溯家聲有舊河師表溫溫猶在目一編遺稿費吟哦

嘉慶乙亥重九前二日受業門人熊文郁百拜題於憩夢草堂之雨窗

小樵詩存

海陵陸　鎮四山父著

五古

題宮節溪蕉葭秋水圖

秋雨滴空濛秋風（吹）蘆蔣中有素心人無言答秋響野水浸一湖野雲垂四碧誰與一溯洄伊人呼欲出

和宮節溪韵郎贈　一

抱膝寄窮廬朱門弗我納四壁冷蒼苔折足塵生榻志亦（在）四方未敢言簪盍適當軒車來天乃作之合臭味挹芝蘭滿座賓紛遝好鳥鳴樹間嚶嚶互相答文章富兩都清散彈百衲馬帳列生徒龍門繞周帀北溟化鵾鵬西方緬苓隰年來志未伸翱翔而下集招邀陟土岡不向春風泣杜老語驚人笑彼横陳壠三塘詩酒豪冀北青驄蹹他日幸相逢無亡下車揖

贈熊生筆峰三十

疇昔溯追隨髫齡趍左右延予蕺桂軒風雨竹林久倏忽逢三十六月蓮開後予未贈以言予未飲以酒昨甬館上歸囊携詩一首詩言不得意功名傷掣肘堂上祖善飯八十蒼然叟嚴君幾六十兩脚天涯走應門無短童弟妹相與守家道日坎坷辛苦憂阿母種種百慮煎嗷嗷嗟八口予聞心覺酸予亦艱升斗頻年困海濱鬱悒偕荊婦蠖屈而

二

泥塗老態甘衰朽然而丈夫志眼界空諸有富貴等傳郵白雲幻蒼狗所争在志節立行重不苟詩書可逢年何必定十畝家庭有餘歡菽水羞黄耇悠游歲月過夫誰職其咎

送宮節溪之石城

西陸聽蟬鳴炎曦照高樹早起欲出戶門我心正憚暑年來不得志鬱鬱遑茲土非不念功名毋乃憂貧窶我友宮節溪講席三塘主博學擅宏才文

章老媚嫵南北走兩京十工書偏阻令又値宵輿
努力騰翰羽君家好竹林籍咸誰與伍一棹向秋
風予甥隨步武此去攝山巔天香落鬱府領袖冠
羣英氣爲君一吐秦淮我舊游秣園我舊處緣木不
得魚徒然張網罟老大君亦壯良玉待時賈鹿鳴
宴歸來予情愈鼓舞

夏夜雨中小集分得集字

碧樹隱鳴蟬向夕陰雲濕我來訪節溪暴雨翻盆

三

急節溪飲我酒剪蔬成雅集座中列二子熊譚亦
壁立卓犖而英姿修綆得深汲雅健老詩人牛耳
騷壇執刻燭各分題倒啖蔗漿汁夜深雨亦休草
際螢光熠何時假霖雨奮起蛟蟄龍蟄

輓崔顯承

海日泣昏黄愁雲慘寥廓玉樓天工成玉樹東風
惡歲月曾幾時滄桑不可度故交曾幾人寧堪悲
寂寞況復崔君賢崔君誠難學年未逾四十氣槩
干雲薄更慶侍嚴慈康强而矍鑠元方好弟昆仲
容亦偕樂膝下立佳兒英姿頗卓犖方期鴻鵠牽
何遽乘雲鶴二老哭朝昏嬌稚號帷幕楊花滿路
吹杜宇啼殘魄嗟我泣途人歸來臨風愕入室琴
已亡音寂無由作何以盡生平詩成空淚落

偶成

一春懶出門閉戶春光老想到穀雨過富貴花開
早花開固矜妍扶蘸綠葉好花本可療飢予腹苦

四

難飽但恐花笑人予形慚郊島誰家錦帳深一任
鸎啼曉

小樵詩存　　　　海陵陸　鎮四山父著

七古

桂花歌

花號天香姓字香花因得主韻尤長主人氣味與花洽花與主人共相將象林一犂郁金不艷燕山五枝至今芳地靈人傑花效靈人以品重花以名我素慕其香風遠我素愛其丰韻清手中愧少吳剛斧五不能一入清虛府今日主人引爲花前坐把酒邀我花前舞一陣香風細々來咀之令我豁心脾樂此不疲臥花前片刻清涼片刻仙夢與花神共我語物宜固本勿宜顛根不搖兮膚不撓大樹靈椿壽幾千萬奕芳馨歷歲延醒與主人聊述此黃雪紛々落枕邊

破屋行

甲申五月遭地厄東家西家倒墻壁六月七月雨無滴焦禾殺稼田盡石街頭但說坊者尊百錢一工懶收拾農人輟耕本業抛不望逢年競力役我承上世存數椽頻年奔走失修葺昨歲歸來巢一枝雨打風吹暫斂翮詎料彼蒼重困我四壁傾頹無一立老母妻子露處中弟兄相向無計策經營綢繆兩月餘搬磚運瓦肌膚坼破衣典盡債難償賣去殘書聊度日薄田螟螣食苗多官吏叫號輸公急側聞秋風響户庭秋雨淒六入我室三間老屋僅存身一枕愁懷不可釋

晚鳴蒼六孀母

啞々老烏枝上啼月寒霜重風淒々吾家孀母駕鶴西孀母芳聲苦節稀憶昔中年阿叔逝姑嫜哀老諸兒稚家道坎坷不自聊事姑育子淚滂泗痛心疾首未亡人任大責重心如刺一朝姑忽盡天年匍匐麻衣哭墓前家有殘書留教子晨炊待舉斷朝烟斯凡時大兄亦稍長弟兄母子相率糊口

於他方毋攜子淚千行子將毋離故鄉船頭雨打風吹急泝郵茅舍月昏黃一灯佐讀無餘事九熊課績苦倫嘗鍾夫人禮郝夫人法截髮留賓等豪侠三都兩京富文章將仲子兮堪作逹無何置身庠序早廩食未終人已杳零丁膝下遺兩孫少婦閨中愁未了藉有五弟負大義奉毋撫孤兼慰嫂去冬載得旅榇回愁雲凍雪雨風渺即今小住寄一廬巷口斜陽栖燕好今年七十有七零辛勤教

七

子家計成大兒老大幼兒立秋老黃花晚節榮倘邀壽天眷益壽筭屹看孫子亦成名載言載笑黃泉下相對阿叔倍歡欣

苦雨行

昨歲旱魃災今年淫雨溢旱魃民苦飢雨溢又艱食入春徂夏無晴天男呻女吟頻太息大麥青〻小麥黃水中撈取三之一辛勤拮据揷秧苗漫岓沒踝陰雲濕淼〻四望無津涯上河下河渾莫識市頭米價昂三錢桂薪厨下爨烟濕墻傾屋圮勢難支夜半更添水一尺吁嗟乎天意不可干而寔頗難測去年求雨〻不敷今年求晴不得胡天重怒不降康忍使黎庶枯魚泣倘令天心一善轉何當驅雷逐電一掃陰霾俾萬民鼓舞歡忻戴帝力行見中田有苗穡有秋蟬噪高塍薰風立不勞聖主憂心隱

賀陳生芝亭入泮

八

玉峰先生尔伯祖文章海内疇與伍家聲不獨振三塘皖水廣文敷化雨尊公與予同泮遊翩〻年少賦鶤鵾光陰倏忽三十年書香汝又繩其武昔年載酒過元亭謬蒙問字及於簪余年已老亦何能看汝青雲隨乃父絲鞭指日向皇都上苑杏花紅正吐

四弟五十

紅楙隱秋山旅雁新霜後采〻黃鞠花遠寄鴒原

壽憶昔携家東海濱鴻案相莊偕荆婦點染雲烟作畫圖聊將翰墨糊予口故園風雨屋三間屋阿弟出門老兄守老兄六十有二年頭童齒豁甘衰朽大厦一木實難支謀食謀衣東西走須年春草夢池塘大被酣眠猶記否今值誕辰五十秋風光消受他鄉久生平胥志在詩書莫漫蹉跎嗟白首眼前好景樂及時海上知交良非偶尠芝翁高山叟呼童且爇陶潛酒剪園蔬酌大斗佳兒佳婦娱姑舅歷世浮名夫何有

九

誕日效杜工部七歌

父兮生我胡不辰母兮背我：十齡倏忽到今稱六十風木徒悲地下人蕭：短髮白雪盈哀：寸衷血淚傾嗚乎一歌兮歌始發歆訢生平不忍説

我所思兮寄遠方兩弟去我東海旁風雨柴門遥相望短衣掩脛各凍僵叉手無言送白日長貧那得度年荒嗚乎二歌兮歌正就寒風吹冷梅花瘦

有姊有姊泪痕交少小伶仃毋氏拋一姊鄉里時晤面一姊七載隔東皋鴻案倡隨俱白髮可憐局促等鷦鷯嗚乎三歌兮歌且苦愛莫能助夫奚補

十載山妻病卧床白頭相對白日長手足束縛如拘羊屈伸掣肘動相妨行年今且五十八勢同狼狽淚沾裳嗚乎四歌兮歌遲：安得大藥回春姿

偪仄偪仄屋三間傾危我獨日往還先人有書不能讀堦下蒿萊草未删夜靜飢鼠頻翻甕晝長瘦犬卧空闌嗚乎五歌兮歌思哀暮鳥啾：索食來

十

子兮子兮少且頑家聲欲墜催心肝嬉遊總不好紙筆冷面莫識北風寒升斗籍予營饘粥老夫奔走道路難嗚乎六歌兮歌欲泣架上殘書賣不浔

碌：天地胡為耳了無生趣行就死勞我精兮竭我神啚吾遇兮豐吾嗇百年三萬六千塲眼底光陰只如此嗚乎七歌兮歌已終海天壢：叫孤鴻

題江牧謙牧馬圖

君不見長安踏遍杏林芳馬蹄蹀躞春風香又不見錦衣狐裘楊錦韉庸耳俗目指道旁何似消閒坐柳下别識牝牡與驪黄玉面驄紅撥叱驽胎下乘何足述五花虬銀鬃赤相馬以神貞以骨卧草眠沙志千里滚塵奮躍馳八極吁嗟乎周穆燕昭愛已空孫陽伯樂世所宗披圖令識江文通

神仙酒

諺云巧媳难炊無米粥老夫日來愁束腹因思家

十一

貧難造無麯酒老夫何從酌大斗宵來兒子供杯勺欣喜笑為予祝壽一盞傾來氣味佳云是出自新婦手予謂新婦無米不能炊新婦無麯焉得酒新婦殷勤前致辭前朝積有粥一缶略施酒滴置糟牀傾刻能教香生牖阿翁安用頻搔首予聞此言明年急欲躬學耕種秋惟師陶五柳炊粥有米兼有酒

凶年惡

乙巳之年凶如此十家九家愁餓死上河下河絶稻粱不能吃米吃糗子大麦荒荒錢二千糗子庶幾下於米米價四千糗子半只恐將來猶未止農人亦旱種蕎麦種升價高錢百六東那西湊負種歸暾暾眼望西疇熟霜花落地竟有收幸而賴此聊果腹大家小家競買麵工摃下摃顧不賤廿五升作餅餌沿街喊賣薄如紙吁嗟乎胡天降割此方民只顧蚕死不顧生遑思豐稔五穀登家家飽

十二

飯樂太平太平之世人不覺只今盡道凶年惡噫嘘嘻凶年惡

風雪行

歲云暮風雪大老夫持斧去採薪兒子勉力隨擔荷牀上老妻為予言敝裘不整衣衫破冷冷面飢腸忍向街前過閨中少婦適新來工前致語翁姑坐昨夜厨中麥飯存熱來且止心頭餓灶舉烟爐有火大家分食各一甌暖氣融融春入座似此嚴風

朔雪天朱門尚有高枕卧吁嗟乎風雪大

十三

小樵詩存

海陵陸　鎮四山父著

五律

秋晚岳墩懷古 限二蕭韵

夕照西風裡蒼涼極目遥氣吞連海岱地濶湧江潮帝子魂何弱將軍恨未消吳陵一坏土落葉響蕭蕭

送梅雲峰之館

一

我館西村日思君送我時河橋三月柳風雨一簾詩去住難為别歸來正辭顧令朝君又去妻子亦相隨

思餞飄蓬客殘年逼歲除風吹雙眼淚雪壓一肩書鷗社霜天冷原鴒夢寐餘（謂令兄蒲陽）一杯擎在手何以慰離居

鬚眉皆老大日月暗消磨只此青雲隔長年白髮多論心頻起舞對月每高歌咫尺知非遠其如兩

地何聚首渾無語臨岐話正長酒难澆傀儡詩欲嘔肝腸静对寒梅嗅閒消海月黄遥知賓主洽還應念吾狂

喜朱聘侯至

雨過碧天淨故人會晤時相期話永夜不負此離思薄酒不成醉幽懷孰與知墻東蛩碎咽似助我吟詩

二

春陰曉起即事

夜來風雨叔啼鳩作意鳴天將爭曉霽寒不放春晴冷竈孤烟起閒階細草生枝頭杏蕊艷低亞小牕横

雨中春望

春望：何際霏：細雨濛斷橋外(流水)淺草碧沙中岸柳將舒綠林花尚斷紅孤村遥極目飄蕩酒旗風

風

牧子

朝起牵黄犢披簑上隴頭春風吹細草曉霧隱芳洲無計能騎馬安心且放牛莫言知遇少甯戚早封侯

挽妹氏二首

一春胡未懌淚落到鍾離寒食東風惡楊花鵑血垂夜台今日恨兒女昔年痴生死關情重予懷更有思

三

阿嫂常耽病經年二豎磨參苓醫少效頻問尔頻過白髮仍依舊青春已逝波因之增浩歎命也竟如何

懷梅雲峰

故人嗟久别抱病又經旬文酒三秋隔交情一性真還山將息羽歎戢可支貧料得歸来日相看白髮新

東侶樵兄問菊消息

陰雨連朝積絲懷總未開情緣(長)常聚好興亦藉
詩培不作黄花飲其如白髮催東籬霜餞色相約幾
時來

贈張鐵橋郎送睞里

耳食張衡久今朝會晤緣方期聯酒社又説放舡
回江月經霜冷寒踩冒雪開詩情欲細論恨未一
啣盃

七月望後同冒舊河集碩藕怡館舍 四

七月尚餘暑迎涼得少留詩緣情作合交以淡能
投阮籍同聲哭仲宣獨倚樓我來風忽雨君意更
清幽

喜四弟睞自館中

兩月不相見歸來鬢亦華蟲吟秋砌草月工豆棚
花季弟念里容老兄獨在家今朝喜共尔話坐夜
煎茶

送碩藕(歸)怡歸里

逆旅遊天地交深結性真相逢曾几日又作別離
人黄葉秋風路鱸魚江上津河干一揮手去住兩
傷神

輓陳覲懷甥婦

哭到彌甥婦論親似覺疎其如賢淑女老淚已沾
裾教子(情)勤於讀相夫慰乃居太姑年九十早視晚
安如
非惟敦孝行戚屬愛相親舉室扶持慣周旋來往
頻生年三十四閲盡百千辛撒手長辭去哀〻淚 五
濡巾
膝下遺三子少男甫六齡兒啼呼阿母曉夢慟亡
靈(就)孰慰飢求食誰憐影共形傷哉荀奉倩絃斷一
燈青
老夫頻策杖暇日愛經過笑語慇懃甚茶烟禮數
多拈針消晝永呼婢樂天和入室人安(在)欷歔喚奈
何

德興弟宅看菊

落葉下寒塘殘秋踏夕陽吾家群季秀誰道一莊荒遠楙楓凝赤東籬菊傲黄幽棲能得地何必問柴桑

荼菊得馨字

東籬花事好佳種味尤馨堪比靈均嗜能叅陸羽經根滋春雨發英擷早霜零朝引壺觴酌秋水来瀹水銘

六

登樓遲節溪

極目憑高廻胸懷一曠然天空雲幻狗風急楙鳴蟬披葛能消暑無田望有年故人遲未至暫卧北牕前

瓶菊

擕把西風菊秋光貯一瓶淡隨人意折冷逼篆烟馨籬落同孤寄軍持適性灵覼爱他親几席瘦影映疎櫺

春初喜節溪至鎮即次元韻

知己来何暮幽居獨理絃黄鸝空好語白髮感流年舊雨連宵夢春風一棹便昨從欣把晤佳句慰鐙前

睡燕

兩〻于飛倦西梁帯語諵情移花睡午春醉柳眠三舊巷辭歸踏新巢有夢酣簾鈎誰作響魂不到江南

七

聞蟬和節溪韻

小物憑高樹聞聲鬱以舒弄丸剛轉後振響在時初柳院吟風細桐陰漏月踈余情羞涸澀尔乃得凌虚

止節溪舊河飲豆棚下

好友來相訪秋風冷落人清言堪破寂無物可留賓聊剥墻陰豆還思江上蓴夜深成薄醉坦率任天真

新秋寄懷江陰高雅三

一别隔江水八年未寄書鬚眉皆老大景況復何如舟放蓉塘後楼登白下初秋風又猷策珍重慰離居

秋帆

十幅蒲帆瀏清秋江上船風吹黄葉渡影落夕陽天霜鬢征蓬老鄉心旅夢懸行來幸無恙又早過湘烔

八

秋窓

莫道秋淒寂窓虚劇有情微雲淡日影破挾紙風鳴岫列晴嵐爽雞談霜月清夜深燒燭短落葉響梧聲

秋夢

春夢何曾醒秋來夢又生萬緣除未了一枕入來清野鶴同枯瘦寒灯乍滅明痴迷魂不定被冷月三更

秋砧

一片清秋石淒凉恨不禁聲隨黄葉落淚共露華侵挾纏何年事閨山此夜心音書曾未達消息夢中尋

秋扇

秋風曾几日吹入素紈知長信恩同薄合歡寵易移情還留繾綣冷不耐携持颱館清霜後何〻人更品題

九

蛱蝶

猶是消魂蝶飛〻夕照中乍憐翻瘦影小憩憶芳叢粉褪霜初落紅稀夢已空美人團扇在撲不上秋風

花朝日集節溪明道書院

生辰紀百卉二月正當花小苑滋紅雨春風入絳紗不教辜蝶會仍為惜芳華沽酒談深夜空慙老態賒

燕鄰得栖字

爾女天涯客來尋旧日棲居還成洽比戶不隅東西王謝原相並升沉総莫齊為言勤守望稳護落花泥

重九前一日坐雨

風雨柴門久裡秋深破帽遮寒蛩吟砌石落葉響籬笆枯坐厨烟冷開奩髩髮華周旋我與我何處問黃花

十

寒菹

一甕園蔬嫩貧家風味韵添釀成寒碧玉端藉水晶鹽舉世肥甘淡此中滋味酤御冬饒旨蓄霜後及時醃

冬至後五日禧兒生誕時值嚴冬呵凍示之

憶昔西村返禧兒降誕時及今年廿五世事総難知寒燠幾更交升沉亦屢移頻年遭歲歉閉戶歎斯飢莫漫嗟貧苦渡親健在難家庭常聚順菽水易爲歡梅動香猶勒爐灰火未寒昨年終有室正好樂團圞

一陽剛轉律此後好春光耐得寒威逼試看錦繡場但能堅志節何必畏嚴霜壽爾欽沽酒無錢笑阮囊

丁未除夕客錢氏齋中口占

十一

風雪逼殘臘梅花釀早春前二日立春　他鄉還借住抱病實傷神度歲三杯酒來朝七十人辛勤兒與媳藉尔慰双親

戊申正月廿六日六弟將之東臯館舍子病甚篤因口占以誌別

舍弟他鄉去病兒一息存生離共死別含淚各吞聲吞相約清明會其如命數屯一朝聞易簀及早賫柴門

小樵詩存

海陵陸　鎮四山父著

七絕

初夏口占

餘容開放鼠姑殘，乍暖風光又乍寒。正是日長無個事，一庭飛絮雪漫漫。

睡魔剗遣强登樓，古木陰深聽栗留。砭耳殺殺無俗韻，可憐又了一春愁。

一

野外家家刈麥天，吳蠶已老過三眠。新絲新穀吾何有，应事終朝課硯田。

高堘豆莢及時鮮，想到磁甌泡雨前。何似揚州風味好，鰣魚市上柳條穿。

題秋吟覓句圖

詩人大半愛秋吟，爽氣空林豁乃心。撚到吟髭詩欲出，夕楓陽紅對覓知音。

書巴蜀易晦亭蕪尾集後兼以誌別

落拓年来泣雨風，絕無知己豁心胸。春花秋月尋常過，境到窮時詩未工。

西蜀才人濯錦鮮，忽教聚首海東邊。連宵酬唱歡無極，老去相逢亦可憐。

奔波兩脚走天涯，琹剑隨身重感嗟。昨日示予蕪尾集，挑燈細讀嚼梅花。

君才宏博富於詩，慷慨悲歌擊節時。雅健雄深耽古奥，此中難說與人知。

二

風前啼鳥落花多，春去春来喚柰何。把卷高吟狂叫絕，酒闌燈灺醉顏酡。

平山堂外蜀岡斜，判別春風詎有涯。倘得携琴人再至，柴門須認小樵家。

和梅雲峰夢予絕句

夢裡周旋我共君，自應痛哭到斯文。眼前多少雲泥隔，了得詩書債幾分。

老骨消磨淚滿巾，不堪回首憶辛勤。早知雞肋原

無味久作風塵物外人
同是天涯隅弟兄一庭梧葉渺予情君還有夢能
思我彷彿殘蟬咽露聲

題家士雲叔松石圖

古貌蒼松鬣欲飄嗣宗石上靜塵囂吟餘應有消
閒興試向林中喚小樵

重陽前二日柬寄袁秋水田草堂

輞川莊外吟秋水丁卯橋邊咏草堂兩〻詩人頻

三

悵望小樵風雨冷重陽

秋日感賦

時光最好是清秋門閉西風老白頭遙憶十年江
上過秦淮一棹木蘭舟
雨晴稻熟蟹螯天秋草秋花頗自妍桂子香飄何
處院狂吟鬥酒菊籬边
樹滿荒園葉滿廊單衣吹透晚風涼老人無限秋
心思又手無言送夕陽

秋窗雜咏

鬥泥獲角漾湖中碧葉翻〻水面空黄鵠嗜囓將
歸短棹一聲秋老喚西風　菱角
幽艷墻陰鬧晚蛩海棠花發一叢〻朱絲粉脂消
魂甚都在月明風露中　秋海棠
簪墜瑶姬玉有香愛他鮮潔白於霜樓薰試向秋
窗摘一朵横斜插鬢旁　玉簪花
勢欲拏雲指爪全秋風鮮甲隱於田閑来漫想驪

四

珠探霞滿長空映碧天　龍爪花
少婦深閨思不窮剪刀聲裏送秋風幾回裁就羅
衣薄淚比花光别樣紅　剪秋羅
細簇紅英翠葉茸依于松栢掛秋風誰家老屋牽
來補夕照墻陰綠蔭濃　蔦蘿
杏林宴罷躰来後走馬章臺柳色鮮秋草如何時
不逮金風始報狀元鞭　狀元鞭
遠渡沙明月一灣似摇白雪落江干飄〻點畫鸝

人髩庢影驚秋怯素寒　蘆花

濯錦叢叢花滿帆西風江上送行難蒹葭秋水長天潤冷處斜陽紅蓼灘　蓼花

萬年枝傍五雲黃起澤花開歷筭長若似牡丹稱富貴此花應合祝無疆　萬壽菊

陶潛性癖惟耽酒栽植籬邊却與茶五柳高風非七柷如何不傍玉川家　茶菊

着意金風費剪裁遠公三徑步蒼苔莫疑隻履西歸去霜落東籬踏月來　僧鞋菊　五

題畫雜咏

別来空谷几春風画筆双鈎學蔡邕莫更傷心懷楚佩湘烟澧水月明中

魚魫出葉錫名嘉孃〻迎風愛吐葩堪恨海鄉春不到閑門冷落几叢花

妙筆傳来九畹香芳風枝露葉影迷茫知誰氣味能同臭墨汁由來有國香

幽韵天然孰與傳春花春草漫齊肩鄭姬入夢何年事寫出湘江夜雨天　畫蘭四首

一枝兩枝瘦影斜一圈一瓣是梅花酒酣落筆無停趣醉向孤山處士家　画梅

誰把天香用墨描可憐妃子失妖嬈沉香庭亭北朝酣後洗去胭脂分外嬌　墨牡丹

十里風摇潋灔枝名花墨汁写淋漓六郎底是濃華謝本色風流係我思　墨荷花　六

一竿瘦竹影蕭疏傲雪凌霜有是夫縱使西風催華落葉折腰終不倩人扶　墨菊

易簀前一夕咏瓶梅

玉骨氷肌雪作胎寒岩幽谷毓其才而今折向軍持裡有水無根幾日開

小棋詩存

海陵陸 鎮四山著

七律

春寒積陰

春光大半委泥塗料峭寒侵尚擁爐四野遥聞泥滑〻空庭愁聽白姑〻杏含濕雨紅猶勒柳帶寒烟綠未敷安得踏青晴有日乘時花外載行厨

三月二日集顧藕怡寓齋

一

扁舟幾日自吳陵簪盍還欣聚友朋修禊水添春社雨清明火接工元燈時近清明街頭尚有澳典灯盲交臭味君堪結老論文章我未能東望舊河帆早落相携好去訪山僧

次日冒舊河淺如皋至鎮相約登山倒疊前韵

閉門終日儼枯僧登陟平岡老尚能雅集敢云追逸少談禪何必定然燈花開薺菜經三日記賞蘭亭勝百朋我輩疎狂天亦忌無端風雨忽憑陵時值大雨

和徐春江省試誌感元韻

江天蘆白雪飛〻南國賓興願久違棘院燭燒文興短桂花香撲老年稀此中大有超凡界就裡何緣探妙機想到秦淮舟上客秋風總不羡鱸肥

春初雨中遊鳳山和宮節溪仲松嵐二首

敢將土阜擬高岑暇日登臨快盍簪大可賞心烟雨密真成雅集寺樓深範模幸接青雲客詩句還輸白雪吟叔度芳名曾耳食春風把臂始於今

二

一徑招提滑〻泥軒車來自鳳城西文章聲價高於斗豪氣奇横焕若霓蜀道花明經歷久海天草綠未齊憑欄莫許春岑寂試聽新鶯出谷啼

廢寺以下八首和韵

古廟無人對落暉秋風破落白雲扉碑横淺草蟠頭碎葉滿長廊鴨脚肥花雨迷天空法相虎溪嘯月憶僧歸梵宮亦有升沉恨知是何年金壁輝

斷橋

河干車馬不勝歎利涉茫如萬頃寬白板截分歆
野岍綠楊斜補接沙灘題還有柱空烟鎖踏久無
霜悵水寒隱〻殘虹天半落却教飛渡一時難

新圃

日來策杖到城隈菜圃西風去踏又回此地幾時耕
瓦礫當年曾說好樓臺寒鴉高下飛黃葉籬落橫
斜長綠苔惆悵不勝今昔感夕陽影裏黍禾哀

舊氈

三

窮年兀〻怯衣單故物貧家坐久殘抱膝𢥞生茶
灶火藉温時伴瓦炉寒重裀自昔推賢士皐比何
人擁大官幾度沉吟思補綴可憐挨破重心酸

殘菊

謝絶疎籬蝶粉痕菊殘何遽說消魂不争顏色秋
前好仍有寒香霜後存零落几枝枯瘦影寂寥三
徑冷柴門休官人老睐來晚白髮蕭〻对瓦盆

落葉

又辭木末響珊〻瘦盡江南處〻山滿地夕陽僧
掃去空林暮雨鳥驚還洞庭乱捲寒濤急夜月斜
飛野店閑搖落漫嗟如此樹可堪衰老鬓毛斑

水中雁字

瀟湘一幅景無多潭影空翻鳥篆摹蒼頡文成來
朔漠子卿書到落烟波臨池草〻搖霜翰潑墨行
〻蘸白鵝星斗掛將秋水濶倒垂點畫看如何

水中雁陣

四

結陣連行朔漠分南征萬里覺辛勤長蛇衛動長
沙影赤爪翻騰赤壁雲橫海飛來馳羽檄伏波擁
出冠鴉軍蘆葦江上風蕭瑟雪夜還輸鵞鴨群

許氏荷墅納凉分得十二文

板舫載酒樂同羣波上輕搖水綠紋丁卯橋頭開
別墅蓮花幕裡將軍到來已覺煩襟滌坐久無妨
日夕曛最是一聲蟬噪裡藕絲終不豔紅裙

秋夜節溪過訪即次原韻

石城判隅經句久訪舊人來剝啄聲三徑秋風門閉早一庭凉露月初明鬢毛添得頭顱白談笑能消更漏清同是天涯淪落者長空遥聽雁鴻征

秋夜柬節溪 仍用八庚

宵來惆悵不勝情故把君詩對月明矮屋瞻(未)金粟影荒籬擬訂菊花盟寒蛩咽露吟聲切白雁遥天刷羽輕寄語故人休緝繹竹林差喜慰生平

諸葛菜

五

隆中事業已千秋尚有園蔬姓字留錦水池邊鵑血恨夕陽影裡紫烟浮野人滋味春猶薦先帝烝嘗典未酬蛺蝶紛〻花亂撲菁英空付野原收

韓子殷六留節溪同賞玉蘭 滑春字

十二欄開樂主賓花光搖艷倍精神晶瑩似玉丰姿潤氣味如蘭本色真我輩鬚眉慚老(已)太謝家子弟欲驚人徘徊不盡臨風意雪滿枝頭一樹春

玉蘭下復餞辛夷二枝 仍滑春字

柳綿飛絮草如茵一本根株兩樣春素質已窺姑射彩貌風流又見紫衣人籠將瑞霧呈顏色略帶明霞襯粉勻漫説胭脂能鬪艷須知淡掃一時新

同冒舊河咏虞美人同用六麻

萋〻一片夕陽斜剩有鵑啼血染花自昔歌聞垓下恨於今魂傍野人家空來鳳子沾紅袖博得蜂兒鬧晚衙嘆息江東無寸土虞兮千載擅芳華

梅影

六

藉有黄昏伴索居冰姿影(弄)覺邊〻離魂帶月橫牕瘦小照臨風漾水疎淡〻黯移孤雀外珊〻欲上畫屏初幾回醉眼朦朧看夢到羅浮六子虚

煮雪

淺斟低唱艷豪華何似當年學士茶旋掃碎瓊堆瓦缶便然湘竹煮梅花沸從活火流膏液清有餘芬沁齒牙佳致天然殊冷淡個中滋味許誰誇

墨花

黄庭書罷籠鵞羣墨汁淋漓燦錦紋彩結松煤飛
几席暈浮易水散氤氲管城有梦毫端綻硯畝生
春石上芸只此瓣香歸藝苑會須珍重吐烟雲

寒食東村展墓

半湾溪水野航前寒食東風意惘然霜露敢云酬
祖德酒漿空復到春田小桃帶雨飛蝴蝶細柳含
烟唱杜鵑垂老携兒挐一奠墓門松檟夕陽天

雪中紅杏

爛漫花枝映玉楼〻前低亞雪飛光浮共知粉黛昭
顏色誰信紅粧易白頭十里艷埋二月景三分春
老一年愁墻東漫咏尚書句薄命文君理素謳

七

輓陳丈溉夫

年来父執半凋残哭到先生淚未乾七十六年羸
白髮一千里跼卧長棺琴書檢點辭家易兒女睽違會
面難今日歸來渾已矣烏啼月落雪霜寒
離家半月客愁縈書信連〻已斷魂（君往淮甸日家書頻寄）楓葉丹

時思返棹菊花黄處憶開樽揮毫贈我留題在風
雅如思君隔世存多少辛酸遥悵望黄河一帶暮
雲屯

君家昆季數多奇經濟才華總不宜皖水廣文孤
櫬返（謂玉峯先生）都門献策旅魂羈（謂雲巢先生）摧残梁木
予安仰嘆息斯文哭喪斯天道難憑何太忍一回
搔首一回思

老成下世咽聲謌領袖騷壇奐奈何杖履依稀瞻

八

道範鬚眉彷彿動吟哦生前裘馬黄金契死後楼
臺白玉過天上修文應有暇好來鸞鶴返山阿

秋暮同人訪鞠

暮秋天氣野雲荒好友招携看菊黄一徑板橋堆
落葉半灣流水咽斜陽不嫌清瘦霜華老應識蕭
疎我輩狂歸知己二三歸路晚屠門過處笑空囊

果亭二兄遷居和霽軒兄韵

艱苦年来弟及兄一朝遷徙重関情辭將舊恨烏

衣冷謀定新居白髮生露濕桂花秋半老霜寒雁
呌月三更往来不厭東西隅策杖還欣稚子迎

翠菊

秋英含露發幽芳嵐氣氤氳曉氣凉疑伴小青描
淺黛還羞帝女傲嚴霜金鈿緬面〻拖藍水細瓣茸
〻補翠裳一自閨中栽植後折來好助美人粧

四弟三十初度

秋來縂未歸載航羯末辰逢特履霜霞散滿天楓

九

帶赤雁横十月菊仍黄獨憐老去鄉園隅差喜筵
開棣鄂芳把酒為歌當日事誕生雉水我能詳
一杯壽汝坐霜林田首　嚴親思不禁詩禮一庭悲
經對泉台六載動螢吟殘書禿管先人業冷雨寒
風哄日心迅速諸居容易逝無何三十到於今
無數悲歡夢裡過阿兄心跡久消磨餘生諒亦良
辰少尔輩還當樂事多顏色但添雙鬢雪鋏聲已
冷十年歌歸來且共團圓會愛近南山酌巨羅
幾年昆季判吹篪樂意相關爾應知裁綵庭前將
老母西眉窓下擁嬌佳兒一椽風雨堪求志半幅
雲烟當著詩莫道户閒羅鳥雀東来紫氣滿瑤池

輓徐丈愚溪

去年人日君邀我今日新年我哭君杖笠春風隨
坦化桂叢夜月鎖閒雲烟霞點染襟超俗詩酒生
涯老歷羣悲起山陽聞笛裡梅花清瘦對斜曛

重陽前一日雨

十

無端風雨下横塘節近題糕意緒長黯淡一天雲
影黑蕭條三逕葉飛黄授衣已届寒威逼破帽難
遮鬢髮蒼懷抱欲舒秋气爽相期訪友陟崇岡

竹酒壺和韻二首

閒来花底醉相尋鳥喚提壺過竹相林逕非治非陶
遇有節不雕不琢任無心黄崗楼上頻〻勸嵇氏園
中緩〻斟收貯湘妃多少淚一時傾瀉助高吟
無事銀瓶索酒嘗習家池上有筲當壚中不作凌

雲想清韻還同玉蕤香入市漫沽高士譽臨風端
羨此君狂興來擊節誰能賞定識劉伶與杜康

秋日杏花

霜林秋老半楓紅十里花開一色中似鬪芙蓉欺
笑靨寧攀桂蕚倚秋叢霏微江上辭歸燕淺淡樓
頭引暮鴻任尔多情窺宋玉風流曾及賣東風

早秋返里仝四弟夜話

氷簟横鋪七尺斜談深昆季夜烹茶身羈舊巷留
十一
賓館夢繫他鄉客是家跡淡半規蘿薜月清閒一
架豆棚花秋風似勒秣陵棹囊庭蕭蕭鬢髮華

新寒仝節溪作

聳肩吟向菊花殘斗覺嚴威逼歲闌破帽不堪遮
短髮故人誰復念輕寒薄鋪屋瓦霜痕試欲結層
氷水骨楷最是一年冬信早扶筇曝背任盤桓
衝寒雁陣晚來頻暮雨蕭蕭硯北人作冷忽添沽
酒興藉温早與敝袍親歲寒久歷嚴霜慣老至翻
驚肅氣新莫道閉門無個事梅花吟向嶺頭春

寒夜小集節溪齋中得燈字

朔風烈烈太侵陵日暮還尋耐久朋寒入肌膚双
白髮談深肺腑一青燈豪華鐘鼎誰家設冷淡生
涯我輩能沽酒亦堪成薄醉不嫌歸去踏層氷

和紫瑯袁秋水感懷元韻

漫勞物色留青眼一點鍾情任我痴不費周旋身
外影獨成知己卷中詩海天嘯傲黃花瘦江湖迷
十二
離白雁時許大乾坤容慵散無妨邱壑老於斯

和邗上郭秋農元韵

卅載同門歲易更平山堂上久久傾遥情未獲瞻
風雅垂老相逢溯弟兄帆落蓉塘新雨後蟬鳴仙
觀曉烟清（時寓道院）昨來訪我邱園路紅槿花開顧盼榮

輓李丈上根

青蓮家世寄壺公肘後能參造化功雨露春深紅
杏宅逍遥杖曳白頭翁衣冠簡朴修而潔談笑詼

諧老更雄木本水源推孝子墓門碑碣沐
皇封

和徐春江思鄉元韻

從倚柴門盼暮鴉故人詩到動咨嗟聽鶯未得同携手剪韭何心獨對花忺落袁安人早至（時鏞竹適至）春懷孺子夢空睽街頭燈接清明火（時鎮尚有復興灯）不禁相思寄海涯

立春日雨

十三

廉纖細雨濕蒼苔澤佈陽和律又回階下綠添生細草山中紅破放寒梅聲喧社鼓江城急侶喚雲天塞雁哀最是春風不勢利吹漸淑氣到茅齋

仲春餞韓朴齋之館兼寄田生有孚

一帆春水碧於油柳析河橋問去舟此日臨岐寒未減昔年斯地我曾遊紫荆花底聯風雨（與令兄讃侯甚逆）絳帳聲中听栗留安頓琴書棲息穩他鄉正好訂鷗盟

因憶元亭載酒人煩君傳語致殷勤几經鐵硯攻玉可念蓉塘舊問津山水悠〻恣涉歷文章洎〻定精神而今更與荆州聚指點春光又一新

春初和小樓宗弟歸里

滔〻日下等江河潦倒塵寰奈若何白髮如予情興減青衫似爾淚痕多一錢不濟羞囊澁五斗寧甘折背跎收拾輕裝劉日夕沿途氷凍冷經過

十四

樽前別酒漫相傾雉水三塘愛結盟香到梅花清澈骨詩吟寒夜淚和殺一肩行李歸殘雪百里柴扉認故荆憑眺岳峰東悵望談心曾否憶深更

飛來柳和節溪韻（明道書院飛絮所生節溪即以飛來柳名之）

未廿入水化為萍春氣絪縕着意青薄命能飛魂再續柔情不斷夢難醒纖〻脱影風初定濯〻前身雨後停漫道無根仍有性好培清蔭列元亭

賦得燕子來齋中

柴門靜掩寂無譁旋見烏衣對落花尔向茅簷思

作壘家雞桑梓孰為家江城桃李春將暮海國樓臺日易斜飄泊此身渾未定可憐同是客天涯

梨花面　和韵

羞他桃杏沐春光臉暈朝酣鬥野棠何似玉容施粉白非同笑靨蜂黃籠烟淡着明妃頰帶雨微勻虢國粧寂寞閉門顏欲老玉缸沽趁酒旗香

楊柳腰　和韵

東風款擺柳條蘇想像蠻姬有是夫軟媚章台肩欲髀輕盈隋院瘦難扶女子嬌小三春態婢子郎當一搦軀斜嬝枝枝初學舞長堤烟景美人圖

吳灊齋署中喜雨時值生辰同人分賦

芳菲桃李豔當辰座上賓朋海上人二月風光三雅酒一犁烟雨萬家春堦前碧草含新嫩檻外蒼松帶濕勻好待晴天郊野去省耕伏雉傍車馴

吳灊齋招集同人文樓探春

風流邑宰集嘉賓酒載行廚踏軟塵迎面山頭桃欲咲梳烟樓外柳將勻遥瞻西北江天樹為訪東南禹甸春枯韵獻詩真雅集未知可許指迷津

柳線　和韵

封姨十八漾春光搓出條條柳線長振縷難穿露滚桃針莫補芰荷裳懸空愛馬牽韁亂浮水驚魚避釣忙林外忽來新燕剪剪他不斷落花香

春草　和韵

長堤徧覺草萋萋二月王孫踏馬蹄綠上裙腰欺嫩碧雨深花逕染香泥南園蝴蝶三春小別浦烟波一色齊極目天涯多少恨柔情掩映翠眉低

禧兜折叢桂軒緋毬之館因集家園同社

年年叢桂豔春風拋打成毬別樣工一自他鄉雲散後可堪良夜月明中晶瑩帶露含烟色持贈哀顏頭白翁插向胆瓶欣獨賞故人團聚几人同

牡丹芽

花朝天氣釀輕寒漏洩春光百寶欄萌蘖已知胎

富貴風流便覺傲窮酸雨滋嫩茁苞猶淺露濕紅
尖秀可餐分付東風花御史扶持好待放團圞
春莫同崔顧臣梅雲峰過西園即用壁間逸
園主人元韻
名園詞客賦當初此日春風獨愴予三徑菜花隨
亂蝶一簾蛛網掛烟疎夕陽樓外詩魂杳明月亭
荒鶴唳餘憑眺不勝今昔感可憐乳燕隱巢居
訪叟虹堂牡丹
十七
尋花載酒失春前喜值風和麦秀天鳩婦啼翻金
谷曉鸎姑紅近竹林邊倘韋良會虛三雅錯過春
光又一年我輩閒情惟國色肯教沽酒惜青錢
六弟五十初度
紅蕖花放雨初收阿弟辰逢五十秋少小誕生家
雉水趨承隨父客龍游椿萱並逝同悲悼棠棣分
携各自謀回首不勝今昔感蕭蕭白髮總盈頭
潦倒東村返故鄉柴門聚首話斜陽兄斷盃勺千
春酒弟累妻兒八口粮歎歲那堪虛館穀衰年猶
自苦奔忙勞生尔我同惆悵馬齒空羞度日長
上巳日微雪和節溪韻
天氣晴和愛引觴渠知春暮適愆陽蘭亭詩賦梁
園景杏苑花開姑射妝六出霏微三月冷一痕隱
約九秋霜幾時欲訪山陰勝逸少當年自擅場
秋日仝宮節溪韓熙六登樓話舊
故人消渴病初瘳為愛談心共倚樓懷抱暫舒千
十八
里目畬田早穫萬家秋望中烟水長天濶画裏雲
山夕照收雅集荊州燒短燭海棠花底出新篘
次日同宮秀機登樓野望
何期聚首話風簷極目憑高更捲簾淒菜遥開漁
子艇一竿挑出酒家帘晚山入望仍如黛新月初
彎略似鐮不禁登臨秋思滿朝来別緒又重添
明道書院秋色佳甚節溪留試碧蘿春新茶
講院清幽擬澗阿為尋老友一經過尚餘暑氣含輕

葛簡透金風到碧蘿時值立秋前二日 疎柳蟬聲開雅抱小山秋色動吟哦衰年相對烹佳茗香泛磁甌蟹眼波

輓許簡夫

晨星落落半凋零卅載相於感獨深居近比隣時載酒交惟古道可論心騎將白鶴承丹詔開到黄花冷素琴風雅老成人去後騷壇詩句杳難尋

宫氏竹林訪予不值因尋春西寺分賦二律即依韻答之

十九

三春花鳥客中辜梵宇尋来到市屠落地榆錢頻疊疊沾泥柳絮已株株消閒應得逢僧話謀面何艱認釣徒乘興而来詩興滿歸途曾否問當壚竹軒

昨夕聞君過木蘭詩人老去惜春殘入林差喜新篁密知己遥憐舊雨寒兩次來遊殊悵望一緘寄我動追歡相期何日烹佳茗芍藥花開百寳欄節溪

輓熊生綠野

蟬聲嗚咽下殘陽哀訃来前重感傷嘆息斯人成永訣飄零老淚落他鄉時予館錢氏山莊 渡親在殯魂何寂少婦遇棺哭未亡得信偏艱親視殮怪他風雨太顛狂值風雨大作

扶風帳借幾春秋二十年前憶舊遊爱日椿萱棣蕚花開叢桂竹林酬滄桑百感情無限生死重泉恨未休伊兩大人辞世均適生歲試因繪風雨歸舟圖以紀恨 不道今年剛四十忽逢陽九渺予愁

一生失意事偏多舍妹云亡奐柰何垂老嚴慈人

二十

繼逝歸舟風雨急如梭頻年荒歉勞薪米一木支撐補薜蘿無限牢騷攻五内可憐壯志久消磨

不堪回首暗聲吞會晤難招地下魂文字十年同臭味遨遊急載共朝昏春風載酒揚州路秋雨挑燈白下門往事思量情繾綣茫茫泉路與誰論

虎阜道中有感

片帆直向海東遊老我征途又一秋鴻雁貼青天作字蘆花點白雪盈頭十年冷暖懷中鉄半世浮

沉水上鷗行到新豐人莫識陶然天地復何求

秋日次陳夢卜西府元韵

婷〻嫋〻倚牕南復入金風羞半含濃豔已隨春老去輕盈却與桂同探紅輸江上佳人靨清佐離邊韵士譚未免有情仍綽約高燒銀燭酒微酣

僧鞋菊 次韵

菩提樹下老僧鞋化作寒花趣日開隻履遠從葱嶺度飛英近過虎溪来楞伽趺坐蓮花脱行脚空山處士情白社於今踪跡杳西風剪〻待霜裁

賦得紅蓮花中泊妓船 次韵

何處驚看一點紅停橈掩映藕花中人臨濯錦真成艷月射朱簾渾是空夢惹鴛央應未免魂牽雲雨将毋同逞嬌玉腕拏荷蓋笑對郎君進碧筒

秋水 次韵

秋風江上正肥鱸極目平川碧浪鋪覨若不堪臨水鑑神誰得似此清娱長天漠〻霞連鶩雨岸蕭蕭雪與芦悵望伊人溯究在盈〻幾欲起狂呼

訪溪南桃花

杏花開過燕飛飞春色無多肯便違一徑僧寮紅霧隱半橋春水綠波肥到来洞口花猶發若問漁郎事已非如此溪南亦佳處不妨坐樹送斜暉

上巳日有感

節過清明勝事賒身如燕子又還家風流浪説蘭亭記楚俗惟看薺菜花溪水半湾新柳綠桃花一片夕陽斜昔年曾憶西郡裏修禊同人天一涯

和友人臨水紅白桃花元韻

芳菲一樹倚潭空各襯霞光映水濃顧影憑誰憎薄命鑒容自尔識顔紅碧波綽約緋衣現錦浪瀠洄紫霧籠莫認珊瑚淵底動枝頭摇曳試春風 絳桃

花開洞口迴繁英小影沉潭望裡清瀲蕩春風羞旖旎風流水谷隱瑶瓊盈〻似洗殘脂膩濯〻如臨曉鏡明自是女兒偏愛潔修容耶此鑑傾城 碧桃

繭虎

山君幻化馬頭身割斷柔絲了夙因桒飼三眠胎猛獸風生一嘯剪佳人南山炳蔚西陵后蚕室經綸虎觀臣堪羡兒童孳午日揷来了髻勝宜春

蓊鶴

刷羽仙禽丙穴身靈通節節巧相因夢回滄海持竿叟舞向孤山嘯月人清瘦應知標骨鯁凌霄却喜脫波臣天淵飛躍原同趣變幻無関化育春

卅三

喜節溪至鎮是日春陰

宿霧横空鎖積陰廉纖細雨費沉吟梅因寒勒紅猶淺草爲春遲綠未深帆落故人雲冪冪虛窓鎮日冷森森何時浔遂攜柑願郊外黄鸝聽好音

咏老少年

一聲雁叫晚凉天染就猩紅石砌邊耐浔秋風增艷麗不隨春色鬥芳妍美人未許傷遲暮青女翻能助少年葉葉枝枝霞外映老翁相對笑華顛

九日東村懷故園同社及家昆季

如何令節掩柴門辜負登臨載酒尊孤館獨憐惟我在故園遥憶幾人存生離白髮嗟雲樹死别黄泉愴夢魂風急雁行飛箇箇敎人愁絕冷荒村

九日憶(懷)宮節溪

佳辰木落清(倍)凄九日村柴門杖懶攜短髮誰憐遮破帽故人同病憶分緜年荒湮貴霜鬢絕風急天高朔雁低遥想揷萸登眺客定多好句岳峰西

卌

秋日病起

文園几日憂忡忡睡起無聊對短桐抱葉寒蟬吟曉露蔓藤老瓠掛秋風貧爲鬼笑文難遣境值途窮哭未通最是不堪凄絕處墻陰新放海棠紅

輓陳文長

朔風凜冽暮雲昏百尺楼頭聲暗吞早歲傳經鯉(悲)對(翁子早喪)晚年愛竹護龍孫窪歸瑶島氷天雪梅冷孤山夜月魂大半凋零皆執手太邱丰範杳難存

輓林方嵎

昔時曾憶西村住鄰結春風處士家情好十年賢地主歸帆一棹隔天涯田園潤澤恢先業蘭蕙爭芳啟後芽惆悵故人騎鶴去不禁清淚濕梅花

過允文徐二宅看鶯粟

昨於城北訪徐公半畝花開一徑紅豆莢已教垂野圃米囊又得借春花(風)黄鶯乱囀聲猶滑白首相看眼欲空只此栽培多雅趣繁華曾否讓餘容

芸

小樵詩餘

海陵陸　鎮四山父著

齋中櫻桃　摘得新

下堦墀紅英掛滿枝乍驚樊素口摘胭脂鳥啣殘後無多剩半籃兒

午睡　相見欢

睡餘剛醒南牕黑甜鄉簾捲蝦鬚欹枕竹風涼鶯兒老蜂兒鬧蝶兒忙正是落花飛絮斷人腸

一

鳳仙花　採桑子

紗窗暫(見)紅光溜飛下秦樓移植山頭一朵祥雲彩鳳遊　佳名小字嬌人甚羽容清幽兒女風流綠鬢鬔鬆帶露妝

病中柬同社　醉鄉春

晝永日高風靜蟬噪綠窗疎影沈約愁相如病兇日未通芳訊　藥餌料應有準文社還期重整真傒倖先生相(吉)假東家肯

夏日歸自館中 山花子

一抹斜陽映遠山蟬聲高唱綠林間菡萏香飄風送興碧波潭 牧豎驅牛哄細草漁人沽酒醉沙灘薄暮追歡歸較晚月新彎

曉起偶見桃園憶故人

鳳仙帶露晨光曉摘向芭蕉扇好一霎梳粧罷了紅襯觀音罩 班尖平底弓鞋小潤幅羅裙拖掃遮掩門兒斜靠買個錢香草

二

十姊妹花 臨江仙

十五娉：孃：于歸不赵桃夭東風扶上竹欄嬌破瓜剛及候笑靨總堪描 白：紅：鬥麗三：兩：招邀齊肩髀袖伴昏朝太真憐阿姊飛燕愛同胞

月工繡毬 南鄉子

睡起月昏黃萬顆玲瓏透碧窗巧製不殊珠錯落東皇繡出春工綴西堂 宛轉更輕飈楸底團：白雪光只恐夜深沉醉後三郎半醒微醒錯認將

題濯足圖 南鄉子

萬頃碧波寒望裡幽人胸次寬芳躅阿誰曾得似看：不放纖塵上足端 小艇日來還依約芦花紅蓼灘孤鶩長天秋水外閒：不釣桐江不釣磻

虞美人花 抝春令

楚江嗚咽水東流問虞兮安在只杜鵑啼血斷人腸剩一片花無賴 當年舞袖輕盈態博君王欢愛到如今和了曉風殘月開落鴻溝外

三

新秋雨後阪宮節溪感舊吟 百字令

金風乍啟早知秋梧葉應時而下細雨小窗閒展閱感旧吟篇歌罷京洛名流文章老宿山斗高聲價追思死後一腔熱血盈把 舉世覆雨翻雲天南地北當面輸心假豪傑從来肝胆烈筆墨淚零瀟灑覗斷江天詩題宿草君是多情者披吟一過蟬殼猶帶悲也

贈楚陽趙三山 一剪梅 用宋人獨木體

昂藏趙子號三山海外神山大地嵩山胸懷二酉
富名山學闡尼山筆撼天山　調同流水奏高山
藹若春山爽似秋山毫端點染西雲山吟敬亭山
仿米家山　嘶子小字亦名山志切爲山功虧成
山令朝始識太行山雅愛東山景慕西山可能携
我一登山涉歷蓬山指點湖山漫教風雨判河山
辞鳳凰山到白狼山　時將之崇川

贈棠大露軒　滿江紅

四

早歲文章最羡是連城光價況橋華攀躋屈宋齊
肩沈謝名士全憑才磊落騷人半是襟瀟洒論詩
豪直欲上青天如卿者　嘆年來西城壚甘守拙
南牕下念贓囷鹽車讓他駑馬白雪聲名君殆是
青雲器識疇堪亞更蕭條四壁子雲居同余也

清明前二日展墓　滿江紅

漸近春田遥望去青青松檟疎烟外新栽楊柳旧
家茅舍野火剗臨寒食近晚風不禁梨花謝听鵑
啼一路哭空山傷心者　准告過先生假且莫過東
村竿嘆異地飄零田園變也一陌携將腸欲斷三
年到此魂驚化立斜陽瞻拜墓門前淚盈把

喜六弟歸自廣陵

吾弟歸来正小試文場剗罷載輕帆蒲芽新綠楊
花沾惹十里揚州歌板沸二分明月珠簾掛好江
城樂事與偏饒能拋下悲伏櫪頻年咤逢伯樂高
聲價羡江毫五色筆曾夢也花樣時新須換稿葫

五

蘆依舊休描者歎家聲門祚久衰頹全憑藉

冬日書懷　沁園春

四十九年細數平生大是可哀念早歲零丁徒嗟
風木中年落魄嘶愧樗材壯不如人貧而且賤舉
世何多白眼哉尤堪恨膝前兒女地下長埋　山
妻爲我安排便尾缶傾来酒一杯道捱過炎風磨
將臘盡還開笑口略展愁懷事到傷心也須回首
泛此春風漸放梅蒙頭過且蘆簾向暖撥轉寒灰

題陳仙伏先生鏡虹樓 沁園春

傍栖雲菴旁古刹即栖雲菴繞環翠園園名環翠樓在其中氣象萬千有小塘面〻空明洞鑒西橋兩〻彩映遥天李白耽吟宣城好句預為題斯樓寫照先憑欄望匪縱情丘壑極目雲烟　君家百尺巍然更五鳳名高世所傳況浸淫書帙萬卷堪題光芒筆陣八詠爭妍徙倚窗楹襟懷似鏡氣吐長虹霄漢連毋多戀願一層更直上萬里籌邊

和六弟四十 沁園春

六

四十當頭代耕以舌貧也何辭但浮家海畔故園荒蕪池塘春草棣萼參差風雨綢繆炎涼異態大廈還憑努力支休似我頭童齒豁意倦神疲　放懷春日遲〻好培植堦前蘭蕙芝漫升斗營心愁難自遣詩書莫問俗不能醫紙閣蘆簾吟瓢茶碗得意狂歌對舉卮無他祝盼青雲有路耐着些兒

陸與齡

字夢九泰州人浙督學吳州先生冢嗣生早慧四歲矢口作韻語有春雨吹花落之句督學大奇之舞勺為邑諸生琅琅有聲既督學宦游京師君奉母向恭人家居無裘馬之娛工苦食貧不問生產與鄉人處油油然不異寒素然以氣節相高為制舉業甚工暇則與二三同人切劘為詩古文辭輒屈服其前輩雲漢高騫益旦夕事詎天不永年督學治泉閩濟上君往省視遂客死聞者咸慟惜之三年前即自知死期私識其臥處時日不爽視李長吉赴召事尤異蓋奇人也有西渚集行

于世

淮陰釣臺

楚有韓王孫，前貧後封拜。咄咄淮陰市，少年多無賴。報我誠等閑，跨下亦何害。釣魚不得志，荒臺白雲外。魚少不向食，魚賤不向賣。嗟哉韓王孫，俯仰俱無奈。漂母何物嫗，進食獨哀在。豈知封侯貴，千金圖債帥。偶然憐憫心，作此慷慨態。一激投楚漢，三齊列王會。漂母固成就，少年亦可戴。摧辱使堅忍，名成由若輩。我過淮陰城，船傍釣臺行。上下千百年，人去臺亦傾。波影漾游魚，不見釣竿橫。隨處老嫗是，滿街少年行。未必能恩仇，王孫不再生。誰復知有漢，但聞淮水聲。

詩最　陸費九

佛客中具有沉著處

有此、行今通身實動

甘羅城

湖尾接河口，上有甘羅城。荒風捲黃土，古蹟但留名。傳說甘羅者，十二誠小生。掉舌作說客，列爵楚上卿。
兒
外黃舍人見，豈非黃口嬰。一般三寸舌，何獨無功成。人生各有遇，窮達無定情。戰國去未遠，唾餘蘇張腥。歎息鬚眉者，遂成孺子名。

詩最　陸費九

清明辭

杏花飛盡桃花吐，花深不見流鶯舞。嚦嚦新聲花外來，啼落嫣紅風楚楚。此際最慘哭夫人，此時最苦懷春女。日長獨坐思悠悠，爲郎泣下清明雨。清明有雨花色衰，花色將衰人不回。可憐妾命如花薄，花落何曾不再開。花開花落幾時休，幾番開落白人頭。北邙山下古今路，日夕惟聞（唐響）松柏愁。

暮發薊門道上

馬首衝風夕陽夕，玉鞭催行馬蹴踏。路長鞭緊一聲嘶，嘶得天涯秋草碧。（似太白）馬上征人徒自悲，只恨當年輕作客。此身長轉如飄蓬，一想歸家一歎息。（又客寄有此情景）縱轡行行逐衆奔，前途有樹却無村。（荒涼在目）愁中正怕聲淒切，又聽空山啼夜猿。

詩最　陸夢九

猿聲啼處如嗚咽，我聽幾猿聲幾斷魂。木葉已黄猶未脱，虫沙滿路簇征輪。馬足疲，月將出，雪光皎皎滿霜橋。（好景）觸緒淒涼淚轉多，無聊據鞍計歸日。秋露滴衣衣覺寒，月明雖好帶愁看。（真難為情）路險石危山暗僻，客愁愁死亦何難。

中秋仝仲兄華禹月下對酒有懷

才氣在仙君間

持盃今夕好，斟酌共淹留。萬古一宵月，經年此夜秋。（奇創）故園雖有酒，異地豈無愁。遂憶征帆遠，西風天際頭。

黄河泊月

好大氣魄

孤棹停沙岸，蕭森起客愁。春風動萬里，明月滿中流。（娟娟淨稚，情景俱繪）無酒難支夜，多寒莫解裘。來朝帆落處，未卜宿何洲。

詩最　陸夢九

泊落馬湖口驚聞水漲

纔聽舟人説，俄驚水過堤。溜隨風轉急，天與浪俱齊。（行間猶作洶湧之聲）坐對青山失，愁忘白日西。幸敎餘尺土，選泊暫依棲。

署齋獨坐

荒園開小閣，獨坐興悠悠。苔碧連宵雨，風涼八月秋。（高調逸塵）吟虫依露草，落葉上簾鉤。更有蕭森處，蘆花老入愁。

一氣貫注到底今人誰解 七詞

報國寺松

何代遺蕭寺，（此種起法最難得）蒼涼衆木陰。偶然移闤市，長自入山林。鶴唳清霜薄，（一幅老松圖）龍蟠夜雨深。後凋誰得似，今古歲寒心。（深厚）

邗上坐月

北風蕭瑟敝裘寒，宿鳥悲鳴亦未安。星自古桐疎際見，（冷眼細心）月從苦竹冷時看。（極善繪景）笳驕有夢難棲榻，漏永無聲獨倚闌。寂寞中庭無一事，夜深還是酒盤桓。（哭，致不淺）

詩最　陸夢九

夜深當作不眠

歷下五日題趵突泉

名泉一勺渺盈盈，洶湧何惭趵突名。匹練陰晴飛瀑好，落徑珠小大玉盤鳴。（景做得出說不出）古今歷下水無色，晝夜中流秋有聲。到此忽興觀止嘆，登臨不減昔人情。（妙）

上有趙松雪詩

春日泊落馬湖口

二月天寒草作茵，泊舟湖畔踏芳塵。即今風雨披重絮，（客舍春寒讀）那解闔河是仲春。（此如有淒風楚雨交集）飛到總非相識燕，集來不是故鄉人。明朝擬覓消愁處，烟火清明驛路新。

五日弔屈原

佳節初當午日長，石榴紅雨綠蒲觴。汨羅江上人何在，（天風海濤）不讀離騷亦斷腸。（此嘆怨亂）

詩最　陸夢九

怨中月

妾自別郎後，何時不斷腸。今宵明月好，分外恨更長。（深於怨）

先世遺流澤，蒸陛刻鵠難。敲冰挨尾冷，呵筆作書寒。雪雜隨風舞，玄枝帶雨攢。持盈辞飲托，卷漫盤桓

清和節前五日雨中錄

先督學公雙虹集春陰如臘風雨凝寒因賦　公句

呵筆寒生字　得寒字

先世遺流澤，荼臨刻鶡難。敲冰挨墨冷，呵筆作書寒。

清和節前五日，風雪交加，春陰如臘，時錄先督學公雙虹集詩，因賦公集中句呵筆寒生字，得寒字。

先世遺流澤，荼臨刻鶡難。敲冰挨墨冷，呵筆作書寒。雪辭隨風舞，花枝帶雨殘。持杯將酒飲，把卷漫盤桓。

清和節前五日雨中錄

先督學公雙虹堂詩集時風雪交加春陰如臘因賦　公句

呵筆寒生字得寒字

先世遺流澤，荼臨刻鶡難。敲冰挨墨冷，呵筆作書寒。

雪辭隨風舞，花枝帶雨殘。持杯將酒飲，把卷漫盤桓。

鑿

雙虹堂己巳詩稿

○ 己巳元旦

年光河所見景物助喧譁雪跨冬春白梅經冷暖花
一年閱此日萬户醒誰家最是驚心處老人添歲華

歲朝四日之楚昜哭亡女九姑

銜寒何事蚤披襟腸斷門楣不自禁褰幙窺頻初曙
影隔雞啼乱五更心田田野雪通天白樹樹酸風動
地陰豈必到門繞哭女淚痕先向白雲深

鑿氷行

河流凍合河面平伐氷冲冲觸氷行水澤腹堅渾作
鐵酸風白日迷復晴長年呵凍弄椎鑿流[redacted]澌一片
聲冬丁細如擲破玻璃盞大如擊碎琉璃屏撒天草
樹禿黃髮剃雪樓臺立水晶穷日之力三十里水面
一點昭昜城昭昜城頭譙鼓明昭昜城脚灯火樊游
子若抜家园宿帖然綏慰旅魂驚噫吁嘻行路之難
倫諸此風天雪天氷天行風天雪天氷天行

前乙酉避兵北王莊今己巳重過訪薛玉基題
贈留壁

五十年前此卜居桃源流水似當初村莊父老争扶
杖地主兒孫盡讀書知晋漁人何處有避秦雞犬幾
家餘急歸何事停歸棹風雨留人處士廬

下河行蕉阻風行

昭昜往還經一旬石尤日日吹陰晴弄繳嵩祭不肯
停吁喝萬簌大荒生城頭一更少一更天邊一聲多

一聲金鐵縱縱復錚錚行空人馬疑天兵山搖虎豹羣相驚水激蛟龍族不寧千門萬戶皆秋聲豁刺屋尾爭飛鳴那前一程退兩程十五里路天失明渾如佶以吋子便乳泛之三寸金蓮行金蓮猶覺能縱橫水鄉澤國此著名但水不陸艔平成東西南北溪復汀榜人惟持隻篙撑隻篙力盡徒睛睜對此令人魂魄驚陸行無路水無情勸君莫作下河行

◎立北王莊溪後憶與齡兒初生處

四十五年後憶兒前此生依然舊流水如作悼亡聲曾記呱呱泣還呼楚楚名高堂雙白髮老至倍傷情

元宵後五日聞諸子壻招同薛方平集隻虹堂即事分韻漫賦一律 得十蒸

霏微春色已鮮澄蓂葉凋來二十層缺月尚懸滄海鏡中旬遥接上元燈親朋盡集無雙士詩酒平分一半僧 聖主東巡容內舉曾叔宮餅賜紅綾以子最堪娛老眼隻虹堂上數家丞

◎二月寒

二月寒疑臘能令减氣衰客將尋醉去雪欲妒春來人自官休拙貧從老至催蕭條北窗下清絕起徘徊

○月夜霧

十里霧濛濛非烟非雨中人迷涿鹿野天失廣寒宮元氣資磅礴乾坤入混濛蚩尤能戰轉今古尚朦朧

金井怨 樂府

宮人千百影箇箇怨金井不怨井水深但怨孤影冷

五噫歌 樂府 和梁鴻

海曲荒〻兮噫春声蠭〻兮噫先生何憊兮噫但得齊眉兮噫可以偕隐兮噫

轉應詞 樂府

蝴蝶蝴蝶到處尋花覔葉東風不管愁人吹得香魂亂零零亂零亂樓上女児腸斷

五雜組 樂府

五雜組縫擣衣往復還關塞西不獲己生別離

其二

五雜組續命絲往復還白水邑不獲已愁女兒

疊韵吴宫詞 樂府

樓頭愁鵂鶹翠被睡未寐宵譙遥高敲細碎墜涕泪

新弦曲 樂府

老清客翻新聲七絃五絃三絃精大珠小珠還錯落如泣如訴泪雨若旧絃已斷不成响撥出新絃清且蒂閒用隻指撮合欠丁當一尺飛流泉聽去靡靡都欲睡稚音不奏不如醉

李夫人歌 樂府

少翁神術神無賴夜帳熒〻夫人在帳隔不曽来哀哉更無奈李夫人漢武帝生別離死相識滿宫〻人狂若醉

南山鳥 古樂府变体

南山有鳥北山有羅莫謂羅遠無如鳥何魚網鴻則

海　後

羅何地無風波君歸來聽妾語祇今世途皆坎坷北山縱遠南山多無羅可柰何

將進酒 古樂府

君不見桃李花幾日搖落歸泥沙又不見蜉蝣虫朝生暮死都成空人生幾個是彭祖劉伶荷鋤亦楚〻古希壽對酒債吟達人及今數杜甫酒泉下在地酒星上在天老佛不知味神仙便流涎乾坤無酒人那能金甲堅一日十二盃轉牯一年三百觴流水復有太白普公榮多 少古人糟粕裏生前不醉死應悔地下須知無酒鬼天上玉液人間麴蘖禹飲實甘強疏亳狄維北有酒維南有江若作酒池其樂未央

空城雀 古樂府

空城雀難自保人民稀啄飲少覓虫〻類嗤〻繞樹〻根草相將哺乳雛謀夕不謀早幾年兵荒遭亂離人家零落烟火微小兒啼饑老人死雀還偷生破巢底

築城詞 古樂府

無大秦始皇狼作築城王莫小孟姜女獨作哭城婦幾家無骨在城頭幾家妻兒將骨收

悲歌 古樂府

覇王别姬勾踐攜妻興喪未知消息死生難為别離烏江會稽同調不老搔手問天天亦欲老

華山畿 古樂府

情華山畿為誰死生不願死無悔追郎追郎妾先斷腸

估客詞 古樂府

老

結束錦韀鞊腰纏十萬錢倡楼隨處到忘却折金年

揚白花

楊白花柳飛絮趂着東南風飛來復飛去日晴裊〻天垂絲鉤住飛[飛花]不放飛不放飛已離樹飄泊空中無是處高楼上長咨嗟紅粉兒楊白花

團扇郎 古樂府

佳人把團扇命薄不如紙輕薄誰家郎秋風却似爾

長相思 古樂府

長相思思何長乱我心曲𢌞我腸滋味有如百沸湯焦心剥不向蠶繭抽可量十倍小兒紙鳶線飛入無何有之鄉長相思思何長

君馬黃 古樂府

君馬黃我馬青君馬溼洼種我馬房星精騎出邯鄲斜狭道驕嘶蹄嘷不肯停主人御之得其道兩〻無失千里名不然黃金古臺側反教輸却[redacted][千里]骨

堂上歌行 古樂府

堂上歌歌渭城行人將行朝雨傾梅花開盡柳正青黃鸝啼滿春風亭春風亭一盃酒無限意不開口

雉子班 古樂府

雉子班在山梁五色郁〻飛流黃一飲一啄于人無防[雌]咢射矢誰下塲忘却弋人羅網張收拾好文采煎膏徒悲傷

己巳清明

節過清明七十三壯年冀北老江南風光一樣春三
月只有揚州不一般

其二

揚州此日女如雲罷市携家去上墳急去紅橋成勝
會練裙忘不繫紅裙

結客少年場行 古樂府

人生百年過半血氣衰平昔健者多灰頹胸中萬事
不能作何況任俠彊有為所以結客者多在少年裏
不結游冶郎專結豪俠子千金憑我擲一劍為君死
君不見燕荊卿年當強仕秦廷行又不見晉豫讓幾
見鬚毛白趙橋上監門侯嬴擊朱亥老者少者但有
賴但腰長刀韔大弓二十過頭壯且雄詩纓繻棄須
苦輩西有枚乘南終童豈必為人多成功平生意氣
將無同貴少賤老誠非錯鄉愿強半皆耆碩

○兵裡過梁谿

舊是游船岸今成走馬隄船梢吳下女隄上隴西妻
歲月連烽火東南半鼓鼙前途慎棲宿警角日將西

○赴西園僧飯春冷早歸即事口占

耐冷赴僧飯蕭森入翠微烏蠻曾不識春老欲先歸
呵筆寒生字移鐺暖近衣輭風凄漸緊未許坐斜暉

秦箏曲 樂府

三十六絃鏦且錚銀爪玉甲聲冬丁小立不坐寶髻
横寶髻横纖手傒文姬悲明妃怨

三月春陰正養花社題和韵

三月春陰正養花養花天氣好韶華一瓶無恙清明水幾盞分香穀雨茶不暖不寒風似剪半醒半醉客如麻養花何處傳消息不在農家在國家

○野步仝弟亮工翔九

踏青無勝地散步廢城腰日脚亂村落人踪急板橋田姑挑菜老游女走風嬌聊作莫春者行吟百感消

○徐貞一小構新成和韵二首

半間營六尺隨意結茆椽鐺火時聽雨瓶花淨插筵靜為誰老訣閑是養生篇學得東坡坐誰云七十年

○其二

境分塵以内屋趣地之餘五柳自為傳三間小卜居藥煤香逕達灯影過窗虛只此堪忘世蕭然處士廬

白牡丹二首

名擅花王第一儔淡粧粧就占風流冰姿儘句嬌金谷春色何須絢玉樓三月烟花誰奪錦六宮粉黛盡含羞沉香亭北逢妃子譜出清平調更幽

其二

天然一種粉痕勻嬌立東風最可人玉面定欺玫瑰紫紅顔不數玉樓春瓊花只合移為伴柳絮渾疑滚作塵國色天香真絶世慣從姚魏接芳鄰

揚州竹枝詞

今古一揚州繁華無盡頭却從隋煬帝點綴出風流

○梁松崖觀察招同諸憲使看半山桃花

一棹半山風羅浮好夢同花全鋪地錦溪畫染春紅
人醉日光下香浯菜圃中武陵漫相識權說是漁翁

飛來峯

何處飛來第一峰鬱葱天半作屏封千章積翠松盤
蓋一片玲瓏石嵌空泉脉冷通湖水北山光還認錦
江東諸天色相收羅盡鬼運神輪點梵宮

○冷泉亭

方池架古亭水德淨無聲日以喧為事翻從冷得名
西泠萬狀出巴蜀一峯睛坐到賞心處真詩不易成

○兩游三竺

本是真盘磬三峯一串聞俗成香火院誤作道場山
下上人如織逢迎僧肯閑登臨無厭足風雨不知還

○兩游靈隱寺

再過靈隱寺選勝一尋春魚磬不驚鳥猩曇欲語人
溪山皆色相風雨即微塵笑問三天竺西方亦比鄰（比作有）

○岳墳

武穆孤忠在千秋馬鬣封奸雖由老檜昏實自高宗
井宅傷心甚湖山淌泪重徒然宋時鐵鞭碎亦成空

○張憲墓

但説鄂王事誰云張憲忠定知驍將魄長繞岳墳東
冤氣吞湖水傷心及牧童還憐子雲沒鄰舍墓門封

王純嘏河臺視東巡河過訪留飲

擁旌乘傳海天虛忽過東都處士廬二省再移開府

幕兩江三下制臺車白英何用求耆老宋禮於今見
尚書彈指成功報天子新書知復著河渠

憶吳梅邨祭酒

當時親炙後聞風六十年來仰止同先輩典型皋比
上故人風雨水天中雲霄事業虛遺老滄海文章出
放翁復社幸非朋党續至今領袖說婁東

○小秧喜雨同杜遺思弟亮工翔九

午日辭晴去申雲染雨過乍聞猶淅瀝深聽欲滂沱
燕壘啣花濕蠶筐焙葉多秧針針幾許新翠滴農歌

梅雨廣陵道中

昏星總下海雲連一片孤帆破暝縣田舍炊烟繚繡
日行人風雨熟梅天客途遠近皆無謂宦況蕭條漸
自然昨夜胡威舟畔宿一灯清照五更眠

○青鳥嘲二首

錢影袖中分嫂眸烱出羣死徒尋地理生未應天文
混沌鑿還鑿鬼神聞不聞藏龍信何地先儘自家墳

○其二

不是蒼天民黃泉老此身死中求活計生者靠亡人
鏡裡乾坤假夢中山水真如何九流輩方外術偏神

○邗上重晤李大邨孝廉于十埼春暉園子（時贈粵隱）集

再晤春暉閣經年已十三上書唐闕北延譽晉江南
感舊啼鵑咲譚新老更憨別君歸一葉披集趁風帆

○湯映台孝廉招同顧懷塘廣文孑伯陽○○弟

靖侯貳師穀園頁子

抄理存時孜偏宜市隱君蕭騷堪此老理亂不須聞丘壑少成趣風流真自文半酣無主客忘却隔初分

○亭午仝弟靖侯過顧懷塘署中得門入紐起文（时尚有江都熊令通州边牧皆良有司）侄翀白對酒達旦

漫興不能已來尋顧虎頭三間容上客二儁恰同游代月燒華燭呼尊當茗甌不須歸且醉銷此五更愁

簡李五侍臣李六詞臣李七十壻冏臣李八○○令臣兼寄李三捷臣

家園兩世敬春暉每入江城一扣扉謝氏幾多窺玉

言外刻李大李二

樹王家過半識烏衣使君舊館堂重構（时臣師重葺園中山石）名士新亭檄共飛（时昆仲同結潤州大社）石屵中堪我老漫

興

言不歸醉ゝ無歸

○泰州牧施公浔江特旨超擢廣陵郡守賦送

特地綸綸出吳陵晉廣陵置身忽天際轉眼即仙登主眷雖云渥民情實未憎一般清白吏三級幾家陞

端午前四日于伯陽留郡泛蒲率歸答别

庋歲不于家而況端陽節好友欲我留競渡寶喧熱兼之謀八篇此抄不可說十意九留戀傍皇未能決中夜翻然新ゝ呼童買舟楫趁此西南風帶星走一葉肩輿隨　夫徒步出城闕薄汚沾衣紗老健不喘息到舡心始安去去莫周折無以對朋友有以對妻妾時節事猶小園圓理難缺再過七十年泛蒲亦有日從此出門多不如得便歇非以畏星霜因之保氣血

黑髮齒未凋何故尋人雪鬢前好兒孫舞衫滿堂設
笑供小猢猻云恐翁腰折白水抹碓黄諸姬左右拽
歡咲溢中庭不覺午將夕人生但快樂便是長生訣

題湯台映穀園

廣陵城裡家園多位置繁華各偏頗若不傷石便傷
屋纍纍百間兼磊砢湯子穀園好點綴不欲冒作真
巖阿二分山石五分樹三分構作風月窩此外隙地
美閉曠參差掩映無俗魔高軒深厦曲忘暑琅玕萬
箇青瀰瀰堂顔式穀念先子山入則有孝子無頃之
見其二三子又復慈父師孔丘彬彬學詩且學礼此
非趨庭晕鯉麽我亦曾為屬聯句集句羞強杜撰訛
岩石自能幼輿在丘壑祇應長康過爭與湯子作主

作

客晋魏以下誰唱和主人酌我金叵羅我贈主人白
雪歌明朝且來今且去謂非即我家園何

○留晤薊門家叔賦此奉簡（家叔侄同處双虹堂六年）

過門艱一語枉都久相思急病曰猶子憂思實比兒
客歸憐罷客詩罷憶題詩何日竹林下依然二阮時

○其二

叔侄皆吾友安危如一人雞豚滿斜日詩酒隔殘春
風正船催客愁多夢繞身寄言狂阮籍應亦念周親

悶二侄嵩齡病狀聞因劇飲所致賦以示警

病肺聞如杜少陵遍嘗百草費參苓弟兄聞說膏肓
疾朋友徒諳素問經半枕殘春頭欲白一灯終夜眼
俱青濁醪妙理從今晤皆醉何如我獨醒

戊辰梦句

沙洲水樹互淙洄敗李残桃繼落梅兩岸飛將雙槳去一舟吞入萬峯來黃鶯美絮流歌曲青草斜陽対酒盃莫計前途歸遠、詩成金谷各相催路

春園看芍藥花名紫觧

豐臺草本獨存真開過東風簇簇新木末疑傾臙脂水風流想見紫衣人蓄螢定借無雙價溱洧平分一半春國色天香休占盡花王自是有花臣

無文弟七十 余丁巳十二月二十三日七十 無文戊午十二月卅日七十

少小家園日往還偏教遲莫隔鄉關問年次第僧分臘各老東西屋一間不許鏡中生白髮每從醉裡駐朱顏一盃春酒當除夕消受梅花白雪間

○戊辰午日朝雨後晴同人集賦

黃梅風雨定來霽賞佳辰五日如元日閒人盡醉人節仍金黍舊花是石榴新千古羅江怨年年弔楚臣

○冬杪入郡遇風紀事

昨夜陰霾重朝来氣轉空錯高三丈日倒捲一帆風人事遠难定鄉思冷更濃喜非名利客忙趣廣陵鍾

廣陵仲冬繡毬復花

阿誰冬把半春賒嵌作玲瓏滿樹葩幾簇粉粧塵不染一團香雪冷難加却疑似觀瓊花發還向唐宮上苑誇不道東風重布暖烟花添出舊繁華

○至日歸自海陵道中

閉關止高旅偏我且行行卜子已過半微陽何處生

雞喧繞罷漏樵急未開城莫怪駈車早還家梦不成

贈湯映台諸子五常歌

穀園主人賢且良一日一至飛羽觴元禮自喜客到門茂先不厭人登堂主人雅望逼張李因而好友頻趋蹌出妻見子古人事呼童召出馬五常大兒兩度露頭角識此非復田舍郎年幾弱冠蚕衿佩縰翩指日風雲翔竝復窺見二三子以肩服衣若干長自足文衆小兒輩尚向厨中偷酒嘗公然人前諳行礼分明眉目画鳳皇問名逐個從容对不移不履如兒裳聞説諸兒各穎異中有次公差更強蚕歲方當六七齡慣聽讀書聲琅〻他人用目熏用口此独用耳如説堂㴑是烏衣熏白項他家姓王此姓湯不離君家多男子獨離君家將仕年甫強年行四十五男兒莫説未老如棠桑但恐後來不下慶成王

己巳四月念日大風歌

君不見漢高皇還鄉唱出大風歌又不見漢武帝横汾再作秋風辭二月傳旬二千年想見大風潑刺秋風微末見今年四月副念日屋草如麻屋瓦飛板木折樹了無數樓櫓不知何所歸牛既走順疾無影馬復走逆不成嘶行人登塲傀儡子什物舞空蝴蝶兒較龍頭角見尊影霹靂趿火腥実㡳砰〻擊碎庭屋柱熖〻燒裂夏侯衣带浔雪山怪氷雹大者如磨小者如碁天心雖怒實仁愛不打二麦憐孑遺自晨趣巳過亭午飄斜風急斜雨人自危即無諂曲亦恐怖君子

原自畏天威　側目東南望西北　調元者誰贊化誰

州志節孝傳

徐氏浙江提學陸舜子州庠與齡妻也夫亡氏年二十三絶粒七日翁姑勉以撫幼時子祖游甫五歲女甫三月氏仰事俯育崎嶇閭越歸養殯翁姥手植墳樹課孫子成明經孫枝蕃衍以壽終

悵拖手今方九年。誼聯姻婭屬良緣。雀屏此日乘鸞婿。鼇頭他年折桂仙。繡繡紅絲牽繡幄。雙雙白璧種藍田。天長地久恒諧合。和詠一笑非第一篇。

庚戌秋前三日客中归舍述怀

故園今夕好，团圓坐吳儂。儂〻耐冷西窗月，秋深卅夜秋。

客归愁作客，愁外客燈愁。明日扁舟去，滔〻江水流。

卜居

卜築聊栖止，依稀一葉舟。书垂茅屋角，蘭菊種情趣。

明月清光小，秋風入耳幽。不堪容膝坐，隨意且淹留。

為女联姻

懷抱于今方九年，姻聯秦晉屬良緣。雀屏今日乘龍

壻，鰲背他年折桂仙。縷〻紅絲牽傃幌，双〻白璧種

藍田。天長地久從茲合，和咏関雎第一篇。

鄉賢公墓

古墓蒼苔滿，崇封晉大夫。兒孫瞻拜後，依舊月明孤。

雛兒曲港 吳州公曾納涼于此

曲港勢如雛，環流抱短隄。晚涼風静處，輕舫任東西。

硯池春水

方池名古硯，潑墨寫春雲。夜静月斜處，光迎處士墳。

危橋綠柳

桥危[illegible]驛馬渡涉水往複[illegible]偕　怯無隱士居

危橋拖柳綠長短，任風搖。水急闌干側，全憑老樹扶。

閨人索題繡譜

新翻花樣好，枝葉斷還續。墨筆能分色，深紅而淺綠。居然蝴蝶舞，也有夗央宿。春日畫牡丹，秋來繪黃菊。看此裁雲手，想見人如玉。不減曲終人不見江上數峰青之句

題蝴蝶畫箋

翩翩金粉愛風流，慣向南園花裏拂。翠戀紅如有意，不時飛上玉驄頭。游

采蓮曲　調寄望江南

江南好，小艇度橫塘。月湧一輪秋水碧，風吹十里藕花香。驚覺兩夗央。

梅花

冷艷凝香雪，羅浮幻任身。飛雲峰頂上，明月助精神。

戊申陽月生次子嶸，以詩寄乾夫兄

蘭閨誕子愛如珠，梓樹榮華第二株。陸氏莊荒秋有望，得錢多置幾書鋤。

秋日雨中與乾夫兄限韻　得寒字

秋水漲江干，農人獲稻難。早涼燋葛薄，夜雨怯衾寒。詩句充樽酒，棋枰當晚餐。東來舟使至，海溢漫鹽盤。報

其二

愁絕倚闌和年荒覓食艱米昂增餓莩水溢累饑寒
無計承先業何由可供餐況兼連日雨客至悵空盤

寄乾夫兄

赤汗一聲嘶春風萬里蹄未逢伯樂顧權繫綠楊隄

中秋賦

時維八月節屆中秋寶鏡新磨月姊粧奩乍啟奇葩
獨艷嫦娥粉黛初收秋色盈盈千里關河皎潔雲衢
寂寂一輪皓魄輕浮冷逼良宵光迎畫閣倩歌徹夜
人倚紅樓
詞客吟成佳人思發香花設供愁露濕乎紗窗閨閣
低眉訝寒侵於羅襪人間玉宇金壘天上銀河玉闕
朱唇美笛齊歌婉麗之仙翠袖傳觴共慶團圞之月
謌曰蓼花紅淡桂花香雪藕清甜濺齒涼月到
中秋偏耐冷年年愛此好風光

紫燕

紫燕營巢室呢喃畫閣棲亂尋香草澗啣得落花泥
帶雨飛難進迎風路轉迷凶年農事薄覓食過前溪

羅浮山

雲飛五色耀山頭天下奇觀第一儔蝶翅如輪梅接
嶺合離風雨見羅浮

孝才

咍者也乎傳經南面擁生徒承題圖點稱名手句讀章連

白五千空恍惚十三廿一費躊躇黌門佬偉騰窓稿試莘

八法

一躍龍門攉拜小諸侯耶威摸楚聲摩小記日硃砂磨九流八斗五車

二畧將中獻他年班賀　金廷對畫策平治百家州

謊我梳　像你的个人

雋海詩鈔

耕餘堂藏板

~~614077~~

康熙甲午余甫弱冠與陸君桓
鄂渚胡先生距今卅有七年矣
光陰荏苒不覺老之將至前此之所歸
省因補博士弟子員者強半化為微人
幸而存者目曾當落須髮皓白今而復
知余之衰也 君積學工文屢躓場屋從
係無聊之概一寓於詩深以余為識途之
馬者二十里外和詞高種索一言弁其
首適所頭方亟謀之車杖鄰門所應分
選筆硯塵封長夏積兩月餘弗辭被
閱賞其罕至發 君詩讀之羅歸往復詩
規手眠損而不僅然而不然其得性情之
正者海岳而多情才庚子辛丑間猶憶爾
良御先生選文選一時高華中文御眾
為晚近所尚能入承國朝歌中秘優游林下
以至天薦林諸生秋風席帽昭諫名名
重吳禾嫁可為歉歟長太息也已矣 君休
矣涵軒詩格獨有千古歲月如流過耳
飄風浮華盡在涵軒海濱一叟不足為物近
化則異日品題風雅而嘆荒江老屋之間大
有人在非他人必陸君也
乾隆庚午七月院生同學弟程盛修拜題於左
桓直廬

叙

竊見悠揚之口有曰今世惟某〻知樂府余頗不然其說盖某〻果知樂府何不取古樂府之失傳者闡註而傳之又何不於已所著作者而一一宣明之今但據其集中擬古諸體而共推為知音其然豈其然乎夫樂府之難言也久矣晉虞摯有言曰今尺長於古尺幾半寸樂府用之律呂不合史官用之歷象失占醫家用之孔穴乖錯則是本律呂而有作昔人尚有不合之議况無律呂而强事空腔其不知樂府也審矣夫然樂府其可不擬乎是又不然彼漢魏之奏於廟堂發於鐃角分乎清瑟諧於倡和者無論已至于里歌巷曲怨調悲音當時未必盡知宮商而叶之其共相流播不朽者詎非自有天籟之音與之脗合者耶夫今之視昔猶昔之視今也矧有古之題可原古之事可托古之意可思古之辭可繹仿而咏之雖未取合於律呂焉知其不有合於律呂也陸子宿凡績學嗜古之士樵海一集古詩為多余固不敢謬為許可而玩其辭歌其聲古音古節咄〻逼人後有定樂府者出能勿信其可採而入風雅乎此外近體諸作修而潔韻而清有王孟之風得陶岑之遺是又有目者所共賞先是宿凡門人江生曾為鐫其郊雅一集問序于余深以余為知言今復郵寄全集囑余校定余既僭為棄取併贅片語以附風沂老友之後風沂讀中秘書日久其以余言為河漢否也　如臯磨老人吳景新序

樵澥詩鈔卷上

海陵陸　進宿凡甫著

○古意

山中有白雲〻溟不知所山路何窈窅大道劈靈府山中有古栢勘落無枝葉上有石嶙峋下有泉鳴咽

○妾薄命

妾心同松栢妾質如蘭蕙所嗟桃李妍不與同臭味

○行路難

誰謂行路難三峽黃牛九曲羊腸隘險峭折不可扳長蛟搖其前猛虎踞其巔封豕長劍在吾手斬蛟射虎亦等閒何似當年之瓦礫陸地之波瀾路鬼揶揄蹲我後當面盟心背面寒含沙吹影口射工暗中彈胡越椎心腹機械動相干鸞鳳高舉青

蛇在樊吁嗟乎行路難

○ 善哉行

黃鵠高飛志在遐觀慕有何心翅首雲端解一引鍼化鉤徑寸必彎吞餌者亂水不安瀾解二偃鼠飲河滿腹不難嶽崙之源寧專而乾解三天運不息蟻磨艕旋蜚輪輾轉疾若倏九解四冰結狐疑黮黯河干陽春佈澤紅日團團解五泯沈莫斁太璞不完履道之貞貽人誠寬解六

○ 河水

河水湯湯其流泱泱侵我稻田民卒流亡　河水滔滔傷我稼苗何辜于天淪胥以逃　豺子決兮宣房塞兮斂財發衆我心悅兮　斂財發衆軫念民飢父母孔邇云胡不奮

鴻雁

鴻雁嗸嗸集于皐澤有子云亡哀鳴誰訴　鴻雁嚶嚶雌依其雄夫也不天煩亦無從　既孥其女言提其孫憂心惸惸中道棄捐　朝有惠政爰及矜人君門九重呼籲無聞

刈豆

刈豆南山側豆駁子偏稀摇首自咨嗟生意何太微仲夏苦炎蒸蔓草多支離况逢霖雨溢蟲復蝕其枝栽培固未至相土亦非宜豈不自保護阻修實難為南風歇曠埜陰晴杳無期意欲待夗冥時節恐相違力田不逢年空復抱鎡基

寒日

北風鳴枯桑桑葉盡黃落殘葉雖凋零故根未刻削春風二月吹長條復沃若所恨人間世六州鑄錯

河干衰草色鏡裡愁人絲草白絲亦白時序詎能違長途日已暗樹靜風欲吹霜華一夜重枯顏何以滋

○ 春草

綠野堂開煙雨濛郊原遲碧望叢〻踏歌遊女三春半別後王孫二月中斜日慣沾蝴蝶粉清明曾染杜鵑紅池塘夢好傳佳句閒共青袍嘯晚風

○過晚香樓 樓為外王父眉雙公晚年習靜處

白雲門巷鎖松楸老鶴歸來得地幽公遊京師卅載南歸故有老鶴歸巢白雲之句任書帶草深三逕晚紫薇花放一庭秋經床重拂餘蛛網竹韻條添共灯酬珍重芸香省繼起肯教猿鳥觖山樓

三賢祠 在鎮北鳳山樓下

正道日榛蕪浩氣獨不磨斯文既淪喪誰與挽頹波吾鄉雖僻壤大賢累紅過忼慨立朝右岂獨詩鳴珂相業重奕禩憂樂抱淵邈范文正公或者丁陽九矢志亦靡他知窮力益竭維揮魯陽戈文文山先生更有桑梓望人才入經羅經義亦治事濟〻生徒多里人沐教誨講堂餘薜蘿胡安定公芳躅並砍遠廟貌瞻巍峩松篁植增祀蘚蝕侵庭柯衣冠猶肅〻古碣堪摩挲俎豆昔賢烈春風吹山阿

○冬日黃鶴岑招集泰山文讌得十灰

盍簪同步傍山隈海滙名流先後來埜寺亂雲無竹逕荒庭古木臥蒼苔論文喜託王楊末變律競看沈宋才竟日惟貪文字飲肯教良夜負尊罍

○平山堂懷古

勝蹟傳來舊煙嵐四望遮荒堤餘蕪草老樹點寒雅但得衰翁意何論帝子家夕陽無限好只照蜀岡斜

○南園望雨遲徐二與堅

竟日南園坐無人過水隈陰森沈綠樹雨細滑蒼苔意倦醒如夢茶餘落復開同心遲不至惆悵暮雲回

霧

小閣晨光暗高旻曉霧迷千村掩林木萬井失炊烟彷彿鴻濛象依稀混沌年人如游朔漠鳥侶向

闗邊岐路何能辨迷津不可前猿啼起夜雨雁度待晴天古鏡寧容鑑空山但聽泉攢雲誠已矣蔽日更茫然噫氣吹雖歙陰霾濕未蒸陽烏絶躑躅玄豹早騰騫

生日

車輪進來速吾生何以堪少有摶扶志長無足負擔戕蒿飽蟫飫世事苦未諳獨抱崚嶒性煙霞素所耽高秋八月暮紀旬乃加三清風入簾幕殘月照書龕檑提當此際潦倒卧江潭

東隅不可追遲暮嗟何及萬事總拋荒一經未成習終年羈櫪下當塗誰引汲端居守故卸毋褒思負笈相從先達者曷用與車笠

露白桂華濃時節恭猶未劳人心易驚多感窮秋氣閉門日無營但能薄世味裋褐行自傷長歌聊以慰夜來坐庭除蕭蕭聽絡緯

辛丑臘月移居西偏除夕漫成

怨澇來空谷孤雲出岫遊携家真子立有涸鮒濡杖風霜慘偏重椿萱慘不留歲除人事懶物外任蜉蝣

耳世劳劳後成敗與物齊未鋤三逕草聊借一枝栖梨栗隨兒供琴書獨我携延家松火爛耕湮問山妻

○留燕

徵是烏衣種而今逐處栖萍蹤同汝托華屋向誰伍林林春雲晚霏霏紅雨迷歸來梁上好莫漫使沾泥

○登清凉山用杜甫韻

終朝探勝跡忘却在天涯直至千重巘平分一片霞蒼崖懸暮雨白日捲江花整憩清凉寺心清似出家

絶頂吾能上諸峰望裏多長空初雁度落日繫愁伊遥凡容樵叟松高避斧柯一聲清梵響終寐惱

維摩

○蓬萊境

已入無人地蓬萊闢沿天捫蘿山鬼哭穿竹楚猿眠桂拗浮香遠桃源識路光在廬如在目何處覓神仙

子夜四時歌

庭增田草夢香風生羅裾陌頭楊柳色青〻愁殺人

南風幾入户起傍橫塘路文禽戲荷華池邊頻顧步

惻〻商林响暮雨打梧桐團扇夜來棄郎去不思儂

儂自不得歡夜〻勤補綴寒風侵羅幃曉窻白如雪

○雞鳴曲

雞既鳴天雞雞曉美人起坐心悄〻霜花攬月當窗

句一变兩枝梅影小夫君遲暮不歸來致身青雲昔不早由來紫塞黄河路梦時倫近醒皆杳問君事業幾時成莫使朱顔嘆良老

○贈程大畧新安人以家業蕩盡祝髮為僧

不見程生有十年相逢長嘯水雲邊哭將囊裡金揮盡買得袈裟直幾錢

為說香心付落花蒲團穩睡任生涯不知曉月鐘聲破夢裡春風可是家

海水溢

海水溢海水溢肯心惕〻上河下河民太息憶昔范公洫此邦智勇直與洪濤敵沙堤屹屹築東南狂瀾頓使安潮汐沮洳欻忽為平原萬盤布穀與遺力農夫灶丁遂其生商人販夫動萬億千秋保障存邀受功名不獨當時載緊公陟遐數百載精誠猶覺干斯在土人每見當陰曀朱衣笏象乘天際予聞之土人每陰霧晦見衣冠楚〻往來雲表一如公像知公此意豈無因奇者

開之後誰總土坼沙崗岴所有縱見成功能不朽
東漲西坍不可常白雲轉盼如蒼狗去年七月颶
風作沿海居民盡隕簇億人無復數人生尸橫遍
埜饑爲啄存者臯臯奔上河水溺猶想田園樂豈
知斥鹵不可耕數晦荒膝餘敗葉我鄉距海雖百
里連年六苦潮水薄去稚傷我苗今夏書無麥一
雨十旬稀紛紛涼月白亡感皇天恩三伏雷雨足
藉有健兒把犁鋤努力耕耘望秋獲幾日狂飆動
坐來潮汛奔馳越信宿有禾輸欲焦有水空盈瀆
屢賦負縣官租追嘑日夜迫貧家無計得聊生富
兒有産慝思鬻呼吁嗟乎海水溢海水溢吐心怵怵
滔滔汩汩幾時休良田那復生荊棘異地何想蘇
樂土男兒翻苦多家室兒啼婦嘆只吞聲轉徙流
離不可必所賴長吏賢繪圖達警躃築防總前徽
尤仰司空力功成垂奕禩環海浮安息會見涼風
天末歘堤上道遙聞蟋蟀

丙午秋闈未赴鄉述

孟秋七月望炎暉猶當堦故人忽扣門賓興迎與
偕賓興誠大典鈍錐良難懷不如摩礪須脫穎兵
塵埃
雖青滓洼種不堪芳悴加況是下棄材而復委泥
沙貌瘁神不完俛首空嗚悒縱遇孫陽顧其如非
五花
卞生覆刖足不甘終抱璞玉果爲我有何煩頻碌
碌我非握瑜者泣向荊山麓爲問先達人何處搜
良玉
清時慎遴選人才炳蔚起觀尤豈無志其如羈下
里何日羽毛豐翩然事霞舉一卷陰符文避人且
獨理

○ 謁許忠愍祠

春風春雨打殘碑落日蒼涼過古祠魂魄自應依
扈蹕衣冠猶得鑒鬚眉煙迷薊北家書遠淚濕鍾

王（陵）氣衰幾復何人能俎豆孫忠長嘯海天悲

○ 先嚴諱日（丁未三月朔日）

不分輕拋埏壝田客中況味轉蕭然（時館東皋）一春孫
館棠梨兩三月他鄉楊柳煙生事憎騰成隔世故
園消息判遙天夜來却惹趨庭夢計日彌留已十
年

燕子來齋中

年年紅雨滯天涯不見殘陽巷口斜借問烏衣同
幾輩故巢曾否認吾家

○ 采蓮曲

月自東方來照見橫塘曲塘中如花女夜夜恨獨
宿
明霞燦天末新粧映水底浦裡青荷華一枝儷並
蒂
君欲采蓮花儂自采蓮實中有無限心辛苦不容
云

○ 客中立秋二絶

丈夫拓落慣忘家底事驚心鬢髮華忽憶蓮門秋
到日銛刀自斫綠沉瓜
日午炎歊正有加新涼盼到日初斜不知梧葉飄
誰院開遍蕭齋白藕花

重九集江秋觀斜暉書屋賞菊

岫雲天際晚向留簾捲光搖月滿頭灺盡沉煙消
永夜（漏）嘗來旨酒識新篘醉吟白髮欺潘鬢飽看黄
花過一秋好是唱酬忘作客西風吹不到鶴裘

小至

客子忘時節頻年疏歲華三冬驚過半百感忽交
加葭管候陽復蕭齋送日斜鄉情猶記得小瓮棒
梅花

底事晴垂泪為傷祀典踈衣冠存画裏想像侍庭
除風物殊鄉意浮雲落日初窮塗真忽忽唫罷獨
踟躕

○歸舟

已入故山路舟行猶不覺寒凝河上草日落渡頭煙雁陣隨雲没漁燈近市懸征衣初拂拭霜重板橋邊

題歙碧叔祖桐陰圖

昔閻楊少尹遲暮日題來栢其所列樹云是先人栽先生樂遊遨憩息霓虹隈霓虹有修梧亦自上世培箕踞於其下胎而古人儕陰翳堪流蔭燕翁鳴喈喈

桃樹爲蟲所傷憫然青作

庭中樹何婀娜生質既小與繁枝不厭多澆培葉有蟊早晚輸婆娑幸綠爾何毒偏欲來相磨始而飽其葉既迺集其柯庭中樹無可避長條短枝我欲墜呼兒剪戕難罄其類庭中樹一叢叢枝葉雖蝕故根猶可擁春風一吹女花發依然紅算因西氣甚惆悵絲絲計較可憐蟲

戊申秋日過玉山有感時值四十初度

四十飄蓬鬢已斑滄江日日荻漁竿蘇來翻覺誅茅懶老去空悲行路難風木殊鄉魂夢杳煙波野寺水雲寒遊人不爲逢初度聊借清涼一枕寬

曾思懷餅就僧扉崔九聯吟事已非昔年曾與已友崔五嚴讀書於此壞壁有書塵未拂清房無客情偏肥人依十笏松風靜老霓林燕子稀藉是遠亡聒酒至醉餘濟上送斜暉

除夕悼亡傷陳內右也

病裏逢除夕懷頭折角巾老夫將稚子和淚寫宜春斗酒生徒饋盤餐兒女陳椒花誰獻頌守歲暗傷神

○人日

人日天氣佳羸軀步不健兒扶一肩瞳手足虛歡顫靜思攝生理苓朮非可戀不如日飲醇殘餅遣所便元氣漸滋培春風待微扇以此保清虛庶幾

稱厥善（嵇康云善養生者清虛靜泰）
箜篌謠（樂府題傷淵也）
脩短本由天惠迪乃日征麴糵何足嗜況復枕糟
丘生貧沉湎飲死使委流波人命亦何重區區等
蜉蝣君子凜冰淵世人托沈浮

○雨夜

綺疏漸覺氣飋飋斗酒新来只自謀半夜酕醄半
枕夢滿窗蕭瑟滿懷秋寒潮夜打空江急猶雨宵
優壞鮮愁碧海茫茫何日盡天荒地老恨難休

○中秋携兒往東郊收穫歸甞已二鼓矣月下
惱然有作

曉起村庄去歸時漏再傳露垂今夜白月憶陽年
圓小艇浮秋水空庭露暮烟自從失荊婦愁看海
棠妍（去年內子病中猶呼兒覓棠花佐觴）

○歲莫喜徐螺隱歸

殘麥忽臨故人歸小閣梅花索咲識宋玉臨江原
有宅逶灣流水尚依稀
半肩雞膗半肩書徐信騎來計未疏盡日娛親兼
課子倦游依舊愛吾廬

○日苦短

日苦短歲欲徂鬱鬱嘉樹風吹枯美人不遇傷如
之何遲暮歸來霜滿庭柯燭跋香灺夢縈修夜机
杼軋軋老女不嫁

○烏夜啼

饑烏啞啞枝上啼寒林蕭颯報悽慘破曉投荒丛
覓食歸來城頭日已曛仰見浮雲四垂布巢中有
子待其哺吁嗟鸞鳳已高舉空向堂前嚇腐鼠繞
樹三匝棲不定霜月曈曈夜方靜

○春日客廣福寺憶故鄉山和尚

蘭若停輿得地偏春風一榻意脩然半林雨霽占
乾鵲二月天晴遍紙鳶舊日雲門曾過飯當時雪
嶺欲逃禪即今花雨僧寮寂但聽鐘聲薄暮傳

午日悼七

榴花析自昨宵来午日陰濃戸不開紅線个兒牽進事丹砂和泪硃新杯菖蒲遠道他年夢蘐草閒庭隱歲栽最是古歡難忘得一叢跡雨湿蒼苔

○九日集環翠山房

蕭蕭木葉响林間佳節逢場亦等閒風急天高愁脱帽日斜人坐懶尋山跡籬邊雨黄花嫩老樹横秋素月彎好在孟嘉同逸韻醉餘那管鬢毛斑

○出門何所之

出門何所之躑躅向荒郊荒郊不可前枯桑風刀刀行行重行行落日回狂飆寒林無好音但聞鴟與鴞睥彼巧凡兒挾伎同宦僚昂首浮雲端楚鶴栖無巢

胥散畫

鑿壁何人事囊吟若個傳吾衰眼欲倦開卷視茫然況是胥難縂無煩明自燕早眠那得寐仔細想前賢：

寓齋芍葯盛開有懷家園諸子

婉晚春殘到水湄酴醾架外雨絲絲殷勤只有懐人意又見將離放一枝

○山水歌贈魏若山

山水各有原無會無古今前之畫者巨然與董源後之繼者大痴而雲林然此數子者杳矣風流不可見文人自許開生面何必十日水五日石頂刻峰巒隱蒐覓魏子得其意不肯競濃豔此中真宰不能傳寧使區區餘子羨憐余浪跡海之濱塵途物色多留戀清言屑屑可憐生騷壇往往同酣戦幾日狂吟興不休臨岐爲拂蒲葵扇淡寫秋林暮煙凝筆端更有離愁濺君歸寄傲五山麓卷舒云没不拘束萬卷新詩貯一囊百丈洪濤鼉尺幅吞来我曾尋山巖巖此中多羇絆偶約秋来汗漫游策蹇携節攀絶巘君不見栖雲閣外翠嵐峻我傢

圖止煙水遠爲覓并州快剪刀剪取汶允繪束絹

○白蒲晚泊

流水斜陽外秋風古渡前半村黄葉樹一片紫山烟柳岸漁家網蒲帆估客船由来魚米地栖泊正安然

十八里河

塕隱千重樹江流一脉通但聞聲汹浩不覺水雲空雷送晴巖雨驅收逆浪風波允真澂灧秋氣入鴻濛

○登狼山

秋山分外好霽日愛登臨一水别江海五山横古今乾坤渺無際天地造化六何心趺坐發長嘯高飆爽客襟

○九日舟中

碧天無際暮雲遮留粳稻村深處處祠借問艤舟何所載半輪明月五山秋

○題二非上人壁

晴川歷歷水淙淙信宿来遊逐短蓬一榻秋風黄葉寺五山煙靄碧雲峰苔開必砵栖丝鳥畫隐滄波掣卧龍他日虎溪重問訊遠公石上許留踪

寓磐固屺山看菊

石畔欹斜數點花湧将亂菊傲陶家登其不用築朝露濯雪偏宜臥晚霞空谷人来秋雨潤故園望冬暮雲遮遥思三逕多寥落只尺煙波未放槎

○送冒甚原移居柴湾

結構依人境披圖得輞川梅含千樹雪柳帶一溪烟種秫栅新圃携琴聽古泉春風吹别騎好在養花天

○鑿冰歌

堅冰數尺結如堆轟𨍏擊搏不得開舟子梢梢不敢波征夫僕僕思歸来歸来仍愁百事冗雨雪殘年多塞壅不辭負戴更匍匐雙腳重跰恨不勇前

溪將過復孤疑臨淡履薄胡為兮世間嶮巇亂如斯前路更有危橋叔我欲遲迴奈日西

齒痛

韓公四十五齒牙多豁動我今四十三兀兀益覺重一顆數晝晦狂叫驚四座遇酒不能喫爛飯匙抄送惟憐血肉軀苦被小兒弄古人不可追此物奚與共韓公強仕時文章久放縱一上佛骨表朝野多駭訟再進淮西碑中外尤傳頌半生受齟齬虛靡費月俸而我自腑肚胡亦遭此痛不想紅綾餅敢希蜀內奉事業揔無成詩書不成誦斷斷就脫落不斃而自空雖胃大還丹隕穫誠何用

○立秋日述懷

我家芙蓉村摩訶稱接壤年來道路頻出門皆悵惘此戲挈妻孥挈城塹偃仰繞埤竹而梧手種今已長鵷鶵寄一枝秋風度已兩所嗟丈夫志尺直而尋枉不知胥漢路迴為枋榆槍今年值延遣私心擬一往引鏡白髮生入耳疏桐響始知商氣薄獸坐慨以慷夢憶秦淮濱勝地迹縱貫旭日映江流明月照蘭槳為問六朝松曾否得無恙

○燕磯阻風

摩空絕壁俯中流冒雨登臨最上頭浪駭長空千尺雪風號古木萬山秋孤亭日落檣烏集天塹雲橫塞雁愁噴薄揔迷南北路怒潮信宿為誰留

弘濟寺

遙空忽聽寺樓鐘躡險追幽越幾峰方外突橫千丈壁懸岩老臥六朝松僧堂雨過苔痕潤江岸潮迴水自舂我欲息機耽勝地三生未許漫留蹤

渡江行

曉發燕子磯朝至皇天蕩皇天蕩口千尺波況復風檣遭逆浪長年三老如坦途倏南倏北唯所向夜半舟中正酣睡江聲汩汩潮來漲足濺銀濤浪打頭披衣危坐心怏怏為語舟子急回柁茫茫四

顧無依傍須史瞥見荻花洲西風瑟瑟漁舟溫一時栖泊且安肽乾餱未足充朝餔日中無那又前征青山北岸遙相望天昏六鷁飛霧隱江豚脹卬須無一言相視雖爲狀無端又放大江流斷篷一任波心漾何期得遇鄭公風三江岸口纔安放此去真州數里遙含舟登陸心神曠回首滄波渺無際此身仙在青天上

哭張二沂

憶昔太史擅芳聲磊落奇瑰天下聞先人相於情最篤兩家子弟稱李郭潘楊世戚風所契束髮知君獨穎異幾年覲省去京華言旋我復他鄉寄邂來把袂道旁語分張疾若浮雲逝嗟君抱病荒海畔寢門問訊三秋半可憐瘦更勝東陽恐汝相看扶几案別後朏朏望西北不謂彼蒼真逝肆毒一聞有訃赴條文酸風牢地吹空谷遙來更把封胡詰家仲兄謂華白愁悽悽愴不可讀日暮長歌寄死友異地越添王粲哭

月夜懷亡友鄭曲城

一片方塘月色晴正渺然所嗟人落魄强半是華顛昔日餘哀柳橋頭慘暮烟兮懷何戀以惆悵薄寒天

世路渾難測存亡詎可知途窮悲阮籍琴碎失鍾期金陵道中一別歸日始得凶問我已三年擯君緣二豎欺劉蕡翻哭友雲樹日淒淒

○秋晚謁方海槎夫子墓

天不憐才奈若何吾師十載渺山河豐城劍化千年血碧海珠沉一尺波几丈音容雖彷彿夜臺歲月易消磨墓門泪灑西風冷日暮如聞哦杖歌

白嶽山遙未可歸荒原海徼尚堪依百年梁木人誰仰卅載薪傳事已微風雨淒迷沾宿草楸梧岑寂對斜暉榮揚未遂當時願馬鬣封陳泪漬衣

○除夜

他鄉借酒差生色守歲題詩寄此心生菜脆添十日美（時立春後十日）衰顏甘受二毛侵沿家松火燒天爛小住梅花伴客吟記得故園今夕意銀缸灺盡看橫參

歲朝醉歌（行江秋舫席上作）

開年旅舍一事無眼前雲物不甚殊東家有人招我飲滿客（堂滿）爭譁呼主人於此興不淺閑尊那惜傾百壺座間觴詠頗不惡晡時不覺日已落泥飲今年第一回儂儂欲起膝兩腳出門且復倩兒扶人生跬步須防錯歸來醃菜尚餘綠吟襟忽動杯仍續兩滿三斗不自持竟須傾倒仰梁座家人正色動相戒老來斷作少時態不知盎公醒猶狂緊我酒酣何足怪況復年來羈異地若非醉鄉何所寄但思痛飲求糢糊誰云狂藥非佳味

○殫民謠并序

（舉邑有窮民日剥人家樹皮供母園主見而悲之因移其樹他日民復過愧且死母妻號其所慘不欲生俱殞樹下）

大樹輪囷而宦臃腫下有孝子攀號而慟思念小人有母日食不能足嗸嗸艱難數升粟醜顏不向富兒告欲賣妻與子立堂俱甘盲可憐荒海徵十室九飢啼相彼樹皮可以療飢採作而往剥膚而歸歸來木屑奉阿母阿母甘之竟如飴此物取之可不罄不囹主人心忿忿乃命臧獲汚其樹孝子之養無所領後來見此越恤恍身命棄捐如糞土咄彼妻與母尚不知其所窺彼東家園民軀在其下仰天號長號俱赴黃泉路嗟彼愚狂廡隅自防含垢忍恥遮爲高堂我觀之子遠甚醫桑朝廷日夜發官倉安知此輩死道旁安知此輩死道旁

西園

西園一望蒼煙暮遮莫禽聲上下飛借問空林何所有鸞花老樹夕陽樓

家華伯兄五十次韻二首

放策来東皋旅舍何須鍵登樓懷王粲談天笑鄒衍營營意爲米粟脫那肯腆臨水琴髮華對人顏色醜阿兄垂五十題詩還自遣詩成不見紅裁窗外芭蕉展

心期不可言曠浪渺無屬尚思騰鍛羽翱翔向皇路疲馬困山中寧邀伯樂顧鬱鬱東海頭卑棲能久駐自知挾篋跡莫嘆儒冠誤不見古道旁輪囷老奇樹

萬花園 如皋志園爲元淮南王世子别墅然不可識矣

淮南䓁桂不須誇更有名園植萬花羯鼓催開春綺歷鶯黃調就日喧譁風亭月館蛛絲掛冷雨荒煙燕子斜聞道于今樵牧地夕陽猶照埜人家

○五日仝范南軒過朱錬師精舍

閒遊豈必羨鳴珂方外逍遥着芰荷一院榴開丹灶火千章松老白雲窩碁函未許窺仙術劍氣還堪辟醉魔道德五千深自秘不須重問右軍鵞

○桐生篇 有序

余於辛亥初夏再假館于斜畔四越歲矣庭偏小梧郎以是畦蓺長成樹頃苦湫溢自春徂夏幾有斃下之憂詎雨露所潤漸漸敷榮抽條引葉濯濯可人新露晨流清陰午蔭不覺心曠神怡也

造物有真宰默司菀與枯栽培固不爽傾覆豈云辜豈茲必嗇彼困極迺復甦靜觀盈虛理因材篤自殊君子重修能榮落豈所虞鑒此空井桐可以發長吁

小庭植梧埤霞惜我所素昔歲栽東厢摩挲擬大樹佇看蒼幹抽旋復孫枝附不謂花朽壞頻遭水涔瘁今春望數榮遲遲渺難遇時已值仲夏陽院花繁吐生意日無聊行將事斤斧那知十日陰物態頓栩栩徐徐生細葉脈脈含新雨可知人間世些亨各有數藏器以待旹勿爲中道阻

天心本仁愛靈承在患迪憂戚玉汝成饒豐恣放佚根戊寔必遂爾撥枝雖直動則傷其生靜乃得

滋莫謂桐易華湯不加護惜珎重京豁雲保此清沙質不見龍門山萬枝疎百尺

咄彼不材木托地在荒隅卷曲不適用枝葉轉扶踈維此琴川姿多為王者儲大任必勞苦風雨老奇株物尚值根貞益信匪櫟樗安知時勢屈志節不可擄砥行歷艱錯春顧始不誣所以嶧山陽特立乃云孤

浩蕩向青劫運轂不可窮人間榮顧事那便付荼通當其拂柳時渾如未昭蘇一朝生氣勃飆若鵬御風草木隨人意大化豈尸功霧滋濯玄雨涵濡造化工顛木有由蘖栢日披晴虹可為鬱儀教陰驂碧叢叢可為鸞鳳栖萋萋鬱葱葱干霄看直上枝排扶桑東

九日

散步滄江岸褰裳望日車髮毛憐種種租稅自家家荊屋仍雖大豐年足蟹蝦青陽看逼戢秋老未

黄花

○秋晚過環翠山房

此地曾留榻重來路未遙斷橋流水外衰柳夕陽邊舊迋成新國荒园露暮烟故人同一嘯回首影蕭然

○小至日冒江村招集望江樓十分蒸得

高樓極目勢嶠嶒雲物殊鄉興倍增破俗登臨縱落日飛灰時節木堅氷浪翻江遠噴銀礫氣冽寒空露玉繩薄衝風還仗酒不辭歸路醉瞢騰

○冬日排悶二十二韻

古人不可作吾道復何之痛飲離騷醉休占大易辭羸瓶雖善觸老驥豈堪羈壯志徒千里畢棲只一枝根虞貽後悔魑軻失前期鐵網珊瑚沒隋珠滄海遺世情真鹿點機巧似蛛絲坦白誰投分踈頑我自嗤枯魚應用泣狡兔亦奚為關捷爭言智牢籠各設疑方輪寧有濟圓蓋却無私京鑰原雖

鍵洪鑪詎易鍾貪婪快染指縱欲妄覬覦可欺亡羊悞非関失馬岐來風思鼓浪脫穎愧無錐歷險追三峽懷鄉憶五噫攻文路鬼咲落魄小巫譏谷月恣遊賞精神揔倦疲此紅欣得句緑白漫多髭潦倒傷貧賤支離度歲時百年餘盜蹠萬古薄窮奇荏冉流光逝浮沈駒隙馳狂惟耽麴蘗病久棄參耆逼歲寒陽感胸膺那得知

○戢暮吟

焦桐委爨下無復清越音長松歆澗壑寧知梃特心丈夫宜抱峻嶒性酒酣斫地人寔憎欲奮天池翮翔風凛凛厳霜凌欲結南山茅塵緣碌碌苦未能日暮抱膝吟梁父門外索逋聲相仍

○殘臘移居南城除夕漫興四首

卜築非吾土數椽聊庇身夹斜連委巷小住認比隣柳市城南雪梅花舍北春緇人如過訪圭竇識来真

敢比楊雄宅何須學解嘲祇緣無礙地堪繫不材匏擬植干霄竹先誅背鄙茅春風飛燕子也與訂新巢

襆被攔殘累琴書散漫隨總宮婚嫁事又葺竹梧埠故里荒三逕他鄉僻一枝中年頻轉(徙)星歲易遷移

塵緣猶未已風雪過除年斗米纔能給征途賞乞憐枏盤隨婦設松火待兒然此夕差堪慰團圞擁几筵

○輓家漱碧叔祖乙卯

薄俗誰為合葵根自一門阿翁追老杜賊子亦諸孫失意人同調長軀志各存欷然聞易簀雖起九原論

自信鑽研久天人總未然青衫一息後白髮十年前鼓瑟誠何益懷鉛劇可憐長安歸日晚花月正堪延

早歲耽騷雅衰年越激昂詩猶孫綠筆病益戀玄霜步履欣初健精神異勝常逢知燈月夜乘興踏歡場

數載他鄉客佳時未兩同孤行悲獨鶴垂老息變虹別豈經年久歸應話日窮山河今已渺揮淚向東風

偶作次磨軒

青氈役〻是頭銜孤負餘花啞碧衫學海文瀾原不測心田茅塞幾曾芟六經浪說能分授千古何人與發凡四月江南梅子熟個中滋味別酸鹹

○ 一枝巢歌

一枝巢偏側偏側難崇朝四宇八荒何寥廓胡為托跡同鷦鷯主人不覺三歎息孤鴻一叫海天高吁嗟乎一枝巢解一有客有客來東舉臘月冰凍風怒號遊子篤衣髮蕭騷余家昔有江湖叟煙波來往恣逍遙昔人舟居余木處哀鳴獸立求其曹解二有室有室托蓬蒿葦蘿補葺心勞〻桑土未徹多傾圮偶然振翼來進邀黃雲四塞霾霰下夜甚半寒芒重斗杪解三我生負性如寒蜩朝榮夕悴隨所遭深山大澤龍蛇窟荒烟荊棘黏鼯嗥此室不塗亦不壁但聞鷄鳴敝膠〻解四有亂有亂來營巢啣泥辨壘語叨〻主人語亂莫堅緻主人此屋易漂搖誰家甲第青排雲霄西梁深鏤蛛絲交雨我同是天涯客不用綢繆牖戶牢解五一支巢半間土餘襟塵囂風雨不避暑難消偃仰一室何所有唯見左簞與右瓢樵蘇三日已絕粱男呻女吟共嗷〻平起大咲出門去歸來月上東山高解六有墓有墓在故郊白楊已拱風蕭〻遊子無端適茲土一任封狐白日驕何時得遂首邱願高塚有地容誅茅吁嗟乎一枝巢解七

七夕

殊雨過高城玉露飛林杪雲漢淡悠〻天河望渺

渺瓜果夜来陳碧綠澄鮮好兒女亦何痴渴向天孫
禱却笑乃翁愚欲乞神仙巧縱巧亦奚爲勞人徒
草〻

○ 登雨花臺

極目滄溟萬象渾金陵王氣映瑤琨寶臺在聚寶門外堞高
樓隱千層樹江遠帆開一線痕峰頂亂横雲靉靆
塔尖斜影日翻掀臺前古寺鐘聲下薄暮猶尋石
上罇

北極閣懷古

叠嶂層巒儼翠華管弁勝事未全賒臺臨北闕天
樞度氣壓南都帝子家牧馬長嘶秋日晚亂鴉戍
陣暮雲遮曠觀物態渾無極滚滚江流濺浪花

○ 雞鳴山懷古

山外長江山上寺雞鳴埭口聽銅鞮春風不見寘
和柳秋草空生玄武湖縹緲梵音梁苑雨蒼凉樵
唱石城烏山僧指點臺前路一片荒煙老綠蕪

朱未菴寓樓望鍾山次和

為探鍾山勝來登百尺梯望中青嶂合高處白雲
齊煙靄迎朝暮清平靜鼓鼙憑欄堪縱目俯視萬
峰低

○ 晚渡三山門

晚潮迴落日孤月照蓬窗山斷雲初合帆開影正
雙明星垂大埜白露接空江遙指龍蟠地雄懷未
可降

○ 舟泊燕子磯

越宿磯邊住維舟傍石灘風濤萬里濶煙雨一江
寒霧隱峰巔樹雲遮渡口瀾何年飛燕子亘古勢
巑岏

○ 登觀音門城樓

重關真設險遠堞瞰城樓仄徑通山脊飛泉響石
頭峯連吴楚亘江共地天浮回首鍾陵勝雲煙故
我留

○羅他山歸自東海詩以況之

役〻何爲者惟因吾道艰霜華新髩髮雪點舊零山行李懸霓劍室囊嘯兩間相知君與我前路復誰攀

○寒蘆

寒蘆托孤蹤生涯嗟歲晚豈無懷土情遊子不得返宿旨砂枸攣攣放鴻同嵇阮如何塵埃中踽步行常蹇悵往復思來白日茶家〻安能附黃鵠高飛天際遠

悅人無善術宿貓咲吝乞靜女不工時隱約守閨房日夕理機杼七襄成報章舉世何蚩〻選色棄驪屢明珠豈埋照太璞寧久藏耐此歲寒節瑤居不易方

浮萍蕩輕波飄然靡定住豈無所自生根蒂本不固以此嘆勞心終年羈行路風雨憶棼桑泄〻蓋老圃嗟哉鴻雁群南北失故處蹭蹬羯青華引鏡髮添絲

吾生真薄祜百慮無一伸窮棲在海陸廿言蘼所親故園餘薄產比年苦沈淪斥鹵土不食充麥雜肰陳西方望彼美道〻隔河津河津不可渡朔風愁殺人

空城雀

寒雀噪城隅短嘴恒苦饑飛〻向野田紛然羅網施倦羽不得前空羨稻粱肥雨雪霏〻下蕃利大何爲

日暮野踟躕衰裹不能已昭彼金谷園列炬林鴉起詰朝公子見流星飛何馳便如空城雀守分識棲止

○寒月

青霜下橫陂明星耀朗〻蕭條夜氣澄境與心俱爽一色澹巡空素魄高可仰坦步到城隅放眼天地廣乃知蟾蜍精功與陽烏仿海樹梦栖禽絲糸

嘆清響炯照睡狐狸寒彈射魍魎尚然物外游高懷寄空賞

立春日舟中作（時自海安至如皋）

海國春回海故鄉河千閘渡意茫茫沿堤柳魅饒生態近水梅花卧夕陽小艇衝風思載酒哀年行路咲空囊到來信美非吾土滿眼雲煙感興長

○春人行

春聲急霜月白歲晏人家各努力不以當年城旦徭操作寧妨傭保值春人撈糧夜半倍徨嚴寒洌洌星斗芒手足凍皴歌且長　恩詔許蠲積積年逋新租忍不輸神倉

○除夕柬家兄萃白二首

泛泛萍隨梗依依弟與兄不緣今昔異寧覺歲時更劂屋都非舊天涯洵有情言旋曾幾日北舍作春聲

誰耐飄零況他鄉我共君居惟南北隔情亦往來殷八口俱多累三冬自積勤老懷同兀兀豈為惜離羣

即事一首示同學

新年徐步讀書堂几硯朝含墨瀋光韶月初開徵鳥語春風微扇度花香閑時問學性總驗靜裡工夫動輒忘老去數篇猶不廢此中甘苦實難償

雨中柬家兄萃白（時寒食前二日相約返里展墓）

寒食來時意慘悽夫君猶滯錦障泥數番花信踹跚過大半春光風雨迷紅杏年年和霧看青衫處處聽鵑啼一颿好待晴明掛潑眼農郊綠草齊

臼下喜晤中依宸橋梓（時俱以詩見贈次韵答之）

整栖蘭若地簪盍容中逢何意來今兩論交只片昔談邊胸正富陶謝性雅移為訂平生約鍾山尺幅詩

○相者

相士必以骨不徒鑒其面面與心不謀形以骨者

健我有不勘志此骨猷壓戰我有鐵石棵此骨不爲變區〻皮相者擧肥安可辨

○ 孝陵

前代規模濶　興朝禮數隆金龍艦隊道石馬振英風碧瓦埋秋草蒼烟散故宮何當三百載僅博一坏崇

○ 謁方正學祠在雨花臺側

臺前風景就荒蕪大節千秋年歇不孤古殿秋風飛燕子空庭落日嘯鼪鼯十門俱逮全家戮寸舌難捫一字誅遺像至今懸烈〻衣冠端可範犀儒

○ 謁景忠烈祠在正學先生祠左側

先生英氣扶秋霜落葉蕭〻殿宇涼鐵釜那能煎傲骨丹心獨不向籓王蟠松錯節千年勁臥石當門一逕荒可嘆以隣接正學忠魂兩〻泣殘陽

曉汲

傘邑重天泉空中令澄湛富家蓄尤多常時溢壅甌三冬苦不雨十室九難探深藏不肯出仕乞滋予嘶此邦東近海土薄水亦鹹三旬絶茶想口燥何以堪城南四五里爭傳有澄潭破曉特往睎出郭天蔚藍方池名四角一泓清且涵到來手自掬嘗之罕遜旃僕爲汲取差可盈一擔歸来同瀹茗飲吸恣貪婪不知煩渴除能辨讓與廉爐烟起縷縷明月照長鐙

冬夜

冷月照氷池歲莫心房皇詩人郊島流吟詩㨂枯腸寒苦不成暄聊以待春陽春陽槐李華何似老梅芳

寒風吹入破戶冽〻面上吹晨昏依土銼仰觀浮雲馳妻兒競打手冷釜無以吹炊咄哉梁伯鸞廡下誠何爲

終朝采芣苢薄言師掇拾采之不盈把西風吹復藉狼藉不自持此志亦已畢歸来夏心忡行〻重

太息

終日飲醇醪，不再世禄緣，如此了一生。卓哉吏部
贊，末俗動相譏。喚做甕頭眠，不知人間世，何地可
息肩。

雨宿小庄

招招不肯住，惆悵故園邊。記取年時柳，行看日午
煙。别風欄雨後，寸草占春先。遂倚茅簷下，依依望
墓田。

渥臨歸何日，海留只片時。荒原三畝瘠，老樹百年
欹。喜見桑麻長，還增風木悲。翻憐晴霽後，又欲辦
行期。

秋日仝人過雨香菴蕉懷巢民先生水繪故址

瀲灩秋光黯盡消，碧雲深處鶴飛遥。雨香寺冷僧
蒼老，水繪園（空）誰畫描。入過浣花思杜甫，詩留浣研
憶參寥。謂白招上人 卅年前寄經窗夢，清夜猶聽弄紫
簫。紫雲巢民歌童，迦陵歌楊枝低唱紫雲簫

九日登三台山歸集同人小飲山為故縣令周公築

郊外煙林萬木蒼，朝携鷗侶暮相羊。登高聚足人
同健，冒雨科頭我輩狂。前令風流餘一簣，昔賢高
致累千觴。不須悵望江州使，歸去還堪質阮囊。

閏九日即事

雁聲又聽叫天涯，兩度佳辰玩歲華。數點黛鬟斜
日雨，一叢零落聯籬花。舊人稀見重重九，酒債逢
場亹亹加。欲前（兩）兩再登陟，天風高處越難遮。

鬢絲

論文自鄙歎窮困，亦追隨苍月春江晚，秋冬旅況
時撚髭神有助，擊鉢句多奇。感爾相知稚，還將白
首期。

樵瀞詩鈔卷下

海陵陸進宿

○擬豳風月令詩并序

邠風七月，周公所以戒成王也。其間道衣食之原，紀時物之變，述其恩勤忠愛之忱，參伍錯綜一篇之中，三致意焉。茲述為之循其旹序，次其後先，因夏時以尊周制，為邠風月令詩云。

條風應候元日占，李茲其風具錢鎛，奮先南燠南向，北雁北遷土膏墳，起穀茇雲連于耜見首章。

戍杖扶兒東和頁暄，東風拂拂吹溢芳尊，親朋雜遝言語郁溫，洗腆侍側，了問曾玄，髮髦相翰，忘其耗年。介眉見六章。按十月為酒，𤄶釀于冬而用于春，妄以介耆隸之正月。

青旂既載，帝籍是賴，東風解凍，草木萌動，九穀不殖，三農了忒。播穀見七章。按戴記孟春之月善相邱陵阪險原隰土地所宜，五穀所殖，故知播穀即此月也。

右正月凡三章。三之日也。

旭日曈曨，弱艸蒙芊，一犂新雨，萬井炊煙，流水原隰，陽澗京千耦，其集東作方平舉趾。

迢迢阡陌，幼婦挈筐，饁彼中田，土脈是將，士婦媚依，繄其相芊饁餉。

耕為食本，令善青陽，埜外婜恬，化日舒長，田畯至止，勸課農桑，父老詑慰，簑笠壺漿，戴我君王。田畯並見首章。

枝頭黃鳥睍睆其音，室中蠶婦，實勞我心。倉庚

浴川已畢，種始生漸，安飲婉彼，絲閨女提筐出門。

太求桑

仰面攀長條，俛首擷白蒿，盈盈十五女，眷風相招，宴采蘩並見二章。

陽以陰達，惟冰是伐，陰陽不僭，民無夭札。于以內之，祖泰異壯，于以亓之，獻羔祭韭，維彼司寒，寔掌其令，維我豳公，調劑以正。開冰見八章。

右二月凡七章。四之日也。

隰桑有阿，其葉青儺，遠枝揚起，曰如之何，攀折不

克將尋斧柯 條桑

翳彼女桑其葉尚稚薄言捋之傾筐以暨蠶事將成敬或告瘁 女桑並見三章劉氏云蚕月當在建辰之月桑盈之時先儒或疑此語間三月益已具于蠶月之間尔

右三月 章凡二

芳草悠悠其色油油微陰胎夏遠志其奈不榮而實序應麥秋 秀葽見四章

右四月 章凡一

天運昭蘇蟄虫蠕動咄彼螽斯種類益衆後時而出先時而颯 斯螽見五章

右五月 章凡二

斯螽之化蒲錯東菑弱羽纔成箏月再移厥穀索索士女其知 莎雞見五章

果實誰為美郁李味尤甘摘以供高年少壯不敢貪 鬱

果實誰為美蘡薁味尤好少壯不敢貪留以供衰老 蘡薁並見六章

右六月 章凡三

夸則司律白藏屆秋辰次鶉尾火向西流暑退氣爽涼生婦愁銀漢迢迢玉宇悠悠萬家刀尺雙星女牛今我不猶日月其慆 流火見首章

伯勞之生感陰而成陰極芳歇苦矣其鳴少皞分司秋日堪驚 鳴鵙見三章

青青園葵離離蚕豆菱可充腸豉亦適口 嘉疏裕矣肴核旅矣登飫具矣黃耇飫矣 葵菽

瓜種在田延蔓于野一摘再摘如樵如取毋用我包毋納我履編盹食之聊以祛暑 見食瓜並六章

右七月 章凡四

鴻雁飛飛于水之滸葭茭苕苕于河之渚何召于之以為曲薄萑葦編成來春操作 萑葦

幪幪麻枲叢生昌茂苴壓化蓤皮勃藁漚杼柚已
成紡績隨後朝作夜勤篝燈戶右（載績）
象翬染采回渙成章朱惟正色黃準中央裁縫容
緻烟幅輸將衣毋顛倒製循短長綦衰有顧玉體
無傷（為蒙並見三章）
盒風垂露碧雲滿天一戍在望穜稑後先家人相
慶兆取十千（見其穫四章）
西土壤沃樹宜種棗棗熟垂垂摉撲來蚤兒女綴
拾言私其好主婦叮嚀爾勿先嘗佳果奚以以奉
高堂補羸益氣莫此爲莛（剝棗）
瞻彼鄰菜屋角幡幡我有嘉賓亦以共餐蹉我饌
夫適口為匏太圃為場藤蔓除芟（斷壺並見六章）

右八月（凡六章）

豳地高寒九月風厲聖世溫輸寧忘改絨家有夾
纊藏之篋笥煦煦主恩纖纖女製一絲一縷其來
不易（授衣見首章）

苴麻如之何爰取其子采菽如之何爰取其水子
以給妻挈水以代甘旨庶人之家云胡不喜（菽苴）
誰謂荼苦可以佐食采之盈把寒風惻惻苦盡甘
來裊家安悉（采荼並見六章）
瓜瓞兮蔓生萬蔽兮滿盈取彼𥗽確剋爾經營卒
萬其塲治其畦町禾稼指日登（築場見七章）
白道匪臨陰液結凝寒風肅肅孰兆堅冰君子履
之惄心懍懍（肅霜見八章）

右九月（凡五章）

言霄弈弈陰雲鎝鎝萬籟淒清千林蕭索轉蓬四
起盻畔黃落歲更將終從子于搏（隕籜見四章）
稐日淒淒王孫依依爰居爰處在堂在宇今者
伊如慰我牀下夜既晏兮望復斕兮偕予和女莪
申旦兮（蟋蟀）
鼠雖無牙而實善攻晝伏夜動穿我垣墉林之家
之以滅其蹤（熏鼠）

布帛被躰毛褐衛寒莽簷蔀屋罔有不惟家長恩
顧勉勤慵戶綢繆不預風其歐女塞向
時鷄需矣媍學其劬歲云莫矣日月其除卑尔罷
功休而女紅優游卒歲呂畾厥終見入室並五章
八月萁穫早稻先登秦秔兔寔穡吏俱成逼命彊
以稱以天晴霽ミ載穫栓ミ相仍紅苡紫粒篝車
盈ミ益藏須須容春揄覺精佐以麯蘖胡考以馨
穫稻
宿酒室戒功沽當兮濁云斗石可以娛親湛熾必
潔水泉必清東風汎溢巫舍香生見爲酒並六章
十月之陽昊天降康萬寶告成百穀登場ミ之所
我稷我黍場之外有疆有界此擔彼負困敢或懈
納稼按此似宜在穫稻後今依章次故置此
白雲迢ミ衢阻且遙藻暎漠ミ斷蓬風飄擣我長
繩帶我鐫刀不棄菅茅于茅
三ミ五ミ東升明星皎ミ雁茁櫛比井里相保晝取菅
茅午夜是絞索綯
營室方中測臬度宮疑ミ衆夫蒲潔塞風葺益室
密修治宜亟爇香布穀見乘屋並七章
十月陽止歲事穫止偕我婦學以滌場止我場既
清我倉既盈偕我鄉人以樂太平滌場
惟我邠公朝野咸同惟我邠民肝膽惡忠何以禮
之惟酒與醴何以饗之曰羔與羊偕我父兄躋陛
躋堂見躋堂並八章

右十月凡十三章

瞻彼原隰百獸所集貉毛深厚洵美且好狐裘衮
衮服之有常貍首斑ミ既溫既安何以貽之公子
衣之何以問之子公孫之見于貉四章

右十一月凡一之月也一章

不稼不穡安得粒食不獵不狩安得厖壯瞻彼中堅
林或貂或友高峤冰眉旌驅兩肩平原日斜一發
五豝獻其豬兮私其豵兮邠民忠兮見獻豜四章

維此季冬風壯冰厚維此邠民不辭龜手急以奉
上云胡敢後鑿冰
冰室幽深寒氣栗冽維我幽民不辭蹣跚驅厲除
疫云胡不悅 何以取之深山窮谷何以予之賓
祭食宾維我邠公夙夜祗肅納陰並見六章 按周礼凌人職云正歲十有二月令斬冰三其凌郎以其月納之菜正月風未解凍冰猶可藏非必俟三之日也故納陰即繼鑿冰之後焉

右十二月二之日也 凡三章

新年

新年聊涸俗里舍爭招呼日日饗粱宾家家設簋
壺賤子本嗜飲日日多輒糢糊時時杙中聖卜宅僻
鄉居此日始逢春今宵值上元朝來風雪下終得
閑柴門端居理殘編不知老眼昏街頭村鼓鬧偃
聞聲喧日日幼兒强解事買鐙堂前戲蒔屋暫生輝
頻夫覺富麗眛頭尊尚餘廚下薪可繼如此了一
朱門日日何足計而想過此進又苦謀生事生事日
勞心歲月馳駸駸惟思大禹戒長此惜寸陰

落燈夜

時節偬偬侶卒奔六宵風雨度朝昏老來任事鳩
營室愁裡生涯蝨處裈一飯酒無忘帝力三春勉
欲議兒婚平生耿耿青向禽志卻咲頻年席不溫

閏上巳過岳墩有感 丙寅 重出

殘春襆被寄瞿曇暮雨晨風興不酣薺菜逢時開
兩兩柳花無藉怨三三崇岡布視依城北高槲鶯
啼近水南可嘆客途塵襆面重修褉事覓澄潭

○偶感四首

古來重鄉舉惟以行誼稱才堪充吏計德可儲公
卿徵辟至上國豈為里閭榮所以劉真長旅宿識
張憑一夜放櫂去肯履長吏庭
朝廷制憲典原以治峋獄置身值末流豈不懷桎
梏或者傾義氣遭此不為僇龍門古大賢戴盆終
莫贖聖門有賓館縲絏何曾辱

逢時稱大令拳涂不散違唯恐緜厥職逞日肆其
咸區區下邑吏㢠爾猖狂為貍鼠相與羣爪牙爭
縱恣門前往来者絲絲真詬兒
儒冠寧賊人矜爲人自賤讀書懷古處肯使白辟
玷胡為托北匪動如針引線但欲肥身家不顧士
林戮苟非言宰室安昇子羽見

○ 春日過古瀋園看玉蘭同人用辟闇韵
古堞名園嵌籬門覆竹陰石欄偎玉樹靨質抱氷
心瑩潔臨風皎輕盈怯雨侵後庭人闃寂簾幙護
難深

雉城送程老松遊五琅得字書
底事銷魂甚惟因嘆奈居我猶遲客櫂君即問征
車緑水啼鶯曉青山策蹇餘興酣時落筆寄與數
行書

○ 寄盧二緘齋時歸自吳陵
秋風謖謖響梧桐悵望伊人海市東記得昔年文
字飲騷壇壁上見君雄
歸来蔚遲州深深竟日揩頤送夕陰想象蕭齋新
雨後蓼花紅處有人唫
世態紛紛笑黠奴何人為解著潛夫即看鴻鵠高搴
處艤漸原来是畏途
羣儒何事湯尋章奪幟先登大雅堂花樣年来宮
易換順時䌼個學歐陽

○ 早春郊望
出林惟爱日暄和妍信是開季第一天菜甲漸舒新經
雨後柳眉初展試春先紫姑賽會依茅屋白鳥呼
羣嚙麥田最喜鄉隣風俗朴煮芋燒笋餉筆筵

雨中乞菊栽東家嗜英二絶
昨宵病酒扶頭起今日輕陰好斸畦渇記許分陶
令種故教兒子特衝泥
插竹編籬細雨中春殘無賴落花紅高標畢竟歸
秋菊肯把霜枝悪一叢

○

六月六日仝福清劉南廬華亭程老松與化陸左軒汉河李翹楚並東皋諸子集吳庵韻潤鴻堂銷夏先是南廬以書相招故特于是日放舟同限五韻

刺舟冒雨踏徧遙訪舊重尋第五橋病肺兆眈茶七盌醉心只合酒三蕉雲霞滿座珠璣韻信宿人隨早晚潮闌入竹陰深處坐清涼頃刻暑潛銷

○

十四夜集李鳳翁桐香書屋 拈得字

徳星連夜聚大火正炎々逸興偕青眼閒情寄異甜日斜風過竹雨霽月當簾記取桐陰路明宵待老蟾

潤鴻堂坐雨遲老松左軒不至 同南廬唐軒限空字

十日平原集消閒愛綺桐詩吟滄海畔鴉喚綠陰中竹榻旋聽雨絺衣不耐風遙憐二三逸何處坐書空

○

炑暮述懷即柬一二同志

自分功名薄相將事耦耕貧與誰飽子日看五君平鵰鶚霜毛健窮愁白髮生故人秋水外曾不識予情

良會經年闊遙情兩地遷戢尊容易度風月浩無邊黃葉三秋後青衫卅載前杜門真掃跡醉對暮雲天

蕭瑟深秋况紅銷楓樹林江湖連夜雨悃款百年心老去空彈鋏狀來欲碎琴濫竽同底事畢竟待知音

卅載真涉險終日逐風波去々將安適拘々柰若何造車思合轍擁鼻復行歌可嘆因循誤頻教歲月磨

王蕭邨七十

東海誰高士爭傳王子喬養真惟樸巢息慮恣逍遙度日憑棋局長生寄木瓢方瞳繪古貌鶴髮正饒々

○上元前一夕家帝音叔招飲（分得豪字）

藂蓀何處覓詩豪謝墅招仝汎玉醪霜點南枝梅作吐聲喧海市月初高座中譚笑空千古頭角崢嶸感二毛爛醉今宵文字飲等閒風雅讓吾曹

○哭徐蘋廬（七首之二）

一從旅食隔雲天落落晨星思黯然螺隱十年悲宿草（謂巽尊）蘋廬三載臥寒氊（予自棗甯歸蘋廬病已三年不起）歎行蹤蹤誰同調對此茫茫劇可憐日莫南園春宗寞不堪回首望蒼煙（昔年曾共讀書水南）

神傷貌悴兩眸昏忍見遺編壁上存（君於易簀之前二日有絕筆詩數首留壁）楊柳風高寒食節梨花雨冷杜鵑魂生前已費懸弧志歿後難憑無鬼論此會思君勞想像夢中可許挹清言

次和家遂園遊介山堂韻

邗水邀遊憶昔年留閒從倚晚涼天地靈文士爭留詠土沃商人益覺賢（近聞商人汪上章捐貲修葺）十里荷香朝雨後萬株松影夕陽前連宵夢斷蕪城路讀罷新詩意惘然

雨夜

世間何處不町畦鼠穴乘車夢自迷欲把貪嗔歸戒定翻因遲暮憶孩提丁年倦舞羊公鶴午夜空聞越石雞凍雨寒風皆傀儡莊生有物可能齊

冬日強菴伯兄歸自蒲津（時值六十初度）

高曾遺矩未全非人過中年意總違歲月不堪愁裡度弟兄難得老來依祗鴻倦羽凌風疾小艇樵家帶雪歸冉冉韶華垂六十笑看兒子理斑衣

○襍感六首

正則形枯槁然明猶不揚自臨青鏡照添得白髭長勢利遭頭責觚棱與世妨多緣八口累思辦一冬粮

役役何為者棲棲困草萊窮因書債誤老被霜霜催卧即安禪境醒無避債臺周旋我與我肝膽亦

相猜

燕穢南山地荒涼白板扉新困償宿負晚食及晨饑已戠天人理其如否泰違歡憐頹面壯不敵朔風威

儻来原是寄何苦托江干卅載蔟黎絆五湖煙雨寒鳴甘讓瓦釜飢肓逐金丸古語若飢寒逐彈丸可嗟桑榆薄寤言永考槃

歲殘唯守拙無可偕前籌趨利人如鶩貪眠我似鷗閑門三日雪掛躰十年裘眼見豪華子而今倚市頭

臧發緣翦厲猶芯百感生悚猶呵硯晦酒不破穩職熖燼空餘泪風狀揔是兵瓦爐灰已劫枯咏到三更

婚姻歎

兜絲附蔦蘿斧柯伐喬木婚姻各有適何必再三瀆顧言棲曾媒毋使鴆為毒

○ 元日

晉風拂拂剗庭莽人事天機却判然細草澂萌迎渊氣曉光如畫入新年客通姓字呼兒應衣飾皮毛競獻妍自喜日中堪曝背還從社歲拾遺篇

人日放舟貢家集抵暮方歸

人日風和到水隈清晨放棹晚方回浮鷗汎汎春波潤倦鳥遲遲落日催塵事萬端歸白髮壯心一片委黄埃石尤薄暮偏相阻偏側篷窗扃不開

是日陳沆夫招飲歸後賦此誌謝

開年跌蕩嬾逢迎獨向郊坰聽鳥嚶踏趺易迷芳草路招尋難忘故人情幾年游俠陳驚坐千古窮途阮步兵料得題詩餘健興儗儲白墮共君傾

家仲兄硯農遷居詩以慰之

記得肩隨共一堂誰知身内有滄桑中年不分東南隔垂老還依伯仲行夏屋未妨巢燕雀絲栖儘可植松篁来春且喜陽和布閒聽鶯啼暇日長

即事

蠶叢已老麥秋新桑柘聽來鳩婦頻望帝啼殘總入夏美人花晚尚啣春烏衣門巷燕涎尾綠水池塘蛙鼓唇又見荷錢初出水生憎輕薄易漂淪

重五前一日歸自如皋 重出

雨過行雲濕濟流小水通樹穿斜日外高沒暮煙中點點蒲帆碧郎郎榴火紅鄉家逢令節先卧北窗風

雲峰

雲峰一似山峰起誰識雲峰勢更寬試問丹青能解此畫山亂與雨雲難

時晝

時晝西風總不靈諺云時晝西風時下雨蟬聲忽忽噪空庭雲常作勢峰多變雨欲留蹤雷未停焦土人行真炙粿容林鳥沒軼似逃刑不知旱魃何當滅總沐甘霖下界寧

小暑後二日雨

禱祠情雖切天高那得聞日斜穿暴雨風疾捲流雲覬覦曾何益恩沒豈不毀晚來涼氣薄也可挹清氛

秋杪過鳳山有感

鬱鬱鳳皇山俯瞰鎮之脊老樹皆十圍為枝可數日具區無奇觀然渺堪游息童時愛登陟川京猶歷歷中年事遠舉間暇不可得近雖返故郎役役勞心力良辰豈不多興趣迥非昔潭濱無故人梁園少佳客蹄蹄惟戮行誰與柘胸臆以此感離居杜門常不出今日天氣晴群鷗相引翼遠逆渡石梁漁樵向晚集楓林葉初凋松影日將晒西風蕭索吹蕭蕭根蘆荻澄潭清見底秋水一泓碧新雁淋頭霜昏鴉萬點墨石磴暫箕踞思慮一時寂何處發清響落葉聲蕭瑟冷梵錯然鳴饒得枯僧迹僧房我舊遊曲徑猶堪識回憶卅年前曾此毀晨

夕聽雨坐方床挑燈依古佛到今青幾年空墻闈蟋蟀但餘蛛掛網未見紗籠壁十笏尚寬閑一節仍在室嗟余負壯心直期千仞立蹉跎六十春百事不遂一碌碌壓塊中齒危髮變白何日栖碧雲頭戴笋皮笠

○題直夫大阮梅花小照

嗣宗小隱隱墻東磊落何妨與世同別有繇褒人不識棋花香裡嗅春風

不須郊外聽流鶯閒對羅浮玩世情硯田肯教輕棄擲攜來石上課兒耕

病餘赤霞以詩過存依韻和之

閉門豈是嶽同流病怯霜風待補裘儉歲徒饒新米累酬吟聊破弟兄愁竹爐共約三冬煖楓葉仍留半日秋（時立冬前一日）記得狂歌吹客夢何期廨屋較詩籌

輓徐書思

老馬羈櫪下豈非産渥洼長鯨（困）涸轍詎甘委泥沙末際風雲會誰辨龍與蛇男兒運蹭蹬鬱鬱雜蓬麻徐生序廉子（謂令君毅以先生）丹鳥遺霸砂鑽研三十載文字自名家唯情數瀚海賽貴志寧有涯所藉令嗣賢青雲器業佳永懷風木恨中心常紛拏叩門索詩句蔵蔵寒日斜人生願不遂一如井底蛙予亦江東老翁薄泣紅紗寄語泉下人窮達夫何嗟

冬植雨

半載蒼霖少殘年霜雪增天寒擁敝絮夜雨滴層冰麥塚滋應長茶甌滌未曾甘膏真足沃河役恐難勝（時有濬河之役）

至夜月

小步巡檐際遙聽漏水寒霜華空外落明月冷普翰綠覺陽微動仍愁歲欲闌清光今夕好誰與續驗壇

雪後同人集赤霞齋次（三予河有）

落日餘庭畔層陰覆竹梢鴟原窺暮景鴉陣護危巢舊雨衝寒至新詩帶雪獻掌中杯共把但覺意如膠

除夕

曉起何奔逐雞清濁世塵喧恬頃刻異風俗此時淳萬事歸醇酒哀顏盼早春掃除心地淨終許結松筠

老屋

半間老屋勢欹傾屋上危松秋雨生蓬蔚延階鍬不盡蜘蛛當戶網雖成叢餘四海空諸有家聚三升何處營閒道五湖風月浩年來堅壁困愁城

獨漉行

五倫有常經四民有天性天性不可毀々々者即梟獍豺獺有時思報本一隙明亮不可泯況是人爲萬物靈名義所關胡弗省君不見許止當年不嘗藥春秋一字誅何恐

牝雞行

雄雞形貌何昂藏高冠健距氣飛揚搏有牝雞來爭鬪咽々怿怒相持將雄者忽而斷其尾甫益猖以恣强梁人犧己犧夫何害但恐易種爲禍大陰長陽消理必然蠱惑從來多在內吁嗟乎牝雞之晨古所戒

九日村中漫興

數忽逢陽九人堪嗟二毛此生成畫餅令節懶題糕十畝秋禾沒千林古樹號一天風雨何意處覓登高

宿憩鶴樓與蕭村話舊

特放剡溪棹來登王粲樓三更聞雁語十月冷霜裘舊雨啣情重傾囊爲酒謀入冬明月皎愁殺與霜頭

飲錢臨書宅喜晤徐肺堂郎限堂字靜

以憶南州士相逢值小陽十年思歎々々一夕話堂

堂明月侵杯早青霜泛夜長論交難傾蓋別後應
雜忘

盧織齋招飲分錢鶴鍾昆弟限人字

老為尋詩到瀨濱招携往復是虛綸分題仍藉他
山侶侍月頻留我輩人佳釀尊空傾魯酒細鱗博
進憶吳蓴夜深更借墻東隱竹裏行歌忘主賓時復

移尊錢七齋次

客中聽雨

海氣蒼涼侵薄幃黃昏細雨入林幽驚寒雁陣回
清夢無力蛩聲梓晚秋漏溢流几翻不止思分外藹緒
難抽夜殘忽聽松風響石上涓涓助客愁

聽㬠穭雨梧桐葉落時為賓臣姬人傷逝

秋雨梧桐葉落時黃昏天外月遲遲返魂香散歸
伊處睡鴨煙銷冷被池
世間何事最淒其秋雨梧桐葉落時惆悵舊歡真
似夢沈郎半格騎郵詩
孤鴻叫斷三更後鐵馬催殘五夜漏秋雨梧桐葉
落時生憎好夢伊曾就
縱說忘情却有思天荒地老更誰知絕無人處最
空下休雨梧桐葉落時

寒夜

甑晚無佳況宵長卧不穩安酒終分夜醒足到五
更寒哀謝竟如此餘尊倍覺難前途須警戒風雪
正濛濛

望日

時序頻遷次勞人暫息居灰陳半夜泣音動一陽
初宮易天心復遲虞人更陳從茲開泰運伏枕待
歔嘘

贈程霞表

青青山上柏容易不可扳落落雲霞士結交良標
難所嗟攜散林輪困置河干知君擅風雅翰墨不
辭煩哀年無一事欲覓詩酒緣願言接清標以慰

平生歡
君家驄馬客華鬘相與交謂令兄風沂車笠風銘心靄
泥判已敢招〻京雒遊兩腋常掣肘鴟居似木雞
入世娓舁狗少年勵青雲至竟夫何有此意甚莆
條對人須掩口

○ 元日頗有春意放翁體

元日尋詩不用授眼前景物自悠〻臘凝春益徹
徹綠凍解寒溪處〻流閉戶獨捫王猛蝨忘機一
似海翁鷗太平時際陰陽和令辯餙行歌適意休

十五夜村歸途間偶作

海上何人駕六鰲元水出匣湧如潮星沉水底金
蟇躍火燒平原苿蝗消蝗去声蘇南讀燒灰除苿蝗不信小巫占
歲事但憑却鼓鬧元宵探蔔不覺歸途晚近市漁
燈傍石橋

四月朔

屏翳淹留襆不開一天霧氣濕新槐旺宵昚事唧
愁太沸曉鳩聲喚雨回稚笋楸泥沾籜籽楊苍入
水結萍胎佳時捻被陰霾瘞乍喜晴雲擁日來

○ 誅茅

萬事灰心盡可抛適來但欲學誅茅水濱數尺沉
魚鱉麥刈千村計斗筲偃臥春蠶誰作繭低飛亂
燕已忘巢眼前生意無從覓繫累真如大腹匏

夏日史酉山過訪不遇因寄

蕉陰分綠影蔥〻冗罷虛齋夢正長有客剝門呼姓
字無人問訊挽舟航三年澗絕詩壇冷九夏炎蒸
暑氣涼妨稍待商風吹瑟〻茂陵秋雨問劉郎先是紛於
秋後同訪南庐消息

○ 啟珍生日二首六月六日

阿戎年四十端不愧承家白髮椿萱健青雲事業
賒一堂餘淋氣初度放荷華　祖德還堪述清芬
詎有涯
嗣宗諸子姪用杜句愛汝最能贊剛謹循家訓肫誠

𥁞性天圖書總世澤蘭桂植心田自有佳兒孫振振
奕禩綿

自惜 六首之四

自惜踉蹌衰殘翁齒危髮禿少成功寒蟬抱葉甘
清露倦鳥營巢阻朔風頭痛涔涔心想憒家人聒
聒耳俱聾箕裘萬事吾何有擬買扁舟理釣筒
少小嚴慈慟蚤亡煢煢孑立運多妨百年樹蔭三
秋冷閏歲寒增八月霜劉氏諸郎君豚犬立程公門初
第罹網羅張承先自愧家聲隨五夜凄其欲斷腸
荊室中途嘆棄捐前宵愧夢忽相牽夜臺迢遞三
千界浮世羈縻二十年脊灑悲秋秋熱聊復爾男婚女
嫁六徒然老來藉有甕壜殯龐下辛勤只自憐
靜裏深諳卅五情貌人頭角讓崢嶸方輪步晚何
從適斗米年豈未得盈卅載懷鉛悲故我一經老
蠹困諸生算鐙夜生寒侵骨愁聽霜天雁度聲
老至
老至無情緒逆境六自休況經三日雨斷送一年
秋滓水東西注籬花散漫收白藏歸浩漠風色飽
颼飀

嚴修亭七十索和 時自邗江至

半嶺秋雲薄無心自出山蒼藤隨處倚白首不思
還捫壁臨孤嶂掀髯嘯兩間百年成一瞬流水逝
潺潺
才高溷濁世桑海閱來多野鶴閒栖月寒松靜養
柯抗懷原磊磊修服自娑娑 張衡思玄賦服修之娑娑 莫謂生
涯冷酣吟且放歌
柴門冬日賓客喜自更灣堪慰調飢想還瞻舊故
頹江湖頻溷跡風雪促臨山秀栢河橋黍香來好
共攀
契結忘年友於今儼似新髯眉增老態七十裕元
神責賦輸君價介綿媿戒負文游存幾輩落落對
嚴遵

聞大金川已定喜而有作 已巳

聖世綏邊纂前星攸不留蠻方已向化溪水自安流風靜雲旗卷沙沉鐵騎休從茲占泰運小腆更何憂

清明展墓

先人貽世澤祀典尚堪敦寸艸三春發荒壟半畝存松楸誰剪伐溪壑自潺湲鶴去何年返桃花帶雨痕

沈郎

榆莢飛時舞太猷香光别我去茫茫杏花開遍情先滅燕子歸來日正長四壁雲山倪叟畫一船書帙米顛裝阿誰顧曲垂楊外不是周郎是沈郎

○古意

儂人騎白鳳遨遊瀟湘濱貽我青琅玕種植傍東鄰檀欒拂千尺幻與姮娥親粉壁寫湘水清影落潢汾

美人採珠佩珊珊其來遲玉女倚屏風長袖舞參差芭蕉窗外展綠天陰未移皓魄徐徐照佳人如有思

井上有雙桐夜色淨如練銀床置井陰清光足流盼夢覺玉蓬蓬跌星忽隱見紅帳誰潑墨風雨蛟龍變

苧蘿浣紗女潔身比青蓮東家競豔冶西子詎爭妍晚來理羅襦明月同娟娟歎立橫塘曲顧影私自憐

○立秋

暑氣收殘雨涼飆歛火流百卉多是病一葉盼予愁宋玉東牆賦杜陵西蜀樓千生感商意不是故悲秋

○清溪

雨過清送（溪）落霞盈盈帶水陽蘇菝秋風未滅茂陵病一逕吹開紅蓼花

祀社詞

卌人所願畜豚蹄祝方社篝車日盈ゝ何[illegible]
謝
上天屢降康下土多澆薄年豐民不和祲意忽不
粲

自吳陵至曲塘觀河燈 七月晦日

袘緯風撓百里程晨興命棹越初更河邊樹影千
層合水面燈浮兩岸熒鬼伯陰燐烁有燄漁汀宿火
夜還明船頭獨看繁星落又聽蕭ゝ絡緯鳴

揚州行

揚州紛ゝ輕薄子自矜紈袴不餓死趾高氣揚心
不（固）顧崇朝博塞亘至暮憑陵大叫意氣豪那惜腰
間金錯刀膩頰尚復餘朽貫錙銖心盡無遺算

碧蓮筒歌

荷葉生淨土時亞汙泥渚花開十丈葉挺ゝ截作
碧筒恣吸飲葉去紅香雖自倚南風吹落青浦裏

十千買酒醉儂家算將儂貌棄如花

邗江夜雨與胡問詔分韻

蕭ゝ細雨漏聲清夜市揚州逐隊行旅況青燈除
酒債天涯白髮兩（老）書生繁華畢（竟）歸鹽貫無草多應
屬治城此際來游殊汗漫故人相對喜忘情

賦得山向吾曹分外青 限曹字

崚嶒絕壁俯江皋晴日登臨不憚勞雲傍馬蹄身
出沒峯迎人面路迴遭商風蕭瑟吹紅樹嵐影空
明落翠濤何意相逢共青眼山靈想亦識吾曹

賦得書封綫夜霜 限封字

花夜遙情結書成墨未濃月明探絮緻漏靜冷霜
鐘錦鯉愁難覓征鴻悵不逢臨池還像想珍重更
加封

安豐歌 為袁啟八五十初度作

壽州屬縣有安豐（韓吏部句）淮水遙ゝ來復東中有高士
董召南鬱ゝ喜遇昌黎公瀕海之邦名不異茂之

鍾霙更在足前有詩人吳陋軒本初父子才堪繼
縣予昔從海上遊度款予老竹軒中任逸情雅致
不須論深心自許託豪氣淹留不覺兩越旬廿中
大好為延佇及今別離八九載苍月春江覇復暮
新來相遇吳陵戴酒酣所墜劍欲鳴覽揆較壽增
五十梅花韶〻初暘凝未可服官志不就戢寒但
結青笨盟我來惆月哉生魄儷侶同舟越信宿未謂
未菴弟袁安門前雪未濴道齷床頭湮正緣行看斑衣
製异繒琛環瑜珥鄰盈〻生祥下瑞無住息為君
還頌萱生行

典書

平生耽書圃立苗若未蹟南畝復就荒比歲懸積
逋里胥夜叩門云是索秋租憲公非猛虎寧敢怨
追呼倉卒不可辦中夜思典書朝携一卷出為謝
隸人徂錦囱售富子文姬遠嫁胡

○ 喜從遊江颿五至

芝子衝寒至無忘皆授經踏冰尋白屋載酒過元
亭老去興都減年殘事未寧清言如欲接相約柳
青〻

試燈夜賦得春愁連上元 用東坡句即用原韻

窄地東風至無端接上元喧早因近市門逕自成
村宿火呼兒撥殘書信手翻虛窗煙霧合盡日掩
柴〻

○ 十四夜疊前韻

隱几消清晝虛無入混元早雷驚屋角小雨潤江
邨海內交餘幾牀頭甕已乾隔年燈尚在老眼著
來昏

○ 元宵賦早風夜雨埋春 先子句即用原韻

新年人事簡半月得閒身致雨淹節〻佳哀頗愛早
昏鄉鄰猶速客燈月不隨人懶作遊場態惟於覩
葉親

十六夜賦得晚霽閣苍梅 唐太宗句

昨夜雨戍霰侵晨霜滿堆霏微點白石繚繞映紅
萼瑞應三冬後花飄五出繞水邊兩林下跡寄不
須猜

十七夜賦昇風起春燈亂杜工部句

雨氣崇朝合風聲薄暮增爐飄煙縷縷窗破紙
稜稜燭跋花沉壁壺清漏憂冰忽聽巷市鬧紛亂
攪春燈

十八日喜晴聽得簾捲侵牀日白侍郎句

朝暾披宿霧駒影漏纖纖絲鳥繞呼夢陽烏忽掛
簷近牀支竹枕命僕褰蘆簾炙背晴軒坐與還春
意添

春日之皋城飲江生毓五宅用從遊約川韻

憶昔追隨久於今數載餘春風催放艇端坐慰離
羣且喜鶯花富還憐學業勤新年師友聚此樂又
何殷

次日集約川齋次仍用前韻

宿火愁難爇籃戍惜易分君家兄弟敦愛爾亦超
羣幼識之無早新知將就勤韶華休浪擲前路正
遥殷

○春夜程曉山招仝張汝望集飲

岑宗紫門掩柏舜比舍過風吹三雅溢燈接六宵
多時里中復有丹燈之舉細雨笙歌歇佳蓋錯雜羅相憐文
酒會不惜醉顏酡

○清明前五日將之龍游雨中惆然有作

春雨洗青郊雜洗道路塵春風吹楊柳難挽別離
人來明朝戒將發仰天觀流雲䢂隴風所依纍纍成
荒墳晨興思展墓明發徒終夜為傷神
宿霧隱桃谷冷煙飛白晝妻孥相慰藉瓦盆傾濁
酒一杯手自斟刺刺語豈歇大暮人已陳哀晚尚
奔走大兒攜婦正次兒偕弟守頻年俱失學辛苦
憂阿母
比年在鄉里衣袘任藍縷老妻亦哀病時時更縫

補令春復遠行垢斂何以處以此語丁寧舉步更
迴頭難當傷離別惟念羈旅苦
幽蘭自生皆殘書仍在几主人出門太恐為藏獲
毀泥堵半倒塌柴扉亦傾圮殷勤語兒曹晨昏謹
開啓叢蕪倘歸來為溪我致意

○上巳日客龍游河東范三寄廬 時值病臥未起

薜麥平疇一望深辰逢上巳噪春禽門環曲水堪
修禊地近幽人之賞心不信東陽猶抱疾欲來江
夏故相尋會須珍重題詩筆好待花前把臂吟

○寄廬病起次前韻為詩見贈再和之

廿年遯跡海雲濱五嶽前期負尚禽耐冷非耽高
士癖抗懷獨繫故人心 予昔集范子處有大抵耽吟客都為耐冷人至今猶口不
置空庭花落春無藉別墅詩成晚更尋愛汝梁
園病初減幾回共作短長吟

○曉起 三疊前韻

侵晨小立曲廊深庭事相關樂意禽學語流鶯繞
有舌美晴野馬卻無心絲絲弱柳含煙霧亞亞新
篁計尺尋九十春光猶黯淡披衣無那自沉吟

春晚即事 四疊前韻

蕭齋兀坐息深深壺日江天數暮禽風度落花閒
自得月侵疏幌驀驚心客途三雅還堪醉鄉夢連
宵未可尋偏是晚來寒陣陣石欄徙倚漫行吟

●坐雨 五疊前韻

宿霧橫空曉院深景朝細雨濕棲禽竹因研粉旋
抽籜蕉已擬泥漸露心身共楚鷗渾是寄睡餘戲
蝶漫相尋濃陰鎮日虛窗瑣老眼看花不耐吟

○月夜仝寄廬清話 六疊前韻

落日蒼涼返照深河邊握手話歸禽十年漂跌悲
王粲一夕羈懷慰季心月暗雲裡光不掩茶甘舌
本味堪尋此間消息憑誰探但憶除中梁父吟

深柳堂牡丹一枝獨藏避葉底詩以惜之 七疊前韻

池館栽成綠葉深一叢隱約閉山禽翩翩不露答

王相冨貴翻餘處士心却怨駑駘牢伦践仍愁粉
蝶易為尋也須開向天津宅聊伴孤芳幾日吟

次日牡丹既放八叠前韻

不須錦幄護來深別有餘情引越禽穠豔憑人誇
國色萧疎獨爾抱檀心花殘盆谷渾無主香噴雕
欄作可尋為語狂蜂休浪唖一枝留作客中吟

過通濟菴訪儀中上人郎留小飲九叠前韻

梵音縹緲遏雲深古木聲喧下上禽行過竹陰聾
犬吠坐來潭影豁禪心遠公貰酒頻勞勸開士貧
花剩處尋悵好歸途明月上松濤送作水龍吟

○寄廬入城以詩留別和之十叠前韻

倡酬連日寄情深榭下時々對展禽馬跡未迷芳
草路驪歌忽動旅人心留蘭繞室同誰嗅芍藥翻
階何處尋剩有今宵殘月在尊前忍作別離吟

送春

雨々風々又一季落花如雪絮如綿人憐病渴銜
愁起鳥為春歸喚客眠留梦不曾千里遠踈鐘打濕
五更殘此情搃怏真難遣獸坐黄昏對暝叠

隋堤曲

楊柳枝颺隋堤曲隋堤曲柳煙綠汎龍舟向邗溝錦
帆張綺雲流旭日暉檣烏飛游冶集亂騶嘶春水生
春潮平柳青々愁殺人

巫山高

巫山高巫峽長朝為雲暮為雨傳來此事甚荒唐
偏使君王惑神女君不見蜀中天子化爲鳥年々
三月啼芳草為憐雲雨已無蹤但見高唐十二峯

王孫遊

從來遊子客樵奇夏無葛兮冬無裘䣛芳草萋々
雁北飛吁嗟王孫胡不歸
遊子從來競意氣出門落々忘家計日暮王孫竟
不歸羸驂連夜知誰繫

五噫歌

泰山巍峩兮噫滄海汨没兮噫川瀛脩阻兮噫王道蕩平兮噫人心反側兮噫

四愁詩

我所思兮在崐崙欲往從之阻河津舉頭遥望石嶙峋美人貽我錦纏頭何以報之金屬鉤日暮無寐復淹留道遠莫致增煩惡

我所思兮在滇池駕言奮飛力已微頷顱俛仰泪頻揮美人貽我彤管筆何以報之趙氏璧道遠莫致聊偃息爲憐可望不可即

我所思兮在天門欲往巔之虞困昏回首扶桑懸車隕阿誰贈我紫羅囊何以報之錦綉腸遠莫能致徒相羊彼美人兮天一方

我所思兮在蓬瀛波濤滉瀁水盈盈臨淵悵望空復情儂人食我安期棗何以報之楚國瑤遥瞻麟鳳心懊惱徒使相思結瑤艸

未然行 古詩君子防未然

事有所必至預定天何鶩高多不可測奈何遠爲敝嫠婦不恤緯杞人漫憂天此輩誠迂拙達人所深憐思者裒千慮寧無一得爲周旋我與我心思儵變遷肝膽尚胡越何況身外緣琴瑟雖專豈能無念改繽鴻鵠雖高翔能無畏絲纏洛陽若開盛豈意馬蹴翻韓原車載稔豈意沤海遂磐石誓不背中道忽棄捐高張生激楚風雨起晴瞻慮不在千里几席必介顛居安不忘危君子宜慎旃

○江村晚眺

日晚江村静竹籬三两家門依流水外帆带夕陽斜沙淺鷗栖穩林深鳥語譁鳴來幽樹下隨意嘯餐霞

四月廿一日大風雨雹詩以紀事

仲呂當陽令颷然陰霧騰迅雷從地奮猛獸積氷凝颶母捲蒴蜃蛘珠逆天稜麟結壘炯光紀騰啟金縢

寄懷程豐儀給諫（時以省親給假）
早年才識秉圭璋驄馬行行遠帝鄉鸞掖今
曹封諫草烏臺珥筆扶秋霜寵鱗久洩泥沙色
下駟曹隨騏驥行（瀚年全出胡公門下）鄂風雨勝常思耿耿
紅塵北望道途長
清時正好奏明光暫返征車給事莊白髮庭除欣
老健青雲鄉下羨芬芳只今松菊培三徑自昔文章
富七襄信是聖朝逢茹吉故人慚未賦長楊
○五日雨中疊前韻二首
護云世味薄於紗佩蔭懷耕意尚賒鍊藥無方成
紫雪求仙難覓遇青霞且留醒眼觀魑魅那使忘
情對室家自引雄卮傾白水古光斜插海榴花
自笑書空咄咄般歸來何處覓同羣青衫垢敝經
三月白髮鬅鬙添二分蒲劍爭鋒小子戲花茵鬪
草女兒軍煙雲疊疊穩千縷不讀長沙弔屈文
夏日讀莊戲成八韻
逍遙那易得齊物總難忘騈拇誠何用馬蹄未必
宜德充符可佩胠篋智偏長莫論徐與鬼還思田
子方養生須靜寂說劍任張皇秋水來吐坐浮雲
刻意忙北遊殊汗漫山木自蒼涼歎息人間世空
慚應帝王
○夏晚野望（濟限屋北鹿獨宿濟南雞啼）
層層阡陌屋遠望迷南北曠埜接沙洲平原渺鉅
鹿孤雲去復留高樹立還獃薄暮見歸鳥爭投林
莽宿
遠遙復沿濟行行古岍西安聞節含大散漫竹籬
雞柳線梳風快秋針刺水齊夕陽逢雨足鳩婦叠
相啼
曉起
雨氣罨林薄明霞擁日車一蕉青玉案百日紫微
花小暑寒侵袂長堤風捲沙客中慵早起汲水自
試茶

燕巢為雀所據歌

燕有巢雀無家彼此胡爲相怨嗟燕處堂雀穿屋
彼此何須共爭逐燕從梁上來飄零至南國主人
舊識爲衣客高廠層軒待營築泥泥掠影趁芳菲
款語商量對落暉却憶昔昔王謝第卜屋仍向此
間棲夏屋由来非幕上烏鳶料爾難爲欺吁嗟乎
燕有巢雀無家紛紛林麓競諠譁燕處堂雀穿屋
常恨營謀苦不足倏忽機心動相迫聚黨傻愚處
燕穴花逕遲來日已晚弱羽差池故偃息盡蘼明
月正依稀瞥見異類據其室繞梁不定自徬徨可
憐無力相持將我任厥勞爾獲逸変生倉卒夫寧
防不知主人爲是愛爲衣故使堂前得庇依何物
小鳥來攘竊恐見空梁落燕泥因命童僕搗其壘
巢中有子無噍類吁嗟乎倘處仙族居雀大伸其
愚縱不自保護獨不念其雛鸞見覆巢下甚有完
卵乎蠢爾醜物空詑虞

○

病瘧 有序

火宿莽流之候金風搖落之辰將有事廬南征邇忽焉其北轍緣以鬼瘧爲祟渴來數次因之梁園坐困渴火燋句夢中吟嘯之声枕上僎儂之似譫似嘲如歌如泣醒而記之截以爲韵做當五字謳吟聊寓三年趙操云耳語

巔頂此苗裔炎涼太逼人常思病君子怪庖是妖神
寒盎冰山臥熱來湯鑊陳何當出水火伏枕籲
蒼旻
兩目昏無見一心終未盲自知遭魍魎故爾漫猖
狂牛鬼蛇神幻冰車雷柱涼華胥如可到傻侶達
仙鄉
熒惑司權日文星吞寶時元珠迷象罔腐臭奪神
奇勿藥寧云喜不蕺已可知彼蒼憎爾逢爾輩六
奚爲
廣寒飛不到冰雪滿瑤臺自乏南河斧頻瞻南苑
材老方知有命鬼故欲相猜寄語雲中寂山翁心
已灰

秋曉
雨過碧天淨味光聊復佳候蟲吟草砌清露濕苔
堦撫杪殘星閃雲裡宿霧埋披衣豈久立高意滿
襟爽

寄內
仲兒遠涉訴鄉音惆悵中閨苦病侵頗我一生耽
作客嗟君半世枉勞心故知藥餌貧無藉莫爲兒
孫慮太深且看蘆簾閒度日安排明月供予唫

秋雨
秋雨蹤深腹疾增新來萬事盡懵騰精衛填海心
空切螳臂當車力不勝禾僅半登傷隕穫田無數
晦息科徵巖軀自憎柔榆薄欲謝塵氛總未能

○ 重陽
重陽望遠白雲遮踏遍東籬菊未華老去尋歡戒
瞬息年來痼疾是奎霞秋霖滑滑泥沾足喜听鄰
鄰消沒沙落日河干頻送目水鄉深處稻粱賒

和赤霞寄懷原韻 時文將之墊
彈指居諸九日過息陬一月未徵歌丹卯大藥從
來少黃菊他鄉此去多十口關心憐歲歉三秋無
賴被情磨連朝雨風彭鴉泣門外蕭蕭鳥雀羅 時適
嵠孫

○ 秋晚
江天寥濶雨初收晴日風高不覺飄楓葉有聲喧
老樹黃花無意玩殘秋淺沙水落魚絲見澤國平
蕪雁正愁且喜今朝餘霽色孤雲一片去還留

○ 書家信後示鈞兒
汝約秋深返省來連宵盼望卜徵鴻月臨寒野總
霜重病到衰時怕藥攻但傳經營應已後雍端學
習可能工 三雍端陶潛第三子謂鑄兒 還家須及堅水後犢鼻栽
成早寄翁

皋城曉發抵館已夜分矣途中偶作
一泓秋水蘸寒塘載弩陶谷上埜航遂指隔林烏

桕樹無邊紅葉染新霜
澄潭涵碧露華清水底星沈今外明行過石橋村
犬吠歸来不覺已三更

對菊

自是重陽負一壺滿城風雨更催租今朝對菊還
思飲病起纔能了宿逋

對鏡

只照朱顏不照衰皆成滿面積塵埃故知近日頭
增霜特地昏昏賺客猜

十月朔

日暄風定小春初抱病眈愁鬢不梳最是天風木
悍故園邱墓竟何如

初寒

戛竹秋聲碎客心入簾風動北窗琴素娥夜窺青
女洛浦何嘗遺錦衾

送衣示三四兩兒四首

二子来何晚眼穿落日微未遑説家事且挽着寒
衣生理將何計人情敗已非薄田收穫斛不念一
家饑

汝出偕妻子漂零越二年形容太顯顇時運果屯
邅幼小已云殁老親更可憐寄言閨裏婦好好耐
寒天

又示三兒

弱冠李非小循行爾在中阿兄耽紙筆弱弟慮顛
蒙事勢殊今昔當畜念始終前朝值降誕曾否憶
而翁

示四兒時值二十初度

生意衰年少依然事舌耕那堪朝夕病不辨暑寒
更對月思家切隨波泛梗輕客中偕汝輩挾纊瀉
含情

雪意

愁思江郡畔荒荒日又曛暈生孤館月風攪半天
雲静息青霄志寒生白練裘紙窗鳴拉拉霜意晚
来殷

風聲

簾押黄昏動吏闌噫氣長扶搖隨上下猋忽任飛揚鐵騎馳何疾燈花喜太狂却憐逢昔生猶聽雁南翔魏文帝詩孤雁獨南翔

○暝

暝色靜方見寒芒上下同繁星閃爍處萬象有無中圓蓋涵虛白方輿接混濛山河大地外天影落長空

小至客中遣懷二十八韻

穹廬本無私日月相更迭日月任委運四序森然列剥盡復始生陰極陽初發葭管何處飛孤竹誰爲截但聳黄鍾宫元氣泛茲洩上古直至今推步甚昭晰先王重憲典此日室樽節後世相沿流風俗未薄岁高門縱博飲江村轉寧帖老夫精力衰往來畏羈紲鍵關一室中且令微陽達靜裏識天心肯臆還齋潔晨起見彤雲幂歷似欲雪飈然煙霧開四宇迴澄澈梅花迎旭旦茹挺已抽葉不覺心神爽披卷忘疲茶他鄉雲物同故園久隔涉而我殊濇然絶不爲哽咽譬彼行腳僧隨緣設又如遡風駕一变聊可歌非我學逃禪忘情事宗滅熟思南華理萬物齊一轍運數有汙隆霸榿無楛鬱苑悠悠江海寬役役道途狭但不愧形骸那復區秦越惟茲性情事雖覓逢者説子夜起搔頭中心自怡悦葆此太和春毋使傷萌蘖

憶鑄兒

李子命名鑄陶冶望其成九齡甫識字蓋兵頗覺清無質就外傳家學祗一經句讀難了了而未見性靈及今行志學嗟予出門庭夢中呼阿買侍立檢課程訓詁未及半東方日已明信宿當歸去朝起復路躃

○霆

兜園成腐粟黄竹六陳編靜想高人致猶餘逸響

傍簷笛衣短褐把釣立寒烟客裏無佳咏含毫思渺然

○苦寒行三首

靈鵲營巢空拙鳩不營巢迄歷苦寒日未免傷飄鷂鄭那輕遊俠洛陽競錢刀一朝同落魄中心徒忉忉

朔風透羅幕寒氣侵肌膚中閨尚如此何况涉江湖所嗟戢云徂雨霜載泥塗日暮太中庭飛遂亂不梳

朝菌無晦朔蟪蛄昧春秋人生百年內何苦抱離憂男兒可憐虫豈不懷遠遊遠遊胡不歸毋乃兒蹇備契濶不足惜白雪已盈頭

車笠行

君乘車我戴笠相見時道旁立短布單衫私自泣當年盟誓重如山今日雲泥判然隔

冬林寫目有會而作

畫工物不化化工儼侶函枯木點寒雅飛鳴爭上下皆自辟上摹今從雪際偶總識化工妙筆墨自然雅匠意極經營何能致得者

烏夜啼

天寒烏夜啼窮陰人不歸兩情正相似永宵難爲爲豈是無巢客豈是無栖

鵰鳴知天風鵲噪知天雨人固异於物濕然其中處黃蠢反覺殊造化安能補

○殘臘閣筆峰歸自燕中率成五首

送子河干日曾太傷別離冀北前途遠詎肯計歸期不謂七載隔兩逦音問疏北來見陽烏南中覓鯉魚兩未裂寸帛我亦鷄尺書徒使魂夢閤時時嘆索居

胡爲復小住而未能大伸古今徵遇合原不在風塵功名何足道聲價自真有燕臺爲骨重長安春卅新果能勤代木何慮會車輪

之子學彈琴宜作求凰操之子恥濫竽宜作雍門
調舉世悅箏琶誰知清越妙負米日歸來羌慰萱
堂老努力事青雲棒檄還宜早
桃李易以榮葵藿易以傾俛仰天何如柔栗姿常
此鬱青青俛仰天地間豈非同所生知子歸來日
能無撫胸膺
道旁竹不實高岡桐無陰欣顧未能遂唯應栖舊
林嗟余甚跌宕道路寒荒岑寒荒易北風霜雪頹
顏侵歲晚無藉在散髮自歌吟春來我當至重與
子論心

贈梅

歲暮傷搖落梅開見素心（臘梅檀心者極多惟此獨絮）空庭抱霜
霜質幽崖誰賞音對此苦寒月難禁短長吟朝起
我將返歸去夢中尋來（坡詩歸來却夢尋花去夢裏花仙索句奇）

雨阻

魂已隨夢返不知身在岐今夜一杯酒轉可卸相
鄉思
風疾雲四流空中如蓬轉心急事多遑入手還自
遣
刺船問駕長駕長不肯發黃雲日漫漫中心自怛
怛
道路阻行人行人歎自嘆不因日苦短那畏行路
難

別許密公

最好殘冬聚梅花臘酒香只緣家室望不惜道途
長留客三天雨羈人滿面霜今朝問歸棹應寄意
雖忘

七言排律

丁酉春

聖駕還自　太廟詣瀛臺停輦同舍人汪璽名對　午
門恭紀十四韻
鑾輿齋祓罷還宮鳳駕瀛臺千騎東正是辟人傳警
蹕驚聞罷名及臣躬煌煌天語叮嚀處楚楚衣裳指
顧中問氏問官兼問里書思書命敢書空宣麻故事
成新事止輦奇逢寶快逢雨掖雨晴花氣暖九重春
醉鴨炯紅翠華親炙東華日仙樂高懸廣樂風龍鳳
樓前趨百爾絲綸閣下怖羣公閻門候　旨初無恙
御苑承恩自不窮此際天顏知有喜近臣誰與小臣
同

庚寅仲春先大夫三槐公鄉賢崇祀特紀十四
韻（先大人諱九棘號三槐累封奉政大夫兩舉鄉飲大賓）
吾家先子國恩殊轉拜為郎晉大夫崇祀特分文廟
座登壇許作聖人徒千年俎豆推耆老二月春丁遝
大儒再醉賓筵鄉飲酒累貤誥贈五雲圖益恭身後
覩欹器抗慨生前擊唾壺釋菜堂前除茂草檽星門
外闢榛蕪巾衣列席顏俱古几杖成鄰德不孤辯士
每經稱　時散人元自號江湖一朝入室尼邱畔百
世閒風東海隅棲遑依稀陶栗里賢良咫尺董江都
豐碑取次鏤金石韞櫝還疑混碔砆竹看百川歸學
海願言三氏黜紅壚真成教子非題鳳敢說傳經已
報烏從此春秋勞歲獻幾人能及布衣無

白下中秋飲崔總戎幕府限十二韵
天涯佳節三秋到地主華筵信宿登王事暫從留後
省風流遥接尚書丞四方多難儒堪將此日中原客
是僧夜半有誰呼鐵石月明無恙照金陵涼宵盃斝
應難算暑氣樓臺更一層玳瑁胡床邀笛步水晶簾
箔玉壺冰招摇香粒籠中鳥束縛韝絛架上鷹岐路
皆能悲阮籍科名誰不媿王曾竹枝詞唱清平調樂
府鞦韆落索繩故國已拚憐父老他鄉翻得醉親朋
山川自足供尊酒風雨何勞說廢興珍重明朝江左
別等閒南渡揔難憑

本房孫夫子學憲蜀中示余几望將行余適以
奉使山陵先期出都追送不及寄呈十二韻
十年京國此追隨雨地音塵欲別離水部辭人移彩
仗成都才子入青藜正疑函丈言歡淺却以王程背
道馳萬壑風多愁日夜九邉春盡老鬚眉違家幾夕
書難達分袂遐方信益殊銜命漸聞槎泛早登仙還

止月明期河汾夫子多供帳洛下生徒少唱驪暫返鯉庭人未老轉思蠶路客須之蜀江濯錦看收賦巫峡猿啼好寄詩荒矣一庄惟我在清兮両袖畏誰知瀬行莫謂單車遠此去偏將一鶴宜只恐春明追折柳可容門外立楊時

送泰州牧陳淡仙夫子入覲 諱素，甲戌進士，浙江桐鄉人

考績三年上大夫東方千騎入幽都彤墀近拜春王月嵩嶽遥傳萬歲呼四牡當時親綰綬元龍今日報分符知單韓范陳詩俗剖郡龔黄勒政謨素宦瑶琴黄斧鉞朱旂彩仗紫騊駼星河雙闕千門曉環珮千官玉殿趨華履屏閭通御座錦袍薰外染烟爐到來冀北騰聲價高卧淮南　碩膺清問下民君賜重鷔聞天語主恩敷此行儼作班生餞笑指登仙第一途

五言絶句

辭　名歸里

明月宜在山清波宜歸浦盛世優老臣獨釣邗東渚

千人石

一片千人石為山獨寫真中秋歌吹月磨盡古今人

梅花嶺

梅花嶺上春想見六朝臣臺舘今成土見花不見人

響屧廊

十里荒岡晚争傳響屧名松風如有意一片步虚聲

再過黄梁店

曾記黄梁夢今来夢不成若逢前呂祖未必識盧生

評梅口號

蠟梅雖有色不比春梅香香色如相併騷人更斷腸

過桃葉渡題舊院壁

再扣此雙扉風光事事非桃花隨水去桃葉又何歸

題雙樹閣壁

叢窨老樹深夜静木魚響誰敢參維摩獨占高樓上

其二

君為出世人我亦逃禪客欲共白雲行怕印蒼苔跡

偶成

東海何須釣星河不用槎歸來時已暮無分見桃花

清潤淵源集

（清）陸師游
盧婉芳 撰
孫鴻祺

《清潤淵源集》，清陸師游、盧婉芳、孫鴻祺撰，據復旦大學圖書館藏清光緒初刻本影印。

陸師遊，字蝶賓。清泰興人。

盧婉芳，字蟫仙。清山陽人。陸師游妻。

孫鴻祺，字吉盦。清泰興人。陸師遊婿。

本書含三種：陸師游撰《澹遠堂剩稿》一卷，詩八首，末一首殘缺。盧婉芳撰《半青閣剩稿》二卷，詩詞各一卷。孫鴻祺撰《挑燈遺稿》二卷，詩詞各一卷。盧婉芳幼侍父讀，工詩詞，集中詩頗有可讀者，如《詠雪》：『紛紛玉屑不知寒，醉眼朦朧倚户看。錯認暮春天氣好，風吹柳絮撲闌干。』孫鴻祺妻陸椿長亦善詩，孫氏詩作亦頗具韻味，如《獨坐》：『手慵抛卷對斜陽，墮地雙禽倦不飛。日暮空堂人獨坐，鳥間人静兩忘機。』

（周　忠）

嗚呼盤古專權因開闢方成缺陷媧皇好事爲戲嬉始
有存亡石補天令石破天驚土摶人致土將人覆逞奇
作俑釀禍爲災以至天道窮論賦恨之江淹悵別命途
多舛工文之王勃無年壽夭難拘古今同慨豈項羽之
圍垓下時不利兮如仙芝之喪軍中衆呼枉也失恃失
怙失偶七年間疊遇三喪無兒無女無家五倫內惟餘
一弟若敖絕祀誰讀遺經趙氏何孤孰爲受教於以傳
升天之慧業刋僧命之文章曬綺羅驚南阮之衣裳揮
珠寶撒北宮之環瑱有若昭能爲學士勝木蘭用作尚
書憑斑管以言哀恭續庾開府傷心之賦頌陳人於行

述敬書郭林宗無愧之碑大慈父母最難修我生有幸
積善高曾非易得祖德遺馨承庭訓於嚴君習閨儀於
阿嬭同欽世胄各繼宗風洛下雲間著姓爭推陸姓駱
前楊後外家恰是盧家共得誼締朱陳豈止壓倒元白
已至若敬遵祖法謹守無違和睦宗支寬容能忍孱軀
廢讀捨顯貴之前程就職解嘲賸英雄之末路拾芥以
拋科第納粟而列縉紳田園詎易荒蕪陶彭澤暫時作
宰井臼自甘勤苦桓少君本是賢妻熱客熱場品秩膺
鸞章之封典冷官冷宦頭銜偕蝶友而同仙趨步前賢
虛懷若谷暗規後輩非禮勿言渾厚和平老成持重論

事則準情酌理安命則處困如亨負債之夯常不書市
義超孟嘗君也贍族之田雖未置隱德勝范文正焉履
薄臨深諸葛之終身謹愼澄清淆濁叔度之雅量汪洋
處世極寬論文最刻雖頻將稿易不輕示交知餘燼寒
灰盡煅焚如秦火單詞片語僅傳楓落吳江得晚息尤
甚商瞿令具饌常呼絡秀前曾設帨綏侯懸弧鍾愛益
深相攸尤愼留謝道韞擇孫仲謀秦晉聯盟薛袁何恨
既娶妻於伍姓復有女以配卿慰情咸顧而樂之娛老
更心乎愛矣用彌其缺頁勝於無迨及星降長庚年剛
周甲白頭眉壽偕鴻妻扶杖之時紫色胞衣符燕姞徵

蘭之夢長成難待喜懼交并恩不稍偏目無歧視常囑
其推尊姊丈恭事女兄比及成童卽令爲傳故東陸不
重延西席而西賓遂就聘東床效法皆奉爲師預事命
謀諸姊翻新眷屬異姓天倫入泮著以青衿外舅家培
吾外子司札尊於紅線內記室侍我內賓多壽松筠同
慶方欣具慶連枝棠棣嘉祥永被慈祥何期蓋篋槐薪
元稹遽吟哀調茶鐺藥臼王維竟作孤居養命留資歲
給田間麥菽補贏乏之物貧慳籠內參苓暮齒頻增愈形
頹喪不有長房告語難消桓景災祲諱辰反以佳辰來
哲合乎曩哲値都督徵文之會爲鮮民泣血之期失蔭

庇而堪虞。共修持而益謹。苟能友愛。定慰親心。又若出
自名門。長隨宦轍。登賢書於二世。遂秉鐸於四方。十六
載即賦于歸。數千里更悲遠嫁。支拄內庭。外戶眞成後
樂。先憂匪勉。同心共建中興之業。唱隨協力。咸欽內助
之賢。熟讀女史良箴。閒奉伯宗。勸戒頻繁。採掇常經之
計。較雖煩。瓜葛牽縈。變局之憂疑更甚。靡不從頭布置
交手維持。知己知人。禍患縱深無害。施仁施惠。恩威並
至。方諧食經。調異味。齏鹽。繡譜出新奇。花樣。濟人利物
隱存冠冕。深思學佛。持齋。脫盡裙釵陋習。識黃裳之必
貴。爭傳相士之明。能黑夜以縫衣。素有針神之號。運籌

清潤淵源集《卷一　三

決勝非惟脂粉。傾誠步障。高談並使簪纓。屈服所惜。揮
毫珠玉。散為過眼雲煙。蜀箋遺徐淑之書。函唐韻少彩
鸞之筆法。假使不櫛進士。果能速變男兒。定爲幕府辭
婚。黃崇嘏早成殿撰。豈止紗幮涼夜。李易安僅作詞宗
稱哉。萬種艱劬。孤存弱息。育二兒而兩姊。成數歲之四
殤。優待楊枝。陰遮樛木。結髮而義深敵體。遇故人厚賸
新人。感情而代錫殊恩。賢大婦轉隆小婦。子平畢願。主
計操勞。嬌客是依。佳兒比重。猶相完聚。未離家則嫁得
蕭郎。幸免分攜。作戲謔則里名勝母。洎乎荔枝本美。因
側生而倍覺甘芳。橄欖頻嘗。待回味而遂忘苦澀。繼餘

慶承善澤。已如鎖恨之桃。致奇劬。豈虛譽。尤勝荒年之
穀。引爲已慝。視若殊勳。愈覺身修家齊。母以子貴矣。奚
知和氣各致祥之驗。天恩昧福善之徵。心多竅而彌虛
體扶衰而莫保。前爲七日草堂寄到新詩。後隔兩辰枕
塊讀將喪禮。力難自衛。遠輸衛足之葵。數不能回。更鮮
同生之藥。悲泣則更深漏永。夢難成。醒眼鰥夫哀嘯則
風急天高。喚勿應。斷腸猿母不才。虛生膝下。歷劫寰中
情種。種因夙因。慧根根萌。業果熟。心冷眼俠骨柔腸。雖
乏四德工容言。小有三長。才學識。口銜石而海水涸。詎
填平。精衛冤情。頭觸山而天柱傾。難洩共工悲憤。作

清潤淵源集《卷一　四

養。乃才須先造。速令孤坐披吟。再殤則勞且成。空遲至
十齡穿耳。張茂先未曾有種。涪于髪始贅於齊。宜室宜
家。如賓如友。依傍則似蘿似蔦。雙生相附。同生俯仰則
若梓若橋。半子直如眞子。未視奩中寶玩。曠懷拓快。搢
之胸。驚詢肘後。瘢痕剜肉。爲療兄之病。純誠悌弟。近世
奇人。品到眞端。境尤難處。明智養雍容之度。潔身見操
守之高。可親藹若春風。堪愛溫如冬日。下帷苦讀。塾中
伴董子之勤。展卷消閒。閨裏習嵇康之懶。祇見曇花一
現。未生秀草七枝。自愧無功。致令抱憾。決策則剴陳利
獘。代為解釋疑團。當言而不避猜嫌。恥效模棱世法。安

危與共憂樂相關故使求全丈夫乃愛深少子亦殊信任放翁而家有支婆端居在讓水廉泉生壙厝典墳文塚出濁水淤泥以不染天然如初日芙蓉仰虛心勁節於生成瀟灑似臨風竹箭際丹桂飄香之候爲黃楊厄閏之年空敎嘔出心肝鎖院爲熟遊之地到底深埋頭項釁門卽終老之鄉旋化冰淸隨埋玉潤炙手偶敬兒體熱撫膺忽姑射肌凉病勢雖沉神明未滅齊姜詎持杯醉遣張翰先命駕思歸爰告長辭爲今全仗所包者廣其言也哀芝朮無靈棺衾已具求活則計謀竭絕腕中之脈力先微不孝則身體毀傷臂上之刀鋒輕試迄

仲冬之朔日遂赴召而騎星此病未及兼旬繼逝方纔匝月自傾囊橐克踐庭闈悲伯道以無兒幸黔婁之有婦逞烈繐帷捐館舍固應俄頃追踪惟愁華屋作山邱只得苟延殘喘信到阮瞻之無鬼始能甘雙奠兩楹期如季布之爲人未敢負千金一諾鞠躬盡瘁竭誠可報知音竟死何裨隨殉轉難塞責行君之意舍我其誰被長蓋足有餘不斜則正筆拙傳神難肖似是而非窀穸未嘗風波疊起膏煎不謬龔生竟夭天年家亂難治嗣祖焉知非福遂乃我用我法翻獨任之能勝親盡親情賴衆擎之易舉濟將財力併到權衡傍母長眠祔葬遵

親庭之治命待余合窆相隨瘞吾族之佳城郎之體魄已安我乃心神亦定愁斯疾常慮夫儂也顧其死反後於君歎幾曾施捨慈悲救世過慈雲大士別樣矯揉造作弄人憎造化小兒非鐵石心似李後主之淚將面洗耐薑桂性仿包孝肅之笑比河淸無術分身承兩月重喪之服倩誰續賦蓼三番永訣之情廢莪吟爲子女之職終易苦席非婦人所分應猶冀如東野之花看一日大器晚成豈期較安仁之齒長六年哲人早萎沉眠方美雙飛之塵夢方酣歇手未能半局之棋枰未竟慟恨則曷其有極慘刻而至矣無加輸將舉子數科五桂賺

分五度贏得秀才兩字一芹了卻一身中道棄我如遺二姓所關甚鉅抵死奮爭誠取死斯世司文衡命更番之苦戰相饒勞生多故不聊生是時宿孽償淸此後之繁憂可免撫今追昔難勝卌載辛酸奇早歸遲多歷兩同寒暑郎自何慚於君子拗絲斷作寸之蓮余原甚類乎湘妃揮淚染凝斑之竹能造命使士民不遇坐令君相無權哭重瞳猶姊妹相借歆羨英皇有伴聽荊妻低訶楚些魂兮歸來祭木主祇剩吳儂哀哉尙言賞罰究孰司此職錯直而陷以誅夷因循未廣置諸姬非姤而絕其似續至此極矣尙何言哉推誠以國士待之爭忍

以眾人報也迸苦況鬼神應泣微斯人吾誰與歸塞悲
洩怨府沉冤言志借隨園佳句從古詩流高壽少兒夫
應作修文未亡人去轉心安考妣自來帶我那有一場
富貴相悲勝春夢之婆重趨二老晨昏隨侍唱秋墳之
鬼仍作瑟琴之鼓胡勞岵屺之瞻此樂難期地下有同
死同歸壻女斯言最確天上無不忠不孝神仙恩義專
堅堅訂來生伉儷精誠固結結歡再世爺娘感到氣機
重爲骨月特是撐腸有五千餘卷坑儒與身世同灰爲
思至三十六州聚鐵鑄人天大錯卽鄉評者未服匪身
受也不甘但得曹邱之揚聲强勝方千之賜第交相幸

甚與被榮施愈悲大造不仁枉說好生有德哀矜乎否
已甚否歟如夙生尚有餘愆緣坐律方滅祀何今日又
行失出加誅罪未及孥安得平反茫無定例不祿再何
大咎斬宗誰受餘殃影隻形單我乃情緣結矣門傾祚
覆天之法令窮焉然則君以温良恭儉致斯反躬奚愧
吾以正直聰明及此責已何尤靜言思之豁然悟矣徜
使三多以嫓美則襟期度量而無聞惟因百折以不回
乃氣節聲名而始著任施磨涅未見磷緇大智若愚不
亡何待請證諸廿一史也獨冤夫我兩人耶況乎天孫
之數別稀逢不聞脫虜月姊之超凡絕俗曷計從夫億

萬年中未有世世長繩之螽羽三千界裏尤無家家永
聚之鴛儔更誰不然非吾獨也曹世叔亦曾早逝班惠
姬未卽相從有德有才可師可法因以檢先君子之賸
稿理太孺人之殘篇手澤猶存儀型競仰王右軍爲席
珍於門下宣文君承家學於堂前曠古所稀非今曰罕
悲此生之已矣何返哺之云乎藉報余罔極親恩較勝
他續成兄史更憑著作用當兒孫詞翰長留雲仍遠衍
譬諸陳后山之麒麟能縛勝夫劉景升之豚犬貽羞於
焉遺梨棗之災乃以壯椿萱之色獲行善禍繁之報述
蓋棺論定之言書城遊食字蠹魚淵深博學藝苑棲聯

吟鸞鳳風咏和鳴螢案争凭叔寶常依樂令雞林儻購
金鑾可附香山豈非地運鍾奇人倫佳話者哉士行合
敦厚温柔之旨女宗預德言文政之科學模範如閫內
之師生多士拜夫人城下傳姓氏顯吟邊之翁壻奇兵
出娘子軍中敢望籠紗拚爲覆瓿雌陳壽義當作傳米
誰費千斛之争女左思自解爲文紙貴賦三都之序小
人才列登科之記一晌虛榮大手筆傳沒世之名千秋
勿替然而百年同盡聖賢亦復銷亡四大皆空天地猶
須渾沌者也

光緒二年八月下澣落落山人自序於冤禽啼血軒

澹遠堂賸稿

同里徐茚齋先生鑒定　泰興陸師游蝶賓著

館甥志喜

自慚老醜詎冰清可意孫郎慰向平明慧堪爲佳子弟
因緣多半舊師生爾於文字須勤學我有私心欲速成
試看和鳴雙管筆新詩和到定輸贏

七十初度悼感

鹿車罷挽近三年見面全無一夢縈想得關心憐我語
頹唐老境不如前
奩篋於今未忍開任從鼠嚙任從灰遥思元九哀思句
患難夫妻更較哀
累君愁緒暗相牽慮我孱軀五十年明日是夫生日日
倍添老淚灑哀絃
十年前事未忘懷曾閉蓬門謝客來自忖親朋仍諒我
壽筵相約八旬開

和俞引泉彭上舍留别同人原韻 并序

引泉仁兄聰明絶世肝膽照人言直才多心慈手敏屢承青眼難得素心於是作孔李之通家結雷陳之交誼茶經共品麈揮七碗之時葉子同嬉燭换三條之候傾將竹葉寫到梅花歲歲年年永朝

永夕矣此後而君遊翠海作蓮幕之參軍我寓白門就杏林之醫士無何又破浪乘風而至剛橙黄橘緑之時意外重逢歡深無量坐中李嶠謂晴川久欲訂交畫裏徐熙茚齋本來投契覽一條之龍膊高舉吟鞭見兩岸之蛾眉漫摇畫槳煙波十里逍遥紅板橋頭燈火三更往返釣魚巷口半青閣上割取鍾山九曲門前御臨溪水沿堤楊柳隔岸梧桐補我畫圖藉他風景圃中撲棗月下持螯對菊影之參差來鐘聲之斷續一番清趣再動豪情拇戰酒場骰搖拐局以夜繼日自秋徂冬豈知才隔一年遽逢大劫倉惶冒險落拓歸來俱不如人惟有安命而已今乃蓴鱸動念松菊猶存招飲同人題詩留别空空妙手渺渺離情第投契卅年而分襟一昔益無聊賴其何以堪至如非平子之工愁類文園之善病夙原檮昧近益衰昏加以筆墨久疎身心俱瘁拈兎毫之三寸難達大才吐蠶繭之一絲聊以將意云爾從此關山道阻魚雁風稀渾似張高幾番迷夢不殊汪李兩地縈情謹綴蕪詞上塵清聽

驪歌未唱各能堪且共杯盤話再三小醜十年嗟皖北

壯遊萬里說滇南交情愈見歡兼恨君見故人子弟生者甚歡其欠佳者甚恨然必面加訓誨不避嫌怨此乃愈見交情也酒祿偏慳怕帶慚游酒無半杯之量故怕見君豪飲拇戰又慚更有輸君歸去也鹿車對挽興方酣

前詩繕就離愁難遣旬餘後又得一章

無策留君更不堪蕭條豈止徑荒三老來底用思歸去
江北何妨當皖南一樣滄桑均有恨雙清心跡兩無慚
卅年知遇從今別縱飲醽醪那得酣

感懷

上下俱失

親朋千里隔骨月九原多

和李秋丞晉姊夫乞婦生兒原韻

呱呱似和蓮花落
唧唧翻嗟瓜瓞綿 首尾俱失

半青閣賸稿

山陽盧婉芳蟫仙著

中秋

風雨蕭騷打碧窗中秋時節似重陽嫦娥莫也多愁思
深閉蟾宮聽漏長

咏雪

紛紛玉屑不知寒醉眼朦朧倚戶看錯認暮春天氣好
風吹柳絮撲闌干

口占

五更風雨夢回時枕上推敲七字詩欲訴愁心與知己

梅花窗外笑儂癡

對梅

一年一度接芳枝欲賦高風意轉遲佳句前人收拾盡
許題何敢再爲詞

老少年

愛爾秋來色最妍紅妝不老竟天然駐顏丹藥從誰乞
越到衰年越少年

高郵孔烈婦夫歿四旬投水死

生死渾無計躊躇到四旬甘爲隨唱鬼不作未亡人水
表衷懷潔坊留姓字眞從容能赴義烈志一朝伸

慈孝難兼盡，吞聲向水濱。膝前抛幼子，堂上棄衰親。白骨千秋恨，黃泉百歲因。終餘遺憾在，地下亦酸辛。

偶成

榮悴都由命，心空事事宜。病多堪養拙，累少幸無兒。築閣邀新月，移花補舊籬。身閒貧亦好，不受利名羈。

任人眉慣鎖，讓我口常開。有欲惟貪嬾，無求底用才。繙書邀砌月，索句倚庭棋。拂拭塵埃淨，光明此鏡臺。

閒遣

福彼聰明都折盡，愁因曠達總消除。塵緣息後忘機鳥，書味耽來蠹簡魚。自覺心空持半偈，尚防性懶失三餘。

手持一卷百回讀，每到疎簾月上初。

過舊居感賦

今朝重到舊書堂，觸目凄涼意轉傷。蛛網數重張敗戶，燕泥幾度落空梁。多情芳草依然綠，無主梅花爲底香。明月不知興廢事，夜深猶自入虛廊。

雪天有感

霏霏玉戲舞長空，人在瓊樓玉宇中。把酒圍爐猶道冷，重簾暖閣不勝風。憐他忍凍啼饑者，與我微軀弱息同。獨樂於心應自愧，恨無廣廈庇途窮。

病中述懷

得失都由命，升沉悉聽天。生涯甘淡泊，心性耐熬煎。愁緒憑詩訴，年華仗藥延。終朝常辟穀，竟夜更無眠。殘喘秋蟬咽，微軀曉露懸。細參新境遇，粗識舊因緣。骨傲難消福，身閒不羨仙。茶甌書卷裏，知足自陶然。

外遊廣陵作此寄之

風雨淒淒灑碧櫺，蘭房魂怯一燈靑。癡心欲作揚州夢，爭奈雙眸合不甯。

述懷

□□□□□□□，嗇彼豐茲仔細看。生就美人終落拓，學成名士定寒酸。草偏荊棘留根易，花到芝蘭結子難。

會得個中元妙理，無言笑倚碧闌干。

對鏡

丰姿瀟灑一癯儒，巾幗誰教困我徒。救世願施千手力，鬥妍恥作十眉圖。閨房亦有奇男子，妾婦眞羞彼丈夫。笑向鏡中人說道，他生莫再似今吾。

丙午新正試筆

歲月重重去似流，剎那四十四春秋。是非過眼眞如夢，得失忘情不解愁。若用聰明才尚淺，無憂困頓學方優。鶯花到處催人賞，且放閒身物外遊。

某氏被竊失去古玩數事戲賦一律

綠林豪客甚風騷，不愛錢刀愛寶刀。古鼎香煙雙手捧，
膽瓶花影一肩挑。法書自昔藏遺墨，風雅於今到爾曹。
更有片言勤囑咐，莫將門徑話同袍。

賦梅菊同瓶

折向銅瓶點綴幽，一枝春色一枝秋。山中陶令同高臥，
籬畔林逋許共遊。素手纖纖攜作伴，芳心默默結爲儔。
鐵心金蕊供清玩，消得詩人萬斛愁。

省親白下，身如逝水，心似回波，萬種離愁，一帆秋色。

阻風燕子磯舟次口占

難辭婦職戀慈顏，兩地牽懷別淚潸。風伯有情留我住，

清潤淵源集 卷一 七

征帆思去又思還。

燕子危機試一登，愁思遠逐浪奔騰。柔情不共柔腸斷，
撒手懸崖我未能。

自慰

不須往事動咨嗟，但得身安便是家。立節好同三徑竹，
娛情自有四時花。漫天柳絮衣堪補，滿地榆錢酒不賒。
莫道世間無樂土，果能尋樂樂無涯。

除夕

屈指于歸四十年，深慚婦德未能全。人從爆竹聲中老，
愁向屠蘇酒內鎸。不問虀鹽貪翰墨，自甘疎懶怕周旋。

更新守舊尋常事，未熟黃粱尚好眠。

生青閣即目

小圃朝朝景不同，宜晴宜雨更宜風。池邊楊柳搖新綠，
洞口桃花綴嫩紅。月寫竹枝窗窈窕，日穿山竅石玲瓏。
孝陵松樹長千塔，都在西樓一望中。

偶占

懶把梳妝理，頻將飲食捐。一身俱是病，終夜竟無眠。較
勝相思苦，空留未了緣。恐勞慈母慮，強步繡幃前。

和秋丞茂才立春原韻

晴日和風淑氣輝，及時相賞莫相違。樹邊尚要遲遲待，

清潤淵源集 卷一 八

草際應須漸漸歸。準備綠醽醁豔景，安排紅燭繼殘暉。
他時金谷何愁罰，敏捷青蓮筆若飛。

贈李三姑姊

流離歸歲暮，爲我拂征塵。握手聲翻咽，論心話最眞。解
衣情切切，贈藥意諄諄。宛轉憐猶女，周旋惠比鄰。棲身
蒙蔽覆，買婢代艱辛。憶弟看雲日，多君寄履辰。相思消
舊恨，色笑喜重親。朝夕欣歡聚，優遊老逸民。

和乞婦生兒原韻

生也何恩皆赤子，殺之誰咎問蒼天。飢寒交迫原堪憫，
兵燹頻遭更可憐。滅賊空餘心慷慨，救民徒自意纏綿。

惟求指日烽煙淨率土歡呼始暢然

次某茂才風箏韻

青雲有路望君遊豈料中途失所由日暖風和春尚早
及須努力向前頭

自是東風信有神送歸霄漢奇鬪身憑渠健羨憑渠妬
回首相看不愧人

和秋丞生孫韻

長庚星降値艮時衍慶螽斯起在斯人看洗兒誇跨竈
我知繩祖定能詩趨庭常侍椿千歲繞膝聯芳桂五枝
國瑞家祥緜四世親朋爭和弄孫詞

咏梅

折得一枝春在手風前月下最娛情姚黃魏紫都休問
願與寒梅過一生

再和除夕韻

舊歲云除新歲來福偕春至自無災筆花爭共心花發
柳眼應隨笑眼開鄉有文宗推大雅我無好句應新裁
攜將弱女詞壇下翹望誰爲奪錦才

喜占

孟梁行止盡矜莊同在人前斂卻狂會得心心相印處
傳神阿堵未能藏

得堉爭誇人似玉我言比玉更溫柔從今心事皆拋卻
深喜明珠不暗投

除夕

屠蘇欲飲柰愁何人事滄桑感逝波屈指年華來漸少
傷心詩草剩無多（先君先兄及余詩稿亂後皆失）及時行樂猶嫌晚適
興狂吟肯讓他寄語吟壇諸戰將莫教花月浪蹉跎

和除夕韻

無心祝富貴翹首望升平饋歲詞慵作迎春眼暫明烽
煙清有日雨雪未飛霙惟願遺蝗盡家家宿麥盈

半青閣賸稿

山陽盧婉芳蟬仙著

西江月 題淡仙熊氏詩集

坎坷何須尤怨伶仃切莫咨嗟天公最忌是才華福慧
從無兼者 任爾金裝玉裹饒他寶馬香車悠悠忽忽
委泥沙可有香名留下

江南好 雪

吾愛雪最好雪飛時江上漁蓑堪入畫庭中柳絮好裁
詩妙境幾人知

前調

清潤淵源集 卷一 十一

吾愛雪最好雪堆時大地填平無缺陷小園積處有參
差厚薄任風姨

前調

吾愛雪最好雪晴時雲母屏中光閃閃水晶簾下月遲
遲梅放兩三枝

前調

吾愛雪最好雪消時玉蕊無端成綠萼瓊枝依舊賸枯
枝堦下草離離

滿江紅

獨坐無聊拈毫把愁懷細訴況近日相兼貧病致人驚
懼弱質自憐如菊瘦芳心誰識同蘭素嘆悠悠閨閣少
知音酬新句 富與貴休欽慕時與命歸前數喜閒中
靜裏別饒興趣厚福難消緣骨傲浮生易盡須知悟閱
星霜四十四年來成虛度

前調

一縷柔腸爭禁得閒愁萬斛無非是眉頭心上都敎含
蓄名士從今多失路高人自古無庸福再將他數卷相
入書從頭讀 也莫問君平卜也休向蒼天祝任浮沉
身世終成蕉鹿欲避塵囂何處可茅龕擬向桃源築放
開身煙水共雲山開心目

清潤淵源集 卷一 十二

西江月

握管凍僵指爪吟詩蹙損眉尖自尋煩惱似狂顛縱好
誰題黃絹 見獵猶然心喜登壇尚欲爭先堪嗟敏捷
不如前老病只將天怨

前調

塵世利名擾擾人生歲月悤悤兒童轉眼便成翁不樂
何曾有用 問我生涯活計憑他棋局詩筒莫將煩惱
挂心胸做個逍遙好夢

挑燈遺稿

泰興孫鴻祺吉盦著

步秋丞前輩與同人集慶雲禪寺原韻

鎮日簾垂草色侵近知春景耐追尋入開詩社傳佳話
路入禪房隔遠林聽到梵鐘消俗慮藉他斑管寫清襟
自慚難學天台賦那有聲聞擲地金

丁年未解惜分陰學業荒疎直到今歲月如流悲往事
文章從古待知音人因辯論饒清興詩爲推敲識苦心
此日筵開春正永莫教孤負且聯吟

恭步外舅原韻

才華久仰一家清尤見心平似水平牽繫赤繩憑月老
追隨絳帳比門生前程期勉酬知遇後進名先荷奬成
學有文淵源有自陽春雖和不求嬴

醉菊

白衣冉冉步空庭爲賞幽芳酌醁醽雅淡入從尊外坐
迷離花是酒中馨釀成秋色渾難辨暈到酡顏似不醒
眼自晉騰香自永頻嘗風味喜延齡

邀菊

誰家佳色媚重陽擬從前來入畫堂泥我擎杯如對月
候他依圃好凌霜入因覓句開籬待心爲移花折柬忙

招得秋英依紙帳一回清夢尚餘香

步秋丞前輩再集慶雲寺韻

當堦紅藥漸抽簪春滿蘭亭酒共斟飲過三蕉邀月朗
譜成一曲遏雲深空靈詩悟禪中趣風雅人持座右箴
料得諸賢論臭味異苔應喜素同岑

青蓮妙句度金針領袖騷壇獨自任愛與良朋頻唱和
恥隨流俗共浮沉揮毫常寄凌雲什問字爭輸向日忱
何幸同人同韻事由來詩酒結緣深

和內子韻

靜好渾如比目魚客中惟與影相於回思返棹倉惶甚
虎口餘生倘自猜曰歸無恙笑顏開驚魂甫定無詩興
那有閒情買異書
孤負瑤章遠寄來

甲子抵白下感賦疊韻 原稿六首

大江順借一帆風路指金陵入望中燕子磯餘荒草綠
烏衣巷賸刼灰紅山餘鍾阜亭臺廢水咽秦淮粉黛空
欲訪南朝譜舞地凄凉那有白頭翁

誰家詩酒樂春風都入零煙賸雨中此日墉垣苔化碧
當年簫管燭搖紅離人總爲鄉愁老古塔因遭刼火空
稼穡維艱田久廢宜求安集荷鋤翁

泮宮何處溯遺風幸覩宏規鎖院中兵氣銷爲雲氣紫
文光射並燭光紅吟成錦繡胸懷暢助到江山眼界空
□□□□□□□□□□□□□□

秋燈

書比歐陽讀殘釭伴寂寥草蟲鳴未已蘭燄耐頻挑花
落棋邊冷光分浦外遥漁莊兼蟹舍一點照涼宵

秋屐

醉著平平底楓林數往還阮孚涼躡石謝客冷尋山淺
踏疎林外閒趨落葉閒一雙穿徑罷無復認苔斑

秋簾

一桁拂微微西風悄展幃垂看螢巧入捲望雁高飛破
映黃花瘦疎穿素月輝憐他如客燕睇處尚依依

秋扇

佳製說輕羅其如暑退何揮於涼處少捐向爽中多藏
篋時初棄求書候已訛倏驚風瑟瑟愁聽婕妤謌

獨坐

手慵抛卷對斜暉墮地雙禽倦不飛日暮空堂人獨坐
鳥間人靜兩忘機

秋丞徐芾齋兆鴻諸前輩復集慶雲寺和韻

羣賢畢至擾郇廚共仰文宗氣象殊勝地欣逢人門酒
禪門那有吏催租仙心李白徵詩急妙手徐熙作畫無
擬約詞壇諸戰將分箋好與老僧俱
再展雲箋拂鼠鬚耽吟願與衆賢俱世傳谿疾宜餐菊
時屆登高擬插萸秋葉黃鋪松徑軟禪心明證月輪孤
余今忝入蓮花社曲奏巴人見誚無

咏雪用漁洋山人韻

袁安偃臥靜吟魂折竹聲中悄掩門妙句多從驢背咏
征途深印馬蹄痕尋梅客逐風前絮沽酒人過柳外村
細聽中宵茶鼎沸還將表聖語重論
六出花飛不是霜無邊瑞景繞横塘好沽佳釀浮三雅

預兆豐年祝萬箱絮咏庭中推謝女詩謌苑內憶梁王
會逢春至開文杏台豎門前碎錦坊
翩翩鶴氅古人衣品擬神仙是也非滑達新泥行處濇
尖叉舊韻和來稀花鋪三徑鴻留跡絮繞千山鳥不飛
讀罷陽春高格調潛心學步恐相違
寒江獨釣最堪憐渺渺孤篷隔野煙風緊花如霏白羽
雲消襖又負黃緜順時那用昆明唱呈瑞欣逢大有年
訪戴更從門外望光搖銀海浩無邊

退筆

禿管歎如斯文房賸幾枝寫時難竹葉閣處半松滋入

蔓花難燦非秋露不垂拋來甞塚罷新試又臨池

斷碑

守墨亦微幼偏難訂石交磨穿因歷久耕破未甘拋銅雀雖留瓦瑜塵不聚膠多情愛舊鐵珍重莫輕敲

賞菊和瞿弇山錫太前輩韻

擠到秋深醉幾回爲吟秋色快追陪花因骨傲凌霜茂友喜心交步月來詩句勉依佳士和酒樽原待謫仙開慚余容膝無餘地未把幽姿手自栽

芍藥欄

百寶迴環接綺寮遮闌花相景尤饒護將娄尾從中見映出旋心分外嬌數朶欹沾海雨潤四圍微受棟風搖當堦翻處迎佳客乘興來看不用招

茶煙

爲愛瓶笙韻間將活火煎龍團方檢點鶴避去蹁躚淺淡依簾外氤氳繞榻邊竹中看一縷輕颺晚涼天

竹霧

莫辨平安否輕籠暮靄時四圍陰匼匝一徑暗迷離耳可龍吟聽眸難豹隱窺薰風如引到消散好相吹

屋角

蜘蛛宛轉巧添絲閒步庭心縱目時高映龍鱗松挺節

斜欹鳳尾竹交枝崢嶸聳處雲頭照晴露開來日腳移緣壁兼餘蝸點綴爲他好賦畫中詩

簷牙

何嫌小坐到垂堂巡罷寒梅索笑忙近傍銅壺光蕩漾低懸鐵馬韻鏗鏘瑤堦滴雨秋霖潤氷筯當簾凍溜長高啄不須防礙帽花看覆處映迴廊

雜談

驚聞風雨夜瀟瀟好倩翰音慰寂寥不爲啼聲爭報曉已令起舞在清宵樑前對語珊冠聳窗外長鳴玉頸翹聞所未聞元妙理處宗藉此破無聊

蝶夢

燕拂鶯捎總不同强開倦眼尙朦朧翩翩體態三春裏栩栩神情一覺中閒破睽王摹入畫巧隨莊叟幻凌空輕狂斂處酣眠好驚醒花前幾陣風

續命縷

又屆天中說五絲深閨兒女競爲之慰他期望延年願贈爾綵長益壽資繫處欣逢新節序纒來難駐舊風姿合歡索亦同時佩好舉蒲觴祝介眉

仲冬赴崇川道中作

斜照荊林外驅車猶未休行途頗寂寞〔結伴〕未曾投宿暫勾

留犬吠閒征鐸雞鳴報曉籌悤悤更裝束霜冷逼貂裘

其二

殘月尚朦朧行行早向東車聲霜後碾霧氣日邊空竹木千林外功名一笑中明知是雞肋見獵尚心雄

燈花

熒熒細蕊吐銅龍報喜憐他信暗通添到蘭膏餘燼綠開將蓮炬射光紅詩緣起草挑金粟人爲敲棋落玉蟲坐對銀釭常默祝飛蛾莫使過匆匆

筆花

不待東風到管城能從夢裏幻瓊英縱橫勢極從心運濃豔春憑着手成意蕊抽應謀意匠詩葩燦合主詩盟繽紛五色毫端現李白江淹並著名

松聲

三層樓上聽分明如湧洪濤乍跋鯨五夜瀟瀟疑雨至千枝謖謖逐風鳴吹時倍覺龍鱗老響處應教鶴夢驚向受秦封眞不忝我聞幽韻倍神清

步引泉前輩原韻 并序

壬申仲春引泉前輩以留別同人詩見示不加粉飾專寫性靈凡豔一空唐音嗣響矣欣然捧讀率爾浪吟非敢誇角勝之詞聊以達餞行之意且共杯傾竹葉暫駐行旌那堪水漲桃花將催鼓棹此後路經千里放懷到白嶽黃山他時天各一方寄慨在暮雲春樹當莫可如何之日兼誰能遣此之情恭和三章聊供一粲

臨歧駐馬悵難堪怕聽陽關曲疊三義薄雲天誰伯仲名傳星學徧東南崚嶒鐵骨曾經勵皎皎冰心不抱慚無計挽留高躅住有何情緒賞春酣

未聽啼鵑已不堪況逢話別値春三由來詩畫娛晨夕此去關山隔朔南縱酒精神猶甚健酬人肝膽本無慚笑余俚句連番獻亂掃蠻箋筆尚酣

陽春勉和我猶堪至再何妨又至三諸子風華擴硯北老人星彩耀弧南談霏玉屑何曾倦擲少金聲祇自慚想到新安山水好應添詩料興餘酣

咏雞冠花

朱頂攢來映月低渾如啄食未曾啼舍傍原有塒和桀難與翰音一并棲

堦前數朶鬥秋芳灼灼高冠耀日光不識涼宵銅漏盡此花曾否首頻昂

別有鮮妍一種花倩他秋雨潤根芽昂頭不畏風吹帽莫向龍山擬孟嘉

卻從何處辨雌雄絕少司晨報曉功同以禽名惟小異
行藏彷彿鴈來紅

春鶯

如梭穿過畫橋東綠柳陰中組織工側翅捎將飛絮白
盡情嚦爲落花紅坐嘗愁逕黃梅雨謌且欣迎紫楝風
知否遼西驚好夢佳人嗔爾倚簾櫳

春燕

小樓深處杏花天高捲珠簾待最先雙翦掠餘風習習
一襟潤帶雨絲絲香泥添補從今日軟語商量似去年
愛爾助余詩興好呢喃對舞畫堂前

咏水車

綠陰柳外小橋西爲灌田園着力齊轉運自來泉汩汩
潤沾無待雨淒淒肩當並處紓猿臂足不停時狀馬蹄
巧引清漣猶未遲何期天旱示雲霓
三農控馬已分秧泉異盈科澗早防同盡人功資灌溉
全憑物力引汪洋源如傾峽機頻轉勢極奔流澤更長
巧製何須畏旱魃桔槔聲裏稻花香

挑燈遺稿

綦興孫鴻祺吉盦著

西江月 棲霞道中

未識征程遠近俄驚睡思朦朧輪行過小橋東猶自
安眠不動途路未行數里峯巒已過千重徐行莫使
太怱怱車鐸休驚好夢

金縷曲

底事頻搔首算平生雕蟲篆刻空呼負負入彀佳章繙
閱徧均屬尋常窠臼豈藉此名垂不朽但入詞曹無別
策究憑他扶漢分章手且攻苦當窗牖人情淺陋由

來久歎儒生待時未遇難誇人口繼晷焚膏恆矻矻此
境何堪長守澆壘塊滿斟濁酒省識文章關福命非妄
圖僥倖能承受須保護心田厚

風入松

莫教呵凍數揮毫開卷遣寒宵漢書快讀銜杯酒憑他
埽胸次牢騷窗外早梅雪壓池邊老樹風號 幾回花
落把燈挑夜景愈清寥擁衾欲作邯鄲夢醒來歎夢也
無聊明日跨將驢背看儂引手推敲

蝶戀花

湫隘囂塵村舍小亂絡行人上下牀分埽一覺夢回雞

唱曉匆匆仍自登程早 耳後泠泠吹未了列子乘風
翌日崇川到寄語舟行人說道征帆爭似征驂好

滿江紅

昂首酣歌當拔劍聲驚砍地無可奈時猶潦倒功徒磨
礪救世誰稱醫國手閒居漫負凌雲氣算平生三十四
回春成何事 豈不慕雕龍思豈不習來禽字愧天台
作賦遜他才智立志羞同營窟兔顯名願附追風驥耐
尋思到底益人多書中味

沁園春

兀坐無聊百感中來心緒紛如徒絲纍有托爲思舊事

庭芝未茁暗起長吁輕蹙眉彎莫舒懷抱幾見今吾勝
故吾頻磨折覺豪情雖減膽氣猶粗 空教學積三餘
笑故紙蠅鑽未可驅幸同心有偶常人鮮匹鹿車對挽
鴻案清娛斷送頭皮潛消神智困倒英雄數卷書還期
望望四方志銳不愧桑弧

南鄉子 題芳草蛺蝶圖

摹倣細描摹想見荆關着筆初有意留春留不住躊躇
寫個滕王蛺蝶圖 睡眼競前趨香夢沉酣醉夢餘錯
認河陽花滿縣模糊惹得遊蜂暗笑渠

前調

風日總暄妍滿徑蘼蕪綠可憐終日尋香尋已倦懨懨
生長花叢不計年 任性肆狂顛芳草如茵且暫眠不
解偎紅翻倚翠翩翩纔出羅浮便是僊

程氏詞剩

程嵩齡 選

《程氏詞剩》不分卷，程嵩齡選，據泰州圖書館藏徐菊人鈔本影印。

程嵩齡有《泰州詩書畫及見識》，已著録。

本書有民國十年（一九二一）自序，稱：『放懷故國，訪知音之日稀；慨念先人，湣遺編之雲散。』程氏『心滋慼矣』，因輯爲此編，録泰州程氏家族所作之詞。所輯有程紹裘、程紹昌、程宇光、程祥棟諸人。附録黄荔、袁錦之詞。江蘇地區，家族文集、詩集多見，但輯録一個家族的詞作單獨成集的極爲少見。

（江慶柏）

程氏詞賸序言

裔孫程嵩齡謹識

嗟乎流風沈杳，徒縈望古之思；末日大難，誰矢守先之願。惟某心之冀，續重理家乘，然隸業之易拋，爲殘篋搜餘，又撿破柏，無靈牘有錦囊殘餘點點。放懷故國，詞知音之日稀；悵念先人，懸遺編之雲散。此艸堂作賦，空餘縹緲湖光（東湖艸堂陸鈔刻板另存無缺），而柏軒填詞，不殊模糊秋影（柏影齋詞原稿亦散佚無存）。心緒感矣，之徵家世式微，誰實爲之，堪歎書香難壽，留一綫國魂，對餘何堪春樹曉鶯，聆之鄉月迷離，益悼秋墳。光唱松花水漆，何處同風蘭若，自來不經風雨，未免迷先埋，華語禁捺舊銷魂。荊衡弟兄，原堪名世（文伯公與楣庵公爲嫡堂弟兄），竹林妙極，詞屬賢才（小松公乃楣庵公之胞姪，文伯公之堂姪），擅文苑之先聲，留藝林之佳話，珍如瑯鳳，昂無道有對，恒恇飽蠹魚。此日冤無全璧，惟是吹花嚼蕊，在於閒情，不妨昭煥拾遺，且存絕響。或拈尾遠箋，或披自零書，或錄之殘紙扇頭，或鈔向寒花壁上。流連古澤，敬傳一篇，瑜香吉光，冀傳百世（幸得方譜梅符居士，計得六十一闋）。笑前日之東坡，類詩才更獲傳人，播遠風於南國，虎彩叢留青簡，任淵錦字銷磨，從嗟人隔黃爐，毋令鈿箏零落。此丹枕自謂期壽卷，策或青眼，能遠俾傳，策梓問歌，或逝情屬鄉人先生矢志闡幽，識在裔孫小子。時民國十年辛酉孟春謹識。

程紹裘 字鶴衫

綠意

紅拂小像

明璫翠羽。看雲鬟未曉。階下延佇。眉細工愁。霧鬢低枝含羞。年常長年未了。珊瑚七尺閑兼延，早料足冰山難靠。背銀缸漏永香銷。淚溼枕痕如雨。　爭奈楊花正亂。玉樓醉夢裏，擺作秋蘋。難循歸燕。歸君飛遠。碧玉怕殘無主。何人憐綠少年兒。相見此心許。錯秋波能識英雄。塵海共傳兒女。

程紹昌 字文伯

摘得新

花滿枝。粉蝶過牆時。拈香莫使笑。誰其知。春風不解殷勤意。傍簷飛。

浪淘沙

便樹庵選茗圖為金雪舫題

楚水正平隄。詩轉清溪。雲山閣外畫橋西。無數垂楊新雨後。芳綠全低。　歸逕路先迷。自有松梯。小詩茗記醉中題。雪藕調冰銷得未。也要招攜。

減字木蘭花

雕虛玉簾。看手無端分翠合。自李新枝。特地羅裙繡鳳皇。　瑤琴羅再緣。裳似怯金蚁重。人比花柔。情比花柔更要甜。

菩薩蠻

廣寒宮闕紅樓表。露階葉下無人掃。回首夢先迷。巷頭過馬嘶。　翠鬟嬌影顫。脈脈含情思。莫去訴嫦娥。素娥才解聽。

前調

近偕吳先生懷之姚君仲海汪君研山學填詞錄呈柳村二兄親家正拍

細珠瓔珞冰紈樾。熱惱散乞清涼樾。佛事問維那。維那特問他。　晨與喧鐘鼓。飯者無人數。火中有蓮花。冰雪戲呈牙。

前調

空山捨得同參讚。不頗打鐘甘執爨。佛授眼光多。等閒繪得麼。　拈香閒説誓。不說主文字。同命注文昌。開口吐鳳皇。

前調

金屏孔雀張雲扇。芍藥花開菩薩面。佛說空風波。香象騎渡河。　嚴妝堆玉髻。曾否拈花蕊。男果十三參。應女禮和南。

前調

青螺閣髻拈清梵。能降千魔除百難。佛指頻婆羅。花開彼岸多。　晨鐘驚人省。參宗無人領。缽底放梅龍。威光怖殺儂。

一萼紅

真州吳諒之先生屬為樂平吳梁川題

悵江鄉。從城陰一角。昔是釣游人。荷影疎紅。柳烟豬綠。茶香涼逕落薇。問西風。舊巢深處。碧梧葉。何日訪高軒。松老幽居。書囊藥裹。夢裏家園。　宜奉浮雲西北。指故鄉天近。小閣江濱。石經能語。雕欄未改。到來添長蘭孫。三五夕如來金粟。盼團欒。好月證前身。圖得畫中詩屋。□□翠樽。

空風波

十四夜月

極水簡簾特地開。燕茶盼得故人來。日逐雲行眩寫面。明滿滿交風露。蹋著苔。　瑤宇高寒見秋雲。如水。清光今四好樓樓。底只留中秋是今夜。無價。明朝晴雨費疑猜。

一枝春

題錢子奇燕山蹤雪圖

朔氣橫空。怨鞭催飲千山飛絮。客程暗數。減卻少年情緒。金臺百尺。怎無計羲人留住。呵凍筆。重來舊地。自和壁間題句。　故山白雲深處。念倚閭人老。夢先歸去。衙寒莫怨。不比秋風前度。旅難一笑。把舟艸萊衣戲舞。且從容。重與籠烟。綠楊繫著雨。

解連環

乙卯之秋前五日慧遠先生招同仙部茗飲清話移時歸來

燈下填此一闋錄請教之

妝慵無著。尋茶烟靜處。氣氣清寥寥廓。況妙語思入非非。把我翻學書。道師語謔。一燕雲屏。俊朵遠。箇中絃索。談茶經待補。一雲閒喉。若教香淪。斜陽別紅牙角。珠霏咳唾。花片吹落。悵駐得前日年華。付疏雨簾風。一總拋卻。嗟吳天際。趁晚步、江天村郭。待今宵、月上雙雙。玉壺共濯。

龍吟曲

自題焦巖春月卷子

空亭送君斜曛。望群一靄生波面。幾分山態。幾層雲影。都添輕蒨。遠渚收帆。高梯橫竹。隔江風便。待闌干倚遍。三雙漏驛。漸漸初生。魚龍眩。 長與山雲相見。寫窗騎、江花吟倦。畫宵無價。清時難繞。若同庭院。小閣杯深。畫屏燈燼。東風人倦。被林鴉催起。雪花翻面。把紅撥燕。

水龍吟

登大觀亭

那能池水通潮。奔流洗盡孤臣血。危梯垂上。青山弔古。悵然影絕。鼓鼙西動。石頭東下。風帆明滅。向闌干高處。還教我卧。塔巔雲松巔月。 試問從忠說孝。寫淋漓、淚攜健筆。長廊空有。壁間題字。龍蛇嘗律。春水和生。雨來非去。浪花如雪。把今日亭邊。慕君涼情緒。付登臨客。

蘭陵王

落葉和姚仲海

楓林赤。遙看亭皋落日。西風冷。霜葉亂飛。伴我斜陽話簫瑟。琴樽咽戍笛。搖落。江潭故宅。芙蓉老。湯盡清池。□□□□ 攬澄碧。荒渚易盈尺。怕和之入空砌。都做愁悶。從路一夜。催頭白。便歸騎京洛。吟罷送多。閒愁拚拂一屏息。又隨客無積。 曾惜。落紅逕。話若我空林。休訴根蒂。生前憔悴。身香澤。也嘉題書。冷驛驛斑蝕。金衣何處。記夢裏。喚曉月。

惜涼犯

寒雅和姚仲海

圖翻赫墨斜陽外。飛雅閃從金碧。空林廢院。寒鐘古寺。間河歷歷極目。檣帆歷歷。又看偏、從路爪跡。從雲旗、來野風。麗夜兒翁箕舌。烏焉門前樹。白芋烟迷。孤城月落。私褒天杪。撥鯤絃、終音歎拍。柳分行。昔憑吹。斷霜天曉角。啄雲亂、我替沾襟止楚幕。

尉遲杯

綠陰

涼陰至。傍畫檻。影共歸鶯語。濃迷一碧。龍烟隔卻。偏巢朱戶。無端銷歿。是昨日。嬌春最佳處。勝只留幾朵殘英。背人飄墮如雨。 綠窗午睡初酣。休還要重重。錦簾進護。為問青驄行樂地。想一樣、傍歌羅舞。如今試、尋劇藉酒。日方永、洋溢院宇。暮湯等閒拋了秋聲。簾纖成甚情緒。

祝英臺近 并引

南蕪始澈。沖眺流照。川詠百織。穆以金波。良悅三五。屢擊桂棹。於是目洗明疑。翹鷺嬉晴。夢入水雲。若雖可語。此際印聞秋吹。坐張君白華有江上泛舟之采也。以永今夕。善借秋心。若為儷詞。忽來急雨。相與命彼舟子。放乎中流。雲曠兜展。朦朦斯標。泠泠寒白。海氣沾衣。樸樸奇青。山翠盈掬。此則同舫嬉仙。駕言言猶愈悵。執中慕古。有濟濟之嗟。遊無惟時交甫之佩。衣香香晴袖。困郎郎欹。雌歌競奏。岸犬澈揚清響。掩抑新聲。文鱗沙際而舊忘。潜蛉泥底而出話。水光如雪。吟肩聳冰。林滴跳珠。逢首丸沐。蒼葭十頃。空碧一匳。臨盟可践。郭郭始波。羽化將登。陶陶申旦。白蘋風送而剛剛征如。嗟乎。中歲歲之娛。全資陶寫。東坞之述。樂此夜湖而妃采未媾。豐樹已臻。肉景條呈。暝嫋四掀。觀化則晴晦一時。覽候則涼燠俄頃。尔乃手操六律。雷電入史奇協。君吹洞簫。風水盪其幽魄。此又晦霄之會。甄雲海之觀。濤瀾之中。有金石之奏。壯哉。夫湖盛且恆。慎應乃適。索風乓柯。詎必瑩岸襟抱哉。然則白蘋風。殆非與天湖。言豪無所滯。心備物化。宇宙為一陶。攬筆記之。為白蘋進一解也。

雁聲進。帆葉冷。秋意迴晴。宇嵐影波光。似能引人。我時一舸閒情。櫓枝搖曳。卻無奈江干風雨。　且延佇。悔他歌扇吳儂。依唱斷腸句。涼入蓬腮。遠能漏語。仍教明月難呼。舉杯相醉。肯令夕清光付與。

買陂塘

問誰家紅闌一角。竹梧窗幕如許。道是當年行樂地。認得燕鶯（鷺）簷戶。回首處。肯才到秋來。忽却妻風雨。幽懷漫訴。自琵琶別抱。紀央夢斷。還有情緒。　佳期誤。此錯六州難鑄。相逢但話凄楚。傷心不識東風面。紅寫何人為主。愁無據。已分作孤鸞別鶴。隨烟霧。言情最苦。怎理哀絃。更將新恨。寫入斷腸譜。

沁園春

五嶽雖登。生平編數。奇孤浪遊。看綠波千疊。都停畫槳。朱樓一角。已歇歌喉。何況西風作明空氣。送過獨妻又樓秋。波濤闊。怕非仙眷屬。不住瀛洲。　青山可耐向偏。只無限、濤清入倦眸。德卷傾池酒。醒時將醉。多情花謝。歡裏皆愁。雕劍空嗚。毛錐無用。何有奇兒是鏡頭。來何暮。把夕陽勸住。挂起簾鉤。

程宇光 字韜庵

水龍吟

餞春

小窗推起疏簾。遠空暝色高樓暮。香巢燕散。梁雲無夢。舒望猶駐。倦指春來。幾番禁著。極天風雨。只烟情霧態。冥々漠々。便教送韶光去。 最憐江干倦旅。惜韶華、頓成悽楚。一般花片。一般絮影。覓春何處。但見天涯。夕陽芳艸。銷魂如許。要將他芳訊。重探須早。共流鶯語。

菩薩蠻

淚々眼滿鏡鮫綃濕。秋千索上拋芳澤。有恨總纏綿。博山煙裊烟。打窗蜂蝶亂。午院東風緩。春紫逐斜暉。落花相對飛。

前調

碧桐昨月紅闌露。臨春雨外山無數。小院閉春深。雁聲今夜來。鏡中人易老。悔種紅心艸。江水似。似君心。恁知。江水深。

木蘭花慢 慢

向樓畔、盡處看空色。弄霏微。正落葉烟沈。吟蛩雨咽。悄掩羅幃。征衣、待將寄與。怕而今、似々妾々瘦胸圍。西北兒明。雁後如何。知帶書歸。 空閨。漸夜漏音稀。好夢惜參差。歎瀧旧磨刀。麦樓對鏡。舊歡都非。泉絲倚欹淚落。恁蒼涼抵起小戎詩。知道木蘭加事。不應悔作蛾眉。

霜葉飛

疏林如許。零星在、絲飛都似鋪繡。前番惟怨東風惡。不怨花無主。算幾日、雲擁護住。消除一夜成空樹。正雨濕烟低。只雁々殘螢。四見捨罕庭宇。 回頭照晚江城。沿岸依艸。恨鬢旋作黃土。錦屏人散。闌芳苑。記繡幄何處。比梧枝飄岸雲茗。相看並雁皆愁侶。待故山南枝放。翦紙招魂。任添酸楚。

定風波

雨々風々遍摧遲。江頭杜若寫相思。昨夜燈花紅一寸。無準。空宵聽檻雨露稀。 爭說春來歡緒減。孤負。待到秋來依舊負佳期。秋換成冬還更易。知未。而今真是寂寥時。

奪錦標

秋幢

細柳營開。飛頭高處。大將威儀無說。累々龍蛇千匝。無聲影飛揚。旌旗同列。挽風雲駐。向多少隔江鋒鏑。傳遞化落雨疏烟。掩映鉤陳南北。 西去烽塵未息。楓葉雪花。相對影々參宗。眩得指麾人到。橫拂欃槍。秋空如拭。任新霜節近。尚餘光向人歌口。費工夫七寶紫成。也是為伊憐惜。

疏影

秋蝶

暮隨暗後。向井欄舊影。何處重覓。霜落烏啼。蟲語聲中。銷魂最是斜陽。秋心只向秋風訴。切莫與守陣人說。數幾番、看菊辭頭。那更雲山千疊。 回首繁華舊地。多似此畫裏。依稀春色。繞郭寒烟。彷彿當年。換了般々眉翠。東南傷心無端國。標此意無人先說。

長亭怨慢

秋堠

正山下、楼棍無數。十里塵沙。遠々如許。斤候閣心。嘉名誰為。題延路。閑流点々。都可惜、匆々去。飛騎一般來。也不管、秋風秋雨。 辛苦。見一燈將

私。使丞枕戈眠霜。瓜期尚遠。且莫怨君同征戍。但細看、幾片平蕪。已誇
浮化時節。任落日荒塞。獨自聞聽笳鼓。

水龍吟

秋角

尋常總帶離音。何曾爲在西風裏。城頭月落。古雲和冷。攬衣先起。
江北江南。幾聲嗚咽。壯心遥寄。把今宵無限。悲歌雁語。都併入、征夫
耳。 我放壞和淚。剪長鯨天戈前指。此聲無恥。分明催取。縱横
兵氣。奈清愁。聽來猶起。長聽寂。卻無端曲作、宮笳怨笛。惹
鬢〻淚。

轆轤金井

秋篷

兜鍪無恨。塞烟高兵鋒。營中千萬。鐵斗何携。鎮夜隨伸。晨炊
未晚。念衣裳爲加製。汲井泉深。採薪路杳。荒花和鬼。 陰符有
語細覽。歎古人雖學。終憎還感。試問軍儲。祇消何須辦。關中餉
錢。怕又新來有人雖歎。瞥眼冰霜。深冬早覓。枯紫菓攜。

霜葉飛

秋梔

簫雲遮電。談史事。雄姿空對窗豆。沙場汗血總難猶。泰袁黑原
唐。獨是處猶方最久。裨擲可容算羅孤〻隙石。儘醉影無聲。玉書卻
猶燈塵下。古寒空漏。 若嬾向庭曹聯。唯塞敵碎。那不抛淚濕袖。肯
教駿骨值千金。一例聊充〻觀。已首當西風到後。北風明日重曠前。且
湧將金鑣段。早晚功成。紫纓應有。

霓裳中序第一

秋袴

無名論第一。諱將先發虎文錢。帳下男兒奇絶。怯裏使呼。莫稽裝急。布
裁幾尺。豁燈照、嘗圍外苦。只爲了、紛〻曾縛。緣縫〻蟣蝨。 昨又到
日。望催撓蟬。早又到披錦時節。裸褐算秋寒窄。髀肉消盡。且休嗟惜。衣駒
穪跨淚。向何處、又來相依。怎由我畏寒侵眠。深〻夜還出。

一枝花

秋鎬

中猶人何巧。翦羽工何妙。强弓開兩石、鐵鏃叫。指淺艸平原。電影飛林表。
百戰將軍。指馬上裝鞬韃。回首千峯猶點。 聽吉語、甘泉先振。越砥遥
儲料。眼前今已悲金風到。悲毒鐵焦銅。身當渚畑早。狐兔羣先掃。金瓯
淞魂。禁受深蕭鋒多少。

燭影搖紅

秋幕

隨地支帳。重帷不隔寒蛩語。談兵河朔燭高燒。下筆驚風雨。或馬
書生自許。耐受閑情笳苦霜。夜寒未遠。添到征衣。煩教憶楚。
幾秋蓮花。不逢玉除誰能住。將歸燕子話秋深。先別空巢去。只
算從人前箭。更休提、珠簾翻户。天涯但有、同入窗儋。肯留尊俎。

虞美人

孤琴切〻悲如許。枕上過鴉雨。已無好夢不如醒。又是古雲斜月上
珠櫺。 木樨一樹餘香在。搖落篝燈外。重帷下後北風凉。才是秋
宵莫便說宵長。

湘江春夜月

詩菊不作花

算秋光抵盡一半繁華。怎似前〻度盡風。蓋到楚人家。撥眼寒燈
下。但疎枝淡影。愁〻斜〻。笑黃梅時節。移根辛苦。兩腳如麻。 短

籬遠遞。西風無賴。寂寞天涯。應指重陽。病骨影萊萸重插。還疎流輩。瓦盆休棄。為護持留作蘭芳。只檻外怕夫家伴少。占秋不住。分與閒花。

程祥棟 字小松

沁園春

金碧草堂詠古分得陶學士掃雪烹茶 辛卯冬

南雪罷。北風做冷。又逼猪年。怕亂泊鵝毛。原拚珠碎。掃除鶴尾。肯污瓊妍。芋火紅乾。竹爐翠濕。擇取梅花紅亂煎。霏微處。倩綫聽漸沸。笛佳斜煙。料他太尉羔筵。唱徹琵琶大小絃。笑歡心醉膝。銷金帳裏。夢魂未到。軟玉甌邊。一味冰清。幾番露嚥。沁入詩腸好似仙。怕來日晴檐細漏。淚入肥泉。

玲瓏玉

雪後東竹君

冷噤啼鴉。欲賤外眉稜稜。斜點粉壁。凍雲低襯微凹。影上高梅。料得坐處。怕長河冰塞。迷卻歸槎。今宵。便高吟喫館寂家。孤負生涯。便頻經寒曉。不賤金貂。玉宇瓊樓。想想高寒夢境遙遙。何未梅花修到。莫仍似天涯柳絮。一樣風飄。且同醉、趁殘晴霽未消。

高陽臺

雪夜書懷寄少泉同里

紅雪吹香。綠冰流夢。深宵數遍蝴蝶。更咽角鳥鳥。應似瀟湘江城。梅花原稱孤山種。奈稱來、情中憂情。算年年、竊怨孤棲。啼傍疏慵翠。碧雲樓閣排細窗。又珊珊褪佩。坐對花瓊。拍遍闌干。蟲聲不出屏旗。背花深照搖搬去。為流連前度歌聲。又誰知一曲陽山。留得空生。

齊天樂

秋推叔之壽春道出真州送至西郭門外馬上除興而別

霜高馬斷嘶風緊。青山已迎前路。桂樹傷心。梅花點鬢。猶記當年淒愁旗亭舊句。怕香和琵琶。又添酸楚。一樣飄蓬。白沙亭古蘭燈語。今宵細斟碧釀。二分明月地。遠算香乘。病馬嘶寒。荒雞唱曉。飄天涯羈旅。留尺不住。問雪滿關河。我能歸否。倘逢佳人。五更遙報與。

一萼紅

泊舟燕子磯風雨竟夕書寄所懷

一聲秋。步空江玉笛。吹散白門舟。知否當年。今宵鬢白。風飄雨泊江頭。共淺戴南朝剩夢。夢醒處、楓葉又秋花甚。却恨寒潮。倘隨東去。不共西流。 依約銷魂時節。憶模糊燈火。昨夜高樓。羅帕題詞。錦衾記夢。當氣先舒箔篷鋪。負領取明離滋味。悔前時紅淚印綢繆。剩有紀夬心事。付與沙鷗。

前調

夕陽

指江頭又是君煙起。眼明滅半輪秋。坡老文章。李家畫稿。賴他點綴風流。看留殘照吳甌觀。亂山河、影金碧已全收。木葉蕭蕭。馬頭先落。趁背光愁。 指點芙蓉花外。剩闌干一抹。紅到西樓。待燕歸遲。□蟬上早。沉吟幾度簾鉤。過吳唱杜秋娘曲。將年華容易白人頭。珍重天涯修竹。寒袖同留。

湘江靜

真州西郭外有美人石。本汪氏榮園故物。阮芸臺宮保題湘雲峯三字其上。近謝雲仙繪榮園片石圖屬題。調此應之

蝶蟀花中仙掌。跡弔湘雲、日斜何處。亭亭嫋嫋。黃昏卻立。夢巫雲前度。那不見汪倫。隨潭水桃花去也。招未畫氣。我郎去耶。蘿衣憔悴為誰許。 舞榭荒、平楚暮。碧涵涵、珮環淒楚。三生莫問。情天補證。伴紀夬墳樹。前緣玉魚魂。應是著可人私語。姮娥舊識。甚時疲了遠山眉嫵。

陸廣度侍御儀徵志云真州西門外並無仙人掌地名當是秋城當書附和共證耳 小松自校

南樓令

東倚雲樓主人

憑眼暈銷魂。琵琶白板門。釀秋陰、簾額黃昏。蟋蟀影衣香都不辨。是桃葉。是桃根。 特地款銀尊。青衫舊酒痕。儘良宵、且與溫存。喚起鴛鴦頻說夢。夢換到、苧蘿村。

前調

秦淮感舊

五度石城秋。丁簾倚畫樓。是垂楊、曾繫扁舟。舞扇歌衫消歇盡。夢何處。拜牽牛。 打疊唱西洲。蓮花一味愁。儘模糊讓與閒鷗。頗有青溪溪上月。肯隨我。下揚州。

憶舊遊

題劉牧吾詞本

將花都閱盡。為甚金尊。不算歡場。一襟幽恨在。又消磨不盡。倚語滄浪。鏡中可憐鬢髮。青草夢池塘。卻眼底垂青。尊前憐緣。容我疏狂。 思量回首處。是燕子樓臺。都付滄桑。莫問當年了。便前年淞粉。煙水茫茫。未幾番相見。垂為唱黃鶯。鶯西園雅集。青衫畫我。未殘傍。

聲聲慢

寒夜不寐百感。棖觸枕上得此。漏下三刻矣

枕蘑社燈。鐵篋偎寒。冰心遞到紅葉。一線簾風。燈影向人明滅。天涯幾多俊侶。鎮遲回、無端消息。凝望久。又月闌庭角。雪封煙積。 自款十年塵土。漸流遍青衫。淚珠還濕。夢裏樓臺。換却那番

譜。蕊頻似喚醒。免今夜去尋詩路。與住了在玉梅花底。紫簫吹笛。

淒涼犯

歲暮集分詠寒寺

柑林墜葉蒼苔積。斜陽忽露樓閣。凍雲海地。枯僧兩兩。恆恆肩如削。聽鈴風又作。恨前度、金堤浪惡。係江天暮落飛雪。帆影寒城郭。回念舟泊岸。遠火漁燈。又舟邊泊。夜鳥喚處。和鐘聲、月斜霜落。不辨名徑。是煙茅、功名寂寞。最寂聊、冷韸鄰鼓夢易覺。

南樓令

贈王二波騎尉

按筆似年回。青衫汗軟塵。話江城、畫角頻頻。剩有削鐵裝劍在。花傍去。柳營春。　風雅羨綸巾。作文次飲醇。問何年、圖上麒麟。且約射年同射虎。君不見。李將軍。

永遇樂

留別全琳章兩人

羅隱三生。禰衡一刺。贏得銷凝。官閣題襟。衙齋剪燭。夢冷香殘後。明瞎山下。琉璃井畔。舊事月明回首。奈西風、征衫換住。不是那株楊柳。　憐君相思。年年浪跡。吟付與一枝紅豆。幕府南樓。詞宗北宋。若個驪龍手。憐人雁雁。送人馬上。總到斷腸時候。試料理、今秋該柳。明朝別酒。

雨霖鈴

雨窗岑寂謝芙仙書來索去歲作畫訂北山之游往看紅葉詞此謝之

敲門聲急。盡西風遠。遮斷紅塵。間檻待憶何處。青山外。暮雲千疊。口地楓天。已負了前度佳節。怕一夕秋與人歸。待幾時尋著君說。　吟魂早化麻姑蝶。凍行口。尚嗅胭脂雪。夢游醒處凄楚。爭忍聽、綠窗蕭颯。舊雨飄

蜜。今雨吹來又落吹別。念我吐出愁緒。斷垂花紀箋。

念奴嬌

憶吾鄉坐海樓梅花即寄湯悔庵丈康瑞伯常德香田少依謝君

瓊瑤照影。夢家山前度、君曾行路。法界莊嚴香雪海。雲湧諸天幢碧。易醒魚鐘。偏堂翠被。花氣沾笙席。南枝開未。供將坡老生日。　料也簡寂尋詩。松瓢買醉。憶我雅亭笛。萬一玉猴消息準。留待江東歸客。梅宇高寒。關河寂寞。總被紅牆隔。夜深騎鶴。可能飛渡明月。

前調

東坡生日雅集予不得歸里後用前韻寄諸同人

八百年來。問今宵可是。瓊樓明月。竹外一枝斜更好。詩句海棠傳說。玉版燒豬。金龍放鶴。醇酒康寅日。賦南飛曲。琵作人琶曾否彈徹。蹋伯　笑指方後半部典型。尚在算外神仙歿。悔庵　香火因緣人幾輩。為園拓亭　座上仇池美石。德香廿依　赤壁秋風。黃州雪夜。回想平生歷。一樽遙祝。白沙亭子吹笛。

八聲甘州

秦淮雨夜聽琵琶從柳耆卿體

聽蕭蕭落葉響霜鐘。柳揚斷弦中。自金蓮步滑。瓊林曲散。玉樹愁空。多少南朝粉黛。流水太匆匆。憔笑他兒女。彈破玲瓏。　似訴寒修遲暮。有湘弦同調。解珮相逢。算儂家佳約。都悔負情儂。儘今宵漁迷燈下。怕淚痕化作碧芙蓉。何況是斷人腸處。雨雨風風。

高陽臺

四望仁兄南閣紀夢用余高陽臺韻茲余歸舟即事復疊前韻成之

小閣臨風。湘堤臥月。年年歸夢又重經。一寸迴腸。和烟曲入簾紗。相思莫訴花枝瘦。便如花總付飄零。最傷心、憔悴紅衣。淚溼蓮汀。　當時紫語分明

記甚麼愁蹤跡。齊似潭沙。何況秋來。蒲蒲落葉同飛。渡江待訪桃根侶。
問何緣韓耶吳船。只除他、山色飛來。依約眉青。

買陂塘

題熊裕棠浣花閣詞後鈔

憶江南銷魂時節。垂楊暗惹離緒。樓前風月熟中見。酒醒牽衣絲絲情
應許。算只有也回。解他憐涼語。紅襟正曙。剩半臂添寒。一眉欽恨。苑
鶯留酸楚。　著花扣。烟水亂。鷓鴣譜。樓臺隱隱堪數。尚時然唱烏
啼曲。思說今宵何處。秋光度。遠憑取銀河清淺長如故。星明又誤。問
鶯嗓帆蒼。檳圖鏡仍。何日唱佳侶。

木蘭花慢

和王二波見贈原韵

怪情天儂渺。忽飄蕩。墨飄蓬。又浩換離裘。空呵雀硯。凍挽雕弓。相逢。
緬梅花庭。已無多。圍暖四簷櫳。一曲杜陵□□　三生羅隱江東。　匆匆。
來日唱玲瓏。往事話朦朧。□悵白下山樓。丹陽水郭。細談伊祁龍。吳儂例詞
短簫。理烏衣門巷夕陽中。且和黃鐘樂府。牙旗獵獵呼風。

高陽臺

中秋夜留別

紫玉簫滄。綠珠笛冷。背燈不語盈盈。羅衫紫葉。淚痕夜月分明。廊
陰剩攬星鈎響。細話時、總是離情。再休題、今夜秦淮。後夜蕪城。
憑欄錯向嫦娥訴。便團圞鏡晚。不整釵盟。青天碧海。誰家為悔多
情。簡儂愛唱江南曲。渡江來、聽自清清。傍西風、第一瓊樓。冷逗簾旌。

梅子黃時雨

題貞子倚香簃館詞贈

烟水紅橋。和荊夜泊花。深夢何處。剩瞳題同歌。杜根全傷。門外江路
夜冷笑。人只解傷春緒。濤無語。再續（作上）涂。亮上詩句。　迟停。君來
進暮。問聲且細說。何有多許。翻作嫁年年。記鍼密度。飄得詞名同
柳如。莫笑風。猜日真州路。騎歸樹。布帆發時歸去。

賀新郎

吳子述以綠莊嚴室填詞圖屬題，繫此見贈

醉裏昏昏耳。算今宵銷魂一瞬。江郎才盡。半為新知難袂恨。半為江山
離別。況蕭瑟、秋風時節。無限之龍湖海氣。聽驪歌、腸斷琵琶彈。
花斷腸。念誰咽。　看君圖畫愁千疊。似君簃少年操練。煩惱彼結。
須仗多情金粟佛。還護雲枝葉葉。莫誤作、空花說法。中有填
詞惆悵客。洒蒲湘。字字湘妃血。碧天恨。補伊缺。

附錄

黃　荔字荻生

徵招

趙江亭音甄室詩存題辭

老成商賓摶沙似詞壇閒話高手風格寫處里任苦吟消瘦拋文留
益壽信傳世二時無佩繭皆庵清寵須光潤古香淫透　野史屬遺
山剩稿萬一為清酒對自歎擬年紫蒼花迴首風流無恙
倚算觴詠永和年又鎮相坐舊彼烟波被晚風吹綳荔詞稿待梓

尾犯

燕來節

小桃門戶盼平安消息去聽音但東風幾日香泥道破撩煙梢雨春園
撇了又一翦游牆度從相憐翠袖紅襟萍葉真箇如間　總是村
社喧鼓嫩織怪燕罕乳早江南花落鬢尾斜拈指尖新霧謠恍惚
會語似鸚熟經縷基土待甚日寄地詞名往傍寫影飛去

一萼紅

夾竹桃

晚風香正牽蘿補薜笑靨倚蒨牆翠袖款窣絳綃翦韉環珮
輕盈霓裳睇人面平安信遠但朱扉遠閉倖時粧簾眼燭拈鏡心
溯前事在瀟湘　那日煎茶掃徑常啼脂淚移燕上新篁綠髩都
非紅顏花故日笑衫袖濃涂待拔取玲瓏翎背畫裝身垂為詩人
賜只倩青鸞夜守玉間儕鄉

徵招

題王夢樓小紅低唱我吹簫圖用石帚韻

垂吟妥似桐花鳳使煞心憐名士貴郭家珍珠換娉婷如此船舫書
去吳儂擁詩碧山幽里舊懷西湖隔臉看見箇人應坐　遂觀奏吳
綠歌櫻點樊唇可勝情味唱到曲終時那屏山十二些情誰不偷漫拈蘸
內家標致馬塍晚點點相思待買畫無計

渡江雲

寄友

相思前渡夢狹江前帽有客渡蒼海想疏林古道翦翦酸風窣獸
敝貂裘黃河遠上旅亭佳可把人留問舊市狂蹤在否会笑看吳鉤
扁舟正在江上能看湖山向餘杭貫酒甚處睨山雲也笑舊日沙鷗
詩題襟上無尋處蹤遲屋都是離愁遠隔取與君莫許前游

袁錦 子文

賀新涼

題徐東園繪秋景紈扇贈程岱君

小試青藤手展冰紈高梧葦罩短籬來庭牖咏奇礓碧裏修竹廿
蕉數叢又是黃菊乍開時候移來老翻崇嗣稿寫秋光直把秋心透終
把握便消受 丹青翰墨君家有貯胸中生香活色染毫都就
葉葉花花相掩映彈挂桐枝疏秀詳解送蘇臺楊酒他日鳳凰栖穩
處更新縫珠玉垂相近評舊惱試回首

高爾庚 星仲

蝶戀花

衣波低崖花波路色記相逢小院簾間處執手匆匆分手去臨岐珍重
深宵語 又向天涯飛柳絮惱煞妻人添得閒情緒寫得閒情情幾許芭
蕉葉上瀟瀟雨

白石長亭怨慢

喜天半姮娥終遣已是匆匆廿三時候隱霧偏明浮雲遮住半遲留
今宵回首輕紗薄粉倩為想試妝時應不會者般眉皺 尊酒話
扁舟一葉有箇人能句兇渾似水是清影等閒牽覓到此待星笑
宿蟾又分來看他消消瘦算只有空波許印此心如舊

黃勳

病餘自遣

茶甌藥臼勞和閒鎮日消磨斗室燈伏枕細吟懷友向閒門
懶差黃卷有年一毛不拔總甘老一肉難深不算禪參把道
經加小註醒時遊戲亦神仙
黃梅時節雨廉纖燕子惱人不捲簾一暖一寒衣厚薄斗
生半熟菜蔬甜好花讓就黃梅藍舊曲翻成白鴿題還
葯辦香消病書於今何能謂愛楞嚴 此首詠黃梅

渡江雲詞 寄友

和思前度勞難望甚帳君來渡芒渚托疏抛舊道勞勞
移居實歷做詔累黃河遠上旗亭依不把人留向芸帘
柱踏空吞笑踏笑鉤 扁舟之雪江上能弄湖山而脈
枕笑佛甚處傀儡山吳之笑舊日沙鷗話別樣王侯尋夢戲
佛座都無離愁還傍取與天笑評夢遊

高陽四種集

（清）趙飲穀 輯

《高陽四種集》，清趙飲穀輯，據上海圖書館藏清康熙刻本影印。

本書輯興化許氏一家之作。子目如下：

《獵微閣詩集》六卷，清許承家撰

《碧摩亭集》一卷，清許昌齡撰

《槐墅詩鈔》四卷，清許迎年撰

《綠净軒詩鈔》五卷，清徐德音撰

許承家，字師六，號來庵。康熙二十四年（一六八五）進士，授翰林院編修，改庶起士。許昌齡，字眉右，承家子。官刑部主事。許迎年，字穀士，一字荔生。承家侄。康熙三十九年（一七〇〇）進士。官中書舍人。魏周琬稱其詩於曹、劉、陶等無不學，而融貫於己之性情。其詩長於側豔，香奩諸作最工。徐德音，字淑則，浙江錢塘（今杭州）人。漕運總督徐旭齡女，許迎年妻。好學，精《文選》。嘗客南京，爲袁枚詩弟子。工詩，尤擅古風、樂府。其《題投筆圖》詩云：『豈薄雕蟲技，翻思汗馬功。生當封定遠，夢合笑文通。』《出塞》詩云：『六奇枉説漢謀臣，後此和戎是婦人。能使邊庭無牧馬，蛾眉也合畫麒麟。』氣概頗爲不凡。與其夫許迎年互相酬唱，藝林比之秦嘉夫婦。二〇〇七年三月二十一日張從義、張培元在『中國興化網』(http://www.xinghua.gov.cn)發表《『大夫第』和許氏家族》一文，指出許承宣等原籍爲興化，考籍爲江都。釋震華所著《興化佛教志》中有題興化許承宣撰寫的廟碑記。『許家大院』主體建築尚在，位於興化西城外大街盡頭（今城西中學大門南側）。高陽爲許氏郡望。

（江慶柏）

嘉定趙飲谷校

高陽四種集

獵微閣集　梶墅詩鈔
碧摩亭集　綠淨軒詩鈔

江左諸賢同稱曲水汝南兩俊獨擅平輿而師六與余迭爲先後同出於環圃先生之門竝列於浯溪天子之坐於是研號分題時時染兔車堪共載處處乘羊人在當年或并稱於瑜亮才推絕代終獨羨於機雲蓋力臣虎視於藝林而師六鷹揚於文苑力臣襟期卓犖似朗月之照人師六器量汪洋有春風而拂座陳家論德莫辨其優周氏言材罕名其器然而天姿敏妙恒言參佐西頭文采飛揚共道祕書左掖柏梁七字雅賦清裁李尉五言恒多絕調具拾遺之麗格史可無哀負供奉之豪情律偏得細靈和楊柳不足擬其風流太華蓮花未可爲之月旦倘使沈香應制宜擲七寶之杯即或扶荔談經可奪五花之筆乃力臣奏賦已入鸞臺而師六獻書猶棲雞樹子雲閣上寂莫徒嗟顔駟署中沈淪自歎人間遇合夫亦何常然而

聖主右文睠想雕龍之客羣公讓德旁求集鳳之英師六以過人之才當名世之際上林橐筆薦相如之獨能宣室臨軒用賈生而非晚則余又慙其鴻譽媿比雁行矣康熙戊午冬日同學弟吳綺撰

鏗鐘摇虡之音不發於瓦缶火藻山龍之繡不貢於邮機生民清廟之詩不容以秋蛩寒鳥之言諧其聲而協其義蓋厚薄相去細大相形誠不可以道里計也余昔嘗論詩理足氣完各自臻妙何得以城府階級區别參衡然而薄之視厚細之視大吾又安能袪此而就彼哉

獵微閣集江都許太史耒菴先生之所著也碧摩閣小集先生嗣君比部眘右之所著也今者比部君之子進士荔生與其弟闇如虞傳屬余訂定刊行用垂不朽憶余弱冠時即出友天下之士太史公及其兄給諫公齒皆倍長於余而折節爲忘年交其時比部君猶未生也太史公言論丰采醇古樸茂爲文章必原本經術綜貫百家不屑屑俯仰從時以故年四十餘始舉於鄉又廿載而雋南宫夫帖括之文雖不足爲公重然其乙丑遇合之作至經

御覽親擢爲第六人迄今披讀之精理内充光氣熊熊可勒金石固不但爲舉子法程也甲子之秋余與公及比部君相遇京師握談於報國寺松下松樹奇峭崛嵂拏攫萬狀許公蒼翠千仞籠蓋一切小許菁葱挺拔人中游龍其氣象猶可想見云今讀其詩獵微閣集璞玉渾金高文典册不作俗學風雲月露浮漫之詞碧摩閣小集清新俊逸風流儒雅卓然登作者之堂惜天不假以年而使未竟其志也合而編之家丞之秋實庶子之春華彙爲大觀天下後世知二許父子爲一代人物不徒深情古道取重交游其胷中藴積乃各各擅長可以傳後如是他日荔生飛黄蹀躞讀中秘書著述日富而闇如虞傳溫文爾雅從吾鄉孫進士斗文游所學登峰造極不獨以時藝專美藝林而詩古文詞必且繼祖若父而垂譽於無窮也行見歌詠升平潤色鴻業爲國雲雨豈不盛哉余老矣猶将拭目俟之乙酉七月初吉楚陽王熹儒拜撰

獵微閣詩集卷第一

江都　許承家　師六

蕪城懷古

山川連犟洛疏鑿海天開錦纜東南路香車大小雷隋有大雷宮小雷宮餘華行處斷歌舞夢中回可惜歡娛莫霜凋戲馬臺

漢室藩封貴江都相廣川黃雲遮第宅朱邸老才賢但有膠西怨誰憐博士氈門前雙井在嗚咽接寒蟬

平山通蜀脈戍火逼孤亭艸樹千峰暗乾坤一帶青人煙浮雉堞鼓角罷滄溟舉目南徐恨江雲隔戶庭

蒼煙迷古刹禪智俯平岡殿閣侵天迥隋唐說法長斷碑蹲虎豹落日下牛羊欲共袈裟語殘僧半渺茫

帝觀蕃釐北瓊霄石洞寒青霞凌赤軸白日訊黃冠出沒仙源徑依稀漢畤壇風塵試回首還向玉句看玉句洞天舊有黃冠獻赤軸事

城陰湖水闊保障謝安賢壘土千年埭平隄萬井煙中原黃鉞重江上赤旛懸畚鍤吾甘老長蒙刺史憐

嶺上花爭發官梅信幾時遙憑何遜興還憶少陵詩積雪空江樹寒鴉舊日枝百年遲莫眼相望淚交垂

廣陵征戰地都督護諸軍甲仗連山閣旌旗蔽海雲淮南消伏莽建武自奇勳白馬塘西後寥寥千載聞

河邊橋歷歷愁抱玉人深笛吹高樓曉歌殘夕照沈銅駝淹綺陌鐵馬沒孤吟廿四風煙改蒼茫碧水潯

寂莫雷塘道宮人尚有斜一時驕部曲千隊暗泥沙雪岸朝埋骨松門夜聽鼉君王情未已淒怨滿琵琶

曹公門下督七子舊聲名艸檄關成敗憐才重死生文泉隨地涌風節爲時輕但負青冥望塵埃天馬行

高原頻縱眼形勝望中收吳楚千山伏江淮一水流人家還聚散勝事盡虔劉多少蕪城怨登臨只白頭

己亥夏秋襍詠

羽書江上急赤腳走城東萬騎邊沙黑千艘落日紅乾坤新轉戰身世老飛蓬孰是雞棲地長歌任朔風

驚魂無住著百里望畬田江海孤洲出藤蘿一穴穿攜家青艸路回首白雲天忍涕還飄泊江烽昨夜傳

避地干戈際孤邨夜月中陣雲沙艸隔寒笛戍樓空搖落江邊柳棲遲澤畔鴻市朝如可到願作鹿皮翁

秋原深處宿蕭瑟不堪聞半畝樵蘇老一溝天地分風煙迷白晝禾黍暗層雲蹤迹無人問荒邨麋鹿羣

暝色連荒野三秋不肯明黃雲低燕雀白日暗戎兵親老寒煙路兒啼積雨聲羇愁還自慰宿衛已南征

獨立谿邊屋陰風古木殘煙分百里道水落數家灘斜日楓林赤當階蟋蟀寒囊空還浪迹深覺布袍單

驛路兵荒日平巒艸樹秋逢人驚帶甲避地轉登樓野燒荒畬細疏星暗水流離憂何所託琵琶在箜篌

多愁還臥病一室幾人危買藥兒童慣披裘父老知霜
林枯白骨寒日裂冰肌歷歷鄉關淚淒涼又此時
竄徒娱幽獨經旬髮未梳風塵秋月冷江漢故人疏無
訃聽金鑰孤暝伴石鉏何時車馬過終日款柴居

乞人

乞人避風雨一穴當深谷掘土葺茅蓬蔽首時露足崛
強幾冰霜撐骨無畏縮有酒即舒眉無食還捫腹時聞
歗歌聲蕭摵振林木因思古豪士坎壈守幽獨不受世
人憐寧爲死人罵漆身變形容屠腸抉眼目惟此貧賤
心百折遂初服念彼悠悠者衣裘飽粱肉真媿穴中人
不忘在溝瀆

書梁芷公齋壁

昔者芷公偕余北上歸自淮上舍車而舟過
長湖暴風作舟人驚甚余強爲芷公書古格
言數百字以廣其意今過其所居適復見之
感而有作

馳驅二千里齊魯隨車轍岳勢接平疇蒼茫山石裂歷
歷古賢豪顧盼沁魂魄牛馬襍征鑣弔古氣空結淮水
湯湯流忽復理舟楫片颿疾若駛巨埂驚沙磧據櫓下
長湖魚龍欻出沒左顧波洶涌右顧壁突兀乃信遠行
人歸路休倉卒定力達天人狂歌敵崩湍申紙強揮豪
豈畏蓬窗窄摩挲壁上書寒風猶凜冽

送竹隱兄之任紹興

秋江晴日送行舟於越谿山解佩遊蘭渚諸賢良宴會
鑑湖一曲最風流才人捧檄須名郡參佐臨軒急野疇
鉦鼓郊原今未靜莫將蒼赤易貔貅

宛委山前息羽翰一生勞勩半征鞍崎嶇昔歷千盤遠
兄弟今從萬壑看日莫笙簫當澗發月明車馬渡江寒
碧珪金簡眞何似探穴應知興未闌

送秦雷僊太史赴荆州和鄧孝威韻

孤颿千里別憂思亂雲來吳楚連烽火乾坤任酒杯吟
笳何日斷征戍幾人哀鼓枻還惆悵回頭戲馬臺

壯懷空沔漢逸興謝煙蘿日月休垂釣東南半枕戈放
舟江茨闊啓篋陣雲多笑我羇棲久蕭條鬢欲皤

王粲樓何在登臨興自高氣涌沙市月淚灑廣陵濤驛
路雷詩卷軍門擁節旄瀟湘不可到爲爾醉郫醪

雄風開郢地儒雅據雕鞍詔到千軍合詞傾萬峽寒煙
塵空漠漠貔虎正桓桓送別吹簫路遥從帶甲看

祕閣當年事回思意惘然題詩三殿啓讀史一鐙懸投
筆抒籌策爲官薄俸錢從來王孟侶江漢獨纏緜

憶昔槃匜會如君邁等倫十年青眼客一夕白頭人夢
斷蕪城柳愁連楚水津遥思虎牙地風動馬前塵

舟中讀留僊新詩賦此再柬

蕪城煙雨悵途窮急槳秋江趁楚鴻莫訝詞臣嫺戰伐

還將詩句靖兵戎夢回隋苑笙歌外人在荊門鼓角中
幕府待君宣豹略可憐離別向孤蓬

月夜懷宗鶴問

寂歷坐秋聲崎嶇倚危石明月下橫塘煙含十里白砌
蟲有問荅飛雁無行列大地同寒光相照不相接彌望
起遥思懷人動魂魄

送申周伯北上

但送申公去何須問裹輪輕囊擔傳注老眼向關津墨
帳尊儒術金門聚散人桑乾明月夜應記曲江春
昨歲逢今日蕭條薊北歸送君初舉袂憶昔卻霑衣風
雨孤颿渺燕吴兩地違錦袍兄弟在相見定歔欷

秋日同諸子邀金長眞太守泛舟登平山堂議
修復舊址分得平字

山川屢興滅景物殊古今遊眺起長歎悠悠千載情疇
昔上蜀嶺嶺抱江雲深薈翳艸木碧蒼茫天地青廬陵
此棲息結構在遥岑三墳迢遞外（蕪城賦袤廣三墳）一堂巍然名
賓御攬風徽佳人故傳亭攀陟未及半時聞歌吹聲如
何光響歇但見高煙平曇摩有上座居士無遺音軒檻
欻已頹躑躅淚空零金公紆組來望古振芳型爰及同
懷子慷慨遂登臨商飇發天籟秋氣清人心急鼓木蘭
枻旋控鷺車塵水涉驚潛魚塗喧駭栖禽躡足向層峰
卜築勝初坰相度既已矣潺湲泛醽醁芰荷相縈暎絲
管故縱橫密林翳華燭影落清谿陰緬彼平山巔良譙
此重尋歲紀逾六百世運見升沈

送孫介福還山左兼懷黃畹九

别袂驚初見蒼茫去路遥千峰連海角一騎跨山腰嶺
半歌停鳥征餘倦解貂到家逢叔度寂莫説吹簫

雨夜觀鐙

鄉思寂無聊勝遊復有幾欲向火城行還同步湘沚疎
林落照空皷石含光紫無限煙霞情獨坐雨聲裏

山行同彭譽侯梁輿若芷公賦

青葱迷望眼匹馬萬山行突兀龍蛇鬬蒼茫風雨生因
人成變幻伏地轉崢嶸憂思如林立相看氣不平

送周櫟園先生南歸和芝麓先生韻

患難人猶在高歌起夜烏煙塵京邑徧鬚髮老臣孤
溫詔來三殿春風到五湖回頭鳴鏑地席稾聽吹蘆
寒江征袂折辛苦薊門還搶地無完骨呼天有霽顔路
經殘日壘腸斷去時關歇馬鍾陵下逢人問故山
到門喧鳥雀堂上更無人擗踊今何夕悲歌幾度春片
雲丹旐影滄海白衣身鼎食思親養何堪宦復貧
閩海橫戈日單車按部時鼇江親戍鼓烏石盛旌旗家
國眞無負乾坤尚可爲絳侯餘廟略獻納幾人知
司馬門前寺煙雲黯不開春深人自老霜冽氣重回槃
錯三公綬淒涼六代才歸來焚諌艸歷歷舊烏臺

鐵嶺曾驅馬相逢憶故園（先生發迹中州亦余祖籍地）北邙秋艸没西苑莫煙昏鄉國愁肴外興亡撫掌論歸颿春夢窅澗水任波飜

青谿江總宅深鎖薜蘿斜露冷三山月霜殘百鳥花幾年衡塞雁當坐噪林鴉頭黑還家日滄浪只釣車

元老辭閶闔江湖興豈饒金臺空露泊銀海況風飄忍涕逃羅網狂歌隱市朝一時遊汗漫明月暫相邀

建節揚州日平山旌旆縣相陪金帶燕曾送武夷船攬轡雲隨馬升堂客裹饘只今重眺望風物記當年

故人歌折柳險阻不勝情世路容鉤黨　君王念死生最憐金盌見猶憶石鯨平絲竹眞難戀東山風雨驚

送申又伯還西安

長安千里隔歸路擁車塵帶礪看三輔烽煙仗一身還家經歲客旅食渡河人何事征途急高堂有老親

宿昔幽居近臨岐涕淚潸雞棲連古巷（余居與又伯比鄰）馬首忽中山紫閣他鄉夢黃沙老客顏到門重眺望百戰舊潼關

入蒙陰道

渦陽清燕下極目只深谿雉堞連山腳人煙逐馬蹏樹橫天際碧雲落澗中低恨少幽尋伴空聞說鼓鼙

青駝寺遇雨

青駝景物佳山勢分阡陌居民理繭絲客至空紬繹征行此暫憩寸心于以懌夜半風雨聲聞之坐蕭摵細者爲霖霢大者如崩澍遊子悵無依況復足幾刖晨起緩驅車道路滑欲蹶回思逆旅夕悄然動魂魄

傾蓋亭同吳楞香賦

郯城道上無多語一夕相逢意千古下馬尋碑到此亭兩人抵掌眞如覩今日交道徒紛紛白首結納非其眞試看白馬河邊水猶照當年傾蓋人

贈崔鎮邢老人和汪蛟門辟聞韻

蒼顏白髮老柴關車馬勞勞我獨閒借問岨峽何處是綠槐谿畔幾重山

曉發

樸被蕭條夜露行故人久矣失班荊月明獨有憐才意偏與清光照不平

池陽賽會歌

池陽風俗儉樸惟禮昭明太子甚盛歲八月十二日傾城賽會鼓吹旌幢襍陳百戲窮極侈靡平生未之見也乃作是歌

池陽風景堪驚怖樸遨緐華如代戍我初走馬虎林城人物蕭條向誰語非無七貴五侯家堂上棲烏落日斜亦有千金游俠子鶉衣茈屩直相誇下馬高歌悲復喜蕘黃之遺無乃是五侯豪客滿江南安得風光澹如水一朝羅拜文選樓蕭梁太子歷巡遊衆香繚繞高會合

縞綺繽紛眩客眸燕綺吳縞何足美飛綾拖玉連雲起
非煙非霧赤霜袍蹋雪凌霄丹鳳履無端瑱琗紛迷離
山海之藏少人知昔時不識金銀氣此時還擷珊瑚枝
珍奇布列滿城郭光燄層層動魂魄豈知簫鼓騰高空
又向雲間數臺閣臺閣創制非古先巧思入妙偃師傳
重檐飛栭千絲力霄崿蒼垠十指縣上有童子凡三五
亭亭直立空中舞如何騰步少絲連但見雲煙裹秋浦
道路躞蹀喧江門驚心駭魄不能言羇客幾人腸欲斷
相視大笑須頷掀回首廣陵歌舞地廿年良會今誰記
可知空負紛華聲弔古何人解顛頷君不見池陽珍錯
天際來入門榛莽餘長慨

田間作同宗定九

荒原馮眺望山色傷雲浮蒼翠虛無際蜿蜒去復留蟄
蟲開石碣斷坂帶河流散步人煙少斜陽徧古丘

題畫

雲樹春陰合江天莫靄時煙嵐千里碧人影暗參差高
閣馮虛敞空山繫夢思蒼茫無限意知已定相期

鄉行和扇頭韻

僧道橋邊路青楊落日斜沙雲空鳥迹煙荻有人家馬
首荒原艸牆頭小樹花來朝尋禊事把酒向天涯

送鄭方旦中翰

瑟瑟天氣秋浩浩河流夕鼓枻向波濤彌望煙嵐碧帝
里忻于役況復金門客所慮東南梗禁旅時聞發前路
鼓鉦鳴艨艟欻衝突隻身犯險艱得無輕舟楫倚閭有
高堂尤宜慎所適丈夫策勳名長途休跼蹐雞樹老儒
臣何計銷兵革

九日同王渭公顏佳酳申周伯諸子賦

瘦木符邊竹葉杯愴懷鬢髮日摧頹江淮禾黍連波沒
荆楚干戈返照來折茭防河堤柳盡吹笳征路嶺雲回
相逢半是悲秋客潦倒同登九日臺

晤朱近修外甥祝雍來和見贈原韻

考亭風教在當年祝穆還從第五泉愛子才名真似舅
論文南北盡稱賢雕龍負版千秋士撲蜨高歌二月天

回首故人魂夢斷春風攜手倍淒然

拜先大人墓

一望松楸蔽野塵春風埽墓暗傷神霜餘枝榦同條木
眼底形骸隔代人垂老須眉慚孺子虛名湖海累高親
相思隴上渾如訴風雨前宵夢卻真

得玉少捷音卻寄

吳陵揮手別走雨岳公臺赤日黃雲暗青厓白練回陰
陽餘戰氣登眺只行杯一去深相憶逢今醉眼開
十子銜杯夜三更落月低論文誇繡虎擊節亂荒雞風
雨孤鐙散山川匹馬嘶長安魂夢結應與故園迷
昔年垂髮伴季子獨登陴（謂園次也時官兵部）刀斗千家戍旌旗六

郡兒遭逢存故舊歡笑豈差池結鞨燕山道因風慰别離

七夕禪智寺送王阮亭先生北上即和留别韻

登高還送遠車馬到山扉不厭賓朋劇應知官吏稀星河空自落鐘磬欲相依此夕多離思誰憐織女機

送别青鴛寺空山灑淚多來朝逢驛使相望隔天河客散聞僊梵秋深發櫂歌分攜懷往事官舍只張羅

看山與歷下登眺異時人半碣迷芳艸高僧説往因别離還此地今古若爲鄰前路重回首萸灣是故津

横流浸雉堞十室幾人存星漢縣空壘瘡痍隔　至尊繪圖惟野哭憂國仗君言揮手凄涼意三聲夜聽猨（前三日風雨暴甚高郵寶應等州邑邨落盡沒死者數千人臨别諸子乞力白其事）

病榻偶成

久病渾忘病愁人欲白頭孤帷長獨夜一臥半經秋氣候空中盡乾坤物外遊他時扶杖起逸興付滄洲

纔識清秋意誰知白露乾三時蟲語亂五夜雁聲寒危覺榮枯盡生憐世路難勞人多閱歷應作病夫看

豈望更生路難忘白髮親百年惟仗子今夕始爲人藜藿三秋養形骸九死身有懷空不寐揮涕暗傷神

攜手脊令在交遊復屢過顛危知已見涕淚弟兄多同氣危霜露深情慰薜蘿相看空骨立如沐九秋波

有兒留薊北匹馬逐風塵不識行藏事徒憐飄泊人傷

心隋苑月旅食帝城春知爾羇棲意勞勞幾問津

秋浦行初罷支離秋復殘風吹孤艇急磧響一簾寒天地從吾老江湖作客難避人思卻埽何地是林巒

送蔣荆石自紹興歸淮上

帶劒垂綸傷楚州錦驅無復故鄉遊但逢老婦留青眼何事王孫怨白頭閱世干戈雙鬢老渡江煙雨萬山秋明年再理雲門約應上隋隄舊酒樓

莫春集滸園

煙横雉堞傍幽居籬落春深駐筍輿五夜笙歌連鼓角十年人物老樵漁愁看畫閣鶯花晚夢到雷塘風雨疎試上高臺頻眺望玉句明月暗南徐

過翠微春曉處

江水阻且長湖光帶其側江湖蔽長隄彌望無窮極白雲繞隄生紅日欲西匿馬首趨山巔山鳥紛唧唧列岫横衣裾四顧如拱揖登陟重紆回翠微良可拾仰視丈人峰俯瞰陽河驛秋露起雲濤晚色連崒嵂何事春風吹衆芳始遥集

舒州聽曲

猛士高吟垓下悲英雄強半解朱絲而今歌版成兒戲還憶周郎一顧時

歸舟泊荻港

昔余泊舟荻港驛婦子倚閣相望泣今從江上去後來

婞子拍掌笑如雷一泣一笑何爲爾情從中來不可已初聞將軍更番稠後聞艨艟戰亦休嗚呼行人悲喜填胷臆婞子唬笑關軍國安得長牧聞此言一洗民間愁與疾

舟泊蕪陰

江畔鳩茲地津關夾市廛喧呼騰白浪搜括媿青氈霧合行人迹霜明賈客船緜華驚眼底鄉思轉淒然

聽坐客歌

江水盪秋聲羇人動惆悵含淚聽吳歌歌聲拂江上何處來歌曲江南白髮人聞君三唱罷吹落畫梁塵

宿影亭夜坐懷兄筠菴

宿影籬邊百艸生半桐深處幾經行一亭明月分南北兩地寒霜只弟兄伯氏舊愁供藥物（伯兄久病）稗兒今漸解人名（兄離家子猶在襁褓聞能舉古人姓字）離懷欲訴年年事回首連牀夢不成

送李殿臣之任介休

烽煙不到晉城陴介子風流況在茲報政直須縣上粟行春還對郭公碑回頭京峴三山遠極目汾陽萬戶垂此去循良看奏最應如五馬在當時（謂尊公貞定太守）

送廣文汪望如之任寧國

折柳當鑪市春風忝別何雲隨征袂落月近故鄉多疊鼓千聲合雞山一櫂過宛陵谿上水應爲起煙波試訪瞿硎迹先生高義存洞門蹲虎豹石室老乾坤出處風全異詩書道共論五湖聽講日玉露爲君飜

送張天民之任休寧

千里鄉關繫夢魂送君空自倒芳尊看山欲逼齊雲路倚樹應憐斷石郵薄宦早知馴子弟故園不到媿兒孫（余平生未至新安）何時側望扶風帳女樂生徒竝在門

和盛珍示見贈韻時邀珍示同徐原一宮詹方郘邨侍御李倚江太史魏叔子程穆倩諸子集潯園

高柳低城闕回塘抱石磯故人江上至相對靜中機荷偃紅初沒林疎綠漸微秋風無限恨把酒對斜暉

望九華

遥望蓮峰頂青浮江上煙振衣迷磴道掎角失山川獨踞千巖勝休教九子傳（九華舊名九子山）支提還在眼何日坐深禪

獨酌懷家青嶼侍御

夕陰照孤影舉杯不自持桐葉落空階音響何淒淒靜悟天人理推移良在茲緬懷我宗哲胡爲南北馳良會闕節序能不傷別離

鄧孝威王渭公黃雨相桑楚執宗鶴問劉玉栗集碧摩軒酒罷知吳岱觀過訪

三月鶯聲慰索居故人攜手意何如清風曲度殘春酒細雨鐙縣舊艸廬自笑須眉緣鼓角不堪身世混樵漁

碧摩襍坐頻搔首門外還來長者車

長眞先生興復平山堂落成盛集賓客各賦排律五十韻

登臨頻縱眼逸興寄龍從望古情難愜懷新意不窮逶迤當蜀嶺指點向隋宮疏鑿人蹤滅阡眠地軸通江光搖几席山色上蒼穹一水金焦外三峰澗壑中蜿蜒因斷續崔崒轉朦朧平楚煙浮白邊沙氣射紅夕陽斜度鳥秋露暗驚鴻名勝誇淮海棲遲傍岳嵩壯遊悲大業往事付新豐廿四歌鶯歇三千飲馬雄玉句青冢在金殿碧簫空堂構廬陵創珉碑慶曆豐巍檐凌遠岫絕壁鎖清潨燕罷芙蕖麗題來錦字工詩詞傾白紵樓閣倚

丹楓學士閒凭檻征人盡駐驄如何千尺棟欻作十花叢葉變林初敞臺皴艸欲芃遊觀資石畫興復自金公伏策追千載臨軒試五戎端居銷斥堠惠澤起疲癃暇豫營基穩規模視昔崇雲楯收岳勢繡栱藉人功匠石不知斲公輸信有終當檐回舊燕落影斷長虹路入青鴛異堂將白鹿同鼓鐘新俎豆天地入簾櫳枉駕二千石忻承六一風循厓馮野屐召客費詩筒簪藥他年宴浣花昔日翁才華徵楚越物望及嵴潼韓富行堪配謂韓琦富弼諸公官揚州者鄒枚到處逢江南金箭藪吳會鳳鸞叢野服堪調崔朝冠任服熊玉珂盈耳徹艸笠半頭童作賦先曹植曹秋岳侍郎詩先成傳觴憶孔融風流依岸柳氣誼引絲桐佛火斜逾逼泉聲夜欲流醉顏臨紫陌信步向青蔥荒墅紛停馬寒郊夕拓弓喧呼來怨鳥離別舞吟蟲下坂銜殘碣還車暎晚菘撤筵歌未斷歸路月初朣東閣人全盛西園詠比隆騎前無錦貯寺後有紗籠眞爲蕪城豔誰因羽檄恫琴尊摧劍戟禮樂罷艟艨勝蹟流清響幽人慰轉蓬

重晤溧水陳繼侯

故交江茇隔乍見不勝情把酒悲離索逢人問死生干戈淹客思湖海老才名莫負今宵會秋風雁正鳴

少小從君久三年晝剎西鐘聲驚夢短月影爲人低身世青山老乾坤白眼迷傷心折荊處寂歷夜烏嗁

憶昔秦淮道逢君坐夕曛如何六載別兩度悵離羣裋褐荒煙積滄江白露分行藏應共語南北總紛紜庚子癸卯赴省試俱不值

幾載岐途泣于今醉習池再浮綠蟻日已是白頭時衰鬢三秋艸寒霜一水澹最憐頻聚散幽思少人知

江上早發

夜半江聲靜朝來鼓檝輕白雲橫岫斷紅日擁潮生遠浦千颿合洪波八月平漁人張網急吟唱不勝情

過東西二梁山

中流開絕壁巨石鏁乾坤龍虎風威動江湖戰氣屯兩厓開地軸千古峙天門梁山即天門山險要東南路登臨欲斷魂

家青嶼兄偕漁山文侯北上經廣陵出示渡江詩索和

破浪推宗愨（宗愨乘風破浪爲其叔氏言也指阿姪文侯）揮豪說虎頭（謂漁山）一時來二妙五月聚扁舟赤熒江全闊青楊樹半秋賦詩兼繪事逸興滿揚州

鶴問歸自河南集賦

客從遠方來相對漫尋杯仗劍經荒壘吟詩坐落梅須眉空歲月蹤迹半莓苔回首鴻溝路雄風楚漢開

江上

秋露侵衰鬢扁舟載夕陽峰青江上路頭白少年場客夢驚鸚鵡鄉心理鷓鴣片颿無住著吾道只微茫

館中孫風山前輩疏辭史官爲縣令放歸

痛哭辭閶闔艱難試一官憂時甘鞅掌愛國愼彈冠主聖身何計臣勞道始安拂衣餘慷慨宮錦夢中寒

簪筆 君王側傷心父老嘑祗因援白屋不忍戀青藜抗疏情何限歸田路豈迷幽棲眞意愜況復聽征鼙

不爲丹砂急求官似稚川行藏非學士來去總神僊道歷風霜重人憑朝野傳相看頭正黑三十老林泉

抱𨛫蘭陵地行歌蜀嶺春十年稱逸老一代幾詩人漢殿封章舊奚囊錦字新酒酣談往事獻納在楓宸

程奇玉遊宛陵與余同日發舟途中不值感賦

江水去悠悠秋風何獵獵淼淼下江舟搖搖兩颿發欵過青山巖相望不相覿丈夫志四方歲歲多遊涉所賴素心人異地歡相結石城接宛陵風煙左右掖冀蹋北崎湖更撫金雞石阡陌胡渺茫芳音遞銷歇明月照滄洲懷人空哽咽

盆麥

苾積不盈掬相看綠漸肥畏開阡陌大寧抱粒絲微一椀情無限雙岐事卻非長安乞米日對此慰調飢

落第臥病

俛仰空皮骨高懷近欲闌三年餘涕淚七戰總摧殘木葉隨風脫鐘聲入夢寒尤憐兒女態次第慰加餐

赤腳淮清畔陰風鑠院門鳴金喧雨注列炬擁雷奔烏

暗三山路鐙青五夜魂乾坤惟病臥哀怨老王孫

黃坤五太史同家芳城天玉枉集宿影亭

太史停車日高陽此復親山河耆舊在賓客弟兄眞殘雪三更語孤鐙萬里人不堪頻聚散關路總風塵

善慶禪林晤益茂和尚

廛市羞馳逐佛子堪爲徒豈知禪誦區鼠雀爭喧呼閑花失四照息影慙三塗列刹滿蕪城名象一何孤緬惟善慶院風雨颯蕭疎檀欒開徑路野鳥嘑平蕪樓閣倚高敞經聲散碧虛入室禮老衲椎魯伴吾儒亹亹清緒抽緐詞眞狗芻堪笑菴羅子空握牟尼珠

懷叉

朔風摧落木，零露拂縈河。平野秋光莫，寒磧旅夢多。懷人萬里路，作客五噫歌。極目燕雲隔，何時共薜蘿。

遇閭中黃原緯信步郊外

閭海山川隔，相逢秋浦東。羈愁千里外，勝事九華中。月帶城陰白，波飜嶺日紅。登臨無限意，搔首向寒空。

過劉伯宗先輩故居

凄涼池口路，夫子屋猶存。過客懷江芷，談經隱市門。百年喧鳥雀，隔代看兒孫（謂王孫也）。庭除休輕埽，還留帶艸痕。

江上聞申周伯有茗上之遊賦此遥送兼寄宗鶴問

君發吳興櫂，余尋江水濱。不知秋露下，何日罷行人。雁影愁難度，雞棲久易貧。寄言經歲客，歸看竹西春。

獵微閣詩集卷第一

獵微閣詩集卷第二

江都　許承家　師六

讀曹顧菴太史京華詩

懷人路緬邈，煙靄多朦朧。啓篋誦新詩，颯颯生清風。帝城景物佳，冠蓋趨如蠭。獨怪杜陵叟，騎馬遮詩筒。長留七子蹟（時倡和者七人），不慕三公榮。歸去臨秋水，高吟明月空。

柬兄天玉客真州

竹客辭邗水，江邊立馬看。蜀岡花氣暖，胥浦劍光寒。兄弟遲尊酒，關河信羽翰。行藏應自卜，早晚向長安。

竹西頻宴會，街燭徹宵明。日莫含煙市，天寒出火城。人逢官閣醉，春散客衆輕。別路重相憶，青藜夢不平（兄以元宵後別去）。

桃源花滿眼，一望只空冥。日帶長江赤，雲來半壁青。銜杯坐綃幔，落葉數沙汀。留滯天南客，何當念脊令（真州桃花盛開，兄日坐臥其下）。

閩海鴻飛斷，音書仗法曹。思親號雨雪，愛國去蓬蒿。萬里青絲鞚，三年舊絮袍。故鄉消息到，應溯廣陵濤（兄以家書屬寄式如司李去閩）。

閏三月三日宿影亭同渭公作

水面搴衣喜再過，空亭渺渺柰愁何。誰言曲渚號鶯老，又見華林走馬多。霜鬢已甦臨荇藻，鼠須還爲寫煙波。春光九十今餘幾，應使流觴勝永和。

送李畫公北上

笙歌夾路接城闉卻憶高堂侍　紫宸縱轡千山淹客騎朝天萬里當歸人金臺細數鄉關夢玉佩看垂父子身把酒送君君已遠相思應在薊門春

偕玉潤涪源周伯鶴問玉栗家兄力臣集宿影亭時周伯有楚行

世路誰青眼春亭閑綠蘿疎星橫野檻宿鳥戀喬柯湖海銜杯短乾坤躍馬多可憐尊酒罷明日又驪歌

題旅館壁 辟上有荊揚女子詩

荊揚女子向誰論況遇明妃舊日邨馬上琵琶牆上句月明何處不消魂

過子路宿處

曾記猳冠夜宿時石門青艸尚離離可憐寥落天南客白首津關知未知

東鹿柴子詩 有序

丁巳夏余與兒昌齡之師鹿柴子小憩碧摩軒時暑甚自巳至酉相對不能出一語惟擕木榻向日不到處伸腳長臥而已日既夕稍清涼乃布几一坐三余與鹿柴子對坐兒側坐或啜茗或飲酒軒內有蘭一盂青蔥可喜香氣往往從酒琖茶梡中流出興至則論古今人物取其銜口而出能發露己意而止不必定評也兩人幼喜讀杜詩鹿柴子尤善記每夕或背誦一二章能記者勝不能記者負負則罰以酒或一字錯必飜全本訂正然後已如是率以爲常無何暑漸退鹿柴子挈兒子之宿影亭舊學舍於是幽蘭之室無一人對語即少陵詩不復能上口矣不知鹿柴子與兒子在宿影當復何似嗟乎良朋聚散離合之際言之有不勝情者余家去宿影不半里而寥落淒楚之狀已如此況其在十里百里之間也

九夏雙棲影科頭與正長風煙侵艸徑螢火亂書囊種蕙浮尊綠收書落日黃看君移枕簟寂莫讀書堂

冬杪黃庭表吳園次鄧孝威宗鶴問集碧摩限

歌字

故人山谷漫相過擕手冰天興若何歲莫賓朋增慷慨亂餘須鬢總婆娑乾坤已見銷兵甲身世徒然媿笠蓑把酒和歌還悵望碧摩回首白雲多

初雪

艸樹半陰凌鳥聲淒欲結初雪上高枝形影如相接歲宴抱冰心對此淚空咽況復征戍人荷戈何時歇

送顧蕺在南歸

歸颿何太急客路惜蹉跎秋浦羇愁盡滄江別淚多掉頭經楚尾倚櫂聽吳歌異地還揮手離情柰若何

客遊不即返里家浣月兄奉　使南來恐不得

晤

作客依秋水思家憶使星龍文天際遠風雨夢中經驛路分南北江城重脊令還憐歸去晚不共一鐙青

送雉皋劉遠思之河南

隻身衝雪路百戰舊鴻溝楚漢經人眼關河帶客愁離家思射雉饗士看椎牛可惜侯嬴死夷門莫浪投謂侯朝宗

和王仔園除夕詩

昔人除夜祭詩篇今把君吟倍惘然道大不因時屢變調高羞與世爭傳朱衣畫綉傳新火碧縷牙筒憶去年從此瓊蘇須盡醉歌來花鳥自翩躚

元宵獨坐

簫鼓般天夢不成傳聞鐙火盛蕪城乾坤歘作龍蛇鬬星日遥馮鬼魅行顧影深慚藜照客尋聲遥憶酒傳生春光十五情無賴獨檢殘編對月明

對雪喜孫在辛至和渭公韻

纔傳春信暖忽和雪中詩風日爭千變炎涼在一時玉塵飛不住冰骨老難移何幸與公至圍爐細舉卮

包鐙吾郡通州包氏製以紙爲之人爭購之不可得

片紙煙光重層臺起莫雲山川頭際轉人物眼前分只此空濛意如披錦繡文乾坤輕一髮相顧影成羣

送芷公中翰北上

汀南薊北總逢春看爾揚鞭控馬塵帝里叒朋多古道謝家伯叔盡才人一時酬倡來青眼四海聲名達紫宸入直題詩雞樹曉應分幽夢接山茵

春二月同喬石林坐潯園值王仔園汪叔定蛟門夏次功自平山晚過痛飲得春字

蜀岡車馬控遊塵歸去羣鼓白鷺巾藉艸行杯知興盡扣門入坐轉情真尋梅不少題詩伴落日偏宜醉酒人此會風流須記憶鶯花二月曲江春

不到荒林數十春朱闌畫辟總成塵誰知紫殿看花客盡向紅橋作酒民醉裏須眘成六逸望中簫鼓儼三鉤還思楊栁新抽緑信步池亭定幾巡

春盡芳城叔話宿影亭和見贈韻

鎮日馮高臥煙花舊錦城人閒休馬足春老散鶯聲白首鄉關夢清齋匕箸羮同思十年事物望重西京

赴試真州和鶴問贈行韻

横山連水驛老逐少年行極望風飄急宵征客被輕煙平京峴艸波劃秣陵城惆悵江天路難忘客子情

題冒辟疆湘中閣湘中爲其尊人先生治所

石傍林煙立雲含閣影迷三湘風木恨萬里鷓鴣啼獨坐繙書卷登臨憶鼓鼙不知天近遠江漢月同谿

沈元伯自邗護錢子方喪歸武林

素幔隨君發哀魂傷水流乾坤三隋淚生死一孤舟日

落征驅暗山寒野雀愁空江如有見光岳舊登樓（光岳樓子方易簀地也）

鼓枻悲風起滄江白日昏片雲千里隔天漢幾人存獨下山陽淚應招屈子魂關河吾道在生死自彝門

冬盡偕玉潤周伯雲郭雨蒼鶴問玉少諸子重集宿影亭

六月關河路經秋未息肩悲風來鳥雀落日滿山川亭館今猶在冰霜昔已然舉杯深慰藉高雁下寒天

初還廣陵玉栗招同澧芳紫三止玉兄力臣夜集

還家初聚會去國幾蹉跎尊酒同人少烽煙昔日多簫聲回夜露月影斷寒河寂寂城陰莫烏啼柰怨何

枕煙亭

高枕雲山曉煙霞此際收空青諸嶺斷寒碧一天流杖履通幽徑乾坤寄小丘興來歌吹發賦客盡應劉

訪道者

幽徑緣鳥聲青蔥暎眉目依希遠峰現倏忽煙巒伏風從枝上鳴雲自洞中出散髮拄藤杖路絕搖小舳十里少人家偶見樵與牧臨風遥相呼杳然迷行躅飄飄任所之老人坐深竹拱揖罕言論枯削如艸木試問大道源飛鳴在山曲

鼓樴傍渠塘尋山緣蔚葹紆直本自然行止勿相詭耳目向空濛何聽亦何視百年此定力萬物任張弛雷電雛石厓青天無纖滓大海蛟龍鬭須臾觀止水我接老人形乃悟靜者理

送張書乘歸浙江

二月邗關路煙花照眼新如何經歲客復及異鄉春孤劍風塵老空囊雨雪屯還家休悵望東海有垂綸

憶昔逢君日蟬聲古寺秋茂先新載乘蕭統舊登樓客舍雲霞晚關河歲月流春鶯初送別歌吹惜揚州

偕諸子登君山作

秋高憑絕巘極目大江濆風磴迷山岳煙波帶海雲一生孤夢斷萬象片騷分攜手同登眺蒼天恣見聞

迢遰青峰寺寒風墜薜蘿山孤縣石棧霧隱遠江波鐘磬三秋晚魚龍百戰多遊人空躑躅高歗竟如何

濟南王阮亭先生　特授侍讀呈贈

詩賦平生足紀年承恩獨步玉墀前一官江北漁洋艸萬里天南蜀道篇帳裏傳經來白帢殿中捧研寫紅牋才華歷下眞無敵坐見樓頭杖欲然

司馬脫非官太史醉翁館閣未稱臣眞憐逸足羈青野何似揚眉對　紫宸一自絲綸憑　詔早使章縫氣象新文人千秋異數初聞　御墨爭看宮錦報

墨帳從遊幾歲時風流博物是吾師紅橋吟斷隋隄柳綠蘚摹成宋代碑（謂禪智蘇碑也）廿四賓朋連鼓吹三千弟子奉

槃匜別離渺渺驚魂夢惟有　新綸慰所思
司勳博雅領羣英弱冠同朝最有聲可惜孤衾分棣萼
空教一老步蓬瀛揮豪已振千官氣憶舊徒懷十笏名
十笏西樵先生堂名若使鸞龍常在望珥彤階下弟兄行

宗鶴問自燕歸同人集賦

折柳君初北歸來霜雪稠羊腸千里道鶴氅一時裘去
國懷金闕霾憂向玉句高棲何處是王粲舊登樓
南北還蕭瑟如君去復來長驅燕市馬誰共艸堂杯露
下青鐙暗雲空白雁回莫辭今夕醉京洛有塵埃

吳岱觀北發舟中作畫見寄

吳公圖畫絕孤櫂倚雲巒詒我清波影懷君急水灘風

煙雙硐合艸木一亭寒無限瀟湘意愁人不忍看

送友人入都

送子燕山去金臺樂事多一時逢故舊十載慰蹉跎旅
思秋蛩遠新愁塞雁過帝鄉高唱入回首憶寒河寒河其先世舊
築也
萬里依吳質天涯薊北身寒煙催去楫白浪打行人雲
樹三秋合關河兩地親博陵書籍在捫腹未全貧時就婚燕都故云

春前一日雅集卞雲郭白雲堂限韻

鞍馬烏衣盛銜杯向臘終客分千里道春到百花叢旅
夢孤鴻外寒煙細雨中莫憐歌吹杳風物舊隋宮

客東皐同兄元錫賦

射雉滿平蕪鷹風艸木枯賈生餘涕淚阮籍老窮途題
詠青山徧須眷白日孤荒城懷古切登眺幾躊躇
江城淹驛騎風雨惜波瀾共說賓朋好還憐世路難雲
嵐千影合鼓角數聲寒回首揚州道蕭條客子鞍
杖藜行郭外鼓吹隔谿聞一曲花能舞長歌客未醺石
林園夕露烏鵲聚寒雲何處尋鄉夢清笳靜夜分

東皐園林晤顏佳肖留飲輒贈新詩依韻和荅

孤鶴鳴長夜高人憩野林明鐙千日酒破錦一囊吟雪
積煙嵐薄雲連水氣深莫將湖海意相對失知音

別東皐家兄弟

客舍傾鸚鵡征途理鷫鸘最多離別恨況乃弟兄行戎

馬關山靜音書羽翰長他時春艸合落日在河梁

寄陳繼侯頻上

知己乾坤內如君復幾人綢繆眞道合踈遜轉情親笑
語驚魂夢憂思泣鬼神近聞官署冷頻水當垂綸
幾年消息斷聞信自鮦陽謂沈丘李芳艸欲灑三秋淚如逢百社
鄉青天馮醉眼白雪沁詩腸昔日風流在傳言恨正長
芳艸述君耽詩酒如故
憶從通德里孫子半雄才一死空三世千秋賦七哀君館
於鄭氏未幾外叔祖從周舅氏延直表兄攜龍相繼歿壯懷淪艸木支骨歷風雷多少升
沈事含愁漫舉杯
束髮追隨久交遊浪有聲醉醒成古道怒罵亦平生斷

簡留螢火高歌憶鷸盟路斯龍鬭處何日傷君行

檢書

萬卷高連屋緗籤比亂絲摩編開手眼尚叉憶須眉遠慰窮愁夕還增老大悲不堪重檢點風雨正迷離曾報咸陽火（余書舍曾遭火厄）況當戎馬餘陶匏無逸響玳瑁少完書緑帙經年積青藜入夢虛收藏慙博士置此且焉如

同人集白雲堂時余將歸海陵遂次贈行韻

戎馬歸心切良朋阻去舟可憐人聚散特地此淹留月落青絲管霜披紫綺裘吳陵他日夢應向白雲遊

留別玉少次送行韻

歸家甑作客雪浪滿孤舟妻子徒飄泊乾坤幾去留離尊添淚眼故國慘征裘憐爾幽棲意還將汗漫遊（時玉少將北征）

留別雨蒼用前韻

歲莫還家路吳陵百里舟離情天際遠哀怨故鄉留風涌檣邊雁沙寒雪裏裘平生湖海淚多半屬同遊

留別鶴問

與君鄰近地深巷擁書眠一自聞鐃吹三秋隔曉天青山羇客夢白日故人憐南北還岐路春風信馬鞭（來春鶴問亦北發）

二月十九日偕彥度叔定蛟門諸子觀音山回坐潯園小閣覩梅和叔定口占四絶

共向招提暗乞靈佳人多少故傳亭滿城男女煙塵起遥接平山一帶青

步屧層厓到小樓花開四面半山周登臨不少幽棲伴竹筍籬邊繫釣舟

只爲尋梅扣野扉醉眠鮮石不須歸輕風一陣紅英落還似花朝蝶亂飛

香度真如燒石萊酒酣還許摘花枝誰人更坐塵寰裏芳夢隨來九子池（是日爲蛟門祈子故云）

雨中侍飲錢唐徐敬菴先生側

燕市三年淚隋隄五夜杯夢魂因道合風雨爲人來憶別空留賦論心只愛才耳邊提命在終日臥蒿萊

讀吳明卿先生集見先文穆公序又見先生爲先文穆家乘序率爾有作

甑甀（先生集名）緗帙在先世有遺評交道成今古文章歷死生兩朝新事業七子舊聲名欲訪前人蹟書籤勝百城

渭公齋中遇令兄野夫令弟子政痛飲時有校書度曲

蓬蒿三徑倚蕪城坐滿烏衣意氣横小院叢篁低舞蝶隔籬疎柳暗藏鶯醉逢老友情偏劇夢向佳人恨不平何處琵琶雙度曲漫教白髮解新聲

清明郊外

無端歌哭靜中分曳杖衝泥野外聞抱病人愁寒食雨尋幽衣惹上方雲垂楊隱見三山寺荒冢如封萬竈軍

最是城陰歸路黑春陰寂莫悵離羣

偶述

寂歷更漏深蕭條芳夢歇一雁下寒空天籟從茲發披衣起歗歌獨步林中月景色故迷離聲情轉超忽慷慨思不平揮杯叫帝闕

宿影亭看花影

花邊月出沒月下花谽谺花月倚東風吹落遥天白風吹月夜淚如絲花影先抛別樹枝滿地落英無客埽清光千里去何時

輓席允叔太母

門庭終日擁花鞲寂滅今朝好似禪隔帳論經人百二棲林禮佛法三千佩環影斷春風裏杵臼聲銷夜雨前莫訶音塵無覓地情空色相已多年

登堂子弟不勝悲爲記當年紡績時四海盡知名士母一身堪作女流師白狼往蹟馮追憶紫燕空梁訴別離鄒下倡酬眞絕盛而今也廢蓼莪詩

題卞翊聖小閣 閣縣尊公雲郭授書圖圖有鶴立坐側

石湖煙雨憶同心博得丹青恨轉深澹墨隱傳千日淚淒風時對九皋禽閣邊樹影孤鐙暗畫裏經聲半壁陰但使授書人在望白雲堂下有遺音

送魯蒼舒北上

昔遊怕聽送行詞到子偏吟贈別詩策馬駑良原異轡

看花榮落不同時三春豔麗閨中畫二月曾納姬六館聲名闕下知爲報秋光應更好博陵祕籍早相期 蒼舒爲家仲兄壻故云

繡毬花

美人故作白頭垂三月春情不自持一夜東風半零落團圞能得幾多時

立夏日和劉德論作

荒亭宿影閉蒼苔可惜春光去不來無數鶯聲空自囀不知花徑爲誰開南交有夢隨靡艸北望傷神罷酒杯每到芳辰憐索莫況逢衰鬢白駒催

范汝受畫像短服科頭手一編立大栁下漫題二絕

孝伯當前人似栁靈和殿上栁如人是人是栁參差見掩暎風流一酒民

周黨短衣辭詔去放翁脫帽把文論知君漆黑須垂帶應爲吟詩有斷痕

送鄭有常中翰北上

赤日揚飆邗水津囊來錦字出風塵奇君小鳳眞年少不似摧頹六押人

燕市而翁此醉眠離離諫艸墨還鮮到時試覓前人蹟伏奏青規在眼前 有常侍御晦中子也

送芷公渡江

抱病揚舲事遠遊知君汗漫擅風流書籤半榻隨魚艇

藥裹輕颿向虎丘夢別江淮千樹曉路經吴越萬山秋
分攜何用頻搔首只爲相如轉益愁

贈園次太守初度

菰城罷政卻舒眉歠傲江天幾歲時兩鬢風塵吴越路
一囊冰雪宋元詩垂綸只欲棲鳧渚艸制曾經集鳳池
相對于今呼九老繪圖長與故人期
少年結客盡知名文樹風高賽百城（余輩舊有文樹六子會）六子狂
吟驚蛺夢五更和墨聽雞聲憐余蜀井泉邊老愛爾窪
尊石上行白首應思爲守日碧瀾堂外畜雲平

重九後一日黃九煙程穆倩家叔漱石集碧摩
軒

白雁霜天度薜蘿人從荒徑醉香蟊地餘積葉知僮嬾
月到深杯爲客多竹木一亭供歠詠乾坤三老任婆娑
回思九日臺前讌不及題詩向碧摩

落花吟同史耳翁賦

月落花林照花落花落月中動人魄一天鴻影度雲低
三更孤笛凌霜薄昨宵人醉百花叢今[illegible]花落滿牆東
埽盡落花花又落回首春風市地紅花開花落何促迫
長安少年頭盡白花落有人怨落花頭白猶來衆彈射
花落不須憐應悔花開凡卉前落花休太息花容安用
傾人國君不見松柏青青無顏色冰霜氣骨摧不得

仲兄筠菴散館歸初見有作

升沈千里隔相對數離魂一夕綢繆意三年涕淚痕揚
眉眞命達見面亦　君恩莫話金門事桑田有弟兄

劉震修鄒乾一吴園次集碧摩軒

賈人爭買澄原集書肆長縣傳是編（乾一選書名澄原震修同張月坡選書名傳是）更
有高齋梁學士白牙載筆寫蠻牋（謂園次）
一亭鐙火笑歌頻縞紵何殊故與新（余交震修二十年乾一則新交也）莫道
姑蘇風景好蕪城人作渡江人（園次余同里今寄居蘇州與二子先後別去）

獵微閣詩集卷第二

獵微閣詩集卷第三

江都　許承家　師六

元旦

閒題新句醉香羸無柰蒼顏攬鏡何只祝攤書來太乙
年年緗帙比雲多

自分談經謝戴憑欲抛遺籍問宗乘去年此日慈仁寺
曾倚松根對老僧

共飲屠蘇失弟昆先是有伯兄之變強言華勝已聱吞他年獨伏
批鱗者殿上時傾白獸尊謂仲兄筠菴

雕胡一斗説揚州儉歲如今轉益愁手把酴醾休盡醉
流離蒼赤滿街頭

人日入眞州通行界

郭外揚鞭控馬鈴白沙原上舊曾經微雲暎日千峰紫
遠樹臨江一帶青作勝尚須畱燕翼前二日立春翦人空自對
鳩形眼前圖繪流民甚何日承華泛酴醾

過池陽史耳翁諸子爲余言齊山之勝出山中
辟閒詩見示漫和

聞説齊山好江光帶嶺頭雲霞初照日天地一虛舟有
夢迷寒渚無緣把釣鉤翠微何處是遥憶故齊侯山以唐齊刺史得名

登齊山

試縱登臨眼江山入坐來華峰大際遠秋浦望中開洞
小回千曲雲停接九垓幽尋儻未愜空自夢崔嵬

僊人橋

迢遰千山接危橋獨渺茫有雲通棧道無地起輿梁河
漢當星隔江湖引溉長不知明月夜幾度唱霓裳

集僊洞

僊境摩霄漢棲尋處處幽當階陵谷變空壁石泉流煙
霧經時積乾坤此地收莫言攀陟易虎豹在山頭

僊子來何處居然號集僊行蹤如有見須髮一爲傳峽
雨巖邊落江臯洞口懸定知名勝地不許路人眠

望江亭

澎湃江聲壯登臨向此亭浪浮千櫓白光逼萬山青洲

島連荒漠蛟龍入杳冥任凡高睇一望今古眼前萍

別一洞天客有問於余曰山中游覽所到無非異境皆可謂之別一洞天也乃獨名此何居余曰當是名人標題偶爾寄興遂傳千古耳客以爲然遂成此詩

獨步青冥裏相看盡洞天登臨眼自別幽僻地因傳結
宇空凡界開山駁列僊探奇應不盡還上最高巔

宿祝聖寺

旅泊蕭梁寺山門逼禁城秋風寒月夜戍鼓襍鐘聲鄉
夢違千里羈愁到五更有懷渾不寐竟夕露中行

九日平山堂秋禊

楓林葉赤稻雲黃並轡行吟上蜀岡大業繁華思帝子
千秋風節重歐陽最能娛老惟懽伯難得登高在故鄉

猶憶去年曾寘直青綾被冷怯嚴霜

偶感

詔使新年下建章還因災異討行藏文詞豈補乾坤憾歲月空敎鬢髮蒼野老聞聲多感泣書生高議盡荒唐只今天語憐蒼赤遠勝春郊舞八琅

入赤岸宿

擔囊赤岸聽春鶯寂莫湖煙繫我情結網漁翁依水宿荷鉏童子擁車行青苗久已隨波去白髮何堪對月明閒話桑麻過夜半潺湲聲裏百愁生

題棲碧山堂

春風棲碧坐行杯小鳥銜梅破石苔新栁似因初日放長湖全向此堂開獨憐秫稻空千廩誰使干戈靖八垓極目兵荒無限恨杖藜谷口老蒿萊

題池塘生半陰處

謝氏池塘艸空留一半陰（有感伯兄）山川餘異徑兄弟憶同岑月涌湖中浪風吹石上音百年長憩此無事夢魂侵

凌青軒

野渡茅茨屋篔簹帶夕曛風來停逸響枝動暗層雲隔水聽鶯語扶邛傍鳥羣夜闌花欲吐書帙帶氤氳

鐙市行

廣陵春鐙滿街市千影萬影不肯止翡翠屏風一望開璣珠行障工無比爲龍爲蛇市地行學螭學魁喧人耳

大業流風欻已改卻餘陳隋遺調在兒童六七拍掌歌流星四落如煙海醉酒歡呼夜半眠朝來出郭意悄然一簾二飢千萬户叉手不見買糧錢繡衣發粟量升斗母抱兒啼兒負母可憐風雪故侵陵赤腳四野同芻狗風俗如今成轉轂城內笙歌城外哭隋隄煙火久蕭條垂楊十里空殘綠安得斯世盡焚絲鐙人掘蒲嗽弩不聞聲

宿影亭閑闗歌

昔過宿影屋南北車旋不停轂令扣宿影門門開圭竇傳槃餐豈無尋梅問栁客不教下馬留行迹鳥雀枝頭不敢喧隱躍書聲沁魂魄論史有司馬論文有昌黎相如與論賦杜老與論詩前賢一室堪酬荅何用今人紛紛縞紵爲讀書還飲酒古今馮搔首閉門醉倒百花前陶然自謂羲皇叟

贈冒辟疆七十

水繪神仙宅風流七十年常攜書自隱不與世爭妍文入雙眸炯人從多口傳酴醾今夕醉明月爲君圓（三月十五日君生辰）

博學知名久如今白髮翁兩朝誇腹笥萬里走詩筒問宇來青豻行觴徧綠驄東皋容歗傲人物舊嘉隆

拜墓遇雨

二十八年雙淚垂松楸空自擁遺碑音容已隔娛親日

風雨偏來拜墓時撫己有時難告母報恩無計媿爲兒
愴懷不覺雲陰莫酹酒聊將訴別離

宿影亭和史耳翁韻

抱綈荒亭自卷舒閉門無事憶柴車桐枝高度三更烏
梅影衰侵半榻書著作豈堪緣世變才名翻欲與時疎
只今有道同晨夕蔽席何嫌水竹居

夜坐昌兒讀書處

學舍棲遲晚吟哦興未闌樹搖孤月落窗透一鐙寒鼓
角催行酒崎嶇只閉關逢時多逸調莫向老夫彈

題梁芷公畫扇

月影橫孤嶼秋聲落晚楓問誰泊舟者江上一涪翁

伸頸歗花叢科頭倚蘭槳幽思誰與言月照清江上

過蔣前民居

打石灣前路高人獨掩門避喧仍近市渡水自爲邨閱
歷兵戈眼蕭條江海魂（前民避海寇自江邊遷此）狂歌無一事把酒向
乾坤

風雨連宵甚銜泥步野丘知君逢甲子相對惜春秋鬚
髮滄洲老星辰碧海流回思同學舍今日幾人畱（是日前民初度）

上巳後二日祝楊年伯母

曲水觴初罷高堂酒復酣青鞵花下路白髮雪中簪子
姓喧江左家聲說劒南（楊氏原蜀中）鼠須猶載筆作頌寫雲藍
才名誇令子（謂東子）早歲賦長楊書滿新藤繭詩傳破錦
囊百年將母急三月蹋春忙依舊蘭亭會行歌泛羽觴

湖中上巳

驅車下高原風雨何太急瀰漫起湖波髣髴山石立良
辰當上巳幽人此燕集祓褉向中流中流詎可測昨歲
逢今晨征鑣來薊北馳驅罷長吟牛馬聲欲逼中道泛
羽觴一勺渺難汲赤地與洪濤相顧若相失兩載異遭
逢愴懷何終極可知天人會茲茲未可得

拜父墓

他年記讀父書時早歲聲華世所知自有青箱非俗學
何堪白髮是孤兒平隄插柳先疇在古木淩霄落雁悲
酹酒墓前應自訴半生力穡半披帷

清明

油花罷卜又芳辰（上巳後三日）寒食淒涼曲水春暴骨尚餘拋
彈客銜風恨少辟塵巾松楸一路多新鬼桃柳千邨哭
故人傳說橋邊饒盛事打毬飛騎總傷神

贈杜于皇七十

三楚文章伯蒼然七十翁兒童知變雅（于皇集名）衡岳見宗
風飄泊愁無賴艱難氣益雄渡江同調在不是舊牆東
（謂蔣前民時于皇下榻其家）
寂寞臺城北高吟不厭頻六朝一徑艸兩代一詩人天
地經時老關河到處貧舉杯論往事先世有遺民

懷耳翁

行蹤慷慨去天涯楊柳春風三月椏坐見愁雲連鐵甕
還知明月在金沙湖中白鍊侵颿急江上青峰帶日衮
一路健兒衝突甚長將客夢付悲笳

客有過宿影亭者輒題詩積十餘年不下數十百首今存者無幾矣庚申春重輯而黏諸壁俟好事者覽觀焉

紙札紛相壓柴門叩不休題詩凌漢魏潑墨歷春秋姓
字空三篋煙雲滿一樓應劉遺蹟在零落亦風流
諸公高詠罷指點十年期若少搜羅意還餘天地悲蟲
魚穿破壁龍虎想臨池從此看花客摩挲舊日碑
亂後餘殘墨還憐燕會遲古今千日酒生死一亭詩赤

甲時相逼青燐禍亦隨己酉書舍火雙眸凝篋笥歷歷動人悲
交為新知結人逢舊好難兩心誰可共一字亦堪餐夢
斷江南管詩登宿將壇吟成懷古道風雨百年寒

阮晉林出示鍾繇秘帖

執卷爭誇鍾太傅望中雲氣眼空青只今靜悟揮毫理
如對當年榖釜銘
僊巖遺蹟阮家珍何事縹囊說與人提筆自餘千歲石
崩雲綴露總成塵

送史耳翁之無為任

墨帳江邊肆討論風流直被紫芝郵登壇自昔呼詩伯
履野於今識稻孫無為稻已穫復抽餘穗謂之稻孫米襄陽題其樓有句應刊毛氏辟

何人不及李膺門可堪別夢成千里宿影亭前罷酒尊

贈汪某

赤地空教轉運愁陳書疏鑿費人謀三秋豈有桃花水
九折還如竹箭流野服信能參國計軍儲從此借君籌
只今極目河渠道不減縣波下古湫

送秦敷五之任宜君

九峰人物向秦關極目雲陽動別顏萬里驅馳珠勒馬
千家題詠玉華山公卿舊是師儒望蒼赤多歸弟子班
攬轡中原從此去蕪城簫鼓記追攀

送江辰六之任益陽

匹馬天南此暫休還從賈傅遡湘流披衣未解牂牁夢

綰綬初看岳麓遊一代詞源飜瀚海千郵歌舞擁浮丘
喜君驛路偏逢閏綵屋重開八月秋
待詔金門思渺然休躭藜閣老人煙英雄豈肯徒簪筆
事業還應試解弦芍藥園前名士座桃花江上使君船
熊湘近日銷鋒火自有循聲四野傳

閏中秋

兩度孀娥怨卻休幔亭歌管尚淹留孤光獨照三千里
一夕能開百二秋峻絕老蟾懸不去橫空高雁憶曾遊
可堪蘇李行觴慣月落更深又白頭

為宗定九題畫

十年魂夢到東原野外蕭條古意存可惜煙花塵滿眼

山寒木落向誰言

得筠菴仲兄信

虎豹空山肆螯深雲霾煙路夜沈沈驚聞戶外傳聲使始信家書抵萬金

送韓碧滄之任盧氏

華林勝事好追攀僊令如君與不删道路三千縣紫綺須眉五十擁紅顏風流豈改披裘里化澤應霑抱犢山此去尚須勤撫字桑田六月水潺湲時碧滄有買妾之事

與楊子政夜飲

孟陬向京華偕君初結騎木葉晚蕭蕭再遘江邊寺節序春徂秋道里燕吳異可知一歲中會面繇驚悖靜推萬物理易渙殊難萃流光疾若駛不復追童穉歲歲數班荊猶然起長慨何況永別離素心等遐棄舉杯聊勸君杯盡情亦逝運會有初終吾道無攜貳蜀岡望蘭陵江雲連靄霽振楫難與期勿忘相思字

閏十六夜周价人邀泛舟看月同桑楚執宗鶴問劉玉栗

幔亭初罷燕明月又當空蕩漾三秋外迷離一水中雁翎飜露白人影亂鐙紅不是心期侶何因醉碧叢

輓宋二伊觀察和張芳傳韻

孤臣千古恨霾首百蠻天戎馬經身世冰霜老歲年挂冠仍徼外席槀儼君前素旐今何處滇池起莫煙

竊據奸雄膽何堪試虎羆暫時寬撲滅相對只吁嘻九死空餘淚孤忠半學癡移書當討檄墨汁尚淋漓

馳驅南詔客子女慰途窮豈意眼邊亂飜教劍下空遊魂萬里外枯骨半閨中薄笨妻猶在深宵血淚紅

結客滿天地如君意卻真槃匜因氣合嶺嶠見情親不負丹雞誓誰憐白骨人淒涼生死別吾道信全貧

九月三日宗鶴問初度

如君眞博物相與欲忘年科斗時過眼風霜竝拍肩文須來世謫義不受人憐最愛秋陰徧銜杯菊蘂前

白頭空著作南北總無聊才辨傾三峽詩名在兩朝江邊時弄笛橋上醉聽簫老至休多感乾坤只鹿蕉

泊宜陵

雪打宜陵櫂羈愁傍水汀半橋飄影白萬井爨煙青鄉黨頻離合乾坤幾醉醒寒鐙連鼓角客夢只飄零

和黃鶴巖觀察六月八日查視袤祁火器

六月炎蒸日看君攬轡行車徒陵絕𪩘烽火靜高城立馬閑千嶂逢人問五兵灌脂遺器在檢點莫煙平

郵雨和鶴巖觀察

冥色天邊雨塗歌滿綠疇兒童新汲水畎澮曲通流委露初聞響淋鈴不用憂使君眞愛物原畝未思休

和孫坦夫雪中見贈

半生野處負含光含光古劍名湖水潺湲引恨長堂上悲風看

燕雀隴邊斜日下牛羊人來蕭寺情何劇詩祭殘年興
更狂白雪句貽深雪裏少時攜手莫相忘

和劉玉栗元旦

每到迎年日豪情半欲刪驚聞人事改未覺老身閒風
雨千春易乾坤一字難縹囊何處是檢點破愁顏
三微凭小閣一水引毫端嫩色初抽柳香風好佩蘭華
文新秩秩師武尚桓桓郭外將軍至春晴帶甲看

辛酉初春湖中

年年車控遠鄉塵老眼時逢赤岸春愁向天公占甲子
喜看人事勝庚申吹簫橋畔多遊冶賽鼓邨家說鬼神
獨惜故交中壘後一椽茅屋臥湖濱謂故人劉書秀也

東任葵尊和見贈原韻

記得慈仁寺賡酬勝陸皮蔭松揮麈適待月聽鐘遲徙
倚空礲碣升沈細論詩竹西重燕會攜手任遊嬉
夢斷燕山路邗濤息影初漫聽江上笛空負篋中書送
客千騅下論心十載餘帝城風物好切莫戀吾廬

賦答于章雲同年

江上同門友相逢古寺行關津淹客夢鐘梵襍書聲白
眼看榮落青編老戰爭南歸行且北燕市聽春鶯

偎舟圖和韻爲田學使招仙裳定九賦也

畫舫張鐙載酒時彼姝聲價重南威空羣馬櫪人如見
枉騎屠門事可幾著作久知縣殿閣網羅徧喜向漁磯

笠車何自戍傾蓋夜半星霜照客衣

題美人屏

佩聲釵色總銷魂畫裏輕煙弱骨存若待昭宣臺上燕
唾壺應見指環痕

上巳修禊賦得羽觴飛上苑

搴裳向蘭渚春流渺無極漸漸生微風激宕照顏色顦
顇起悲傷壯盛不再得所憚乘漣漪對影疇能匿值茲
上巳辰芳洲清可拭水嶼接高岡結構疏以密曲榭帶
層雲行蹤杳難測欲渡苦無梁欲登苦無級捫蘿徑自
回參差見南北宛轉芳景多祓禊池塘側于以集衆賓
飛觴滿原隰落花泛醁醽香氣如可拾彌望總菁芬顏
顏傷紅日狂叫驚游鱗揮杯起灘鶩更有美人妝頭戴
青箬笠顧盼啓朱唇轉作男兒式屐舃競交錯相顧不
相識暎水倒金卮悲歡注胷臆

取百花釀酒

芳蕤歷亂起香塵汲得流霞醖釀新共拾落英成百和
肯教疎藥盡三春鶯啼枝上銜杯晚蝶舞林中入甕親
可信酒泉名太守依然杜曲種花人

詠合歡梅子

同心芳樹少異種上林傳摘去憐纖手縣來憶比肩春
先桃李到香並綺羅妍莫使終搖落凄涼說絡偎

送鶴閒之任貴池

玉鏡潭邊路巑岏去轉遲江楓青過眼石壁翠橫眉詮
注開新疊摩挲有斷碑還知縣絳處庭艸定離離

望裏多漁父談經此地寬城隅千網集江上一甑寒到
浦人如王尋山客是官有魚堪飽食懷鋏笑馮驩

昔時攜襆被遥傍翠微行洞是曾遊地山多不辨名登
臨新曙色離合舊秋聲（余昔遊亦八月）君去尋幽勝空江朔吹生
楊子風飄急臨岐憶往年半窗螢火共深巷雨聲連愁
傍縹緗老絲看鬢髮縣舊遊今復幾離恨兩心傳

贈金長真郡守

駿狼山下日華敷臺表風規儼巨儒愛士王龔來汝水
匡君董子擅江都蒲鞭欲息龍蛇鬬畫軾曾銷虎豹符
見説家聲持憲節雁行攜手步高衢

鶴髮鸞臺鸚鵡卮昔年歌吹向蕃釐落花晝醉三千客
蔓艸閒尋六一碑東閣題詩真雨集南畿執法有星垂
只今攬轡清江上應見騎羊獻蝦詞

中秋後五日燕集賦得月上靜疎林

西園飛蓋集林際月初經夜氣橫天白秋光帶石青衆
賓無襆響萬籟此俱停把酒山椒下回頭憶幔亭

登文選樓憶池陽亦有昭明舊蹟喜宗鶴問官

其地

一官博得先生舍兩地空餘太子樓江北傳書忠烈並（揚州文選樓在旌忠寺後）池陽遺蹟翠微收尋山夢繞青楓路到浦人

披紫綺裘試理縹緗三十卷蕭梁勝事屬揚州

題顧逸倩講道圖

讀諸君題句皆以對面老翁爲傳道之友余
謂多此一翁遂難證道矣不如隻身松石之
側靜悟爲得耳顧子以爲何如

五圖九篇杜參稽獨坐松厓道不迷可惜眼前多一客
無端指點説刀圭

紅橋絶句

芙容水面擁輕橈望裏青楓半欲凋隋苑簫聲銷歇盡
空留明月照紅橋

題汪君畫像

磊落豪情片墨中右攜琴裏左彎弓擷來書帶詮詩易
側立紅衫是小同

學士風流老更真白桐几上齅歌頻須知百歲藤龍杖
竟日提攜定美人

兄筠菴典試秦中還 朝相值涿州喜而賦此

白溝初夢斷消息弟兄真萬里掄材使三更會食人關
河看帶礪篠簜報 君親獨怪今宵會相期信有神

送荆慈衞南歸

浪迹燕山幾醉醒歸家雪霰不勝情青編欲傍金鶯老
白恰愁銜鐵馬行別路夢魂隨嶺斷巡檐詩句下車成
憐余初解征衣日又見驪歌徹 帝京

飲玉蘭花下和畢右萬韻

鶯嘨密樹滿林春落月杯中影卻真青艸漸移堆石路
白頭聊作看花人含煙僊客清逾老戴雪名姝暗有神
五夜不須愁寂莫亭亭玉幹故相親

題汪母遺像

甘泉敎子有圖形母氏依然授一經但得當年裘褐意
不敎衆服染丹青

獵微閣詩集卷第三

獵微閣詩集卷第四

江都　許承家　師六

題孫介菴小影

磊磊霽園宣州石一望參差雪山白大者嵲矹細瓏
天然結構爲君宅君解印綬學歸藏年紀時方四十強
石褐山袍櫻笠左列侍女右文章手不輟批丹黄色
盲左高赤兼戰國鑱刻棗版重雞林一縑一紙換不得
思君少小步金門黑頭卿相何足論況復點竄周秦字
珥筆形庭誰與倫乃令肥遯曲江隈朝隱吏隱任衰回
畫史圖絶勝儼君坐三徑人在影不移影在人難定君
不見陳留老父戢龍鱗楚江漁者迎風塵神物不測難
爲像正是林中岸幘人

郯城荅彭譽侯即和來韻

燕臺失意悵離羣馬鐸聲中數落曛生不封侯悲李廣
人將制策重劉蕡石梁何事驅馳急驛路欣逢問訊勤
自分此生蕭瑟甚看君獻賦獨凌雲

再題介菴照

河干分手經三載對影還生風雨悲南北憂思空異地
須眉零落憶當時騷情有日憑天問賦艸無聲擲地知
何處遠山礱墨在風流學士正相期

上諭百官日集午門呈兄筠菴

日日朝參帶曉雲佩聲遥傍漏聲聞眼前鵷鷺趨何疾

沼上鱗魚釣正勤（上有諸臣釣魚之命）九折百回誰似我五更三點卻懷君栁邊花底無由到只把離愁對夕曛
殿上呼名去復還百官早起赴崇班星辰欲壯趨蹌氣風雨常承咫尺顏拜手陳書青瑣急回頭讀易白鷗閒可知宿影秋陰裏魂夢徒然老故山

送汪百朋

征邁非君意其如抱璞何馳驅經岳麓慷慨下牂牁日月空懷劍乾坤盡止戈升平誇著作莫自惜蹉跎

荅程潔聞即和見贈原韻

馬頭春色好歸去半愁人空有鶯花夢誰憐錦字新沈淪悲屈宋邂逅見雷陳感爾瓊瑶意江驅訊許詢

夜半征車共如穿虎豹羣鼓鉦驚曉思姓字總塵氛夢斷燕臺路歌停岱岳雲蕪城相憶切月色為君分

栽雁來紅時立秋前一日

雁來何所託色相自丹丘淺碧偏宜雨深紅卻向秋媚人須老幹含笑怯歌喉明日商吹發淒涼古塞愁

新秋

曲磵山花影自饒一枝聊復寄鷦鷯小童報道梧桐落便覺風光異昨宵
蕭瑟平生只自知寒風衰艸獨吟詩須眉攬鏡應長笑直到今朝始覺宜

筠菴二兄近講修養術每日五鼓趨　朝絕無倦色率爾有寄

閒時學道卻舒紳吐納依然獻納臣鳳翽早來餐玉法熊經不是養生人五千道德傳眞妙六十須眉悟勝因欲報　君親還自愛肯將筋骨委風塵

兒子生日

纔見童時爭棗栗忽經二十五年過好繙紙筆如兒少不識桑麻似父多門第只今誰負荷須眉到我歎蹉跎花前已覺秋光滿試理書籤竟若何

壬戌秋七月邀青嶼二兄偕松年文侯暨諸子集潯園用杜少陵同李北海宴歷下亭韻

商風滌煩暑微雨滴殘荷靜聽葉上聲蕭摵思轉多兄

弟感仳別相憶不成歌乍逢織翠巔意氣淩清波白髮無復歎黑頭將若何願言閉深林幽鳥時來過
人事有屈信言論誇短長坐有郭老人詼諧學東方歌罷繼以哭謔兮還似莊嗚吠動四郊耳目驚非常有心餘慷慨吐氣撫含光堪笑拘虛子一言計禎祥（時郭君在坐善戲謔）
昂首無蒙木信步有清陰凭闌俯流水水淺波正深自念槐里人少小横古今升沈幾周遭空此歲寒心無勞夢春艸酣歌同一林遠樹浮酒杯參差起長吟

贈郭自瞻

一室蕪城裏幽棲三百年結廬無紫柱撫几有青編賣盡才人賦穿來父老氈江淮長浩浩吾道只今傳

先世風流在逍遙折角巾家多好孫子邑有舊聞人箋
注傳經古詠諧見道眞秋雲間繞屋白髮老垂綸

懷宗鶴問

匹馬樓桑幾去留懷人江上倚雲愁攢眉驛路三千里
回首陽河十七秋（余別池陽十七年矣）漸老聲名慙子弟傳經物望
長諸侯臥遊舊是君家事魂夢應來古渡頭
弟兄曾共薊門遊朝士相逢問不休（京師訊問君同令兄定九甚衆）爲語霜
風棲學舍可堪煙月負揚州夢餘白恰金臺晚路繞青
楓玉鏡秋間說齊山供點筆巡厓高唱未勝收

輓陳其年和冒辟彊韻

談經蕭瑟甚漸老入鵷行豈意抛書帶空教理繐裳招
魂惟故舊知己是君王素旐飄飄發應難別帝鄉
終古才人淚如君但欲添途窮眞自愜命達轉相嫌詞
賦因時絀乾坤待士嚴寄哀千里道秋月暗纖纖

秋雨

一室響青桐淒其雨後風長安車馬市不換此牆東
何處雲嵐起天邊十二峰欲知秋意早月落五更鐘

送程涵有之任太平

塞北崎嶇事已陳還看天馬控芳塵聲名漸入三重峽
經濟全憑百鍊身菊𣡡尊前縣佩客桃花洞裏和歌人
自令威惠推程瑀瑣闥應來象笏新

張若愚邀集新園

名園詩北郭此地勝濠梁倚杖皆流水栽花徧野塘翁
魚諳主客樓閣數騷檣何日容高臥還披五夜霜
四面清歌入高秋此結廬紅橋當户牖白水接巾車遠
艇人吹笛鄰居老荷鉏登臨聊縱眼幽夢到南徐

送家南交北上

滄江秋水闊客子渡來遲到處呼詞伯吾家有畫師山
川供點筆道路足臨池製作喧徵索燕臺歇馬時

贈來集弟

寒孟清歌繞畫梁唐模高躅自君倡隻身鋒鏑雙蓬鬢
萬里津關一錦囊險阻不教驚短夢才名偏許冠他鄉
回思列絳僊都日岳色松聲滿墨莊

贈魯鶴菴

白岳傳經教澤新承先啓後百年身翻前諸葛眞名士
堂上熙寧舊舍人讐校欲焚藜火杖賓朋時倒竹皮巾
退思亭畔流風在又見魚頭重紫宸

爲陸縣圃贈興化張明府

使君風教接蕪城水國笙歌聽有聲百里遥知循吏傳
一生不負大儒名言垂官閣堪書帶清到湖濱問濯纓
曾共士龍評月旦定推平子重西京

送方愉如之潛山

破浪滄江上孤飄落日低懷人傾北海作客到西谿劍
佩凌霜雪津關卯鼓鼙只因求友急不爲二喬迷

題張君小影

桐陰小憩接花茵眼底風流信絕倫愛菊陶家耽送酒
而今不是白衣人

采隱詩爲趙閬僊學使枉顧黃僊棠賦也和原
韻

節使掄才開象緯淮南景物竟如春冰衡欲奮龍泉氣
花徑時來豸繡人自是論文縣鑑遠還因側席見風馴
扃門在昔停車騎未許侯生老斲輪

訪蕭靈曦值其移居賦贈

老眼耽山水淮南舊畫師閒聲思製作執卷識須眉冰
雪停鵷素乾坤付槿籬知君臥新築書勝百城時

題畫爲田海若

籬菊扶疎帶海棠雁來紅盡蜀葵黃眼前穠豔春花滿
不敵秋陰一夜香
圖來名卉參差見絕似幽人聚會時莫道秋芳容易識
看花誰復是花師

元日遇雪懷仲兄都中

鐘漏鳴時跨錦鞍風光莫作去年看梅花欲綻添新豔
椒酒初檄辟晚寒曙色暫分雲片片春陰何自雪漫漫
凝華積素趨朝日曲和僊郎信未難

郭外

郭外煙雲古木平凌空一眺眼偏明漁樵絡繹孤洲出

映滄橫衰匹馬行偶過津梁尋往蹟還因碑碣識題名
良宵恰值臨光宴銀燕金鳧勝鶴城

題棲碧處

棲碧山堂數酒尊爲尋舊蹟洗苔痕半橋望遠諸邨見
三載題詩片石存（堂有余石刻）直引水光摇篠簜誰從花徑老
兒孫何時高臥河邊宅夜夜濤聲入夢魂

旗亭小憩

歇馬銜杯傍艸茵鶯花誰是曲江春廿年須鬢今零落
笑殺壚頭賣酒人

偶題

食粟論文畢歲年眼前刈穫勝陳編老人五合堪充腹
何事倉箱說萬千

再過旗亭

赤岸湖邊去復回旗亭深處細行杯春風日日應相過
不信終年只再來

屏鐙同象坤仁先兩弟

人物由來三國雄長江萬里小屏風與君細話曹劉事
五夜殘鐙白燄中

晚歸

行人衝莫靄春色滿空冥日落半山紫雲停千樹青乾
坤眞浩蕩須鬢轉凋零老大悲時序惟應醉醁醽

遥憶

遥憶傳觴處鐙光照酒杯星辰穿石罅煙霧起雲隈顛倒尋春伴喧呼作賦才老人空有意相望隔樓臺

坐碧摩

高踞層峰石路開輕煙如織繞樓臺欲尋啼鳥無蹤迹隔院鐘聲帶雨來

和荅畢嵎谷

醉倒江湖作散人畫梅千樹竟忘貧白浮里巷三更酒紅豔縹緗二月春斗室容身揮翰墨名花過眼滌風塵相逢盡是思鄉侶谿洞煙雲夢裏親

鄉行襍詠

湖邊蓊鬱甚髟髴足幽棲四牖橫高樹千邨護短隄斷

橋來客少斜日落湖低最喜田家叟驚心是馬蹄

策馬如雲客馳驅不問家一鞭驚赤汗萬里走黃沙田野休農錘機絲罷女車五陵風物異遊冶特相誇

浮生憐市井傍野問行藏白髮兵戈少青山道路長塗喧惟鳥雀人影襍牛羊但得荒蕪意長歌即醉鄉

四望少烽煙湖邨慣隱眠柳青纔到地水碧欲無天花鳥三春夢樵蘇萬古緣不須餐玉法象外說神僊

赤岸松風好尋芳坐艸堂細煙開窄徑老樹架危梁燕雀閒相狎山川不盡藏何堪勞智慧窮老理縑緗

小閣池邊立嶔崎石亂投雙眸橫水面一角露牆頭艸木幽人意漁樵隱者儔纖纖風月好無事夢揚州

樸踈須兄弟今宵只獨眠一時南北異五夜夢魂牽柳篋傳名諫桃源駐列仙不知春艸徑何日賦歸田

楊柳隋隄路松楸范子溝先人魂魄在曠野日星流寒食他鄉夢春風十里愁沉憂無可訴身世老田疇

送吳園次遊東粵

粵地逍遥謝政年海山樓樹石門煙爲官舊是披裘客漉酒曾無種秫田雲繞麥畦單騎路風清槐夏五羊天珠犀持贈應愁少制使從來不愛錢

寄贈吳留邨大司馬

高蹈番山興若何蘭臺聚處鬱嵯峨操刀水國流風在仗鉞中原愛士多記向梁谿留惠澤還從閩海靜橫波

縣知此日羊城裏食客三千帳下歌

題畫

長袖方袍脫卻冠攜來綠綺靜中看龍吟十弄今休說五柳琴原不用彈

早春雪中葉井叔吳岱觀柱顧偶集

楚越聲華重相逢曲水濱青尊消客夢白雪聚詩人日莫花爭發春寒道未貧乾坤耆舊在高歗出風塵

寄贈方緘齋幷柬令弟雪岷

家傳相國舊青箱磊落才名氣自揚結客槃匜多俊及照人肝膽自原嘗篋中書史堪酬對眼底山川失混茫君堪輿學最精一見諸昆相憶切馮君幽夢寄池塘

送汪望如令鄞縣

幾載雞山教澤殊還從赤堇綰官符過江人去煙霞嶺下馬風清日月湖凋敝只今須長吏循良自古屬名儒傳聞房琯曾爲令灌溉桑田蓋世無

八鐙詩和雷郃吳大司馬韻

客鐙

暗火熒空館青藜夢不同三更鐘漏外一劍客愁中隱暎虛明月依希怯曉風須看殘照在不與衆鐙紅

舟鐙

昏黑移飛檝孤星拍浪來江河應共照龍蜃卻相猜岸闊空留影蟾明似有胎揺揺光不定人在白雲隈

佛鐙

十花禪自在黑夜擁丹珠慧日爭明滅光風定有無一絲縣獨照百艸不教枯立地傳鐙者還聞廣額屠

書鐙

蕭蕭風雨夜螢火伴殘編冷眼遥相射浮情半欲蠲雲停煙海外光動墨池前不俟熒松照雙趺石已穿

閨鐙

無限閨中思香塵帶晚霞嬾妝愁畫角幽怨透窗紗一座簫聲咽三更雁字哀鐙前腸欲斷飛鬢漫塗鴉

山鐙

山路偏宜夜潡暉客與賒峰巒明遠眼虎豹斷前車影

暗樓臺勢光分艸木華遊人休躑躅曲徑幾藏蛇

花鐙

盡是琅玕實相看薜荔牆輕煙開繡幔新燄徧衣裳慣作金烏伴偏宜玉女妝一林星欲落客醉浣花旁

雪鐙

雪霰彌天白鐙光市地紅幾時千片積一點萬緣空冷燄憐隋苑寒宵說漢宮炎涼無定在消息玉塵中

題開化黃翁小影

鬱鬱千年松列植紛綺陌千霄一嶺青參霞半天碧睠彼丹厓翁丰骨堪比潔平生富縹囊說經幾重席曳杖邘水濱流風自姑蔑迢迢江上遊坎坎幽人宅寧甘戢鳳麟不羨攀鴻翮提攜一艸篋香氣沁魂魄

贈朱廣文亶初

簫鼓蕪城駐謫僊松陵風教隔江傳歐公堂下花師燕董相祠邊博士氊詩賦文章三篋舊生徒女樂一紗縣他時醉向雲軿路應許洪厓更拍肩

輓崔凌岳

房山風教冠幽燕悃愊何須事粉妍獨立只高潛玉志相逢如坐結繩年傳經蓟北徒三百同氣江南石二千第五才名驃騎在話君遺蹟倍淒然

韓穆家風世所珍一門七葉有誰論爲儒不少經權略計 國依然孝弟身賦役有時資碩畫乾坤只此是完

人可堪霜露推秋艸萬里塗車入夢親

贈裘大文鹺使

校士汾陽後江淮　簡命嚴掄材詩竹箭籌箸畫魚鹽
進退憐孤躅艱危在一廉羅官懷往事奏牘幾枯穎
柱史初臨日陳書上　帝閽自來深殿讁益覺諫臣愚
經國馮匡濟江河舊轉輸憐君辭劣繡官職未曾逋

重過泰州

吳陵孫權入曾此息風塵日月千花墅兵戈幾酒人詩
囊堪已亂遊屐漫藏身廿載蜉蝣夢重來説往因
斗室橫經處依希坐艸萊野榆隨地有天竹拂雲來㦀
注看花發尊罍為客開不知垂老日猶步舊莓苔

市行疑在野步屧轉嵚敧古樹胡公屋高山武穆碑江
淮瞻氣象文武盛壇壝登眺重回首千秋慰所思
昔遊當少壯今日輿多違花鳥全如舊賓朋半已非愁
腸經喪亂老眼惜芳菲身世誠難問乾坤只息機

輓泰州陳孟侯

羅浮弔古識君才遙憶風流徧紫苔對客時傾千日酒
尋芳愛摘九英梅豪情久逐殘花去幽夢何堪舊雨來
欲搨康成書帶艸小同今已負經回（君無子有孫）

贈崔蓮生太守

白鹿行春夾轂時論文講武總相宜見推麟鳳三千士
曾請貔貅十萬師異績昔年傳越地清風此日滿蕃釐

韙公芍藥歎公柳何似黃花暎酒卮

贈劉玉栗

眼中暫覺風流減頭上應憐雪片重裘馬當年稱絕少
而今依舊倒三松
涪翁江上是邪非秋水籬邊遯已肥羨爾高堂長侍燕
不須重換六銖衣
老至還餘百鍊身白頭相向好垂綸回思昔日西園夢
鵷鷺如今有幾人
相逢花際傳尊酒莫負牀前比屋書三萬六千讐校日
應看太乙下樓居

送俞潔存自秦之滇池

客自崆峒跨碧雞去年官渡幾雷題只因天地存詩卷
不許才人歇馬蹏
三年不肯脫征裘羸髩山光次第收最喜烽煙經歲息
讓君高步五華樓

寄贈梁輿若

天地論交道君家只弟昆才名千派合肝膈幾人存白
髮情如縷丹山敎自尊何時鳳皇路駐馬倒芳尊
夏伯千年邑逢時士隱淪自君開學舍遂有唱名人氣
運分儒術風塵儼國珍為官貞建立媿我老垂綸

題王篆夫像

輞川人不見吾道向誰論鼓瑟青絲斷繙書白日昏霜

風雷卷軸須鬚老乾坤遺像今猶在高蹤隱墨痕
白頭多製作異代幾沈吟但有傳書在何妨謝世深曾
推文士翰應費賈人金誰是知音者聞風淚滿襟

郊居樵詠

北門楊柳郫幽人卜其宅青青絲半垂拂此澗中石折
贈遠行人愁緒來天末相思落月時雁影横秋白
平生恣幽討終歲耽遊矚一卷常自隨歌聲在林麓閒
步怯風霜夜吟惱僮僕疑義欲披宣還與問樵牧
市廛一何囂車音接深牖況復兵戎馳道路空搔首險
巇在人心烽煙在人口耳目慎無譁一丘聊獨守
隋苑鬱相望吹簫何漫漫豈知傷心人但覺歌聲斷撫

時歲月更攬鏡須髮亂白眼向秋山懷抱空霄漢
出門望西疇禾黍已離離載經風雨夕言念畚鍤時螟
螽下曠野虎豹宿荒畦婦子欣相聚徭役會有期魄彼
不耕者空飽稻粱爲學士爲飢驅農夫更何之誰爲荷
鉏老精誠吾所依
瑟瑟空林風飄飄落花欒欒結怯風吹榮枯有至理抱
道向幽室淳意從茲始夕日滿寒原逝將釣秋水

程母八十

緑柳紅亭白玉壺鶯時提此醉麻姑來朝試問油花卜
龍鳳妝成僊子無
蜀中天子至今傳舞綵諸兒在眼前三筆六詩渾不俗

笑將僊露溼金鈿
望衡對宇小窗開二月街頭屋半灰奇絕隔牆風火息
不教金母亂妝臺
貞松篇自五雲垂僊藻吟來細舉巵不識兩行科斗字
謬攜青鏤寫烏絲

獵微閣詩集卷第四

獵微閣詩集卷第五

江都　許承家　師六

送黃雨相之北

蘭陵才子賦隋宮北去交遊逸興同早歲書帷來八俊
少時研席伴三公鶯聲帶別行雲暗驢背高吟落日紅
莫惜須眉今老大當年朝士總成翁

喜晤蔣次斗時劉玉栗熊偉男蕭德懋蘇雨三
俱集分賦

白沙中道幾裴回蠶市初過聚酒杯三月鶯花隨客去
一時車騎爲君來經年卷帙愁腸斷垂老乾坤笑眼開
相見莫尋京洛夢竹谿六逸迴塵埃

題程止玉小影

科頭曲卻不勝情何事瀟湘萬里行只合長開青白眼
亂山深處看雲生

馬星卿桃源相值時年八十索贈

相逢緩步覓桃林近水沿山子細尋野鳥枝頭知客到
漁人谿上望君深三春煙柳來傴杖百歲須眉記盍簪
馬首直須從薊北看花　帝里影沈沈
妙製由來數色絲　殿中校試昔稱奇詩詞久付伶人
誦姓字還教　天子知曉日時侵朱燕幞春風醉倒白
狼戾看君老向燕山路倚杖仍堪賜玉枝

鄭三舅母八十

御史臺前拜母幃兩朝冠帔佩來希似披燕服爲褕服
卻看萊衣是繡衣家擅雕龍千葉盛時逢撲蝶百花飛
慙余未有羊曇墅空賦長春醉不歸

送沈郡丞之新安

甓社湖邊抱卻人烏聊山下好垂綸三更不斷牂牁夢
半刺遥分漢洞春攬轡直須尋舊谷題輿何處擁清塵
送君獨上西谿路故里飄同異地身

端午喜二兄歸

西江歌吹擁扈車兄弟相遭感歲華從此醉傾千日酒
莫教辜負五時花宦遊京國書頻上令節家人恨轉賒
見面不須追往事年年別夢繞天涯

送徐松之返京口時余有燕京之行即和留別
原韻

明月簫聲送客船中泠何似廣陵泉片颿影傍燕吳路
一夕人分南北天綠帙囊來煩驛使白頭歸去解詩禪
期君爲訪余家墅丁卯吟成在水邊

贈秦中友人

一春看盡武陵花涵碧橋西醉眼衰囊得新詩歸去疾
秦關百二是君家
歸鞍猶及茂陵秋兄弟依然萬里愁花萼樓前歌吹發
不堪春艸夢揚州

喜晤姚靜而

共向邗江溯碧潯，十年分手卻霑襟。風煙歷亂成興廢，姓字淒涼判古今。相對只多題筑伴，不堪重理聽濤吟。八僊花下蕭疎影，應照當時白水心。

桃源道中

澎湃長河市地流，疾風鼓枻向幽州。桃源積水今猶昔，柳埽連檣春復秋。岸上綆絲愁路斷，篋中錦字任人搜。高吟不覺喧闐甚，鵲尾鑪香引興稠。

魚頭集

湖連湖曲失全湖，天際蒼茫落月孤。放眼直須窮朔漠，築隄曾許計樵蘇。地無培塿空餘戍，觴有昆侖不用酤。昔賈氏以黃河水醸酒名昆侖觴爛醉魚頭忘作客，夢中煙雨到三吳。

過梁王城

荒煙古磧梁王城，城上猶縣彭越名。漢代三人千載傑，于今馮弔眼流血。聞說漢家籌策良，功臣剗盡非高皇。計由女子殺猛士，首及淮陰次及梁。梁王徵兵邁荼毒，身爲葅醢夷三族。鳥盡弓藏理或然，吁嗟功罪胡翻覆。彭家扈氏蒯生曹，不須重說跖與堯。猶有欒生哭頭下，千古生氣猶歆歆。在越與信今已矣，淮南王布魂空靡。蘄西敗走驪山徒，又見功臣格鬬死。可憐梁王城，城邊青艸生。古來雉堞埋沙土，惟有侯王恨不平。

南陽口占

南陽十里柳芊芊，無限青山在眼前。柳色山光看不盡，飄然一葉逐輕煙。

遠瞰湖心近瞰隄，青浮水面夕陽低。荒邨野老閒馮弔，曾記將軍急鼓鼙。

恭謁仲子廟

岳岳冠雄子，名高泗水波。須眉凌日月，意氣在山河。遊歷隨師老，艱危仗節多。瞻風還自砥，撫劒莫蹉跎。

過濟寧

北地成都會，南池足醉眠。風開君子座，露集賈人船。姓字尋碑碣，詩書老市廛。余家有主簿，曾此賦青氈。

南旺作

汶濟連淮泗，橫流一水門。指揮成岳瀆，疏鑿到乾坤。派合驚人眼，峰高老客魂。司空眞偉績，應與奠盤飧。

過東昌園亭

聊攝城邊水，風回碧樹灣。綠陰橫十畝，白浪涌千山。臺閣凌雲立，漁樵席地閒。賞心惟野徑，前路歷間關。

曠野風猶在，山蹊石路平。喜無丹雘氣，卻任透迤行。高館江湖色，空林鳥雀聲。射書何處所，登眺且移情。

立秋日舟泊清泉賦謝家姪太占

拓浪飛霜節候過，街前楸葉戴如何。慙余畫鷁臨秋水，藉爾枯鱗轉夕波。有客不知彈劒鋏，無家應使老關河。清泉歷歷懷宗哲，猶自傷心撫太阿。

偶題

每食無魚劍欲呼蕭條水宿旅魂孤前邨舊是扳罾路
卻少潛鱗慰老夫

過武城

詩書當吏治萬古此荒城攬勝全無蹟聞風似有聲野
雲邨外合孤月浪中明到處銷兵革空餘舊日營

過故城

武城遥接故城隈一水灣灣九折回當日豈因波浪曲
暗將行徑表澹臺

四女寺同家來集暨昌兒

古寺馮高岸青林夾市廛同時商舶集異地戍兵喧闤
路三人共乾坤四女傳須眉男子在能不媿嬋娟

送來集羽扇

碧虛如拭正新秋飈苦炎蒸總未收卻暑直須持羽扇
知君名士舊風流

七夕和昌兒韻同用首句

今夕是何夕明星酒正和眼前空鐵騎夢裏擲金梭天
路闗河阻雲邊客子過舉頭看彩色偏恨五更多

贈家康成叔

經年樸斲數晨昏大隱風流今尚存于井于疆呼父老
肯堂肯構是兒孫三千珠履尋詩壘廿四雕闌載酒尊
高宴瓊花勞夢想定知鬚鬢老乾坤

送李傅菴令萊蕪

才子由來玉筍班今朝渤海種花閒論文筆瀉長江水
攬轡風清大石山千乘雲煙堪極目十年魂夢老愁顏
憐余曾共儺翁戲依舊僧林對白鷴壬子慈仁寺偕君守歲

中秋貢院旁作

薊北人千里天南月一輪開軒河漢沒隔院鼓鐘新兄
定憐孤弟時家筠菴兄已出都兒應念老親是夕兒在闈中揮杯還自惜空負
上書身

幸有同心侶相逢倒月卮謂家來集也論交千與合得句一囊
隨風露摧秋鬢乾坤數色絲金門殘照在夢與故鄉期

遥寄昌兒棘院

未了平生恨今宵傷女身有杯難共把無月可相親眼

對天人策魂飛京洛塵何時脫羈勒高歗向秋旻

吳楞香酉館賦贈

承恩　殿上臘初殘玉餌金槃待爾餐遥憶題詩紅日
近慈仁松下不知寒

東廊檢罷西廊去四庫纏身不厭頻鵷鷺眼前無數客
羨君是讀祕書人

和徐立齋總憲詠梅

香氣侵杯斝春陰二月時孤蹤馮獨臥麗質轉相欺鎔
火含霜幕乾坤老雪姿開來花下賦應許故人知
輕煙籠影瘦魂魄若為安朔野香能澹東風吹不殘春
歸三徑杳月落一林寒眼底羅浮意何須夢裏看

送吴木林終養告歸

赤日驅車出九門，暫拋手版向江郵。疏家圖畫人如見，季子風流今尚存。自是臣勞堪子職，豈緣親老謝君恩。故園松竹應相待，看爾時傾五石尊。

輓國強朱君暨錢太孺人

任俠還馮淑女裴，投金瀨畔故相望。鼓刀市上傳朱亥，椎髻山中說孟光。百歲衾裯堪合梓，一時子姓賦長楊。最憐鄉路經年隔，擗踊天南幾斷腸。

與梁芷公同年夜坐几上有古危花插同賦

帝城風日繞香臺，博古行吟興未摧。學道應兼彝鼎氣，經猷不止櫝梧才。丹青隻眼成花幔，紅紫千林落酒杯。醉眼相看渾不寐，況逢賦客有鄒枚。

送孫眞常令邢臺

策馬花山下，栽花縣卻宜。鳳麟嘗在望，琴鶴自相隨。人是文章伯，羣呼至德師。他年循吏傳，淮海定稱奇。

瀛洲亭秋霽

大火西頹日，飛霜夜墜時。碧虛眞似拭，蕭摵有誰知。石雁驚風起，山珠帶露垂。聞聲堪作賦，有興輒題詩。鎮日滂沱甚，當秋藻景移。人逢雙吏引，路傍五雲宜。顥舞來金吹，文編數色絲。青蒼楓樹晚，隱暎在蓬池。

題楊覺山黃門乙閣

橫空開矗閣，登眺只迷離。四辟星辰列，一絲天地垂。山河隨處影，花柳躍來枝。欲問凌雲構，良工不自持。

此際干霄勝，曾攜襆被來（余兄向家於此）。三年無易地，萬里有層臺。山柳因風長，亭梅待客栽。九天飛翼處，今日爲君開。

結構重檐上，婆娑列檻前。高言飜白露，封事向青天。鳥道山煙絕，梟觴木榻懸。風裁誇四匭，只此抱琴眠。

何須緣野阜，眼底即崧高。制作開山別，經綸置屋牢。偶棲成岳勢，小築見人豪。治劇無殊略，乾坤信爾曹。

壽丘峻德先生

麗眚天下重，況復領朝紳。部寺諸曹使，江淮一老人。同心魚鳥格，異政鬼神親。有美應褒記，庭隅竝史臣。

出牧當年事，鴻猷楚漢開。空屯無虎豹，按牒有風雷。歸路攜邛杖，行歌老釣臺。蒲萄春酒熟，試進碧瑤杯。

呈座主董公

春曹聲價平原重，版使風規武庫雄。人物漢家臺閣上，文章班掾志書中。匡王在昔尊名相，選士何當數阿蒙。一自凡材鞭策後，駑駘幾欲竝青驄。

奉贈年伯劉太守

長者劉寬起鎬京，蓮花姑射擁專城。三渠自昔因風匯，兩鹿曾看夾轂行。謝政逍遙躭白隨，閒居笑傲飯青精。青霞獻壽空儔輩，有子瀛洲早策名。

得家兄信

書信來消息，驚魂自九天。當餐雙箸隨，隱几一心縣。有

病成雞肋無緣控馬鞭弟兄霄漢阻懷想亦徒然
辭家經召棣分手月初明別緒笙歌起岐途意氣橫燕
吳人共病鄉國夢徒縈遥想摩青閣無端涕淚生

出京城

拜表銜恩出　帝京沙渦門外野雲生碧山隱霧孤邨
見綠柳含煙夾樹行辭　闕豈緣魚鳥興還家只爲脊
令情棲遲驛路頻搔首何日揚州看月明

芷公同年各舟宿

連牀三月話晚泊不同舟一水縣天外孤飄隔海頭鄉
關音信在夙叉夢魂留安得平生舊時逢　帝里秋

大風值鄰舟有健兒漫題短章

風雷來薄日有盜欲相侵天上龍蛇鬬人間虎豹深消
弭何事術鎮定自成擒制敵須談笑乾坤一劒鐔

舟中覽宋嵩南所藏顧繡

宋公幄內有鍼僊方帛圖形入小船天地雲煙千縷盡
山川人物一絲縣搴帷妙製靈芸絕折鬆神膠趙女傳
安得文思如剌繡書來麗藻自翩翩

風阻望芷公諸同人舟

分明畫舸住前川我楫移來勝九天相見不如魂夢好
片時雙眼不成眠

順風放舟

小艇霑泥滓風來水勢分魂搖依岸艸目眩逐波雲厲
揭非無故升沈別有聞乘時方克濟人事漫紛紜

芷公先去津門

八旬六日聯詩句自五月廿八至八月廿四一夕分攜隔酒杯白水青松
無頓改丹文綠帙豈相猜風回南北看舟楫人歷艱危
信艸萊前夕與芷公商守禦事　隔夜與君期約在登高還欲步層臺
時有九日柁樓登高約

過天津關

搜括當年事今時任往還金臺無隱賈鐵鎖沒雲關驛
路休搔首行人定解顏脫逢桑孔計何日到平山

楊柳青

名因楊柳得不見柳條青野樹無枝葉人家有戶庭細

煙籠兩岸落日照孤舲羈思還如絮淒其在脊令

王莊

邨墟臨水岸景物畫來眞古木三疲馬孤舟一老人楊
青當指臂月白迴風塵北地尋幽勝無如此駐津

晚眺

日日凭闌望夕曛行人幾傍海鷗羣孤邨落葉千層雪
萬里長河一片雲樵牧何堪連袯襫笙簫猶自隔船聞
羈愁對此情無賴春艸池塘夢轉殷

過青縣

夾岸青青柳長河沒樹腰垂絲開荇藻倒影拂雲霄潞
水波濤激西山竹箭饒空餘憑弔眼難自繫星軺

憶往事

去年來滄洲鐵貓沈水底水深數丈餘相顧氣已靡舟檝且潛移指點失遠邇濟川邈無期衝風鮮所抵忽見赤身人躍入不顧死偃仰橫濤中豈有頭與趾須臾持貓出一似索諸市重來思往蹟魂魄猶欲起試問凌波軍神智誰與比

曹實菴郡司馬之任新安時余乞假南還相值中途卻贈

舟車征客總荒涼問水登山路轉長君去垂紳臨白岳余歸扶杖訪青囊津途漸覺風煙黯渡口相看艸木黃惟望題輿新政好病夫異地勝家鄉

桑園

商風當晚息初月照桑園艸木帆檣動魚龍戍鼓喧羇人愁萬里賈客火千邨明日平原望燕齊隔小旛

述懷

余入史館讀書史自嗟自憐且自喜人生得探石室藏豈在區區衣青紫有兄先我列詞林復官諫臣名　殿陛余自少小失傅師執經問業余兄是鐙火追隨數十年無分仕隱共相砥客秋鼓枻向薊門兄已銜　命歸來矣忽傳負病臥匡牀魂魄如落九天裏一時仆地難自持眼中四辟旋不止可憐兄病弟復然無何籲　帝歸鄉里兄病豈有省兄文其柰小臣病欲死伏枕陳詞帝曰俞因駕輕颿去若駛歸來兩人病復起莫負當年同乳子涕泣　皇仁不可忘不然豈有兄兼弟

九日

水面登高上柁樓青楓碧柳白沙洲辭家病客三千里鼓枻懷人九十秋瘿木符來羇旅夢菊花桮泛故鄉愁龍山燕罷還搔首況有余兄隔玉句

蓬池高謝罷橫波九日登臺事若何去國只憐雙闕迴還家不見五雲多遥從異路思棠棣幸有同心數蛤蠃憶昔慈仁凌絕頂月明脫帽倚霜柯

縴夫吟

客子三千道日夕不停櫓所嗟風雨甚赤腳弄舟苦木

版橫當胷直與風伯忤氣勢全用逆鬬智還鬬武身折常傴僂力欲伐柱礎有錢具蓑笠無錢鮮寸縷況復調飢人容色淹如土失足深穴中肩背淪水渚其或仆在地呼吸馮豺虎嗟彼百役勞疇堪與茲伍如何舟中客高坐歌且舞所以何易于腰笏傳千古

過武城

有營名甲馬轉眼是弦歌可信調金琯誰能罷鐵戈馬喧高岸柳人蹋故田莎吏治儒林竝流風竟若何

懷家愓菴老人

慈仁松下老儒生相對掀顊恨不平跋燭傳杯人一斗聞鐘校籍月三更自從漢洞催歸客遂使燕臺速去旌

昔日連牀今異路可能秋露共蕪城

臨清懷汪畏文館丈

津門至清淵水流千百曲曲曲抱平原一似尋幽谷朝來盪槳行莫猶朝之麓關路勢潆洄樓閣望中矗輕煙散青林英賢此躑躅執手向蓬池高言香氣馥無何判衣袂相思在濠濮今過君子里須眷猶在目惟聽潺湲聲人終不我穀

過劉玉栗讀其元日五言詩漫和二首

萬里辭金闕迎年到艸亭喜翻新歲曆還執舊時經僊佛皆吾事詩書不記齡劉家五字好高誦倚雲青

城隅空積雪元日漫停車莫歎須眉老相看艸木華嵇

琴原未歇先日聽黃子鼓琴禰鼓不須撾眼底春初放寒梅幾樹花

和玉栗除夕詩

只爲脊令戚倉皇不肯閒一時憐逝水隻影向空山踈拙斬宮禁塵勞老市闤祭詩當此夕兄去待誰刪

南北紛馳逐瀛臺一腐儒振衣常獨臥朓帽費高呼陸放翁見奇文則朓帽大叫慣賣無錢賦時輸不穫租歲餘何可說顧影漫掀須

鄉行

爲數年華歷遠鄉蹋來堅凍路偏長朱英帶葉拖樓閣白雪平疇畫井疆幾日愁看聽夜漏一寒徹骨傲春陽

回思此日朝元道多少寒梅苑外香

過范莊

十年蹤迹向天涯范子莊前日已斜最是不堪回首處東風吹落海棠花

元宵後一夕之淮上

春鐙初罷淮陰去到日探奇費酒尊漂母真時應有問可逢市上舊王孫

喧喧街鼓徧城東男女相牽過短篷最喜臨光高宴歇宮人爭拾荔枝紅

集字詩丙寅正月偕家惕翁兄昌齡駕小舟之淮陰道遇雪加之冰凍雪霽見月月沒見雪中間風日間作閣八日始抵岸舟中無一事無一客又無一書可讀僅攜有牙詩牌字一千扇三人各集成詩得如干首集成系以題亦意爲之所謂得其髣髴而已

惕翁過齋中賦詩并論易理

題唱芝英筆家傳自許渾遇窮高雪調人老帶霜痕飜卦尋難字垂簾任負暄柴車欣我顧空谷共聞猨

偶見

閣外誰飛學佳人怨正長髮踈哀帶雨色皎半凝霜密葉閒遮鳥輕簾漫引皇世情空老眼何事說紅妝

過甓社湖

驛路淮陰隔人家甓社東千聲吹短笛萬影逼新桐客在春郊外舟行鳥語中來朝祠漂母何事泣途窮

園中襍詠

訪釣秋潭北風清古雪姿低鶯藏畫幌歸燕護疎籬疊

石齊檐穩層磯覆枕危荒園初罷築梅信莫嫌遲

醉後書懷

載酒停租日寒江月色孤星飛空老眼雪結鎖危途題句元同唱貪杯許自酣醉餘誇美事高閣洗青梧

舟中遇雪仝惕菴

遊子衝霜雪操舟倍黯然凭闌雙雁度走筆九峰縣才老題橋字囊餘買卜錢舍愁人不見幽思冷寒蟬

郊居述懷

性僻甘彫謝狂吟近水鷗餐花眠石上洗研坐磯頭梅凝重檐雪梧荒古寺秋試看漁釣穩身世莫他求

痛飲

孤租偏載酒寒日最堪思眼底槃初供尊前斝自隨新醅停月渺故錦近罏危（時昌兒褰侵火）客至成酣醉風郊信可支

即景

鼓枻向天涯春江幾樹花波心揺野笛渡口少人家帶霧看鴉度吹雲逼雁衰羇愁渺無際高唱發空葩

飲淮陰使院

勝遊看節鉞髣髴讀書殘架上刃籤亂軍門艸木寒瘡痍資策略冰雪靜波瀾試看今開府清風萬古難

冰凍不得過來老昌兒舟

冰版横千里征人欲斷魂排山湖海裂觸纜虎狼奔孤夢馮雙櫓連檣隔九閽客途今若此愁思滿乾坤

舟行

征驅依遠寺雪浪打孤舟鳥影隨波沒鐘聲入夢幽哀鴻何日斷捫蝨未堪休當路煩籌畫謳歌徧野疇

過寶應懷孫在辛

白馬湖邊雪正漫懷人偏惜旅人寒冰霜遊子舒眉少天地良朋見面難灘鶩杯空愁漏永鷫鸘裘重覺衣單興公何自來同賦煙樹娑羅帶笑看

贈卞長卿

驃騎將軍奕世孫須眉七十向昆侖文章恥爲逢時貴姓氏飜因不遇尊徵士籬邊躭歲月涪翁江上老乾坤恨余雪濺淮陰道不及當筵共酒尊

夜至惠山汲第二泉

山光迷古寺黑夜泛寒流佛火巖邊落人煙水面浮漁歌侵短夢泉響壓孤舟汲得清漪好能消客路愁

第二泉邊水輕煙動海涯色空凌白雪價重逼丹砂汲綆偏宜夜煎茶不憶家勝遊殊足戀安問夕陽斜

病起之海陵訪高素其舟不得

不見高常侍空憐老病侵撫膺頻濺淚得句少知音四野秋深雁孤舟夜半碪況逢重九日寂莫起哀吟

九日集稱言齋時宗鶴問至自秋浦

青楓紅葉映衡門恰值良朋共酒尊自惜煙塵迷節候還看登眺老乾坤名山遊去懷宗炳別墅吟成媿許渾

此日茱萸江上會一人轉隅杏花邨（杏花邨有志即秋浦地）
去年九日正浮柤渤海荒原問酒家鷓鴣杯空勞客夢
沓令情急怨天涯人歸瓊觀風何莫臂把萸囊日己斜
幸有同心秋浦至不須白露賦蒹葭

贈鄭方旦表兄

歲晚香霞上壽頻來朝又是一年春回思綸閣宣麻日
已見烏臺折檻人少小論經書帶地殷勤抱簡繡衣身
只今恰值儺翁戲應許歌呼向錦茵

偶題

長湖波浪好行柤雪岸風淒客夢加幾日含愁冰凍裏
不知何處是春華

題鄭西亭小影

蕉綠楓丹白玉清高流對此足平生閒來曲刴棲巖石
不使旁人聽履聲

王家營寄昌兒

黃流淼淼一飄開南北分攜幾溯洄卻使行囊遺兩篋
又敎奴子渡河來

渡河謝諸叉

河闊輕颿過征人信往來乾坤無險阻車馬有塵埃作
客驚魂夢思家到酒杯寄聲驪唱者從此上燕臺

昌兒爲製肩輿長途大得力

逢人莫灑家鄉淚作客眞無行道悲喜爾輿夫授方法
遂敎驛路少欹斂風煙細引來僊吹簾嘆輕懸似水嬉
安坐長驅到燕市乃知器用適相宜

過鵝莊一帶

眼底風光好行人與轉長雲霞揺遠岫車馬下斜陽欲
訪詩書蹟誰爲俎豆鄉只今淳樸意小憩勝康莊

途中與藻澄甥言詩兼理藥物

詩囊與藥囊擔負意何長百艸經齊魯孤吟說漢唐時
來銷甲馬老去諳冰霜竝轡眞同調相憐只渭陽

僕人文駿衣碎裂且夜臥無枕詩以壯之

笑爾躭行役居然老僕夫雪餘千片有寒枕一絲無帶
劒隨征蓋回頭醉酒壚（凡余飲僕必從）世情休冷暖蕭瑟正吾徒

夜起口占

驛路蕭蕭客子行寒煙驅我過沂城還思沂水春風日
馬上閒吟到五更

紅花埠望山東山色

歇馬中途問路岐青齊風物繫人思一林煙樹孤雲斷
萬里山川獨眼知半世燕京空作客平生泰岱是吾師
他時應笑馳驅苦老大須稽任爾爲

梁莊遇高館丈歸

君馬下江南余車之薊北南北不同指范范旅店食執
手立須臾別緒横胷臆余賦歸來人今去若爲逼君今
踵我爲家居豈久息相思輒相呼安知不在側至問所

以然兩人口盡塞

從蒙陰入泰安

寂歷渦陽馬去遲無端景物眼迷離一天征雁横洲島
五夜寒雞上樹枝遥憶泗濱成短夢每過郚墅發深悲
來朝岱岳空馮弔又是山高未到時

宿羊流店大風

爲尋視艸去燕臺夜半狂飈起劫灰氣挾雲雷千户動
聲騰龍虎萬山來征途已少衝風力入直還慙作賦才
莫怪飛沙當朔北人生百鍊盡塵埃

崔鎮題

邢家屋後有青槐偃蓋真同據八垓絶少亭臺供點染
長將老幹對岨崍

齊河大風不晤令君而去

陰霾四野欲黄昏閉置車中寂不言一任泥沙迷眼目
還驚山岳倒乾坤長橋只有屠酤市官舍誰開故舊尊
豈是齊河愁客到風烏直沁旅人魂

偶題

古廟荒唐任爾遊誰憐南北旅人愁邨夫對語呼龍象
野店傳杯立馬牛歲晚馳驅淹薊北時窮身世半邢溝
疎愚未肯忘初服仍理書籤到白頭

贈河間程公引太守

昨日平原控馬塵平原聲望渡河真賓朋滿眼無非是
俠烈如君有幾人半世肝腸堪許國一官冰署僅餘身
當年雅樂流風歇會見謳歌徧野民

渡德州河先馳送移文入都并訊一二知己

官文驛馬去駸駸河上逍遥轉不禁 帝里雲煙聊極
目故人風雨劇關心書生有日辭家遠臣子無能報
主深早我十年鴛鷺夢何須中道費長吟

入獻縣城

漢時名勝地遊歷眼朦朧艸長衣冠没沙霾礎柱空追
風航禮樂好學憶王公何處容馮弔行人只路窮

旅館寒月

客子淒涼古驛行剛逢新月暎前楹半輪寒夜催鴻影
十里孤光冷戍聲對酒不辭灘鶩醉擔囊終覺鷫鸘輕
最憐撲面風沙急猶照征人萬古情

過冒河

曠野頭陀席地蹲幽陵寒色動征人回風樹影驚棲烏
入水鐘聲起凍鱗墐户莫窮天地律巡河曾下帝王綸
他時若賜蓬池膽回首今朝只愴神

璢璃河

璢璃河上望淒絶旅人顏遠水來千阪長橋隔半山一
時誇虎踞百里見鴛班傷晚盧溝去征鞍不肯閒

晚過白溝

樓桑何事急星軺眼底神州望轉遥禽鳥千聲人影散

水天一色馬虒驕滔滔去國鄉思切寂寂離家客路迢南北往來渾自在憐余征邁轉無聊

盧溝旅店

辛年走馬新城道寒風凜烈吹枯艸當時縣令有吴君操刀疲邑爲官好余到下馬登君堂君爲送迎出門早相思相詣不相值使我懷人顏色老及問送迎屬何人余兄諫議入燕京時兄校士向三輔文章淵古一時新弟兄離别兩三載豈有期會如三秦如何逆旅相會合壎箎倡和良有神一見無端歌且哭一歌一哭皆眞樸夜半挑鐙説闇墨七篇奏劄還堪讀兄復命有七疏街前漏下已三更兩人抵掌如轣轆今兄已作泉路人顧此遺風猶在目兄乎兄乎可復來盧溝落月使人哀

程公引以志書詩緘見遺荅謝

鈐閣風清客到疏故人贈荅竟何如縹緗記注馬班筆殘疏縱横羲獻書自媿負薪從遠道何當垂棘實征車慈仁松下還相憶翰墨因君自卷舒

獵微閣詩集卷第五

獵微閣詩集卷第六

江都　許承家　師六

西城别墅詩爲王阮亭先生作

石颿亭

亭隅翁翳影孤颿盪空碧天地有虚舟撫此檐邊石昜舞御風行微波起淵浩

樵唱軒

禽鳥喧野組幽懷發高唱白日達天人已是羲皇上潛身學艸木樵牧差與抗

半偈閣

提筆萬千言胡爲留半偈静悟空中理開口義即滯隻眼向高天白雲無復翳

大椿軒

枝葉漫横空雲陰滋霮䨴坐此追上古八千紛紀載試問種樹人先世須肴在

雙松書隖

偃蓋儼虯龍青葱無與比一室擁殘編百氏盡披靡異香何處聞石颿水松是

小華子岡

步屧向崇岡高下只平陂結構讼輞川徑艸餘空翠一姓兩奇蹤千古適相值

小善卷

林迴龍巖出杖底煙浮青厓傾雲欲斷石硇聲泠泠倘
遇元漫叟洞口定爲銘

春艸池

池艸青且綠幽光如可摘況復春意深水鳥相戛擊知
君兄弟多魂夢如與覿

三峰

曠莽豈巉屼幽巒閟一室大地有奇觀平野生崒嵂東
眺岱岳高三峰若爲翼

歗臺

遠望有高臺薜荔貫剏㩕獨坐細吟詩氣象任張弛又
見輞川人長歗幽篁裏

石丈

頹石亦終古蕭森護小軒對茲長骨幹風氣聽寒暄一
片眞可語側臥待高言

竹徑

野翠滅行迹山寒煙路通有客逢籬角相將撫絲桐竹
幽石磴在如見丹厓翁

綠蘿書屋

徑盡亭宇開老株壽藤錯啓牖望山椒臨池聽水樂燕
息此中幽曠觀眞廣莫

聞鶯

春鳥翔高館長鳴擁翠毛翮飛爭向客聲斷爲揮毫傍

樹呼朋少栖林帶月高寄懷多磊落避繳故周遭熠燿
情如訴逍遥意轉勞十年憐白恰一夕聽黃袍豈是原
同調胡爲戀我曹傳音經艸木接耳應風騷影入金精
伴歌停玉色醪只添才子賦偏助酒人豪百囀千峰曉
孤飜衆雀噪乍聞驚寤寐髣髴在神皋

看芍藥 花名西施藥

白雪朱霞慰寂寥香魂無賴怯風飄平生未識西施面
卻對花容恨總消

從來芍藥盛揚州回憶揚州轉益愁甘把名花輸上苑
淒涼金帶曲江頭

送西邨和尚還毘陵

風流儒雅擁書眠卻爲逃名早入禪詩伯高蹤兼畫史

菩提妙法轉神僊術空薊北千家客夢到江南萬里船
一自慈仁親笑語送君歸去倍潸然

昌兒北來計明日當至

半年不見吾兒面明日相逢轉愴神父子深情爭頃刻
乾坤別恨歷冬春須肴對爾愁應破魂夢于今意卻眞
最是眼前風雨勢天公切莫阻行人

懷來老

慈仁同浪迹回首已三年醉醒非關酒升沈只問天愁
看新白鬚喜臥舊青氈會面須來日今宵夢正縣

送桑楚執

芍藥匽前匏子卮故人初見發歌吹停車即作花邊客
濡墨爭傳畫裹詩（楚執作畫見贈）久是奇姿空驥足還將老眼賽
蛾眉征衣暫解復歸去只恐行驂又爾隨（期赴公車將復來也）

送楚雲和尚去棲霞

楚公搖錫去古寺最高峰白暎千山月青浮六代松捫
蘿登虎豹拍浪起蛟龍相送還相憶江邊夜半鐘

丁卯都中五日

赤靈符滿　帝王州插鬢樓臺起客愁珊泛青蒲斟綠
蟻空將白眼對紅榴辭家暫作金鑾伴醉酒何須水馬
遊最喜昨宵宣　鳳詔白雲司裏罷虔劉（初三日大赦）

又和來老五日韻

薄宦當燕市棲遲蔭宛童（宛童女蘿也）雲嵐橫野白榴火落杯
紅幸有題詩侶還逢采藥翁故園花正放惆悵五時中

贈王僊佩

薊野霜風起歔歌銜杯客路惜蹉跎金臺賦就三秋老
玉殿文成半篋多（仙佩以御試文重刊成集）才子由來傳禁籞英雄何
事戀巖阿相逢莫話鄉關夢艸制須君載筆過

送亦蒼兄典試秦中

余家左掖舊文臣（辛卯仲兄筠菴先典試秦中）綸閣今看奉使新幾度風
裁推二許一時月旦重三秦關山遠道懷春艸杯酒離
亭洗積塵從此天閑多上乘人誇相馬九方歅

送虞廷兄典試七閩

僊郎銜　詔出掄才叱馭煙霞萬里回山左文章歸斗
極汝南人物重容臺珊瑚網盡贏江外竹箭材從鳳沼
來天寶石頭巖際落遙知甲第待君開

贈李殿臣

暫辭鞅掌理書籤問柳尋花數酒帘幾載清風追介子
一林高躅羨陶潛家仍江左桑麻古人到淮南吏隱兼
五十傳杯從此始看君頭白老須顴

上奉　兩宮幸暢春苑避暑恭紀

龍見鶉棲候輕風九夏長綠陰森艸木炎景徧扶桑岌
𡸣　宮闈駕行修野甸裝鳳旌臨別苑鸞輅歷崇岡雲
入螭頭靄人來殿角涼虹霓開碧洞雨霧𩆜瓊篁塵擁
千官隊歌停九子坊鳥飜羣岫綠荷裛半池香冰井雷
宮賜花棚泛帝漿鼓吹傳　聖善賡拜見明良象緯仍
槐序禎祥起露光孝隆天下養日捧萬年觴

中秋作

何處同亭醉濁醪帝城風物勝觀濤五更戍響連街靜
三殿鐘聲帶月高可笑章縫爭筆札（是日第三場校士）還看戎馬
耀旌旄（時田獵口外）文經武緯當今夕蘇李休辭寓直勞（謂在院諸公）

飲菊花前分韻

客舍吟花夜漏遲一亭秋露擁芳枝色連錦幙三更杏
香透疎籬十步知看去紅黃渾是瀹尋來風雨卻相宜
陶潛采罷還觥酒應泛金翹賦好詞

呈王閣師

位冠廷臣上承　恩傍紫穹動高黃閣老人羨黑頭公羲獻家聲舊臯夔治績隆絲綸看世掌冰鑑有宗風物望眞霖雨文章賽錦虹形階資變理庥質待礪礲還憶商飈日羣來壽域中明星方度漢霜氣早飄桐吉慶花初徧酴醾酒不空華堂紛綺席瓊錫出深宮鳴鳥欣時見雕蟲媿士雄高山常在眼寤寐向龍從

賦得登靈臺而望雲物

霄崿殊封域高臺起　帝鄉璇璣多變化星土辨妖祥敘事推馮相書雲有保章低頭聊自測仰面鬱相望一煒分青白三光判紫黃郁紛成異露繚繞見斜陽隱映蛾眉月飛翔鳥路霜寥天眞髣髴碧宙故微茫象緯歧南北休徵卜雨暘風回烏鵲渚影落蜿虹梁大史簪丹筆春官禮赤璋千秋雲物在記注豈荒唐

送文侯姪還常州

秋深漫舉送行杯木落江天首重回長路霜空孤雁過故鄉山翠九龍來客愁最是擔緗帙才子何妨臥艸萊此去擁書湖水上百城高坐勝金臺

十年聲譽動皇州今跨征鞍覓故丘四座娛賓鸚鵡賦單鞭織路鷫鸘裘移居暫作陶潛隱善射休憐李廣侯試問五湖新月旦吾家白額有誰儔

御書勤政殿臨古法帖

深殿誇雲錦雄鋒壓字師炳青馮彩管飛白賜丹墀斑竹聞三品山牀說四枝偶來麟角夢還與鼠須期倒薤因風變懸鍼任意爲始知羲獻好終訝蔡蘇奇八法凌霜動千毫擁露滋如神揮劒器布陣敞星旗鐫勒須傳骨摩臨豈畫脂惟　皇當日御落紙有風馳髣髴僊書在微茫艸聖知含思來臥虎運腕見文螭祕閣垂新本驚人儼舊碑他年傳墨妙　天子獨臨池

秋獮恭紀

商飈揚武烈行野諳千軍鉦鼓搖青漢車徒振紫氛獲禽修祀急茇舍力畋勤狩獵風原猛軀劉響更聞眼穿新雁羽手挽舊麋筋八步鐲排法千花射圍羣赤驑橫綠鞁黃鉞奮朱雾已見三驅略如披五德耘惟　皇親試獮大地共銘勳鑾旞回霑露龍旂動拂雲百官迎絳節萬舞影紅曛朱鷺颺歌罷千秋奉　聖君

花前分韻

客途蕭瑟坐芳茵把酒忘憂意自新裛露欲來幽客夢聞香不惹故鄉塵菁英景象光如失澹蕩風煙影未眞躑躅籬邊須盡醉相逢都是看花人

詠泛僊杯贈來兄

赤鳳吟成向旅亭眷令相共一鐙青風霜客子經離別日月僊杯幾醉醒豈是才名慙竹箭直將身世付榛苓玉瑶何日來天上取向高人數鶴齡

大學士宋文恪公輓詞

燮理抒丹悃淒涼別　紫宸星從吳會落淚溼帝城新
風雨吹皇路乾坤失偉人易名千古事文恪舊元臣
在昔推三宋聲名重弟晜緗編傳祕閣旂幟壓中原秉
國蒼生澤銘功　聖主恩只今丹旐發朝野盡招魂
同官看令子墨帳挹清氛趨步隨高躅殷勤訪異聞勳
名垂逸史肝膈奉吾　君梁木今何在河汾席未分
半世離鄉井中樞事正怭一朝驚墜露萬里問歸航篤
棐身如失憂勞夜未央哀魂江水激萬里恨何長

庭前菊英半落感賦

鎮日花叢臥如披紫玉函三秋渾豔麗一夕半雕劖氣
傲無安枕風高有落飆靜觀須自得何事語呢喃

題惲正叔畫冊

我友南田畫欲僊老來博得艸衣傳森森古樹穿雲立
想見含毫思渺然
山水休誇愛陸渾十年相憶隔江邨只今一幅雲煙裏
多少秋聲繞夢魂

長安初雪

朔風嚴氣積微霰下金臺欲傷霜邊落疑從塞外來寒
光千樹動素影五雲開散漫如花陣還應問早梅
黃竹歌初發街前息馬銜乍看青兩眼未遂白千巖作
賦懷湯谷含愁閉石岛棲遲鄉夢杳雪壓一江颿

和過菴韻

斟來婁尾盡還添坐對燕山萬疊煙須鬢尚堪凌白日
行藏終許問青天詩詞已失伶人誦姓字慙教史閣傳
相對不知年老大醉燄紅燭理殘篇

至日早朝

晷度般星昴圜丘慶禮成衣冠迎亞歲韈履薦長庚緹
室三更動靈臺一望明司天尊視朔工瞽細吹笙陰謝
原從樂辰升欲寢兵寒冰趨北闕曜日向南榮萬旆搖
黃閣千官佩紫纓共隨霜仗至還傍火城行日月當連
辟明良集瑞霙一陽巾共頫三極艸初菁圭景雲長覆
輪暉臘漸生鼓吹諧律曆賡拜見升平

丁卯十一月十五日題　去年此日北發

堪扉獨坐使人愁街市聲聲控紫騮還憶去年當此日
無邊風雨送行舟
吳水燕山兩夢縣纔衝雪路又冰天爲官輸卻林泉客
不見妻兒已一年

送劉六皆之任思南

淮海今詩伯牂牁古郡侯一官輕萬里五字重千秋夢
繞黃熊路歌傳白鷺洲遥知風月主原自屬嘉州
馮翊還堪試蕭公少頡頏如今君出守不得久爲郎別
陌傾鸚鵡單車老鸕鶿思王山下路白鹿定來翔

海鹽吳文隱先生祀於鄉

武原物望勝璠璵三十逃名賦遂初甘讓玉昆垂竹帛
長依金粟老樵漁千編日壓黃虞夢一榻時堆羲獻書
高躅鴻文天下少孫曾從此重鄉閭

元宵偕諸館丈院中寓直

春鐙放日只深棲銀燕金梟事總迷信步月明何處是
疎鐘殘雪古槐西
昔時紅荔撒金閨此夕淒風縞素齊更憶鄉關魂欲斷
棲鴉萬樹向人啼

大行太皇太后輓詞

慈寧飈 聖善遏密忽今時風雪丹霄哭園陵白馬悲
遺容隨臘盡哀思覺春遲雝露驚徒御乾坤淚若澌

金母初違豫天書出九門圜扉齊赦罪艸木亦銜 恩
露冷旌旗暗時屯日月飜回思祈禱夕徒步罷龍軒
彤管垂三世徽音峙兩儀含飴 天子樂錫祚兆民熙
蠶斷宮中樹騎嘶野外墀太任詒燕遠至德少人知
龍輴宮禁出蜃綍擁 君行煙鎖宜春苑烏啼不夜城
素旂天外直朱火日中明踊地千官伏冰霜萬古情
羽葆開花墅丹洲遠望中彌天空積雪大地起悲風削
杖聲俱咽豐碑紀不窮早宣 徽號詔聊以慰 皇躬
含悽茅殿下議禮 梓宮前一慟哀無極三年夢正縣
時上堅欲行三年喪 鉥心終古制淚眼向蒼天萬世依 君孝長歌
錫類篇

上巳

令節逢燕邸飛觴只市廛祓衣無一水作賦有羣賢晴
日空魚藻春風縱馬鞭時余請告歸 鼠須誰可試還憶永和年

清明

楊柳絲絲拂檻新昨宵蠶市蹋春蘋徒憐曲水題詩客
不見寒山斷火人兩度鶯時違故里三年鼇禁負吾
君青鞵布韈從茲去再向隋隄問酒民

壽丁菊田

結廬水國挹金葩髩鬋東籬處士家青海波濤歸綠帙
白琅煙雨只黃花吟成夜露侵衣溼醉引秋香入夢賒
萬卷緗編三徑艸逍遙應許讀南華

辛未元日 賜宴恭紀

千官宴鎬屬天家雲罕參差擁碧霞萬國衣裳連指臂
一時鞠䠊半趺跏傳杯不啻嘗僊醴賜食眞如散落花
湛露人人歌既醉揚鞭歸去日初斜

元日退朝得錫姪生子信

酥醽高醉謝承明小阮驚聞抱子行自是平輿將奮蟄
還誇槐里有香蘅脊令應許流千葉驃騎剛逢第五名
此子行輩當第五 記得去年纔燕爾今朝早已賀生成

和黃研芝同年春日述懷

冰天忽已到春溫無復窮陰雪罨門憶舊只多叒户客
藏身獨少研山園脊令往恨書三市鵷鷺新懽酒一尊

菱汁摩編原不易願堅寒骨報 君恩
移植街頭幾樹梅故園花柳首重回最憐冰雪凌雙鬢
未有聲名達九垓悽壻孤吟當夕照老兄相對潑春醅
何時一奮青麟管留取文章應上台

上黄年伯

瀨上投金舊爲官只杖邛三年諸島外萬里一雷封不
盡關河險誰標山海庸何時牀下拜仰首望雲蹤
賓幕金鼇地家聲石屋旁眼前箨藥宴鄉下探花郎父
子肯山重賢良漢室揚舉杯將進酒爲卜幾千霜

菊影和黄研芝韻

暗香和夜露疎葉不成團北苑無同調東籬有異觀參
差風寂寂蕭瑟影漫漫極目寒光下尋芳獨倚闌
看花真有癖夜半落英團但得空中趣長從壁上觀人
來神似澹雀啅興空漫珍重霜前幹應裝百寶闌

金魚池

聞說金魚地平隄闢大谿一羣天外落五色眼中迷搖
尾因人急游鱗傍日低藏身惟爾慣隱忍向塗泥

月下同來弟柔倩

朔風清且栗孤月夜逾白高樹橫幹影飛鳥無行迹對
此悽人心況復羇愁客回憶蜀岡巔流光萬里碧
似爲今宵冷清光分外明魄散真無際影落如有聲對
酒情偏劇思家夢不成何堪鐘漏寂冰月色同瑩

二月十三日禮闈中同諸公作

春風鎖院試諸生南北才華此彙征上苑煙花含豔色
戍樓鐘鼓襍吟聲誰堪鬼物司權柄一任文章起戰爭
簾幙青燈三十載今宵把筆佐提衡
金門獻賦舊荒唐古戰場中恨未央幾見應劉紛組佩
莫教郊島詠花霜愁聽五夜催文鼓慘負三春破錦囊
爲語諸公休縱飲才人多半泣瀟湘

懷楊安城

暫辭吳市到沙場眼底烽煙望渺茫幾載魚鴻回夜露
萬山牛馬帶斜陽英雄豈向鄉關老豎立何妨鬢髮蒼
但使青箱人不墜長驅塞北有輝光

送費蕘冶旋里兼呈研芝

夏木蕭森拂酒壚看君騎馬赴長塗征衣未了三年夢
名上初歸千里湖但得雷封吾道在漫吟雪調旅魂孤
君行應早逢山谷鑄劍峰前幾笑呼

送魯蒼舒南歸和劉餘美掌科原贈韻

三年別夢欲行杯病骨支離郭隗臺白髮繙書人漸老
青眸看客去還來芙容往識今休記（去年離家集同人芙容樹下賦詩）芍藥
新花不用開故舊可堪零落盡岨峽千里失追陪

送曹九咸同年之程鄉令

最是春風得意時無端官職五羊馳揮弦東嶺流高韻
選石南田賦好詩試問故交誰可仕遥知新政自堪師

書君鼓櫂瀟湘月日近梅峰擘荔枝
少小淮清共酒樓藏鋒不試幾春秋初縣墨綬諳民社
忍抱青編老校讎（君牘下郎授程鄉令）意氣縱横雙鐵漢文章風采
百花洲余家祠廟潮陽舊肯構還應屬爾侯（余始祖令威公偕張睢陽有雙忠廟在程鄉）

上柏鄉魏年伯

千金渠水映斑衣青鳥飛飛傍紫薇門第沙隄連轡至
才名玉甑佩刀歸含雞桞下和南曲鳴鶴庭前儼北扉
遥望蒼巖將進酒其如車馬隔皇畿（先生爲相公之弟官浙中郡司馬）

荷池夜泛同畢嵎谷賦

紅蕖隱映紅橋畔傍水笙歌晚更妍戍鼓一聲驚落葉
半槳曳輕煙遥香暗度花初綻倒影長流月未圓
休說碧筩能醉客雩脣無酒亦陶然
貼水芙蕖照緑苔輕風摇颺只行杯靜看花鳥從天下
晚覺星辰動地來蹤盎移時幽興敦濂谿對此好懷開
三年不聽菱歌曲贏得今宵幾溯洄
寂寞池塘駕小航逍遥水殿御風涼緑陰何事凌朝旭
紅豔偏宜帶晚妝百卉漫誇曹植賦一簾遥隔楚蓮香
杳然去住迷空眼但聽簫聲引興長

獵微閣詩集卷第六

碧摩亭集

江都　許旨齡　眉右

送宋穉恭同學歸射陽即用留别原韻

金門筞馬鞚芳塵玘瓘相逢邁等倫姓氏慙爲桑户客
槃敦終屬鉢池人青松白水論交約碧草秋山省覲晨
從此屋梁明月夜清光猶似挹丰神

七月既望同學諸子雨集聽花書屋

雨過秋山沐晚容褰裳欲上最高峰芙容卧水遮鮫艇
樓閣參差瀰梵鐘指點夕陽衮度鳥依希仙客醉扶卬
酒闌莫漫催歸去白月迷離正挂松

送張月坡還無錫

譚經高館暫時休寂寞氷天古渡頭横野青山雙去雁
滄江白雪一歸舟鸕鶿裘老英雄恨鸚鵡杯乾逆旅愁
相送河橋嗟間阻月明何處許從遊

齋中觀芍藥和周東會韻

共倒花邊酒香凝細雨中低枝摇淺碧疎影動深紅去
住空庭燕陰晴隔院風還思金帶會簪鬢盛羣公

餅梅和宗寉問先生韻

黄昏常伴月朦朧自入春閨香更融賴得佳人重憐惜
不教摇落五更風
貯來春色膽餅中莫向東風問化工一任樓前吹玉篴
雪窗偏有數枝紅

送南交姪北遊
渡江詩畫絕如子邈難儔詞藻真驃騎丹青舊虎頭宵征淮海夢薄宦薊門遊到處逢迎慣何須歎蒯緱

題王石谷小畫
空山少行迹煙樹自婆娑爲問高軒内何人衣薜蘿

題畫菊
裛露含英菊幾枝蕭然高韻滿東籬一縑秋色披來好正是南山在眼時

豐城集遇雨
豐城走馬處游子百愁生樹影連山暗泉聲匝地鳴奔雲飛斷㵎驟雨促歸程俯仰乾坤内經心事不平

春日過棲碧山堂
春水桃花漲閒房芳草深風聲洶白谷雲氣罨青岑千古尋燕館思鄉動越吟行行賦歸去新月上長林
層巒高百尺紫翠鎮氤氳春曉禽喧樹亭空竹拂雲域中展遐矚天末感離羣花氣流杯斝幽香四坐分

送家文侯下第南歸
鍛羽還家夢正懸羨君先我著歸鞭傷心鵷鷺今無分放眼鳧鷗别有天客舍聯牀非偶爾離亭判袂亦淒然山川到處供題詠多少秋光落馬前

遲友人不至
小閣倚層雲松風萬壑聞幽情誰與共此際最懷君

擬宴外國貢使十二韻
哲后敷文德遐荒盡肅清海隅瞻日化嶺嶠彈風聲圭戢因重譯菁茅到八紘歌心知被格詠腹快昇平渙汗來雙闕恩膏下五城開筵羅玉餌錫露湛金莖不盡温山釀還邀錦帶羹庭燎光電閃官珮響雷轟文物暾丹陛威儀壓繡楹波分星宿潤首戴海山輕干羽形千變笙簧奏九成萬方咸内屬　帝德邁欽明

夜聽藻澂讀書
炙盡秋鐙夜漏殘書城坐擁不知寒即今礪厲雙龍氣坐見君操百尺竿

庭前菊英半落
一亭秋色在殘月冷寒臯籬下金英墜霜前白雁高物情傷草木韻事繼風騷爲憶陶元亮平生愛濁醪

送潘楚吟歸里次春水船韻
青袍草草巽鄉身歸去還袪京雒塵十載升沉燕市月半橋歌吹曲江春世情炎冷空如夢吾道周遭豈遂貧故里較多詞賦客平山觴詠莫嫌頻
淼淼雲帆驛路縣遥知平子詠歸田官橋楊柳銷晴雪潭水桃花放客船薊野驅車空匝歲蕪城作賦可窮年流鶯喚徧春山緑爛醉何妨藉草眠

看芍藥和惕菴叔氏韻
名花有意若憐才含笑相看旅思開折取一枝頻把玩

車中如共美人來

擬　御製二陵碑文恭紀十二韻

聖孝揚先績馨香動紫氛彌天傳鳥篆大地起鴻文報本尊親重銘功述祖殷追崇深敬愛荒作著憂勤鳳藻二湘麗龍章九闕芬青編昭繼緒緑字煥前勳寶碣馮雕玉林堂集瑞雰貞珉雙隴盛俎豆萬年焄光暎寀山日祥開杳嶺雲蟾蜍垂露液蝌蚪列星雯謨烈休徵遠琫璋特祀分一時夸建立百職盡歡欣

懷孫在莘

分手萸灣別恨牽不辭風雨歷山川一春花信愁中過十載篝鐙夢裏縣作賦有聲空擲地銜盃無語但哼天經年強制相思淚獨詠伊人白露篇

懷李久于

白藏曾記送歸舟芳草天涯我尚留策獻金門空有淚射穿石虎不封侯傷心漫自攜緗帙作客何須問蒯緱定約明年春社後褰裳醉倒曲江頭

北郊夜泛次畢縱亭韻

竹西堪避暑夜靜不成眠鐙火迷煙市笙歌沸畫船綌衣花霧溼錦纜柳絲牽何物能消渴重尋第五泉

寄懷惕菴叔氏（時在刺史吳君郡署）

記得燕山匹馬旋風塵潦倒促歸鞭征衣乍解還離別轉眼鶯花又一年

千里羈棲見面難多君尺素慰加餐寸心不盡關山淚欲報平安墨已乾

保障湖邊水一涯荷花纔放兩三枝昔時高會今難繼把酒徒吟夜泛詩（客歲曾共泛舟荷池分韻）

清操處默有賢聲（謂刺史吳君）文史風流縱墨兵賓主唱詶知絶盛應題尺素寄蕪城

萬户山前載酒過公餘吟興殆如何獨憐寂寞隋隄柳不見高人一踏歌

客秋擬作武林遊西子湖中好放舟兩地襟懷成夢寐六橋花柳亦縈愁

十年南北東西客何似常披漢洞雲此日臨汾閑躍馬可思還轡訪羊欣

題吳梅岑照冊

槃珠封事幾千言閉户還愁車馬喧變化風雲誰可到嵩山一派見淵源（曾吳筠隱嵩山屢召不出）

贈冒辟疆先生

三月流觴曲水隅清風明月與人俱門前依舊蘭亭客盡把新詞試鼠鬚

題宣和御製鬬雞圖

色相天然莫與京雌雄未定各崢嶸翰音自展空場伎介羽還從遠塞鳴十載霜風横劍氣五更風雨伴書聲憐伊雞口無多力禁籞傳來轉得名

送賀天山歸丹陽

秋原別淚眼空迷，落葉西風去馬嘶。天與才名甘老大，人逢縞紵惜分攜。歌頭贈客情偏壯，酒肆論心夢未睽。翹首雲陽溪上路，松林明月待留題。

餅菊

摘向東籬暗吐芳，月明深夜伴匡牀。客途頓覺琴尊逸，夢裏還生枕簟香。冷艷那堪遭剪折，孤情先自飽風霜。南山有約如相許，晚節亭亭任頡頏。

將出都門留別汪文漪年伯十二韻

物望巖廊著，文章山斗縣。才奇魁攝野，秀韻毓臨泉。曜彩鴻臚唱，譚經虎觀傳。輿來吟壁景，直宿帶爐煙。氣誼

通家重，恩私小子偏。金蓮歸院艷，飲粉束綾鮮。史筆宗千古，儒風振一編。有懷三吐哺，不讓九方歎。屢刖憐奇數，歸耕戀大賢。報恩期股刺，栽德誓心鐫。雨雪江南路，風霜塞北天。老親承謦欬，魂夢拜牀前。

留別黃硯芝年伯

燕臺落拓更何之，欲別無如握手時。最喜提攜容後輩，誰憐霜雪把離卮。一鞭羸馬江南路，幾夜離鴻塞北詩。夢裏相逢應鞠䐜，遥思蔡閣老親隨。

夏覺其初度爲賦是詩

淒涼共作天涯客，攜手同車又指東。檢點鬢眉君獨少，銷磨歲月我成翁。雲山過眼情無賴，詩酒論心道未窮。此去南齋鄉夢穩，好將心事寄歸鴻。

奉高旅舍同丁柯亭李久于夏覺其作

賴有知心道共存，停車一爲訪天門。交深應許論生死，義重真堪結弟昆。岱嶽曉晴峰崒嵂，長河夜撼水奔渾。願將踪迹題名勝，勒石常留醉墨痕。

覺其向游紅花埠偶有所遇今再過思之不得因賦此詩嘲之

曾記春宵夢正微，纖纖素手拂人衣。却憐山海前盟在，忍遣冰霜踏地歸。折柳章臺魂欲斷，看花上苑淚潛揮。他年再訪行雲處，爲問多情是也非。

詶汪畏菴年伯見贈即次原韻

瞻彼清源地，雲蒸偏四衢。祥風噓攝野，淑氣繞城隅。川岳鍾靈秀，乾坤孕大儒。平陽綿世澤，鉅鹿煥新模。叔舉家聲遠，清光世業殊。訏謨敷十事，著作起三吳。雁塔標題峻，鷺坡佩玉紆。騎來銀杏葉，錫去錦鵰襦。視草矜蓤汁，傳餐授莛厨。宮人紛誦述，才子竟慵呼。五制當筵就，三槐卜兆符。嚴親曾步武，小子亦霑濡。稽古推同調，論文許共娛。虛懷崇琬琰，愛士挈珊瑚。伏櫪悲龍種，髙岡媿鳳雛。一時遭擯斥，幾度藉憂忓。幸得逢賡御，休言泣阮途。蒼蠅欣附驥，黄雀詎棲梧。小別歸邪水，旋看入冀都。重來情倍切，再對語偏嚅。坐挹芝蘭竝，行隨斗嶽俱。照人何用鏡，醉我信非醨。日月時還易，精神黙感孚。斯

文令不墜吾道豈云孤

送黄硯芝年伯令弟入燕

春雪融江樹花燈艷客舟驅從京口出人向薊門遊驥足空千里龍文重九州蓬池他日宴應制許同訓

題畫

層嶺煙如織疎枝影欲倒秋風落葉多歷亂荒山道茅屋絶攀援制作非草草庭際俯流泉泉聲入懷抱戢翼此卑棲天人肆幽討

爲鄭華若題畫

高巖峭壁結山家有客跏趺傍水涯我欲置身圖畫裏共伊石上讀南華

梁谿寶安禪師峙嶺奉母入山

有身方許認無身寶月光中色相眞白象生前誰是我青衣覺處始知親閑從佛舍供香鉢依舊家庭獻宿珍聞説楞伽垂六度肯因鞠育轉傷神

寄懷楊安城先生

萬里重關見面難考槃到處碩人寛望中沙磧天無際思入松陵水亦寒雲影千飜多黯澹烽煙幾度報平安玉瑶杯泛何時事閑倚西風翦燭殘

辛未入都再晤同學張賜卣

憶昔把離危寒深雨雪時論心推古道博物是吾師路入燕雲遠歌訓郢客遲令朝重覿面蓮葉滿清池

懷同學丁柯亭夏覺其

爪步淒風送别舟無端分手薊門遊九秋作客魂先斷一路思親淚未收回憶去年同放逐相看滿目盡傴僂旅愁寂莫空留影月下懷君欲白頭

年齒何當繫遠懷把君詩句重裒回迂將沁骨時難合少不如人老漸來羌蓬聲悲驚去雁秋山日落任行栝披衣却憶江南路有客金焦幾溯洄

送金禹長南還即用留别原韻

春來幾度落花飛早夜遲君入帝畿蹤迹頻年棲白社風塵匝地化緇衣旗亭沽酒愁何恨螢苑謳歌意總違纔説披襟還折柳遥知此去遡鷹肥

西風衰草馬頭迎塞曲邊笳聽未清碧澗擷芳甘野藿琱槃會食厭侯鯖乾坤鬢鬆悲仍壯身世榮枯事不平嚦嚦數聲隨去雁秋山重疊繫離情

二三縞紵憶當年丰度如君似惠連學濟巨川歸渤海心同好月繫秋天藏名只欲棲身老抱道何曾乞世憐

黄菊丹楓供點筆應留題詠酒旗邊

菊影和黄硯芝年伯

一望空寒碧依希白露團只同孤雁影莫作衆花觀野逕霜枝寂幽人夜語闌獨憐遭彈鳥對此意無歡

德柔忠足納履維艱余攜酒就飲爲作是詩

不信肌膚苦那堪客子身躭書聊禁足貰酒且霑脣睥

晛空今古悲歌動鬼神天涯兄弟少相對最情親

爲叔氏逸師題照

湖山多在六橋邊一望鶯花景色鮮竹塢攜卭穿翠霧松林臥石漱紅泉詩人最憶林和靖丹井言尋葛稚川自是清風明月主披圖蕭灑即神仙

別史九開

三月鶯花老却春南轅迢遞跡關津風塵匝地憐孤客節序驚心憶故人君向燕臺誇奪幟我從邗水學垂綸相期莫厭紅橋月藉卉銜杯醉幾巡

題畫

百尺亭臺野水濱錦峰繡嶺淼凝神試攜此卷桐江去髣髴開軒對富春

贈李予望

潦倒風塵歎轉蓬暫時攜手慰相逢劍花新淬芙蓉鍔弦影驚開霹靂弓姓氏即今從　帝簡聲名到處說英雄多君年少登壇日麟閣重標第一功

贈鄭懋嘉

北郭園林掩薜蘿思君晨夕數相過羅含宅裏幽蘭發楊子亭前春草多此日皁鵰堪繼武當筵赤鳳正酣歌史知紙貴含英閣立馬聲華壓佩珂

送來集叔之永寧

結交同異姓氣誼誰堪說風雨二十年傾心叔與姪南

北任所之出入欣提挈看花常連鑣瀹茗時共啜對月移闌干聯袂親衣纈坐論懷今古所見無差別幾度燕臺游日夕隨車轍今日歸故鄉故鄉情逾切多君抱璞深遯不棄蠓蠛一朝秋風起歌驪忽云別關河阻且長離恨眞凄咽天空鴻雁聲楓點啼鵑血蕪城望綿邈呂梁山巘嶁半榻只高縣詠懷空白雪此去西河憐客子相思兩地從兹始三晉峰巒九曲池寸心何事輕千里此去西河看月落月明河畔煙光薄他時應憶廣陵人露冷濤聲長寂莫

賦得潭水寒生月用岳將軍題鄱陽龍居寺韻

孤光一片靜寒蟾楓落長隄景色添潭底乍澂銀漢影月鉤遥挂水晶簾蕭蕭霜露横天白漠漠魚龍盡夜潛萬籟不聞人語寂停橈何處問青帘

擬晚唐杜曲王將軍宅夜聽歌

芳筵當第宅高唱落花叢幾處行雲斷一聲明月空愁連湘瑟外曲度翠眉中還憶將軍樹誰論馮異功朱戶吟初澈青尊白雪繁不堪金甲地猶有玉人存遂奏唬猲歇歌停宿鷺翻英雄無限意欲和已忘言

送客歸西江

年老還家客江邊湖急湍峰青颿影亂頭白櫓聲寒北海尊仍在西牕夢已殘五年初賦别雲岸路漫漫

碧摩亭集終

原夫洪鐘萬石寸莛無以發其音異錦九光凡機莫能擬其製瑚璉宜畯於東序蘭蕙自茁於中林玉韞于常潤之山珠藏于不枯之岸是知鳳毛麐角產必華宗隱鵠伏鸞生原令族瑯琊門巷風流共説烏衣謝傅庭階子弟皆如玉樹荀氏既八龍競爽賈宗亦三虎俱稱振古皆然于今偶覩則有綸扉碩彥畫省名郎平輿故是龍淵玉斧蚤登仙籍祖孫濟媺比伯言之有乎原父子齊名視肩吾之于小庾居廣陵之郡雅善觀濤下董相之帷偏工對策語其才地共推江夏無雙遡厥科名不數司勳第五爾迺性偏嗜古志好冥搜富孫盛之緹油挾楊雄之鉛槧丹黃鏤管恆研露以晨書紅碧牙籤每燃脂而暝寫左太沖藩溷筆硯久鍊三都張壯武經史車箱常攜卅乘青綾寓直不輟清哦紅藥翻階便含藻思寶釵明鏡贈畣更見夫秦徐黃鵠浮雲錄別復同于蘇李杜書記樊川著咏流連于疢月璠簫韓使君寒食題詩跌宕于輕煙蠟燭棃園鞠部都傳丽曲新聲椒壁青樓覓得斜行小字瘞成弓軸積有篇章僕媿陳人獲披郢倡辱嘉言之諈諉命鈍筆以揄揚始則移情繼而愈疾如吟招隱聞山水之清音似入蘇門聽鳳鸞之長歗靈龢楊柳未足比其風流初日芙蓉無以方斯華豔寶諸緹篋當薰以石葉名香寫入蠻牋宜濯以成都新粉若夫龍門司馬泣奉成書班氏孟堅踵成漢志是又文章之極則當思繼述之芳規君盍㠯正富之春秋纘前人未竟之徽烈竭股肱以宣力足以佐文命之朝本功德以立言是可垂不朽之業豈獨洞簫作賦傳誦漢宮湘瑟名篇号稱才子已也嘉定同學趙虹拜篹

蓋夫春風秋月暑雨夏雲嘉會寄親離情託怨非陳詩無以展義非長歌無以寫懷斯風之熾有自來矣時之作者或學曹劉或學陶謝或學韓杜或學温李或學蘇陸各有宗風及彼我易觀則更相訕笑予謂詩宜無不學而要之以性情爲本性情者所以融液學問而蒸結之者也安息國出蘇合香國人必採諸香先笮其汁以爲膏蘇合者合諸香汁煎之非自然一物也及已成蘇合出以市珊瑚珠璣火齊瑇瑁金碧琅玕固坐而致之也予友毅士著槐墅集詩若干卷每讀一過覺舌本甘香津津有餘味尋其淵源所自於曹劉陶謝學也於韓杜温李學也於蘇陸亦無不學也遇春風秋月暑雨夏

雲嘉會寄親離情託怨流移嬉戲展義寫懷不自知其孰爲曹劉孰爲陶謝孰爲韓杜温李蘇陸然靡不唱歎遺音宕人精魄者譬則學於曹劉陶謝韓杜温李蘇陸是採諸香也及融液於已之性情而蒸結之不知其孰爲曹劉陶謝韓杜温李蘇陸則煎汁爲膏已成蘇合也毅士弱冠成進士通籍於　朝與名公鉅卿遊厥有聞已及暫臥一丘四方之名士以詩投報者無虛日晨鳧夜鯉星晚露初毅士亦不倦於酬應此以市珊瑚珠璣火齊瑇瑁金碧琅玕蓋坐而致之也又其内子徐淑則清獻公季女也著緑淨軒詩數卷工麗絶世昔史稱從李都尉迄班婕妤將百年間有婦人焉一人而已蓋其難也而毅士得古今之至難以酬應賓客之餘力與相唱和於閨中則又珊瑚珠璣火齊瑇瑁金碧琅玕不假於外市而致之者矣因序槐墅詩而並及之如此庚寅上巳日同學魏周琬序

槐墅詩鈔卷第一

江都　許迎年　荔生

獵微艸堂古槐歌

曩時祖禰休沐地空庭嘉蔭存古槐千年古査勢礧砢十尋老幹何崔嵬中心空盡長不死黑刦閱遍昆明灰鳥雀欲巢不敢上矗天直可摩雲雷三月四月葉初發千枝萬枝如翦裁五月六月始緐盛緑陰成幄無纖埃流金鑠石渾不覺涼風吹我煩襟開秋來漸見黄花落飛雁冥冥緑未衰雨灑髙柯團翠蓋月揺踈影倚池臺此槐不知何代植吾家已見曾𢆶來對之能無念先德本枝百世毋相摧晨夕婆娑坐其下使我歠詠心悠哉

托根未能並九列何妨寂莫依蒿萊縱有昂霄架壑意無人知爾凌雲概日之良材吁嗟乎無人知爾凌雲概日之良材

新竹

不費園翁買竹錢東家筍過短籬邊斑龍驚蟄多爭地翠鳳修翎欲上天鳥坐叢枝鳴晛睆月揺虚幌影連娟此君相對殊蕭灑只恐秋聲攪夜眠

遊竹林寺

我愛夾山寺游眺暢真心脩竹蔽白日涼颸吹我襟不聞人語響但聞清梵音塵市稍已遠恍若巖谷深車軌罕至止蠟屐堪幽尋憩坐乍移晷曜靈忽西沉夕煙斂平楚歸鴉集深林裏回待初月欣然寄微吟

芭蕉

一院延深緑濃陰已過牆葉抽心展轉花發露甘香倚檻揺秋雨迎風扇夕陽清幽能障暑引夢到羲皇

苦雨吟

一春春雨無時休春泥阻我平山遊摩抄病眼倚小閣畏寒三月猶披裘桃花李花盡成土千門煙霧迷市樓庭竹出檐初解籜飢禽格磔空倉頭潮上髙隄江水溢魚龍懽喜農人愁緑章牋天乞晴霽莫任霪霖壞麥秋

楊花詞

隋家隄上垂楊樹飛到楊花春色莫不知風送落誰家

只見吹來復吹去

三婦豔

大婦彈錦瑟中婦撥銀箏小婦獨何事牕下學調笙願爲雙鳳語莫作斷腸聲

和范石湖春日田園雜興十二首

晴日初占乾鵲聲踈籬一帶竹編成土膏新沃如酥雨碧玉桑芽翦翦生

聲聲布穀聽頻催小雨盈犂土脈開碌碡旁邊童打睡驚聞老父叱牛來

黄茆屋後數峰青父老相過話耦耕昨日東邨分社肉今朝恰喜過清明

三盃薄醉杜茆柴（吳語呼邨酒為杜茆柴）閒看人家祭埽來多少銅
山金穴輩孤墳只有紙錢灰
青旗䍐蓊破春雷山後山前採摘回焙得頭茶猶未賣
打門豪吏詬租來
一樹櫻桃鳥雀喧紅珠啄落散如煙園翁珍重頻遮護
挂箇魚罾在樹邊
簇簇花枝插滿頭女墳湖上盪輕舟邨家兒女無妝束
逐隊燒香到虎丘
稚童上樹日千回摘得青青葉底梅盎酒隻雞情不薄
邀他鄰父共銜盃
市朝榮辱不縈懷只有閒情泥酒盃莫道幽人無伴侶

白雲好鳥共飛迴
老圃生涯敢憚勞鬅鬙白髮手頻搔依方種樹都能活
留得梅椿更接桃
角黍花糍箬葉包與他兒女鬧春宵前邨茅屋炊煙起
編竹新成略彴橋
黃昏開遍菜花畦甘滑蓴絲下箸肥港口咿啞數聲櫓
橛頭船裏小姑歸

上座主桐城相國

紫誥推元老黃扉倚大賢春風披玉鉉霽月照經筵幸
際唐虞世真承孔孟傳六經資鼓吹百氏恣漁畋向若
回觀海狂瀾藉障川四維鼇極千仞鳳鳴巔草野知

君實朝端重茂先日邊新甲第坐客舊青氈三餪恩頻
賜鑾坡席屢前精誠縣日月光燄燭星躔歷歷台階正
煌煌大呂宣自慚侔瓦缶何意賴陶甄桃李看聯樹淵
騫許並肩明良欣一德願上六符篇

詠懷

束髮讀經史思探洙泗源冀得飲涓滴藉以潤元元兢
兢遵祖訓耿耿佩父言示我觀瀾術左右須逢原大道
在孔孟至理本乾坤如水星宿海如山有昆崙旁支與
別派豈入聖人門念茲非一日永懷教育恩

漁父詞

漠漠水田非吾有淒淒切切空雙手天生七尺亦奚為

不免飢寒共八口父母今當垂白年五雞二彘數難全
亦有餘夫子弟輩二十五畝空相傳上山採樵畏虎跡
欲牽車牛牛病役讀書更恐字難煮賴此漁舟度朝夕
朝釣湖南夕江北鰻鯉鱠鯋隨數得有時撒網深潭中
網得吞舟魚莫食願獻至尊鼎內烹調和五味濟蒼生
但願天下霑餘汁何必扶犂事耦耕

廢寺

古佛金銷面茅穿屋漏天庭荒驄倚竹盎冷竈無煙篝
斷鐘猶在碑殘字不全老僧禪榻坐白髮被雙肩

題友人臥松照卷

石磴蒼苔絕點塵雙松歲久長龍鱗羨他松下科頭客

有是羲皇以上人
曲折坡陀界碧巒幽人無事日盤桓此中六月無炎暑巖下松風謖謖寒

游俠少年

生性躭游獵淮陰俠少年堈弓開滿月寶馬躍連錢犬疾嫌窮野鷹狂恨礙天太平無戰伐何日勒燕然

清明

清明好風日滿園桃李飛登樓眺郭外春色正芳菲鈿車驟香塵雕鞍騁輕肥平山羽觴汎紅橋画舫移流連情無猒曜靈俄西馳豈無秉燭游賔從咸忘疲長筵交履舄羅袖拂人衣伊余抱疾疴閒庭但掩扉春言不能

即臨風獨含悽

無題

紗牕花影月昏黄鳳脛青鐙對象牀背立圍屏鬆鈿帶全描濃黛鉫瑶妝多般緜輭難爲態無限温柔在此鄉枝上杜鵑啼不住鮫綃涂得一痕香枕函蹙損夜來妝魂遶巫峰夢正長楊柳風吹春月輭薔薇露滴玉甤香瓊鉤半拂芙蓉帳繡被横拖瑇瑁牀一様銀蟾偏各自有時寂莫照流黄

秦郵道中

三十六湖水荒郵四五家雲飛時作霧日落欲成霞驛路嘶班馬騙橋集莫鴉蕪城回首望煙樹幾重遮

曉霧

霧重天連水孤舟傍岸行不知近何處但聽有人聲隄樹蒼茫斷郵雞咿喔鳴望來還隱約忽已到荒城

孤郵夜泊

一艇中郵泊中宵有戒心菰蒲連野港煙火隔遥林鼓枕繙書帙銜盃撫劒鐔囊空無别慮爲有舊雷琴

功德山野眺即煬帝迷樓故址

煬帝巡遊處登臨感慨中樓臺銷刼火梵唄换珠宫衰柳淒迷緑寒花黯淡紅緐華不可問蕭瑟動西風

秋夜不寐

堦下蛩吟相斷續雲邊月色半昏明梧桐葉共芭蕉葉

忽作風聲忽雨聲

九月過田家

凾風方築圃禾稼盡登塲雲子晨炊熟梅花社酒香晚煙横牧遂秋水涸漁梁雞犬聲相接逢人説歲穰

庭槐

羅雀門常掩高槐蔭艸廬不徵簪紱貴獨伴水雲居葉落堆苔逕花飛點架書終朝相晤對情性共蕭疎

杜鵑花

一腔心血灑新葩楓葉難同二月花夜静忽疑紅袖至春深先到赤寀家瀲波相映魴魚尾霄漢沖騰雀頂砂丹室藥成留豫兆直須指日上仙查

簾内美人

嘗聞竹裏見登樓今向湘簾隔翠眸望去衣衫成碎錦
透來蘭麝作香毬每從暗處摩全得還待行時想更優
最怕画堂風乍起忽然撩亂迹難求

春雨郊外

柳髀鸎嬌黯黯春落花滿徑刼愁人呼童不至自沽酒
細雨斜風溼葛巾

登吴山第一峰至小飛來丁仙閣

登臨頓覺盪心胸萬井炊煙聚古墉地繞江湖饒勝槩
天容仙佛現奇蹤風生幽谷傳清籟雲出危崖結異峰
城市却藏靈鷲境喧闐聲接梵林鐘

大石佛 在寶叔塔下就巖間巨石琢成釋迦象半軀自頂至肩約高一丈五六尺雕刻極莊嚴也

翠竹干霄曲徑深巍然石佛據雲岑半身出世悲興廢
一面無塵覷古今旦莫湖光供慧眼高低山色耀慈心
眞靈億載常呵護不遣紅羊劫火侵

夜過冷泉亭

西湖名勝在玆亭倚石臨流思窅冥古樹交柯團翠蓋
奇峰吐霧障青屏倒移塔影波心月亂點螢光水上萍
疇昔雲林曾止宿夜分重爲款窯扃

雲棲

森森萬木擁祇園梵唄聲開淨土門竹徑茅檐風近古
繩牀棊履貌如存道宗神禹卑宮室謀似周文芘子孫
龍象長留光震旦濤沱無用覓眞源

淨慈寺

顛師遺蹟大莊嚴古殿深垂翠羽簾通海取材成梵刹
吐金裝佛臥風檐 二語皆濟顛和尚舊事 泠泠鐘語千巖應細細爐
煙寶炷添得遇山僧留信宿庭前柏子試同拈

天竺山

芒屩筇枝得得行巖扉啓處白雲迎聽經臺畔猨常聚
咒食壇邊鳥不驚竹筧暗通飛瀑響松濤徐沸煮茶聲
白毫光裏諸天現此際眞教萬慮清

兩高峰

萬疊芙蓉峙碧空兩峰紫翠對蘢葱好將小李將軍筆

寫入輕紈画障中

玉泉魚

湛碧泉池似玉清日華五色漾文鱗臨流應是聽經慣
出沒悠然不避人

湖舫月夜

青雀湖中流筦絃轉清越光景浩無邊涌出平湖月

登靈鷲塔同邵亮四作

古墖巍然歷廢興理公遺蹟尚崚嶒龍蟠曲折三山地
月映光明九級鐙洞口迴風聲發發磵邊懸瀑影層層
清遊法窟平生願喜共無懷耐久朋

壑菴 俗名小西湖在南屏西麓近爲汪氏别業

平陽别墅結雲巖紫翠浮空映蔚藍繞檻珍靈多鶴鹿
參天喬木列𥨐杉橋橫碧沼波涵鏡人坐青林月挂衫
濟勝却憑雙足健笻枝蠟屐儘幽探

再過玉泉寺

略彴橋邊散緑蘋檀欒千畝植幽筠石池瀲灩開清鏡
蓮葉東西戲錦鱗地有湖山多勝賞天將風月屬詩人
此中眞似濠梁樂何必煙波更問津

舟行寓目

埜雲漠漠片帆懸正值黄梅苦雨天忽聽雞鳴深樹裏
山家亭午有炊煙

喜晴

積靄散長空朝暾上林表魚藻樂泳游風花愁迸埽躋
勝任笻枝嚶鳴聆黄鳥興劇典春衣壚邊就清醥

蓮塘泛舟

天空鳥影落波心掩映明霞媚遠岑邨酒半瓢詶好景
苔牋一幅待微吟船穿野荇紅蕖裏蟬噪斜陽緑樹陰
歷亂游人歸画舫笙歌風送入前林

郊臺

獨立郊臺望五湖晴煙漠漠野雲孤當年一艇歸西子
留得青山伴沼吴

舟中紙屏風屬畢季明作画

山色無窮染硯青舟行數里一茶亭倩君棐興忙濡墨
收拾煙雲入画屏

重過拈花寺訪古潭上人

三五谿橋相接連偶乘片舸訪幽禪半年兩過拈花寺
今夜重烹法雨泉對月論詩依石坐貪凉支枕傍𥨐眠
他時陶令休官後蓮社高流好作緣

書古公洞庭詩卷後

古公詩好似湯休因爾金庭結夢游見説山根生浪底
無窮妙境在峰頭逍遥雲水盃中渡縹緲煙霞筆下收
何日偷閒偕勝侶一枝笻竹縱探幽

宿茅篷對月

數峰環梵刹戛玉瀉泉聲松籟吹衣冷湖光潑眼明星

隨河影澹樹漏月波清靜夜聞仙梵超然洗俗情、

登穹窿山絶頂

扶笻直上最高巔縹緲湖光欲障天遠近帆飛邨樹裏
去來人織鳥行邊雲英化作千巖雨暝色收將萬壑煙
向夕渾忘歸路黑松陰明月正初弦

石湖汎月

月影生衆水月光原在天不知多少月秖得一輪圓

題畢季明畫兩絶句

画好如摩詰圖成似錦江煙波無限景收拾入篷牕
一片孤帆出汀洲接遠峰茅亭臨峽口秋樹尚陰濃

擬閨怨詩

春光圍繡幕秋風辭紈扇佳人清且閑洞房絕懽宴發
豔照淩花朱顏隙中變昔爲人所憐今爲人所賤棄置
勿復言涕出紛如霰風波隔斷雨鴛鴦雙飛不及雕梁
燕

紅橋春泛以玉人何處教吹簫七字爲韻

洗妝雨過如膏沐梨花一樹噴香玉木蘭雙槳似并刀
翦破春溪鴨頭綠
小攜蠻榼就花茵莧白嫣紅蹄作塵最是竹西歌吹路
風流自古屬詩人
輟櫂徐聽欸乃謳餘華休問舊如何一觴一詠堪千古
不減當時晉永和

幽鳥無聲花不語陰晴莫必天猶豫匏尊酒盡更須沽
繫艇紅橋柳深處
明妝欲與青春較柳作纖腰花作貌檀板歌珠的的圓
隔簾遙聽佳人教
風景催詩不自持微吟淺酌獨歸遲游絲好挽飛花住
私祝東風莫浪吹
新詞一東載輕船綠酒紅燈逸興饒若使月明翻有恨
誰人不憶玉人簫

同人小集獵微艸堂

朋好相于集艸堂晚晴喜見放春陽自排竹几安茶具
小襞芸箋拂筆牀苔色綠侵茵席潤花枝紅裛酒卮香

閑居那得全疎嬾種樹疏泉有許忙

子夜四時歌

門前芳草滿無地不春風天涯望不斷都在青青中額
爲雙車輪隨君任西東
魚戲蓮葉東魚戲蓮葉西（用古樂府語）東西只一水道路多山
谿與郎不相見妾自守空閨
朝采原上藿莫理笥中衣寄衣當及早邊雪先秋飛原
藿亦可飽思君苦調饑
臘雪寒未融庭梅蚤著花可憐金龜壻歲晏未還家白
日欺朱顏攬鏡惜鉛華

月下口占

裛移翠篠生芳沼橫引花枝上画檐疑是廣寒初罷宴
宮中垂著夜明簾

詠繡毬花

密葉重遮結翠陰藥闌相對淨披襟半開淺碧瓏璁朵
未破輕黄淺瀋心移處自應從繡嶺望來渾似在瑤林
毬場却向花邊展羨煞花神狡獪深

齋居春雨次淑則韻

窗寮園林細雨昏晝長人靜掩重門文犀低押風聲密
寶鴨微熏篆影溫醉竹似垂湘女淚殘花難覓杜鵑魂
幽齋消受閑中況好檢芸編共討論

送春

過眼風光冷碧巖怕看眠柳綠毿毿愁深盡付紅螺醆
寒退初尋白帢衫蜀魄有情思望帝花魂無著倩巫咸
魯戈不挽虞淵馭來歲重逢恨已緘

觀王校書雜劇戲有此贈

三調緐音雜六幺纖纖弱體不勝嬌梁塵不動風迴袂
寫出羊家靜婉腰

當杯在手莫停歌顧曲周郎座上多獨我禪心無罣礙
也將倦眼一摩挲

月夕漫興和淑則韻

皓月耿良夜花陰露濺衣護雛聞燕語繞樹見鴉飛下
箸蓴絲滑堆盤豆莢肥一樽欣共把寂莫掩荊扉

草堂雅集效鮑叅軍體

鳴雀下九皋翩翾集庭樹初夏景物嘉園林涉幽趣和
風時披拂雜花被蹊路春茲金石交莽梗欣相聚才華
鑠謝顏風節繼廚顧我亦少修飾豁然見情愫頎爲松
與柏永言保貞固

初夏園居和蕭齋韻

茨菰葉長颭波光紅藥飜堦晝景長靜裏細窺雲入幕
閑中愛看鳥收香詩題素繭頻賡韻酒壓新槽待滌觴
江上山峰青萬疊晴霞一抹襯斜陽

金絲桃

須教移植向瑤池雅稱黃冠壓一枝漫道夭桃顏色好
輸他碧玉引金絲

盆中山丹

色借榴花豔枝枝似鹿葱一莖低引碧六瓣共分紅爛
熳朱明節凋零閶闔風安排湘几上素盎著芳叢

池上月夕

良夜明蟾著水光庭花倒影入池塘魚吹細縠潛深藻
鳥宿芳柯齅晚香棊品自低因拙速病軀未老已頹唐
烈風霆雨齊捐却頓使愁人興欲狂

坐月偶成

顧兔將圓魄虛中萬影留蠹聲喧入夜露氣淨于秋細
按紅牙拍徐傾碧玉甌陰雲散何處洗盡眼前愁

聞砌下蟲聲有似促織者驚而書此

支頤款步下堦行宿雨初收夕照明病裏錯驚秋氣到
草根向夕有蛩鳴

晝陰

園林景蕭摵天欲借秋來蠹簡飄殘粉爐香浥冷灰黃
梅辭蔕落紅槿繞籬開委巷無人過棲遲稱不才

閑宵

把酒度閑宵絺衣暑氣消見飛螢苑火不聽玉人簫明
月涵松影微風動柳梢北牕安一榻皷坐寄逍遥

題友人據梧采菊小照

披圖秋滿眼人物共蕭森得此幽棲境應無塵市心清

泉澆菊盎白日蔽桐陰即事成高寄聊爲拖膝吟

夏日口占

椶拂頻教埽亂蠅涼生碧椀貯寒冰絺衣著體如重纊
無計能消此鬱蒸

聞蟬

灌木暗長林新蟬噪綠陰委緌依露葉傳響入風琴對
此銷炎暑相將和苦吟閑居觀代謝爲爾一驚心

晚晴

藕花香淨碧波清捲起湘簾愛晚晴獨把一盃行復坐
當頭纖月趁人明

聽花書屋避暑

水亭面面俯煙江避暑偏宜泛碧缸積雨平添三尺漲
疎籬橫繫一漁艭池花香淨紅侵榻徑竹風搖綠上牕
好景當前剛著句晚鐘又向寺樓撞

松石間意軒（先祖讀書處也曾命先君書此爲額）

大父行吟處春蘿綠覆門婆娑蔭嘉樹截嶭見雲根（石峰名）
水遠流觴地苔留曳杖痕更瞻松石意雪涕憶生存

槐墅詩鈔卷第一

槐墅詩鈔卷第二

江都　許迎年　荔生

題程農長幽篁獨坐照卷

蒼筤繞澗淨無塵晞髮青林不裹巾風景宛如斤竹嶺
襟期合是輞川人
清流暎帶瀉風湍爽籟徐吹萬竹寒閒課樵青來滌硯
墨痕飛作黑蛟盤

舅氏李久于先生招同史儆弦同年暨閣如虞
傳兩舍弟飲涵青閣下觀盆梅

素盎從栽植低柯勢曲拳花如人蘊藉吟愛月嬋娟即
此成香國何當乞酒泉飄思夕墓路風雪正漫天

花氣熏衣幘渾如荀令香不須催羯鼓蚤已破春光罰
例依金谷歌詩引渭陽撚鬚吟思苦多媿水曹郎

曉起

擁褐凭高閣長林散曉煙日光紅浴水霜色白彌天農
圃身能否江湖興勃然從茲謝塵鞅和月種瓊田

北郊

振策雷塘路尋幽樂靜便狂吟敧白氎泥飲費青錢宿
雨初晴日輕寒欲暝天溝中氷已泮處處作鳴泉

月夜探梅

茫茫煙水作天涯喚戶虹墟靜不譁月上乍看惟素影
香來始覺是梅花縞衣仙子渾相識臥雪高人跡未遐

坐到五更清景絶枝頭蚤已噪晨鴉

梅花

幻入羅浮夢開從氷雪時繞庭三十樹先放向南枝

水仙

可入陳王賦花名擬洛神寒香耐氷雪漏泄一分春

蘭花

都無香可比澹與性情和獨對幽牕下援琴九畹歌

山礬

蒼枝吐小玉幾樹倚東牆飽飫氷霜後花開十里香

迎春

管領春風至盆中小作林葉尖渾似翦花色嫩於金

槐墅詩鈔卷第二　二

菜花

菽粟堪相助芳菲徧野田疎籬横一帶黄蜨影翩翩

杏花

一夜聽春雨街頭喚賣花曲江春宴日烏帽幾枝衺

麥花

翠野田生浪花開三月中登槃應有望鼓腹謝春風

春游所見

瀲灔湖波起縠紋采蘭天氣却逢君遠山作意争者嫵芳草多情學舞帬日映明妝臨水見風吹薌澤隔船聞生憎紈扇頻遮面目障巫山一段雲

效陶公飲酒詩

東風颺麴塵新鶯囀深柳累土成花臺登之儼丘阜花片露我衣花露溼我手晴峰擁青鬟白雲飛戶牖良背以却行括囊殆无咎悃悃樂幽居切切懷良友道遠阻相於密意何由剖及玆韶景妍聊復開笑口妻孥具肴簌勸我飲醇酒微尚在煙蘿豈必懷印綬古人我所師漫郎與聱叟

埜泛

風小舟行緩閑吟對夕暉邨深臨水見橋朽過人稀古寺僧持盋茅檐婦衲衣眼中皆画本一鳥掠波飛

賦得燕蹴飛花落舞筵

欵乃花叢画舫行一雙嬌燕態盈盈紅襟欲鬬飛英豔

槐墅詩鈔卷第二　三

翠翦渾如治袖輕宛轉吹香侵箳内呢喃絮語雜歌聲青溪舊説烏衣里是處樓臺社日晴

詠木香花

湘架堆香雪紛紛覆苑牆素英承露冷翠幹引風長碾玉輕成骨團酥小作妝相看情不厭幽韻入詩囊

康山宴集

蕪城東畔訪林巒卜築猶傳康對山池館清幽存古蹟松筠磊何作蒼顔會心恍似臨濠濮習静寧知近市闤最是主人能愛客厭厭夜飲不須還

重過李莊感舊有作

人事多變遷悲惋積懷抱昔年此地游琴尊事幽討重

來曾幾時懽場迹如埽亭危墜鴛瓦棟折墮蘭橑樹老多雀窩池壞生荒草春光總淒涼煙雲結枯槁盛衰一瞬間側首問蒼昊

松聲

瑟瑟蒼松暎碧川隺曾棲處挹雲煙風中似聽千山雨樹杪如聞百道泉夜半攪人游蝶夢秋高伴我讀書天閉關手種龍鱗老終日觀濤歲月遷

竹聲

一庭踈影蕩簾櫳佐靜添幽聽不窮衰埽檐牙枝上下碎篩蟾魄玉璁瓏低吟時動淒淒雨勁節常欺娟娟風當日子猷應愛惜對人蕭灑綠牕中

碪聲

踈碪戶戶動淒涼響逐秋風過短牆此夕離人悲落木誰家征婦憶遼陽情深五夜同宵析腸斷三更伴曉霜幾處池塘蟲語雜又隨月影到迴廊

琴聲

清齋人靜理桐君鶴尾金爐相對焚白隺解從松下聽幽禽慣向樹梢聞彈臨流水邀明月調入高山遏莫雲别寓幾多棲隱意不隨簫管亂紛紛

櫓聲

煙波終日聽咿啞背指山峰打浪花莫近峨眉翻夜雨朝游濯錦劃晴霞浮鷗起處漁歌動流水聲中賈客家江海無梁馮一櫂任他欵乃到天涯

雨聲

障柳迷花不可聽霧濃煙重故飄零添將草色三分綠洗出山峰一抹青絲網亂黏縣破壁陰雲哀送入空亭爲霖應愜農夫望且喜涼宵聒酒醒

晝寢 自此以下六首戲和韓致光香奩集韻

春晝初長拾翠慵篆香一縷出簾櫳風搖竹牖紗紋綠花照牙牀簟影紅瑤釦纔開肌雪露寶釵將卸鬢蟬鬆愁來慣覓相思夢常在江雲峽雨中

出浴

慢嚲輕綃溜玉簪凝脂水滑粟森森滿浮豆蔻香紋膩

輭浸芙蓉媚影深錦幌羞開身半背繡帬慵繫力難任温柔香裏真傾國莫惜頻增夜帑金

詠手

金絢約指玉生芽綠綺閑揮潑刺衰好照荷池描却月愛調花露暈明霞青梅戲打雪衣女紅豆偷拋油壁車靜夜蛩鳴愁不寐犀鉤自把繡簾叉

嫋娜

嫋娜身輕淺淡妝留仙一樣窄羅裳苔痕軟印鞵尖小花氣嬌和指甲香黯黯情懷憐月夜懨懨心緒怕春光胥肢試約纔盈把長晝那堪九折腸

五更

無眠人倚獨眠牀曉月朦朧照洞房紅粉淚殘羅帕膩
金釵花落枕函香多情別後難為夢從事思來不厭狂
侍女吹鐙開繡戶可憐未解此淒涼

有贈

情真寵極尚疑猜含笑含嗔對客來碧藕瓊瓏如腕嫩
芭蕉展轉似肴開歌喉欲咽憐多病遂韻新翻憶落梅
一束吳綾將愛惜還嫌輕薄擲妝臺

柳

暎水情何極臨歧望轉遙未飛輕薄絮已亂短長條曉
月侵肴黛春風妒舞胥年年離別處為爾一魂銷

鶯

南國逢春社傷心故壘非花香新藻井巷沒舊烏衣掠
水身無定銜泥力已微盧姬璇室好愁傍別家飛

獨飲偶成

東風入湘簾游絲蕩春氣婀娜發叢蘭葳蕤媚衆卉新
綠早鸎啼落紅水流膩撫景酙濁醪小飲輒易醉酒味
既清洌藉以滌腸胃散步恣相羊煙笻時獨曳吾道在
山林焉知圭組貴

鄉行

策蹇雷塘路乘春景物饒菜田黃蝶舞酒舍杏花飄淺
水縈漁艇孤邨引石橋吟鞭垂在手信步訪僧寮
晴雲開遠壑山色隔江城醉客看花坐疲驢嚙草鳴學

農詢野老干祿笑書生歸路斜陽裏還期踏月行

和淑則園居病起作

一病經春意索然幾時不到小亭邊花殘幽砌堆紅雪
鶯囀垂楊破綠煙輕暝未成連日雨薄寒猶怯晚春天
方池新漲游魚樂興寄濠梁秋水篇

懷藝芳子

知君逸興寄瀟湘未許挐舟過草堂從日論詩嘗避席
幾時聽雨更聯牀成仙衹羡書中蠹醫嬾難求肘後方
目斷江雲空悵望竹風窣簌總蒼涼

郊外春游

天涯何處錦帆行煙月紅橋動客情記得南朝鮑昭賦

傷心千古是蕪城

郊行

春風撲面野雲香芳草迎人故故長山作画屏烘紫翠
水如廣樂奏宮商童簪帶露花雙髻婦摇和泥菜一筐
樂事當前心自足慢騎蹇衛任相羊

北郊別墅

雀羅門巷翳蒿蓬藥圃巡行只數弓密竹風摇書案綠
晴花露滴硯池紅逢場泥飲隨清濁漫興哦詩任拙工
長日支頤凭小閣高雲渺渺見歸鴻

春閨詞

漫啓菱花七寶奩春愁橫壓兩肴尖庭前一任桃花放

繡閣春寒不卷簾
春慵無力整雲鬟，顦顇空嗟鏡裏顏。獨上江樓頻悵望，彭郎磯對小姑山。

偶對芸牕理素琴，為君譜出白頭吟。儂情若比琴中調，流水高山未抵深。

水沉香燼冷熏籠，寂寞黃昏閉綺櫳。羅幌照殘清夜月，湘簾吹透落花風。

心事淒涼靜掩門，梨花滿地鎮消魂。畫欄徙倚閑無事，聊把金釵劃月痕。

泛舟見新月
乍見月當頭，江邨夜景幽。未曾圓似鏡，先已曲如鉤。農

舍柴荆閉，漁梁罟網收。一痕隨櫓去，不趂水東流。

春泛
北郭尋芳觸處游，柳堤初繫木蘭舟。風絲寒峭催花信，天氣陰晴近麥秋。子夜清歌翻白紵，樊川舊夢憶青樓。銀觚滿泛如淮酒，憑仗高歌一散愁。

疊前韻
尋春士女踏歌游，競向紅橋泛畫舟。江上山光濃似黛，波心月色澹于秋。松楸蕭瑟埋荒冢，花柳低迷映小樓。六代繇華渾莫問，兔葵蔓井動閑愁。

倚櫂
倚櫂清歌興欲狂，無邊野趣動帆檣。一枝笻竹為吾伴，幾兩芒鞵作客裝。岸草黏天疏鳥跡，江雲潑墨寫山光。詩情小遣春醪續，推起篷牕看夕陽。

醉吟
午餘消卯酒，惜景更持觴。雨點波紋綠，風吹麥穗黃。身心安舴艋，天地合蒼茫。羨煞劉伶石，三年在醉鄉。

晚泊
曉發新豐市，宵來泊呂城。陰雲霾日脚，叢木聚鴉聲。酒旆迎風動，漁鐙隔浦明。醉中安穩臥，襆被客裝輕。

舟夜聽雨
江天風雨悵離羣，撥悶無如對麴君。夜半行人猶未息，數聲柔櫓隔船聞。

寓目
岸迴江潮落，天低風雨昏。短橋橫斷港，深柳暗孤邨。偃仰灺書帙，淋浪愛瓦盆。旅游隨處所，詩酒傲乾坤。

所見
艇子搖過細柳中，縠紋如繡引微風。吳姬笑向壚頭立，花照闌干一丈紅。

三弟閣如買小魚放生
聖人不弋宿，君子遠庖廚。事須從仁術，細大何必拘。舟行逢釣師，對客開魚罛。銀鱗互跳動，望救不能呼。有弟懸含生，探囊出青蚨。投之碧潯內，濡沫得所趣。悠然從此逝，浩蕩游江湖。擴此惻隱心，仁術其庶乎。

偶題

東風飄蕩酒旗斜楊柳陰中賣酒家少女當壚簾半卷
鳳釵低墜海棠花
畫舫輕摇帶晚潮月明樓外聽吹簫緐華莫問當年事
腸斷春風廿四橋

郊行

寒風瑟瑟草蕭蕭一曲溪流抱石橋古木斜陽鴉影亂
荒原殘雪馬蹄驕

雪夜

一庭風雪正黄昏蕭瑟枯林深閉門画壁漁舟眞足羡
寒江獨釣老乾坤

除夜作

山林鐘鼎總無成潦倒人間歲序更書卷頻繙思手澤
田疇抛棄負躬耕胷懷跌宕詩兼酒身世艱辛利與名
爆竹聲多眠不穩高燒樺燭到天明

春閨詞和唐人韓致光香籢集韻

想從恨處懽還在思到懽時恨已亡畫瑣院門人寂静
落花和雨下池塘
海棠紅溼濺臙脂手折柔枝戲雪衣人與花容共顑頷
一番風雨哭楊妃
蜨宿花房消翅粉鶯啼柳陌露金衣物情也解多情味
手掩星眸淚暗揮

題画

碧水流無意青山默不言漁郎鼓櫂去何處問仙源

訪古潭上人

曲徑穿叢篠慈雲擁法幢窠高巢鶴下亭午寺鐘撞溼
翠飛東巘凉颸動北窓一番清話後頓使病魔降

舟過横山下

路入横塘口迴環見數峰不知何處寺忽送一聲鐘利
涉憑輕檝尋幽負短笻渡頭詢老衲指點隔雲宗

木瀆

木瀆郵莊好人煙數百家山田收蚕麥硼戶賣頭茶屋
後青峰繞門前綠水斜館娃遺迹在猶發故宮花

戲作俳體

粉白鵶黄金翠翹月明不見教吹簫山塘七里花成市
好景何如廿四橋

松陵道中

桃蹊柳陌間桑麻綠水瀠洄抱郭斜烏桕青簾舟一葉
白魚紫筍市千家新鶯出谷遷喬木小蜨穿籬戲野花
擬向滄浪歌濯足數聲柔櫓和咿啞

郵晚

埭北郵南墟市幽閑吟時倚水邊樓歸鴉點樹濃於墨
薄霧侵衣冷似秋古寺亂山清磬響斷橋垂柳夕陽收
眼前風物皆圖画妙染渾如顧虎頭

漠漠輕煙側側風荼蘼纔破一枝紅凭闌驀見驚飛雀
金彈抛來細柳中
望中新緑暗谿橋香徑行來草沒蹐燕子不歸春已老
柳絲牽恨一條條
飛蛾熠熠向孤鐙十二巫峰列枕稜夢裏忽然驚覺後
數行清淚溼吴綾

元夕後一日偶作

皓月當牕花影疎幽慵情性愛樓居千家火樹春行酒
一點鐙檠夜檢書揚子草今甘寂莫蓋公學道慕清虛
少游有語殊堪憶吾意惟思下澤車

次韻畬淑則

十年鐙火負青箱栗尾溪藤引恨長緋紫豈由文字貴
汗青難必姓名香身將仕矣偏縈病髮可稱翁未作郎
堪笑少君心計拙典釵買藥灌愁腸

北郊

山色翠巃嵸雞鳴春澗中麥田揺水緑燕尾掠花紅答
箬連漁舍鐘魚出梵宮北郊堪寓目好景滿詩筒

春游

春游騎款段覽物惜芳菲野竹新抽筍晴絲細罥衣黄
蠭花底亂紫蜨草邊飛興劇渾忘返閑吟送夕暉

新緑

沃沃柔桑陌依依楊柳津春風催乍發膏雨染來匀蜨
翅露陰重蠭鬚抱蘂新風光隨處好只是惜殘春

夏五雨

湘簟生凉破晝眠江鄉景物足流連一痕佛髻浮煙嶂
百幅僧衣接水田裂瓦風聲翻竹籜墮池雨點破荷錢
北牕嘯咏多清暇小試牀頭酒聖賢

夏夜偕淑則小酌

雨歇凉生見夕曛晚鐘風送隔牆聞簷前滴翠皆因竹
江上奇峰總是雲螢點疎簾爭燭燄花殘小徑繡苔紋
閨中德曜吾良友小酌湘吴細論文

茉莉

亂蟬嘶樹夕陽紅開遍鬟花素盎中自有氷心凝九夏

故將雪蕊破千叢越羅帳底承幽夢玉鏡臺前挹晚風
更愛小樓吟望處賣花聲過畫牆東

憶西湖舊游

載酒明湖憶昔游草堂歸臥雨經秋花栽隙地皆成圃
竹放新梢欲過樓書卷堆牀惟引睡酒盃到手暫消愁
荷香桂子應無恙何日重維青翰舟

谿堂聽雨

三日檐前雨未休東臯禾黍已油油莫嫌白晝昏如夜
却喜炎天直似秋小鳥踼枝喧竹嶼新蟬嘶樹噪谿樓
藕花深處香風好喚取雷塘舴艋舟

紅橋觀荷

波光如鏡襯明霞，小駐蘭橈泊渚沙。酒舍青帘摇柳陌，水牕紅粉唤蟬紗。二分皓景遲明月，十里清香遍藕花。滿泛碧筩拚盡醉，長天歷歷見歸鴉。

晚過法海寺

敗荷折葦擁蘭舟，小駐筇枝上寺樓。草際蛩聲初咽露，風前鴈影乍横秋。黄鵝酒釅浮碟椀，紫筍茶香瀉定甌。燈火城隅歸櫂晚，回看明月照松丘。

詠蘄竹簟

瑯玕曾見楚江秋，編入瓓瓏尺幅留。鮫帳生凉新睡足，松牕蔭緑晚風幽。不誇壬癸能消暑，轉覺犀牙易惹愁。坐卧渾如氷鏡裏，炎蒸忽向枕函收。

製漁竿戲作

楓葉蘆花傍客舟，浴鳧飛鷺各悠悠。篷牕無事能消遣，截竹懸絲作釣鉤。

秋日養疴

雲封竹户晚秋天，細雨簾纖纖莫煙。寒到却憐裘尚典，病多翻恨藥無權。破除愁思躭禪坐，搜索詩腸就枕眠。最是攪人清夢醒，颼颼落葉打牕前。

戲書

瑟瑟秋聲動碧槐，重陽已近怕登臺。東籬不少淵明菊，那得江州送酒來。

北行留别諸同人

漸與新知遠，飄然去故鄉。輕裘攜襆被，别淚灑征裳。酒盡賔裾散，帆開驛路長。松楸瞻丙舍，温凊戀高堂。烏鵲驚寒月，秋鴻唳曉霜。出山慚小草，蹇足媿飛黄。䘨線才雖短，桑弧志未忘。清時思建樹，未盡昧行藏。

夜行

挂席如奔馬，扁舟任夜行。霜風吹面冷，水月射牕明。百感膺長揣，三更夢不成。征途爭利涉，自計客裝輕。

阻風

颶母風波惡，蒼茫阻去程。如何征鴈過，故向客船鳴。梵唄穿林出，漁鐙隔港明。那堪寒枕畔，徹夜撼濤聲。

途中述懷

塵沙日日困征鞍，暫爲浮名棄釣竿。此日王生誰結韈，盛時貢禹亦彈冠。山連齊魯煙雲繞，雪積川原草木寒。路上常逢南去鴈，却無紙筆報平安。

和樓蕭齋同學白酒詠

有酒應忘在異鄉，家醅不與市低昂。當筵色似盃盛月，開瓮光疑雪壓漿。陶可漉巾辭作令，張宜策杖入爲郎。新篘從此傳都下，還憶曩時比建康。

和蕭齋氷牀詩（北人于河氷堅合之時，以板牀置前後四車輪，渡者雜坐其上，健兒拽之而行，疾于奔馬，名曰氷牀。雖僞兒戲，可以資利涉也。）

河水寒凝阻客航，有牀載我似康莊。路連曹國麻衣色，輪碾温家玉鏡光。愁思九迴看共結，氷心一片坐相忘。

天涯若使皆堅合瞬息能教到故鄉

生辰寓懷

委巷無車馬荆扉晝不開青綾初退直緑蟻且銜盃慢泠雲生硯天寒雪釀梅堪嗟潘騎省早見二毛催

題画

漫山落葉亂堆紅布衲疏巾獨曳筇行到最高峰頂上凌寒黛色秀孤松

雪夜

風簾半卷蠟梅黄缸面初開秫酒香棲鳥驚飛寒影動渾如夜月到書牀

幢幢鐙影漏聲寒欹枕枯吟臥未安但見虛牕皆積素一時疑作玉山看

槐墅詩鈔卷第二

槐墅詩鈔卷第三

江都 許迎年 荔生

木瓜

宣州土貢重當時分得寒苞貯素甆嘉實故應同橘柚芳名獨許著風詩香聞鼻觀通禪味思綻心花得好詞何物與渠堪竝列膽瓶清供小梅枝

趙飲谷以端硯見贈長歌志喜

古人翫物恐喪志立箴立訓警勿嗜趙子移情楮墨間雅好不妨娛心意曾聞游粤多歲年日南山水恣流連購得端溪一片石此石可值三十千巧匠琢成逾拱璧象地之形如天碧閒發琅玕絶妙詞玉蜍光潤呵生滴珍重嘗從棐几陬石田方寸日相親雲母硏成揮側理矛霜搗就試龍賓柳論舊曾分甲乙不讓青州名第一清泉淨洗錦囊封不遇知音不輕出迼歲郊遊在故鄉逢君歗傲平山堂花月清遊思小杜緜華舊夢憶隋唐從此訂交久共處吟花酧月留槐墅詩裁禁體互賡訓交許忘形共爾汝今年客來從端溪懷石待賈如執珪一見不惜無金購入手復爲友人攜趙子聞之發豪興慨然割愛持相贈高義難酬勝粟岡石交端友私心訂吁嗟乎古人不可作吾子誠可希物以觀德擬君子潛璞深山世豈知

題家辟塵歲寒小照

雲意蕭閒鶴性孤仙仙風骨貌清癯吾家二許登眞後應續眞靈位業啚

宣南闢徑眇羊求兄弟過從共讌游忽漫披圖動鄉思官梅花發憶揚州

縹緲峰巒翠作堆萬花香裏籍莓苔添他千個檀欒竹應許何人共看來

送譚書雨先生之江寧令

六朝形勝說陪京化俗文翁在此行淮水自通桃葉渡鍾山遥控石頭城玆晨冠蓋傾都餞到日壺漿載道迎治行河南原第一（先生舊宰靈寶有聲）更從江表著循聲

通門累世接聲光風義千秋凜未忘京雒論心頻翦燭春明分手一揮觴紅雲宫闕天還近緑樹關河路許長聞說傳家多諫草即看驄馬躍臺霜

盛悔亭過雙槐寓廬小飲共賦長句

雀羅門巷似山茨休澣逢君過我時半破紙窻風入坐微凹端硯墨成池濁醪貫得堪謀醉快語聞來足解頤手植盆梅三四本衝寒蚤放向南枝

夏日閒居

當軒一榻眠風景忽蕭然好月明深樹疎星澹遠天窮將詩作友愁令酒無權正起蓴鱸思秋聲到耳邊

十六夜對月

夜涼天宇淨雲破一輪明皓魄還如昨當軒未減明樹頭羣鳥靜艸際暗蛩鳴風景堪酬賞渾忘逆旅情

詠槃中胡桃仁同滄洲陳使君作

漢使羌中返移根植至今作甘同稼穡養血勝參苓古語懷賢切遺書恵物深未須愁内熱賜果出華林

剖得楂頭果堆槃素質輕含咀眞味美輪囷性天成不用愁肴落欣聞潤肺清玉壺涼影徹光映月晶瑩

奉送總憲吳公 予假歸石門

東觀文章伯中臺品望優 九重嘉諷議薄海想謨猷風采疇能匹聲華世莫儔心原依魏闕 詔許返滄洲祖道臨燕市雲帆指秀州葡萄攜 賜果（上以西涼葡萄樹一本賜公）書画載歸舟越岫雲霞繞吳門疋練浮琴罇供笑傲泉石且優游有客淹畀秩惟公納衆流敢期邀品目謬許奉綢繆折柳歌三疊臨岐送八騶後期應有待此別迴含愁鄉味蓴鱸美林香橘柚秋暫時娱緑野莫便戀丹丘獨坐方虛待嚴程莫滯留 帝心眞眷切佇望卜金甌

曉行

茅店聞雞酒欲醒吟鞍小據帶餘醒星昏正慮天將雨雲散俄看天已晴瑟瑟枯楊黄未吐尖尖新麥緑初平遊人漸與鄉關近連日江南道上行

漫興

豈得身閒且暫閒裘輕不必慮塗艱二分明月經年別千里長征疋馬還霜蓋短檐看似雪煙籠遠樹望疑山

歸家正值春風候賸與梅花共破顏

暮行

霧瑣雲遮埜色沈半天殘照半天陰衰横溪水版橋短輭踏隄沙馬足深煙火喜看村舍近春醪聊共友朋斟繩牀偃仰欣相得無數昬鴉集茂林

渡河

乾坤圍混漭風雨渡黃河儵忽煙雲合依微鳥雀過飛帆何太駛歸路已無多從此舟行穩今宵且醉歌

月夜偶成

居似愚公谷閑如處士家牕前春月影多半是梅花病渴難消酒腸枯只潤茶叩門逢野老喜共話桑麻

爪步阻風

野岸維舟夕鄉關此地分江沙吹急雨驛樹黯愁雲短燭休重跋清罇只自醺江南明日路回首悵離羣

虎丘

水嬉晴日檥沙棠閒曳筇枝上廣場山色尚留金虎氣禪心靜挹白蓮香曼聲按曲皆名部聯袂尋春見靚妝坐待松陰明月上微吟猶自繞迴廊

萊陽二姜先生祠

黃門風節遡萊陽伯仲登朝盡抗章請劒上方思斬佞荷戈南國竟投荒危言足破狐狸膽浩氣堪爭日月光海湧峰頭祠廟在谿毛特為薦馨香

塘西

麥疇平接菜花畦桑柘陰濃柳拂隄好景倚舷看不足一帆風雨到塘西

月夜逢僧

一泒湖山逼眼青盈盈滿月水泠泠老僧向夜寺門坐靜對蟾光好看經

龍井寺贈納蒼道人

細路穿叢篠巉嵒到上頭振衣飛鳥背漱齒古龍湫白足宗風舊青林景物幽蘇公遺蹟在登眺憶風流

訪翁睡雲鍊師不遇

桃花隱洞口門掩綠蘿深山澤存靈氣風雲見道心鶴

飛無定所仙跡杳難尋斯世誰相識何如返舊岑

華落蓮成洞

蓮花如石竇取徑入蕺篁積潤著苔滑微風細草香四山圍赤日喬木隱幽房丘壑平生志因之寄興長

葛嶺二絕句

鍊丹井

仙翁鍊丹處遺井兹山陽至今飲泉水猶帶丹砂香

初陽臺

日中三足烏烹鍊得精華想見丹成日凌空躡紫霞

憩屐亭同趙飲谷作

探奇馮蠟屐小憩此亭中瀑布穿雲白𣑯花映㵎紅疎

鐘聞漸近幽剎路潛通游賞偕吾友清唫興不窮

岳王墳

棲霞嶺上暮雲昏尚有南枝宰木存鄂國空思迎二聖壽皇偏懼復中原玉虬髣髴驂天闕石馬凄凉立墓門終古屬鏤同一恨錢唐相望怒濤飜

孤山

我愛林和靖高風箕潁間老辭纏帛聘心共水雲閑疎影梅空發長天鶴不還千秋留廟食占住好湖山

西谿

短驢慢策踏春泥谷鳥閒關不住啼虎豹哀穿危石墮雲煙横抹晚山低園梅已結青青子硼瀑分流曲曲谿清磬一聲叢薄近尋幽是處訪招提

韜光寺 寺本浮屠燕參五祖七真衆有呂純陽煉丹洞金蓮池諸蹟

金蓮花發石泉香仙佛同參古道場龍藏未銷塵世刼玉毫常現寺樓光松風冷和樵謌響竹筧分流硼瀑長欲向高峰觀出日吟詩猶憶駱賓王 駱丞詩樓觀滄海日門對浙江潮即其處也

徐紹武載酒出郭招同趙飲谷湖舫雅集是晚紹武以城禁先歸不得為清夜之遊亦一恨事也

湖山窈窕湧青螺遲日逢君載酒過芳樹落花春晼晚鈿車逐隊冶遊多苦無翠袖持盃勸 時秦樓久廢諸妓散去矣 自倚新聲按節歌可惜城邊歸騎促夕陽回首瀉金波

邵氏輞川莊

古桂參天勢鬱蒼濃陰低覆碧湖光異時寒雪芭蕉裏画出王維舊日莊

吞金祠詩為仁和戴烈婦作

烈婦適太學生吳錫夫亡矢志從死凡雉經者再俱為家人所覺救之復蘇繼乃陰翦金臂環雜糜粥吞之食頃腸胃迸裂嘔碧血數升而死時年二十餘耳郡守李君鐸特著其事於碑且建祠祀焉

霜風一夜萎瓊枝便是深閨絕命時匪石共知心不轉如山已信志難移芳魂擬化啼鵑血亮節長留幼婦碑試問世脩降表者衣冠寧不媿蛾眉

飲五柳居酒樓

山色周遭望不窮青帘倒影碧波中流泉洗出桃花雨短篴吹寒楊柳風拚對芳辰論酒戶欲收好景入詩筒清歌画舫歸橈晚掩映樓臺夕照紅

雨中登吳山

筍輿躋險上岧嶢滃滃煙雲黯不消錦繡湖山環海甸丹青樓閣厰穹霄豐碑舊賜錢王廟白馬爭迎伍相濤不用登臨感陳迹且攜蠻榼泥芳醪

題畫窠竹梅

翠鬣潛虬動瓊姿縞袂香此君孤直性歲晚共相將

感事

客況淒清冷似秋蕭然襆被滯歸舟感時更著絕交論負氣空爲任俠游多謝殷勤山入牖能酬岑寂月當樓靈臺一點元無著我欲乘風訪十洲

湖上喜晴

萬壑陰霾盡芳辰麗景多鶯簧吹細柳燕翦掠清波殿刹輝金碧樓船豔綺羅漁邨晴日上處處晒煙蓑

木瀆晤陳元發

疋馬辭燕薊歸歟但掩關聽泉臨碧磵開牖見青山藥爲貧人施身如野鶴閒相逢同話舊使我豁心顏

山行

探幽馮短策陟巘路盤紆埜鶴迎人立閒僧與客俱翠煙梳石髮晴旭晒花鬚景物殊清曠微吟寄靜娛

泛湖抵石公山王漁莊留宿明秀閣

捫蘿直上翠微巔傑閣登臨意渺然千疊峰巒堆牖北太湖魚鳥落窗前斑犀稚筍登盤脆碧玉蓴絲入饌鮮最是夜闌中酒後瑠璨簟滑足幽眠

題漁莊山人聽泉照卷

長窦偃蓋磵泉鳴瀉作濺珠迸玉聲恍似仙人王子晉月明緱嶺夜吹笙

家在千峰萬壑邊坐來偏愛石如拳人間竹肉渾嘈雜山水清音勝筦絃

登石公山拈贈德堅禪丈

淼淼湖光極望遥短筇扶我上嶕嶢風來樹杪聲泙湃浪打山根影動摇磵户焙茶分紫荈藥欄種朮長青苗東林惠遠殊相契肯許陶潛泥濁醪

贈王文怡道友

家在金庭別有天五湖風月足流連還丹已識眞鉛汞縱酒何妨樂聖賢甪里邨中花的皪毛公壇畔草芊緜他時儻遂居山約願授猶龍道五千

包山空翠閣

四山環翠隱花宮別有飛甍倚碧空萬樹松濤千尺瀑凭欄人在畫圖中

消夏灣

勾吳霸業劫塵過賸有湖山涌翠螺曾是夷光消暑地吳娃猶唱采蓮歌

再題石公山

倚杖危厓下奇峰勢欲飛清猨隨客歗野麋伴僧歸遠水涵空碧疎林澹夕暉石公容我隱借作釣魚磯

王心傳招集蔭閣看牡丹

韶華九十又將殘正及名園放牡丹石上彈棊收玉局花邊行酒簇瑚盤濃香低蔭千章樹豔影横陳百寶欄更愛君家飛閣裏軒窗面面擁晴巒

外姑東海樓恭人輓詞

銘頌垂彤管蘋蘩著國風嶶儀嗟永謝大命歎俄終蘭
阪凋寒綠楓林泣墜紅感恩思述德援筆意無窮
未畜三年艾那堪百病攻藏舟移夜壑短景薄嚴冬帝
幕存奇節帬笄實亢宗空瞻遺照在髣髴見音容
世共欽懿範人爭頌女師柔嘉傳內則婉娩軫風詩白
日懸旒旐青蕪絕履綦哀號殊未極泪點結氷澌
豈便歸冥漠還如適莽蒼（恭人臨終聞空中鸞鶴聲）三號空繞屋一慟
已摧腸顧復情無異訓思志未償遺書猶在篋蠹粉落
縹緗
奄忽淪濛汜年華竟不居空傳吟謝雪無復奉潘輿霜
月開奩影天風響步虛生天與成佛神理定何如
愴惻歌虞殯淒凉賦大招風雲添慘結草木助蕭條鶴
唳孤峯月江喧伍貟潮魂歸何處所想像越山椒
何處尋兮宅荊山有　賜塋（清獻公賜冢在錢唐荊山之原）青松交隧道
白馬兆佳城贔屭豐碑峙輝煌象服榮廿年同穴意今
日鎮相迎
默識㓉同旨無通寂上乘（恭人於二氏藏典多所參悟）形骸雖委化精氣
定飛昇已絕傳薪火猶思繫日繩祇悲人世事五福竟
無徵

題鄭弘衜竹石駱卷

修篁植自篔簹谷奇石分從岝崿山誰向画圖添此景
將來堪對古心顔

送徐紹武歸武林

江上扁舟待君發與君話別今宵月意氣平生一片心
皎若寒氷瑩白雪相逢那得常少年分袂消魂各黯然
富貴致身須努力浩歌且送酒如泉

湘簾

織月梳風引入秋九疑黛色碧紋留非煙幕歷屏山掩
似水縈洄鏡檻幽窺客山禽徐疾過哺雛梁燕去來愁
夜明不愛雞林價堪笑當年鳳閣收

樓居次淑則韻

小閣清無暑琴尊寄興長新蟬嘶灌木積水溢陂塘桑
落三升釀絺衣五月凉呼童烹建茗鐺火沸虛廊

池上次淑則韻

薰風扇綠蘋碧影淨無塵馴鷺低窺檻遊魚不避人栽
詩濡素繭消暑酌芳醇欲學投竿隱渾如在富春

虹橋觀荷即以四字為韻

隋隄煙水盪舟過十里清香發芰荷滿目松楸新舊冢
如何對酒不高歌
水面風生起碧瀾朱樓翠幌鏡中觀摘來翠蓋猶擎露
渾似鮫珠點玉盤
翠荇牽風凝短橈飛來白鷺好風標玉簫聲斷繁華歇
何處重尋廿四橋
明妝窈窕画船中醉後凭闌勸碧筒滿耳畫聲人影亂

一川赭色浴長虹

畢節母詩

一從鸞鏡掩流塵四十年來集蓼身繡褓存孤憐趙袴霜帷授簡憶虞親名傳史冊褒奇節力挽綱常是偉人最羡高門賢娣姒烏頭雙闕並嶙峋伯姒胡殉夫先節先經旌表

鴛鴦蓮

殘荷折葦徧池塘絡緯疎疎冷露香顏色莫教輕拆散胆瓶注水護鴛鴦

衰柳

彭澤門前蔭秋菊灞陵橋畔送行塵臨風續起金城歎生意婆娑似病人

庭菊

寒香醞藉人同韻素影離披月共寒不見白衣人送酒凭闌且把落英餐

送天台僧具木南游

方外論交共麈談禪心詩筆笑同拈支公道行君堪並乎度風期我甚慚雙屩穿雲遊岳麓一盃渡水過昭潭他時訪爾天台上鴈宕奇峰許縱探

又成絶句書具木冊子後

淼淼連江百尺檣送師遠去涉南荒瀟藍湘碧疑山綠好景爭如住石梁

懷洪都司馬薛繡章

傫直綸扉共唱訓舍人詞賦擅風流一從乞外分符竹遂有聲名徹　晁旒畫棟珠簾懷傑閣西山南浦夢清遊漳濱卧疾渾無賴雲樹相思渺渺愁

寄懷董特瀛先生

天人三策重江都　特簡衡文倚碩儒地是豫章多杞梓人如越客得珊瑚子安詞賦留滕閣玉局詩篇眺鬱孤遥憶公餘高宴日未由授簡奉清娛

星軺觸熱訪溪堂笑語欣依大父行先王父與先生同舉南宮直以嚴程晨税駕猶思夜雨話連牀西江校士新持節南省銓衡舊望郎社櫟不材慙匠石羡他桃李植門牆

同人集平山堂餞别聞首章如京師予以卧病

未赴賦詩爲贈兼詢一二舊好

青松繫馬歷巖阿地是蕪城賦客多莫以分襟頻灑泪未妨對酒一高歌詩篇直遡唐天寶裘屐還同晉永和若遇京華舊徒侶爲言禁足似維摩

西風鼓棹欲何之獻賦金門在此時明月危樓思共倚亂山孤驛夢相隨才華合號千人傑風雅真推一字師兄事袁絲殊足愧楊修文舉盡呼兒

贈孫惟誠隱君

徵君家住古雷塘杖屨優游樂未央纁帛久辭公府辟煙波閒占鷺鷗鄉懽呼野老雞豚社服食仙人玉石方最是佳兒才絶妙官梅句好似何郎

自述

與世無求懶是眞蕭然身似葛天民鏡看華髮將云老室有藏書不算貧閑處自吟詩送日病中轉覺酒欺人浮生事了歸何許欲向空門結淨因

曝書

陽烏濯影到階除蚤起摒擋自曝書細署牙籤分四部猶思雪壁課三餘棲山却笑同巢鶴食字終慚遜蠹魚尚論每懷經濟術時宜不合竟何如

病榻偶書

靜掩紗幮足睡鄉歲華無賴鬢先霜囊中藥盡重教采枕上詩成却易忘徑柳雨深侵案綠池花風送隔簾香我貧非病憑誰療欲覓留侯辟穀方

齋居遣疾偶作短歌

端居歎牢落偶出困塵鞅世故歷險巇胸懷逼怊悵百憂日相煎積久以成恙葠苓半囊飧精神益凋喪身無金石堅僉矣將安向神仙不可求遑敢希卿相鍵戶還讀書思與病相抗草木風凜冽鴻鴈聲悽愴庭堦只半弓巡行亦策杖白日慘不温嚴寒入重纊聊復飲清醴陶然自頽放何時春風來吹我顏色壯

槐墅詩鈔卷第三

槐墅詩鈔卷第四

江都　許迎年　苭生

擬青青陵上柏用鮑叅軍韻

陰厓匿靈曜巖英飛翠煙人生若行客奄忽悲流年何以遣我懷山水鳴清絃丹砂在勾漏願言師稚川行當事幽討采藥尋名山春露滋蘭蕙秋風馥渚蓮心境閒以寂瀛海如目前王侯不願事爲我謝時賢

絶句

樓苐海棠盛開因偕一二刎好命酒翫賞率成

嬌紅一樹態嫣肰吟賞偏宜小閣苐我是碧雞坊下客春來又著看花顛

豔影離披薄霧侵閙蠭無力戀檀心綠攢紅密枝千萬費盡春工著色深

穠華拂拂入茶甌小疊吟牋共唱訓喚起平生江海思夢中香國是昌州

獵微草堂文讌同用義分明於霜信行直如弦爲韻同集者姑夫劉復齋先生錢禹銘費滋衡吳羽文趙飲谷畢亮之婁寧世周少逸諸同學及余與舍弟闇如

瑟琴皆古樂異曲同宮商椒蘭竝香草異產齊芬芳吾儕重聲氣延攬徧四方相見嚼卮酒高歌奏笙簧爲歡良云愜聚散亦靡常勿言異同懷共此肝與腸慷慨舉相示皚皚若雪霜翙復抱器能於時際明良努力取名位策勳垂廟廊不肰守巖穴高蹈希潁陽丈夫志偉節

至人蓀精光持此共久要黽勉毋相忘

戲爲牡丹催妝

紫絲錦障一重重隔斷紅塵與蜨蠭自是花中眞國色肎隨桃李鬭芳穠

姚魏頭銜重洛陽移來徧植曲闌旁催花不用三郎鼓瀉酒花前作洗妝

穠華放晚殿春殘掩暎眞須百寶闌待得全開易零落一枝破萼借先看

錢禹銘周少逸兩同學自吳門過訪因邀諸子小集牡丹花下同用看花二字爲韻

江上停蘭櫂花邊訪藥闌交淡肝膈見興劇酒杯寬負

氣雙龍劒閒情一釣竿年華新鑷白羞向故人看余新有白髮

醉眼紛生纈晴光引絳霞最宜風日好不使蜨蠭譁詩壘分斑管茶甌試碧花輸他湘瑟詠五字擅清華時禹銘詩先成

次答禹銘見贈

籍甚金門嚴樂才謾教空谷足音來抨擋坐席依文石檢點吟牋襞海苔愁病快聞情話減穠花也逐好懷開何因得比平原飲十日同君醉綠醅

送禹銘

細雨溼春颿曉雲黯江樹篙師邪許開客船是我離亭送君處愛君燁燁璠璵姿富貴致身會有時莫似杜陵垂白叟拾橡山中恒苦飢

送少逸

廣陵城東與君別一片春濤卷白雪離亭置酒一再行淡盃不似肝腸熱送君北去重褰回弔古還登郭隗臺聞道黃金求馬骨須知今日有龍媒

春江花月夜

子夜吳歌豔春江舊夢賒可憐陳苑月還照廣陵花皓景迷煙縷愁香泣露華六朝遺事在鷗跡冷平沙

子夜歌

騎馬出門去問郎何所之揚鞭不回顧使妾到今疑

恨不隨東風化作陌上草日日逐馬蹄見郎就遠道

過寶輪寺晤慧孚和上

江雲渺渺出晴嵐竹裏尋行到小菴行者聞鐘添佛火老僧見客閉經函春開慧眼花雙樹天浸禪心月一潭何日樊籠能解脫艸衣蔬食頗能甘

清明日同人小集戲墨山房

連翩車騎訪柴關喜對朋簪一破顔不爲折腰辭祿仕却因多病戀鄉山玉花拂水垂楊碧犀角穿泥穉筍斑正是石泉榆火候琴尊好共領清閒

聽雨有懷

臥病柴門百事無此身已許寄江湖雨聲簾外啼鳩婦鐙影梁頭落燕雛把酒領將閒意味吟詩占却睡工夫浮生暗惜年華換鏡裏新教鑷白鬚

劉復齋姑夫費滋衡金見素吳羽文趙飲谷汪
迎年畢亮四樓寧世鄭重周諸同學暨舍弟
闇如雅集獵微草堂各賦五言詩紀事以游
思竹素園寄辭翰墨林十字分韻

土圭變朱律灌木交茂林南風入池閣翛然吹我襟相彼緡蠻鳥求友懷好音而我媿幽獨索居思愔愔曷云愜心期欣焉盍朋簪羣賢惠然至飛蓋俄成陰汪金清門彥才妙雙南金諸君竝英絶各自懷其琛譬如入寶肆所見皆球琳締交無新故風義夙所欽酒行一以滿肝膈一以瀉誼合媿壎篪言出皆規箴志氣自激發奮忽非所任逸驥何騤騤駑足亦駸駸及茲藉弘益勗勉

篤初心

楊柳歎有引

山來張先生文采風流名重海內所居自植垂柳一株濯濯可愛及先生歿而居遂他售樹亦伐矣小阮漢甌重感其事作詩歎悼余復綴此篇用慰其意且謂先生文章風節有足傳者此樹雖伐而名與之俱傳矣樹若有靈亦何憾乎人之戕之也漢甌其頷我言乎

吾友張京兆文采冠名場揭來自軒丘卜築依雷塘門前曾手植楊柳參天長春風吹淺綠春雨染輕黃輕盈金穗舞搖蕩玉花香過客攀長條繫馬登君堂敦槃盛南國縞紵徧四方芳廚窮水陸雅曲奏笙簧一朝歌薤露松柏指北邙昔時文酒地今日人琴亡池館易新主斯樹亦摧戕阿咸念封植涕泗霑衣裳作詩志歎悼聞者亦感傷矧我忝賓游惠好結疇曩山陽尋舊廬閒遂增凄涼何期卅載間轉眼成滄桑物理有倚伏盛衰固靡常寄聲慰南阮勿復懷悲愴君不見徵君昔日潯陽柳種來那得千年久吾友自有身後名能與徵君長不朽

為汪宸昭題石濤画卷

大滌丹青文沈間為誰放筆寫煙巒一條雪瀑聲須洞千歲虬松勢鬱蟠濟勝不須笻竹杖樂幽好脫筍皮冠

臥遊亦有宗生癖借我蕭齋偃仰看

馬上少年

隴上沙蔥長紅塵匹練開銀鞍金絡腦游俠少年來

舟次召伯埭

午發廣陵郡莫抵名伯河風正颿若駛時聞欸乃歌雜樹青無窮野雲鬱嵯峨梵鐘出古寺笭箵收釣艖倚舵展遐矚斜陽照煙莎時維三五夕圓月溶金波對此不行樂毋乃嗟蹉跎聊復貰醇酎斟酌金叵羅吾意既酣適抱膝成清哦百年寄醉鄉長使朱顏酡

舟中有所見

一艇依芳沚吳姬鬟髻妝臨流看水鳥指說是鴛央

素手持蘭檝紅顏暎綠蘋停舟暫相問恐是弄珠人

湖上

清和風藹麥秋成蘆葦葉高湖水明玻璃影碎綠珠濺
天氣倒涵雲氣晴落日颿檣行未歇又見波光生貝闕
魚龍寂莫臥滄浪捧出金盤一輪月

露筋祠

月華臨暑夜炎風四野來行行有二女失路重裹回嫂
行入客舟鴉奔良可哀姑獨抱貞節露坐絕疑猜詎知
豐草間煙蟁聚如雷體弱不勝嗜顧此肝腸摧一夕筋
盡露皓質成枯荄寄聲謝阿嫂畢命淪泉臺妾心若霜
雪千古白皚皚

高郵州守李君惠酒

出岫閒雲任卷舒煙波寄興欲何如肯分一甕春醪綠
明月扁舟夜不虛

過蕃釐觀

玉蘂無雙閬苑收佳名留取古揚州曾聞此地傳仙蹟
賸有荒臺引客遊幽鳥飛來如欲語野花落處迥添愁
六朝興廢渾閒事滿眼斜陽獨倚樓

宿影亭雅集拈得江文通集中許徵君詢自敘
詩韻即效醴陵體

閒居怡心神與思窮意象爰集塵中軌共結霞外賞天
雲自卷舒溪鷗任來往因悟動靜機稍得內外養瀼瀼

風日和歷歷軒窗敞相知一日間抗志千載上散藻飛
奇葩扣鉢振清響古誼在久要嘉辭互弘奬貞窔無寒
暄玉山暎高朗矯首睇層霄鳳麟疇結網

病起

雙眸生眩步蹣跚挾纊三重尚覺寒白日看花常策杖
清宵對月怯憑闌睡鄉似有華胥樂世路偏多蜀道難
從此就閒眞得計駐顏徐覓大還丹

懷閒首章用舍弟闇如韻

漳濱嬰疾感劉楨舊雨懷人夢薊城天末音書遲朔鴈
柳邊愁緒咽風鶯文章遭遇君非晚仕宦蹉跎我未成
記否草堂同被酒狂吟夜半看參橫

送魏旭棠歸里即次留別原韻

銅鉢催詩酒半醺茗柯實理得新聞詞源浩比瞿塘峽
詩壘嚴於細柳軍狼籍鷺花愁裏盡微茫煙樹望中分
南風五兩歸颿健愁思偏如雨雪雰

金陵胡紹文吾師故修撰芝山胡公令子也少
孤績學以文補博士弟子負吾師可謂有後
矣感歎之餘為贈是篇

朱雀桁邊路青溪一派流吾師起江左巨筆冠詞頭未
作商巖雨旋移夜壑舟家無善產在篋有賜書留之子
推時彥勝衣寔好修豫章生杞梓東序振琳璆竹素耽
墳籍紈襦薄貴游文綫試博士名已重南州天馬寧羈

棧霜鷹豈戀鞲金華思舊學冊府企先猷繼志君無忝
懷恩我未酬蘭臺名父子彪固定能儔

坐月

夜淡猶露坐爲月小遲留氣候將朱夏清輝似素秋花
陰移石几竹翠落茶甌一片浮雲起依微引客愁

瓜步阻風

客舟且孤泊颶風鳴江潮冥冥日無光雨勢昏雲霄煙
際矚峰影去鳥清川遥景色一以曠汎覽塵翳消天氣
殊涼燠鼓櫂期來朝安得御風行遨遊同寥喬

雨渡揚子江

妙高峰在望風雨片颿過江海雙蓬鬢乾坤一短蓑山
根隨浪動水色與雲和寄興滄浪外臨流發浩歌

算山 一名蒜山

吳蜀籌兵處茲山久擅名至今波浪起猶作鼓鼙聲積
翠團高堳空明接古城嗚嗚聞画角頓使客心驚

丹陽道中曉起作

荒雞咿喔催清曉駁車碾碎雲縹緲山峰面面轉蒲帆
水花點點飛沙鳥珊瑚之樹東海升練塘百里湖水澂
京口驛接雲陽驛我來倚棹覽吳陵淡林蓊鬱隱柴戶
蜀葵花開徧場圃日色纔高天又低霏微幾陣黃梅雨
天然圖画著閒身遥望丹臺紫翠勻辦取芒鞵幷笻竹
三茅峰頂一尋眞

過丹陽郭外揚帆徑去不得晤丁啓魏同學東
此志悵

煙雨淒迷旅夢驚思君未得快班荊空嗟采葛三秋別
且趂輕颿半日程英絕縣知詩更好殷勤應念疾初平
東吳歸櫂期相訪滿貯寥醪待我傾

偶占二絕句

解盡青蚨興索然三春多病只高眠如今又蠟看山屐
來上江南鼻嘴船

江驛人留艤小舟波橫魚笱葦颼颼雲煙浩淼看無際
一段淒涼五月秋

次毘陵

湍水鳴幽竇爭流決決聲郇煙隨樹斷山色挾舟行颿
指毘陵驛潮回鐵甕城日長無箇事對客賭碁枰

曉起

烏鵲聲多廢曉眠起來凭著水窗邊青山綠水三年別
更與詩人再作緣

晚泊横林

一帶笷茨俯碧潯孤舟夜雨泊横林束書作枕支頭臥
却喜裝輕少戒心

二泉亭

一雨九峰昏著屐穿林麓徑路無塵滓奔湍出山腹吐
納石龍靈黿鼉遠遯伏見首不見尾變化彌川瀆涌自

馮夸宮坤元轉地軸區區一泓油灌溉田疇足皎如玉壺冰泠泠滁我目煙嵐倒影明峰埶走相屬雙井覆一亭評味殊雅俗老僧爲瀹茗屢啜厭粱肉藉此香半甌消盡愁千斛願言結茅茨徜徉此幽谷

秦園

二泉入林霏九龍作屏障勺水細瀠洄小山疎清曠坐我山水邊身心靜相貺微雨點輕波魚躍荷錢上瀑布響層厓橋平沒新漲繡樹接飛甍亭臺非一狀高寮插青霄拂面和風暘盤桓不能去眞賞得所尚寄情楮墨間腕底雲煙壯

冒雨遊虎丘

嵐翠逼蘭舟支笻上武丘煙雲恣滉瀁魚鳥任沈浮德水蓮花盡坤精劍氣收看山兼弔古風雨亦來游

舟中聽道人唱游僊曲

童顔野服鬆雙丫高唱僊歌上客查乍起閒情思閬苑了無塵夢到京華襟期此際明如月世味從來薄似紗雲水相逢揮手去清風領鶴又天涯

再過蕭齋雙鴈影（雙鴈影其所居詩書樓額也）

謝墅有佳趣幽禽喚客來暫時淹短棹且復共深盃綠砭風中竹黃肥雨後梅曩時來止宿猶記牡丹開

蔡經宅

斑麟曾記降雲軿幾見蓬萊清淺年莫謾思他長鳥爪先教背癢受神鞭

初晴登靈巖

晴雲開疊嶂宿雨瀉幽泉夾路松杉古懸崖芝朮鮮鳥鳴孤磬外壒立一峰巔行見琳宮近芒鞵破綠煙

盤山千百折鶴引入僧寮徑冷宮花落池荒苑草饒湖光林屋近颿影海天遥終古琴臺月香魂未可招

萬柳塘野汎

連日苦炎熱揮汗霑衣裳今朝轉蕭爽黑雲蔽驕陽急雨從空來草木生微涼野航載我去積水平魚梁黏天四圍碧萬柳搖陂塘鼃喧菰葉暗魚唼水花香峩峩虎丘壒百尺摩空蒼時有清梵音寥寥度雲房游目既已

暢幽意自茲長流觀惜日晏舉盃酹飛光

尤襄文惠洋繡毬葵扇詩以代簡

萬里椰颿送海查攜來方物到中華蒲葵製就雙團扇繡纈開成五色花揮灑涼生蘄竹簟氤氳香度碧窗紗故人珍重勞貽贈驚喜相看敢拜嘉

董陶音尊五昆季招同趙飲谷樓寧世顧彥揚張範疇沈席儒朱晉少曁舍弟闇如宴集頤慶堂即席紀事

邛岠相依歲月深草堂今復盍朋簪庭花醞釀紅侵斝竹色陰濃綠上琴淮海煙雲縈別夢吳天風雨愜招尋芝蘭氣味寮筠節珍重羣賢共此心

書畢亮四所寄詩卷後

一江南北共懷思寄得魚牋絶妙詞五兩南風送歸櫂
相逢須和紀游詩

留別蕭齋主人

陽烏如巨冶赫然鑠天地有客來東吳鬱鬱不得意蕭
齋主人我密戚館我池亭最蕭摵水檻披襟涼吹生茗
柯析理閒愁釋暫許平原十日留南風又欲戒歸舟白
公隄畔一揮手海涌峰頭動別愁吁嗟乎與君束髮爲
同學廿年晨夕渾如昨形影相依不暫離即今小別猶
作惡秋期翳我尚能來亣負黃雞紫蠏約

留別林宴容

布颿無恙促歸程惆悵臨岐無限情爲待秋期重鼓櫂
木樨花下訪柴荆

與徐紹武話別

經年勞寤寐一櫂却能來相見即相別依然詠溯洄
麴院風荷好披襟六月涼何時揺酒舫吸取碧筩香

歸櫂

檥櫂東遊風雨中歸舟又見雨冥濛閒身合入煙波景
寫作滄江一釣翁

行次滸墅關欲登陽山不果、

我不知飛仙棄風周八極逭來山水閒擾擾苦行役漾
舟出滸關陽山近可覿眺望水窗邊浮嵐寫柔碧巖雲

膚寸興倏忽彌川澤髣髴滚潭龍蜿蜒起千尺（山有白龍潭龍母廟諸勝）
颯颯風雨來衝泥怯游屐低徊煩鬱生對景成歎息船
頭疊鼓催帆如健馬疾流觀川路長轉盼好峰失題詩
寄山僧刻向巖前石

晚晴有憶綠淨軒

山色鬱崔嵬天晴宿霧開鴉隨雲影沒波盪月華來泥
酒將愁敵尋書作睡媒蓮花開曲沼須待主人回

懷魏旭棠先生

細雨扁舟夜懷君在海陽風波驚客夢文酒遡歡場小
別情殊惡題詩遠未將文園詞賦好何事倦遊梁（時將北之燕薊）

懷費滋衡同學

最憶成都客詞壇獨噪名一時稱健將五字擅長城霜
下秋鷹疾塵中天馬行吟詩無細響萬石吼華鯨

丹陽道中望茅山

一片溪雲擁客舟三峰紫翠望中收金書玉冊何時訪
石屋窯扉結夢游

練湖

倚櫂吳陵道風光愛練湖人家依碧柳天色醮青蕪沙
鳥窺明鏡煙蓑入畫圖何時清夜月攜酒一登艫

新豐沽酒

一颿風雨送歸舟沽酒新豐爲小留醨濁醴清渾不管
只將身世付糟丘

潤州望三山

北固稱名勝江山圖畫中紫頴曾躍馬釃酒弔英雄
浮玉江心寺中天紺殿開何時攜短策重上妙高臺
草樹平如薺江波涌翠螺焦公舊隱處飛夢訪巖阿

渡江至瓜步

雙橈擘浪到瓜洲水白沙明浴鷺鷗風送健颿奔似馬
涼生短褐冷於秋洒沽上若開春瓮泉試中泠瀹茗甌
此日東行差自喜有人擁髻共賡訓（是行也淑則與偕蓋爲其外大父樓徵君送葬云）

送孫斗文同年之武緣令

憶自青溪上相於十五年看花聯騎出聽雨對牀眠誼
比壎篪合情同膠漆堅宦游今萬里分手却凄然

捧檄爲親喜邊城近剖符斑衣歸上壽賓從餞通都忠
孝承庭訓風霜慎遠途異時阿閣鳳還集帝闈梧
桂海臨蠻徼南行道路長鈿屏開孔雀瘴雨暗桄榔煙
戶連猺洞畬田足稻秔莫言風俗異移易在循良

歸自吳門草堂消夏作

對景尋詩信手題幽禽故故向人嗁片颿風雨過江北
一束琴書返竹西
門巷高柳亂蟬鳴白板門開穉子迎愛向水軒安坐榻
荷香徐拂小桃笙
小樓聽雨掩窗關鸚母窺籠喚客還重借江南山色望
一痕青嶂有無間

水宿巖遊興未窮漏天陰雨鎮冥濛歸來臥病閒窗下
還似菰蘆泛釣篷

槐墅詩鈔卷第四

憶昔先淸獻公制府淮南時吾女德音生甫數歲每長者故人至輒效男子長揖衣袴亦稱之一切瑱耳釵鈿之屬弗御也及遇賓僚賦詩先公呼之侍側即能作五七言韻語而意殊便給先公絶憐愛之謂若生男如是當不誤改金根惜乎其爲女子也未幾先公捐館遂持喪還武林女年稍長能略涉羣書所居在湖山之間每當煙雲入户魚鳥親人輒復留連景光率吟小詩以自適一衣著最久視之墨瀋斑駁色若古鼎彝保媪以他衣進亦弗易也其無他好如此江都許太史未菴故爲先公所得士有孫曰迎年儁才也當先公疾革鄭重語子曰昇時擇壻計舍許生無可屬意者當折輩妻之余

卒從其言女之歸於許也生猶列博士弟子員至是益好學遂得兩闈俱雋能以經術世其家親黨咸謂新婦有以相之也豈果然耶先是吾鄉林亞淸夫人倡爲蕉園吟社知吾女能詩曾以縑素相遺通慇勤焉會吾女于歸邗上亞淸亦隨宦洛陽竟不果相見閱十餘年至乙酉之歲許生擢試舍人挈女北去時亞淸先在京師始得把臂定交輒相見恨晚間以詩卷相質亞淸喜而敘之且曰蕉園之社作者數人人皆有集今既晨星寥落幾令韻事銷歇得子之詩政復後來居上矣其可不梓之以傳乎女辭不獲遂畀剞氏而或者以爲婦人職主中饋禮無出閫之言審如是則凡迹涉藝文者皆非

也然竊觀往籍所載若班若劉之屬頌椒銘菊之家何更代有其人人有撰著或亦未盡非也第恐今之視古遠不相逮設爲之不工是可已焉耳昔中郎賜書五千卷傳之仍屬愛女今者丹黄甲乙手澤俱存女盍追思先訓益勵將來苟得詩人温柔之教必且能爲禮義之言是亦先公疇昔之意也遂書以示之康熙丁亥除夕前三日餐霞老人漫識

湖名西子儼對明妝山接南屏靚如曉髻生其地者恒多林下清標今有人焉夙號閨中秀質是知兩間淑氣鍾彼蛾眉遂令當世才人遜茲巾幗若我淑則徐夫人者非其儔歟夫人家本瑶華姿同姑射府君建節貴盛極於中朝母氏横經禮敎聞從早歲浣薔薇之花露吮墨晨哦繙瑇瑁之書籤焚膏夜讀魚軒隨宦探奇日觀星源梓里卜居覽勝六橋三竺横錢江之萬弩筆挾銀濤弔宋室之諸陵詩題金盌吹香作唾行間悉繞奇芬繪影爲花卷裏都成絶豔固已兼庾徐之綺丽不特擅鍾郝之風徽矣既而曰嬪高陽于歸太岳一禽既妥得鳳閣之舍人百兩初來儷鸞臺之碩彦京兆畫眉之暇

即事聯吟東方割肉而歸時閒賡韻襞將錦紙蔚成五色雲霞譜以璚簫響應和鳴鸞鳳擷花間之餘綺偶倚曼聲具玉茗之清芬旁及樂府惜爲女子難聯玉筍之班若作詞臣定賜金蓮之燭嗟乎昔文君之遇司馬猶蒙恥於酒壚蘇蕙之嫁連波閒傷心於織錦兹則貴同秦主早贅蕭郎美過大喬遂偕討虜膺河山之象服絶殊寒素縞綦儷臺閣之名卿豈復尋常兒女將雛是鳳皆對日之英姿在掌爲珠有猜弦之慧質課佳兒以執卷儼然絳帳名師偕夫子以論文允矣翠帷都講閨者詡爲盛事見之目以神仙斯又福澤兼隆鸞幕罕匹者也淑儀自媿寒閨久欽懿範一方秋水夢隨八月潮頭千里清輝人在二分月下屢濡繭紙未傳白雁之書忽捧瑶編似遇青鸞之使乍開緘而諷詠快覩隋珠聊載筆以揄揚附完趙辟豈特因風柳絮僅稱詠自謝家若令給札蘭臺定可續成漢史乙酉九秋吴門咒花閨人

李淑儀拜譔

孕玉胎珠夙稱仙姥含靈毓秀挺出名閨是以文衡入夢稱量爲徵雀鸑遥臨寧馨是誕（夫人生時家人見旌幢仙樂自空而下導一羽衣入室即産）珠來掌上即生照乘之光燕入懷中便有過人之譽垂髫屬句恒驚七步之奇學語牽衣能辨四弦之絶生共閨閣素聞穎慧居聯邸第熟悉芳徽既生東海名門作配高陽華胄行及摽梅欣逢弋鴈聘來妝閣藍田之璧一雙迎自邗江魚鑽之車百兩覩西湖之盛事錦被山川看鷟鑽之祥光香凝雲霰余也不揣固陋用綴催妝之詞君方謬許稱揚遽有嗜痂之癖遂成神契歷有歲年月夕花朝翹首江天雲樹吳頭楚尾常懷秋水蒹葭今幸同官京師從遊上國常謀會晤時許過從月滿華軒笑斟緑醑春深綺閣共擘蠻牋爰示新詩屬加弁首光華溢目多於鮫室之珠炫爛如霞直奪赤城之氣頓使貧兒之室懷辟爲慾宜知狐白之裘褏羔是誚細讀詠史諸篇可廢董狐之筆再繹迴文妙製定掩若蘭之機瞻望白雲時有懷親之作偶聆黃鳥即生求友之心孝自性成才由天縱落筆動關乎禮義非徒月露風雲摛詞一本乎清真盡洗鉛華脂粉燕山寒重玉研凝冰北地風多餅花凍蘂昨過高齋恍登三島和風丽日頓忘凛冽之寒冬瑶草璚花迴異尋常之凡卉郇廚畫陸海之珍羅列秦彝漢鼎鄴架皆古今之祕紛披宋豔班香胡麻飽飫恐迷洞口之桃花采鳳和鳴已識秦臺之簫韻玉皇仙吏雙謫塵寰鳳閣舍人皆來瑶圃二姓成姻世羨秦徐梁孟五花判事人稱蘇賈常楊夫人文與福齊才兼德茂王氏諸郎崢嶸頭角左家嬌女綽約眉峰德星之聚會堪奇家學之淵源有自向聞東箭南金之美獨擅吳中行見陽春白雪之歌競傳日下劇憐同調恨無幺晏之才欲序斯編媿乏徐陵之句焚香盥手三復佳章伸紙操觚略敷梗槩云爾丙戌夾鍾下浣清明後三日同里女弟林以寧拜撰

綠淨軒詩鈔卷第一

西泠　徐德音　淑則

四時白紵歌

羲和六轡迴蒼龍長紅小白紛作叢纖肢綽約隨流風翩翩冶態如驚鴻一寸眉峰暈春碧酒潮欲上蓮顋赤熱心擬化百枝鐙長倚君王照瑶席

赤烏從東升玉肌怯煩暑細縠裁輕袿長袖自善舞舉體輕柔妙折旋鬟鴉膩滑墜金鈿奉觴上壽樂何極願得君王千萬年

清商應律涼風至水殿龍舟咽鼓吹兩行華燭照櫂褕頓覺新寒侵半臂珠箔重重押銀蒜熠熠飛飛入幽幔

象牀筦簟不成眠起視雙星渡河漢

六花飛雪漫城闕凍斷遥山青一髮金鑪獸炭不知寒卷起珠簾待華月步搖金雀貂襜褕細骨宜酬百琲珠紫駝之峰黃羊炙長夜傳宣賜玉廚

漫興

文繡犧牛莫浪誇其如冷性癖煙霞鬭茶時瀹中泠水得酒閒澆小苑花芰服豈希三品綬鹿轅不羨七香車盛衰一悟浮生理隨意栽松更種瓜

觀演長生殿劇

鈿合金釵事渺然徒勞瀛海問神仙可憐空有他生誓何處重逢七夕緣宮監歸來頭似雪梨園老去散如煙今宵聽奏霓裳曲誰賜開元舊寶錢

讀漢書諸帝紀偶詠 錄四首

武帝

柏梁高矗雲神仙渺無跡置酒宣室中歲星爲擗戟

元帝

魚貫良家子披圖始被恩可憐飛將死青冢泣黃昏

桓帝

主昏國是非黨錮乾坤黑吾家有高人但肯譚稼穡

獻帝

帝后牽衣日方知丞相權山陽憐茍免掩卷一潸然

迎春詞

拜刀催春破羅纈綵樹銀花豔晴雪曉妝呵手對鸞臺一寸横波流鳳睫鰕鬚簾卷凭朱樓鼓吹迎春簇釆斿

陽和不道渾無脚憑仗東郊鞭土牛

黃鸎

翦就金衣愛淺黃百花庭院囀喉忙綠煙啼破垂楊柳紅雨驚醒睡海棠嬌影半飛迷小苑好音多處是横塘千聲萬緒俱堪惜錯道新歌韻繞梁

遲日嚶鳴淑氣和清于鼓吹疾于梭呼爲公子偏相憶比作佳人更善歌出谷漸能求好友故園猶自隔喬柯可憐春好惟吳苑萬樹江花聽較多

何處風光不可憐飛來只在畫樓前聲銷檀版銀箏地

唬過清明寒食天多恨那堪催淚落嬌歌自合比珠圓
無人會得深深意似訴春歸又一年
午夢纔甜日已斜一聲清哢隔窗紗驚回鏤枕初飛蝶
啄盡含桃不見花音好語將新灌木林昏莫逐後棲鴉
雙柑斗酒聽偏好更憶南朝處士家

買小魚放生

漁利水鄉薄千魚只十錢小鱻人亦嗜微物我偏憐倒
笱如濤瀉隨波似墨涎從今江海去莫近網罟邊

新柳

人言寒食近江畔綠垂垂雖未成濃蔭而能繫遠思飄
颺初得展攀折欲何為待得花飛後行看雪滿枝

新竹

新篁已覺異直性出胚胎勢以參天待聲期戛玉猜自
能留鳳食即此是龍材埽雪籠煙日春風次第開

題漁樵耕牧圖

一竿娴娴釣江天隔嶺樵歌和扣舷場圃霜寒收穫早
閒驅短犢牧秋田

余既題漁樵耕牧圖因取四字爲韻各成短詠

生長五湖濱長作五湖漁適志在煙水非徒羨求魚是
處堪浮家吾室在太虛

松柏滿四山谷風響寥寥浩歌聲相應隨意任采樵擔
薪入城市聊以易濁醪

四野稻雲黃萬寶方西成婦子既寧止濁酒相與傾明
年農祥見還共勤春耕

雙髻小蠻童行驅兩觳觫秋莎綠于茵散向晴陂牧歸
路在前邨溪橋橫獨木

和茂苑女子春閨襍詠

小院風迴花氣微閒來拾翠試春衣落英滿徑初長日
草綠南園蛺蝶飛

綠陰滿院鳥喈喈侵曉妝成下玉階笑折薔薇花插鬢
引他蠭蝶鬧瑤釵

芍陂竹徑漫裵回蓮瓣盈盈破碧苔闔了雙扉誰剝啄
鸚哥傳語有人來

棃花月影靜黃昏無限離愁繞夢魂五夜不堪聞杜宇
葳蕤枕上溼啼痕

春宵漫成

小築茅堂絕世囂茶鐺藥裹伴清宵風吹疎竹聲相和
月挂垂楊影自搖掩卷頻嗟人異代典衣酤得酒盈瓢
任他鄰室笙歌沸賸把殘鐙暗裏挑

讀史偶成

柳色陰陰入夏天幽窗讀史一潸然八千子弟皆星散
獨有虞姬殉馬前

夏夜不寐

鼉鼓蚕雷絮不休疎簾清簟暑難收微風無力吹高柳

好月多情照小樓習靜只留書作伴貪涼偏與睡爲讎
步檐直到天將曉片刻怡人却似秋

出塞

六奇枉説漢謀臣此日和戎是婦人若使邊庭無牧馬
蛾眉也合畫麒麟

墜樓

百斛眞珠只買身貞心容易委芳塵豪家歌舞尋常散
不負私恩只此人

采蓮曲

江南女兒顏如玉蘭橈驚起鴛鴦宿笑靨還欺菡萏紅
修蛾欲妬波紋綠荷香冉冉水悠悠素袖風吹半障羞

櫂入橫塘看不見但聞花裏發清謳

午夢

世味花間露堪嗟蝴蝶身黑甜雖是幻白晝豈爲眞槐
影羣蟬噪松風萬壑親猛然聞飯熟誰是夢中人

春閨襍詠和韻

晴閣觀梅

湘簾高卷映朝暉噀玉敷霞香氣微移日裵回看不足
莫教橫遂便驚飛

畫架秋千

名園如畫百花然慢綰紅繩纖手牽香袂隨風時蕩漾
教人疑作步虛仙

風柳聽鶯

蛾彎澹埽曉妝成煙柳絲絲拂水輕長晝瑣窗無箇事
臨風小立聽嗁鶯

卷簾迎燕

花落花開春日幽笑搴珠箔上金鉤紅襟小尾多情甚
雙宿雙飛在畫樓

試墨分題

南徐玉研試隃麋吮墨俄將四韻題羨爾廻文詩句好
從今不數竇滔妻

爇鼎焚香

鵲爐初試鷓鴣斑拂拭桐孫玉指寒刪去緐音宗太古

松間較譜奏猗蘭

萍池垂釣

萍溪風皺碧粼粼笑把珊瑚釣錦鱗照水驚鴻憐豔影
何須更賦洛川神

凭闌翫月

盈盈白露溼庭花曲曲雕闌樹影斜爲愛清光忘夜永
薄寒偏透越娥紗

午窗倦繡

緑陰如幄翳庭槐晌午慵將線篋開斜倚繡牀思假寐
鵶鬟聲喚送茶來

吮毫繪扇

百花狼藉減春紅，吮偏銀毫繪錦叢。自愛輕紈團扇好，莫教棄置向秋風。

雨舫觀荷

炎歊何處少，雨灑亂荷中。衣落露紅瓣，香清吸碧筩。鵁鶄飛緩緩，蝴蝶意息息。日落千山暗，涼生一櫂風。

過聽花書屋

淼淼湖光望眼賒，草堂渾似野人家。微霜染就丹楓葉，涼雨催開白豆花。三徑已荒還窈窕，修篁半折任攲斜。鄰姬不識山林趣，辜負朝煙與晚霞。

早秋聞雁

天氣新涼枕簟清，秋風吹雁到蕪城。月明酒醒三更後，嘹嚦初聞第一聲。

雨中月

酹月還聽雨，虛堂夜景清。樹分千澗響，雲漏一輪明。縹緲嵐光溼，微茫斗柄横。誰將摩詰畫，澹墨繪前楹。

中秋翫月次荔生韻

珍簟涼生玉露流，月華偏照水明樓。人間自愛中秋好，天上誰將七寶修。金粟吹香巖桂老，銀牀墜葉井梧愁。此時不減胡牀興，擁髻清吟足倡酬。

觀傀儡戲

筵前耳目一時新，乍見難分僞與真。簫鼓聲聲簾幔裏，一時舉止總因人。

秋夜書懷次荔生韻

紅葉蕭蕭白露流，感時心緒怕逢秋。碧雲縹緲初飛雁，翠袖高寒獨倚樓。那有莫邪埋匣底，從無阿堵繞牀頭。一鐙炙盡同君坐，除却清吟不散愁。

效陶靖節形影神詩

形贈影

人生非天地，豈能永不磨。紅顏易衰老，白首嗟蹉跎。舉頭如飛鳥，入世愁網羅。浮雲富與貴，其如身心何。惟君能自鑑，助我性情多。俯仰宇宙内，足以養太和。相期明月下，對酒且高歌。

影荅形

團團若明月，圓缺亦有期。皎皎若河漢，明晦故有時。垂象尚有然，人奚復不玆。我本無定意，須臾不可違。紅顏相見歡，白髮相見悲。與君共依倚，生滅亦隨之。但願知愛惜，不飲復何爲。

神釋

豪傑有通塞，世事有變遷。此身難自主，獨我時周旋。悠悠名利區，得喪總偶然。營營徒自苦，誰肯相與憐。何如適吾意，澹然息萬緣。涵養保太和，足以壽大年。得此迺飲酒，酒味香且甜。憂喜皆不生，安居傲神仙。

鸚鵡

漫嗟斥鷃困藩籬，似爾聰明亦受羈。夢斷隴山懷舊侶，

啄殘香稻苦朝飢金丸公子休輕彈白雪獨兒不許窺
宛轉琱籠誰見惜臨風延吭有餘悲

照影偏憐淥水池自矜標格太珍奇分將翡翠爲毛羽
擊碎珊瑚作口脂學語漸能持佛號偎人頻喚畫蛾眉
無端密受朱門寵猶有雲霄萬里思

題畫

百頃風潭夏木清麥秋天氣半陰晴分明記得維舟處
只少邨翁叱犢聲

明妃

莫爲丹青殺畫師君王原不識蛾眉可知沙塞淒清日
只似長門冷落時

過閨人所居

桐陰清潤雨絲飛魚鑰聲中啓半扉行到秋千人不見
一雙輕燕拂簾衣

探梅和荔生韻

雪虐風饕未肯降縞衣標格洵無雙清芬欲襲江妃佩
瘦影長依玉女窗筇竹一枝尋磵壑蒲帆六幅渡煙江
春愁憶爾渾難遣怯典金釵醉碧缸

鉛華淨洗倍精神南北枝頭漏早春吟詠獨輸何水部
風標如對謝夫人寒深野岸雲爲幄香散遥林玉作裀
安得徐熙重吮粉更將縑素爲傳真

年年花發繫相思雪壓幽巖見幾枝驢背尋來人入畫
江邊歸去雨催詩香跡不使遊蠭覺徑僻惟應獨雀知
慙媿春園桃李伴那能共結歲寒期

山中聞鳥聲

故故山禽飛飛飛入林木初聞一聲鳴衆聲遞相續濃
陰深無窮喚起斜陽綠耳畔雖多喧視聽轉幽獨

寓感

未識春從何處回殘花猶自向人開池因水涸魚爭逝
居爲愁多燕不來司馬獨遺封禪草鄴侯真負列仙才
浮雲蒼白原無定且把松筠手自栽

雨中惜梅

一夜檐前滴露盤枝頭狼藉倩誰看蜨翎帶雨花鬚溼
蠭背迎風香氣寒碎蘂乍驚霑褏冷亂英俄見疊窗殘
呼童埽徑教還住爲爾銷魂獨倚闌

渡江望金山

拳石江中峙風濤卷寺門千颿自來去直接海雲昏

侍外祖母樓太夫人遊錫山秦園

山水自天然亭臺臨古道石磴多紆迴巖壑恣幽討聞
香不見花聞聲不見鳥側足陟層巒乘風穿衆篠隔林
語覺近覿面翻窅渺前闌正開豁後壁極窈窕似此竟
日遊幽邃領未了紅霞晚眺新疎星窺樹杪遲遲理歸
檝眷顧在嶺表

過吳門

畫橋三百六（見青丘集）春水碧涵空白舫輕鷗外紅亭細柳中
鶯花尋茂苑麋鹿訪吴宫風景佳無限閒吟思不窮

拙政園看玉蘭

豔雪亭邊淥水園扶疎玉樹弄斜暉清芬滿徑和梅動
素影臨風亂蝶飛羽袂遠迷三里霧吴綾輕翦六銖衣
何須楚澤方爲佩采取明珠贈虙妃

題松竹梅花卷

龍鱗風雨夜來寒處士孤山雪壓巒雀子梅妻無恙否
故教修竹報平安

湖上絕句

旭日涌開金界湖煙洗出青巘忽被白雲遮斷但聞谷
口樵歌
萬頃玻瓈瀲瀲千家簾幙虛無夜半月明露冷恍疑濯
魄冰壺

聞鸝

東方猶未見朝暾泥客先將好語溫素侶欲偕新燕子
曉寒喚醒落花魂柳爲檀版飄金縷風送絲簧勸玉尊
四月江鄉多夏木任伊占住水邊邨

孤山放雀亭

處士風流跡未湮千年遺構此重新湖亭欲下雙飛雀
帬屐如逢六代人綠浪紅闌通畫舫錦塘芳草襯瑚輪
斷橋煙雨孤山月載酒尋芳不厭頻

過女貞觀

筍輿出城郭邨居盡桑麻山中泉作響山下藤生花紆
回徑百折仙宫臨水涯裵回蔭嘉樹時有春禽譁女冠
出延客纟言亦復佳房櫳極窈窕篆香裊碧紗飽我松
花飯啜我春磵茶頓使心神曠愛此土風嘉髣髴桃源
内尚有秦人家憩坐只片晷不知日已斜清風吹林暮
歸路披雲霞

湖上行次墨莊集韻

芳隄載酒恣遨游湖山湧作青螺浮桃蹊李蹊花零落
奇豔惟留紅芍藥暖風遲日倍宜人夾衣初試織羅薄
松風吹袂聲泠然白舫閒消半篆煙紫筍叙頭分建茗
青甆蟹眼瀹山泉酒酣日晏清吟歇懷古無端意飄忽
憑高更指鳳皇山蔓草迤連宋宫闕

鳴機怨

纖纖明月流清光佳人織素愁空房迴文杼上機絲急
玉漏聲中秋夜長夜長晝短愁心積四壁淒清鳴促織
織成文綺不得衣豪家用以被厮役

田家婦

邨中有少婦蓬鬢不梳掠人說新嫁孃已識勤操作不
肯賸豪家偏甘守寂莫獨步向田間持竿驅鳥雀

四時閨詞用鄭奎妻韻

落花滿地堆紅雪綠窗深處啼百舌梁間新燕故雙棲

櫻桃子解垂檐結金釵半嚲髻鬖鬖粉蜨飛飛上碧紗
春恨滿懷消不得烹泉初試雨前茶
新篁初展青鸞尾蒼苔細啄鵁鶄觜菡萏初開三兩花
茨菰葉爛沈緑水水邊池閣夕陽時團扇迎風出浴遲
自譜倚聲新樂府更將宮調教紅兒
寒林蕭瑟金風緊挑鐙獨倚珊瑚枕西堂蟋蟀有餘音
窗外月光無定影一聲長笛響鄰家吹亂横空雁字斜
侍女忽喧簾幙外貍奴撲損海棠花
雀鑪裏裏龍涎吐風亂檐鈴雪片舞膽缾斜插蠟梅花
戲拈一朵調鸚鵡深閨寂莫鎖蛾眉翦燭閒吟夜臥遲
寒雲細入珠簾罅春光已動老梅枝

夏日閨情

習習熏風蕩玉鉤不堪南望思悠悠緑陰清晝長如許
開徧萱花未解憂
午夢驚回倦思加玉肌流汗溼鮫紗殘妝一任飛蓬鬢
羞戴雙頭末利花

遣婢

花落何由再上枝新人可勝舊人姿遲遲更漏關情處
小閣鐙昏絮語時

春日書懷寄外

春風吹豔到棠棃底事遊蹤花下迷斜日軒窗蝴蜨夢
澹煙庭院子規啼盈甑桑落傾新釀滿辟蝸涎認舊題
倚徧朱樓思遠道愁看芳草緑萋萋
棲遲清晝獨無聊何處愁魂未可招幽恨却隨新緑長
啼痕不逐落紅銷多才誰信懷江筆善病偏能鬭沈腰
笑殺鶯鳩翔數仞須期九萬奮青霄

詠繭子花

纖手秊刀費翦裁枝枝簇就小重臺葉從秦女桑邊吐
蘂向吴蠶箔底開檀暈點成仙杏頰脂香搵出旱蓮顋
明朝插上蘭花鬢看取龍艘競渡來

和荔生春遊書所見

冶服傾城豔春風綺陌斜可憐馳細馬不肎浣輕紗髻
重宜簪鳳鬟鬆恐墮雅懵騰應中酒爛熳恰看花佳客

偏相遇遊蹤豈定賒宮梅羞額粉仙杏暈紅霞細語鶯
猶澀明妝柳故遮千金寧易笑一顧詎爭差玉勒休頻
控金鞭莫漫加不曾輕問姓多恐是西家

口占寄外

儂心如磐石君意若浮雲無限傷心事書殘白練帬

飛來峰

鷲嶺岧嶢起半空丹青巒壑隱花宮疎鐘幾處山頭寺
孤寉一聲松杪風絕壁過雲浮暖翠幽泉出磵浣春紅
世無小李將軍筆點染霜紈恐未工

春日園居侍母作

春風無力上高樓好景如從夢裏遊花滿雲屏香馥郁

松翻月浪影沈浮小庭鳥語聲聲碎丈室鑪煙縷縷留
故國愁牽腸百折韶光冷落似深秋

縹緗堆几淨纖塵齋閣焚香拜七眞排悶始知詩有力
看花休歎劫無人峰巒崛嵂當庭立薜荔夤緣向辟伸
隨意養魚兼種竹閒中亦自有經綸

邗水句留七載餘筆牀茶具伴幽居身因多病分靈藥
囊賸餘錢購異書東閣風抽梅葉嫩西鄰煙織柳陰疎
朝來默誦楞嚴偈一醆禪鐙照鐸魚

雨夕

越羅斗帳薄寒侵蕭瑟秋聲動樹林角枕漫披幽夢短
風簾細雨夜沈沈

綠淨軒詩鈔卷第一

綠淨軒詩鈔卷第二

西泠　徐德音　淑則

題畫

一桁青林四面峰山蹊确礫少人蹤虛堂展簟清無暑
臥聽寒濤響亂松

放艇

放艇尋春去春光曉氣中鶯簧催柳綠燕觜啄花紅深
谷聞樵斧澄潭響釣筒興酣聊藉卉莫放酒卮空

雨夕

積雨多行潦陰雲障遠天可憐花黯澹最憶月嬋娟撥
悶惟杯斝游心在簡編衣裳霑溼盡銀葉炷沈煙

題畫

幾曲谿流略彴通幽人展卷草堂中牧童歸處羣雅噪
牛背斜陽一笛風

姑蘇懷古

姑蘇臺畔水東流風雨淒涼起客愁行殿已迷新步屧
寢園空茂舊松楸三春柳色連雞圃五夜鐘聲出虎丘
惆悵當年歌舞地平沙明月簇浮鷗

苦雨

虛館連朝雨街泥一尺深幽懷增懊惱勝日負登臨棧
馬空思秣游魚解聽琴暗泉飛竹筧埜水沒蹏涔對舞
憐馴雀相呼愴渚禽霑衣花片溼傷榻蘚痕侵潤逼香

篝冷聲兼三漏沈青蛙生竈底斑籜满堂陰嬾去開書
帙悲來撫劍鐔有懷燒紫汞無術鍊黄金容鬢還如昔
凄涼悔有今媿非曹子建亦擬賦愁霖

觀荷和荔生

菡萏初開渚水清熏風徐引暗香生酒堪釋恨荷筩满
花解句詩錦筩盈洛浦神妃乘霧出漢濱遊女弄珠行
銀蟾照影添奇豔頻向芸窗盼晚晴

熏籠

衾裯夜夜溫香蘊龍涎好繡閣自生春紅顔不肯老巫
峰一夢還對鏡畫春山那知簾幙外風雪正漫漫

舟行即景

天寒風瑟瑟浪急水淙淙野徑無人過疎鐘何處撞帆
迎舊楚地櫓背古邗江白鷺飛沙岸烏雅立釣艭郊原
嘶塞馬茅屋吠邨尨最愛扁舟好詩情在水窗

青駝寺阻雨

行李滞青齊藜牀聽曉雞馬疲愁傷險僕老怯衝泥風
驟溪流折雲深雁字迷破愁須濁酒呵凍自拈題

途次口占

荒雞三唱起蕭晨迢遞關河怯病身長路相依憐稚女
短書頻寄慰慈親寒深不耐風砭骨味苦難教酒入脣
三十功名須努力爲君碌碌輭紅塵

雪阻

不辨高低路朝來積雪深野橋嘶蹇騎古木噪飢禽颯
颯塵吹面盈盈淚濺襟思親兼念子淒斷此時心

行次趙北口

征衣冒絮怯嚴霜土飯塵羹亦飽嘗斫得銀絲鮮鯽膾
愛他風味似家鄉

亞清夫人以詩集畫梅香椽見惠賦謝

放隺亭邊積雪時衝寒花發最相思幾年鄉夢迷疎影
一幅吳綾見折枝淨洗鉛華留皓質獨將墨暈繪清姿
朝來相對成幽賞漫吮吟毫賦小詩
玉臺新詠重雞林一卷攜來百番吟若欲酬償須白璧
何當持贈比南金竹西遠憶欽同調冀北相逢愜素心
從此論文師喆匠問奇肯許數招尋
霜後千林金顆圓感君分餽意纏緜攜來驛騎筠籠裏
留伴芸窗緗帙前論品定高盧橘價誦詩擬效木瓜篇
素瓷清供無如爾徐拂芬芳到几筵

臘月桃花歌

臘雪已霽風淒其飛塵透我三重帷朝來鍵户意殊惡
熏鑪不煖狐裘薄遥思別墅孤山隈衡寒應有疎梅開
間關道遠嗟莫致使我一日腸幾迴須臾主人自外至
入門告我大奇事遊驄頃者過慈仁忽見繇花盈廟市
此地種花作花窖水火煦濡花放早春風不待廿四番
花信全憑人事巧萬卉千葩接路隅長紅小白自紛披

揚家信有移春艦黍谷何須三律吹憐余愛花結花癖不愁市儈爭高值百緡爲買一株桃如購連城雙白辟幽齋對此喜非常形影渾忘客異鄉依然流水花源畔髣髴東風露井旁緐枝低亞渾无數頃刻春暄變寒沍還恐朱顏易見衰頻添絳幕須周護此時吟賞思逾加此時樂事極天涯雖鬟不識真花朶道是深宮翦綵花

同荔生夜坐

侍女添香理薄衾朔風如瀑夜窗深憐君近有文園渴何必挑鐙更苦吟

蘇隄行和墨莊集韻

嬌鶯弄舌唬春曉垂柳垂楊煙嫋嫋兩峰露色絢紅霞

繡塔瓏瓏峙雲表一片湖光漾晴淥三月桃花春漲足香草叢蘭紛似束蒲芽短短抽蒼玉錦塘縹緲臥虹梁落英輭襯珊輪香傾城士女爭遊冶跌蕩鷗弦雁柱傍斑騅柘彈休相逐水邊拍拍飛鴛央銀毫染翰多詞客蘇白風流感陳迹我來倚櫂瞰明湖積雨初晴叫鵓鴣從君乞畫佳山水贈作幽齋輭障圖

生辰自述

客裏今朝逢設帨年華取次薦春盤酒傾柏葉香浮斝風動梅花影拂闌老母定應思弱息穉兒亦解憶長安南雲極目家山遠辜負萸灣舊釣竿

夢歸故園用唐人劉兼韻

夜靜寒風透藥闌黑甜却喜謁慈顏紛紛落葉埋幽徑械械枯枝罥小山斗室雲封梅影瘦鑑池月冷華門關夢回擁被呼鐙坐無限鄉愁繞筆端

夫子生辰賦詩爲祝

眉案相莊逾十年欣逢揆覽擘霞牋從敎詩好如康樂莫道官貧似鄭虔呫嗶任嗤書裏蠹嘯歌欲傲飲中仙慙无佩玖堪爲壽手錄南華第一篇

荔生植盆景飼魚鳥頓忘羇旅因作是詩

娟娟月色映庭除窗下梅花瘦影疎豈必買山方是隱何妨羇旅即吾廬徒勞入楚三陳辟堪笑干秦十上書心有林泉真面目市朝亦可樂禽魚

吳門李幼嫺寄示小集題辭走筆志謝

歷觀古女史彤管揚菁英余才雖不逮頗復希芳聲憶昔趨庭方幼小慈母授書略能曉左家袖上墨瀾翻謝氏庭前絮飛繞鉛槧咿唔十六年恥隨女伴鬬釵鈿焚脂五夜頻哦句研露花晨數擘箋轉笑平生多嬾癖吟成不肯勤編輯燕石隋珠總棄捐飛鴻雪爪渾無迹去秋北上戒舟航暇日頻搜衍篋藏遍拾零箋看蠹粉鈔成小本疊巾箱隴西吾友蟠根李下筆文詞擅清綺郵筒見我數篇詩染翰欣然爲作序閨中聲氣味如蘭珍重飛鴻寄羽翰開緘先浣薔薇露錦詞欲報青瑯玕惆悵無緣同筆硏南北迢遥但欽羨何日瑶池花下逢何

時姑射山頭見懸知窈窕似飛瓊雪和朝霞映臉明清盼遥憐秋水翦修蛾應似遠山橫鹿車何日還鄉國與子聯吟同擊節曼聲倚罷譜瓊簫吹徹紅橋二分月

上元前四日訪亞清林夫人喜而有贈

春風已二旬生意動林麓羣芳欲向榮轉憶北山北佳節近傳柑寶馬爭馳逐我本越溪人來聽燕市筑幸有素心儔殷勤貽尺牘開函玉屑飛挑鐙百番讀茲晨覿芳儀中懷益欽服四辟盡琳琅清姿厭綺縠願向絳帳前執贄攜書簏愍非日下荀得偶雲間陸

荔生入直月夜獨坐作

朦朧月色映闌干寂莫虛窗小篆殘橫笛怕聞添客思熏籠自倚覺春寒辛勤載筆趨清禁嘯詠開尊憶考槃料得歸來芸閣裏笑攜好句倩人看

金貞女詩

女姓金氏新安人爲上舍金君士慶女許配姑子某未嫁而寡女遂矢志守貞父母知其不可奪也俾歸夫族事舅姑以終其志余聞其事因作詩以美之

灼灼桃李花巖巖松柏枝桃李競陽春芳華有時衰松柏歷霜雪勁節恒自持吁嗟金氏女含貞植坤維生性嫺令則教匪由姆師言從父母命嘉姻早牽絲夫壻賦遠遊歸妹方愆期何意修文召蘭玉忽已萎一身旣相許何必曾齊眉爰矢靡他志遂賦柏舟詩匪石終不轉如山詎能移所願侍庭闈長戀三春暉豈肯效宛頸祇顧兒女私天日昭茲衷聞者零涕洟江湖浸以下此獨輓波靡潛光久乃發炳曜若兩儀自媿非班昭焉能紀芳規

春寒用九日藍田崔氏莊韻

春光駘蕩旅愁寬曆韻敲棊且盡歡晉帖漫臨頻熨手庾塵欲污數彈冠紅梅雪壓燕支冷綠酒風吹琥珀寒徙倚小樓凝望久玉泉山作畫屏看

美人梳頭歌次亞清韻

蓮花滴漏聲將殘枕函慶損金絲鸞乳雅驚飛啼井闌

美人曉起羅衩寒鏡臺斜對雲屏側開奩自惜傾城色嬾將膏沐試雲鬟妾在河西君冀北東南日上畫樓開紫燕雙雙入幕來埽眉才子何時回金錢暗卜心疑猜

詠物幻詩和林亞清韻

梅魂

莫向孤山汗漫遊縞衣仙子下羅浮須知余亦憐香者何惜幽齋一訪求

蝶夢

習習和風扇夕陽漆園幻影與何長花房雙宿銷金粉莫把輕紈試撲將

柳絮

漫空似阻春歸路簾罅紛飛入研池應惜海棠眠未足
輕絲護取冷燕支
鶯梭
出谷嬌鶯晛晥圓曉來飛上柳隄邊穿枝弄葉渾無定
織得楊花作白氈
棃雲
氤氳簾幙似輕羅拂袂香風玉一窩破曉探花扶宿醉
渾疑清夢降巫娥
花影
横庭疑藻倒臨溪石上闌邊總韻題明月多情爲繪取
黄荃妙染徧窗西

榆錢
似債春光更少留青蚨疊疊午風柔茅檐忽作銅山狀
窮邸居然富杖頭
荷珠
紅衣裹露重難扶歷亂明妝墜綠蒲應是鮫人重惜别
偶遺翠蓋一盤珠
麴塵
逡巡釀就一丸封松節桃花香露濃纖指揉來如膩粉
流涎何必道茐逢
竹粉
錦苞初脱篠娟娟膩白平分蜨翅鮮輕拂瓊霜似雲母
曉窗勻露染吳牋
松濤
巉峴喬枝倚石幢虬龍瀉影撼幽窗忽聞夜半聲泙湃
欲向空山理釣艭
水紋
芳塘綠漲影涵空曲曲漣漪楊柳風飄盡棠棃凝望處
宛如細縠繡春紅
荇帶
碧澗參差翠帶横波紋如縠漾殘英周南託興傳風雅
可束書囊挂角行
冰花
朔風翦出玉稜稜爲葉爲枝總莫憑鳥啄寒枝飄小沼

朝來誰繡硏吳綾
春夜和茐生韻
東風何料峭庭際起塵沙酌酒烹霜蕾敲詩煑月茶餘
香溫小篆微露潤疎花傾倒渾忘倦闌邊樹影斜
聽客誦茐生香籢詩
隔窗閒聽諷香籢花影横斜月影纖渾似茶聲鶯夢覺
綠華冉冉揭湘簾
感事書懷贈茐生
調高不必怨知希千仞岡頭且振衣澗底柏松徒磊砢
春前桃李任芳菲周容豈羨侏儒飽卓犖何妨晏倩飢

陳篋莫隨搴揣志且將金馬作漁磯

賦得燕蹴飛花落舞筵

蜿蟬不羨翠盤輕蘭栅搖搖渌浪平豔冶林花偏作態差池海燕似多情溼紅亂點昭陽唾小語能諧激楚聲想到短簫橫笛韻欲從詩裏覓傾城

對月和蕭齋舅氏韻

清夜開軒爽涼風樹色幽螢飛低入戶蛩語早迎秋地僻忘金馬身閒羨海鷗彩蟾何皎潔只是照羇愁

荷芰製衣輕心閒境亦清欲興搖落感微動早秋聲好月當頭滿長河隔樹橫步檐凝望處偏似故鄉明

贈黄夫人雲儀

籍甚蕉園社羣推江夏名文壇方樹幟詞苑久持衡珠玉揮毫素琴書寄性情深心惟好古衆藝必研精世共欽懿範吾方慕友聲枌榆違故里雲樹黯蕪城浩蕩江湖隔遷延歲月更愁多生白髮吟倦對青縈辛苦因隨宦驅馳事遠征此邦嗟作客與子忮班荆氣共朝霞爽神如秋水清乳花新試茗玉子共敲枰蓱迹他鄉合賓筵樂事并同心偕二子（指雲儀亞清）良會愜三生興劇恣諧謔詩成互倡賡微才慙固陋老筆氣縱橫接座襟期洽離居魂夢縈槐風熏枕簟花雨灑簾旌儻肯巾車訪先期埽徑迎青松堪結契長共歲寒盟

詠枰中新核桃仁

異種來殊域高懷映薄冰樸傳剛德貴潔共素心澂甘[illegible]嫌瓜李芳鮮失萬菱藥籠稱上品好送酒如澠薄翳春纖剝冰壺貯得清深藏懷辟意雅稱報瓊情沁齒柔肌滑浮枰素質輕他鄉雙鬢改飽食當餐英

祝亞清夫人

海屋添籌日璇閨設帨辰西池降王母南岳宴羣真中壺鴻休著華堂燕喜新靈桃千歲實仙樂六璈陳夙世原金粟前身侍玉宸孕奇東海上毓秀聖湖濱彤管揚芳藻曇花結淨因幽蘭芬吐氣秋水濯精神詞翰才無敵丹青藝絕倫河山膺象服鸞鵲拜　恩綸聖善傳穆木風徽著澗蘋生雛皆鸑鷟摩頂得麒麟鴻案眉恆竝

雞鳴誡夙申更誰兼福命之子洵天人在昔欽同調於今託後塵結廬欣對宇擇里幸依仁共許襟期洽時將謦欬親鷄賓方應律鶉首恰當晨祝嘏輶車盛初筵笑語頻榴花紅勝纈瑶草碧于茵聊復濡柔翰欣焉侍錦裀年華殊未艾長此樂千春

雨後對月

羇旅長安且薄遊幽栖不異臥林丘雨流曲徑山泉韻花繪閒庭水藻浮冷露溼衣忘溽暑暗蛩鳴砌似新秋慈親穉子悲南朔一樣清輝兩地愁

祝雲儀夫人

吴山如黛江如練西湖西子開生面扶輿秀氣茲獨鍾

天下山川失蒐蒨幽蹤勝蹟不記名其間往往生異人
靈秀豈必鍾男子閨闈彤管多菁英彭城吾友字雲儀
近手文心最擅奇秋興賦成追杜甫寫生墨妙逼徐熙
京邸相逢酬夙願班荆劇飲何辭倦設帨良辰值孟秋
上元甫徹猗蘭宴瑞靄盈庭玉露涼瓊筵談笑進霞觴
千尋勁節凌霜柏三素祥雲映婺光平生素志在巖壑
殷勤共訂如蘭約好藏越桂與松醪他日扁舟同細酌

中秋

客裏逢佳節閒庭景物幽明霞映蟾魄清露下瓊樓轉
憶二分月驚心一半秋去年當此夕歌吹滿邗溝

輓雲儀夫人

帝下真符促召還三清仙馭杳難攀黄姑自合居天上
婺女寧教駐世間蕭瑟西風悲夜壑淒涼明月掩松關
異時華表歸丁雀應識錢王衣錦山
京洛相逢共論文登壇真足張吾軍游揚風雅深慙我
零落人琴又哭君丹旐飄飖還故國黄沙黯澹結愁雲
孤山山下尋歺宅萬樹梅花三尺墳

恨

一鷃空悲鸚鵡洲長沙淚逐汨羅流馬嵬棃樹紅顔絕
貂帳琵琶青冢愁才似劉蕡終下第勇如李廣不封侯
蒼天闕陷真難補誰遣共工觸不周

題水墨夫容戲贈荔生

記得臨池無限嬌驪駒一唱夢迢迢不教促上思人面
故把夫容澹墨描

賦得貧覺家山不易歸

貧覺家山不易歸朝朝淚溼老萊衣身閒莫怨冰曹冷
俗薄誰憐國士飢暑氣乍消蟬欲咽秋風初動膾將肥
北山松桂雖縈夢出處無端意總違

題便面美人

雲鬟鬌鬋綠悤悤的皪梅花暎頷紅素箑生香懷褏裏
莫教棄置向秋風
巧畫修蛾似遠峰越羅衣薄澹妝慵當筵刺史腸應斷
便欲羅浮夢裏逢

漫敲束素翠眉顰一種嬌慵最殢人若使釆灰能有驗
不辭百日喚真真
暫將幽夢慰調飢夢斷衷回淚溼衣無限含情還獨倚
梅邊柳下是耶非

寒夜感懷

寒侵書幌夜窗深有女燈前學朗吟荆棘應與貧士歎
驪駒偏感旅人心病慵不耐裁新句金盡翻愁返舊林
飛雪峨峨苦行役何時偕隱白雲岑

出都留别亞清林夫人

夫人門高列戟才優頌椒思可鏤空皆成五
色筆能垂露不待三秋蕉社聯吟麗藻久馳

江左墨莊成集，清詞旋達禁中；而又誼篤盍簪，情深伐木。列國縞紵之雅，比僑札而何多；寒盟雞泰之盟，繼范張而奚讓。余也居同梓里，喜接芳鄰，爰在幼穉之年，早切景行之志。猥以作嬪太岳，遂爾辭家，滯迹燕城，末由謀面。然而催妝之夕，曾承彤管之貽；奠鴈之時，辱惠色絲之句。瓊篇璧月，思之子兮十年；畫舫明湖，望美人兮千里。比者犬兒紀歲，玄鳥司辰，余方隨宦都門，君亦留家燕市。宣南僦屋，經營社燕之巢；巷北停車，密邇棲烏之署。初通問訊，恍若平生；繼覯徽儀，竟成莫逆。基

筒酒醆，共晨夕者逾時；廣廈崇旃，奉罄華者浹歲。將謂長親謦欬，永奉讌遊，豈期遽賦驪駒，旋嗟間阻。玄冥屆節，折衰柳以奚堪；青綺臨岐，撫離觴而不御。爰操柔翰，聊志離悰，深有慙於大巫，是用正之喆匠。此時小別，辭君於關山雨雪之中；隔歲重來，俟我於禁苑鶯花之候。盟存息壤，其在斯乎！唱徹陽關，我將行矣。

前身風格是林逋，築室仍依西子湖。班左妍詞才獨妙，郝鍾懿範世應無。埽除鉛粉留真韻，點染溪山入畫圖。却憶當年同里閈，相尋飄似隔蓬壺。

尺素殷勤辱贈將，烏絲句好爲催妝。行間豔奪蒲萄錦，筆底花明翡翠牀。片舸我方之版渚，星軺君亦去河陽。從茲南朔音塵隔，欲寄相思道阻長。

宣南秋宅接芳鄰，忽漫相逢意倍親。紅燭聯吟思雨夜，青尊祓禊憶花晨。情兼聚散襟懷異，誼感存亡涕泗新。余在燕邸得交黃雲儀、林亞清兩夫人，未幾雲儀徂謝，今又與亞清別，不勝聚散存亡之感。最憶虞翻曩昔語，除君知己更何人。

玄冥飛霰歲將終，去住無端任轉蓬。未易相逢輕作別，預思後會儻能同。驚飇眯目邊沙白，衰草黏天獵火紅。長路關山如見憶，詩篇莫惜寄郵筒。

詠大樹

不辨楩楠植道旁，歲寒鐵幹自蒼蒼。兒童莫笑無枝葉，待取他年作棟梁。

長清途次書感

亂石荒莎徑路危，臨風覽古漫興悲。竹溪寂莫誰憑弔，爭羨巍峨沒字碑。

山行樵詠

茅店雞三唱，驅車破曉風。犢眠殘雪下，樹出亂雲中。曲澗蘚鋪綠，層巒日射紅。縱觀塵慮靜，遠意託飛鴻。

沂州書感

長路嗟搖落，崦嵫日半昏。遠山拖雨脚，曲澗浸雲根。忽忽歲云莫，悠悠誰與論。轉愁淮市近，爭侮舊王孫。

次邳州

春風拂轡入邳州憑弔悠悠對蒯緱進履能甘先滅楚藏弓高蹈鄙封留圯橋不見平坡泠淮水遥聽古渡流千載如君誠大勇從今制勝濟剛柔

韓侯釣臺

一望悠悠淮水滸釣臺泯沒賸殘碑囊沙但識封齊貴相背何妨滅楚遲白帝夜誅寧可敵赤松高蹈實堪師始知禄位能昏智不記當年受胯時

玉蘭

香氣同幽谷嘉名借楚詞洛川遺粉澤姑射弄冰姿偏稱棲黃蜨何須買雪兒最憐當午夜辟月映瓊枝

泛舟紅橋遊貟氏園亭

小憩名園歸櫂遲坐來片石對清池絲絲荇藻朱魚躍曲曲雕闌碧柳垂恰可憐時花點袯最句留處雨催詩棠舟鐙火明妝暎吴榜齊聲唱竹枝

緑淨軒詩鈔卷第二

緑淨軒詩鈔卷第三

西泠 徐德音 淑則

和茸城蕭大家弄珠樓題壁詩

百尺翬飛水上樓白苹煙浪接天流檻前一抹晴霞起如見珠光五色浮

水郭人家圖畫中菰煙蘆雪蓼花風憑誰寫作生綃卷只恐丹青未必工

東南勝槩此名樓漭瀁煙波一望收何事蕭孃腸斷句雲箋小字只言愁

淼淼雲颿極浦飛芰荷香翦美人衣依稀洛水凌波步想見盈盈拾翠歸

三叔姑貽燕來筍

長記東風乳鳥晨驚雷迸筍滿溪濵而今菜甲春槃裏犀角貓頭早薦新

剝開錦籜糝璃霜活火新烹蟹眼湯芳訊貽來憐渴疾似將甘露沁詩腸

池上絶句

碧水平於鏡中横略彴橋何來雙白鷺照見好丰標

詠丁香花

六曲闌干苔砌邊一叢浥露弄幽妍香從荀令熏爐遶色共昭容紫袖鮮緗綺巧裁裝細纈璃琚小琢襯花鈿不知拘束春多少點點枝頭絶可憐

春閨寄外

夢破流鶯不住嗁起來紅日暎牕西開𡚒漫理如雲髻
幾度裵回翠黛低

彊試明妝倚翠樓天涯何處繫驊騮紅牋小疊書離恨
難寫眉峰兩段愁

落盡棠棃靜掩門暎風晴日篆微温玉釵溜響驚殘夢
一朶紅酥印枕痕

幾日紅芳換緑陰簾纖細雨困春心鯱黄小蜨偏相趁
草似裠腰一樣深

惜春無計挽韶華又見牆東日影衰幾許幽情誰會得
閑庭小立數歸鵶

點點楊花入小池日長風定倚闌時歸期數得春纖困
心逐游空百丈絲

曲徑苔封盡日閑離愁重疊壓眉尖生憎雙燕呢喃語
不許青鬟卷繡簾

月白風清良夜何恰憐春色漸蹉跎含顰顧影閑堦立
掩過湘裠幾折波

強凭侍女步花陰萬種幽愁一寸心雙頰霞銷鬟略削
海棠開後到如今

隋隄懷古

載筆閑弃小艇游緐華何處問迷樓未開遶海畿千里
秖博雷塘土一丘錦纜香銷嬌殿脚玉簫聲斷廢橋頭
嗚榔驚起羣鷗宿落日蒼茫引客愁

題舊居海棠花下 余自北上後舊居已爲虞傳外弟攜家入居庭際有海棠一本饒有畫態今春南旋偶一過之正值花時輒復流連翫賞有懷靡已因以折枝攜歸爲賦是詩志感

舊居猶記仲春時日對樓頭芳樹枝暎日嬌憨醉妃子
臨風笑倚倦西施十載相憐住幽谷秋風分袂攜書篚
清姿且作綺羅妝芸牕忽改黄金屋今春又復傚裵還
重挹穠芳各破顔堪歎紅塵徒碌碌愛渠逸態自閑閑
低暎緑苔紅娟娟幽情冷韻誰探討邨童旋舞蹋香泥
老媪椎鬟插如草仙姿原合伴優曇惆悵低回難負擔
痛汝無言猶值此顧余多恨又何堪攜向節齋作佳客
拂几滌罌情脈脈重吟細翫酹一觴又見銀蟾照花魄

草堂春霽適蕭齋舅氏至止喜而有作

晴旭穿林露已晞開簾陣陣落花飛籬邊土逆龍孫長
陌上蕪香鳳子肥報畣煙光須共賞較量勝事肯相違
盤餐莫笑無兼味水有湖莼山有薇

遣疾二首

病枕侵尋三伏殘閑亭小憩倚闌干清池虹吸成湘綺
深樹風鳴瀉急湍細葛涼生蘄簟滑幽蘭雨潤越甌寒
不須劚土求芝朮夢到羲皇萬慮安

風送荷香透碧紗北牕夢醒百禽譁自敲石火蒸雲朮
旋汲山泉瀹乳茶滿架牙籤銷日月半生心事許煙霞
青鬟驚起鴛鴦浴幾點藤花拂釣車

放燕雀

展轉籓籬内貪餧亦苦饑開籠能惠物解網即生機豈
有冲霄志惟尋故壘歸還應笑鴻鵠未得逐風飛

七月上日闇如外弟過獵微草堂偶集次外子
韻

大火西流始攜尊且漫傾螢飛低入座日落返烘楹盌
貯冰漿碧風吹夏簟清攻愁憑麴部一爲破堅城

秋夕聽雨

芭蕉殘葉和蛩吟入耳關情思不禁點點離縱羈雀羽
聲聲淒斷爨琴心自焙藥裹鐙無焰料得池塘水更深
荊棘塗泥誠可歎強抒素繭賦秋霖

飲菊花下

澹濃融冶綴秋光盡日相看意兩忘黃蜨飛來虛弄影
白衣過處但聞香陶家籬下偏宜豔羅氏庭前本自芳
莫笑槃羹無肉味餐英不惜醉千觴

雨中夫容

幾日池邊恰弄芳何堪秋雨灑林塘歌殘瓊樹新翻曲
界破檀紅隔宿妝金谷樓頭悲墜粉玉鉤衺畔泣零香
不須荷笠除三徑擷取幽姿可集裳

立冬後一日園居即事

秋光送盡雨淒淒水長方塘與檻齊朔氣怒號嫌地窄
寒雲重障覺天低槁蘿敗葉和枝胥枯木昏鴉接翅嗁

牘有黑貂堪貰酒攜尊莫惜一衝泥

顧啓姬夫人以余所和弄珠樓詩菰煙蘆雪蓼
花風之句爲韻作詩見懷率和奉詶并寄亞
清夫人都門

西征賦就繼班姑彤管還應奉楷模無柰神交遲覿面
伊人秋水隔煙菰

麝墨輕磨九子煙百番錦紙濯西川誦君昨歲珠湖句
驟和巴人下里篇（弄珠樓詩倡於蕭大家屬和者且數十人而啓姬詩尤清拔）

小閣登臨望遠初防秋朔騎曉吹蘆京華消息多時斷（謂亞清）
拍徧闌干一鴈無

關河凍合玄冥節千峰積素堆晴雪懷人亦擬賦停雲
腸枯屢把吟毫輟

望中煙樹江南杳天塹中分愁浩淼送盡連檣百尺颿
晚霞一抹明紅蓼

夢繞青溪一水涯刺船便擬到君家衝寒不負探梅約
共訪孤山處士花（時啓姬浮家青溪）

瑤華貽我句偏工格律遥追正始風憑仗文鱗三十六
隨潮時有尺書通

贈吴愷蒼室董畹九夫人

明河秋水每懷思姑射神仙冰雪姿柳絮因風賡謝詠
雞鳴警旦繼齊詩銀鉤搨就夫人字玉軫調來愁女絲
準擬西風乘小艇尊羹鱸鱠馨心期

送春

池點新蓱緑乍肥紛紛柳絮撲簾衣花邊鳥啄含桃落葉底蠭爭墜萼飛無可奈何香夢冷最堪惆悵雨絲微臨堦把酒殷勤勸明歲煙光祝早歸

病中不寐聞鬼歗

靜夜生虚籟幽齋怯病身鐙前披蠹簡牕外動青燐附草聲逾厲因風歗更頻崄巇誠火宅勸爾莫爲人

平生存浩氣多病學真空展轉愁無寐扶摇道未通髑鼯偷賸粒魍魎侮微躬寂照除閒見妖魑技自窮

夜雨憶外

鳩婦黄昏怨畫檐淋浪澈夜惱餘甜孤篷料得寒猶峭白袷還憐絮未添黯澹青鐙愁脈脈迷離遠夢思厭厭何時共聽西牕雨磨損金錢不敢占

烏夜唬

月光欲墮花含煙棲烏啞啞唬牕前幽輝半牀不成寐況復烏唬逼清淚烏唬聲聲能令别思悽恨不驅向君邊唬

曉起獵微草堂書所見

朝來平楚翠煙籠拍偏闌干特地逢花事淒涼偏殢雨柳絲纖弱不禁風黛眉斂怨分遥緑玉頰含羞暈斷紅料得羅敷自有壻漫勞惆悵望牆東

杖頭錢歌

君不見漢家天子開鴻都輸五百萬爲司徒又不聞晉時何曾恣驕侈一飯十千無下箸魯褒著論稱錢神驅策毀譽勢絶倫銅山富寵兆行乞青蚨有血能殺身達哉阮孚惟好酒百錢挂向杖頭走督郵從事價各殊貴飲數升賤一斗毅士任誕性畧同得錢隨意繫煙筇今春示疾聊止飲錢杖依然植室中七尺篔簹如玉潔嶰谷截來殊妙絶嫌他鶴膝態輪囷笑彼桄榔無直節杖兮杖兮誠可憐不扶蠟屐陪青氈願子加餐振輕策醉躋齊州九點煙興酣投杖葛陂下化龍夭矯上青天

詠雪下天燭

帶雪垂朱實交柯罩碧蕪雙禽時格磔啄落紫珊瑚

和舅氏草堂玩月

庭曠輕煙散清蟾照素懷烏雛飛遶樹竹影澹横堦過水光逾潔當花色更佳政須傾白墮豈惜典金釵

游善慶蘭若小憩擊竹堂

寂寂虚堂散緑陰坐來自覺靜塵心桐間露下霑苔砌蘋末風吹冷葛襟淨掃閒雲生慧想頻敲修竹引清音何人會得西方意非色非空指月尋

堅固院

丈室名堅固師形類古藤學應通一貫道已得三乘瞻禮今稱祖伽持昔是僧雲門曾棒喝色相亦何凴

賦得自是尋春去較遲爲金閶吴媛作有序

金閶吴媛者姿本無雙人稱獨立芝田秾鬒摹治態於驚鴻漢殿牽裾倚輕身於飛燕加以性鍾夙慧技擅多能刺就鳳鸞詡繡圖之絕巧寫來蟬雀驚繪事之殊工值江漢之待年惜嬋娟之未嫁維我夫子悦彼傾城託蹇修以通辭訪幽居而趨見雲屏半障美要眇以目成蓮步將迴若遷延而心許烏絲襴空貽贈句白團扇未即迎歸迺有塞上健兒浰西戎帥恃其鉅鏹謀置小星遂使絕世佳人悲同換馬多情才子怨等霾香惜此摧殘能無惋歎因取杜牧尋春之句藉以發端用倣

江淹賦恨之詞綴成短詠爰貽同志共爲拊心云爾

自是尋春去較遲空教柳線繫相思木蘭艇子攜愁返最惜東風第一枝

自是尋春去較遲狂風吹盡淚燕支誰教枉擲車中果惆悵潘郎鬢有絲

自是尋春去較遲花輸雙頰柳輸眉王郎無分迎桃葉叱利何緣刦柳姬

自是尋春去較遲躊躇漫作有情癡傷心不獨紅顏命多少英雄抱瑟悲

洪節母詩

鬱鬱黄山松巍巍白嶽巔望之不可即使我心神縣其間蘊靈氣湝湝生英賢爰逮房闥内炯行時復傳卓哉洪節母秀質毓山川灼灼桃李姿中抱霜筠堅如彼桓少君挽鹿偕鮑宣永言箴静好詎意殞所天崩城記長慟化石摧韶顔辛勤撫諸孤覆翼始獲全湛母曾截鬟孟鄰或三遷及今飛名譽鸞鵠方高騫恩華耀象服綵舞娱長筵矧復含飴樂蠟鳳俱隨肩德福既相副是宜享大年側聞深企羨濡毫綴詩篇詞非金石媺烏能附青編芳樹千里懷聊以當蘭荃

寓目次外子韻

翌肰何必聞空谷拂牖凉風動修竹黯澹殘虹掛遠天青山過雨如新沐水榭風來菡萏香門前五柳垂濃綠北牕一枕傲羲皇肯把柴車換華轂

苦雨偶述

叢蘭委零露季夏已悲秋迹類樊籠鶴身如巨浪舟愁霖聲不斷宿霧莽難收一片書空意長吟獨倚樓

望前四日與荔生月下分韻

良夜詶吟愜素心蕭肰三徑即雲岑玉臺半啓瓌瓏匣水榭同披蘭蕙襟光照小山青桂溼影移平楚翠煙深更呼侍女添龍腦譜作長謠和緑琴

月下白蓮花

蟾影花光亂淺深恍疑積雪罨清潯羿妻奔月妝逾澹

號國朝天態不任縞袂已憐呈皓質玉環肯許繫芳心
躊躇把玩渾忘寐研露濡毫贈短吟

月下言懷次荔生韻

桐陰煑茗坐深宵何處菱歌倚洞簫浩氣不因夷險易
素心豈爲利名揺蒔花種竹存經濟狎鷺盟鷗避世囂
汗簡才人俱寂莫閑吟楚些一相招

感事贈荔生

維持風教有常經三歎芸牕廢脊令玩世但須浮緑蟻
感懷直欲按青萍漫勞刻畫搜東壁未得扶揺奮北溟
莫向君平重問卜陰符在篋豈飄零

遣興次荔生韻

傲骨攖塵網閑心寄石湖歸眞焉避辱安步不妨徒莫
憶鬦雞舞常深蹈虎虞優游羡沮溺媜子隴頭呼

讀書緑淨軒作時子夜立秋

夜靜攤書倦復休絺衣涼透暑全收三更漏斷月初上
一葉飛來天已秋蘭芷風淒危緑怨芙蕖露冷亂紅愁
堪嗟坎壈流光换鐵硯難穿蚤白頭

池亭月夜次外子韻

今夕幽亭月方池似鏡開微颸交竹樹皓景漫樓臺書
帶拙幽草垣衣繡紫苔披襟聊宴賞惜景獨裵回詩豈
爲窮祟愁偏作病媒生涯銷蠹簡身世任黔雷影度塡
河鵲花飛羌笛梅不須重秉燭且復共銜杯漏箭宵分

一作深促鐘聲靜裏來端居觀節物揺落怕秋催

感興

蒲團趺坐類枯僧章句微才敢自矜在昔括囊終免咎
從兹韞櫝學無能晚雲遐睇如心澹秋水凝看與性澂
甘向鹽車受鞭策飛鴻原自畏投繒

雨夕初寒同荔生作

一鐙炙盡聽秋霖風義眞堪比盍簪旋煑月團然槁竹
纔抛霜管度寒鍼褐衣露肘添新綴桐葉敲詩和短吟
百兩當年誇盛事縞綦相守到如今

偶閲瑶寀編有清眞觀女冠栢清香題辭甚工
遥贈以詩

九關虎豹鬱相望寉背何人上緑章乞把頭銜題桂籍
能詩仙子柏清香

緑淨軒詩鈔卷第三

綠淨軒詩鈔卷第四

西泠　徐德音　淑則

詠蘭同荔生作

滋植聊追九畹芳，重吟細擷共相將。幽巖自足傳琴操，空谷誰能惜國香。雅有清姿依水石，寧無遠夢遶沅湘。笑他桃李矜繁豔，只逞黃蜂紫蝶忙。

詠繡毬花

流黃忽改素絲紆，名擅三郎絕賞音。望去晶簾疑尚隔，飛來粉蝶杳難尋。不須更結秋千會，還恐常輸蹴鞠金。向晚月明風動處，縞衣仙子在瑤林。

哭先妣樓太恭人四十首

不造蒼旻降鞠凶，没身永恨痛填胷。傷心最憶彌留際，髣髴拈花現笑容。先太恭人永訣時趺坐誦梵咒，誦畢含笑而逝

孤露當年歎不辰，偏憐漫作掌珠身。淒涼尚記嚴親語，幸免琴書與別人。

兩持節鉞靖封疆，素旐纏哀返故鄉。身後竟無孤六尺，七齡幼女始扶牀。

稚齡哀毁病魔侵，懷抱提攜弱不任。不是慈闈勤鞠育，孱軀爭得到如今。

倉皇露禱叩蒼旻，降割俄逢屬纊辰。縱有百身悲莫贖，捐生寧足殉慈親。

七齡失怙痛終天，猶幸長依慈母前。豈意重銜風木感，而今真廢蓼莪篇。

南省中臺握憲綱，先公清宦只空囊。曾無御史樓烏第，那有成都八百桑。

搜求箱篋典釵鈿，始傍湖山卜數椽。絕少桃花俸米在，空廚只許飯雲煙。先清獻公宦遊數十年，未嘗一問生產，及歸殯錢唐，先太恭人始營一宅，而辛苦食貧，曾不異終窶家頫也

一室蕭條似磬懸，晨興常歎突無煙。每因珠桂成愁疾，負郭從無二頃田。

開阡表碣望巃嵸，鬱鬱佳城茂檟松。不是麻帬親負土，九原誰殖若堂封。先公之營葬先王父母也，以清貧故，每以不能厚葬爲歎，至終身飲泣。先太恭人思繼先志，始爲封土植樹，營治冢舍，乃依舊壤而廓大之，心力爲之盡瘁矣

手封遺奏上垂旒，身世淒涼似鄧攸。立後原承慈母命，終教猶子守松楸。先公勤勞王事，且以年未衰暮，未謀立嗣，及捐館之後，太恭人乃擇猶子中之器而應繼者奉先公宗祀，即家兄繼芳也

冊府勲名勒鼎彝，九重撫机同几，見左傳迴含悽。易名賜卹恩殊渥，製誄猶聞柳下妻。先公卒後，太恭人有慟哭詩若干首，至今收藏篋中

先公諫草只常焚，密勿陳謨翊聖君。擷拾燼餘馮母氏，史官猶得考遺文。先公封章凡數百上，性不喜以忠直徼名，輒自焚其艸。先太恭人嘗從旁竊覩，至繕寫成帙，今所刊疏藁太半皆据拾所得也

尚書高義薄雲天，琬琰鴻文藉爾傳。遺草曾無封禪頌，報君惟有十思編。先公疏藁今大司空太倉王公審定付梓

敝廬風雨畆淒涼，有子真能教義方。國史若徵賢母事，五經寫本在巾箱。太恭人撫兄成立，弱冠有聲庠序，常手寫經書，親爲口授

擁絮難禁五夜寒囊疇辛苦和熊丸阿兄今已傳家學
會向雲霄振羽翰
秋曹雪獄奏平反讞定曾無胏石寃一綫衰宗留弱嗣
于公終擬大閭門先公曾任法曹凡遇奏定爰書率多矜慎
象服當年　賜翟暈迴鸞誥紙耀恩輝猶餘荊布家風
在不御輕綃著澣衣先太恭人賦性儉約不喜鮮華所御衣裓屢經澣濯衣有破壞輒手自補綴雖以新衣進亦弗易也
野蔌堆槃戒擊鱻減餐惟益放生錢只今功德池中水
五色爭看現妙蓮
茸麻視息只餘生半世長齋皈淨名麤飯陳羹聊過日
不曾染指到侯鯖
徧買禽魚出網羅飛潛亦自樂恩波縱然九里長河潤

未抵慈闈愷澤多
愷惻爲懷總至仁屢捐簪珥賑孤貧霜閨高義齊宣孟
曾向翳桑活餓人
乎輿龍躍舊清門師友千秋古誼存謂先編修公爲先公所得士記取彌
留遺命在故將弱息字文孫太恭人從先公遺命以德音歸于許夫壻迎年即先編修公冢孫也
隋苑于歸歲月深何曾形影暫相分今朝永痛慈顏隔
望斷長天萬里雲德音既歸高陽輒奉迎太恭人就養
匡牀藥裏鎮相隨病入膏肓竟不支七日可憐逢大漸
季梁何處訪三醫太恭人始感疾即延維揚諸醫診視仍命急足往迎吳門浦君慧濤未至而太恭人已逝痛哉
慈訓猶聞永訣時高堂雪鬢已衰遲此生願得承甘旨
少與泉臺慰孝思外王母吳太夫人久依吾母爲命雖有舅氏屢請迎歸太夫人輒不忍去蓋恐傷吾母意也

先公清俸少餘錢力亢衰宗任邮便獨惜外家猶旅殯
至今曾未卜原阡太恭人于先公宗黨極優存邮而外王父遺櫬未窆嘗旦夕攖心舅氏屢請自任營兆恒不之許蓋必欲親爲封植方展孝思也及卜吉將葬而太恭人已辭世矣言之永痛
九龍山隝列林巒外王父厝棺處也遺厝猶淪宿莽煙願繼慈親
營宅兆終教吉壤卜牛眠
前身本合住層城塵海茫茫去住輕易簀共聞笙隺響
芝幢翠節特相迎太恭人臨終家人內外俱聞空中有鸞隺聲
手書遺偈證無生百丈縣崖撒手行悟卻三乘微妙旨
心如滿月大光明太恭人兼通二氏藏典疾未亟時即手書遺偈藏書篋中沒後乃見之
蓬海青丘路渺然碧雲何處駕芝軿生天縱絕塵凡想
願結他生母女緣

手寫哀詞不忍看就中一事更摧肝承懽有子偏睽隔
徒跣無能見蓋棺兄遠在故里太恭人疾五日遣人相迎及兄至則已具襚殮矣
崩城長慟久難任今日眞酬共穴心衰草荒原嘶石馬
荊山原上鎮相尋先公　賜家在杭州荊山之原
臨風一慟淚汍瀾灑徧江楓萬樹丹長跪靈筵陳薄祭
可知弱女勸加餐
泥金小字寫經幢戲海羣鴻並頡頏留得斷紈遺墨在
開篋重見淚千行太恭人有手書泥金小楷梵經蓋爲外王母祝延長也
禪餘濡墨寫霜紈妙相描來水月間九品臺邊蓮百億
願教一一見慈顏太恭人自寫大士寶像壹幅
牙籤甲乙檢叢編猶記丹黃點定年曾是慈親留手澤

從今展卷即潸然
容堂遺挂儼生存玉筋雙雙滴桂樽躃踊一回腸一斷
不須三峽更聞猨
雙眸迸血哭靈筵嗚咽真如百道泉聊述遺徽濡楮墨
願教藜閣紀青編
淚如峽雨晴無日腸似車輪轉易摧最是深恩真罔極
窮塵歷刧也銜哀

苦雨歎

今日雨明日雨一春花逐商羊舞東皋二頃沒洪波室内五窮更相侮南鄰夜夜醉笙歌我獨蕭然守環堵連年旱潦鮮蓋藏追昔撫今心益苦天時人事未可知欲扣九關畏豹虎銅溝金埒擅豪華鄔屋斗升羅罟罶男售女納官租鞭朴還遭縣官怒西江一滴涸鮒生香稻乃餘啄鸜鵒五車卅乘不療飢何似長鬚大腹賈悲哉蘭蕙雜申椒留夷揭車奚足數豐隆屏翳方播虐陰曀何時乾后土荆棘泥塗勿復嗟安能與時爲傴僂落英墜露猶可餐且盡樽前一杯醽

擬七歌述哀

吁嗟我生罹荼毒失怙垂髫痛無告哀哀慈母爲施衿内則手貽書幾束未能養志媿私誠何圖彼蒼復降酷
於戲一歌兮心骨酸北風蕭蕭天地寒
吾母去鄉之親串惟恃北堂相眷戀踰越險阻賴經營慰誨提攜總忘倦羅芳羞兮陳椒漿白髮垂耳淚如霰
於戲二歌兮心已折猨啼不到三聲咽
星躔黯澹婺失光長號據地呼穹蒼教兒力學深倚望關河修阻各一方星奔未及視襚殮執手苫凷涕泗滂
於戲三歌兮心悱惻露寉驚寒助悲泣
九關森隔愁蒼天館甥薦有哭几筵嘗藥視膳亦何補膏肓中病難斡旋恩同顧復未由報豈知身世猶迍邅
於戲四歌兮心慘怛林木蕭條枯葉脫
層冰峩峩值數九桂棟嚴凝凍衰柳吾家宗老薦生芻千里臨喪泣（指明天叔）吾舅賓筵操管紀遺徽琬琰流芳知不朽於戲五歌兮心悲淒飛鴻嘹嚦寒月低
彤雲漫空雪霰零臧獲慟哭喧户庭稚兒不曉驂鸞寉遶屋啼索聲泠泠斷腸慘目何可説哀號仆地又復醒
於戲六歌兮心震驚三辰于以無光明
朔風號寒卷節屋歷亂迴腸車轉轂夢中驚喜牽母裾醒後空餘失聲哭翦鐙起坐檢遺編手澤徒存詎忍讀
於戲七歌兮心斷絶淚染麻衣盡成血

見萱花有感

金萱開徧痛無涯天上人間隔彩霞草木有知沾淚血
一時應化杜鵑花

月夜觀蕭齋舅氏與家兄紹武對奕賦得月隨棋客靜即以五字爲韻

風吹天末微雲沒紗窗光映玲瓏月幽人良夜不能眠
玉子丁丁清興發
閒庭微步月相隨劉項難分各擅奇露滴桐花時點局
風摇疎竹影迷離
平楚陰森影漸移松黄杯暖旋烹葵不須龍吐邀清夢
得失何常似奕棋
方池荇藻涵空碧愛此風清兼月白午夜惟聞落子聲
橘中彷彿逢仙客
長松滴露庭蕪潤石枰泠滑明蟾映爛柯一局可忘年
簾捲湘波花影静

仲夏述懷

灼灼園中花亭亭山上柏園花萎朱華山柏幹千尺榮
落亦何常君子貴居易天地寄眇躬百年若過客安能
屈心志與時爲役役黽勉畾居諸寸陰毋浪擲開襟對
薫風怡然玩篇籍董相下帷誦長沙治安策聖主非不
遭命途有順逆銀黄詎足榮短褐寧懷戚誅茆一畝宫
逍遥弄泉石置身鉛槧間容膝頗安適惟餘風木悲永
痛傷心曩蓼莪不忍讀青氊皆泪迹罔極報無從遺箴
守清白免尤在不爭息謗乃無隙正心及修身屋漏如
廣陌雲霄莫妄期隴畝暫棲息耕前與饁後高風企彭
澤

樓居對月

自愛樓居好江天極望長青帘揺柳市烏桕聚蓮塘皓
月隨時滿薫風入夜涼幽吟方未已樹影下迴廊

詠扇

憐因溽暑棄因秋腕底渾疑月影留小蜨驚飛芳樹掩
流螢潛撲畫屏幽障羞桃葉曾書怨失寵班姬亦寫愁
最憶黄香當日事思親雙泪未能收

緑淨軒納涼聯句（舅氏樓寧世先生外子荔生）

清簟疎簾暑氣收（荔生）浩歌一曲散閑愁風敲竹牖茶煙
細（淑則）露滴松軒鳥夢幽穠纖嘲人皆熱客（寧世）襟懷惟我
似清秋（荔生）渭陽誼重兼師友（淑則）欲繼劉盧共倡詶（寧世）

紅橋觀荷即以四字爲韻

木蘭艇子趁薫風遥望人如駕彩虹櫂入迴塘驚白鷺
一雙飛出亂花中
幾處菱歌間碧簫滿花荷葉欲平橋忽聞花裏人喧笑
嬌小吳姬學弄潮
柳漵蘋洲得縱觀夕陽人倦倚闌干風吹葉上花零亂
却似當年舞翠盤
月明花底發清歌肌雪清瑩襯越羅翠黛紅妝渾不辨
漢宫分出夜舒荷（漢元帝時洛中有蓮至夜即舒故名夜舒荷）

題荔生長松箕踞小照

風貌蕭閒野性狐巖松千尺與君俱著書已驗龍鱗老
劚土能尋琥珀無（松脂入地千歲爲琥珀）自許高懷同石户（石户農見高士傳）寧思

好爵綰銅符他年若效於陵隱抛却芸編學辟纑

池上和荔生韻

殘照轉青蘋心清境絶塵朱鱗潛避釣翠鳥暗窺人徵事寧求癖摘詞各關新閒追莊惠辯何必向江濱

詠風

起於蘋末爽煩襟輕送飛花散緑陰竹影亂翻疑隺舞松濤乍卷似龍吟雌雄託興風人旨豐沛高歌壯士心破浪願同宗慤志終當解愠入虞琴

中元節哭兩大人

靈筵長慟酹清樽風雨淒淒白日昏天上應知憐坎凛人間無路問寒温半生空灑松楸泪没齒難訓怙恃恩

水面蘭鐙徒熠燿忠貞浩氣照乾坤

再儆桂醑薦蘭茗遺挂空瞻望轉遥慘緑蚕彫隋苑柳唬紅欲溢浙江潮騎箕昔歲鑾歸漢峙表何年隺返遼天上巫咸如可問哀魂憑仗一相招

終獻松醪欲斷腸可知弱息祀烝嘗堪悲黔被纔勝足不忿萊衣尚在箱一代孤忠昭白日廿年峻節凛秋霜伶俜何日訓遺志願法彭咸侍北堂

喜晤靡翁舅祖

樽酒歌驪返故山程門入夢阻河關虛心似月原無障大道猶龍孰可攀霜雪豈彫蒼檜色風塵不改紫芝顔藉公擊碎邯鄲枕未指迷津莫便還

詠鴛鴦蓮

異種疑從太液開盈盈玉頰倚紅顋趙家姊妹渾忘妬聯袂同歌赤鳳來

長生殿裏舊情緣不作天仙作水仙日映紗窗矜合影連枝比翼未堪憐

秋懷十五首

小葺茆堂似瀼東小秦淮水望連空（紅橋一名小秦淮）伴人愁坐三更月和我微吟一葉風墜露却能驚野隺張羅猶自弋高鴻謾言性癖躭奇服翠裏閒凭修竹中

鵾雞啁哳鴈雝雝扶病行吟倚短邛浪擲精神蒐四庫難將窮達恃三冬石家金谷鳴騶盛揚子玄亭蔓草封

蕭艾敷榮偏載道涉江吾欲采芙蓉

廿年鐙火愛秋牕歷盡艱辛氣未降老我驊騮悲峻阪羡他鷗鷺占清江原知寂莫陽春曲却恥淫哇下里腔揮手何時謝塵鞅淡煙疎柳繫漁艭

煙林羃歷雨如絲撫景偏深秋士悲世路崟巇逢劒棧人情謡詠妬蛾眉冷螢穿竹光逾淡病隺梳翎影不支檢點巾箱無側理拾來柿葉旋題詩

薄寒漸中芰荷衣瑟瑟秋林挂落暉人感秋風因易老燕逢社日欲辭歸窮神未遣文心拙愁壘難攻酒力微隔舍笙歌懽正劇可知暈倩獨長饑

秋陽皜皜照堦除蠹粉盈箱自曝書牗北一峰青巘嶂

門前五柳碧蕭疎文圃壯志思題柱楚澤牢愁賦卜居
賸有珊瑚竿在手蓼花深處釣鱸魚
寂寞衡門掩碧蕪禽魚性本愛江湖升沈豈必皆由命
毀譽從來是不虞流覽簡編思劒俠搜求碑版做官奴
重陽風雨哦方就剥啄何人索地租
銀河射角玉繩低一卷縹緗手自攜秋水涵空沈鴈字
踈林脫葉歎烏棲握瑜七澤猶懷楚抱瑟三年枉謁齊
終古每多怊悵事寒螿徹夜助悲嘶
書空咄咄渺予懷一種沉憂無地霾繡虎文章皆不售
雕龍事業計全乖玲瓏山色晴逾好窣窣楓林雨亦佳
却媿衆咻頻見抑未妨肆志學詼諧

西風落葉罨池臺身世淒涼志可哀怙恃無依雙泪竭
蓼莪忍讀寸腸迴蜀中杜甫羈愁絕楊下劉蕡壯志灰
千古才人遭厄運彼蒼何似不生才
又是重陽秋禊辰（范石湖詩以重陽爲秋禊）多情秋色酷憐貧園翁滿把
分籬菊溪女盈筐餽澗蓴獄劒豈甘終是鐵爨桐未必
竟爲薪深慙薄俗矜功業欲覓煙蘿一采眞
庭蕪色變又秋分柏子頻添對月焚誰濟沅江求楚客
孰陳椒醑吊湘君解嘲自識糸兼白狗物寧論蕕與薰
小婢垂頭呼不應篝燈更擬釋愁文
匏尊引滿坐西軒蕭瑟蘭成賦小園一桁踈林飛敗葉
半池秋水浴文鴛荷衣蕙帶嗟違俗錦瑟鵝笙沸隔垣

莫怪時人嗜絲竹琵琶自古亦掄元
朱絃調古賞音難拋却金徽不再彈緱嶺昇仙思子晉
淮山拔宅羨劉安遺銘須記三緘口大藥當求九轉丹
徙倚危樓展遐矚秋旻較與曠懷寬
硏朱點易掩松關嘉遯猶嫌近市闤每爲購書輕破產
偶然展卷即開顏神遊員嶠瀛洲外道在莊生惠子間
漫說淮南賦招隱淹留聊把桂枝攀

晚菊

淡白離離間淺黃銜杯小摘愛寒香生成一種違時性
不是開遲欲傲霜

偶成

晝長自愛北窗眠紫棧重添一縷煙蓄得雷琴時撫弄
要知旨趣在無絃

綠淨軒詩鈔卷第四

緑淨軒詩鈔卷第五

西泠　徐德音　淑則

王明君辭

才士執高節美人矜令姿富貴豈不欲窮達安其時漢皇重顏色詔選良家兒王穰有好女秀色可療飢麗容難自棄一旦進彤墀長門與金屋權乃在畫師先容所不屑賄賂非無貲丹青既失意粉黛將安施曲逆久殂謝誰復出六奇龍城老飛將長信索蛾眉孤憤幽永巷寧隨秋草萎顧影徒自惜忼慨吐芳詞乃陳掖庭令逝將靖邊陲從容別丹陛左右皆驚疑朱霞映白雪眄睞生光輝朝廷恥失信抱恨出漢畿殷勤托父弟猶幸少

憐之驅馬向絶漠加號爲閼氏黃雲迷白草毳幙驚沙飛胡笳鳴四野中夜肝腸摧琵琶時獨語泠泠一何悲哀鴻唳青冢朔雪冷瓊枝遂令千載下長懷漢明妃和戎非得已廟算良在兹借令老宮掖後世何由知鉏蘭與泣玉古今傳者誰疇昔六王畢燕趙多彼姝阿房作焦土髑骨成香泥折腰翹袖舞恩寵未嘗移四皓兆人彘傾城乃禍機豈若慷慨節使我興遐思

咏庭梅一株

亭亭獨立小峰巒相對忘形倚画欄欲結斷金期歲晚莫吹横玉怕春殘曾聞坡老歌幺鳳已許逋仙認伯鸞旋汲山泉烹建茗緑華肯爲作清歡

咏杏花

庭院風柔麗日高酷憐明豔吮吟毫常禁丹井寧輸李浪引漁舟却笑桃蝶粉帶香黏似重蜜脾尋味觸偏勞疎慵自媿無佳句拍遍闌干首重搔

又賦絶句

碎錦坊中獨擅妍爭春館裏鬭嬋娟憐伊三徑消岑寂洗盡濃妝倚暮煙

仙種移來自日邊羞隨桃李學嫣然莿人莫謾誇顏色曾向淄帷聽五絃

雨泛紅橋用玉人何處教吹簫爲韻

一溪新漲瀲寒玉渡口萋萋芳草緑桂楫頻摇過画橋

平蕪驚起鵁鶄浴

赤闌橋映碧粼粼吳榜歌喧載麗人誰道空濛光景好雨絲風片發嬌嗔

料峭春寒透越羅柳添新黛水生波殘香片片沿流去却使愁人喚奈何

山川秀色西湖據此間也有勾留處倚陌輕紅落翠屏芳洲淺碧沙鷗翥

春雲靄靄催歸櫂夾岸紅樓新搆巧簾櫳靜掩杏花寒玉人不把秋千教

荇牽翠帶蕩漣漪花洗紅妝宛轉吹薄暮移舟簾試捲遠山過雨妬蛾眉

隔舫珠歌和玉簫自慚苜蓿伴詩瓢惟偷一幅春陰景
記在奚囊著意描

戲題所見 有引

尋芳陌上獨步佳人拾翠洲邊皆維畫舫輭
紅徑滑香飄飛燕輕裾淺碧苔濡華滐鷺鸞
冶袖侍兒扶起頻提金縷弓鞵舟子迎歸更
結霞綃賒帶偶吟短什用誌冶遊聊擬閒情
敢云善謔

蘭麝依稀隔岸聞留仙誰復執纓裙朝來巫峽東風急
吹落陽臺一片雲

輭趁殘紅卧野塘東風飄蕩繡羅裳香泥解得佳人意

添個嬌嬈墮馬妝

鴛鴦桃

盈盈含笑艸堂前一本偏能各擅妍紅粉美人嬌掩袖
清華公子醉凭肩同心種異誠堪羡半面妝新絶可憐
自許風流劉阮妒銜杯盡日對雙仙

新晴

收拾殘紅釀物華紅螺滿引莫愁賒好風恰送悠揚蝶
暎日輕籠爛熳花一串珠圓鶯弄舌三眠翠軃柳排衙
尋芳爲覓行吟處金粉牆邊道韞家

上巳前二日春陰疊前韻

羲和不肯逞繁華朝雨連纖春恨賒儘把緑煙勻柳色
任教紅淚泣荼花凄涼曲水王郎會寂寞河陽潘令衙
紫蛺黄蠭過墻去風光疑是在鄰家

擬倩

晚陰初散見晴暉紫茉開花粉蛺飛痛憶松楸近寒食
懶裁綃縠試春衣傾來碧玉茶新碾約住文犀燕欲歸
擬倩多談消塊壘白雲何處訪王微

清明即事

小園罨畫百花然最好風光是禁煙試墨漫濡端峽研
分題重砑蜀江箋緑蕪鏡裏鳥衣掠紅雨邨中青旆懸
聞道詞壇爭奪幟吟成誰是謝臨川

暮春漫興次外子韻

芳林如綺散朝暾小圃渾疑棠柘邨芳草吹香飛鳳子
驚雷迸土長龍孫解嘲自擬多虛辯掐隱誰將葛藟捫
昨夜東風何太劇掙教犀盒葬花魂

喚起斜陽緑 并引

昔在吴山聞山中鳥聲偶得句曰喚起斜陽
緑雖不可索解而情與景合適若得之自然
今坐緑淨軒中草長春池鶯啼夏木雁鶩危
緑鶴唳松濤四時推奪雖非清川長薄之勝
而況味不殊在吴山時也因以喚起斜陽緑
命篇足成四首亦是事意所生不覺紙墨遂
多矣

喚起斜陽緑斜陽列翠屏飛來鶯語滑画出柳條青山黛添新碧林花送晚馨午眠猶未足倦眼一時醒

喚起斜陽緑斜陽呌鵪鴣舊蓑披老樹新水蘸煙蕪碧潤裙腰草先生劍鍔蒲漁舟約蓮葉一幅輞川圖

喚起斜陽緑斜陽照檻東雁鳴蘆葉墜霞照蓼花紅乎鳥辭香壘秋蟬噪晚風呼童收蠹簡長嘯倚梧桐

喚起斜陽緑斜陽遍莽蒼寒添崖柏翠暖送野梅香歸鶴尋巢唳飢烏繞樹翔漸看羣動息樵唱更悠揚

雨窗感懷

鵲尾熏爐七尺桐閒仙多恨學真空煙蘿每引莊生夢芳樹常愁少女風遠岫全迷雲影裏春光半送雨聲中裁詩近少驚人句費盡推敲總不工

春日即事贈荔生

校讐猶有舊縹緗莫爲窮愁誤日長滌硯池塘魚唼墨落花簾幙蜨尋香女桑宜課樵青婢犢鼻應嘲賣賦郎旋砍筼簹焙宿火午餘茗戰醒詩腸

寒食哭兩先大人三疊前韻

岵屺悲深感歲華手陳椒醑淚痕賒儀𬛷留得三遷訓靈几新開一鉢花今日紙錢飛石馬當年榆火賜氷衙可憐惟有烏衣燕猶自營巢入舊家

古劍

當年歐冶鑄吴鈎夜夜光芒射斗牛人間每有不平事長鳴匣底風颼颼延津合處雙龍見壯氣奔騰飛紫電乾坤絶少有心人吾愛隱娘與紅線

飲故居海棠花下戲作

春光當日醉松醪秉燭追歡奏玉簫人面即今看已老花容還似舊時嬌

一枝綽約傍檐開相對徘徊潑嫩醅背倚東風新睡足龍池重見壽王來

幽舍次外子韻

城市近煙郊牽蘿更葺茅晚雲遮屋角春水積堂坳引蜨歸花塢驅鳩護鵲巢南牕堪寄傲茶臼喚童敲

疊前韻

卜築愛青郊虛堂蔭白茅風花落簾蟀煙篠亂山坳藻

密魚尋餌松高鶴戀巢園居慕庾信得句自推敲

惜花

晚來又見幾枝空冷落韶華風雨中莫怪愁人眠未穩夜闌杜宇尚啼紅

妬色封姨釀峭寒躊躇午夜捲簾看蘭煤不是還形燭那得文成爲煉丹

詠蜨四疊前韻

曾因夢化著南華系出羅浮種類賒小雨應教調護粉長生須是乞憐花堪憎鬬螘空排陣何事遊蠭苦鬧衙珍重滕王爲寫照芳情終戀漆園家

病起漫興

破夢鶯歌晛晛圓起來行藥小亭前藤蘿嬌弱垂殘露蛺蝶芳柔破曉煙乍暖乍寒飛絮日半晴半雨養花天閒中風味堪神會何必東行累石鞭

喜晴五疊前韻

遲日南園鬬麗華提壺勸客酒頻賒衫紋漬碧眠芳草屐齒黏紅踏落花鶯語悠揚娛竹令獸爐繚繞品香銜愛看五柳當窗植髣髴柴桑處士家

次荔生月下口占

碧瓦涼波花影纖邊鸞妙染上風簾酒闌鐙灺渾無寐銀葉重將小篆添

和范石湖田園雜興十二首

屋角松花糝徑香門前楊柳碧絲長鵁兒凫母渾無數逐隊飛來浴野塘

快雨纔聞急溜翻遠山洗出淡眉痕鄰園新筍穿籬過長就檀欒竹數根

黃石墻邊一樹花茅茨連接野人家吳蠶箔上三眠足少女提筐更採茶

舴艋輕舠檥淺洲青帬椎髻作春遊偷閑且了燒香愿轉盼農忙近麥秋

社雨初收一陣涼湖田水滿插新秧瓦盆釀得新篘酒隔壁吹來撲鼻香

採桑女伴出桑中荊布羞隨豔冶蹤不是羅敷秦氏女使君南陌莫相逢

一區茅屋綠煙圍燕子銜泥入竹扉冒雨種花粗隙地前邨分得菊秧歸

藥欄草長翠雲茸皺遍櫻桃樹樹紅曉起開園和露摘火珠迸落小筠籠

桃李穠華總作塵荼蘼又見一枝新榆錢堆地渾無用付與東皇貰好春

古木叢篁月上遲炊煙一縷隔林微雙橈畫破魚鱗浪驚起沙邊睡鴨飛

竹菇松菌翠成堆侵曉煙崖自劚回野老盤餐風味別漫勞佳客款門來

山腰墟市過人稀疇復黃昏扣短扉槿樹籬邊黃犬吠村翁縣裏納糧歸

南交花草十詠和韻

幽蘭

香生空谷雜茅茨却向羅含宅畔移乍轉光風浮綠葉小分幽色與瓊枝茗茶沃本憐吳種蕭艾盈畦感楚詞一卷就觀吟未了黃鑪拱背夕陽時

夜來香

異種移來瘴海涯嘉名肇錫篆瓊牌春寬化蝶清堪戀別夢牽人香滿懷（漢武帝思李夫人方士獻花晝隱夜現帝懷之輒夢李夫人）氷帛小攜宜縞

袂銀絲雙綰上瑶釵誰將織室泉先淚灑向幽藤錯落排

末麗

鬱金堂北畫欄邊匝地香風欲暮天靈種遠分珠海岸清芬散落蛋人船素妝不用燕支暈香澤何須荳蔻煎蘄簟凉生殘夢後一枝宜傍枕函前

夜合

晉苑移根向葯闌綠陰合處夕陽西青添蟬鬢香恒繞酒釀冰漿品不低冉冉微芳生角枕（杜羔妻趙氏常取夜合花著枕中）垂垂薄暈拂文犀最憐清夜宜幽賞笑襞紅箋刻燭題

象牙紅

歲蚘深藏百越涯輕身重賄亦堪嗟路經瘴海空疑種淚滿銅壺欲作花色借啼鵑揺砌月拍遲纖手倚屏紗當年若使羅虯見未許風流屬杜家

玉簪花

漢製猶聞蘭澤侵曙風披拂小窗陰麝臍試較香多少蟾魄何分色淺深遼鶴飛來遺雪羽瑶姬仙去落瓊簪生憎荆玉翻新曲（孫荆玉善舞能反腰銜地上玉簪）銜破檀黃四出心

金錢

曾從禁籞笑春風（梁大通中從西域入貢禁苑）淪落今時衆卉同愛玩恐成和嶠癖栽培不療圃師窮一叢艷發蓬蒿裏三品名傳食貨中應是金船爲土壤（用異苑語）隨時幻化任天工

雞冠

石欄相對洗清愁籬落橫陳一片秋錦羽連棲三徑冷（國語連雞不可棲於塒）花冠無語五更休扶持只藉園翁力名品兼從藥籙收誰把宣和眞粉本寫將豔影在林丘

鳳仙

片片殷紅映臉潮金風剪地不曾凋根苗或恐來三島芭羽何能上九霄錫與佳名稱菊婢呪將顏色比兒嬌

秋葵

（用北齊盧士深妻事）金盆夜搗忙如許憶在天孫河鼓宵

一叢點綴好秋光欲鬬康成帶草長密葉幾層深翦綠嬌痕半額畫塗黃蓬麻比性差能直蘭菊同時只讓香

未必天工憐小卉傾心也自向朝陽

木香

愛共荼蘼豔應知春已殘輕盈藏粉蝶騷屑剪氷紈香較龍涎潤姿同月露寒最憐新雨後籬下積琅玕

青梅

吳鹽如雪斛盛來勝淪龍團倦眼開莫道青青風味冷須知原是作羹才

園中牡丹初開

小廊迴合錦帷遮香涤生衣浥露華弱柳初飛彭澤雪天菴已化武陵霞檀黃半映紅顋酒絳綵新封玉臂紗漫道開時偏寂寞不將貴冑競凡花

雨中牡丹

怨紅愁綠態參差惆悵尋春杜牧詩弱質矢投金谷日
嬌魂泣斷馬嵬時玉盤淚滴鬔鬆溼錦被香消蛺夢知
待著酥煎猶未忍收將餘豔入芳池

燕

南國春來社日長年年却爲定巢忙好尋王謝烏衣里
莫戀盧姬瑇瑁梁掠徧迴溪新綠軟翦開芳樹落紅香
生成一種輕盈態不是留仙惑漢皇

春江花月夜

輟櫂春江暮銀蟾散綵霞燕歸新巷陌夢憶舊繁華舞
斷金隄柳歌殘玉樹花可憐三閣下鷗鳥弄汀沙

擬青青陵上柏用鮑明遠原韻

貞木秀幽崖雜花散春煙物理有榮顇端憂無歲年何
用相娛樂爲子操朱絃言將適江表鼓楫浮長川覽古
秣陵郡尋仙地肺山棹歌沿回波尋芳詠渚蓮賓從互
賡唱逸氣邁無前竊比穿墉鑿能知嵇呂賢

戲贈歌妓

管絃頻促換香羅微露酥胷玉一窩羡殺聰明唐後主
窈娘佳處在凌波
驪珠顆顆出香喉舞袖翩躚半障羞小按紅牙未終拍
芳塵飛落畫梁頭
整頓霓裳上錦茵橫波無賴笑生春卿卿亦是多情物
可識筵中犢鼻人
一面紅妝映蠟鐙垂鬟接黛翠鬅鬙休嫌措大纏頭薄
權把新詩當束綾

夜雨即事

一庭風雨伴黃昏魚鑰聲中靜掩門鸚鵡杯深松葉冷
蝦蟆更促翠衾温蛺飛衹入莊生夢花落空啼杜宇魂
小篆香消鐙影炧吟毫枯澀費評論

送春

九十韶華一隙駒東皇弭節薄崦嵫去如軒鼎飛昇日
恨過銅仙別漢時芳草有情生舊燒落花無力戀空枝
明朝已是清和月漏箭今宵願少遲

讀隋史

詇母讒兄頗善謀如何只博一遨遊兩京失守還歌舞
引鏡徒然羨好頭

舟中感懷和蕭齋舅氏韻

篙觸襟懷恨不窮煙波事業問篙工蟾光忽送千林影
漁火遥明一笛風麗質幾人金屋貯才名若箇碧紗籠
揚帆便欲成都去訪取垂簾卜肆翁

送趙飲谷尊閫李夫人歸里

倚樓名重訂金蘭佳詠黃花羨易安千疊江雲縈別夢
二分煙月憶清歡襟懷想像看秋水眉黛依稀望遠巒
折柳離亭倍惆悵郵筒好爲報加餐外子與飲谷有硯席之雅故有起句

見豌豆有感

承歡當日坐長廊，菽水常陳翠莢香。欒棘兩年腸萬結，誰將羊棗助悲傷。

渡江弔郭弘農墓

江豚隱現吹風浪，扁舟危坐如天上。茫茫六合景空濛，小米丹青恐難狀。須臾擊楫泛中流，砥柱三山疊青嶂。山隅丘隴茂松楸，云是景純埋几杖。遥把醇醪酹一杯，臨風憑弔生惆悵。記得當時典午朝，江左偏安悲草創。黄鬚天子賂金鞭，蠢目將軍開虎帳。危邦當法默以容，清虚何事生悲壯。冀將至理悟奸雄，赤子蒼頭保無恙。泥中曳尾恥偷生，厠上銜刀亦虚妄。八卦思回采石兵，

一身捹向金山葬。堪嗟化碧義從容，自是驂螭返蓬閬。清溪千仞白雲居，洪厓子晉頻相訪。猶餘仙蛻大江間，千秋留作狂瀾障。

舟行雜興

四面青山對水窗，山腰瀑布響淙淙。咿啞兩槳中流去，驚起波心鷺一雙。

官柳低垂白板扉，打魚人著緑蓑衣。簾纖幾陣黄梅雨，多少歸鴉入翠微。

水鄉晴雨總相宜，醆罷吟箋把酒巵。只有一般惆悵事，筊中忘却玉溪詩。

隔水人家略彴通，青裙挑菜向籬東。無情芳草緑隄緑，隨意山花繞澗紅。

亭午揚舲杜若汀，雲邊一髮惠山青。愛他年少當壚婦，清婉吴音絶可聽。

柴門不正恰臨溪，瀲灎清波與檻齊。燕子飛來低掠水，蜀葵紅映竹簾西。

冷吟殘醉困騰騰，忘却窮愁詩興增。出岫孤雲無定著，風帆瞬息過蘭陵。

渺渺煙波客思賒，微風細雨片帆斜。甕罌貯得中泠水，活火教烹陽羡茶。

惠山第二泉

層峰疑路斷，老樹起蒼煙。飛瀑懸如練，籃輿穩似船。方圓分二井，清濁別雙泉。七碗消塵慮，高風慕玉川。

遊秦園

暫遲蘭枻踐幽尋，是處亭臺面碧岑。石磴高低芳草滑，板橋攲折翠煙深。山間積潤生三秀，竹裏飛泉奏八音。漫道天台能避俗，名園也住白雲心。

卧氷池

兩載哀吟陟屺詩，不堪重過卧氷池。可憐千點皐魚淚，灑向長林作雨絲。

過虎丘

嵐影溪光客夢清，闔閭城下一帆輕。三千劒氣埋金虎，風雨如聞戰伐聲。

眞孃墓

一抔黃土滕絪緼芳草青青剪翠裘地下如逢越溪女峯頭好與伴行雲

試劒石

石上痕如切純鈎性最剛陽山飢渴日何不試夷光

五人墓

殺身成俠有同儕茂草豐碑五冢排莫笑冠裳無氣節（諷附閹諸人）英雄大抵在椎埋

行次瀆川舍舟登靈巖絶頂望太湖

蒲帆背楞伽一息至木瀆舍舟駕籃輿逶迤度林麓夙負山水情兹焉暢遊躋蹬險陟層崖四顧景清淑峰頂出煙雲林端掛飛瀑千仞自振衣揮手折若木天風耳畔鳴巨區恣遐矚波濤接青穹俯視失平陸縹緲與莫釐蒼翠望相矗奇勝安可窮千頃如尺幅晞髮依陽阿聊以洗塵俗睠言寄曠懷何用返初服

箭湖

一泓浩淼氣涵虛猶是勾吳霸國餘當日擊黿曾尚食至今留得鱠殘魚

響屧廊

魚腸枉說出奇兵微步能教霸業傾莫道十年生聚力屧聲已伏鼓鼙聲

弔西子

冶容寧誤國佞口覆邦家記得行成日佳人尚浣紗

謁范文正公祠

乾坤三易姓廟貌尚如新今日衣冠像當年幹蠱臣山丘封馬鬣松柏作龍鱗風義高千古經過仰止頻

千尺雪

萬笏嵯峨紫翠浮山腰坱圠小亭幽一泓直似天河落千尺疑從楚峽流蠟屐莫辭追勝賞煙笻且駐洗清愁裹回却起終南歎何用身如不繫舟

法螺庵即事

松裏聞鐘磬峰巔石似螺入門芳草滿開牖白雲多泉活朱魚躍花飛翠鳥過山僧爲洗鉢清籟起巖阿

客中臥病作

困臥黎牀寂見聞小樓聽雨思紛紛延年欲訪安期術起疾先求枚叔文豈有詞華同楚客謾將休咎卜靈氛藥爐纔歇歸鴉噪幾許閒愁黯暮雲

吳門歸舟作

匝月淹孤棹歸心寄扣舷渚沙飛白鷺莎路散烏犍風雨迷鄉國松楸望墓田先靈應慰藉吉壤兆牛眠

歸舟雜興

輕舸又復載書還青鏡空嗟病後顔峭壁泉飛千幅練駁車雲起九龍山

蘭陵城下駐吳舠玉斝傾來琥珀光彌望遠山含淫翠

興化李氏一家集

李竹書
李竹溪 輯

《興化李氏一家集》二卷，李竹書、李竹溪輯，據南京圖書館藏一九三四年興化遠東印書館鉛印本影印。

李竹書（一八六八—一九三二），字韻琴，江蘇興化人。李竹溪，字海曙。竹書弟。民國間知事考試及格，任貴州大定安順縣知事。曾刻印李長科等輯《興化李氏傳略》。

本書卷上爲李竹書輯先祖及先父兄詩，有李思謙、李介福、李瀛賓、李士英、李朝選、李竹苞。附李竹書所作詩多首。李竹書之詩多有寫興化社會狀況的，如《致賑局》、《殄賊安豐鎮》（原注：清光緒三十二年大水，賊嘯聚七十餘人，劫行人，截稻粱，籍富户，里居挨次擄掠。浸淫蔓延，近城莊舍官軍無如之何。民不血刃，竟聚殲之，投諸水濱）、《讀高文義題興化志初稿》（原注：用原韻賦邑中故事，迄清季末）。於瞭解興化情形多有裨益。其《依前韻賦邑故事，兼及民國新政》寫道：『學校今林立，陶甄備選庸。人才興革命，史館重觀風。教化輸江左，漸摩及亞東。……生徒班幾組，男女級雙峰。新政章慈善，公園色豔濃。』可見民國其間地方所行之新政。卷下爲李竹溪詩，附李竹勳（字元宰）詩十首。

（江慶柏）

李氏家集

李氏一家集序

勝國之初吾家詩人最盛艾山鏡月平子屹若三宗湯孫以從子與相頡頏有名公卿間徽之往籍一一可信虬峯名稍微然亦作杞宋之附庸故當時談昭陽詩人舍王氏外無與敵也艾山堅守杜陵家法湯孫具體文房而下逮義山鏡月平子闌入宋代率沈洋自肆適已之適而不肯隨人作計則一故吾李在順康之世以餘蔭嬗及子孫爲通人所俯道以此其後諸子多閉戶潛修不與中原盟會間事吟詠亦自不苟

序

雖源流不同其適已之適固未嘗無人在也韻琴在同輩行最晚其胸懷坦易志意伉爽吾甚敬之頌者集其本支先代之詩而以已作附焉首已山公詩筆力健舉卓然唐音鴻軒君以下咸以明經老儒一吟一詠爲鄉里所矜式而竟體凝厚一如其人昔吾嘗聞合肥李文忠公之母避兵吾興疑有軼事可傳今觀韻琴乃考晉荀君有答李鶴章幼荃詩即侍其母夫人避兵時事幼荃原詩於晉荀君推挹甚至吾方修志當以擷入流寓中獨怪幼荃既貴晉荀君絕未

一往干謁誠爲正人君子於此可見朱儒之一節焉韻琴同懷三人友石以丞倅樹績猝逝於閩海曙宦黜數載亦以見幾告歸吾並得與友今幸讀友石遺詩不啻跫然之足音韻琴之詩不事彫飾而抒寫性情感懷時事語不傷巧事必有徵大都出自香山放翁居多而時涉及魏仲先邵堯夫一派信所謂詩中有人在者此册不滿百頁鐫布甚易韻琴其挈海曙詩並刻之爲一家集爲聯珠花蕚之續吾甚願覩其成也

民國庚午七月輝叟詳謹序時年七十有二

自序

余幼遵庭訓弱冠失怙件同懷兄弟攻舉子業蜷居里門四方人士贈答甚尠濤季輟習制藝稍稍從事吟詠下里巴人無足嗣風騷遺響遡檢先代殘稾附拙作若干首呈正族長審公蒙錫序言顏以一家集對余褒辭慚無以副惟念先人遺作已久散佚所幸存者不得不略誌一二昔陸放翁於晁公以道集中見其先人少師公奴愛才如蕭穎士婢知詩似鄭康成聯語補足一律刋入劍南集以紀先人遺筆今余得先人遺稾若再任其散佚厥罪孰甚爰彙付梓并促三弟海曙遵審公敦勉之意賡續成帙以爲爲知已者告民國庚午冬韻琴謹誌於師儉堂

李竹書遺像

興化李氏一家集卷上

李思謙己山

雞鳴山夜

沈沈山閣晚鬱鬱石城陰雨挂千峯瀑風生萬籟音浮名羈客子清夜起歸心三徑多修竹何當把卷臨

登焦山寺

突兀擬層冥三峯擁地靈山浮鰲作柱碑泐鶴留銘入夏澄江冷經春古徑青還疑焦處士猶在五雲屏

江天閣

南山疎雨亂雲流無數漁舠集小溝遼海干戈霜露夜江洲禾黍雁鴻秋風生古殿聽鳴葉潮落平沙見宿鷗旅恨窮愁消不盡開窗時對菊花幽

梁刻縣志書目類載有己山詩集今佚之爲之後者能勿愀然

李介福鴻軒

夏廷棻弟子戊辰秋闈連捷冬月吉席

翩翩家世玉爲堂幾擷芹香更桂香所發只今看貫蝨于飛應爾叶儀凰泥金報啓連三捷種璧詩呈第一章從此花磚聯步早魚鬚暘笏耀琳琅

問字當年集履綦妍文頻自錦函披遙欣玉鏡臺開處却值金蓮燭豔時燕喜籌添青島近鸞和綬授墨車遲定教博議書成後副本抄貽慰我思

題孫鶴浦先生小照

性道中庸悟本原蒲團靜坐謝塵喧能教羣季名俱顯不假巍科德自尊神會百家參祕旨心游萬古得眞源一經貽後翻多事但守薪傳即子孫

題孫青湖先生小照

箕踞長松別一天披圖今日謁前賢文能傳世偏無後吏有清風易化仙猶見彥升餘石米不教劉寵選金錢廣陵散欲因公問落落遺音理七絃

題孫愚谷先生小照

非吏非隱見精神前輩風流面目眞一代文章羞獺祭百年事業友龍賓池中鱗甲知心少海上波濤壯氣伸賸有長虹竿獨釣珊瑚拂處浪花新

挽邑令山左顏公叔友盧佐治邑署中病歿

仁民愛物首親親導我賢侯郅治神宜播家風爲政譜移來嶽雨到江濱今朝鶴駕空留夢此縣花深永駐春一樣甘棠頌遺愛滿城肅奠酒清醇

第六子授室　　李瀛賓仙洲

南國關睢萬化基桃夭賦到六章詩原知齊大非吾偶袁家久宦湘皖但望家和之子宜鴻案千秋佳話在鹿車一輛後人師且看姑氏金張第謂余婦任從我荊釵到老時

第七子授室

笙簫又聽韻鏘鏘花燭光生第七行紅錦氍毹新賀喜白頭夫婦慣添妝新人登堂翁姑有妝俗例拜鳲鳩儀一歌君子凰凰鳴雙頌吉祥此後田園付兒輩名山五岳好徜徉

掃墓揚州西山

廿年烽火燭長空上將湘軍克奏功阻我悲涼霜露感而今展拜豆籩隆墓田春雨斑鳩喚塋隴秋風石馬雄畢竟在天式靈爽巍巍華表白雲中

懷江南塋山三十年前拜掃容山祖墓七處星羅棊布圍繞句城三面倉皇戎馬中惟有南望致禱今戰事平祭禮焉敢暨余老饑春秋七十有三苦難遠行敬撰一律以貫同族諸公

戰後江南入夢思牛羊荒草臥殘碑不知華表淩霄漢仍否威儀似古時塋礦重重排作壘墓田歷歷布如棋春秋傷感經霜露無限悲懷訴與誰

癸亥六月會讌陳丈壽彭即席見示古風一篇步原韻和之

極樂禪房麗天日君身信是如來佛不然誕育胡同辰金粟再生否占吉我來七人壽君時君先桃李投我詩詩云匪報永爲好將更飲君白玉卮大好光陰六一載童顏天錫春常在去歲觀蓮開盛筵今歲蓮花紅不改賓朋懽洽衆酢酬笑語雜遝聲滿樓溽暑炎熇晝方永薰風飄揚淸如秋騷壇牛耳問誰主嬌矯元龍操券取揮毫滿紙琳琅玕珍奇未可更僕數君才磊落君意勤盤殞歷歷溯舊聞橐駝膞兮餅餺飥俗味翻錫名俱芬維君學與古人愜上崇三代漢宋接元元本本接眞源信手文章栽熨帖翱洽二氣周天游鳶魚活潑心性投宜尼所稱仁者壽養生况學莊老流嗣章尤能冠諸族健筆康强徵五福眞珠小楷潤且圓令人低徊而往復胸中自在別有天敝屣富貴心超然假樂君子受百祿子孫且詠瓜瓞綿如日初升川方至南山之壽嘉祥萃晦翁六秩羅生徒公御講筵歸一致囂囂出塵無炎涼少長咸集詠而觴百觴十觴自醒醉人間理亂俱遺忘枚乘喻言著七發樽酒論文興無竭起視天空一長嘯光明萬古團圓月

次日陳丈又贈一律復依韻答和

昨宵酒綠又燈紅明月隨行一道同吟罷囊傳詩社裏宴歸夢入睡鄉中我慚無學希堯叟公復聯吟步醉翁相約明朝初日上納涼再入梵王宮

附原唱　　陳壽彭

生辰恰值放蓮紅金粟如來誕與同壽紀應添仙島上書披也在佛樓中讀猶未滿五千卷醉亦堪呼六一翁雖得良朋多愛我年年招飲赴琳宮

與宗滋畹讀書瓢巷　　李士英晉符

讀書二十載歷經九折覲鑿枘苦難入門徑罔與攀苦岑得同契紬繹理迴環經學研賈董文章窺馬班一席清淨地印証有無間落落出塵表悠悠悟道閒批竅得眞解相對歡開顏起視窗外月水石交斑斑

寄同學

魚游深入淵鳥飛高避網君子素位行不作意外想抑何望終南頓思躐級上古今仕宦場歷歷指諸掌得之於詭遇雖利尺毋枉誠哉以禮招雖遠千里往

約伴赴順天鄉試

束髮讀經史碌碌無片技景行阻高山日月付流水晨夕共居遊木石與鹿豕天乎虛我生塊然甕牖子撫膺鬱沈沈推案呼起起視天西南烟氣滿戰壘造物眞弄人坎軻限故里舊雨今雨來言志各悲喜酒酣纔自省南轅易北軌證之同心人擊節贊唯唯僉云觀國光天顏近尺咫引領望帝鄉我願執鞭弭

呈程丈雨江

吾家七百年且仕且耕讀自宋忠定公遷無錫越元明轉徙興化隱見無定時大旨在愼獨不才玷靑衿塊然守白屋圖書研古今歲月自往復室邇唐叢林僧緣素教睦唯恐故人疎爾曹祕金玉折簡附鶴招後先接芳躅和氣帶春來明道丰神足宴定慧寺會有偕行人風月似茂叔同心臭如蘭淸言吐幽馥締我文字緣錫我心田福親

炙道貌古十倍逾私淑坐對兩忘言半甌茗幾熟方仲雞黍情夕陽掛林木酒
罷作長歌詞源瀉萬斛律度老長卿風韻高杜牧常欣天地間一卷留詩軸作
苦瘦吟身寫入梅花幅（丈善繪雪梅）待月張素琴焚香四壁肅一彈移我情再彈倩
我續（丈善鼓琴惠贈古琴并授琴譜）夫子出匡圍頑梗感君服賓主酬酢中陰陽道起伏

粵軍渡江

沿江烽火接長虹纔過瀟湘又越中滿地楊花飛歷歷（敵軍揚秀清有揚花之謠）漫天荊棘
亂叢叢悲秋杜甫空揮淚何日汾陽克奏功（郭嵩燾援）最近雷塘消息到兒童驚
竄路西東

答李鶴章步原韻

烽火連江書蔽煙扁舟一水繫前緣君家應運中名世仲氏承恩簡俊賢（少荃先生）
（以名翰林登戎幕參）十萬貔貅憑掌握五千道德共心傳慚余無分凌烟閣坐老青氈
守硯田

附原唱

李鶴章 幼荃

偶經勝地避烽煙交締同宗有夙緣結習能除名士氣讀書不讓古人賢芸
香四世青衿領（君四世在庠）相業千秋紫誥傳（君始祖爲明名宰和相業甚盛）瞻拜門庭欽閥閱家
聲相繼硯爲田

送顧耳山赴任秦中

李朝選 芙波

好作長安客從今晉問疎早知風偃草定有雨隨車君紹翁歸轍余耽孟氏廬
故鄉猶足樂遺子共琴書

詠梅

丰姿綽約倚新妝開遍西湖十里香不有風流林處士是誰作伴耐冰霜

題梅花圖

羅浮一夢怨飄零脈脈幽情冷畫屏是否幾生修得到莫因人喚下丹青

余君仲銘久賦悼亡鬱鬱獨處作此慰之

風始關雎被管絃人間眷屬亦神仙老天何苦常留缺破鏡無期再望圓有嫦
宜家慶燕爾而翁養志也陶然一般煩惱全拋却長抱詩書伴月眠

飲余君仲銘館中

生徒濟濟馬扶風化雨涵濡斗室中愧我心傳名負實輸君腹稿字書空（公失明後）
（課徒猶勤）鳶魚悟道參飛躍漢宋分源辨異同課罷論文一樽酒主人情重浣花翁

余君仲銘贈七律二首次韻答和

詞章種種富珍藏探到眞源見解長南宋派仍兼大歷西崑體更學初唐好音
惠我情彌永傑作驚人壽欲狂朗誦百篇無俗韻君才安可斗升量
可是梅花締舊盟揮毫鐵幹任縱橫（君善繪梅尤工書法）帖摹黃綺神瑩澈欄寫烏絲勢穩
成純任天工揮墨妙自隨人意得神行而今焚去君苗硯（失明）遺有烟雲尺幅生

五十述懷

策當年氣頗豪此中黜陟柄誰操筆參造化天難拘品到文章價不高月夜
興酣頻縱飲秋風戰罷淚揮毫自慚蒲柳飄零甚弱質侵霜已二毛
庸德庸言愧未遑一生根本在倫常有懷明發悲烏哺顧影蕭疎缺雁行對鏡
伯鸞驚已老遴才雛鳳是誰長（胞兄弟七人余獨抱伯道之戚姪輩成就余課文）且將新息書垂戒問與

論文勗義方
歲序頻從客裏經四方寄硯等飄萍（壯歲館海上五年前復東行）誦絃迭和童隨冠清濁奚分
渭與涇書帶草迎三徑綠銀釭花結一燈青此中況味時消受瑣語憑誰子細
聽
二三知已樂趨從局度雍和早斂鋒探訣丹田知味永盟心白水覺情濃患夷
高格無相匹珠玉連篇不厭重餘興再彈琴一曲癡頑也自豁塵胸
勞勞塵世共蹉跎無奈炎涼反覆多轉眼棋枰淆黑白涉川舟楫苦風波漫天
薄霧氛難掃大地回春氣自和何險何夷惟俟命穩馳駿馬下山坡
無多生計矢清廉勤儉家風兩字兼鳩懶營巢甘自拙蜂貪釀蜜爲誰甜荷花
共我三生約（六月二十四相傳爲荷花生日是日適余誕辰）桃實盈槃一笑拈到此知非方悟覺心頭朗
映月宮蟾

和魏丈倬雲六十述懷詩用原韻

門高通德許誰攀獨我常親几席間著作鴻裁長不朽斗升鶴俸莫嫌慳（公佇庚倖）

少許作紀念品且拋苜蓿甘藜藿（公光緒元年駐部效職迄未捷補）并却絲蕨取蒯菅六十年來勤儉本轉移風俗自廉頑

贈余仲銘

精神海鶴健於秋，豐滿雛翎孰與儔。石井松風（魏仲先）饒晚福，鶯臺鳳閣（魏和初）裕孫謀。開筵桂苑觥稱兕，戲綵椿庭杖倚鳩。鬢髮斑斑豪興劼，簪花那復計花羞。

與君相知廿餘載，月夕花晨掃徑待。當筵論文口懸河，學如百川東到海。持籌積算妙闡方（公精算學），日月贏縮叩天閭。六書點畫辨籀篆，涉獵堪輿衆歧黃。管握松枝字懸肘，詩宗李杜氣醇厚。漢魏文章探源流，珠玉璀璨燭牛斗。盧聲盜雙爭雷鳴，以君視之俱瓦缶。我昔館海隅間，訊長歎歔兩目遭天厄。天道竟何如？搔首問天天不語。我竊爲君官肺腑，動靜勞逸貴相均。鑿險縋幽徒自苦，惜此餘力樂天年。勁節凌霜足支拄，況復論古析徽芒，目空一切光如炬。

光緒庚子感時四絶　李竹苞（又實一字友石）

傳聞江左有夷吾，旋節空隳事半途。却笑新亭人對泣，清談誤中永嘉儒。

皓白鬢眉叟鑠哉，裹尸馬革誓無回。遼陽門戶丸泥塞，切莫重更騎刼來。

桂林新沐漢恩波，掃去欃槍彗幾何。聽把銀簪扣銅鼓，南軍人唱凱旋多。

爲誰皮裏作春秋，繞筆文章絮不休。欲檢少陵詩句讀，細刪宮怨與宮愁。

疊前韻又成四絶

跨鞍鳴劍入伊吾，一騎風雲獨首途。認作平吳羊叔子，輕裘緩帶將而儒。

奏事韓琦疏直哉，兩宮調護不遲回。茂光博物何經濟，贓得君王鐵券來。

鑾還南內沐恩波，爭奈宮花寂寞何。紘索翻消天寶恨，新歡較與舊歡多。

恨他蟾窟四時秋，桂子而今摘未休。偏使抬頭人易見，一回對月一生愁。

丁巳仲春揚州魏明府靜涵以貝葉羅漢圖索題

天風吹落到紅塵，一片空靈現化身。色相是何人着色，眞如還悟我非眞。泡成幻影渾疑夢，寫出鬚眉妙入神。水墨不輸吳道子，萬千分印指迷津。

山僧行脚踏雲旋，舊雨重聯未了緣。座上金身參五百，人間塵刼歷三千。不因繡佛騰縑價，每欲超凡入洞天。何日相從飛錫去，菩提樹下悟眞詮。

興化李氏一家集　卷上　六　興化遠東印書館承印

自儆　李竹書（韻翠）

南山有鳥，北山有羅。言避爾繳，其樂如何。

日月遞嬗，自爲春秋。翛然物外，孔安且休。

泉石清清，乃漱乃枕。襟懷洋洋，以歌以飲。四方靡甯，旹之懔懔。

學廟禋祭

穆穆雍雍，於樂辟宗。庭燎有光，百僚景從。

雍雍穆穆，下上惟肅。於昭於天，降之百祿。

嘉禾

翼翼其苗，薿薿其華。以秀以實，吁嗟孔嘉。

其秀芃芃，其實隆隆。以刈以穫，時和年豐。

刈之穫之，潔我明粢。以薦以享，昭告神祇。

頌魏丈石閭

有藝斯穫，惟君子穀。睟然盎然，四方推服。

其穀維何，實函斯德。慈惠禔躬，孝友垂則。瞻彼斗山，永爲天下式。

讀廣文頌詞

彤彤密雲，鬱爲沱滂。悄悄濬德，蘊爲輝光。孔耀孔甯，奕世其煌。

時雨濛濛，秀爾黍稷。化雨濡濡，溉爾邦國。猗歟休哉，輝光盛德。

重修文峯塔落成頌詞

民國肇興，首崇古迹。吾邑巽方，有塔奕奕。階梯五重，歲越三百。星霜屢更，風雨剝蝕。詢謀僉同，經營孔亟。犖鼓慶詩，良辰筮易。士女懽輪，百工從役。徑周八方，高駕雲脊。十有八旬，匪間昕夕。革故鼎新，相度損益。上鎭丹砂，珠玉琥珀。光以斆堅，以土石。百廢具興，殿寢庵滔。俾暢遊觀，俾資登陟。門闥洞開，軒欄憑式。滄溟勝湖，陽山拱極。襟帶東南，聳峙西北。觴焉詠焉，淋漓翰墨。更有進者，崇論卓識。仰觀天文，斗牛光逼。俯察地理，壤賦定則。相其陰陽，數占理測。是關氣運，否泰通塞。筮明落成，既安且吉。敢上頌言，珥筆座側。嘉客嘉賓，令儀令德。神祇効靈，日月合璧。闔境永甯，斯千萬億。昭告上帝，禮容翼翼。明公曜臨，貞珉永泐。

興化李氏一家集　卷上　七　興化遠東印書館承印

讀陸放翁六十二翁吟勉賦一律意未盡達爰作四言自述

倏忽居諸六十有二反手覆手幾更亂治宣光以前研究國粹八股探元五策並試卞莊三北王良斷轡卅載窮經諸生正字坐致脩羊藉馭散騎中多樗材非無利器一室誦絃自有天地辛亥革命悉隳壯志吾兄宦遊而作閩吏建陽兩年播化庶類鼉電飛來使星頓墜鴒原唧悲雁行戢翅幸陟岡兮瞻望予季引領黔疆別樹一幟三仕三已成績可誌八千里歸俟命居易兄爲吾師終身受賜弟作吾學本根同庇行者居者外事內事勉爲其難慨與佈置區區此心耿耿無貳古人庸行本無奇異吾坦吾懷友愛備至皓白鬚眉樂聞道義家無長物遺書滿笥發篋自檢畢生寢饋或咢或歌時醒時醉邈焉蜉蝣此身如寄瀝遞生平以自爲記

醉歌

我年五十前未識酒甘洌賓筵拇戰時曳兵讓同列一飲輿頗豪前恥頓以雪故人驚改觀新硎鋒勿缺酬酢期盡歡長短歌擊節闔韻鬭新奇猜謎語巧譎

酒令隨時張觴政臨陣設一斗或一石十盪而十決燭暗明月上面頳更耳熱有客誦酒箴規我以前哲堂上舞傞傞座旁語竊竊我謂行樂耳百年如一瞥解憂百千方無逾杜康訣少陵八仙歌雖各分優劣但期不及亂胡爲旨酒絕葡萄美夜光醁醽醲玉屑我陶我性情我飫我香潔冬日不吾寒夏日不吾烈子不解杯中之物請與子南北兮分轍

烏巾蕩產鮮蟶

鸂鶒來魯國杜鵑聞天津歷歷占治亂冥冥悟前因蟶爲蜃蛤類出自東海濱抑何時物變蠕蠕河之潯或者地氣轉此族化育神俯拾筐筥滿勻調薑桂辛鱸鱖非其類介族無與倫配之蒲及筍味嘗鮮且醇余且肆大嚼酣飲酒數巡投箸招漁父往觀水漣淪一碧映螺黛幾隊逐游鱗恨難取數斛分贈黔與閩（時兄客閩寄安山丟一甕弟客黔賦五言賦遺彼都風土食品）拈筆寫此樂寄傲宦遊人何時賦歸來同與宴嘉賓

壬寅春季大旱

去歲霪雨災今復苦旱急江淮南北間災祲幾普及溝洫絕源流桔槔無處汲漁父束手坐老農倚杖立問天胡爲乎將毋龍潛蟄偶爾聲沈沈吹散風習習飄灑點兩三貴逾金壺汁尚未潤花枝焉能遍原隰悶檢大田詩讀之更嗚唈所望牧民者撫循而綏緝

沈君招飲適晤徐君同酌

杜門已十日小窗坐寂寥曉起黜花露忽來故人招聯袂入茶社塵俗厭喧囂明知涇別渭安問鳳與鴞高談詞落落元箸神超超忽逢徐孺子一見意爲消重與整旗鼓各自振風騷即席我有暱二客報瓊瑤證之古樂府參以童歌謠隨時生感觸全不假琢彫討論情益洽直言性孔昭興酣答知己更酌酒一瓢清兮滄浪水旨哉鹽梅調主人勸加餐客又訂來朝對鏡我自況江鄉一老饕

自誡

靜坐方榻思磨墨伸素紙招興戲樗蒲雲時變宗旨理欲判兩途疆場分對壘四隅蠻觸爭一心鴻鵠起陵谷有變遷方位忽轉徙聚精復氣神焚膏以繼晷興盡各罷兵歸寢悟至理忝然名數人胡學兒女子虛擲此光陰趣味乃爾爾

中夜起彷徨抽筆敘原委恨不著成書自誡以誠世俾衆知惜陰毋事此末技

冤獄一（歲末例給書院生燭炭張令吝不發激變倡亂者逃兩生無辜被屈）

幼觀酷吏傳棰楚肆鍛鍊五十年以前吾身親目見變起除夕日士子横被屈膠庠狐兔悲萬口詞同一學官意云何一戇一唯阿大吏赫然怒平地掀風波是誰能援手上書力與剖扁舟一葉來倬哉賢太守季路折獄才以理作斷裁覆盆冤立雪煦煦登春臺吁嗟乎夏臺羑里中聖凡憂雖同禍福胡爲相倚伏是理是數問天公

冤獄二（清光緒八年陸家甸王某擒賊船縣官翻獄飛龍市鬨縣署歸罪王力辯得生）

吾邑有義士嶸嶸鄉土史擒賊湖水濱巨慾讞定矣青蠅忽肆讒墮爾蛟龍潭百口辨不得獄吏很且貪變幻生風雪蒼頭起異軍一鬨鳥獸散首從誰與分邏卒捕風影莫得據要領嫁禍獄中人罪以圖不逞嗟哉身幽囚如魚入網罟門者伺出入焉得衆聚謀反覆窮拷詰甯死詞抱一郡縣往復間刀鋸刑莫怵血肉模糊中矢口呼蒼穹百折志不磨誘脅曷奈何爰書卒莫成刑餘得再生

置酒解衣示同鄉按一瘖瘂舉一觴醉酣歷歷從頭數且泣且笑且歌舞噫吁
嚱中國專制數千年隨意鍛鍊自方圓寃獄莫計恒河沙今日共和休嗟呀我
試放目觀九夏是否再見含寃者在此青天白日旗幟下

別墅（遊南京胡園作）

峭石砌玲瓏小橋西復東迴環山縹緲苔色有無中

金陵

極目滄桑感樓臺又一新兩旁官道柳閱盡六朝人
鍾阜開花草年年謝又開榮枯無兩境知往卽知來

讀史

伐暴王師出惟應檄救民唐高立代邸反以僞淆眞
一部臨春樂陳亡隋與俱風流胎禍種轉瞬及江都

有感

啖蔗悟深諦根葉兩頭棄壯歲人幾何老幼悲無濟（慨身世）
斲桐爲兩琴異形同宮商云胡世澆薄人我各肺腸（諷世情）
一語見肝膽四海皆弟兄下馬飲乾酒上馬不通名（論俠義）

廳事前牡丹（師儉堂後古槐三百餘年與前廳牡丹相映）

人事有代謝名花無古今高曾遺手澤喬本舊知音
白首軒墀外蹣跚一主人虛名忘富貴偏爾絢陽春

憶劉潤生師

捧檄來巴蜀啣恩出帝京下車先戢暴勸業首催耕純以儒爲吏親於父與兄
一官三任久頌德莫能名
伏汛淮堤障尤多扞衛功蛟龍湖堰上風雨浪濤中乞命邀天聽歸舟報歲豐
如斯三五載歡迓及黃童
課士原循例扃門意倍親鴻文程試草鶴俸佐膏薪時不分寒暑容常肅珮紳
生徒風雪裏拱極滿臺春
聖域賢關外東西兩建祠（東張宋二公祠西忠義孝悌祠）人心風俗厚水旱雨暘時十稔臻祥

瑞孤寒惠子遺捐修吾邑志公首立根基
慶雪樓新築煙津簇繡屏滄浪文正感風趣醉翁亭勝地環流水郎官應列星
百花洲在望洄溯綠楊汀
朱邑桐鄉戀依依計久留十年曾七試（科歲考七）一病竟千秋桃李芳華滿蘋蘩俎
豆脩風流今散佚我亦雪盈頭

滄浪亭（宋范文正令興化建亭城南）

憂樂關天下勳名此見端亭臺容小憩筆硯好先安題詠留三字（公親題滄浪亭額）風流
寓一官而今憑弔處楊柳碧垂欄

宗子相讀書百花洲

莫將才子論夙抱見經綸氣衛高凌嶽林亭遠出塵讀書千古鑑寓目四時春
偷得天年富（公年三十六卒於官）功焉止在閨

高文義穀

國老三楊並鄉賢百世崇四朝更正變一德秉時中位育乾坤定調和鼎鼐隆
經權能互用是古大臣風

吳相國甡

無餉無兵日如何罪逗留戍臣關氣脈憂國在心頭一部安危注（公著作）千秋廟
社謀我藏公奏稿十冊寶琳璆

再尋滄浪亭遺址

息息相關者先憂後樂心荒原餘稷穗舊德頌棠陰孺子歌靈性名流浣俗襟
南津烟樹裏洄溯古猶今

村婦分秧

纔報蠶桑了新絲映曉妝教儂停刺繡隨伴學分秧和雨和烟插宜疏宜密行
輕聲問夫婿勻否試商量

學宮後改作體育場種菊發經閣北

昔日修文地而今體育場風流新令尹開拓舊宮牆欲借淵明菊留爲召伯棠
何如栽滿縣遺愛及昭陽

送又實兄之福建

無心雲出岫遠布海南隅拜秩周中士分班漢嗇夫養廉沾玉帑秉政綰銅符
本我書生色風塵吏亦儒

己巳秋至冬三月不雨

苦旱經春夏秋冬又涸泉土皴牛蹈足縫裂驚伸拳細麥輕芽禿平疇白石堅
何時膏雨渥搔首問蒼天

大雪

三月晴無雨俄欣尺雪深其蘇融土脈久旱挽天心堆滿坑兼谷如珍玉與金
石田千萬頃得此作甘霖
兩年蝗子孽積雪慶澄清入地應千尺承天荷再生圍爐添酒興紀瑞動詩情
風景休題詠春來望早耕

積雪壓庭樹

驟戲長天白乘風勢更遒老松偏折節勁竹也低頭飛雁空中落沈魚水底游

悟茲凝結力剛卽寓於柔

雪霽後連日陰雨

嘆乾將一載雨雪忽兼旬人事難逃數天工似轉輪但期霑二麥時若及三春
暗潤須占易循環果與因

致賑局

道德無今古同胞共死生諄諄分勸導奕奕樹風聲設局經三月回天本一誠
飢寒冬最甚及早望旋行
粥廠開城市誰分達四鄉施捐能集欵糴穀又何方此日空無着臨期價更昂
須知珠玉貴不及斗升糧
欲聚如山米何從集五銖挪支公款產（倘在秋季借糶麥段可省十之二三）還抵衆捐輸遂變無常
執通權裕遠模且觀專制世矯詔發倉儲
禹稷憂民切思由己溺飢任勞兼任怨無濫亦無遺半點疏虞失終身補救遲
災黎十數萬生命繫於斯

按己巳年旱荒東北百數十里全災查災民十四萬有奇西南偏災不在此
內丁壯逃散又不知凡幾余雖不能援手拈筆賦此以備採擇

殄賊安豐鎮（清光緒三十二年大水盜賊嘯聚七十餘人刦行人截稻粱藉富戶里居挾次擄掠淫蕩延近城莊舍官軍無如之何民不血刃竟殲之投諸水濱）

清季綱維弛跳梁小醜張蜂屯分作壘虎嘯聚成行平地興波險同袍借箸商
欲明伸撻伐須費裹餱糧心腹聯桑梓耰鋤卽斧斨殺機天地動陣勢雨風狂
大橐中公令駢誅屬典章花魁（賊首名）殲首逆草澤剪毫芒舉袖揮槍彈（賊開槍抵禦農人袖揮彈落）
提壺餂酒槳（鎮上市民餉衆酒餅）我軍惟制梃賊刃已銷鋩昔作豺狼窟今投蜃蛤鄉（賊尸付東流葬魚腹）
三千餘士壯七十二人戕日月彰京觀烽煙靖戰場兵無煩士卒禍自弭
蕭牆父老詳書史雞豚佐賀觴運籌鍾與趙帷幄有張良（此舉鍾采芹趙柏年合謀故獲全勝遺孽無倖免我以肉薄之軀未有纖毫損失壯哉奇哉）

讀高文義題興化志初稿（用原韻賦邑中故事迄清季葉）

郡國垂通志吾鄉作附庸先賢題邑乘故里紀民風文物長江北星躔大海東
邊防留古戍（大督劉家寨遺蹟尚在）倭寇禦高墉湖上殲金虜（宋張榮破金人於得勝湖）墩前憶蒯通（城北蒯墩蒯通墓）

昭陽周食邑（楚將昭陽食邑）文正宋名公（范仲淹尹茲邑）軍衛編分籍（衛籍）舟航納正供（運糧）
丹陵祥毓聖（明世宗邵太后孫世宗登極封邵喜昌化伯）白馬將輸忠（白馬將軍顯靈破賊立廟祀之）蠻稻千家富魚鹽
四境充布衣祠一老（鄉賢韓貞）綸閣列三宗（高李吳三相國）姜尚漁磯石柴仙鶴馭蹤（釣魚磯柴仙祠）
滄浪流水抱拱極古臺巢詞翰凌霄鳳聲香利澤龍（清建龍王廟封利澤）膠庠遺澤永詔敕
樹碑豐魁字光天日（明嘉靖中揭文信國魁字於明倫堂中屏五色雲見先文定次年春大魁天下）科名榜學宮金泥題御筆
（清賜上方額御製詩）寺玉帶鎮文峯（先尚書思誠公建文峯塔鎮以先文定公玉帶）總憲刑章肅（先木菴公總憲萬邦）孚齋帝澤濃
（清周漁蒙世廟召至孚齋垂詢舉）名人坊表石循吏像鑄銅社酒淳龐俗冠裳古樸翁農家和藹
藹士習度雝雝河道波環綠倉儲粟朽紅流傳今已久事實更無窮補纂書成
後重爲敍始終

依前韻賦邑故事兼及民國新政

學校今林立陶甄備選庸人才興革命史館重觀風敎化輸江左漸摩及亞東
修文詳考志徵稿積如墉勳業明三相圖書古九通（前清藏書尊經閣今設圖書館）榜花輝博
士嗣草蔚名公科哲兼程進規模衆覽供法庭刑與政里社樸而忠出品工商

富通閭食貨布昭陽楚將遺蹟炳文正范仲淹大儒宗百里航開路重洋客寄蹤英德
教堂醫院循良遺愛在仙釋聽人崇勳奬章文虎衣非寂繡龍種棉添利溥植樹取
材豐扦衛森軍醫開通達泮宮生徒班幾組男女級雙峯新政章慈善公園色
豔濃黨旗光赤日紙幣濟青銅水旱籌方略農場集野翁河渠談亹亹氣度士
雖雖禦滷堤爭白白駒閘啓閉關係邑中民田利害故力爭標圖色別紅水利圖要點標題紅色創因經幾變筆削更
無窮五百餘年後重修賦始終

龍舌津懷祖先祖由無錫遷興化結廬城東龍舌津頭句容復遷

幽棲卜築水雲邊龍舌津頭瑞應躔樂業農商嬉婦子贊和孝友動坤乾一門
敦睦無奇行兩字中庸啓後賢今日縣延懷祖德還從倫理悟眞傳

揚州西山文定公墓

前朝臨幸翠華時題誌煌煌御翰垂江作明堂山作壁靈長地脈萬年宜清聖祖駕
臨幕上諭木菴公云此地以大江爲明堂捺山爲照壁恩賜捺山租賦至今猶歸祠徵捺

家祠徵賦捺山先文定功業著明史越百年清高宗封其墓賜捺山

鐵券相沿能幾傳分封多半在生前吾家湯沐承殊寵異代絲綸眷昔賢寸土
尺天皆雨露遺簪勝笏永縣延累朝無此恩優渥但祝垂庥萬萬年

史閣部

四鎮從容擁綵旗河防失計在空虛江淮半壞嗟難守馬阮元凶恨莫除自有
丹青千古論反多家國兩封書勝朝如諒孤臣志何苦揚州十日屠

惠泉山

扶筇直上翠微巔品到名山第幾泉遙聽黃鸝初出谷俯看赤鯉下臨淵鐘聲
古寺來天半風景梅園在眼前試向望湖亭上立遠觀帆影入雲烟

謁忠定公祠二首公諱綱爲余始祖宋徽欽朝屢建大功高宗南渡後主戰罷相卒謚忠定清祀孔廟兩廡祠在惠泉山下前有赤鯉池賀石橫道中通行人

障蔽龜山喚奈何一腔熱血灑江河愴懷朔漠冰霜苦枉說南朝鼎鼐和尙父
陰符終東手宣公奏議付沈波今朝鑄鐵人知否奕奕名臣廟貌峨
煌煌祀典遍垓埏我黍雲礽更肅然一脈纘承三十世孤忠拜仰萬千年探源
邵武昌靈運公由邵武遷無錫啓瑞昭陽蔚後賢興化一支儀之公後今日儀支文定派題名幾處榜

同懸興化李氏科甲列榜無錫祠中江甯句容家祠學宮亦然

蘇州留園

歌聲清脆古蘇州錫埠移車續舊遊喬木不知何歲月名花猶自富春秋空明
邱壑胸中印罨畫樓臺眼底收更有嶙峋奇石聳飛來池上作瀛洲

虎邱

夾道松杉飛鳥鳴扶筇屛騎雨初晴樓臺山寺知多少花草吳宮幾變更墓石
劍池同弔古英雄兒女總關情不知說法人何在一片蒼涼暮靄平

陶淵明

吻恬淡一無爲理亂人間總不知作我耕犁勤服臘隨他歸鳥早棲枝桃源
以無秦土栗里之中祇義熙忠孝本從天性出至今高節令人思

太白

六朝後首推公獨具奇才得化工題詠隨時皆寄托竄流何事問窮通行空
天馬文章健吸海神鯨氣概雄知己半生惟老杜舉杯合酹浣花翁

杜少陵

不作尋常詠物詩董狐史筆寓微辭傷懷君父多忠憤愴感家人半亂離廣廈
萬間時在抱草堂九日最相思新婚垂老都描出事關三朝安與危

白樂天

風流故事說香山樂寫東都綠野間醉舞扶花皆自得狂吟起草不須刪傳之
海外騰詩價繪入圖中笑靨顏最是湖堤遺愛永與民休戚意相關

蘇東坡

此心本不入時宜江嶺孤臣險亦夷史館三言探治要公直史館進三言結人心厚風俗存紀綱遂外出名
流一笠自風規回頭世事皆春夢觸目天涯寄弟詩到底歐陽是知己文忠兩
字謚同垂

陸放翁年十二能詩八十五年冬絕筆原編八十五卷刪選者十之二三

閱讀之暇賦其大略

放翁曠逸盡人知憂世深情訴與誰目望南朝皆樂土心馳朔漠到邊陲萬千

詩得初唐韻八十年懷故國思最後遺言吩兒輩中原混一在何時

徐寶山祠

卌事翻雲覆雨場玉成名節死留芳崛興草澤心堪諒依傍梅花骨亦香膠鬲
魚鹽難遜美錢鏐與越足爭光眷懷閣部來憑弔也酹斯人酒一觴

法海洞

飛橋隱隱洞冥冥一塔雲封法海屏是佛是仙人不識半村半郭地尤靈聽鸝
載得霞浮酒騎鶴游來月滿亭何物頭陀深竹裏好參玄蘊與譚經

揚州城北綠楊村

綠楊村畔草芊芊松竹成陰別有天風捲市聲來郭外月移花影落樽前城垣
一角爲屏障湖水雙流載酒船二十四橋今在否沿溪迴溯白雲邊

陸方壺先生

先生寓賦八哀詩（邑志載有哀高文義李文定宗方城諸前輩詩）經術文章冠一時移佛移仙皆俗論見心
見性本良知春風蘭若西樓社（公結詩社西寺西樓題雨花蘭若額今懸公祠）秋水蒹葭北海池（舊讀書處）今讀

南華廣義註從無隻字涉慈悲

月夜宴拱極臺

此生恨未陟瀛洲且作高寒上界遊文酒聯歡花下坐樓臺倒影鏡中浮舉頭
明月今猶古撲面清風夏亦秋醉眼模糊登眺處兩三燈火是漁舟

天甯寺（揚州天甯門外）

滄桑幾閱古蕪城彈指空中樓閣成一寺五門高郡闕兩廊十殿甲瓌瀛龍螭
蟠繞碑亭負獅象裝璜石座精太息當年乘欄越何如施患到蒼生

平山堂

茶鐺開品味涓涓爲甚評稱第五泉題詠名流隨所托摩挲斷碣細尋研數行
鴻雁來江上兩點金焦豁眼前幾閱滄桑幾興廢惟留風月自年年

得勝湖蓮花

萬頃蓮花一色鋪匯流淮海甲名區武功報捷俘金地靈秀鍾英得勝湖（舊名縮頭
湖武功大夫張榮戰敗金人因改今名）三相蟬連占氣運四鄉鱗次擁膏腴風流歇後何年復但望

重還合浦珠（舊稱蓮花六十四蕩今無存者）

馬君玲仙遊學日本歸贈牙章二枚鐫余名字各一賦此鳴謝

詞章學本富鄒枚採得重洋奧竅回新舊界何分畛域文明化已兆胚胎功名
誤我封侯夢姓字隨公渡海來相約秋風各珍重金罍黃菊宴重開

自遣

戰罷秋闈二十年功名已讓祖生先戲拈葉子拚孤注茶試旗槍第一泉自問
胸襟無芥蒂便居塵世亦神仙任他大地烽烟滿暢我狂吟作管絃

遊南園

花蕚含馨草亦芬遊人到此遠塵氛淺深水印當頭月來往帆移過眼雲朵朵
池蓮禪性悟絲絲岸柳野風熏關心最是方城舍詠古聲中鶴唳聞

祝徐丈十洲九十壽

八旬兩弟侍難兄（公胞弟凌洲希文壽皆八旬以上）福壽人間孰與衡松菊盤桓三徑樂（致仕十餘年）管
絃翔洽九如賡洛中耆宿唐裴度海內經師漢伏生西望潯江賢令尹（仲子載華時官江西）

付之兒輩立功名

又代三弟海曙撰祝

禮華老人九十時吾鄉盛傳自壽詩（公同族前輩徐禮華九十自壽詩膾炙人口）先生繼起今尤奇同懷
秀茁連理枝精神矍鑠鸞鳳姿海上三山座中移下列嶠巇排參差伯兮前舞
季後隨孫曾繞膝紛嶔崎萊衣斑斕霏光儀仲子作宰潯江湄顯揚令名仁且
慈治家治國循前規先生顧之樂無涯不才夙奉公爲師黔中薄宦鄰粵東（先生
官粵西二十年）側聞遺澤留邊陲奕奕棠陰去後思天其鑒民錫重釐永宜食報奕祺
垂八千里外晉壽巵（海曙時官黔中）洌洌酒香天風吹祝君壽世萬年期匪惟百歲頌期
頤

石君兄贈海曙詩隱寓伯道之感海曙依原韻答之余復用此韻自況

一脈何嫌臭味差縉雲防有不才兒亢宗虛望惟延佇師儉遺模重創垂設帳
廿年希馬鄭達才羣季到騶隨酒醒起作婆娑舞長駐春光莫自悲

述懷一百韻（除夕前一日作）

人生各自有行藏我率我性得其常歲暮消寒酒盈觴歌洋洋兮風泱泱興酣大放吾眼光尙論古人晤羲皇文字粵稽蝌蚪詳四千年來文史彰一一助我興洸洋嬉笑怒罵自徜徉遑求言行爲表坊蔦魚下上與翱翔及時行樂卽老莊當年氣盛志恢張芸窗坐擁書縹緗文章聲韻諧宮商風雲際會期龍驤碌碌廿載愧未遑一禽不獲晉王良一擊不中漢子房功名兩字夢俱忘退而自修廣門牆桃李成陰露瀼瀼問字之酒快相償遠者近者來修羊醉酒飽德有餘慶睥睨一切誰頡頏更何論爾冠蓋場浮雲過眼空軒裳議者訾吾性疏狂戲賡賓筵之五章且誡且勸斂毫芒內省因之滋恐惶我如一粟在太倉渺乎小矣斗筲量於世無丕亦無臧又何慷慨而激昂或者直言持之剛不經意處多中傷願自箝口爲之防終日咿唔讀書堂六經藩籬爲保障古槐蓊鬱堂西廊牡丹前植唐姚黃春夏之交交輝煌相對吟賞調鶯簧更有雙桂植中央秋月光明清芬揚田一邱兮祈豐穰屋數椽兮避風霜此生已矣毋徬徨自分終老我耻陽安得者英圖會昌躬逢盛世明君王蔚爲人瑞應庥祥歲末無聊方

懸望舊雨今雨聯翩將後先過我歡連牀飄飄長髯姿鸞凰四座談笑達雲閬呼兒剪取疏一筐開我十年甕醇漿各述軼事話荒唐莫乎軒乎互賡颺乘興同尋古滄浪堅冰一片球琳琅漁父束手坐野塘行人遠望絕帆檣欲渡何處問津梁古滄浪亭餘白楊但見寒鴉飛數行弔古詠古詩盈囊吟罷感呼天蒼蒼登高舒嘯望四方荆棘滿道豺狼猖起一揮劍吐鋩耳熱眼花恨茫茫倦歸高臥黑甜鄉俄焉上昇捫角亢鈞天樂奏聲鏘鏘周遊海陸遍八荒醒來一夢熟黃粱頓悟人間變滄桑繪圖鄭俠傷流亡大廈將傾誰扶匡吾惟一家飭紀綱天年焉問彭與殤氣運焉知祥與殃家居還我舊時裝御裘不必須驌驦佩玉不必取圭璋韋布一生甘苦嘗逸民之稱奚敢當但期蟄伏長康強壺中日月自舒長樂天命兮頌無疆不爲遺臭不留芳濁世一切掃粃糠左右圖史蘊古香毋將瑣瑣屑屑擾亂我兩旁

雨雪月餘至除夕未晴感而作此

怪哉奇哉天積陰晝色昏昏雲沈沈三朝兩朝雨方住翩翩滕六公又駐玉龍鱗甲飛長空虹現忽報曙色紅旋晴旋陰反覆間一旬再旬行路艱上苦泥濘下堅冰此起彼仆步難勝滑於油兮堅於石聲聲都喚行不得行人紆道登高坡麥苗浸萎可奈何噫吁嚱詩人酒人歡圍爐其亦回視流民圖同憂同樂毋自娛

縴夫行

君不見牽船夫溯水灘朝行叢棘暮蔓蒿足胝無毛脛無肉十千百步換一粟勞勞終日求果腹蒼蒼者天人莫卜有時風狂墨雲黷一人安然坐艙舳急如星火催迫促開窗遠眺且娛目春風紙鳶隨往復秋岸蘆雁自起伏天然畫圖寫一幅豈知爾輩已窮蹙此在江淮行徑熟平壤猶苦狀瑟縮若再登攀峯巒巒前望山重又水複下視流湍如箭鏃呼號宛轉愁萬斛欲前不得折洄洑欲止不得隨鳥宿兩岸猿聲雜啼哭壯漢力盡汗一掬況復女子苦窮蹙哀哉生計一線續主人穩渡幸登陸豚酒肥美勞爾族勿謂天錫我福祿人力格天天乃福

漁父吟

富春有名士渭濱有高賢千古此襟抱寄托雲水邊後之作者隨所寓一篷雨雪一簑烟朝隨前浦飛雁往夜伴荒洲白鷗眠舉網得魚換美酒兒女執炊我烹鮮自飲自斟且自勸一酌再酌百慮捐醉醒月滿船高歌陶陶然夜深答鳴泉還疑伯牙絃

農家歌

農家苦胼胝無毛脛無膚農家樂秫米在甕酒在壺人羨農家樂沮溺丈人古之徒我憫農家苦豳風無逸併一圖農人自幼以及長卒歲不得安斯須歲暮冰堅庶宴息索綯于茅朝暮劬春風解凍催東作光光泥足血裂珠轉瞬炎炎日又烈面目黧黑俱焦枯豚酒致祝幸豐穰顧而樂之且自娛此需彼索轉眼罄空諸所有仍負租可憐男子吞聲咽一飽莫得長欷歔婦孺日日望歲熟不計盈虧絕癡愚場圃弗餘鸜鵒啄舉室長聽庚癸呼嗟嗟爾農夫政令促捐輸升斗已無半逃逋四時工作胡爲乎吾詔爾曹集田隅與爾呼籲走上都勞農

政府紆嘉模善爲策劃民其蘇

樵子吟

樵子苦一肩白罶一簑雨樵子樂一飯紅蓮一杯酌朝狎鹿豕深山遊夕隨牛羊下峯頭興起且步且高歌不知何處遺斧柯明朝舊迹再重尋鴻印模糊雲滿林吁嗟乎漁父得魚曾忘筌爾亦忘言忘象陶陶然

牧童吟

桃花村又杏花村牧童隊隊迎朝暾前者聲起歌洋洋後者和應韻鏘鏘山之崖兮草蒙茸水之涯兮泉飛淙且飲且齕飽爾腹自在自行適爾足眠爾背兮枕爾首世間無此同心友老牛舐犢母子情人性物性於此萌手一鞭兮一卷書掛角行吟態安舒飯牛歌臨風哦時兮時兮可奈何不如還我烟一笠雨一簑在澗兮在阿

紀災異

身不際成周朝誰信木拔禾偃苗日不睹昆陽戰誰信屋瓦飛亂片我憶光緒

癸巳年五月九日西南天妖氛忽作黯似漆迷漫東北障白日是何孽物肆窮兇雷電追逐六龍從繞塔三匝撼不得六丁六甲保障力殿宇東角穿穴通樓幢十二掃一空千竿萬竿竹亂飛十盪十決恣淫威猛突時思古叢林力拔老樹幹數尋舟車噓吸入雲霄百里民居全飄搖倏忽煙霧一瞥過攪入東海混黿鼉長空日出天復明萬衆戰慄心神驚罹其禍者身立摧父老咄嗟事怪哉證之古傳不經見其天變耶抑物變聖賢語常不語怪休咎何用占易卦吾今回憶惟誌實貢之明哲紀特筆

方節婦

天經地義有定則否泰剝復誰其識吾家九族中表親有姊貞靜純乎純幼作正學名門婦恪循内則奉姑舅天然嘉耦百年歌人事杌隉奈若何四十年前五月日漫空黑雲陡似漆千軍萬馬驀地突摧山倒海勢倏忽烏龍白龍矯長空滿耳霹靂雷隆隆忽聞所天罹奇災冒雨狂奔心肝摧萬聲千聲喚不得慘哉哀哉涎吐黑慟絕欲隨赴黃泉有兒在腹烏可捐父母翁姑競勸阻一髮懸懸千鈞鉅彌月幸得甯馨兒以教以養母彙之拊兒紡織一燈青課兒苦讀雙淚零巾幗具有丈夫志母事姑息左右侍操奇計贏策良圖遊子天涯車長驅外輪中國及四夷内得母教立根基迎養海上婦宜家一室團圓滿月華奕奕褒章光里閭藹藹家庭春風噓禍兮福兮冥漠中一倚一伏至理通試看茹苦含辛者都在光天霽日下噫吁嚱天經地義有定則否泰剝復誰其識

陳烈婦

吾邑城南鴛鴦冢望之儼然一坵隴冢内翩翩雙鴛鴦一死一殉後先亡物猶如此賦特性况復烈婦貞且潔烈婦氏丁夫家陳少小幽嫻秉彝倫不幸夫子罹瘵疾湯藥侍奉歷月日晨夕焦憂睫不交其凶其吉占六爻卒之二豎入膏肓禱祀終莫回上蒼哀哉易簀在瞬息顏面槁槁色俱墨此心靜想且勿悲徐圖善策姑凝思與其令夫子戀戀心不死曷若捐我身爲作先導人計決佯爲理衣衾背地仰藥氣沈沈一蹶仆地長逝矣夜臺靜候夫戾止吁嗟乎病者尚彌留侍者已仙遊嫁時夫子親往迎死時烈婦同畢命簫史上昇攜弄玉聯袂

雙雙登帝籙

顏烈婦

擊而夫命中要害不復蘇擊而翁置之冰天雪窖中而翁張目得不死兩子斃溺婦去矣三日婦尸出水上踉蹌負痛走相望其生其死兩不知昏迷痛哭空狐疑天幸授命得元兇歷歷詳聞衆賊供始涎爾利擊爾首繼豔婦色脅婦走婦哭不得出聲息婦死不得搥胸臆餌以甘言樂只且在籠之鳥在釜魚不圖攢程忽疏防一躍入水流湯湯吁嗟乎黃泉有路見夫面澄澄一片白如練生未殺賊洩夫恨死能含貞爲夫殉巾幗中有此完人愧煞千秋丈夫身氏陶夫顏字萬銀小亭其翁阜藉民我細探詢案後先登之邑志永永傳（民國七年冬匪首鐵擊斃萬銀兄弟擊中小亭陳上殤舟載婦北小亭服毒載洪婦死狀）

清季南洋勸業會

大同世界集梯航燭日朱霞煥九光駿勒龍旂官八座黃鬚碧眼客重洋天入萃貢菁華品山海窮搜錦繡場鳥獸效靈同獻瑞眩奇物采亦文章

教育館

文明最數學堂先科哲分班技術研鑽陣橫開童子健楷書秀讓女生妍漢唐舊作皆塵土歐美名家儼聖賢滿目琳琅成績在忍將國粹問青年

工藝館

四千年久講工商技術而今更擅長織女天功窺奧竅公輸人事析毫芒翻新價便增三倍製錦章尤奪七襄須識利權毋外溢百般機巧細推詳

湖北館

武漢中樞貫四方川黔一水達浙黃參苓百種天然品錦綺千端日改良產出漆絲風土美呈來筐篚玉金相更多礦質瓏玲石鏤刻花紋煥彩章

江蘇館

東南天氣四時春靈淑鍾成席上珍風味蒓鱸肴饌美雲章花鳥畫圖新菁華物品羅淮海製造人工奪鬼神最是農家香稻種萬方玉食貢湖濱

南京明遠樓（貢院民國改建商場留此樓以作紀念）

地址重尋舊棘闈孤樓獨聳照斜暉不聞月夜撾三鼓新闢商場擁四圍九轉丹鑪隨劫化一腔碧血付灰飛虹橋內外人何在愴咽秋風無淚揮

揚州小金山

雲山恰好住神仙曲曲軒欄一洞天隔岸紅塵飛不到繞階綠水抱俱圓空靈砌石藤棚外來往扁舟柳渡前風浴何殊沂上樂詠歸聲裏答鳴泉

甲寅西山掃墓

拜別西山十六年衣冠舊㨾與時遷曈曈曉日催車馬煦煦春風拂豆籩一色靈旗揚柳襯四圍墓地麥苗鮮登臨不盡蒼涼感無奈斜陽促去鞭

乙卯又赴西山（用前韻）

風景依稀似去年不隨世俗與推遷博山古鼎香騰漢江渚新醅酒在籩仙樂奏聞鳳凰叶春盤時薦鱖魚鮮歸途復奠壺公墓（艾山公晚號壺公墓在西山蓮花寺）匹馬單車快著鞭

晚歸揚城

興化李氏一家集　卷上　二十二　興化遠東印書館承印

遙遙歸指綠楊城一道燈紅萬盞明畢竟當頭蟾兔上電光不抵月華清

西山祭畢赴江南

紅日東昇曉渡江一帆風順倚篷窗戒途車馬明朝約旨酒良宵醉玉缸

龍潭遇盜

傍午登山展禮誠村居小憩戒宵行（預訂次晨西赴句容）夢酣方入華胥境戶破驚聞諜麏聲排闥徑隨明月上擔囊捲似薄雲輕（行裝被劫）寒燈相對噤無語如醉如癡聽漏鳴

慰萬公

三更驚破夢中魂賸有相如犢鼻褌（公損失最鉅）檢取龍潭棉一束箇中熨帖氣溫溫

輟容城之行回鎮江

痛定回思痛更深紫薇花下月方沈（余見盜避花陰下）若遭毒手探濟窟五十衰軀亦被擒

回鎮江道中

聯翩就道露初乾次第登車笑倚欄遙望象山峯若近雖離虎穴膽猶寒當頭鳥雀隨輪過轉眼樓臺入畫看江上故人爭問訊匆匆兩字報平安

鎮江館中夜呈萬公

清和四月麥秋天柳爲無寒早脫棉偏是夜深風澈骨怎禁單袷褁輕氈（棉裝被擄以能禦寒）

又寅兄分尹建陽

一官捧檄到麻沙秉性神羊詟觸邪何物奸胥敢嘗試圭璋畢竟白無瑕（下車後以花會例規進者踵相接力卻之）

破花會祕窟

文告詳明肅典常與民更始法三章下車親試屠龍手羅拜蒼生滿道旁（兄函備述破窟狀況）

戊午揚州祭畢取道南京舟行至赤山

興化李氏一家集　卷上　二十三　興化遠東印書館承印

一水帆檣抵赤山農家欵欵笑開顏朝隨設奠陳牲醴暮忽無情絕草菅（赤山某墓）

（急足至城謀之同族某歸卽絕供給幷撤夙地稻草）喚渡空嗟雲樹渺出圍還比蔡陳艱纍纍行李誰擔負

（僱車無應者遠莊得士車一載行囊）徒步倉皇陌路間

徒步三十里至容城

宵小乘機變雨晴指揮若定坐容城葛藟原望同根庇蔓草偷期遍野生（赤山窯口）

（四散該處士人勾結族之黜者擅自更易）將伯呼援無善策申江請命再長征（隨萬公呈族長處分）好家居破

纖兒手至此堅冰禍早萌

接又實兒建陽家書

鬼蜮潛藏白晝中風行一載意消融（花會斂迹反對黨漸融洽）周巡四鎮與人誦樂賦輸將粟

紀又實兒建陽事

朽紅（轄下四鎮糧賦歲親督徵）

敎孝明文久不行堂批駢體令人驚（翁訴逆媳批數百言）感深苗格輸王化泣籲翁歸見至

誠符瑞能臻麟鳳集家庭無復獍鴞生（翁云無孫婦娠愛玉成之）今通衢豎石諄諄戒孝友根原

在父兄

又實兒之子隨壻歸甯

淸和天氣送歸舟鸞鳳雙音下碧流明月光中人一對笑迎織女與牽牛

好傳消息報麻沙（時兒在建陽）佳壻佳兒慰阿翁宦味鄉情同體帖家庭樂事到天

涯

八月聞又實兒耗

急雨轟雷驀地驚四千里外電分明是何病狀猜無着舉室悲號到五更

凝心凝想轉懷疑親筆函來五日期但說上峯親考績煌煌兩語錫綸絲（大吏考語）

（以成績優良題升幻極痛極）

繼忠姪奔迎父喪建陽父老送者塞途

布奠長途酹酒濃招靈父老意喁喁循陛四起輿人誦血淚雙流孝子容渡海

永隨旌旆返望雲惟有夢魂從桐鄉朱邑常留戀不隔江山路萬重

迎兒櫬入祖宅祭奠後復發紖出葬城東

迎歸南浦劇悲傷執紼東關又奠觴載道離筵風燭滉招魂紙旐雪花颺正坵

先隴安窀穸繞櫬哀歌激徵商靈爽在天今鑒否歸來化鶴下雲閶

沈君明齋前在兒幕中歸年餘以麻沙甯守愚五十述懷四律見示爰念

兒舊交依原韻答和

回首當年棣華蒙君培護意頻加得師全叔三山驛（建陽江全叔講學地）分植河陽一

縣花中道頓飛仙尉舃（兒故任所）故人悵隔海天涯何圖魚雁傳佳什淸韻瑱瑱是

作家

世事知君閱歷多（君長商會）翻雲覆雨眼前過理財上策唐劉晏結社淸談晉永和

縱使豺狼環伏莽穩馳駿馬下崇坡（設保商局）商場坐鎮饒經略似此才能有幾何

介壽筵斟琥珀杯雲璈聲裏鳳凰來稱觥齊上岡陵頌拈韻爭攄李杜才松柏

千尋同日永梅花數點報春回（壽辰十月）百年事業今方半努力前途意莫灰

奠安鄰里共銘恩君尙撝謙不自尊後起芝蘭餘世澤故園松菊入詩魂（君故皖籍）

（原唱有松菊故園之感）品高朱守功名淡學慕蘧卿道德存我未識荆眞恨事披吟如與

共晨昏

續文姪在滬校演說獲獎幷述二姪緒文求學浦東寄海弟

異哉吾姪素靜默一鳴驚人忽生色鼎鼎盛名傳上國輿下阿蒙胡可測問術

驪珠從何得片言能使羣喙息或者從前藏胸臆兢兢知白而守黑不然或以

偏師入李愬破蔡擣絕域一炬忽明燭暗室百川下海啓壅塞此後磨礪能造

極鵬搏九霄嫌路仄大兒文舉樹表式小兒德祖尤奇特縱論古今裕學識書

法歐顏勁筆力萌芽初茁待培植此理生生同稼穡斬除嗜慾去荆棘斲之成

材中繩墨不以剛克卽柔克從來樹人先樹德我訂家規榜數則莫以宦遊廢

學殖寄語天涯人記憶

有感

連宵春雨掩雙扉靜坐憮憮悟昨非爲甚名流羣樂地翻成賭墅鬭軍機（余嗜葉子）

（戲隱諷焉）自善交久敬心儀晏把酒看花思觸韋（韋蘇州把酒看花想諸弟余亦怦怦心動矣）養氣十年再

問世此心雖放莫忘歸

放心惟向靜中求，爲馬爲猿次第收。守己祇宜崇古樸，無才漫許學風流。一生
恕道行應盡，兩字良知致莫休。用舍窮通毋挂齒，自鳴高隱便招尤。

南園三律

幾間茅屋四時春，到此漁舟欲問津。曲水迴環新綠蔭，小橋隔斷軟紅塵。遠看
帆鳥無邊景，且作羲皇以上人。隱隱滄浪歌入耳，兒童寫出性靈眞。

蹣跚信步出南關，魚鳥來迎笑我頑。入座論心盟白水，凭欄望塔當青山。新茶
泉味含春早，古寺鐘聲悟道閒。貪著風光歸去晚，娟娟月挂一鈎彎。

風光曾否似蘭亭，雲水爲屏夜不扃。裊裊疏煙浮茗碗，琅琅清韻度詩舲。蘋花
淺襯鷗翎白，柳葉空涵雉堞青。傍晚漁舟來遠浦，聲和歸鳥動人聽。

寄海曙弟（弟黎縉宦姪館黔垣邇緬政變徐蔚山移秋館舍作此慰之）

無黨無偏自在身，任誰驅策總精神。（貴州兩黨交鬨，弟無黨見，獨安。）喚醒春夢名原假，勉學循良
意頗眞。世局不知分與合，英雄多自屈而伸。忽傳下榻來徐孺，二阮依依骨肉
親。

壬戌冬接三弟家書聞大吏慰留又展歸期

萬里征程爲執纓，一官傳舍已三遷。幸邀青眼逢知己，又絆浮生在幾年。

予季天涯越五旬，棣華相約會明春。此身莫爲浮名繫，須識家庭養性眞。

魚雁傳來驛道遲，酒酣耳熱午餐時。白頭老態疏狂甚，醉舞婆娑不自知。

疊前韻又成三絕

征程何事苦牽纓，爲谷爲陵倏變遷。宦貴功名雲過眼，傳家書籠自年年。

傳來手翰己三旬，待我回書到又春。兩字褒榮籠絡計（聞將簡任職），勳章雪片總非
眞。

家園依舊好栖遲，明哲宜遵養晦時。分付兒童聽雀噪，歸音一到報先知。

三弟來書除貴陽令

一紙傳來令貴陽，三黔管鑰重巖疆。况經兵革民生蹙，待拯瘡痍吏治良。忠信
可行蠻貊境，經綸分披瘴雲鄉。迄今兩漢循聲著，但把龔劉爲爾方。

接三弟書固辭貴陽令職

二疏躬際聖明時，解組歸田早見幾。况復兵戈滿滄海，此身高蹈復何疑。

檢點歸裝去貴陽，計程幾日渡瀟湘。採回蘭芷爲吾壽，歲歲花開歲歲芳。

端陽

匆匆時節又端陽，予季歸程穩渡湘。夜半燈花曾報喜，盤中角黍待同嘗。不知
燕子還相識，爲掃蠨蛸也自忙。最是嬌羞兒女輩，家庭謁禮預商量。

總統出走天津

演劇都門局更新，如何元首忽蒙塵。乘輿莽莽來津邸，璽綬輕輕付美人。轉眼
棋枰多變化，誅心史筆論疵醇。不知幾輩爭沿襲，魏晉紛乘果與因。

述懷

賦質剛柔二氣調，生平無諂亦無驕。緼袍狐貉由人見，章服蟲彝莫我招。不是
胸懷鳴坦蕩，恐多形迹未全消。一心淡定惟隨遇，性海何來子午潮。

三弟洪江來書

歸舟聞已渡洪江，一幅書傳赤鯉雙。犵鳥蠻花回首遠，鄉音漸漸故園腔。

三弟漢口電至

鄂渚迢迢路幾千，歸音飛到捷於鳶。已辭胥吏無騶從，賸有琴書載鶴船。指日
江山來北固，計程蠻犵隔南天。一肩行李誰相伴，遣使迎同月正圓。

遣使迎三弟

一使如飛曉渡江，匆匆迎上木蘭艭。袖中片石歸遺我，猶帶蠻雲到故鄉。

南望漫漫一水盈，滄浪待渡暮雲平。原知覿面無多日，咫尺天涯萬里情。

蠻荒自古說牂牁，風土而今問若何。待到歸人閒語我，跳花仍否舞婆娑。

即景

新晴雨日又沈陰，冒雨南園至樂尋。一道泥濘雙屐滑，半天霧氣袷衣侵。枝頭
鳥濕飛難遠，水底魚驚入更深。極目蒼茫烟樹裏，征人能否片帆臨。

石君兄賦三律歡迎海弟步原韻和之兼示海曙

漢代循聲頌寇君，不圖爾亦策殊勳。荆榛滿布貪狼竄，林壑深歸隱豹文。兄弟
並肩花萼合，兒孫隨手棗梨分。硯田自有傳家寶，何苦當年舍已耘。

十載官衙祗一身歸來萬里白頭人輕輕襆被探囊澀藹藹家庭率性眞風伺
新雛須養翮魚遊大壑好濟鱗學詩學禮諄諄戒推愛情逾第五倫
且將宦轍溯西東三省宣勞報國忠夢斷閩南悲化鶴（又實兄故於福建任所）書傳薊北付
飛鴻（元宰弟湛留北京）獨歸江上知幾早回望黔中郢治隆犵鳥蠻花開細數家人也悉
百苗風

遣興

此身伴作白鷗閒日日南園自往還印我胸襟清似水任他家計重如山兩行
兒女千般挂一酌壺觴百慮删還是逍遙濠上樂笑隨稚子學癡頑

族人紛議祠事萬公囑與維持默認經理賦此略述苦衷

和衷協力五年餘一聽羣言置毀譽城府本無胸坦蕩金錢未染手些須陸圖
奕奕同維繫虎視耽耽暗弭除不是蕭曹偉人物規隨兩字可方諸

庚申夏過文峯塔

巍巍一塔白雲中瓦縫參差荆棘叢古刹顏題金剝落先人手澤玉玲瓏（塔建自明先代思誠公鎮以先文定公玉帶）登臨不盡興亡感呵護全憑造化功事業兩朝遺蹟在乞靈直欲
上蒼穹

甲子興工修塔乙丑落成

術數家傳甲子云（霜亭僧數年前議修未果課占甲子年倡修者適海弟歸余與協修如前定云）有重修塔宇啓人文萬
縉手集無邊力兩載心勞奏大勳望氣八方占度數撐天一柱會風雲（摘此懸塔前聯）
豐碑燕許如椽筆（審老撰碑文紀先人建塔暨余兄弟倡鄉父老修造顛末）敬爲焚香三沐熏

修塔餘金移葺四牌樓

千年科甲五朝恩扁額三元古蹟存將相公卿更彪炳通衢奕世溯根源

四牌樓成復移款修總節孝祠

世道淩夷遞變遷誰從彤史溯前賢偏逢白首遺民在永爲青藜礪節堅榱棟
程材期復古春秋禮且從權滄桑如此手何補未識興亡更幾年

節孝祠前數楹暫設救濟院

彤闈咸仰古釵裙薦享專祠肅禮殷一殿靈光存古蹟五朝碑碣紀人文碔玞

到此分眞僞鄉里而今溯見聞（邑父老相傳周令際華建祠設祭門右乞者粤見麗服冒旌者被擯逐受享節婦雖荆布獨尊）寄
語他年當道者善爲維護誦先芬

讀陸劍南六十二翁吟有感

劍南六十二翁吟浩浩胸中浣俗襟山谷老懷同寄感（放翁讀黃山谷五十六翁吟有感而作）十發源理
學是知音萬篇積案詩無敵一醉陶情酒自斟我亦白頭臻此境有何著述到
而今（時年六十二）

誡子

此生落落悟前因濟到梅花太瘦身垂老讀書常恨晚無方覓藥再回春傳家
舊業三朝第（師儉堂建於明）對鏡衰顏兩鬢銀懸望汝曹惟道德須知百行首彝倫

購盆菊

主人愛菊動秋思恨無半畝蒔花地深巷忽聽賣花聲天然奇緣誰之賜五光
十色眼迷離倒屣迎歸定位次毵毵輕曳紫鬣綃皎皎爭輝白鶴帔更有殊色
明珠瑙火齊流紅燭翡翠位置恰宜中央黃首屈一指稱無二今雨舊雨聯翩
來人物品題各軒輊自檜以下無足觀我不取色取風致點宕丰姿出塵凡綽
約仙子凌雲至瓦缶原非鼎彝尊山林亦抵廟堂器蒼翠虬松交增輝富貴牡
丹非其類開筵笑酹酒一觴故人三生結高誼對案終日契無言晉之淵明唐
居易雖云勁節能傲霜但恐風姨逼憔悴夜深惟邀明月陪留作清供堂深邃

和海曙弟

吾弟六十自壽詩讀之曠然心神怡四十年前伴讀時與之同步泮宮池我今
衰憊悲復悲相視兩境分參差弟遊東瀛從鳳嬉筮仕復極西南陲十年宦歸
笑撚髭優游林泉養占頤膝前三男三孫兒伯仲道積自成基囊橐雖云無餘
貲洪範福壽凝天釐我囿鄉里强撑持功名富貴匪所期勉哉爲子親結褵加
餐飯兮自娛戲靜坐不堪回首思翻然一笑筆之詞回憶昆季相追隨遊庠八
人分道馳天倫之樂樂衆彝富雖萬鍾甘長辭歲寒五松霜雪姿（同堂兄弟今五人矣）願
長皓首而龐眉師儉堂上酒盈卮花萼樓前露如飴年復年兮華蕨莛歌復歌
兮詩淋漓

秋菊（用王漁洋秋柳韻）

天涯遊迹入吟魂五岳歸來久杜門送酒忽臨清有韻與花相對淡無痕遠銜
暮色丹楓岸獨傲江干黃葉村到此暄寒俱擺落休將世事再評論
一樹鴉啼滿地霜芙蓉妝罷黯池塘短籬寒獨凝瓊蕊書稿新翻展玉箱杜甫
兩開悲世局淵明三徑傲侯王秋花不比春花落（用歐陽修戲王安石句）痛快斯言可作坊
江上砧聲聽擣衣繁華世事已全非惟茲淡淡神常健惱我鬖鬖髮漸稀色點
吟毫隨意寫酒澆騷客快觴飛望穿春夏今方晤把玩斯宵莫浸違
生成傲骨欲誰憐滿眼芬菲幻化烟一種芳情彌濟遠重陽詩思更纏綿開筵
老圃饒餘興插帽風流豔少年屈子餐英高古韻懷人閒倚竹籬邊

宴般若菴贈越塵方丈

古木寒鴉夾道分輪轅過處氣氤氳（寄烟標渺）人歸江浦談新局（時上任君談浦口兵事）字認康
乾繹舊聞（閱寺中古書畫）如水不波渾入定餘霞散綺欲生紋伊蒲便是珍羞饌師弟
聯翩勸最殷

鄰鄰歸轍各西東回首蒼茫古梵宮車上頹唐疏髮白道旁笑語醉顏紅烟波
野景羅胸際（開西偏門望烏巾蕩風帆沙鳥）花木禪房在眼中最是披圖吳道子輕輕水墨見天
工

蘭瑛姪女肄業南開大學年假留校讀莊子

十年前記髮垂髫負笈津門書味饒我御清樽醒復醉爾含太璞琢兼雕幽玄
性養蒙莊叟姊妹行推宋若昭玉汝有成天意在且探元箸悟超超（蘭以疾抱獨身主義）

蘭瑛得書呈一律余依韻答之

壯懷含蘊不言中展卷蒙莊悟太空心學千秋融迹象家書萬里付雲鴻毋工
薄技文迴錦且駕全球氣吐虹（來詩結句女兒莫道不心雄）北望齊燕猶子輩爲加餐飯亦心
雄

歲冬遊南公園西偏之花室

烈烈寒風凍未開何緣暄暖似春回一爐活火升丹灶（汽管）衆卉靈根擁綠苔直
上玻璃成玉嶺分排花草作瑤台（屋頂玻璃）恨無鸞燕傳消息報與尋芳客早來

慕林兄七十誕辰臥疾未起作此祝之

棣華韡韡豔良辰兄弟班中第一人莫道桑榆催晚景且看松柏健精神病魔
揮去光開曙壽酒斟來氣溢春我亦白頭陪宴客祝公百歲樂天眞

啜麥粥

嗷嗷四境雁鴻聲我尚餘糧破甕盛咬得菜根雙頰味分來麥粥一杯羹萬千
廣廈空懷願點滴微恩略寫誠（貧民微有贈遺）載道飢寒垂斃殆田疇春及有誰耕

和方達五用原韻

此生無辱亦無榮童冠偕遊樂育英慚我濫竽同列選輸君戰藝早蜚聲壯年
湖海雙旌別晚歲琴書一榻橫但願從今長作伴狂歌愈老愈豪情
履霜早已悟堅冰軍閥相沿接踵承新舊衣冠隨世變呼號天地有誰膺不如
醉月觴飛羽長此怡春壽作朋公亦陶然知己者與參玄旨百千層
後輩森森玉筍班蕭疏白髮意安閒芝蘭幽谷心同契松柏高山手可攀窗外
寒蟾光皎潔簷前凍雀語綿蠻晚年唱和饒眞樂起舞婆娑笑霽顏

放懷天地一身寬鏡裏鬚眉太古冠大歷風騷宗正派義熙歲月有餘歡雁行
結伴添新契鸞處無言樂考槃兒輩華篇慚愧甚不才祇信耐清寒

讀先人遺稿

此生自署醉鄉侯對鏡蕭疏一白頭目可觀書還算福心非作德不能休闡明
家訓清風播校訂詩篇舊雨留無計顯揚長抱憾區區惟望紹弓裘

微雪留沈廬仙顧光萬小酌

一天雪意色昏黃二客同臨快舉觴觀世不知棋勝負銜杯縱論事荒唐（各述地方軼事）
盤餘牛脯無兼味案檢蟫編蘊古香（借放翁集補缺）最是休文春夏氣（沈君過七旬未留鬚）七旬
還是少年裝

植桑（請爾種植爲地方模範）

儒家樹藝也專長新法書傳教種桑枝葉未敷千萬本根株先植兩三行泮林
今日飛鴞集絲市明年蠶繭忙且把江南風土記抄來羅譜到昭陽

讀薛琴谿先生贈答詩藁

遙遙尙友百年前詩卷長輝五色箋始信詞章壽金石不隨時物化雲烟公涵屈宋風騷韻我有高曾贈答篇家藏先生九十壽詩最是吾興梁志稿足徵文獻景先賢成豐初年梁志依据先生藏稿

懷故人

風霜留得歲寒身琴劍飄零幾故人空谷幸毋金玉音老懷剩有性情眞羞隨塵世相標榜除却天河不問津下榻祇容徐孺子來書日日盼鴻鱗

故人來書戒余苦吟答謝二律

生性孤寒不自知霜華兩鬢髮垂垂膠庠伴侶多零落詩酒因緣半別離偏我白頭豪興在邀君青眼遠書遺寥寥數語加餐飯莫作推敲苦索詩

開函囑我少推敲純任天然意莫膠悟到遊魚機潑潑聽來鳴鳥韻交交老年得句多寒瘦詩境何緣入島郊病中疎狂無藥治聽人譏刺聽人嘲

水仙花詩傳凡草木花皆五出雪花獨六出余按水仙花片六其亦六出之類乎

萬千紅紫妶雲霞滿眼看無六出花惟有水仙開似雪將毋冰玉作奇葩暗香

疎影盟三友帝子湘靈自一家喜趁早春芳意歇孤寒謝絕燕鶯譁

卯酒消寒庚午歲暮

醫書卷卷說岐黃校閱從無却老方欲轉童顏資酒力微含醉意釀春光數聲早起聽鴻雁一酌還拚換鷫鸘悟到養生莊子訣壺中日月自舒長

前作甫成續吟一律

采芝人競謝延年偏我陶然作酒仙盥手焚香煙裊裊銜杯樂聖思綠綠縱餘塊壘全澆化賸有琴樽舊與緣曉起朦朧揩醉眼自家樂事自家傳

依前韻又續一律

貧居守拙自年年笑是人間地上仙手把梅花添趣致口呵凍筆寫纏綿爾音空谷懷眞契此樂名山證夙緣除却敝書留數簏有何長物作家傳

無題

不事逃禪不學仙一觴一詠總陶然但根孝友紓天籟便附風騷入簡編江漢許多遊女作歌謠得與古人傳我慚六十年虛度到此毫無著述篇

冬至後五日

飛灰葭管律潛吹見說暄回氣候移便過百年無我待幾長一線有誰知寸分珍惜今宜早老大傷悲後悔遲冬至算逾三五日課添幾許試同思

寒曉

曉起昏瞀不自支老懷稍慰午晴時無裘可換惟除酒呵凍能書強和詩隔卷哀音人作古高廿下世來舉杯餘興我忘衰而今事事都拋却但望加餐到耄期

祝金丈九十壽

佳期三五數堯蓂帝錫崇齡與九齡品是東周林類叟祥徵南極老人星我來懽晉松卮緣公不須扶藜杖青此後百年常健步重開華讌燭天庭

鶴髮婆娑地上仙記曾花甲集賓筵小園面郭開三徑往事回頭又一天獻頌林壬巋逸逸消閒葉子戲便便團欒大放光明月照出鬚眉九十年

族老子衆八十壽

皤皤一老髮如銀坐擁皐比已八旬山谷芝蘭多憶舊公門桃李幾更新風流

自足夷兼惠歲序焉知冬與春民國改正朔我願執經親受業此生崇拜品清醇吾鄉遺老有誰如不厭清貧安故居弟子從遊多白首故人回望半黃壚惟公獨作靈光殿異日能傳伏勝書爲演箕疇徵五福一家瑞氣藹庭除

河堅冰懷海曙揚州兼示拱北二姪

懷人邗上意綿綿阻我雙魚書莫傳獨酌無聊搔白首狂吟到老賸青氈不知東閣題何句愴感西山欲問天山丁盜佔墓田小阮抽閒能聚飲他鄉一樣話團圓時拱

姪同揚州客

大姪歉廷自東臺歸

澤腹堅冰已一旬小窗閒坐白頭人忽傳南浦風帆順歸自東亭笑語親三事在公勤乃職寸心似水淨無塵奉委留東臺税務而翁清白貽家法喜爾相傳樂守貧

獨坐

名流雅致本天然不在山崖與水邊隨意鮮花三兩朵賞心舊稿數千篇作余清供分排几到老常留未了緣一室誦絃得眞樂時醒時醉卽神仙

送經文翠娥兩姪之鎮江中學

此去南津負笈遙，舟車幾易路迢迢。遠遊上國希文化，早卜他年奪錦標。人物彼都甲歐美，江山秀氣挹金焦。闕圖有妹名齊播，我爲掀髯望爾曹。

懷江南

一别容山十載餘，江南回首故人疏。舊遊知否留鴻印，遠使來頻遺鯉書。三月烟花常入夢，六朝金粉笑全虛。春和再到揚州上，綠樹叢中好跨驢。

懷纘文姪時授教濟南齊魯大學

濟南從古屬青州，泰岱高峯快壯遊。桃李遍栽多雨露，椿萱猶自富春秋。丹鉛五載勤宣敎，玉樹三株莫與儔。頭角崢嶸全秀出，定成大器作琳璆。

懷元宰弟丁卯弟同里祝余花甲巳己繼侗迎養北平弟今五十六矣爰探黃山谷五十六翁吟感賦一律

庭堅五十六翁吟，寫出冰清一片心。人物風流誰伯仲，天涯予季此胸襟。回頭仕宦名俱假，繞膝兒孫酒滿斟。我爲奉觴遙致慶，棣華韡韡護春深。

懷繼侗姪時授教北平清華學校

耶魯歸來學早成，不求仕宦博殊榮。吾家舊有傳經筆，汝輩新除教授名。喜茁芝蘭佳子弟，又培桃李小門生。文明更得闕圖妹，且把人間樂事并。

懷蘭瑛姪

去歲來書頗自雄，一腔熱烈寓詩筒。文章東亞參今古，學業南開貫始終。壯志不甘儔燕雀，遠行且望報鱗鴻。琴囊書帙重洋外，羞與尋常兒女同。

懷杏瑛姪時肄業南開大學

十載光陰去似梭，南開成績近如何。料應文字鑠金石，遙望風姿想玉珂。鵬翮遠飛千里外，魚書盼寄數行多。我慚王霸蓬頭子，朽質何堪與琢磨。

懷繼紳姪時主新鄉電局

電局交通遍五洲，爾初學步試才猷。南辭江浦參新政，北望平津豁遠眸。萬里音書馳絕域，八方風雨會中州。彼都不少知名士，楊柳官亭好唱酬。

懷拱北姪前任揚徐軍政執法官今客揚州專任律師

解柄軍門歲又移，爲人保障秉成規。清霜法院蕭何律，明月揚州杜牧詩。廿四橋尋觴詠樂，百餘里繫釣遊思。南津煙樹今仍舊，楊柳依依感別離。

示緒文姪前任瀋陽教務今歸里議婚暫授邑校科學家庭晚課妹姪

遊子天涯萬里歸，流風文正景遺徽。新陰桃李培千樹，舊社枌榆蔭四圍。虛室月明添夜課，高堂晝永報春暉。宜家恰好迎新婦，色養怡怡侍寢幃。

示子繼定

學堂今日滿華夷，實業原知最適宜。但欲專門儲器識，須從初步拓根基。爾嫺片技惟藏拙，我到衰年幸自支。師儉家風牢記着，一生成敗繫於斯。

覆德容姪孫書口占二絶

記憶槐庭祖蔭稠，梧桐亭館又新秋。來書謂客館梧桐與家中古槐勞繫鄉情客意都關切，不礙江山道阻修。

聯翩伯仲秀珊珊，更有三郎嗣二難。寫出舟車雲樹景，七齡才慧露毫端。

凡興之所集嬉笑悲歌怒罵情見乎詞不能自已非敢謂詩以言情也余早歲囿居鄉里黻首於時文八股無暇攻詩洎乎游學東瀛服官黔省瀏覽海洋之大縱觀山岳之奇又與博雅士大夫日夕交際始稍稍涉獵詩學而又漫不經心散佚者十之五六韻琴兄採取先祖及先父兄詩益以已詩若干首編爲一家集族長審言公爲之弁言并促余編訂成帙余曰噫嘻余不敏敢續貂於後乎余續採先伯叔祖定齋公定齋集大村公螺隱集艾山公鷺嘯堂集吉士公

序

滄浪集學庵公橄欖軒集存其詩佚其板或未付梓思集鉅款爲之續雕每有志而未建遑言拙作但韻兄於二十一年夏易簀時囑余刊行一家集言猶在耳倘不實行其志何以對先祖父先兄於地下余因勉拾唾餘遵其遺囑隨之印發雖爲通人所非笑弗之顧也民國二十三年九月一日竹溪自識

李竹溪攝影

興化李氏一家集卷下

海曙李竹溪

抵鎮江

臨江臺閣倚雲攀流水滔滔逝不還十載浮名填恨海滿腔熱血灑冰山天驕白種登堂奧世賤青萍掛壁間回顧君王游牧地吁嗟虜貌齒唇寒

和馬玲仙游學日本用原韻

一叱滄瀛水不流等閒事業笑王侯文淵有志扶炎漢高踞雲峯最上頭祖國同胞寄此身萬千命脉鼻相親西來單騎降回紇羅拜中原一大人

寄楊公垣

我思故人東海東故人思我秋復冬書來十月飛征鴻告我萬里浮萍宗親雯

偶感

拼別故人歸獨步斜陽晚入門兒女歡挑燈喚餐飯拌以菜根香滋味與心遠物我有太清咀茹留舌本持此質兒女良知貌誠懇天然赤子心噩噩而渾渾

步馬玲偲感懷原韻

粉雨香風吹不散南朝天子本無愁占來一席笙歌地此外安知大九州良家子女學爭妍爲博纏頭活命錢贖出文姬能似否普天月缺又團圓隻手如何大廈支喚醒塵夢五更時齊聲强種憑團力萬萬同胞合一詞宗教隨人禮佛虔好將西竺問蒼天漢時佛種今奴隸慧日何曾照大千從軍女子誓尋仇天足文明滿目收笑煞潘妃工粉態金蓮貼地試風流

年來局勢亂棋枰滿地風潮湧不平一種王孫柔脆骨羽書飛調作援兵沉霾打破放光明歷倒西鄉日本大將競大名我數白眉聲價重此行端不負東瀛亞雨歐風拍面來一杯濁酒獨徘徊問天哀絕江南賦底事空生庾信才

弔成梅叔先生

壯歲蓬萊策六鰲御香吹拂紫雲袍清奇一片崑山玉遺落滇南價愈高揭開餘叔尹覃關春到攀花猜鳥間心血一噴傾滿紙夢緣無字不斑斑隨筆學稼紀滇故事繡綺名場日未斜哀啼杜宇促還家歸裝只有昆明石雅淡無心間錦車劉勝何如杜牧賢歸來結舌笑寒蟬空聽自是秋宵月照徹滄江又楚天强解牢騷學酒徒醉時吟嘯馬牛呼老天不管人間恨拋碎玲瓏掌上珠風雨重陽秋思悲酸心怕讀海琴詩公有海琴仙館詩即今桃李陰猶在一見花開一淚垂

思親

感懷明發淚潸潸路隔幽明絕往還夢裏思親親不見更於何處覓慈顏

試吏赴貴州別家

龍舌津頭送客船行旌蕩蕩意綿綿親朋正折長堤柳汽笛催人去似烟驂停一刻便天涯小草功名萬里賒此去如何報知己心田種玉潔無瑕

抵金陵

箕新樓閣換乾坤劫燼餘灰認白門還我江山幾屬漢泥人風月舊留髡功名前路原無限佳麗南都冀保存太息六朝文物歇但傳樂府豔桃根

常德別周鏡芙契弟

來尋蘭杜過湘沅樽酒相逢瀉萬言是吏是仙渾不識何緣修得住桃源

乙卯歲冬與馮元溥結伴赴黔雪阻大風洞是日踏雪遊覽賦而紀之

桃花潭水賦汪倫君比汪倫情更親西向熬機螺蚰去平安祝我見天真千山皚皚地坼凍行人欲前輿人痛强留一日輿轉豪踏雪來尋大風洞洞口外狹內宏敞覆逾廣堂二十丈何奇不有怪不儲凹凸崢嶸羅萬象氣候冬暖

夏森寒呼童擧火導我觀上有雙龍蟜蟜下有雙石躋𨁾一龍噴沫石斑
斕一龍蛇化石鈍頑石以龍靈龍以水一拳一勺非等閒展轉前巖越後巖巨
靈手劈千鈞排中多絫杜撑壁立陸離光怪搜奇諸仰睇絶頂露微芒旁通一
線微風颼洞以風名垂亘古何年鑿空穴豺狠行行突現千坵田方圓曲折鉤
蟬連底平如掌埂絡錢積不盈寸注清泉初疑人工事雕刻製造玲瓏何奇特
乃有匠石東手難鬼斧神斤削不得幽賞未已秉巨燭金缸火齊采纈縟橫連
銀窟增輝煌含英耀華炫瞻矚惟山廣大興寶藏礦産金銀百千狀馮子與我
縱高談新法搜採富無量越石超距學神武豁開光線漏天宇不知身已在峯
巔恍惚崙崑閬瑤圃（越石而登不知何地 告予曰已至峯巔矣）鶴彩袖連翩踏雪歸一一誌之神鼓
舞前途更有牟珠洞飛雲巖縱目遊飛快先覩

春詞

垂簾繡鴛鴦鴛鴦眠並翼大姑嫣然顰小姑渾未識
何處郎採花將花比儂貌儂不比花妍儘郎春意鬧

紫薇花

丙辰三月淸明正逢上巳遊興勃發偕徐蔚山登都勻東山之高貞觀豪放一觀邊心悅目旋由大昭僧導觀紫薇花高逾二丈盤旋曲折自根幹而上分柯連理奇而賦之

大化鼓盪春風吹萬千物態何足奇惟有高貞古佛觀紫薇奇特罕見之丙辰
上巳來觀遊鬬我奇遇豁我眸桃李初花薇未葉玲瓏盤屈誰與侔亭亭何止
盈二丈連理枝柯百其狀上承翡翠古雕盤下刻仙人綠玉杖縱橫曲折相鉤
連人爲巧奪天工權聚如零環碎佩雜明璫散如珠纓寶絡垂四旁偃如蒼虯
拔地盤騰如秦鍋展修翰如鎔銅與鐵陶之冶之形迹滅如黏膠與漆拌之合
之爲一質若非臨海白石露或是羅浮共枕樹神斤鬼斧不能削長康畫筆窮
所作借問此木何年日種者是仙抑是佛老僧大昭述我聞記自先世師宏雲
種於道光紀元十二載脫於祝融之火獨神彩噫嘻佛手妙空空想見十指擘
鉢龍左盤右旋隨心胸幻出人間紫翠叢諸天散花匪無爲宏雲佛本大慈悲
所願世界萬萬男女兒永永如我手植連理枝

婢女歎

一歎兮悲心神命微不抵錢十緡鬻如牛馬依他人非無父與母飢寒失所親
婢我顏面婢我身蒼天蒼天胡不仁
再歎兮筋骨疲朝朝暮暮供奔馳或停箕箒事爨炊或捧巾櫛司閨帷心實荼
苦口如飴萬斛涕淚不敢垂旁人道我年幼穉主人詈我牛騃癡蒼天蒼天知
不知
三歎兮涕漣漣晝無休息夜無眠一喚不應唾以涎一事不完笞以鞭有時主
母遷怒詈無辜嫁以足與拳舊創負未已新痛愈熬煎我呼父母弗聞見惟有
長歎呼蒼天
四歎兮酸風起哀哀東隣妹慘慘西隣姊姊欲求生不得生妹欲求死不得死
不得生長己矣不得死靡所止乃聞東鄰主人畏官逃西鄰主人判刑抵聚本
以恩散以仇捐棄百端爲婢子主人毁家曷自毁我願終身報主人蒼天蒼天
勿如彼

五歎兮年復年稽首慈悲大士前世間女子百萬千何如婢子同病憐我求大
士救苦難姊妹同登活命船不然慈悲化爲衆婢母待婢如女恩如淵稽首謝
佛謝蒼天

都勻寒食卽事

禁烟時節雨霏霏料峭春寒下翠帷爲問江南同此日也曾絮襖著皮衣
踏青女伴祝溫和斟酌明朝渡劍河聳翠亭邊山下路怕人唱出懊儂歌

夜雨

向晚籠輕烟淡月隱高木入夜生微寒萬籟俱靜伏倏忽夢魂驚巨響震山谷
燃燈急起視雷電雨相逐屋瓦灑鳴泉簷溜寫怒瀑翻手覆手間天變胡迅速
蒼蒼不可知令人心棖觸

留別徐蔚山

萬里黔山月相嗟照別離膠漆投以漆荼反食如飴豺虎雖空穴蛟龍尙困池

清貧非我累勤愼與君期法律新爲上文章古自奇燃灰經幾刼撥亂理千絲特擅凌雲筆羞塗媚世脂臨風懷孺子下榻更何時

和李蘭坪唐策琛九日登高原韻 錄其一

掃去欃槍甫定魂又嗟晉政出多門登高無限江山感泡幻都成水月痕綠酒黃花歡幾輩東歌野哭慘千村愁來漫擱題糕筆一榻秋懷細與論

題寓鄉劉蜀雲邕機園圖

乾坤一化機至樂由心宅寓懷山水間動靜隨所適湘衡選佳勝萬錢買拳碧已荒金谷豪乃憩天台客爲君誦先芬轉覺天地窄俯仰感廢興不朽惟泉石泉石趣天然泯無穿鑿迹萬象羅層崖幽翠雜松柏上矗古浮圖下噴珠玉液清曠越冬春陰陽任闔闢鳶飛魚躍淵活潑道深蹟主人見獨眞悟理渙冰釋微言托園林邕機顏其額此中安樂窩渾噩娛朝夕別去走燕黔心遠地不隔摩詰輞川圖衆妙收寸尺讀畫張我眸鬱鬱吐胸膈我亦思故園嗟歎惟形役與子期後遊相訪陶彭澤

興化李氏一家集 卷下 五 興化遠東印書館承印

湯岫雲訂遊南效因事未果作詩謝之

論交筑國許忘形沅澧芝蘭氣自馨判事端宜風雅地商量覓取冷泉亭

法署如冰久耐閒開軒時不厭看山猶貪約步南郊外細數新橋水幾灣

愆期未果信如潮舉竟風塵俗可嘲何日遊情重許我且偸一刻問漁樵

感懷

百端心事杞人憂戚戚臘酸風怕倚樓傳檄西來歐戰劇側身東望楚氛糾（時湘鄂間戰事己未）還家有夢成蝴蝶報國無才效馬牛曉日紅昇開對鏡一嗟白髮一搔頭

寄乂實兄

萍蹤萬里耐清貧願我同爲宦海身賺得年來增歷練星星白髮也如銀

兩地思親繫寸心客中滋味苦中尋飛鴻一紙傳書至報我平安抵萬金

詠鶴

翩翩丁令化還鄉控下層霄引吭長清潔羽毛須愛惜迴翔意氣莫矜張日餐桐子儲佳料夜守梅花伴古香愧煞乘軒隨濁世從今期與白雲翔

擬子夜歌

佳期十五夜良人去未歸天上團圓月奚照征人衣

寂寞空庭夜凝情和月窺却怪珍珠簾推出月華冷

得石君兄家書

蒼茫天意太參差伯道如何否一兒貧我如山婚嫁累憐兄似雪鬢毛衰蟲啼四壁催愁起書到三黔有夢隨久客也成形影子達觀身世莫酸悲

劉園盆蒔臘梅高不盈尺蟠根蒼老淸芬盎然黔省罕覯之物

黔山四覓臘梅香乍見如逢舊雨狂花似少年偏古色公然鐵幹傲羣芳

花不矜多寵一枝紅泥綠盎嫩黃披素心未許尋常見含待春來莫怨遲

移竹

不翦繁枝擁不牛相期筍長薛滕爭胸中早有千霄意只待春雷一發聲

元月二日望雪

彤雲冪密大雪飛漫漫登高一憑眺心喜雜憂歎問君何所喜禾稼占豐年

興化李氏一家集 卷下 六 興化遠東印書館承印

山農額手慶大吏張筵春來繁百祉憂歎復何爲吁嗟富貴子世事安盡知擁裘不識寒醉酒不言饑哀哀飢窮黎凍餓顏面改况受雪災虐屋破嗟無衣呼兒兒號哭呼父父欲僵人言慶有秋彼曷度朝夕若無仁者憐將恐驅爲賊安得齊晏嬰一語發千粟不然漢袁安僵臥命誰續我心幷憂喜未知世云何高樓獨徬徨浩歎發行歌

續文長男婚娶戲題

絲絲弱柳漾東風牽掛鄉心到阿翁今日于歸新子婦商量妙訣學癡聾

親迎知循舊禮文相沿門外坐郎君上頭細數催妝樂侍從喧傳口欲曛

花輿簇擁入中堂却也遲遲坐嫁娘我料阿姑深體貼此中滋味本親嘗

鬧房應有儐媒婆年少豪情俏語多二伯偏饒佳趣味掀髯大笑醉顏酡

朝來日映彩霞紅璧玉成雙並鞠躬萬里白頭人未識一聲先唱拜公公

郵筒遞到命婚詞怡悅聲中寓勸規婦德宜家夫篤學百年福祿此根基

覲朝三日見爹娘詢到夫家絮語長偏是愛憐多遺慰淸貧風味耐糟糠

天桃華灼未經旬夫婿忽忽去滬濱新學果然除習慣男兒志不在婚姻

贈宋文遇之任鰼水

地不艱難政不奇黔邊西北逼川危掄才大吏眞知己氣肅巖疆獨冠時欲靖盜風須放膽每關民命必精思爲霖渴望後來后一縣歡迎竹馬騎

廣平壯志賦梅花不爲嚴冰雪凍嗟舊邑甘棠叨蔽芾彼都樾蔭發萌芽清廉在我逾懷寶險惡隨人暗射沙自信宦情磨礱短馳驅神駿讓豪華

湯子植約遊南郊未果今折柬邀之口占

去年幽約又今年不爲看雲便聽泉知否南行山水好有人先上釣魚船

雪後韶光春又來莫教辜負小紅梅謝家園外橋邊柳且乞閒身步幾回

步杜暢然原韻

遊興都乘上九時聯翩裙屐任何之紅燈夾道明於晝高唱新詞續舊詞

南明河水皺紋波較我紅橋景若何皎潔上元明月夜也曾占領二分多

布彩天足好丰姿春酒家家帶女時獨有苗姑勤苦慣賣蘭聲送入簾帷

興化遠東印書館承印

我來萬里謁陽明祠宇從新薦豆羹願得齊民同猛省螺絲山上鼓鐘鳴

公園鶴

有鶴不高飛尙待養毛羽遠眺立亭亭恥與鳧雁伍渴飲紫泉清（公園有紫泉）飢猶穢濁吐引吭一長鳴其音徹天宇

公園孔雀

有鳥文在身不與世爭彩縱爲濁所污含章貞不改昔愛爾修飾俗吏今知悔爾以九德彰韜晦將有待

元夜偕徐蔚山步月

上元明月倍清華掩映紅燈十萬家夾道兒童歡鼓舞一噴烟火一聲嘩

南明河水淡如烟搖漾金波遠接天浮玉（橋名）橋頭人玉立恨無載月木蘭船

偕劉蜀雲湯岫雲遊指月堂見紫薇二株百千連理劉蜀雲賦以見示因步原韻

前歲客黔州（今名都勻）東山恣遊樂仙觀有紫薇婀娜舞翩躚鶴朋讀臨崖歌盤桓古城郭今遊指月堂自笑成行脚瀰廁風塵中偶躡烟霞層萬物際早春隨君步探索紫薇與紫荊解說匙投鑰（公詩辨明確）夢得探驪珠珠光吐爍爍字字淸且腴怡人露一勺薇花是前身入夢應不錯我爲花祝辭憂憤姑刪削秉賦含幽貞俗眼遭淡漠從古岩壑間大材委寂寞楞櫟混楩楠焉知質强弱苦無匠石明誰中知已約豈獨芳樹然人每居暗幕盛衰況須臾曾如電閃霍爾生數百年年年花自著雨露得滋培冰霜經領略炎涼久如此世味皆糟粕但不掩聲名何必棲臺閣錯節而盤根庸腐遜不若並立古精神言志爾盍各各抱連理枝天然謝穿鑿讓彼桃李華爭妍春早灼惟爾有恆性夏馥秋仍蕚杜牧借頭銜頭銜貴猶昨莫謂惜花人於今杳不作名士來湘南芬馨細咀嚼味獨知其眞（原闕知我獨識）其高懷別有托歌詠聲琅琅胸中具邱壑借物辨是非眞爲醫世藥空谷聞足音嘗簷喜噪雀得花兼得詩錦繡傾囊橐更有紫薇郎蒲團坐籬落家世本中山（湯住今湘潭）萍從宦水泊貧識開歡顏羣芳盡菲薄直欲跌其巔（花張若蓋中不知席）坐花情雅諧伴爾歷千春世變毋驚嬰百日醉花時渾渾而噩噩我將爲爾

興化遠東印書館承印

酬先之以歌咢爛斑試衣紫雲袍月下三人呼酒酌

君子亭（亭峙於貴陽東郊紀念王陽明先生也原植蓮今改植桑稼陵谷變遷於茲可見）

倚郭亭巍巍如鳥張其翼下種君子蓮斯配君子德胡爲今不然治桑與稼穡行人正咨嗟訪古邈難得余曰桑飼蠶蠶稼民衣食衣食拯飢寒厥理正四國男當勤耕耘女當課機織證以君子心痛癢關默默

驚蟄日黔省長率僚屬植樹芳杜洲

戊午孟春驚蟄日上儀植樹祥雲靄鳳鱗文物蔚三黔愷悌君子先作率浮玉橋西芳杜洲昀昀沃壤臨清流繚以旌旗色五彩耰鋤並作東西疇大材楩楠間杞梓雨露栽培萌蘖始弱蹟盛軌宜陽和爲祝他年樑棟起道旁父老向余叩典禮適皇紛錦繡農家側陋未前聞請宣德意諭老幼余曰噫嘻道遠大因民所利利永賴水源一勺山一拳寶藏貨財至充沛夏禹敷土辨喬條其書最古義孔昭歐西林學詎先我萊蕪墾治瘠者饒上自元首及庶人永永植樹頒令辰縱橫四萬方千里朝無曠土無游民況於黔國嚮先務僉曰森林澤優裕

賢明大吏作之先前唱後隨無量數下民額手頌福祿高呼萬歲鳴山谷鼓我舞我衆一心誓願山人齊足木

寄內

久食棧豆戀黔陽辛苦由卿味獨嘗兒女兩行劬教養田園百事費平章持家儉約風猶古祝我安康日最長婚字好憑裁慰帖何須遠道細商量

贈大姊

別時鬢髮已如銀付去郵筒問訊頻四世一堂花簇錦七旬雙壽木恆春弟兄客裏關懷切姊妹行中秉性仁相約十年歸聚首團圓骨肉總精神

贈二兄韻琴

去年逢閏再稱觴一瞬東風杏又芳萬里介眉無長物棣華贈與古詩章莫將偶病怯頹唐憶到蘇髯更老蒼昆季宦遊家付託全憑料理錫安祥清廉兩字是家風何必文章說送窮向我醒醐時灌頂百回書到醒癡聾功名何物竟驅人異地思親夢亦真久別方知團聚好儕辭富貴樂天倫

贈三妹

杌隉無如季妹多每從平地起風波於今子婿團圓樂報我雍雍一室和賊黨掄揚砦相夫課兒成立更勤劬傳家三世青囊在箕裘宜從故道趨

贈二兄韻琴五一歲壽辰

兒年屆五一弟年亦四九五一遁遙地上仙四九功名等芻狗少小相依罕別離胡獨馳驅萬里走東走扶桑西走黔名山大川爲我有我有所樂須奔波兄有所樂在詩酒詩酒放懷天地間吟則狂歌醉擊缶不知身外有干戈煙霞雪月皆朋友自署江鄉一老饕濁世腥膻味吐嘔有時縱論古今人嶽華高闊俯培塿不拾科名之敝帚不作下車之馮婦三十鬢先斑四十稱髯叟伯兄視之反鏜然季弟焉能步其後巍巍古貌俗所驚數年不見傳書叩廳事階前壓牡丹歲歲花時介眉壽今我祝花春早開對影婆娑酌大斗酌大斗君知否將以朱顏換白首

啓用貴州第一監獄銅印口占以祝

啓銅符叶泰運方其義貞其信司爾民生命宣爾民壽慶光爾民德性脫爾民陷阱紱五組祥刑祥乃合符節於上下四旁罔一人一日之榮光

題影片寄家

付鴻飛去當歸人兒女歡嬉認未眞鬢上星星鬚上白不知是雪是風塵

又題影片

客裏丰神鏡裏容似曾相識又重逢青年故我非今我身在黔山第幾峯皮相何如骨相眞疎狂不稱宰官身功名到此仍蠟翻悔恨風塵未了因

山道中

山境妙於轉一轉山一深前開後復闔蒼翠匝岩陰倏忽登絕頂下瞰壁千尋梯田大如碟楸木細於針衆峯朕臣妾遠眸開胸襟天風自鼓盪昂首作長吟鳴泉瀉石隙恍答以淸琴所遭隨所適萬慮空我心

哭繼堯姪

吁嗟我姪胡短命死於江南輭脚病信耶夢耶不我知韓十二郎爲汝鏡續兒稚汝年一齡㚒隨同學推汝勁吾家子弟十數行才與不才見衰盛汝依韻叔養童蒙師事韜琴叔課作詩斐然可觀文沈默寡言本天性去年寄吾苦盜篇文史之餘雜吟詠歐西各邦富以工有志男兒起爭競遊滬不成西遊甯專研實業窺門徑進銳毋乃心神戕厲氣乘之傷足脛黔山萬里通尺書續報平安拊頌慶突然惡耗聲飛來肝腸欲擢淚血迸汝以勤學死他方曲踊問天天懵懵元叔哀憐淚更長送汝還家僅一櫬況有父官閩海間匿使不聞理非正抑或聞之痛喪明客裏驚魂搖不定父母伯叔及弟昆哭汝悲汝汝其聽噫嘻吁昔歲天我季姪麐今春天我季姪晟汝齡十九相繼亡殤子胡然在一姓我從宦海悲浮生聞耗如驚噩夢醒他日倦歸羅家人獨汝不前呼不應呼不應兮長相思紙上童顏空復朕哀哉哀哉語何竟哀哉哀哉吾何罄

紀夢在黔思鄉心切夢得三四一聯詩句醒後續成七律一章誌異

一枕華胥日未曛記曾吟詠寫云云懷人書裏雲千片夢我簫吹月二分韓愈篆吞文自富江淹花燦筆俱芬慚非尙友希前哲春草池塘續後聞

答韻琴二兄鮮蟶詩

甲寅春島中盛產鮮蟶昔所罕有韻琴二兄寄示五古爰賦黔中食品答之

我讀鮮蟶詩鼓掌而雀躍我憶鮮蟶羹流涎空大嚼但我遊天涯亦自有至樂
銀耳調冰飴竹生抽筍籜旨哉雞㙡菌取之佐杯杓葫豆獻春盤江南遲不若
蓮花白菜鮮黃芽味較弱豉粉水晶糕滑澤金刀削銀鉤掛玉牌（黃豆芽黃豆廠廠名甚美）嘉
名有微托清雋似高人肥濃盡所薄美如宮保雞用汝蟹梅作更產蛙蛙魚（狀如
狗音而小嬰鳴作聲補品也）狀奇供鼎鑊大餐薦燒猪文火細薰灼湖海物轉輸百品羅珍錯
嘉賓燕飲豪茅苔酒一酌（茅苔村製酒最佳飲者品其味勝於汾酒）何事憶蓴鱸鄉心苦束縛況我恬
淡胸俗味厭糟粕元箸悟超超乃醫腐腸藥勿謂肉食中所嘗盡鄙惡

和楊儀韶釜鳴

問爾釜鳴何爲釜鏗甸若有辭不平則鳴理在斯匪關於一人一姓之盈虧君
不聞渡河壯士決死綏與甑同破爛如縻幸際昇平優寵遇盛湘蘋藻佐盤匜

不幸金甌且破碎朝覲左右夕棄遺又不聞幾忍煮豆燃豆萁同根相煎涕泣
滋涕泣滋今何時此中萬萬同胞危更伸一理爲君告爭鳴瓦釜道德夷嗟我
錚錚抱鐵性胡能喑啞爲所欺不平則鳴理在斯智者達觀愚者迷與君鬱鬱
久居此一鳴驚人天下知

和李篔青之任鎮遠留別原韻

幾年旄旆駐滇池逮識荊州恨已遲濟世婆心猶衆母砭人俗骨是良醫三湘
品最芝蘭潔（公湖南人）四郡名皆草木知唱到驪歌催病起出山早慰望雲思

飲翠微閣

四圍新綠豔於花高閣巍巍矗水涯抵得金焦江上景也宜佛寺也宜家
流泉聲裏搗衣聲樵唱漁歌聽不明隔岸又傳清脆語遊人多愛水邊行
一樽綠酒對青山座上衣冠鵷鷺班始信山深兵甲遠作官心似白雲閒（督軍劉在
座）
倚欄心事百年同使節前曾駐阮公山水宴遊皆學問題詩題額有流風（阮文達公
視學黔中遺有翠微閣題額新石刊七律詩二章）

思家

枕上千峯阻夢歸江南江北說依稀春風次第花開遍知否庭槐綠又肥

三月飲陳家園

似佛不耆飲非仙乃好遊徒步涉園林花樹足清幽櫻桃紅未了荷錢綠始抽
造物戲剪綵巧字摹銀鉤（園有巧字金銀花二本）粉翅淡蝴蝶（園有蝴蝶花木本奇觀也）二幻化夢莊周中
有池半畝白石注清流迴環百餘步嘯傲凌滄洲我來七千里借此息浮鷗一
瞬抵百年俯仰心悠悠聽春遣俗慮讀書張遠眸日夕坐花宴鳥語雜啾啁強
飲一榼醉去去復何求寄傲有眞意（園有額題曰寄傲）請與主人謀主人曰遜叟將毋陳
太邱

監獄會議廳前種松竹梅以娛歲寒

三友嗟無松竹梅商量劚地手親栽羣芳落後留生意惡木芟餘護美材風月
不嫌庭寂寞冰霜總爲物滋培種花豈必河陽縣好待神仙隱吏來

觀劇新舞台短優玉羅漢裝演武士歌舞合拍奇而賦之

僬僥國人長三尺不滿三尺奇而特頭顱手目非有異身小偏工百術戲廟之
侏儒前翹足不能及其肩驅之無霸下昂首猶能出其胯我疑童稚四五齡生
慧歌舞性瓏玲咄咄羣疑故鬼小現形白晝渺乎渺客曰君胡不識玉羅漢其
年二十有八短精悍醒世一喝棒當頭躍出舞台精氣流偶然作劇似獼猴觀
者啞啞笑不休裝演武夫倍神勇數寸戈矛十指捧疑神疑鬼更疑怪萬事無
如此稱快我聞其言愕其態山海搜神古未載羅漢金身本丈六將毋佛種留
遺今短縮不然化身千百在人間得見其一非等閒又不然造物老子果好奇
玩弄活佛如嬰兒我恨金剛不以怒目爭釋迦不照大光明倘墮塵中遇妃子
將恐戲作祿兒洗倘更遨遊荊楚邑定以狗門驅出入汝試合掌趺坐蓮花上
如來三十二相還汝相

依韻和孫竹蓀贈書題句

一發春雷十尺修任他風雨不知秋軒然萬丈凌霄勢神妙何曾讓徐州（畫竹）

不著臙脂色亦工素心超出萬花叢安排一品玲瓏石我共元章拜下風（畫蘭）
晚節清高不讓陶縱橫鐵筆寫丰標天生傲骨凌霜健羞煞西風弱柳腰（畫菊）
君與梅花比更清詩成珠玉墨霏瓊梅花清骨修難到修到如君又幾生（畫梅）

寄家書

文章難得步蘇韓何似家書著筆難欲吐萬言無點墨每求一字括千端鴻魚去後辭嫌簡鸚鵡當前意怕殫料得家人應似我葫蘆依樣報平安

寄大兄又實

少小相隨逮白頭不知離別爲何求兄嗟以客爲家苦我更依人作嫁羞茶憶雲蒙風味永書來金筑道途悠千年展謁文公墓難得天涯禮數留（朱文公墓在麻沙）

答李篔青原韻

巨眼觀時火洞明如棋一著誤全枰關山早共嗟行路事業端因仗老成療病借詩聊當藥贈言無字不霏瓊可離花已春辜負更約秋來掃徑迎

題畫錄其三

流水無心瀉石潭化機活潑靜中參老夫只有垂竿意分付游魚莫自貪
一棹漁舟泊水濱相逢可是避秦人而今世路崎於古不爲桃源不問津
移舟唱晚樂徐徐老子婆娑稚子娛領略秋江風味永先催煮酒待鱸魚

擬春思

家住春江綠水邊懷人日數去來船去來江上皆行子似妾懷人又幾千

緒文次男寄詩來黔

約略童年記十三別時短髮尚鬖鬖詩來驛使憐吾老字仿龍顏笑爾貪立品先由蒙養正讀書純自苦求甘況今科學繁於古無限程途未易探

元日感懷寄二兄韻琴

歲歲天涯感登樓意氣攄險途尋宦味閒署等禪居易世如棋幻醫時妙藥無玄黃紛戰鬭黑白辨模糊德薄甘羅謗心危怕受譽傲溫羅甸席促駕塞陽輿古樸仍獞犵貪殘畏吏胥飢寒聊體物玩弛每愁余苗學輸歐化（八寨勸設苗學）梯田灌水渠未能濃樾蔭但信絕苞苴大陸烽烟警邊黔日月舒養痾身淡定（養病都勻）

三越月爲主講腹空疏（任法政專門校長）何澤培桃李無才愧棫樸爲師原所患得友至相於瓜代期旋及蒓思願尚慮徒官同易傳治獄又停車（高檢長余典獄）强欲正耽羣虎腥尤集鮑魚不忠三省惕能忍百憂祛事必勤纖細神惟泰木初隄防修潰後疾病拯刑餘籠鳥縱恩釋田蠡祝力勸法處民玩水識戒我拘墟滄海隨潮湧春風借暖噓看蠹錢澀阮下榻客留徐泛梗終奚托崩榛久莫除悲秋思杜甫論詔少相如（時四川作亂事）禍國蜩螗詠憂隣蛤蚌漁（日本伺釁於東鄰）搩年移律呂感舊憶田廬華髯閏中棣萼連白下茹（元宰弟任江寧第一典獄長）至親違燕雁幼子問龍猪萬里縈雙鬢千金寶尺書于歸新子婦節儉舊門閭教養多牽掛行藏兩齟齬雲程鴻渺渺鄉夢蝶蘧蘧骨格磨猶傲胸懷放自歟況當山積雪呼酒剪佳蔬

送別湯岫雲

瀟瀟風雨夜耶天悟到苔岑信有緣議論深時惟首肯交情淡處每神傳孤行未許彈新調遺愛何曾讓昔賢舉念都關民命重恩周法外有坤乾
四年中閱幾滄桑等是浮生間老蒼熱不因人寒菊傲清如沁我古梅香商量濁世棋投子轉徙貧官石壓裝兩別依依今又別安排詩酒聚何鄉

誕孫命名

婦歸未識翁生孫焉識祖萬里白頭人默默心爲數來書請命名厥義將何取舉萬數取盈擴大非其伍熟計貽孫謀先當繩祖武金銀孽之媒道德福之府剝奪民脂膏充實我倉庾奢靡供後人悖出亦良苦何如儉養廉貽安傳世古匪求百祿遺戒毋禍自買命之曰德黔黔民以德撫

題舒竹屏老人畫徐衆屏摺扇

黔南老人九三叟胸中邱壑羅萬有壯歲遊覽遍中原一筆能驅萬山走萬山截斷跨飛虹天台石梁奇似否羊腸迤邐縮千程不辨微茫地某某錯綜村落幾人家中多黃童與白叟巉峨城闕互雲烟望若桃源古洞口先生本是神仙儔流水桃花春在手尺寸之間豪氣放何止覽夢吞八九且蘭徐子持我觀我爲先生酌大斗

招同人飲紫林庵

入貪晴霽我貪陰一路看山到紫林博得南朝烟雨景也堪擕酒此中尋
野水新添綠幾分老農簑笠荷山雲陰從廿五無乾土黔諺從頭說與君

前題

無限詩情問杜公萬方多難古今同登樓望岳樓名風雲慘湘有戰事積雨漫天日月
蒙運蹇何當充傀儡淚長不盡說英雄幾多名士猶狂態絃管聲繁戰伐中

孫竹蓀自清鎮遺花紅李子賦詩以謝

林禽甘美李尤酥遠饋珍於十斛珠滌我肺腸消渴飲投人氣味悅清腴河陽
滿縣花皆實幽國依時果入圖雲日高情無可報詩盟永好當瓊琚

采蓮曲

采蓮莫采葉葉圓如月留取照郎心是否心如妾
采蓮莫采花花開間紅紫私語訴郎聽願花同結子
采蓮莫采藕藕有萬千絲絲絲常裹處惟妾與郎知
采蓮莫采雙雙蔓結並頭並頭心更苦未識郎解不

采蓮蓮瓣雙天然半與郎問郎入肺腑似否妾芬芳
采蓮蓮有心耐妾尋滋味囑郎莫言苦言苦知心未

步嚴仲琳五十自壽原韻

鳴琴奏理七絃揮想稅甘棠未忍違滄海無端時局變并州却似故鄉歸公蘇人家萬川貴幾多名士投閒散誰念斯民有瘠肥太息興亡歌樂府今翻曲調古全非原唱有閉戶懶翻今樂府之句
入市韓康隱姓名任他冗濫繫纓繆梅花清冷呼爲友石笏嶒嶙拜以兄道貌
傾時能化俗婆心醫世最哀惸秋聲悵觸歐陽賦多少人間事不平
五十春秋似昔強知非不讓古賢良種瓜自有歸田樂原唱有瓜熟何人買路旁之句漉酒何辭
爲客忙文瀉千言追漢魏詩宗四傑步王楊願偕洛社稱觴祝醉我年年五桂
旁君家庭植五桂
異鄉同客感如斯萬里新知勝舊知君已胸襟超入古我猶眉嫵畫趨時憶尊
每繫三吳夢避𠛬先籌一著棋料得東川民愛戴君曾任東川府知府去思日日頌期頤

得全家影片

雁聲秋送夜郎天萬里情長一紙傳西挑金風初爽健余患頭風至秋始愈東昇璧月正團
圓兩行兒女添新婦廿載家庭感舊年莫是西湖梅鶴影聯翩招我作逋仙

題石蓀楊廿伯諸君九日遊土山楊廿伯賦七古郵示感而賦此

淮隄以東恨無山八千道走圖雲關圖雲關頭石萬疊恨無平地行路難人生
缺憾類如此忽來詩句開我顏昭陽無山山覆土水天四面綠迴環豨豨金焦
蟲江上故人九日爭躋攀少年簪萸雜裙屐中有虎頭髮已斑倒飲百榼齊大
笑壺公歲月寬且閒獻屣功名況亂世紛紛戰鬬皆觸蠻時危惟當斂羽翳志
凌鴻鵠心鷗鷺盈川聲名軼盧駱四傑今復留人間我似轅駒縛於筑終朝相
對多蠹頑翼封洞壑半夷險那得擕伴登高歡每逢佳節動憂思碧空一雁聲
淒酸盡日西風無客至突有珠璣登玉盤我疑詩星來遠徼皎皎明月共盤桓
夜來夢陟土山頂名流觴詠相往還夢醒依然隔雲樹不與高會緣何慳相約
明年還就菊極樂庵前綠水灣

哭大兄又實

天末悲風起哀哀動我思我思閩海間骨肉遭委棄展轉摧心肝夢寐不能置
重悔薄天倫輕與兄離異離異各西東悖悖爲貧仕顧此雖傍徨書猶將遠意
相約白首歸歡聚日可俟奈何遠道人無端死訣矣病不知何因殁不知何似
家人弗在旁一棺厝冰地哀哉莫能書萬斛傾涕淚
八月一日書長言課稅苦炎風烈日中山行蹇步舞末復道恩情言言罄肺腑
寄我石與茶裹繫絲千縷哀哉病莫興止間日三五物猶在中途人胡先作古
恨不能奮飛痛哭一棺撫
貪吏不可作廉吏亦可悲我兄愼禮義履險心如夷攝篆未三日獻金曰賭硯
屏拒犯衆怒糾紛壘白棋貪者得民去廉者挺應危良由趙清獻清常恐人知
千慮俗粗化百憂神暗疲因之以身殉罰傚他無遺所遺一廉字願民長相思
吁嗟我長兄萬里裏腸繫詔我清愼勤官箴守勿替愼尤我所難砭針入微細
祖德尙在閩繩我交相勵書示先祖健齋公以知興化府事配享名宦祠至今功德坊樹焉怦怦儆寸心默默堅盟誓

況溯髫齡時事兄棠師事日夕形影依春華韡常棣胡然此昊天疾掃秋風厲
吁嗟斷雁不成行日向窮邊如雨涕

偶感

素衣緇化久風塵萬里悲歌隻此身寂寞空齋如坐井窮荒瘦石不知春心嗟
亂世甘緘默耳熱歡場愼笑嚬遠盼家書空極目家書寄到又傷神

牟丈忠庵重偕花燭

六十年前第一宵相期偕老訂今朝果然牛女添佳話攜得兒孫渡鵲橋
天上人間事宛同團圓月子照玲瓏嫦娥也並吳剛老一樣清高住桂宮
花燭光中照白頭未來身世話千秋商量甲子三週日也作西人蜜月遊（歐人婚後作蜜月遊）
一門四世敞華筵夫婦端開萬福先太史書雲應大笑喜星合併壽星聯

歎囚

問囚苦何如囚曰無所苦囚苦曷不言言之痛心腑爾心予忖度婉轉一傾吐
等是天所生天胡莫爾撫少小迫肌寒生長習椎魯失業瀾游民斷續命如縷
誘脅驅爲僞貪狠濟猛虎豺豸性觸邪追捕赫然怒黠者冤脫籠厥者魚入罟
入罟靡所之熬煎更在釜或稱世文明桎梏淫刑杜寢食並課工待遇恩周溥
豈知自由刑剝奪勝刀斧骨肉盡拋離安論子與父相見止須臾涕泣兩如雨
咫尺畫地天雷池禁步武有口箝不言耳充目亦瞽十百與同羣相對偶木土
味臭滅性眞宦輿失自主非無公冶賢頑鈍一爐聚生命似嬰兒依人待哺乳
側見病者殤胆寒毛骨豎日日小年長夜夜更籌數茹苦更吞聲懼禍以言買
噫嘻吁爾言不可殫爾苦未詳剖我匪異人情甯不施育煦但爲法律窮婦人
仁曷取泣罪罪無赦厥理證夏禹屬爾以良知如藥治毒蠱良知求匪難近觀
在仰俯舍失求則得今當善翼輔爲智尙綢繆先機葺牖戶人豈鳥弗如自侮
甘人侮動作有準繩語默見規矩靜氣萌蘖生舊痏瘢結愈一洗僞良民自天
降百祜工作多技能庶不嗟終窶南冠問楚囚忍辱同今古愧我撫寸衷骨無
德可樹進步促棠程解網攜仁宇感化變歐風勗爾囚鼓舞爾各有天良云胡

弗力努不然長此苦復苦犬羊豢飼終何補

黔靈山洗鉢池

石亭欄下石橋邊洗鉢泉枯不計年除是釋迦賢弟子更無人問此清泉

對月（用轆轤體）

一年幾見月當頭南北干戈戰未休淸濁誰能分蜀洛是非我待質春秋朝廝
上將宵先逦口講同胞腹暗仇何處光明新世界移家直欲換星球
客子巢居占鵲鳩一年幾見月當頭書來白下千言短（時接江甯弟子書）家隔黔中萬
里修未了向平婚嫁願難希和靖鶴梅幽功名驅我關何事恨不環行大九州
生平壯志傲王侯瀛海歸來說自由萬事原如雲過眼一年幾見月當頭操心
強勒懸崖馬拘命多牽逆水舟驛吏龍場今鑄像良知學理細研求
今歲愁增去歲愁心如乙乙繭絲抽南鬮書斷雲中雁東海家懸水上鷗萬籟
俱隨風過耳一年幾見月當頭牢騷滿腹難宣洩且誦陶詩獨倚樓
南明河水滑於油遠涉黔陽任去留珍味雞蹤餐雋永蠻音鴂舌語輈𨍏梯田
易種山多雨野碓能舂水倒流聽到蘆笙風景好一年幾見月當頭

除夕

戊午歲除日輪側三百六旬止片刻已去片刻不可留未來片刻當珍惜自顧
浮生問老天如何珍惜千金値燃燈萬戶飲屠蘇我抱一官吠雞肋歷歲千家
兒女歡我獨悖悖身逼仄慶賀聲中文武嬉而我沐淵瀰無息人肯智巧席珍
棄而我癡獃賣不得偷遺司命醉眼看訕笑鬚眉寡顏色酒有元龍吐氣豪（陳子）
偏以豪詩走相逼沽酒無錢獨有詩似此云胡嗟抑塞棄筆縱橫天地間攬（仲夷）
涉扶桑今筑國扶桑海闊筑山高觀海觀山盪胸臆鴻毛身世何足論莊老眞
詮在緘默適來遛去隨所遷無極迴環生太極去年之我今年與我歧明年之
我今年不我識一年一我年復年安問東西與南北

寄陳仲夷書去而仲夷來書口占答之

我書正付鴻君書已將鯉鴻去鯉復來相思在千里（時在四川）千里曷云遙剖書便
尺咫

苗女趕場

觀音高髻挽雲鬆繞頸銀環淺露胸撐起蔚藍新布傘也防日晒小桃紅
新妝畢竟是苗家腰褁紅繻繡百花襯著短裙雙足赤上坡輕健賣黃瓜
白雲深裏綠陰斜背襁兒童面半遮微啓雙脣紅一點聲音清脆語阿耶
趕場日子費商量不趕龍場趕馬場（各場以十二生屬支配名之）賣却雛雞買絨線歸家繡得兩鴛鴦

送陳仲夷再之重慶

咄咄一官偉且奇廿年湖海陳仲夷（陳子自號廿年湖海客）去來閃電有精氣短鬢瘦貌黑而頎斗大金印令水城賊魁賊穴掃縱橫縱橫掃賊心已快棄官萬事鴻毛輕囊空金盡何足苦磊落胸襟邈今古名山大川放浪遊歷歷生平爲我數萬千道里一息通北燕南粵東遼東西復來黔樹旗幟高樓百尺踞元龍我亦楚水楚狂人江海倘徉七尺身何似君身有奇骨濁世不能混其真乾坤之大何所容西更直上峨嵋峯峨嵋峯頭仰天笑一吐豪氣成長虹昔聞武侯治巴蜀法行知恩恩愈足去去慷慨立功名後軌馳驅前軌續

和徐蔚山惡鼠

有鼠有鼠何所習作聲嘈嘈而切切此間禁衛夜森嚴爾胡不畏敢盜竊鼠曰相鼠尚有齒人爲性靈焉無禮況傳舊族居東陽曾以一珠酬不死知君善書風雨疾願獻長鬚以爲筆天生萬物各有長勿惡其名棄其實異哉鼠黠不可擬能令公怒令公喜老夫聞之笑啞然天下小人類如此

黔省方言歌

姨媽菜簍在背短裙赤足延閭閻喚買兒童先問蠱（俗恐苗人放蠱問之則無效）三五銅錢不值數賣得菜羹和豆腐
貓貓咦長呼一聲貓慣知歸來攫鼠莫遲疑東鄰西鄰勿絆羈項下有牌官所司（畜貓之戶向警察署領牌懸項下以爲識別）云胡不畏云胡欺長呼一聲貓貓咦

讀暹羅華僑上政府書

紛紛二百四諸侯強則屏藩弱則仇宣尼木鐸振千古褒誅史筆在春秋隋唐盛世化干戈四裔重驚海不波南越以南被聲教竭誠賓享來暹羅明代鄭和清鄭昭更使受降兵氣銷昭子其民王其地灌輸文化自天朝道咸而後罔綏輯白人倭人始匿入朽索馭馬何能羈況撫鞭長腹不及吁嗟吾族多僑民呼昆呼父莫與親萬里馳書籲中國如聞求藥病夫呻愚哉暹引虎食羊羊盡反噬及人狂君不見南安南東高麗朝脫中華暮促亡請修舊好依脣齒愛屋及烏瑕隙弭不然哀我黃帝之子孫安忍瘠肥秦越視

贈別徐蔚山回里

昔人苦別離我不喻其苦得君同深嘗酸楚莫能吐各自棄室家長征氣勇鼓崎嶇道八千巖疆伺豺虎習安幾息肩轉徙塞築土時危政多艱誰與傾肺腑偶別之播州伴我有姪翩翩去君夕來驚喜復鼓舞誓勿道故鄉儼然故鄉聚中越歲丁戊相依若車輔引我遠道思輾轉寸衷撫有子旅巾江有婦域門戶子婦各西東官微無足數而猶驥戀棧於意云何取感君形影偕聊以慰風雨中途忽棄捐我悴君踽踽握手強言歡客爲客餞祖君意重徘徊胥我絲千縷一縷一深情加餐勸力努如我何足論君其振毛羽悠悠萬里心相將在仰俯噫吁此別意何如同是天涯一老杜

南山鳥語勸還家北山鳥呼行不得還家重畏行路難兩念徬徨心惻惻昨報弭兵今搆兵（時正南北議和而陝西閒有戰事）況有含沙伏鬼魊乙卯以後無坦途我且憂天日月黑雖然有家可歸胡不歸無家可歸又焉息徐子履險心如夷舟寄當歸歸亟亟黔陽聚日計無多釃酒一觴歌一則歌一則長相思百轉千迴意何極

圖雲關送別徐蔚山

將子出南郊行行去不返何處最高峯目送千程遠欲別兩依依千言莫能吐但囑見家人莫道黔邊苦揮手去圖雲今夕止何處獨行各悴悴嗟我胡不去遊子戀春暉告歸心亟亟流水知人心下瀨船箭疾蛟龍通江海鴻鵠翔天風此行鱗翼展帶與子西東君歸我遠送我歸君歡迎南津古渡頭秋來無限情

春末飲第一園微雨

第一園林景呼人醉酒泉花香隨徑轉樹影拖池圓待月偏聽雨看山欲化烟

賓朋相再約紅藕納涼天

張伯衡購餞南園先生八駿圖

世間無伯樂執轡嗟無馬馬亦睥睨人誰爲知己者涸於駑食槽屈伏在轅下

昂首一聲嘶羣馬皆喑啞萬里氣先吞目且空中夏虎脊龍文身汗血豈易灑

快哉南園公大節振朝野一幅英駿圖斗墨恣傾瀉蕭蕭風滿林燕市直同價

譬如人中豪山川其誰舍忽忽百年來遭逢自天假張子偶得之濡墨集吟社

冀索驃圖歌恐和少陵寡默默馳壯懷神骨嗟馴雅於焉什襲藏貴不在丹赭

銅鼓歌爲閩侯吳芝潭作

粵西銅鼓置巢府簡齋先生快先覩吳子作宰雲陽城物亦乘時沐甘雨龍泉

躍現爲張華玉磬珍羅自建武窮通顯晦類如斯不異賢良擇所主山農耕山

偶得之竭誠捧獻歌且舞其色斑斕苔蘚紋旋如螺殼縈背俯其面衡平腰中

規仰之形成無足釜欲叩其年不可知蠵甲土花歲亦古小於石鐘聲則宏大

於銅斗量可數升以玉壓扣銀針鞺鞳鏗訇徹天宇從來大響發黃鐘瓦缶雷

鳴何足取懿歟此鼓鑄有因伏波將軍是鼻祖不然武侯南渡瀘大冶初開屏

苦窳軍前一振萬山驚首尾呼應策步伍抑或因之代甑炊坎震象形兩依輔

信所可信訛傳訛漢志當從稗史補尋常俗子未易求珍重明珠探合浦攜來

筑國露奇觀天寶物華今萃聚世間荊棘埋銅駝每歎盛衰歧樂苦有鼓有鼓

呵護靈一片黝蒼蝕塵土韜祕神彩二千年感遇知己忽騰吐攝以電影索詩

歌自向吟壇旗幟樹將之閩海壓歸裝一卷珠璣一銅鼓

許仲淵招飲黔靈山

攜手黔山頂懸梯石級緣屏崖浮積翠清磬遏遙天要聽傳燈偈憎無洗缽泉

與張伯衡造黔靈山惠朗禪房

箇中詩畫意多在弈亭邊

入山不知塹緣徑但無日森森古木林蒼翠繞禪室絕頂一老松似鶴矯無匹

我思與張子望松待月出

弈亭

天地木無竅萬竅各成聲四時隨所遇風雷蟲鳥鳴造物更游戲竅石孔如笙

捫之圓徑寸嘯之響嚼㕭一嘯林木振再嘯虎豹驚使盡真氣力有力將真氣使盡圓

恐山岳傾既殊最淺狹小人徒硜硜文匪矜愁怨物不得其平此中窅難測竅

空何年成請還質袁子袁思譯先生題弈亭額 胡以弈亭名

黔靈山

山上怒濤湧山下泉細流流泉出石隙濤湧在樹頭有葉皆作響無形不可求

俯仰天地得佳趣何爲此樂輸吡邱深入山房細領略以耳代目與心謀逍遙

忽上萬峯頂聽風聽水神悠悠

中秋

一度中秋一惘然異鄉風味逐年年遙知兒女歡今夕話我南天共月圓

未到重陽菊已花相依官舍便爲家而今夏正都顛倒尚有空明古月華

詠菊

瓦盆種菊不嫌貧几席安排淨喢塵莫謂秋容疏淡甚五雲擁對白衣賓

月下燈前暗自嚬倚齋錯認有前因淵明去後無知已獨立西風不倚人

傲霜氣節晚猶存畢竟清高有本根我欲栽培千百本一樽酒醉一花魂

花名

婆娑丰致弄斜暉秋老何曾覓色非獨殿羣花終有豔嫩紅妬煞醉楊妃醉楊妃菊

嚼梅和雪最芬芳屈子餐英趣更長別有九秋真意味如何誤入俗人腸

少小歡娛罷課時曾培異種在東籬就荒三徑今何似無限鄉情感別離黔多用菊

花鍋

灌水端宜白玉泉有白玉泉名一生清福自年年此間籬落雖寒冷不向東風乞愛

憐

登高九日百憂刪手把茱萸爲破顏異地苔岑作昆季分香插上鬢毛斑

因事偶感

前山虎豹窟後山荊棘叢欲前心惴惴欲後意忡忡天地至遼闊身胡跼此中

客曰挺走險鼓勇張刀弓虎豹當斂避曳尾隱蒿蓬不然履荊棘百途無一通

吁嗟丈夫志勿爲威武窮

述病（大定縣署作）

五十年始衰粗識病魔貴如寵專房驕百端不能慰歎老胡太甚猛藥攻之退

其二

厥病良大奇略無寒熱附酷似效長吉心肚盡嘔吐軀殼僅塊然湯藥不能注

其三

病魔與夢魔相間來滋擾偶然一假寐怪奇呈百耗展轉衾枕間惄惄心如擣

其四

家人最親切疎闊在遠方忍痛苦緘默誰與訴衷腸扶持仗一僕夜夜寢不遑

其五

故鄉有至戚遠道來慰予逆流復險阻遲滯在中途久久盼弗至倚枕日長噓

其六

友朋馳問疾中有義俠書（謂管紹齊生）百計爲籌措鐵肩擔獨趨吁嗟倫易簀付托

良不虛

其七

閉門似老僧枯禪坐寂寂觀書眼麻茶作字手戰栗百事無可爲素餐度朝夕

其八

坐食雖吾祿實則民脂膏瘡痍遍野歎官府肉食豪捫心慚且懼宵忍獨逍遙

勸農歌

勸農多種稻春耕宜及早珠玉不可餐粒食眞爲寶歲熟民善良千里萑苻掃

勸農多種麥幪幪滿阡陌非種盡芟鋤雙歧秀穎碧四月香風吹餅餌村村炙

勸農多種黍玉蜀盈山土山土十之七（大定多山田）豐娛歡則苦石黍錢十千民鳳

返太古

勸農多種豆好趁春時候豆莢與麥苗春田如錦繡菽種更繁多相思南國久

勸農多種秫高土無留隙性黏味益甘釀酒無其匹樂事到田家甕頭香四溢

勸農多種菜冰霜寒可耐貧家咬菜根海錯山珍賽粱肉腐肺腸何似虀鹽配

勸農多種木青葱蔽陵谷計利在十年雨露承天育足木娛山人森林法嚴肅

勸農多種茶二月採新芽商量培製好明前味倍佳盈盈小兒女採得換銀釵

勸農多種桑原隰密成行春蠶採葉飼抽繭織爲裳從今去襤褸遍體雲錦章

勸農多種綿綿熟在秋前西風吹未冷早爲兒女憐萬家足衣被不用費金錢

勸農多種漆土宜隨所適督課剪蒿萊官爲民之則（大定馬廠關爲漆園以資先導）歲歲換新苗

何止盈千億

勸農多種罌粟種鴉片毒鴉片起纖微燎原遍中國愚者昏不知智者旁痛哭

立春日

蹉跎歲月想非非未遂偸閒乞早歸衰朽功名慚伏櫪哀矜生死到圜扉（改造大定）

（縣監）抽絲已苦蠶仍縛費料無多鶴不肥自別陽山人萬里何如鴻燕往還飛

除夕張獻書招飲賞梅因事未果赴約

歲除招飲意緜緜有酒如何却不前只恐梅花偏笑我逋仙以外是塵緣

百種鄉情兩未宣況愁花事去如烟怡園（園名）春似江南否話到家山又隔年

題陳禹鉢贈張獻書畫蘭

子昂畫筆擒雲烟九畹芝蘭縮眼前嚼墨一噴飛滿紙化作春山花萬千葉如

名士意瀟洒花似美人裝豔冶一花一葉皆精神騷客東風絕風雅中有素心

攢石出白玉生苗煥彩日空谷無人芳自知等閒未許沅湘匹咄嗟此老文章

手下筆非秋露光走描摹神妙得其眞能使衆香齊俯首我來披圖色狂喜書

中詩思更誰擬惟君臭味與同心不知是蘭是君子

感時事

東西捲入海洋波劫難千年此獨多悍將跋扈高唐節度強鄰譎甚漢匈奴民無

生氣魚游釜士際危時鳳在笯借問蒼天胡比醉江南庾信起哀歌

蒸蟣日日吼濤聲壯局如斯恨不平宋代和金誰善策楚人衷甲早寒盟探源

圜府財先涸聚鐵神州錯已成誰是田單今再起青齊收復竭經營

審言族長囑購遵義府志

文章著述亦開邊鄭莫風流今宛然（遵義有志成於鄭子尹莫子偲二公）千古名賢多璧合百年斷

簡倍珍傳牂牁地洗苗狪俗淮海人搜脈望仙案牘餘閒饒至樂探囊賸得買書錢

附審老答詩

鄭莫當年信史才夜郎比漢亦雄哉黔書枉道山蘼苦獨識圖經向刼灰

一官羈屑託南荒巨裹輕郵夜吐芒宗袞莫教雙鬢白夢尋早娩十年強

甲秀樓

甲秀南天第一樓萬山端拱小諸侯袤延滇蜀歸中紐俯瞰沅湘據上流星漢昔低光可摘風雲未靖氣常遒登臨莫爲神仙誤千古英雄此壯遊時有仙壇設於樓之上層

中秋對月

八度中秋在遠邊去家萬里共長天月圓無奈河山破日黯空餘星斗懸對酒難消胸傀儡開奩每苦髮華巔東昇玉鏡遲遲轉莫放今宵去似烟

餘姚毛毋余太宜人七旬冥壽

坤維留正氣巾幗有鬚眉外祖忠宣節夫人淑慎儀針神希薛瑗女誡守班姬秀寫簪花格工摛詠絮詞桃夭嬪盛族菽水贊重帷兩世堅貞柏三更膈膊棋色愉隨舞綵口衆已成碑有味甘調鯉無違靜伏雌樂羊勸學日司馬壯遊時餞典變瑱玉機抽五夜絲西河風雅甚南國室家宜舊席田園富今遭運數危小姑聯鳳卜阿嫂念烏私欲慰孀嫋願全憑巧婦炊再占歸妹吉移闔厚奩貲櫟釜嗤慳吝盈巢仗護持千金捐所愛一氣感相怡盡弭人言間猶防內則虧最難遭歲祲獨自恤民飢夕織晨縲苦仁漿義粟施嗣音洵可式樂善竟忘疲食每和糠啖釵還以柳爲鹿車操儉約鴻澤拯流離正博高堂齋旋傷暮景衰承顏溫復清侍疾苦如飴妙術良醫扣精誠帝座知囘天眞孝婦課子又嚴師了了楹書授諄諄閫訓貽慧因分果獎怒僅折薆笞細琢含輝璞欣看脫穎錐倚閭勞盼望行役倍嗟咨遠別牽裾絕富歸借藥遺莫矜侯燕頷姑與隱鴟夷捧檄何云喜分途却戒歧征衫抛甲鎧雅韻奏塤篪雁序才華美雞林事業奇剛酬恩鞠育胡弗壽期頤手棧身衣泣鍾型郝範追明星韜婺彩餘蔭被天涯

羅甸安車駐姚江返棹遲坦平心性露慷慨肺肝披共我苔岑契懷親木本思父風原酷肖母敎更長垂璀璨旌門字纏綿述德詩至情箴薄俗元首錫褒辭表擬瀧岡撰名從古越馳六倉餘姚縣志名傳不朽四行譽交推懿鑠宣文德芬馨百代滋

寶覺蒼見遺日本政書

蓬島東遊日燕山桂子馨町村新矩矱政法善模型一卷貧糧饋千程學海經相逢惟恨晚金石許同盟

扶風寺看梅用蘇東坡松風亭韻和聶尊吾鄒質夫

十年別我黃葉村寒梅著未縈夢魂百花誰與比高潔不爲濁世囂塵昏我於天涯復相値行蹤日日來梅園省署辦公地在梅園最有扶風絕高頂天寒守鶴無興溫陽明先生獨呵護皎皎霽雪輝朝暾天地閉塞此花發淸白納之聖人門幾人如花得高致廣平賦後誰撝言中心悠然涉遐想會須傾飲酒百尊

登東山

拳山兩足苦看山兩眼快苦已境過忘快猶在眼界東山面城東峭壁千尋掛旁通徑螺旋赭堊石光怪振衣凌天風上有振衣亭險巇失足戒健閣摩穹霄衆峯盡羅拜南明水一盂金筑城一芥野樹纖毫毛梯田細鱗介虛無縹渺間小魯發長嘯上有小魯亭不覺所登高頗訝乾坤隘讀書踞其嶺有石題書山讀書處語大更無外下山迴遠眸夕陽好圖畫

南嶽山

南嶽山頭貼掌平一泓池水玻璃明映日蓮花紅十丈仙人杖策珊瑚行崑崙瑤池絕相仿廬頂芝田逈莫名洗滌塵襟伐毛髓烹泉兩腋淸風生翩翩羽衣作道士會當控鶴吹瓊笙飲以九轉之甘液餐以太陽之黃精忽騎鸞鳳張華燕鈞天樂奏齊鏘鳴一日繞池巡數匝恍然身己到蓬瀛長此白雲鎖銷磨莫將世濁混虛淸

因辭安順縣而民政處委任科長倏經一年有感而作

久駐黔陽地叨爲入幕賓名心如水淡豪氣與山親治事留餘隙貪吟惜早春

安排詩酒社穩健度閒身

答大定羅裕昆見贈律詩四章用原韻

因緣相與悟前身未可輕抛去似塵我亦天涯窮作吏君於刼後善宜民半齋

著述鴻文富萬里馳驅驥德馴合傍浣花溪上住細研詩律有傳人

季世人多葉好龍偏逢知己路千重屏隨琴鶴慚非趙勸課農桑願學龔大定創有農林試驗場并作勸農歌十二章已決歸田心淡定在大定請假放歸田里猶餘興敎味醇醲創國民學校十所

傳書雁使殷勤問來自峨嵋第幾峯

不辨山陬與海陬狂瀾一潰勢難收流民遍是鴻嗷野大定旱荒甚小醜紛如貉聚

邱痛哭買生嗟厝火亂離老杜最傷秋哀哀赤子胥飢溺誰濟慈航達渡頭

春來棠棣各成陰鄂蕚相輝兩不侵繼業賢明承甲第賑荒慷慨見胸襟君捐穀十石助振

搜羅好句遺珠玉鄭重良材售箭金喚醒十年塵夢破烟花繫我故園心

癸亥春去黔題五律十章以誌留別

其一 別黔中諸友

宦海論交誼吾儕獨見眞來如尋舊夢去似別家人置酒拈紅豆分襟托素鱗

情深潭水淺何以答汪倫

其二 別黔中僚友

萬里苔岑契相期互策勳不貪先自足無黨始能羣別共黔中月歸尋白下雲

清貧還故我事業讓諸君

其三 別黔中諸生

治事希前古斯民賴作新一堂勤論道百政本修身聚散殊踪跡磋磨共性眞

凌雲鴻鵠志愼勿溷風塵

其四 別八寨

留題蘭月榭署有蘭亭月榭題楹聯云人品官如蘭馨潔衷心婦讓月清明懸懸寨陽城紡織因民利創開原紡織廠

官紳商辦平反息訟聲平反判決案兩起清理積案數十起十年籌樹木印製種樹表頒行各區四野聽吹笙敎

養施犴狴多慚化未成改造縣監民刑看守暨組織獄內工場

其五 別安順

辜負重來望來委復任安順因辭未就鴻泥數習安插花安繡壤西么舖東石板房非插花鎮甯平壩兩縣爭奪與都

人士爭之力拔薙挽狂瀾禁種鴉片全縣肅清羅甸移風久文忠繼軌難清胡文忠公曾典是郡官邪懲

失德盟誓未曾寒巡按龍氏採左史國家之敗由官邪也四語介除揭設誓

其六 別大定

不盡憂時感心旌繫大方培材興國學創國民學校十所又籌辦八所築圃薙山荒墾馬廠爲漆園及農

林試驗場轉粟輸鴻雁邑奇荒與邦人士協力辦賑濟蒐兵拒虎狼勸農歌十二永祝慶雲翔城北慶雲

樓有記余採其勸農桑禁鴉片之意作勸農歌

其七 別監獄

獄政崇歐美撫過恥格濔督工防日玩工場督課嚴密滌垢寓春溫創建浴室珍重儲金制

在監人工作賞與金儲積爲權子母承宣解網恩開假釋例叮嚀時記憶醫省醒三言題醫省醒三字額於教誨堂

其八 別省署梅園

梅園風雅趣莫道近紅塵拄笏來仙吏園有拄笏軒調羹問主人冷泉宜判事園有小池

池畔有審訊民人上訴室茅屋合沾春園有茅亭我亦莓苔印相思未了因

其九 別貴陽

築亘三度別當作故鄉歸踏月吟浮玉浮玉橋參月舊有留題聽濤坐翠微來時民俗儉

戰後野人稀應讓賢能吏從容霽德暉舉委貴陽縣因辭未就而歸

其十 總結

一官萍泛泛隨宦便爲家歲月離弦箭功名在鏡花急流須勇退歧路且迴車

惆悵江南曲絲絲感鬢華

附和作諸君和作數十首美不勝收錄其四五附焉 黃安李鍾藻 蘭坪

久聚難爲別由來共性眞况當憂亂地同作宦遊人獨展凌霄翼誰蘇涸轍鱗

離情抽乙乙惆悵更無倫

回首同居日褕君兩策勛丙辰夏始與君交同居時君駐任安順八寨政績卓然黔中憶息駕冀北早空羣

和句慙元結論交讓子雲相期安義命所契在天君

舊學商量密春風桃李新丙辰冬君長法校學子仰若斗山湖州庚盛軌斗室寄吟身暇日同

遊樂深宵共話眞萋萋芳草碧忍見馬蹄塵

記取遷廷尉心樞有化城過從研獄政感格樹風聲煖挾冬天續涼吹夏日笙
對居犯人工作及衛生防疫各事尤加注意 至今囹圄內猶自沐生成
勸我充勞役毋須擇所安 僕奉委禁烟欲罷不就任一再勸勉登程 瀕行情懇款小別涕汍瀾林菁
芒鞋遍荆榛畏路難歸來尋舊雨清酒暖餘寒
久客黃金盡分襟又一方依人餘薄俸橐筆走遐荒 蟄伏三年無就正安縣幕 已每藉啣書
雁幾危當道猥 正安兵匪滋擾 一麾閒出守空自羨翱翔 是年冬任出宰大定
繁劇推羅甸敷施握本源琴堂三巽萃黍谷四時溫巳闢農桑利還推贈貸恩
從知爲至治不必在多言 君宰大定政聲卓著邑人稱道弗衰
捧檄馳邊徼長途萬斛塵 辛酉冬僕承乏后坪 官衙餘茂草 縣署遭兵燹無力修建 墟落少行人弭
盜多叢露淺愁但借春居中養樾蔭 君長省署二科代領薪費不竭 別後更誰因
清風餘雨袖穠被一身歸 非后坪奉調省典衣物始克成行 見面驚凋瘦關心及細微家山
晉信斷宦海故交稀縱切蒓鱸思無能傍德暉
世變驚蒼狗江南好仕家長亭折楊柳何日寄梅花功績登三輔 君已陸館任職 圖書

載一車神交雙鯉托莫漫闕瑤華

貴筑郡國彬 質夫

見說淵明隱傳聞恐未眞一朝辭劇郡萬里作歸人筑國勞鞍馬吳江羡錦鱗
平生霖雨志到此悵羣倫
生材思大地人世見殊勳一作黔南吏常空冀北羣琴風熏夏日犂雨溥春雲
肺石無冤抑神君共頌君
諸生資講解學製錦翻新巨斧輪材手巍冠說法身萍聞師弟合樸厚性情眞
借問循良吏誰能步後塵
歎因還歎婢 君有數四及婢女歎諸詩 公暇築詩城桂梧留生氣風騷有正聲量涵民與物
聲應聲同笙 余亦有女奴哀之作非敢謂笙聲同音也 更是關懷處流民狀繪成
白馬清流禍從來士不安龍門無曲幹人海有頹瀾足入仙歧易名除黨籍難
君有無篇始能作句 如公眞可法器字自高寒
我非黃叔度鄙吝化無方葭水常迴溯 君辭貴陽縣後往謁未晤 梅閣未就荒蘼章慚附驥

販案余亦倖邀留送 烽火息貪狠俛仰添歸思青雲羨鳥翔
憶昔東坡韻 君與余和聶吾扶風山觀梅詩用東坡松風亭韻 詞頭有活源芙鳳標晚秀梅雪納冬
溫清白當留句 君詩有清白納之聲入門句 攀留豈市恩 君與某政見不合拂袖還去經當道懼誠挽留 歲寒存
本性難爲衆芳言
八載勤勞外功名甑上塵紛紜當此世經濟更何人餐飯時時健輪蹄款款
春吳山重到處鴻雪晤前因
此去東歸路窮檐遁未歸賊來村樹盡兵退市烟微改道滇池遠才憐筑國
稀瘡痍誰再起人共盼清暉
論交如宿契有客戾寒家巷綠今春草燈紅昨夜花待呈新著稿思阻遠行
車無限河梁意吟成鬢欲華

大定受業李毓傑 超凡

昭陽鍾正氣夫子得其眞抗志希前古虛心每下人才堪追倚馬性不憚批
鱗憂樂關天下襟懷早絕倫

扶桑歸國日考績奏殊勳伯樂逢知已廷機喜冠羣驅車經漢水捧檄到圖
雲所至歌來暮人爭借寇君
講學盤橋上 法校在盤橋 門牆雨露新鑄顏垂數載御李矢終身讀律思陳寵明
倫法道眞朋來欣濟濟問字走車塵
優隆膺寵眷倚畀似干城塞邑稱循吏瑛州著政聲人民登衽席道路聽歌
笙吾郡恩尤厚期年化巳成
棧豆無心戀誰爲策治安名山銷歲月宦海任波瀾艮止占爻吉恆居感客
離清廉甘淡泊座擁一氈寒
梅閣勞案牘簿書類多方諤諤侵權貴孳孳懷息荒世情嗟狡兔兵象識天
狠見色斯先舉長空萬里翔
法學稱微妙窮流貫溯源宅心仁且恕秉性直而溫囹圄叢嘉惠 改造八寨大定監獄
均有工場 閭閻感厚恩引經能斷獄爲治豈多言
知足推藏用容誰步後塵韶華將十載晤對却三人 公在大定僅晤山摺宸兩兄 驪唱逢

朝雨鳩啼感暮春河梁頻悵望折贈豈無因
幾歲登樓望思歸未得歸離情抒錦繡詩思入淵微流水知音少陽春屬和
稀邯鄲初學步引領望春暉
指點揚州路迢迢不見家征途添柳色春水漲桃花笑解淵明組羞登馮婦
車林泉多樂地奚事念榮華

紹興金在鎔 少卿

又聽一曲唱驪歌無計留君可奈何四海交遊知己少一生肝胆照人多兵
荒匝地遄行苦童稚歡迎笑語和我亦欲歸歸未得臨歧羞指鬢雙皤
一肩行李伴歸輿進退於君信自如三郡常留遺愛好十年尙憶結交初樽
前舊雨傷離別天外飛雲任卷舒此後鱗鴻多便足可能時寄數行書

貴陽聶延祜 承宣

宦海茫茫裏超然迴不同系傳周柱史數溥漢文翁孜績眞循吏論交有古
風至今囹圄內相與說于公

維揚佳麗地質樸有誰倫道義相期許文章見性眞賢聲傳治譜餘事作詩
人別緒縈南浦萋萋草自春

閩侯陳紀壎 仲虞

十年宦海夢沈酣夜識金銀總不貪春興撩人歸興動杏花時節憶江南
當筵且唱將進酒此別休嗟行路難縱說關河風雨惡歸官總比在官安
鐘鼎山林事偶然弦歌三徑計難全而今輸與陶彭澤一棹思歸獨占先
亂世行藏不可期浮生離合更難知與君俱已垂垂老白首相逢在幾時

甯鄉劉煦薰 蜀雲

相逢向我說歸休不作寒暄舊話頭行篋看裝鴝鵒硯儷車謀典鷫鸘裘三
爲令尹憐痌瘝九度春秋飽國憂只恐黔中諸父老攀轅猶願寇君留
歸去來吟陶令詞倦飛心事鳥先知杜鵑叫破還鄉夢社燕催成送別詩春
日路旁嬌柳色愁風江上繫蓴思沅湘猿鶴如相問莫道歸期我獨遲

貴陽孫嗣煃 竹孫

酬去黔留別諸君和作

新詩何止玉連城盼別深於留別情過眼圖雲幾一瞥驚心灘水已千程故人
入夢形難卽好事如棋局易更到此悠悠嗟遠客蘭因絮果問前生

曩在黔垣與諸同人宴聚嗟無湖蟹不減蒓鱸之思今秋食於里門感賦
兩絕以誌所懷

菊花叢裏一閒身九日持螯念故人惆悵黔南無此味不能同醉甕頭醇
熬磯石上翠微天辜負秋來月子圓細數苔岑歡似夢何年樽酒續前緣

菊花 用王漁洋秋柳韻

重陽何事遣吟魂稚子延賓早候門瓦缽沙泥粗有致竹籬月影淡無痕白雲
籬落開三徑黃葉江鄉又一村永叔秋花游戲語箇中意旨細評論王荊公題菊花詩歐陽永
叔見之戲曰秋花不比春花落爲報詩人仔細吟
一叢冷豔耐冰霜却笑芙蓉隕野塘弔屈餐英盟素志訪陶結伴有青箱兩三
知己評花譜五九佳名問竹王黔書菊有五月開九月復開幾種芳菲紅白間紛紛碎錦亦成

坊
雁聲催我檢寒衣回首暄妍景色非落落含情林下老蕭蕭插鬢鏡中稀淺籬
疎影蟾逾朗瘦抱香鬚蝶不飛杜甫雨開埘感慨吁嗟身世與心違
傲骨生成不受憐書齋清供鬬爐烟繁囊桓景機玄妙送酒淵明思邈綿獨賞
孤芳尋冒雨好培晚節詡延年留茲壽客陪君子相對婆娑瑞靄邊

花苗 苗俗多有向化者略舉所見以誌一斑

男額縛楮皮少年縛楮皮於額婚乃去之女髮添馬鬛婦人以馬鬛髮爲髻大如斗男吹笙于雅女響鈴丁東
每歲孟春跳月男吹笙於前女振鈴於後月場歌舞月明中男歸女室館甥同跳月之夕女所歡歸比曉乃散朝來一
別去忽忽待到生兒認父翁女生子乃歸夫家聘錢要自有殊風貌不嬌嬈聘不豐試看
蠟花繡彩工一般心事最玲瓏苗服以蠟繡花於布既染去蠟則花見

東苗

東苗著衣缺雙袖短裙細摺何云陋屠牛祭鬼趁中秋虔祝鬼師庇老幼特性
馴良重祖先狩獵年年薦禽獸

西苗

西苗種禾谷池土秋賽年年祭白虎（西苗居谷池者居多）細氈衣帽革衣靴歌者導前衆笑舞童男童女紛流連馬謝何羅雷姓數

青苗

跳年東萊女兒嬌柳色青青衣帶飄銀圈繞頸環垂耳九華巾墊髻髮高打圍各各提羊轉吹起蘆笙作步搖笑煞烏雲添腦後的羅留髮自今朝

夭苗

華穠桃李嫁王姫是否沿流族未知試問竹樓人靜後吹笙若個最歡嬉

黑猓羅苗

入西黑羅鬼知兵應首尾事主無二心忠信今有幾馳馬挾弓刀尚武良足嗟變俗用其誠勿謂苗蠻盡蛇虺

羅鬼女官苗

絲縧額上貼銀花裙幅雲拖卅六斜代理土官稱耐得女權尊重始苗家

白苗

牯牛聚鬭勝則吉祭祀屠之虔卜日白衣青套圍長裙親族合歡飲一室

花犵狫

男兒好獵懶耕耘女事蠶桑性最勤雙袖蠟花纏五彩週身銀飾煥如雲

水犵狫

隆冬入水捕游魚細摺長裙男女殊喪祭婚姻循漢俗畏官知法事耰耡

猺人

書藏旁礴篆鴉塗文字深尋理解無採藥高山風太古見遺不拾似唐虞

寄蘭瑛姪女

家庭隔別十餘年璞玉含貞悟太玄修到若昭方是福（甯抱痼疾誓不願嫁）勉爲闡妹競希賢聯翩女弟隨兄學（姪繼侗自美國畢業回國任南開學教授蘭瑛與妹杏瑛亦畢業南開）大高古文章付爾傳（函索書言族長詩文以付南開）天予逍遙閒歲月南華妙旨細磨研（來函云學莊子）

酬泰縣單誕符和六十初度詩

白露蒹葭溯伊人在水湄多情惟舊雨起病有新詩（適患微疾得詩霍然）活潑魚知躍迴翔鳥識時秦淮盟約在皓首忝追隨

南公園

野景天然圖畫迎半村半郭小橋横芙蕖爲幄波生豔楡柳成陰暑亦清有水無山眞恨事以茶當酒也陶情斜陽一角拖城堞最好閒吟趁晚晴

祝姚立齋親家七十雙壽

三葉相承簪笛盤清華世冑古衣冠淋漓畫稿牛神雋坦率胸襟品學端孝可回天瘳父疾（父莘舫先生染病公刲臂肉和藥進獲愈延年）勤於積穀濟民艱（經理豐圖倉慈善可風）花開仁壽枝連理獲報期頤歲月寬

君家貴子屬元之就學金陵仗主持舊好朱陳歡聚首高年梁孟慶齊眉家庭至樂賡偕老佛子玄機在達時一室惠連皆俊秀捧觴壽獻菊花枝

贈華縣長倩朔到任

悳泉風味念家山故國迢迢指點間我溯梁溪先世澤（先三世祖忠定公綱與錫邑李今族譜合爲一家無）與

君兩地誼相關

南邊密邇敍瀛黔許訂同寅鶴在陰飛出蒼山雲一片移來楚水作甘霖

長孫德黔留學魯省中校學生以延長春假爭執罷課德黔不與卒至開除學生三十餘名函告一切詩以勉之

家風細聽我規箴毋習時趨爾德黔担笈負書齊省遠啓蒙養正聖功深他年高舉鵬飛志此日潛修蟻術心綺歲十三勤奮勉光陰愛惜貴於金

句容祭掃先墓

水木從頭溯本源容城却認是家園年年春社人如燕到此依稀舊里門

郊行緩緩意閒閒雨後新添水幾灣豆莢菜花雜麥穗平鋪錦繡到深山

祖澤綿延四百年不隨刼火冷墟烟瀧岡一表貽孫子述德詩當賦惠連

人心變幻險於川朘削膏腴混陌阡仗有先靈默呵護幾多返我汝陽田（墓田被人竊賣暗占者多族衆協力爭回余亦爭回八畝）

古跡飄零逝水流崇明寺宇牘荒邱斜陽影裏頽惆悵何日重新玉帶樓

依韻和韻琴兄致賑局五言（民國十八年）

旱乾胡太甚痡苦歷民生龜坼良田土鴻嗷大野聲呼天悲刼慘保赤仗心誠
老弱窮無力逃亡另遠行
救荒無善策援手念吾鄉（余主任一區募賑每日到局竭力襄辦）平價嗟非計籌捐恃有方私騰防
過糴禁運止奇昂待哺災黎迫如何授口粮
勸分唇舌敝取不厭錙銖一葉濃陰庇千金義氣輸守財嗤賤虜發粟展良模
飯石峯何在傾囊罄所儲
賑糶偏輕重何由拯溺饑既辜施者惠復遺難民遺人怨聲騰沸天誅禍早遲
寄言同志士纖悉慎於斯

民國二十年水災

我讀水荒吟不知水荒苦辛未六月趨郵南淮流飽漲復淫雨先秋七日三壩
啓洪波淘湧奔釜底興爲釜底嗟無禾水與岸平靡所止今日升階及我屋明
日支床架高木又明日兮無止宿婦孺同聲盡痛哭吁嗟乎昨報擋軍樓邵伯

興化李氏一家集　卷下　三十五　興化遠東印書館承印

塘運隄廿七決口狂廬舍漂流當者殪主管官吏且徜徉村墟零落罕見人黌
飧缺米炊缺薪日尋萍藻飽飢腹一束枯柴貴似珍上流澎湃下流塞大豐隄
高溢不得串場入海勢紆徐變易滄桑渺難測白頭老子噉嚱談六十年前清
水潭東隣賣兒西賣婦今又羅刼民何堪水較昔年高一尺泛泛浮舟入市宅
昔年之苦不可言今年之苦更千百

重建南公園

經營建築費商量略彴斜通綠水鄉滿院日遮叢樹蔭隔溪風送落花香停船
窗外人千里倒影檣前塔一行舊日茅龍衣吏著詩情畫意認端祥

六十初度

十年曰幼三十壯六十曰耆徵老況我與長男長孫子適符百歲荷天貺（余年六十）（長男纘文三十三孫德黔十歲適合之爲百）回憶少年歌采芹心肝嘔盡唾爲文文拘八股詩八韻蠖
屈功名何足云敝屣一擲東海東遠涉方壺圓嶠中古來徐市去不返三山猶
覺光熊熊（清光緒三十二年遊學日本）歸來所學非所用（任昭陽高等小學地理教員）老儒詩書猶坐擁
紛紛捷報自南來還我國民大一統問年四十齒已長專研法理斗山仰一行
作吏囿鄉邦復又推選赴黔壤（任興化典獄官一年改取調知事簽分貴州）吁嗟乎東抵蓬瀛西抵
黔婁延萬里開胸襟螺岫鰲磯恣遊覽撫綏政治窮古今官之失德由官邪煌
煌古訓銘荒遐（見去黔留別五章）儉以養廉勤補拙九載一心期無瑕際遇休明長法
校滿城桃李文炳豹發祭分賑大方饑生死肉骨瘡痍掃平反冤獄寒陽多（見去
黔留別第三章）矜恤幽囚惠以和（治獄一監化於工教）寓折腰恥爲五斗米長吏垂青授太阿
（令委安順縣固辭未就改委民政處二科科長擢任審核處處長）從容審核操大計理財黔國富強繫驚地干戈變徵
聲（滇軍入黔）慾問歲月平如砥兩袖清風一貧吏倖餘栽培兩幼穉勉崇實業冊浮

興化李氏一家集　卷下　二十八　興化遠東印書館承印

誇（函寄纘緒兩兒勿學文法兩科卒業大學乃以理化理數）理化倖邀學士位歲越甲子事尤奇霜亭上人前
預知（霜亭國修文峯塔未果有金山寺僧爲占卦象云甲子歲有人發起興修）巍巍高級文峯塔發軔捐修羅萬貲
更溯本源續家乘遵循後起同聲應中多散佚譜系審上通先祖精誠定（道國公綱）
（世系譜距今有百餘年）居諸忽忽六十年頭童齒豁視茫然力辭善院鈞石任（任救濟院長辭職者再）
細研莊子養生篇欲燕親賓舉杯杓檢點宦囊苦無著饑饉滿目流民圖何忍
稱觥肆娛樂今雨舊雨各天涯綜述生平如夢時莽莽四方索知己願枉佳篇
酬以詩

李竹勳攝影

遊玉泉山　李竹勳元宰
翹關浮屠最上層攝衣拾級競先登如聞啄月西山鶴欲跨凌雲北海鵬且酌
玉泉清澈骨可憐佛殿寂無僧遊人幾輩乘軒去洗滌塵心愧未能
秋懷
氣象蕭森百感催縱觀家國幾人材憂時憤擊中流楫弔古空登上將台白荻
悲秋風裏戰黃花帶淚雨中開鳥啼月落霜天冷離亂驚魂入夢來
送子珍赴大名法院
別時容易見時難憔悴天涯繫一官驥櫪尚存千里志獬冠再服萬家歡長亭
折柳秋風勁中道揚鞭曉露團此去法權須愛護勸君努力且加餐
留別不甫同學
交深三十載雲樹夢中思衰病驚年老馳驅怨路歧宜勞君報稱棄職我嫌遲
相憶難相見音書慰別離
秋末野景
蒼茫四顧起炊烟野外村居別有天指點萬山斜照裏幾行征雁影翩翻
攬轡行行路杳漫千林楓葉染霜丹若非茅店能沽酒安得潸消馬背寒
辭職有感
蒼茫天地闊何道任馳驅塞上歸秋雁哭中憶膾鱸宦情空似鏡世味苦如荼
種菊思彭澤陶然一酒徒
感懷
寒林倦鳥宿霜枝客裏秋懷遣悶時當國幾人聲價重飛空一艇鬼神奇堪借
隱逸無如菊引起悲傷是柳絲太息世風趨愈下四知今復有誰知
感時
澆愁濁酒度重陽放眼遼東古戰場異族從旁漁厥利同胞自內鬩于牆漫空
飛艇稱無敵舉國佳兵兆不祥天地玄黃時局變睡獅喚醒速圖强
登八達嶺長城之一
八達嶺嵯峨登臨萬象羅汝陽雖返我靺鞨且防他打破長城險潛飛利艇過

興化李氏一家集　卷下　三十六　興化遠東印書館承印

自慚鬚髮白莫問舊山河

妙峯山

妙峯山上山峯妙嵯峨千尋石峻峭下瞰白雲變幻多舉手幾可摘星曜林深菁密人跡稀羣獸窟宅何奧窔惟逢四月一日期頂上年年開佛廟婦女紆徐拾級登口誦彌佗老若少平時寂靜今喧闐云是佛力相號召我來一作遊山人獨立蒼茫發長嘯放眼東方朝日昇萬丈光芒似火燒低昂四顧天地寬拍掌高歌時大笑

刊誤表

頁	行	原文	更正
卷上			
序	第二行	顚頏	頏誤顚
自序	十二行	以爲知己者告	多一爲字
第二頁	十二行	斑鳩	鳩誤鴣
第二頁	十八行	白玉卮	卮誤厄
第三頁	十九行	蠻牖	牖誤牖
第三頁	二十二行註	榑徙	徙誤徙
第五頁	十九行	豁庶胸	豁誤豁
第六頁	十九行	茂先	先誤光
第八頁	二十行	鸖鶴	鸖誤鸖
第十頁	十七行	喬木	木誤本
第十二頁	十十行	望施行	施誤旋
第二十一頁	十行	齊肓	肓誤育
第二十一頁	二十二行	阜綷	綷誤綷
第二十三頁	九行	製貼	貼誤帖
第二十四頁	十七行	禮貼	貼誤帖
第二十五頁	十九行	鷁搏	搏誤博
第二十三頁	五行	驗卷	卷誤卷
卷下			
序	十二行	有志而未逮	逮誤建
序	十五行	先父兄	誤作父先兄
第三頁	十二行	並翼	翼誤翼
第五頁	十四行	南郊	郊誤效
第八頁	二十三行	豨皇	豨誤豨
第九頁	五行	製貼	誤作慰帖
第十一頁	二十四行	衣冠	冠誤玩
第十五頁	十七行	總稅	總誤想
第十六頁	八行	翎翮	翮誤鬻
第十七頁	十四行	飢寒	飢誤肌
第十七頁	二十六行	鬢鬑風	鬢誤鬢
第二十頁	二十行	鬪宾關送別五絕六首	誤作五古一首
第二十二頁	二行	晴昡	昡誤昡
第二十五頁	五行	心肝	肝誤肚
第二十四頁	十行	鷇仍縛	縛誤縛
第二十五頁	十二行	塊壘	誤傀儡
第二十六頁	四行	踞其巔	巔誤巔
第二十六頁	十三行	深鎖處	誤鎖鎖處
第二十八頁	十九行	髯華	髯誤鬟
第二十九頁	三行	林香	香誤香
第二十九頁	五行	毎絡	絡誤絡
第二十九頁	九行	塘落	脫一塘字
第二十九頁	十行	薰夏日	薰誤熏
第三十三頁	五行	東桑幼小女兒之稱	桑誤桑
第三十五頁	十三行	荷花塘	誤郎伯塘
第三十五頁	十六行	唏噓	誤噉戲
第三十七頁	五行	彌陀	陀誤佗